8° Y²
8801

PREMIERE PARTIE
DE
L'ASTREE
DE MESSIRE HONORE'
D'VRFE', GENTIL-HOMME
ordinaire de la chambre du Roy,
Capitaine de cinquante hommes
d'armes de ses Ordonnances, Comte
de Chasteau-neuf, Baron de Cha-
steau-morand, &c.

Où par plusieurs Histoires, & sous personnes
de Bergers & d'autres,

Sont deduits les diuers effects de
l'honneste Amitié.

DEDIE' AV ROY.

A PARIS,
Chez TOVSSAINCTS DV BRAY, ruë S.
Iacques aux Espics meurs, & au Palais,
en la galerie des prisonniers.

M. DC. XII.
Auec Priuilege de sa Majesté.

AV ROY.

SIRE,

Ces Bergers oyant raconter tant de merueilles de vostre grandeur, n'eussent jamais eu la hardiesse de se presenter deuant V. M. si ie ne les eusse asseurez que ces grands Roys dont l'antiquité se vante le plus, ont esté Pasteurs qui ont porté la houlette & le Sceptre d'vne mesme main. Ceste consideration, & la connoissance que depuis ils ont euë que les plus grandes gloires de ces bons Roys ont esté celles de la paix & de la juftice, auec lefquelles ils ont heureufement conferué leurs peuples, leur a fait efperer que comme vous les imitiez & furpaffiez en ce foing paternel, vous ne méprifieriez non plus ces houlettes, & ces trouppeaux qu'ils vous viennent prefenter comme à leur Roy & Pafteur Souuerain. Et moy (SIRE) voyant que nos Peres pour nommer leur Roy, auec plus d'honneur & de refpect ont emprunté des Perfes Le mot de SIRE, qui fignifie Dieu, pour faire entendre aux autres nations combien naturellement le François ayme, honore, & reuere fon Prince; I'ay penfé que ne leur cedant point en cefte naturelle deuotion, puis que les Anciens offroient à leurs Dieux en action de graces, les chofes que les mesmes Dieux auoient inuentées ou produittes pour la conseruation de l'estre ou du bien-estre des hommes : j'estois obligé pour les imiter d'offrir ASTREE, à ce grand Roy, la valeur & la prudence duquel la rappellée du Ciel en terre pour le bon heur des hommes. Receuez la donc (SIRE) non pas comme vne simple Bergere : mais comme vne œuure de vos mains, car veritablement on vous en peut dire l'Autheur : puis que c'est vn enfant que la paix a fait naistre, & que c'est à V. M. à qui toute l'Europe doit son repos, & sa tranquilité. Puissiez vous à longues années jouïr du bien que vous donnés à chacun. Vostre regne soit à jamais aussi heureux que vous l'auez rendu admirable : Et Dieu vous remplisse d'autant de

á iiij

contentements & de gloires, que par voſtre bonté vous obligez tous les peuples qui ſont à vous, de vous benir, aimer, & ſeruir. Ce ſont (SIRE) les ſouhaits que ie fais pour V. M. attendant que par l'honneur de vos commandemens ie vous puiſſe rendre quelque meilleur ſeruice, au prix de mon ſang & de ma vie, ainſi que la nature & la volonté m'y obligent, & le tiltre qu'en toute humilité ie prends,

SIRE,

De tres-humble, tres-affectionné, & tres-fidelle ſujet & ſeruiteur de V. M.

HONORÉ D'VRFE.

L'AVTHEVR
A LA BERGERE
ASTREE.

IL n'y a donc rien, ma Bergere, qui te puisse plus longuemét arrester pres de moy? Il te fasche, dis-tu, de demeurer plus long temps prisonniere dans les recoins d'vn solitaire Cabinet, & de passer ainsi ton âge inutilement. Il ne sied pas bien, mon cher enfant, à vne fille bien née de courre de ceste sorte, & seroit plus à propos que te renfermant ou parmy des chastes Vestales & Druydes, ou dans les murs priuez des affaires domestiques tu laissasses doucement couler le reste de ta vie; car entre les filles celle-là doit estre la plus estimée dont l'on parle le moins.

Si tu sçauois quelles sont les peines & difficultez qui se rencontrent le long du chemin que tu entreprends, Quels monstres horribles y vont attendants les passants pour les deuorer, & combien il y en a eu peu qui ayent rapporté du contentement de semblable voyage, peut-estre t'arresterois tu sagement, où tu as esté si longuement & doucement cherie. Mais ta jeunesse imprudente & qui n'a point d'experience de ce que ie te dis, te figure peut-estre des gloires & des vanitez qui produisent en toy ce desir. Ie voy bien qu'elle te dit que tu n'és pas si desagreable, ny d'vn visage si estrange, que tu ne puisses te faire aymer à ceux qui te verront: Et que tu ne seras pas plus mal receuë du general que tu l'as esté des particuliers qui t'ont desia veuë. Je le souhaitterois, ma Bergere, & auec autant de desir que toy : mais bien souuent l'amour de nous-mesme nous deçoit, & nous opposant ce verre deuant les yeux, nous fait voir à trauers tout ce qui est en nous beaucoup plus auantageux qu'il n'est pas. Toutefois, puis que ta resolution est telle, & que si ie m'y oppose tu me menasses d'vne prompte desobeïssance, ressouuiens toy pour le moins que ce n'est point par volonté : mais par souffrance que ie te le permets. Et pour te laisser à ton despart quelques arres de l'affection paternelle que ie te porte, mets bien en ta memoire ce que ie te vay dire. Si tu tombes entre les mains de ceux qui ne voyent rien d'autruy que pour y trouuer sujet de s'y desplaire, & qu'ils te reprochent que tes Bergers sont ennuyeux, responds leur qu'il est à leur choix de les voir ou ne les voir point : car encor que ie n'aye pû leur oster toute l'in-ciuilité du village, si ont ils cette consideration de ne se presenter jamais deuāt personne qui ne les appelle. Si tu te trouues parmy ceux qui font profession d'interpreter les songes, & découurir les pensees plus secrettes d'autruy, & qu'ils asseurent que Celadon est vn tel homme, & Astree vne telle femme, ne leur responds rien, car ils sçauent assez qu'ils ne sçauent pas ce qu'ils disent: mais supplie ceux qui pourroient estre abusez de leurs fictions, de considerer que si ces choses ne m'importent point, ie n'eusse pas pris la peine de les cacher si diligemment, & si elles m'importent, j'aurois eu bien peu d'esprit de les auoir voulu dessimuler & ne l'auoir sceu faire. Que si en ce qu'ils diront il n'y a guere d'apparence, il ne les faut pas croire, & s'il y en a beaucoup, il faut penser que pour couurir la chose que ie voulois tenir cachee & enseuelie, ie l'eusse autrement déguisee. Que s'ils y trouuent en effet des accidents semblables à ceux qu'ils s'imaginent, qu'ils regardent les parallelles, & comparaisons que Plutarque a faites en ses Vies des hommes illuſtres. Que ſi quelqu'vn me blâme de t'auoir choiſi vn Theatre ſi peu renommé en l'Europe, t'ayant eſleu le Foreſts, petite contree & peu conneuë parmy les Gaules, reſponds leurs, ma Bergere, que c'eſt le lieu de ta naiſſance. Que ce nom de Foreſts ſonne ie ne ſçay quoy de champeſtre, & que le pays eſt tellement compoſé, & meſme le long de la riuiere de Lignon, qu'il ſemble qu'il conuie chacun à y vouloir paſſer vne vie ſemblable. Mais qu'outre toutes ces conſiderations encor j'ay iugé qu'il valoit mieux que j'honoraſſe ce pays où ceux dont ie ſuis deſcendu, depuis leur ſortie de Suobe, ont veſcu ſi honorablement par tant de ſiecles : que non point vne Arcadie comme le Sannazare. Car n'euſt eſté Heſiode, Homere, Pindare & ces autres grands perſonnages de la Grece, le mont de Parnaſſe, ny l'eau d'Hypocrene ne ſeroient pas plus eſtimez maintenant que noſtre Mont d'Isoure, ou l'onde de Lignon. Nous deuons cela au lieu de nostre naissance & de nostre demeure, de le rendre le plus honoré & renommé qu'il nous est possible. Que si l'on te reproche que tu ne parles pas le langage des villageois, & que toy ny ta trouppe ne sentez guere les brebis ny les cheures: responds leur, ma Bergere que pour peu qu'ils ayent connoissance de toy, ils sçauront que tu n'es pas, ny celles aussi qui te suiuent, de ces Bergeres necessiteuses qui pour gaigner leur vie conduisent les trouppeaux aux pasturages: mais que vous n'auez toutes pris cette cõdition que pour viure plus doucement & sans contrainte. Que si vos conceptions & paroles estoient veritablement telles que celles des Bergeres ordinaires, ils auroient aussi peu de plaisir de vous escouter, que vous auriez beaucoup de honte à les redire. Et qu'outre cela, la pluspart de ta trouppe est remplie d'Amour, qui dans l'Aminte fait

bien paroistre qu'il change & le langage
& les conceptions, quand il dit,

Queste selue hoggi raggionar d'Amore
Sudranno in noua guisa, è ben parrassi
Che la mia deità sia qui presente
In se medesma, non ne suoi ministri
Spirerò nobil senzi à rozi petri
Radolcirò de le lor lingue il suono.

Mais ce qui m'a fortifié dauantage en
l'opinion que j'ay que mes Bergers &
Bergeres pouuoient parler de cette façon
sans sortir de la bien-seance des Bergers,
ç'a esté que j'ay veu ceux qui en representent sur les Theatres ne leur faire pas
porter des habits de bureau, des sabots ny
des accoustrements mal-faits, comme les
gens de village les portent ordinairement:
au contraire, s'ils leur donnent vne
houlette en la main, elle est peinte &
doree, leurs iuppes sont de taffetas, leur
pannetiere bien troussee, & quelquesfois
faite de toile d'or ou d'argent, & se con-

tentent pourueu que l'on puiſſe reconnoiſtre que la forme de l'habit a quelque choſe de Berger. Car s'il eſt permis de déguiſer ainſi ces perſonnages, à eux qui particulierement font profeſſion de repreſenter chaque choſe le plus au naturel, que faire ſe peut, pourquoy ne m'en ſera-t'il permis autant, puis que ie ne repreſente rien à l'œil : mais à l'oüye ſeulement, qui n'eſt pas vn ſens qui touche ſi viuement l'ame.

Voila, ma Bergere, de quoy ie te veux aduertir pour ce coup, à fin que s'il eſt poſſible tu rapportes quelque contentement de ton voyage. Le Ciel te le rende heureux, & te donne vn ſi bon Genie, que tu me ſuruiues autant de ſiecles, que le ſujet qui t'a fait naiſtre me ſuruiura en m'accompagnant au cercueil.

LA PREMIERE
PARTIE DE L'ASTREE
De Messire Honoré d'Vrfé.

LIVRE PREMIER.

Vpres de l'ancienne ville de Lyon, du costé du Soleil couchant, il y a vn pays nommé Forests, qui en sa petitesse contient ce qui est de plus rare au reste des Gaules: Car estant diuisé en plaines & en montaignes, les vnes & les autres sont si fertiles, & scituees en vn air si temperé, que la terre y est capable de tout ce que peut desirer le laboureur. Au cœur du pays est le plus beau de la plaine, ceinte cóme d'vne forte muraille des monts assez voisins, & arrousée du fleuue de Loyre, qui prenant sa source assez prés de là, passe presque par le milieu, non point encor trop enflé ny orgueilleux, mais doux & paisible. Plusieurs autres ruisseaux en diuers lieux la vont baignant de

A

leurs claires ondes : mais l'vn des plus beaux est Lignon, qui vagabond en son cours, aussi bien que douteux en sa source, va serpentant par ceste plaine depuis les hautes montaignes de Ceruieres & de Chalmasel, jusques à Fleus, où Loyre le receuant, & luy faisant perdre son nom propre, l'emporte pour tribut à l'Ocean.

Or sur les bords de ces delectables riuieres on a veu de tout temps quátité de Bergers, qui pour la bonté de l'air, la fertilité du riuage, & leur douceur naturelle, viuent auec autant de bonne fortune, qu'ils recognoissent peu la fortune. Et croy qu'ils n'eussent deu enuier le contentement du premier siecle, si Amour leur eust aussi bien permis de conseruer leur felicité, que le Ciel leur en auoit esté veritablement prodigue. Mais endormis en leur repos ils se sousmirent à ce flatteur, qui tost apres changea son authorité en tyrannie. Celadon fut vn de ceux qui plus viuement la ressentirent, tellement espris des perfections d'Astrée, que la haine de leurs parents ne peut l'empescher de se perdre entierement en elle. Il est vray que si en la perte de soy-mesme on peut faire quelque acquisition, dont on se doiue contenter, il se peut dire heureux de s'estre perdu si à propos pour gaigner la bône volôté de la belle Astrée, qui asseurée de son amitié, ne voulut que l'ingratitude en fust le payemêt, mais plustost vne reciproque affection, auec laquelle elle receuoit son amitié & ses seruices. De sorte que si l'on veit depuis quelque changement entr'eux, il faut croire, que le Ciel le permit, seulement pour faire paroistre que rien n'est constant que l'inconstance, durable mesme en son changement. Car ayant vescu bien-heureux l'espace de trois ans, lors que moins ils craignoient le fascheux accidēt qui leur arriua, ils se virent poussez par les trahisons de Semyre, aux plus profondes infortunes de l'Amour: d'autant que Celadon desireux de cacher son affection, pour deceuoir l'importunité de leurs parents, qui d'vne haine entr'eux vieille, interrompoient par toutes sortes d'artifices leurs desseins amoureux, s'efforçoit de mõstrer que la recherche qu'il faisoit de ceste Bergere estoit plustost commune que particuliere. Ruze vrayement assez bonne, si Semyre ne l'eust point malicieusemēt déguisée, fondant sur cette dissimulation la trahison dont il deçeut Astree, & qu'elle paya dépuis auec tant d'ennuis, de regrets, & de larmes.

De fortune, ce iour l'Amoureux Berger s'estāt leué fort matin pour entretenir ses pēsees, laissant paistre l'herbe moins foulée à ses troupeaux, s'alla asseoir sur le bord de la tortueuse riuiere de Lignon, attendant la venuë da sa belle Bergere, qui ne tarda guères apres luy : car esueillée d'vn soupçon trop cuisant, elle n'auoit peu clorre l'œil de toute la nuict. A peine le Soleil cōmençoit de dorer le haut des montagnes d'Isoure & de Marsilly, quand, le Berger apperceut de loing vn troupeau qu'il recogneut bien tost pour celuy d'Astrée. Car outre que

A ij

Melampe, chien tant aimé de sa Bergere, aussi tost qu'il le vit, le vint folastrement caresser: encore remarqua-t'il la brebis plus cherie de sa maistresse, quoy qu'elle ne portast ce matin les rubans de diuerses couleurs, qu'elle souloit auoir à la teste en façon de guirlãde, par ce que la Bergere atteinte de trop de déplaisir, ne s'estoit donné le loisir de l'agencer comme de coustume. Elle venoit apres assez lentement, & comme on pouuoit iuger à ses façons, elle auoit quelque chose en l'ame qui l'affligeoit beaucoup, & la rauissoit tellement en ses pensées, que fust par mégarde ou autremẽt, passant assez prés du Berger, elle ne tourna pas seulement les yeux vers le lieu où il estoit, & s'alla asseoir assez loing de là sur le bord de la riuiere. Celadon sans y prendre garde, croyant qu'elle ne l'eust veu, & qu'elle l'allast chercher où il auoit accoustumé de l'attendre, rassemblant ses brebis auec sa houlette, les chassa apres elle, qui desia s'estant assise contre vn vieux tronc, le coude appuyé sur le genoüil, la jouë sur la main, se soustenoit la teste, & demeuroit tellement pensiue, que si Celadon n'eust esté plus qu'aueugle en son mal-heur, il eut bien aisémẽt veu que ceste tristesse ne luy pouuoit proceder que de l'opinion du changement de son amitié; tout autre déplaisir n'ayant assez de pouuoir pour luy causer de si tristes & profõds pensers. Mais

„ d'autant qu'vn mal-heur inesperé est beau-
„ coup plus mal-aisé à supporter; Ie croy que la
„ fortune, pour luy oster toute sorte de resistan-

ce, le voulut ainsi assaillir inopinément.

Ignorant donc son prochain mal-heur, apres auoir choisi pour ses brebis le lieu plus cōmode pres de celles de sa Bergere, il luy vint donner le bon-iour, plein de contentement de l'auoir rencontree; à quoy elle respondit & de visage & de parolle si froidemēt, que l'hyuer ne porte point tant de froideurs ny de glaçōs. Le Berger qui n'auoit pas accoustumé de la voir telle, se trouua d'abord fort estonné; & quoy qu'il ne se figurast la grādeur de sa disgrace telle qu'il l'esprouua peu apres, si est-ce que la doute d'auoir offencé ce qu'il aimoit, le remplit de si grands ennuis, que le moindre estoit capable de luy oster la vie. Si la Bergere eust daigné le regarder, ou que son jaloux soupçon luy eust permis de considerer quel soudain changemēt la froideur de sa réponce auoit causé en son visage, pour certain la cognoissance de tel effet luy eust fait perdre entieremeut ses méfiances. Mais il ne falloit pas que Celadon fust le Phœnix du bonheur, cōme il l'estoit de l'Amour, ny que la fortune luy fist plus de faueur qu'au reste des hommes, qu'elle ne laisse iamais asseurez en leur contentement. Ayant donc ainsi demeuré longuement pensif, il reuint à soy, & tournant la veuë sur sa Bergere, rencontra par hazard qu'elle le regardoit; mais d'vn œil si triste, qu'il ne laissa aucune sorte de joye en son ame, si la doute où il estoit y en auoit oubliée quelqu'vne. Ils estoient si proches le Lignon, que le Berger y pouuoit aisément atteindre du bout

A iij

de sa houlette, & le dégel auoit si fort grossi son cours, que tout glorieux & chargé des dépoüilles de ses bords, il descendoit impetueusement dans Loire. Le lieu où ils estoient assis, estoit vn tertre vn peu releué, contre lequel la fureur de l'onde en vain s'alloit rompant, soustenu par en bas d'vn rocher tout nud, couuert au dessus seulement d'vn peu de mousse. De ce lieu le Berger frappoit dans la riuiere du bout de sa houlette, dont il ne touchoit point tāt de gouttes d'eau, que de diuers pensers le venoient assaillir, qui flottans cōme l'onde, n'estoiēt point si tost arriuez qu'ils en estoient chassez par d'autres plus violents. Il n'y auoit vne seule action de sa vie, ny vne seule de ses pensées, qu'il ne r'appellast en son ame, pour entrer en conte auec elles, & sçauoir en quoy il auoit offensé: mais n'en pouuant condamner vne seule, son amitié le contraignit de luy demander l'occasion de sa colere. Elle qui ne voyoit point, ses actions, ou qui les voyant, les iugeoit toutes au desauantage du Berger, alloit rallumant son cœur d'vn plus ardant dépit, si bien que quand il voulut ouurir la bouche, elle ne luy donna pas mesme le loisir de proferer les premieres paroles, sans l'interrompre, en disant. Ce ne vous est donc pas assez, perfide & déloyal Berger, d'estre trompeur & meschant enuers la personne qui le meritoit le moins, si continuant vos infidelitez, vous ne taschiez d'abuser celle qui vous a obligé à toute sorte de franchise? Donc vous auez bien la hardiesse de soustenir ma veuë apres m'auoir tant offensee? Donc vous m'osez presenter, sans rougir, ce visage dissimulé, qui couure vne ame si double, & si parjure? Ah, va, va tromper vne autre, va perfide, & t'adresse à quelqu'vn de qui tes perfidies ne soiët point encores recogneuës, & ne pense plus de te pouuoir déguiser à moy qui ne recognois que trop, à mes dépens, les effets de tes infidelitez & trahisons. Quel deuint alors ce fidelle Berger, celuy qui a bien aimé le peut iuger, si iamais telle reproche luy a esté faite iniustement: Il tombe à ses genoux pasle & transi, plus que n'est pas vne personne morte. Est-ce, belle Bergere, luy dit-il, pour m'esprouuer, ou pour me desesperer? Ce n'est, dit-elle, ny pour l'vn ny pour l'autre: mais pour la verité, n'estant plus de besoin d'essayer vne chose si recogneuë. Ah! dit le Berger, pourquoy n'ay-je osté ce iour mal-heureux de ma vie? Il eust esté à propos pour tous deux, dit-elle, que non point vn iour, mais tous les iours que ie t'ay veu, eussent esté ostez de la tienne & de la mienne; il est vray que tes actions ont fait, que ie me treuue déchargée d'vne chose, qui ayant effet, m'eust dépleu d'auantage que ton infidelité: Que si le ressouuenir de ce qui s'est passé entre nous, (que ie desire toutesfois estre effacé) m'a encor laissé quelque pouuoir, va t'en déloyal, & garde toy bien de te faire iamais voir à moy que ie ne te le commande. Celadon voulut repliquer, mais Amour qui oyt si clairement, à ce coup luy boucha pour son mal-heur les aureilles; & par ce

A iiij

qu'elle s'en vouloit aller, il fut contraint de la retenir par sa robbe, luy disant, ie ne vous retiens pas, pour vous demander pardon de l'erreur qui m'est incogneuë, mais seulement pour vous faire voir quelle est la fin que j'eslis pour oster du monde celuy que vous faites paroistre d'auoir tant en horreur. Mais elle que la colere transportoit, sans tourner seulement les yeux vers luy, se debattit de telle furie, qu'elle échappa & ne luy laissa autre chose qu'vn ruban sur lequel par hazard il auoit mis la main. Elle le souloit porter au deuant de sa robbe pour ageacer son colet, & y attachoit quelquefois des fleurs quand la saison le luy permettoit ; à ce coup elle y auoit vne bague, que son pere luy auoit donnee. Le triste Berger la voyant partir auec tant de colere, demeura quelque temps immobile, sans presque sçauoir ce qu'il tenoit en la main, quoy qu'il y eust les yeux dessus : En fin auec vn grãd souspir, reuenãt de ceste pésee, & cognoissant ce ruban ; Soy tesmoin, dit-il, ô cher cordon, que plustost que de rompre vn seul des nœuds de mon affection, j'ay mieux aymé perdre la vie, afin que quãd ie seray mort, & que ceste cruelle te verra, peut estre sur moy, tu l'asseures qu'il n'y a riẽ au mõde qui puisse estre plus aimé que ie l'aime, ny Amãt plus mal recogneu que ie suis. Et lors se l'attachãt au bras, & baisant la bague : Et toy, dit-il, symbole d'vne entiere & parfaite amitié, soy cõtent de ne me point esloigner à ma mort, à fin que ce gage pour le moins me demeure, de celle qui m'auoit tant promis d'affection. A peine eust-il finy ces mots, que tournant les yeux du costé d'Astrée, il se jetta les bras croisez dans la riuiere.

En ce lieu, Lignon estoit tres-profond & tres-impetueux, car c'estoit vn amas de l'eau, & vn regorgement que le rocher luy faisoit faire contremont; si bien que le Berger demeura longuement auant que d'aller à fonds, & plus encore à reuenir: & lors qu'il parust, ce fust vn genoüil premier, & puis vn bras: & soudain enueloppé du tournoyement de l'onde, il fust emporté bien loin de là, dessous l'eau.

Des-ja Astrée estoit accouruë sur le bord, & voyant ce qu'elle auoit tant aymé, & qu'elle ne pouuoit encor' hayr, estre à son occasion si pres de la mort, se trouua si surprise de frayeur, que au lieu de luy donner secours elle tomba esuanouye, & si pres du bord qu'au premier mouuement qu'elle fist lors qu'elle reuint à soy, qui fust long-temps apres, elle tomba dans l'eau, en si grand danger, que tout ce que peurent faire quelques Bergers qui se treuuerent pres de là, fust de la sauuer, & auec l'ayde encores de sa robe, qui la soustenant sur l'eau, leur donna le loisir de la tirer à bord, mais tant hors d'elle-mesme, que sans qu'elle le sentit, ils la porterent en la cabane plus proche, qui se treuua estre de Philis, où quelques vnes de ses compagnes luy changerent ses habits moüillez, sans qu'elle peut parler, tant elle estoit estonnée, & pour le hazard qu'elle auoit couru, & pour la perte de Celadon; qui cependant fust emporté de l'eau auec tant de furie, que de luy mesme il alla donner sur le sec, fort loing de l'autre costé de la riuiere, entre quelques petits arbres: mais auec fort peu de signe de vie.

Aussi tost que Phillis (qui pour lors n'estoit point chez elle) sçeut l'accident arriué à sa compagne, elle se mist à courir de toute sa force: & n'eust esté que Lycidas la rencontra, elle ne se fust arrestée pour quelque autre que ç'eust esté. Encor luy dit-elle fort briefuement le danger qu'Astrée auoit couru, sans luy parler de Celadon: aussi n'en sçauoit-elle rien. Ce Berger estoit frere de Celadon, à qui le Ciel l'auoit lié d'vn nœud d'amitié beaucoup plus estroit que celuy du parentage: d'autre costé Astrée, & Phillis, outre qu'elles estoient germaines, s'aymoient d'vne si estroitte amitié qu'elle meritoit bien d'estre comparee à celle des deux freres. Que si Celadon eust de la simpathie auec Astrée, Lycidas n'eust pas moins d'inclination à seruir Phillis: ny Phillis à aymer Licidas.

De fortune, au mesme temps qu'ils arriuerent, Astrée ouurit les yeux, & certes bien chágez de ce qu'ils souloient estre, quand Amour victorieux s'y monstroit triomphant de tout ce qui les voyoit, & qu'ils voyoient. Leurs regards estoient lents & abattus, leurs paupieres pesantes & endormies, & leurs esclairs changez en larmes: larmes toutesfois qui tenant de ce cœur tout enflammé d'où elles venoient, & de ces yeux bruslants par où elles passoient, brusloient & d'amour & de pitié tous ceux qui estoient à l'entour d'elle: Quand elle apperceut sa compagne Phillis, ce fut bien lors qu'elle receut vn grand eslancement; & plus encor quād elle vit Lycidas; & quoy qu'elle ne voulut que ceux qui estoient pres d'elle recogneussent le principal sujet de son mal, si fust-elle contrainte de luy dire, que son frere s'estoit noyé en luy voulant ayder. Ce Berger à ces nouuelles fust si estonné, que sans s'arrester d'auantage il courut sur le lieu mal-heureux auec tous ces Bergers, laissant Astrée & Phillis seules, qui peu apres se mirēt à les suiure: mais si tristemēt que quoy qu'elles eussent beaucoup à dire, elles ne se pouuoient parler. Cependant les Bergers arriuez sur le bord, & jettant l'œil d'vn costé & d'autre ne trouuerent aucune marque de ce qu'ils cherchoient, sinon ceux qui coururent plus bas, qui trouuerēt fort loing son chappeau, que le courant de l'eau auoit emporté, & qui par hazard s'estoit arresté entre quelques arbres que la riuiere auoit desracinez & abatus. Ce furent là toutes les nouuelles qu'ils peurent auoir de ce qu'ils cherchoient: car pour luy il estoit desia bien esloigné, & en lieu où il leur estoit impossible de le retrouuer. Par ce qu'auāt qu'Astrée fut reuenuë de son esuanouissement, Celadon, comme j'ay dit, poussé de l'eau, donna de l'autre costé entre quelques arbres, où difficilement pouuoit-il estre veu.

Et lors qu'il estoit entre la mort & la vie, il arriua sur le mesme lieu trois belles Nymphes, dont les cheueux espars, alloient ondoyant sur les espaules, couuerts d'vne guirlande de diuerses perles: elles auoient le sein découuert, & les manches de la robe retrouffées iusques sur le coude, d'où sortoit vn linomple deslié, qui froncé venoit finir aupres de la main, où deux gros bracelets de perles sembloient le tenir attaché. Chacune auoit au costé le carquois remply de fléches & portoit en la main vn arc d'yuoire, le bas de leur robe par le deuant estoit retrouffé sur la hanche, qui laiffoit paroistre leurs brodequins dorez iusques à mi-jambe. Il sembloit qu'elles fussent venuës en ce lieu auec quelque dessein: car l'vne disoit ainsi. C'est bien icy le lieu, voicy bien le reply de la riuiere; voyez comme elle va impetueusement là haut, outrageant le bord de l'autre costé, qui se rompt & tourne tout court en çà. Considerez ceste touffe d'arbres, c'est sans doute celle qui nous a esté representée dans le miroir. Il est vray, disoit la premiere; mais il n'y a encor' gueres d'apparence en tout le reste: & me semble que voicy vn lieu assez escarté pour trouuer ce que nous y venons chercher. La troisiesme qui n'auoit point encore parlé; Si y a-t'il bien, dit-elle, quelque apparence en ce qu'il vous a dit, puis qu'il vous a si bien representé ce lieu, que ie ne croy point qu'il y ait icy vn arbre que vous n'ayez veu dans le miroir: Auec semblables mots, elles approcherét si pres de Celadon que quelques fueilles seulement le leur cachoient. Et parce qu'ayant remarqué toute chose particulierement, elles recogneurent que c'estoit-là sans doute le lieu qui leur auoit esté monstré, elles s'y assirent, en deliberatiō de voir si la fin seroit aussi veritable que le cōmencement: mais elles ne se furent si tost baissées, pour s'asseoir que la principale d'entr'elles apperçeut Celadon; & parce qu'elle croyoit que ce fust vn Berger endormy, elle estendit les mains de chaque costé sur ses compagnes; puis sans dire mot, mettant le doigt sur la bouche, leur monstra de l'autre main entre ces petits arbres, ce qu'elle voyoit, & se leua le plus doucement qu'elle peust pour ne l'esueiller, mais le voyāt de plus pres elle le creut mort; car il auoit encor les jambes en l'eau, le bras droit mollement estendu par dessus la teste, le gauche à demy tourné par derriere, & comme engagé sous le corps, le col faisoit vn ply en auāt pour la pesanteur de la teste, qui se laissoit aller en arriere : la bouche à demy entre-ouuerte, & presque pleine de sablon, degouttoit encore de tous costez : le visage en quelques lieux esgratigné & soüillé ; les yeux à moitié clos : & les cheueux, qu'il portoit assez longs, si moüillez que l'eau en couloit comme de deux sources le long de ses joües, dont la viue couleur estoit si effacee qu'vn mort ne la point d'autre sorte: le milieu des reins estoit tellement auancé, qu'il sembloit rompu, & cela faisoit paroistre le ventre plus enflé, quoy que remply de tant d'eau il le fust assez de luy-mesme. Ces Nymphes le voyāt en cest estat en eurent pitié, & Leonide qui auoit parlé la premiere, comme plus pitoyable & plus officieuse, fust la premie-

re qui le prist sous le corps pour le tirer à la riue.
A mesme instant l'eau qu'il auoit aualée ressortoit en telle abõdance que la Nymphe le trouuant encore chaud, eust opinion qu'on le pourroit sauuer. Lors Galathée, qui estoit la principale, se tournant vers la derniere qui le regardoit sans leur ayder: Et vous, Siluie, luy ditelle, que veut dire, ma mignonne, que vous estes si faineante: mettez la main à l'œuure, si ce n'est pour soulager vostre compagne, pour la pitié au moins de ce pauure Berger? Ie m'amusois, dit-elle, Madame, à considerer que quoy qu'il soit bien changé, il me semble que ie le recognois; Et lors se baissant elle le prist de l'autre costé, & le regardant de plus pres: Pour certain, dit-elle, ie ne me trompe pas; c'est celuy que ie veux dire, & certes il merite bié que vous le secouriez: car outre qu'il est d'vne des principales familles de ceste côtrée, encor a-t-il tant de merites que la peine y sera bien employée. Cependant l'eau sortoit en telle abondance que le Berger estant fort allegé, commença à respirer, non toutesfois qu'il ouurit les yeux, ny qu'il reuint entierement. Et par ce que Galathée eust opinion que c'estoit cestuy-cy dont le Druide luy auoit parlé, elle mesme commença d'ayder à ses compagnes, disant qu'il le falloit porter en son Palais d'Isoure, où elles le pourroiẽt mieux faire secourir. Et ainsi, non point sans peine elles le porterẽt jusques où le petit Meril gardoit leur chariot, sur lequel montant toutes trois, Leonide fust celle qui les guida, & pour n'estre

veuës auec ceste proye par les gardes du Palais, elles allerent descendre à vne porte secrette.

Au mesme temps, qu'elles furent parties, Astrée reuenant de son esuanoüissement tomba dans l'eau, comme nous auons dit, si bien que Lycidas, ny ceux qui vindrent chercher Celadon, n'en eurent autres nouuelles que celles que j'ay dittes. Par lesquelles Lycidas n'estant, que trop asseuré de la perte de son frere, s'en reuenoit pour se plaindre auec Astrée de leur commun desastre. Elle ne faisoit que d'arriuer sur le bord de la riuiere, où cõtrainte du déplaisir elle s'estoit assise autãt pleine d'ennuy & d'estõnement, qu'elle l'auoit peu auparauãt esté d'inconsideration, & de jalousie. Elle estoit seule, car Phillis voyant reuenir Lycidas, estoit allé chercher des nouuelles cõme les autres. Ce Berger arriuãt, & de lassitude, & de desir de sçauoir cõme ce malheur estoit auenu, s'assit pres d'elle, & la prenant par la main, luy dit. Mon Dieu, belle Bergere, quel malheur est le nostre! Ie dis le nostre : car si j'ay perdu vn frere, vous auez aussi perdu vne personne qui n'estoit point tãt à soy-mesme qu'à vous. Ou qu'Astrée fut entétiue ailleurs, ou que ce discours luy ennuyast, elle n'y fit point de respõce, dont Lycidas estõné cõme par reproche continua : est-il possible, Astrée, que la perte de ce miserable fils, (car tel le nõmoit-elle) ne vous touche l'ame assez viuement, pour vous faire accõpagner sa mort au moins de quelques larmes ? S'il ne vous auoit point aymée, ou que ceste amitié vous fut incogneuë, ce seroit chose suportable de ne vou voir ressentir dauantage son mal-heur, mais puis que vous ne pouuez ignorer qu'il ne vous ait aymée plus que luy-mesme, c'est chose cruelle, Astree, croyez-moy, de vous voir aussi peu esmeuë que si vous ne le cognoissiez point.

La Bergere tourna alors le regard tristement vers luy, & apres l'auoir quelque temps consideré elle luy respondit. Berger, il me déplaist de la mort de vostre frere, non pour amitié qu'il m'ait portée, mais d'autant qu'il auoit des conditions d'ailleurs, qui peuuent bien rendre sa perte regretable : car quant à l'amitié dont vous parlez, elle a esté si commune aux autres Bergeres mes compagnes, qu'elles en doiuent (pour le moins) auoir autant de regret que moy! Ah ingrate Bergere (s'escria incontinent Lycidas) ie tiendray le Ciel pour estre de vos complices, s'il ne punit ceste injustice en vous! Vous auez peu croire, celuy inconstant, à qui le courroux d'vn pere, les inimitiez des parens, les cruautez de vostre rigueur, n'ont peu diminuer la moindre partie de l'extréme affection, que vous ne sçauriez feindre de n'auoir mille, & mille fois recogneuë en luy trop clairement? Vrayement celle-cy est bien vne mécognoissance, qui surpasse toutes les plus grandes ingratitudes, puis que ses actions, & ses seruices n'ont peu vous rendre asseurée d'vne chose dont personne que vous ne doute plus ? Aussi respondit Astrée ny auoit-il personne à qui elle touchast comme à moy. Elle le deuoit

certes

certes (repliqua le Berger) puis qu'il estoit tan
à vous, que ie ne sçay, & si fay, ie le sçay, qu'i
eust plustost des-obey aux grands Dieux qu'à la
moindre de vos volontez. Alors la Bergere en
colere luy respõdit: Laissons ce discours, Lycidas, & croyez-moy qu'il n'est point à l'auantage de vostre frere, mais s'il m'a trompée, & lais-
see auec ce desplaisir de n'auoir plustost sçeu
recognoistre ses tromperies, & finesses, il s'en
est allé, certes, auec vne belle despoüille, & de
belles marques de sa perfidie. Vous me rendez
(repliqua Lycidas) le plus estonné du monde:
En quoy auez vous recogneu ce que vous luy
reprochez? Berger, adiousta Astrée, l'histoire
en seroit trop longue & trop ennuyeuse: contentez vous, que si vous ne le sçauez, vous estes
seul en cette ignorance, & qu'en toute ceste riuiere de Lignon, il n'y a Berger qui ne vous die
que Celadõ aymoit en mille lieux: & sans aller
plus loin, hyer j'ouys de mes oreilles mesmes,
les discours d'amour qu'il tenoit à son Aminthe, car ainsi la nommoit-il, ausquels ie me fusse arrestée plus long-temps, n'eust esté que sa
honte me desplaisoit, & que pour dire le vray,
j'auois d'autres affaires ailleurs qui me pressoiẽt
d'auantage. Lycidas alors comme transporté
s'escria, je ne demande plus la cause de la mort
de mon frere, c'est vostre jalousie Astrée, & jalousie fondée sur beaucoup de raisõ, pour estre
cause d'vn si grand mal-heur. Helas Celadon,
que je voy bien reüssir à ceste heure vrayes les
propheties de tes soupçons, quãd tu disois que

B

ceste feinte te donnoit tant de peine qu'elle te
cousteroit la vie: mais encore ne cognoissois-tu
pas, de quel costé ce mal-heur te deuoit aduenir: puis s'adressant à la Bergere: Est-il croyable,
dit-il, Astrée, que ceste maladie ait esté si grande qu'elle vous ait fait oublier les commandemens que vous luy auez faits si souuent? Si seray-je bien tesmoin de cinq ou six fois pour le
moins qu'il se mit à genoux deuant vous, pour
vous supplier de les reuoquer; vous souuient-il
point que quand il reuint d'Italie, ce fut vne de
vos premieres ordonnances, & que dedans ce
rocher, où depuis si souuent ie vous vis ensemble, il vous requist de luy ordonner de mourir,
plustost que de feindre d'en aymer vne autre?
Mon astre, vous dit-il, (ie me ressouuiédray toute ma vie des mesmes paroles) ce n'est point
pour refuser: mais pour ne pouuoir obseruer ce
cōmandement, que ie me jette à vos pieds, &
vous supplie que pour tirer preuue de ce que
vous pouuez sur moy, vous me cōmandiez de
mourir, & non point de seruir cōme que ce soit
autre qu'Astrée. Et vous luy respondites: Mon
fils, je veux ceste preuue de vostre amitié, & nō
point vostre mort qui ne peut estre sans la miēne: car outre que je sçay que celle-cy vous est
la plus difficile, encore nous r'apportera-t'elle
vne commodité que nous deuons principalement rechercher, qui est de clorre & les yeux
& la bouche aux plus curieux & aux plus mé-
disans: S'il vous repliqua plusieurs fois, & s'il
en fit tous les refus que l'obeïssance (à quoy son

affection l'obligeoit enuers vous) luy pouuoit permettre, je m'en remets à vous-mesme, si vous voulez vous en ressouuenir: tant y a que je ne croy point qu'il vous ait jamais desobeye, que pour ce seul sujet; & à la verité ce luy estoit vne contrainte si grande, que toutes les fois qu'il reuenoit du lieu, où il estoit contraint de feindre, il falloit qu'il se mit sur vn lict, comme reuenant de faire vn tres-grand effort: & lors il s'arresta pour quelque temps, & puis il reprit ainsi. Or sus Astrée, mon frere est mort: s'en est fait, quoy que vous en croyez, ou mécroyez, ne luy peut r'apporter bien ny mal, de sorte que vous ne deuez plus peser que ie vous en parle en sa consideration: mais pour la seule verité, toutefois ayez-en telle croyance qu'il vous plaira, si vous jureray-je qu'il n'y a point deux jours que je le trouuay grauant des vers sur l'escorce de ces arbres, qui sont par delà la grãde prairie, à main gauche du bié, & m'asseure que si vous y daignez tourner les yeux vous remarquerez que c'est luy qui les y a couppez: car vous recognoissez trop bien ses caracteres, si ce n'est qu'oublieuse de luy, & de ses seruices passez, vous ayez de mesme perdu la memoire de tout ce qui le touche: mais je m'asseure, que les Dieux ne le permettront pour sa satisfactiõ, & pour vostre punitiõ: les vers sont tels

MADRIGAL.

E pourray bien dessus moy-mesme
Quoy que mon amour soit extresme,

Obtenir encore ce poinct,
De dire que ie n'ayme point.

 Mais feindre d'en aymer vn'autre,
Et d'en adorer l'œil vainqueur,
Comme en effet ie fay le vostre,
Ie n'en sçaurois auoir le cœur.

 Et s'il le faut, ou que ie meure,
Faites moy mourir de bonne-heure.

Il peut y auoir sept ou huit iours, qu'ayant esté contraint de m'en aller, pour quelque temps sur les riues de Loire, pour response il m'escriuit vne lettre que je veux que vous voyez, & si en la lisant vous ne cognoissez son innocence, ie veux croire qu'auec vostre bonne volonté vous auez perdu pour luy toute espece de iugement ; Et lors la prenant en sa poche, la luy leut : Elle estoit telle.

RESPONCE DE CELADON
A LYCIDAS.

NE t'enquiers plus de ce que ie fais, mais sçache que ie continuë tousiours en ma peine ordinaire. Aymer, & ne l'oser faire paroistre, n'aymer point, & iurer le contraire, cher frere, c'est tout l'exercice ou plustost le supplice de ton Celadon. On dit que deux contraires ne peuuent en mesme temps estre en mesme lieu,

toutesfois la vraye & la feinte amitié, sont
d'ordinaire en mes actions: mais ne t'en eston̄e
point, car ie suis contraint à l'vn par la perfection, & à l'autre par le commandement de mon
Astre. Que si ceste vie te semble estrange, res-
souuiens-toy, que les miracles sont les œuures
ordinaires des Dieux, & que veux-tu que ma
Déesse cause en moy que des miracles?

Il y auoit long-temps qu'Astrée n'auoit rien
respondu, par-ce que les paroles de Lycidas la
mettoient presque hors d'elle-mesme. Si est-
ce que la jalousie qui retenoit encore quelque
force en son ame, luy fist prendre ce papier, cōme estant en doute, que Celadon l'eust escrit.
Et quoy qu'elle recogneust, que vrayement
c'estoit luy, si disputoit-elle le contraire en son
ame, suyuant la coustume de plusieurs personnes qui veulent tousiours fortifier comme que
ce soit leur opinion. Et presque au mesme
temps plusieurs Bergers arriuerent de la queste de Celadon, où ils n'auoient trouué autre
marque de luy que son chappeau, qui ne fut à la
triste Astrée qu'vn grand renouuellemēt d'ennuy. Et par-ce qu'elle se ressouuint d'vne cachette qu'amour leur auoit fait inuenter, &
qu'elle n'eust pas voulu estre recogneuë; elle
fit signe à Phillis de le prēdre; & lors chacun se
mist sur les regrets, & sur les loüages du pauure
Berger, & n'en y eut vn seul qui n'en racontast
quelque vertueuse action; elle sans plus, qui le

B iij

ressentoit dauantage, estoit contrainte de demeurer muette, & de le monstrer le moins,
„ sçachant bien que la souueraine prudence en
„ amour est de tenir son affection cachée, ou pour
„ le moins de n'en faire jamais rien paroistre inu-
„ tilement. Et parce que la force qu'elle se faisoit en cela estoit tresgrande, & qu'elle ne pouuoit la supporter plus longuement, elle s'aprocha de Phillis, & la pria de ne la point suiure, afin que les autres en fissent de mesme, & luy prenant le chappeau qu'elle tenoit en sa main, elle partit seule & se mist à suiure le sentier par où ses pas sans election la guidoiët. Il n'y auoit guere Berger en la trouppe, qui ne sçeust l'affectiō de Celadon, par-ce que ses parents par leurs contrarietez, l'auoiët découuerte plus que ses actiōs: mais elle s'y estoit cōduitte auec tant de discretion que hormis Semyre, Lycidas & Phillis, il n'en y auoit point qui sceust la bonne volonté qu'elle luy portoit, & encore que l'on cogneut bien que ceste perte l'affligeoit, si l'attribuoit-on plustost à vn bon naturel, qu'à vn amour (tant profite la bonne opinion que l'on a d'vne personne:) cependant elle continuoit son chemin, le long duquel mille pensers, ou plustost mille desplaisirs la talōnoient pas à pas, de telle sorte que quelquefois douteuse, d'autrefois asseurée de l'affection de Celadon, elle ne sçauoit si elle le deuoit plaindre, ou se plaindre de luy. Si elle se ressouuenoit de ce que Lycidas luy venoit de dire, elle le jugeoit innocent: que si les paroles qu'elle luy auoit ouy tenir aupres de la

Bergere Amynthe, luy reuenoiét en la memoire, elle le condamnoit comme coulpable. En ce labyrinthe de diuerses pésées, elle alla longuemét errát par ce bois, sans nulle électió de chemin, & par fortune, ou par le vouloir du Ciel, qui ne pouuoit souffrir que l'innocéce de Celadó demeurast plus longuemét douteuse en son ame, ses pas la conduisirent sans qu'elle y pensat le long du petit ruisseau entre les mesmes arbres où Lycidas luy auoit dit que les vers de Celadó estoiét grauez. Le desir de sçauoir s'il auoit dit vray, eust bien eu assez de pouuoir en elle pour les luy faire chercher fort curieusement, encore qu'ils eussent esté fort cachez: mais la coupure qui estoit encore toute fraische les luy descouurit assez tost. O Dieu cóme elle les recogneut pour estre de Celadon, & cóme promptement elle y courut pour les lire: mais cóbien viuemét luy touchereht-ils l'ame? Elle s'assit en terre, & mettát en son giron le chappeau & la lettre de Celadon, elle demeura quelque téps les mains jointes ensemble, & les doigts serrez l'vn dans l'autre, tenát les yeux sur ce qui luy restoit de son Berger, & voyant que le chappeau grossissoit à l'endroit où il auoit accoustumé de mettre ses lettres, quád il vouloit les luy dóner secrettement, elle y porta curieusemét la man, & passant les doigts dessous la doubleure, rencontra le feutre apiecé, duquel destachant la gance, elle en tira vn papier que ce jour mesme Celadon y auoit mis. Ceste finesse fut inuentée entre-eux, lors que la mal-vueillance de leurs

B iiij

peres les empeschoit de se pouuoir parler: car feignāt de se jetter par jeu ce chappeau, ils pouuoient aisément receuoir & dōner leurs lettres: toute tremblante elle sortit celle-cy hors de sa petite cachette, & toute hors de soy apres l'auoir despliée elle y jetta la veuë pour la lire: mais elle auoit tellement esgaré les puissances de son ame, qu'elle fut contrainte de se frotter plusieurs fois les yeux auant que de le pouuoir faire; en fin elle leur tels mots.

LETTRE DE CELADON A LA BERGERE ASTREE.

Mon Astre, si la dissimulation à quoy vous me contraignez, est pour me faire mourir de peine, vous le pouuez plus ayséměnt d'vne seule parole: si c'est pour punir mon outrecuidāce, vous estes iuge trop doux, de m'ordōner vn moindre supplice que la mort. Que si c'est pour esprouuer quelle puissance vous auez sur moy, pour quoy n'ē recherchez vous vn tesmoignage plus prōpt que celui-ci, de qui la longueur vous doit estre ennuyeuse: car ie ne sçaurois pēser que ce soit pour celer nostre dessein, cōme vous dites, puis que ne pouuāt viure en telle cōtrainte, ma mort sans doute en dōnera assez prōpte, & déplorable cognoissance. Iugez donc, mon bel Astre, que c'est assez enduré, & qu'il est déjormais tēps que vous me permettiez de faire le personnage de Celadon, ayāt si longuemēt, & auec tant de peine, representé celuy de la personne du monde, qui luy est la plus contraire.

O quels cousteaux tranchans furent ces paroles en son ame, lors qu'elles luy remirent en memoire le commandement qu'elle luy auoit fait, & la resolution qu'ils auoient prise de cacher par ceste dissimulation leur amitié! mais voyez quels sont les enchantemens d'Amour: elle receuoit vn déplaisir extréme de la mort de Celadon, & toutesfois elle n'estoit point sans quelque contentement au milieu de tant d'ennuis, cognoissant que veritablement il ne luy auoit point esté infidelle, & dés qu'elle en fut certaine, & que tant de preuues eurent esclarcy les nuages de sa jalousie, toutes ces considerations se joignirent ensemble, pour auoir plus de force à la tourmenter: de sorte que ne pouuāt recourre à autre remede qu'aux larmes, tant pour plaindre Celadon, que pour pleurer sa perte propre, elle donna commancement à ses regrets, auec vn ruisseau de pleurs, & puis de cent pitoyables, helas! interrompant le repos de son estomac, d'infinis sanglots le respirer de sa vie, & d'impitoyables mains outrageant ses belles mains mesmes, elle se ramenteut la fidelle amitié qu'elle auoit auparauāt recogneuë en ce Berger, l'extremité de son affection, & le desespoir où l'auoit poussé si

LIVRE PREMIER DE LA
promptement la rigueur de sa responce: & puis
se representant le temps heureux qu'il l'auoit
seruie, les plaisirs & contentemens que l'honnesteté de sa recherche luy auoit rapportez, &
quel commencement d'ennuy elle ressentoit
desia par sa perte, encore qu'elle le trouuast tres
grand, si ne le iugeoit elle égal à son imprudence, puis que le terme de tant d'annees luy deuoit donner assez d'asseurance de sa fidelité.

D'autre costé Lycidas qui estoit si mal satisfait d'Astrée, qu'il n'en pouuoit presque auec
patience souffrir la pensee, se leua d'auprés de
Phillis, pour ne dire chose contre sa compagne
qui luy depleust, & partit l'estomach si enflé,
les yeux si couuerts de larmes, & le visage si
changé, que sa Bergere le voyant en tel estat, &
donnant à ce coup quelque chose à son amitié,
le suiuit sans craindre ce qu'on pourroit dire
d'elle. Il alloit les bras croisez sur l'estomac, la
teste baissee, le chappeau enfoncé, mais l'ame
encor plus plongée dans la tristesse. Et par ce
que la pitié de son mal obligeoit les Bergers qui
l'aymoient à participer à ses ennuis, Ils alloient
suiuant, & plaignant apres luy, mais ce pitoyable office ne luy estoit qu'vn rengregement de
,, douleur. Car l'extréme ennuy a cela, que la
,, solitude doit estre son premier appareil, par ce
,, qu'en compagnie l'ame n'ose librement pous-
,, ser dehors les venins de son mal, & iusques à ce
,, qu'elle s'en soit déchargée, elle n'est capable
,, des remedes de la consolation. Estant en ceste
peine, de fortune ils rencontrerent vn jeune

Berger couché de son long sur l'herbe, & deux Bergeres aupres de luy. L'vne luy tenant la teste en son giron, & l'autre joüant d'vne harpe, cependant qu'il alloit souspirant tels vers, les yeux tendus contre le Ciel, les mains jointes sur son estomach, & le visage tout couuert de larmes.

STANCES SVR LA MORT DE CLEON.

LA beauté que la mort en cendre a fait resoudre
La dépoüillant si tost de son humanité,
Passa comme vn esclair, & brusla comme vn foudre
Tant elle eust peu de vie, & beaucoup de beauté.

Ces yeux jadis auteurs des douces entreprises,
Des plus cheres Amours sont à iamais fermez,
Beaux yeux qui furent pleins de tant de mignardises
Qu'on ne les vit iamais sans qu'ils fussent aimez.

S'il est vray, la beauté d'entre nous est rauie,
Amour pleure vaincu qui fut tousiours vaincueur,
Et celle qui donnoit à mile cœurs la vie,
Est morte, si ce n'est qu'elle viue en mon cœur.

Et quel bien desormais peut estre desirable,
Puis que le plus parfait est le plustost rauy ?
Et qu'ainsi que du corps l'ombre est inseparable,
Il faut qu'vn bien tousiours soit d'vn mal-heur suiuy ?

Il semble, ma Cleon, que vostre destinee,
Ayt dés son Orient vostre iour acheué,
Et que vostre beauté morte aussi tost que nee
Au lieu de son berceau son cercueil ait trouué.

Non, vous ne mourez pas, mais c'est plustost moy-mesme
Puis que viuant ie fus de vous seule animé :

Et si l'Amant a vie en la chose qu'il aime,
Vous reuiuez en moy m'ayant tousiours aimé.
Que si ie vis Amour veut donner cognoissance,
Que mesme sur la mort il a commandement,
Ou comme estant vn Dieu pour monstrer sa puissance,
Et sans ame & sans cœur faire viure vn Amant.
Mais Cleon, si du Ciel l'ordonnance fatale
D'vn trépas inhumain vous fait sentir l'effort,
Amour à vos destins rend ma fortune égale,
Vous mourez par mõ dueil, & moy par vostre mort.
Ie regrettois ainsi mes douleurs immortelles,
Sans que par mes regrets la mort pust s'attendrir,
Et mes deux yeux changez en sources eternelles,
Qui pleureyent mon mal ne sceurent l'amoindrir.
Quand Amour auec moy d'vne si belle morte,
Ayant plaint le mal-heur qui cause mes trauaux,
Sechons, dit-il, nos yeux, pleignons d'vne autre sorte,
Aussi bien tous les pleurs sont moindres que nos
(maux.

LYCIDAS & Phillis eussent bien eu assez de curiosité pour s'enquerir de l'ennuy de ce Berger, si le leur propre le leur eust permis; mais voyant qu'il auoit autant de besoin de consolation qu'eux, ils ne voulurent adiouster le mal d'autruy au leur, & ainsi laissant les autres Bergers attentifs à l'escouter, ils continuerent leur chemin sans estre suiuis de personne, pour le desir que chacun auoit de sçauoir qui estoit cette trouppe incogneuë. A peine estoit party, Lycidas qu'ils ouyrent d'assez loin vne autre voix, qui sembloit de s'approcher d'eux, & la voulant escouter, ils furent empeschez par la

Bergere qui tenoit la teste du Berger dans son giron, auec telles plaintes. Et bien cruel? Et bien Berger sans pitié? jusques à quand ce courage obstiné, s'endurcira t'il à mes prieres? jusques à quand as tu ordonné que ie sois dédaignee pour vne chose qui n'est plus? & que pour vne morte ie sois priuee de ce qui luy est inutile? Regarde Tyrcis, regarde Idolatre des morts, & ennemy des viuants, quelle est la perfection de mon amitié, & apprens quelquesfois, apprens à aimer les personnes qui viuent, & non pas celles qui sont mortes, qu'il faut laisser en repos apres le dernier à Dieu, & non pas en troubler les cendres bien-heureuses par des larmes inutiles, & prens garde si tu continuës, de n'attirer sur toy la vengeance de ta cruauté, & de ton injustice.

Le Berger alors sans tourner les yeux vers elle, luy respondit froidement. Pleust à Dieu, belle Bergere, qu'il me fust permis de vous pouuoir satisfaire par ma mort: car pour vous oster, & moy aussi de la peine où nous sommes, ie la cherirois plus que ma vie: mais puisque comme si souuent vous m'auez dit, ce ne seroit que rengreger vostre mal, Ie vous supplie Laonice rentrez en vous mesme, & considerez combien vous auez peu de raison, de vouloir deux fois faire mourir ma chere Cleon. Il suffit bien (puis que mon mal-heur l'a ainsi voulu) qu'elle ait vne fois payé le tribut de son humanité; que si apres sa mort elle est venu reuiure en moy par la force de mon amitié: Pourquoy

LIVRE PREMIER DE LA
cruelle, la voulez-vous faire remourir par l'oubly qu'vne nouuelle amour cauſeroit en mon ame? Non, non, Bergere: Vos reproches n'auront iamais tant de force en moy, que de me faire conſentir à vn ſi mauuais conſeil; d'autant que ce que vous nommez cruauté, ie l'appelle fidelité, & ce que vous croyez digne de punition, ie l'eſtime meriter vne extréme loüange. Ie vous ay dit, qu'en mon cercueil la memoire de ma Cleó viura parmy mes os, ce que ie vous ay dit, ie l'ay mille fois iuré aux Dieux immortels, & à ceſte belle ame qui eſt auecques eux! & croiriez vous qu'ils laiſſaſſent impuny Tyrçis, ſi oublieux de ſes ſerments il deuenoit infidele? Ah! que ie voye pluſtoſt le Ciel pleuuoir des foudres ſur mon chef, que iamais j'offence ny mon ſerment ny ma chere Cleon: Elle vouloit repliquer, lors que le Berger qui alloit chantant les interrompit, pour eſtre deſia trop pres d'eux auec tels vers.

CHANSON DE L'INCONSTANT HYLAS.

SI l'on me dédaigne, ie laiſſe
La cruelle auec ſon dédain,
Sans que i'attende au lendemain,
De faire nouuelle maiſtreſſe:
C'eſt erreur de ſe conſumer
A ſe faire par force aymer.

Le plus souuent ces tant discrettes
Qui vont nos amours mesprisant,
Ont au cœur vn feu plus cuisant:
Mais les flames en sont secrettes:
Que pour d'autres nous allumons,
Ce pendant que nous les aimons.

Le trop fidele opiniastre,
Qui deceu de sa loyauté,
Aime vne cruelle beauté:
Ne semble-t'il point l'idolastre,
Qui de quelque idole impuissant
Iamais le secours ne ressant?

On dit bien que qui ne se lasse
De longuement importuner,
Par force en fin se fait donner:
Mais c'est auoir mauuaise grace,
Quoy qu'on puisse auoir de quelqu'vn,
Que d'estre tousiours importun.

Voyez les, ces Amants fidelles,
Ils sont tousiours pleins de douleurs,
Les souspirs, les regrets, les pleurs
Sont leurs contenances plus belles,
Et semble que pour estre Amant,
Il faille plaindre seulement.

Celuy doit il s'appeller homme,
Qui l'honneur de l'homme étouffant,
Pleure tout ainsi qu'vn enfant,
Pour la perte de quelque pomme:
Ne faut-il pluſtoſt le nommer,
Vn fol qui croiſt de bien aymer?

Moy qui veux fuïr ces ſottiſes,
Qui ne donnent que de l'ennuy,
Sage par le mal-heur d'autruy,
I'vſe touſiours de mes franchiſes:
Et ne puis eſtre mécontant,
Que l'on m'en appelle inconſtant.

A ces derniers vers ce Berger ſe trouua ſi proche de Tyrcis, qu'il peuſt voir les larmes de Laonice: & par ce qu'encores qu'eſtrangers, ils ne laiſſoient de ſe cognoiſtre, & de s'eſtre deſia pratiquez quelque temps par les chemins: Ce Berger ſçachant quel eſtoit l'ennuy de Laonice & de Tyrcis, s'adreſſa d'abord à luy de ceſte ſorte. O Berger deſolé (car à cauſe de ſa triſte vie, c'eſtoit le nom que chacun luy donnoit) ſi j'eſtois comme vous, que ie m'eſtimerois mal-heureux! Tyrcis l'oyant parler, ſe releua pour luy reſpondre. Et moy, luy dit-il, Hylas! ſi j'eſtois en voſtre place, que ie me dirois infortuné! S'il me falloit plaindre, adiouſta ceſtuy-cy, autant que vous pour toutes les Maiſtreſſes que j'ay perduës, j'aurois à plaindre plus longue-

longuement que ie ne sçaurois viure. Si vous faisiez comme moy, respondit Tyrcis, vous n'en auriez à plaindre qu'vne seule. Et si vous faisiez comme moy, repliqua Hylas, vous n'en plaindriez point du tout. C'est en quoy, dit le desolé, ie vous estime miserable : car si rien ne peut estre le prix d'Amour que l'Amour mesme, vous ne fustes jamais aymé de personne, puis que vous n'aymastes iamais ; & ainsi vous pouez bien marchander plusieurs amitiez, mais non pas les acheter, n'ayant pas la monnoye dont telle marchandise se paye. Et à quoy cognoissez vous, respondit Hylas, que ie n'aime point ? Ie le cognois, dit Tyrcis, à vostre perpetuel changement. Nous sommes, dit-il, d'vne bien differente opinion, car j'ay tousiours creu que l'ouurier se rédoit plus parfait, plus il exerçoit souuent le mestier dont il faisoit profession. Cela est vray respondit Tyrcis, quand on suit les regles de l'art, mais quand on fait autrement, il auient comme à ceux qui s'estant fouruoyez, plus ils marchent, & plus ils s'esloignent de leur chemin. Et c'est pourquoy tout ainsi que la pierre qui roulle continuellement, ne se reuestit iamais de mousse, mais plustost d'ordure & de salleté : de mesme vostre legereté se peut bien acquerir de la honte, mais non iamais de l'Amour. Il faut que vous sçachiez, Hylas, que les blesseures d'Amour, sont de telle qualité que iamais elles ne guerissent. Dieu me garde, dit Hylas, d'vn tel blesseur. Vous auez raison, repliqua Tyrcis, car si à chaque fois que vous auez

LIVRE PREMIER DE LA
esté blessé d'vne nouuelle beauté, vous auiez receu vne playe incurable, ie ne sçay si en tout vostre corps il y auroit plus vne place saine, mais aussi vous estes priué de ces douceurs, & de ces felicitez, qu'Amour donne aux vrays Amants, & cela miraculeusement (comme toutes ses autres actions) par la mesme blesseure qu'il leur a faite: que si la langue pouuoit bien exprimer, ce que le cœur ne peut entierement gouster, & qu'il vous fust permis d'ouïr les secrets de ce Dieu, ie ne croy pas que vous ne voulussiez renoncer à vostre infidelité. Hylas alors en sous-riant: Sans mentir (dit-il) vous auez raison Tyrcis, de vous mettre du nombre de ceux qu'Amour traitte bien. Quand à moy, s'il traitte tous les autres comme vous, ie vous en quitte de bon cœur ma part, & pouuez garder tout seul vos felicitez, & vos contentemens, & ne craignez que ie les vous enuie. Il y a plus d'vn moys, que nous sommes presque d'ordinaire ensemble; mais marquez-moy le iour, l'heure, ou le moment, où j'ay peu voir vos yeux sans l'agreable compagnie de vos larmes, & au contraire dites auec verité, le iour, l'heure, & le moment où vous m'auez seulement ouy souspirer pour mes Amours: tout homme qui n'aura point le goust peruerty comme vous le sens, ne trouuera-t'il les douceurs de ma vie plus agreables & aymables, que les amertumes ordinaires de la vostre, & se tournant vers la Bergere qui s'estoit plainte de Tyrcis. Et vous insensible Bergere, ne reprendrez vous iamais as-

sez de courage pour vous deliurer de la tyrānie
où ce dénaturé Berger vous fait viure? voulez-
vous par vostre patience vous rendre complice
de sa faute? Ne cognoissez-vous pas qu'il fait
gloire de vos larmes, & que vos supplications
l'esleuent à telle arrogāce, qu'il luy semble que
vous luy estes trop obligee quand il les escoute
auec mépris? La Bergere auec vn grand, helas!
luy respondit. Il est fort aisé, Hylas, à celuy qui
est sain de conseiller le malade, mais si tu estois
en ma place, tu cognoistrois que c'est en vain
que tu me donnes ce conseil, & que la douleur
me peut bien oster l'ame du corps, mais non
pas la raison chasser de mō ame ceste trop forte
passion. Que si cest aimé Berger vse enuers moy
de tyrannie, il peut encores traitter auec beaucoup plus absoluë puissance, quand il luy plaira,
ne pouuant vouloir d'auātage sur moy, que son
authorité ne s'estende beaucoup plus outre.
Laissons donc là tes conseils, Hylas, & cesse tes
reproches, qui ne peuuent que rengreger mon
mal sans espoir d'alegeance: car ie suis tellement toute à Tyrcis, que ie n'ay pas mesme ma
volonté. Comment (dit le Berger) vostre volonté n'est pas vostre? & que sert-il donc de
vous aymer, & seruir? cela mesme respondit
Laonice, que me sert l'amitié & le seruice que
ie rends à ce Berger. C'est à dire, repliqua Hylas,
que ie perds mon tēps & ma peine, & que vous
racontant mon affection, ce n'est qu'esueiller
en vous les paroles dōt apres vous vous seruez
en parlant à Tyrcis? Que veux-tu, Hylas, luy dit-

elle en souspirant, que ie te responde là dessus, sinon qu'il y a long temps que ie vay pleurant ce mal-heur, mais beaucoup plus en ma consideration qu'en la tienne. Ie n'en doute point, dit Hylas, mais puis que vous estes de ceste humeur, & que ie puis plus sur moy, que vous ne pouuez sur vous, touchez la Bergere, dit-il, luy tendant la main, ou donnez moy congé, ou receuez le de moy, & croyez qu'aussi bien, si vous ne le faites, ie ne laisseray pas de me retirer, ayāt trop de honte de seruir vne si pauure Maistresse. Elle luy respondit assez froidement; ny toy, ny moy, n'y ferons pas grande perte, pour le moins ie t'asseure bien que celle là ne me fera iamais oublier le mauuais traittement que ie reçois de ce Berger. Si vous auiez, luy respondit-il, autant de cognoissance de ce que vous perdez, en me perdant, que vous monstrez peu de raison en la poursuitte que vous faites, vous me plaindriez plus que vous ne souhaittez l'affection de Tyrcis: mais le regret que vous aurez de moy sera bien petit, s'il n'égale celuy que j'ay pour vous, & lors il chanta tels vers en s'en allant.

SONNET.

Puis qu'il faut arracher la profonde racine,
Qu'Amour en vous voyant me planta dans le (cœur,
Et que tant de desir auec tant de longueur,
Ont si soigneusement nourrie en ma poitrine.

Puis qu'il faut que le temps qui vid son origine,
Triomphe de sa fin, & s'en nomme vainqueur,

Faisons vn beau dessein, & sans viure en langueur,
Ostons-en tout d'vn coup, & la fleur & l'espine.

Chassons tous ces desirs, esteignons tous ces feux,
Rompons tous ces liens, serrez de tant de nœuds,
Et prenons de nous-mesme vn congé volontaire.

Nous le vaincrons ainsi, cest Amour indompté,
Et ferons sagement de nostre volonté,
Ce que le temps en fin nous forceroit de faire.

Si ce Berger fust venu en ce pays, en vne saison moins fascheuse, il y eust trouué sans doute plus d'amis, mais l'ennuy de Celadon, dont la perte estoit encore si nouuelle, rendoit si tristes tous ceux de ce riuage, qu'ils ne se pouuoient arrester à telles gaillardises ; c'est pourquoy ils le laisserent aller, sans auoir la curiosité de luy demander, ny à Tyrcis aussi, quel estoit le sujet qui les conduisoit ; & quelques-vns retournerent en leurs cabanes, & quelques autres continuant de chercher Celadon, passerent qui deçà, qui delà la riuiere, sans laisser jusques à Loire, ny arbre, ny buisson, dont ils ne descouurissent les cachettes. Toutesfois ce fut en vain, car ils ne sceurent iamais en trouuer d'autres nouuelles. Seulement Siluandre rencontra Polemas tout seul, non point trop loin du lieu, où peu auparauant Galathee, & les autres Nymphes auoient pris Celadon; & par ce qu'il commandoit à toute la contree, sous l'authorité de la Nymphe Amasis, le Berger qui l'auoit plusieurs fois veu à Marsilly, luy rendit en le saluant, tout l'honneur qu'il sçeut ; & d'autant

C iij

qu'il s'enquit de ce qu'il alloit cherchant le long du riuage, il luy dit la perte de Celadon, dequoy Polemas fut marry, ayant toufiours aymé ceux de fa famille.

D'autre cofté Lycidas qui fe promenoit auec Phillis, apres auoir quelque temps demeuré muet, en fin fe tournant vers elle. Et bien belle Bergere, luy dit-il, que vous femble de l'humeur de voftre compagne? Elle qui ne fçauoit encore la jaloufie d'Aftrée: luy refpondit, que c'eftoit le moindre déplaifir, qu'elle en deuoit auoir, & qu'en vn fi grand ennuy il luy deuoit bien eftre permis d'efloigner, & fuïr toute compagnie: car Phillis penfoit qu'il fe plaignoit, de ce qu'elle f'en eftoit allee feule. Ouy certes, repliqua Lycidas, c'eft le moindre, mais auffi crois-je, qu'en verité c'eft le plus grand; & faut dire, que c'eft bien la plus ingrate du monde, & la plus indigne d'eftre aimée. Voyez pour Dieu quelle humeur eft la fienne : mon frere n'a iamais eu deffein, tant f'en faut, n'a iamais eu pouuoir d'aimer qu'elle feule ; elle le fçait, la cruelle qu'elle eft ; car les preuues qu'il luy en a renduës, ne laiffent rien en doute; le temps a efté vaincu, les difficultez, voire les impoffibilitez defdaignees, les abfences furmontées, les courroux paternels mefprifez, fes rigueurs, fes cruautez, & fes defdains mefmes fupportez, par vne fi grande longueur de temps, que ie ne fçay autre qui l'euft peu faire que Celadon: & auec tout cela, ne voila pas cefte volage, qui, comme ie croy, ayant ingrarement changé de volonté, s'ennuyoit de voir plus longuement viure, celuy qu'autresfois elle n'auoit peu faire mourir par ses rigueurs; & qu'à ceste heure, elle sçauoit auoir si indignement offensé : Ne la voila pas, dis-je, ceste volage, qui se feint de nouueaux pretextes de haine, & de jalousie : luy commande vn eternel exil, & le desespere jusques à luy faire rechercher la mort. Mon Dieu, (dit Phillis toute estonnee) que me dites vous Lycidas? est-il possible qu'Astrée ait fait vne telle faute? Il est vrayement tres-certain, respondit le Berger, elle m'en a dit vne partie, & le reste ie l'ay ayséement iugé par ses discours : mais bien qu'elle triomphe de la vie de mon frere, & que sa perfidie, & ingratitude luy déguise ceste faute, comme elle aimera le mieux, si vous fay-je serment que jamais Amant n'eut tant d'affection, ny de fidelité, que luy; non point que ie vueille qu'elle le sçache, si ce n'est que cela luy rapporte par la cognoissance qu'il luy pourroit donner de son erreur, quelque extréme déplaisir : car d'ores en là, ie luy suis autant mortel ennemy, que mon frere luy a esté fidelle seruiteur, & elle indigne d'en estre aimée. Ainsi alloient discourant Lycidas & Phillis, luy infiniment fasché de la mort de son frere, & infiniment offensé contre Astrée : Et elle marrie de Celadon, faschée de l'ennuy de Lycidas, & estōnee de la jalousie de sa compagne: toutesfois voyant que la playe en estoit encor trop sensible, elle ne voulut y joindre les extré-

LIVRE PREMIER DE LA
mes remedes, mais seulement quelques legers
preparatifs, pour adoucir, & non point pour resoudre; car en toute façon elle ne vouloit pas
que la perte de Celadon luy coustast Lycidas, &
elle consideroit bien que si la haine continuoit
entre luy, & Astrée, il falloit qu'elle rompit auec
l'vn des deux; & toutefois l'Amour ne vouloit
point ceder à l'amitié, ny l'amitié à l'Amour, &
si l'vn ne vouloit consentir à la mort de l'autre.
D'autre costé Astrée remplie de tant d'occasions d'ennuis, comme ie vous ay dit, lascha si
bien la bonde à ses pleurs, & s'assoupit tellement en sa douleur, que pour n'auoir assez de
larmes pour lauer son erreur, ny assez de paroles pour declarer son regret, ses yeux & sa
bouche remirent leur office à son imagination,
si longuement qu'abatuë de trop d'ennuy, elle
s'endormit sur telles pensees.

LE DEVXIESME LIVRE DE LA PREMIERE PARTIE d'Astrée.

EPENDANT que ces choses se passoient de ceste sorte entre ces Bergers & Bergeres, Celadon receut des trois belles Nymphes, dans le Palais d'Isoure, tous les meilleurs allegements qui leur furent possibles: mais le trauail, que l'eau luy auoit doné, auoit esté si grād, que quelque remede qu'elles luy fissent, il ne peut ouurir les yeux, ny donner autre signe de vie que par le battement du cœur; passant ainsi le reste du iour, & vne bonne partie de la nuict auant qu'il reuint à soy, & lors qu'il ouurit les yeux ce ne fut pas auec peu d'estonnemēt de se trouuer où il estoit: car il se ressouuenoit fort bien de ce qui luy estoit aduenu sur le bord de Lignon, & cōme le desespoir l'auoit fait sauter dans l'eau: mais il ne sçauoit cōme il estoit venu en ce lieu; & apres estre demeuré quelque tēps confus en ceste pensée, il se demandoit s'il estoit vif ou mort. Si je vis (difoit-il) comment eft-il poffible que la cruauté d'Aftrée ne me face mourir? Et fi je fuis mort, qu'eft-ce, ô Amour, que tu viés chercher entre ces tenebres ? ne te contentes-tu point d'auoir eu ma vie; ou bien veux-tu dans mes cendres r'allumer encores tes anciennes flames?Et par ce que le cuifant foucy qu'Aftrée luy auoit laiffé, ne l'ayant point abandonné, appelloit toufiours à luy toutes fes penfeés, il continua. Et vous trop cruel fouuenir de mon bon-heur paffé, pourquoy me reprefentez vous le defplaifir qu'elle euft eu autrefois de ma perte, afin de rengreger mon mal veritable, par le fien imaginé, au lieu que pour m'alleger vous deuriez pluftoft me dire le contentemẽt qu'elle en a pour la haine qu'elle me porte? Auecque mille femblables imaginations, ce pauure Berger fe r'endormit d'vn fi long fommeil, que les Nymphes eurent loifir de venir voir comme il fe portoit, & le trouuant endormy, elles ouurirent doucement les feneftres & les rideaux, & f'affirent autour de luy pour mieux le contempler. Galathée apres l'auoir quelque tẽps cõfideré, fut la premiere qui dit d'vne voix baffe, pour ne l'éueiller: Que ce Berger eft chãgé de ce qu'il eftoit hier, & cõme la viue couleur du vifage luy eft reuenuë en peu de temps; quant à moy je ne plains point la peine du voyage, puis que nous luy auõs fauué la vie: car à ce que vous dites, ma mignõne, (dit-elle, f'adreffant à Siluie) il eft des principaux de cefte cõtree. Madame refpondit la Nymphe, il eft tres-certain : car fon pere eft,

Alcippe, & sa mere Amarillis. Comment, dit-elle, cét Alcippe de qui j'ay tant ouy parler, & qui pour sauuer son amy, força à Vssum les prisons des Visigotz? C'est celuy-là mesme (dit Siluie.) Ie le vis il y a cinq ou six mois à vne feste que l'on chommoit en ces hameaux, qui sont le long des riues de Lignon:& par ce que sur tous les autres, Alcippe me sembla digne d'estre regardé, je tins sur luy longuement les yeux: car l'authorité de sa barbe chenuë, & de sa venerable vieillesse le font honorer & respecter de chacun. Mais quand à Celadon, il me souuient que de tous les jeunes Bergers, il n'y eut que luy & Siluandre qui m'osassent approcher: Par Siluandre, je sçeu qui estoit Celadon, & par Celadon qui estoit Siluandre: car l'vn & l'autre auoit en ses façons & en ses discours quelque chose de plus genereux, que le nom de Berger ne porte. Cependant que Siluie parloit, Amour, pour se mocquer des finesses de Climante & de Polemas, qui estoient cause que Galathée s'estoit trouuée le jour auparauant sur le lieu où elle auoit pris Celadon, commençoit de faire ressentir à la Nymphe les effects d'vne nouuelle amour: car tant que Siluie parla, Galathée eut tousiours les yeux sur le Berger, & les loüanges qu'elle luy donnoit, furent cause qu'en mesme temps sa beauté, & sa vertu, l'vne par la veuë, & l'autre par l'oüye, firent vn mesme coup dans son ame, & cela d'autant plus aisément qu'elle s'y trouua preparée par la tromperie de Climante, qui feignant le deuin, luy auoit predit que celuy qu'elle rencontreroit, où elle trouua Celadon, deuoit eſtre ſon mary, ſi elle ne vouloit eſtre la plus mal-heureuſe perſonne du monde; ayant auparauant fait deſſein que Polemas, comme par meſgarde, s'y en iroit à l'heure qu'il luy auoit dite, à fin que deçeuë par ceſte ruze elle prit volonté de l'eſpouſer, ce qu'autrement ne luy pouuoit permettre l'affection qu'elle portoit à Lindamor: mais la fortune, & l'Amour qui ſe moquent de la prudence, y firent trouuer Celadon par le hazard que je vous ay raconté; ſi bien que Galathée voulant en toute ſorte aimer ce Berger s'alloit à deſſein repreſentât toutes choſes, en luy beaucoup plus aimables: Et voyant qu'il ne s'eſueilloit point, pour le laiſſer repoſer à ſon aiſe, elle ſortit le plus doucement qu'elle peut & s'en alla entretenir ſes nouuelles penſées.

Il y auoit pres de ſa chambre vn eſcalier deſrobé, qui deſcendoit en vne gallerie baſſe, par où auec vn pont-leuis on entroit dans le jardin, agencé de toutes les raretez que le lieu pouuoit permettre, fut en fontaines, & en par-terres, fut en allées & en ombrages, n'y ayant rien eſté oublié de tout ce que l'artifice y pouuoit adjouſter. Au ſortir de ce lieu on entroit dans vn grand bois de diuerſes ſortes d'arbres, dont vn quarré eſtoit de coudriers, qui tous enſemble faiſoient vn ſi gratieux Dedale, qu'encore que les chemins par leurs diuers deſtours ſe perdiſſent confuſémét l'vn dans l'autre, ſi ne laiſſoiét-ils pour leurs ombrages d'eſtre fort agreables:

I. PARTIE D'ASTREE.

Assez pres de là dans vn autre quarré, estoit la fontaine de la verité d'Amour, source à la verité merueilleuse : car par la force des enchantements, l'Amant qui s'y regardoit voyoit celle qu'il aymoit : que s'il estoit aimé d'elle il s'y voyoit aupres, que si de fortune elle en aimoit vn autre, l'autre y estoit representé & non pas luy, & par ce qu'elle découuroit les tromperies des Amants, on la nomma la verité d'Amour. A l'autre des quarrez estoit la cauerne de Damon, & de Fortune, & au dernier l'autre de la vieille Mandrague, plein de tât de raretez, & de tant de sortileges, que d'heure à autre, il y arriuoit tousiours quelque chose de nouueau; outre que par tout le reste du bois, il y auoit plusieurs autres diuerses grottes, si bien contrefaites au naturel, que l'œil trompoit bien souuent le iugement. Or ce fut dans ce jardin, que la Nimphe se vint promener attendant le réueil du Berger : Et parce que ses nouueaux desirs, ne pouuoient luy permettre de s'en taire, elle feignit d'auoir oublié quelque chose qu'elle commanda à Siluie d'aller querir, d'autant qu'elle se fioit moins en elle pour sa ieunesse qu'en Leonide qui auoit vn aage plus meur, quoy que ces deux Nimphes fussent ses plus secrettes confidentes : Et se voyant seule auec Leonide, elle luy dit; Que vous en semble Leonide ? Ce Druide n'a-til pas vne grande cognoissance des choses ? Et les Dieux ne se communiquent-ils pas bien librement auec luy, puis que ce qui est futur à chacun luy est mieux

cogneu qu'à nous le preſent ? Sans mentir
(reſpondit la Nimphe) il vous fit bien voir dans
le miroir le lieu meſme, où vous auez trouué ce
Berger, & vous dit bien le temps auſſi, que
vous l'y auez rencontré : mais ſes paroles
eſtoient ſi douteuſes, que mal-aiſément puis-je
croire que luy-meſme ſe pûſt bien entendre.
Et comment dites vous cela (reſpondit Galathée) puis qu'il me dit ſi particulierement tout
ce que j'y ay trouué, que je ne ſçaurois à ceſte
heure en dire plus que luy? Si me ſemble-t'il
(reſpondit Leonide) qu'il vous dit ſeulement,
que vous trouueriez en ce lieu là vne choſe
de valeur ineſtimable, quoy que par le paſſé
elle euſt eſté deſdaignée. Galathée alors ſe mocquant d'elle, luy dit : Quoy donc Leonide,
vous n'en ſçauez autre choſe? Il faut que vous
entendiez, que particulierement il me dit : Madame vous auez deux influences bien contraires : L'vne la plus infortunée qui ſoit ſous le
Ciel : L'autre la plus heureuſe que l'on puiſſe
deſirer, & il dépend de voſtre élection de prendre celle que vous voudrez; & afin que vous ne
vous y trompiez, ſçachez que vous eſtes &
ſerez ſeruie de pluſieurs grands Cheualiers,
dont les vertus & les merites peuuent bien diuerſement vous eſmouuoir : mais ſi vous me-
ſurez voſtre affection, ou à leurs merites, ou
au iugement que vous ferez de leur Amour,
& non point de ce que je vous en diray de la
part des grands Dieux; je vous predits, que vous
ſerez la plus miſerable qui viue, & afin que

vous ne soyez deceuë en voſtre election, reſſouuenez-vous qu'vn tel jour vous verrez à Marcilly vn Cheualier, veſtu de telle couleur, qui recherche ou recherchera de vous eſpouſer: car ſi vous le permettez, dés icy ie plains voſtre mal-heur, & ne puis aſſez vous menacer des incroyables deſaſtres qui vous attendent, & par ainſi je vous conſeille de fuïr tel homme, que vous deuez pluſtoſt appeller voſtre mal-heur que voſtre Amant : & au contraire regardez bien le lieu qui eſt repreſenté dans ce miroir, afin que vous le ſçachiez retrouuer le long des riues de Lignon : car vn tel jour, à telle heure, vous y rencontrerez vn homme, en l'amitié duquel le Ciel a mis toute voſtre felicité : ſi vous faites en ſorte qu'il vous aime, ne croyez point les Dieux veritables, ſi vous pouuez ſouhaitter plus de contentement que vous en aurez : mais prenez garde que le premier de vous deux qui verra l'autre ſera celuy qui aymera le premier. Vous ſemble-t'il que ce ne ſoit pas me parler fort clairement, & meſme que deſ-ja je reſſens veritables les predictions qu'il m'a faites? car ayāt veu ce Berger la premiere, il ne faut point que j'en mente, il me ſemble de recognoiſtre en moy quelque eſtincelle de bonne volonté pour luy. Comment, Madame (luy dit Leonide) voudriez vous biē aimer vn Berger? ne vous reſſouuenez-vous pas qui vous eſtes? Si faits, Leonide, je m'en reſſouuiēs (dit-elle) mais il faut auſſi que vous ſçachiez que les Bergers ſont hommes aussi bien que les Druides, & les Cheualiers ; & que leur noblesse est aussi grãde que celle des autres, estant tous venus d'ancienneté de mesme tige, que l'exercice auquel on s'adonne ne peut pas nous rẽdre autres que nous ne sommes de nostre naissance ; de sorte que si ce Berger est bien nay, pourquoy ne le croiray-ie aussi digne de moy que tout autre ? En fin Madame (dit-elle) c'est vn Berger comme que vous le vueillez desguiser. En fin (dit Galathée) c'est vn honneste homme comme que vous le puissiez qualifier. Mais Madame (respondit Leonide) vous estes si grande Nimphe, Dame apres Amasis de toutes ces belles contrées, aurez-vous le courage si abatu que d'aimer vn homme nay du milieu du peuple ? vn rustique ? vn Berger ? vn homme de rien ? Mamie (repliqua Galathée) laissons ces injures & vous ressouuenez qu'Enone se fit bien Bergere pour Paris, & que l'ayant perdu elle le regretta & pleura à chaudes larmes. Madame (dit Leonide) celuy-là estoit fils de Roy, & puis l'erreur d'autruy ne doit vous faire tomber en vne semblable faute : Si c'est faute (respondit-elle) je m'en remets aux Dieux, qui me la conseillent par l'Oracle de leur Druide; mais que Celadon ne soit nay d'aussi bon sang que Paris, mamie, vous n'auez point d'esprit si vous le dites : car ne sont-ils pas venus tous deux d'vne mesme origine ? & puis n'auez-vous ouy ce que Siluie a dit de luy & de son pere ? Il faut que vous sçachiez qu'ils ne

font

font pas Bergers, pour n'auoir dequoy viure autrement : mais pour s'acheter par cette douce vie vn honneste repos. Et quoy Madame (adjousta Leonide) vous oublierez par ainsi l'affection, & les seruices du gentil Lindamor? Ie ne voudrois pas, dit Galathée, qu'vn oubly fust la recompence de ses seruices : mais je ne voudrois pas aussi, que l'amitié que je luy pourrois rendre fust l'entiere ruyne de tous mes contentements. Ah Madame (dit Leonide) ressouuenez-vous combien il a esté fidelle! Ah mamie (dit Galathée) considerez que c'est, que d'estre eternellement mal-heureuse. Quant à moy, respondit Leonide, je plie les espaules à ces jugements d'Amour, & ne sçay que dire, sinon qu'vne extréme affection, vne entiere fidelité, l'employ de tout vn aage, & vn continuel seruice, ne se deuoient si longuement receuoir; ou receus meritent d'estre payez d'autre monnoye que d'vn change. Pour Dieu, Madame, considerez combien sont trompeurs ceux qui dient la fortune d'autruy, puis que le plus souuent ce ne sont que legeres imaginations que leurs songes leur rapportent : combien menteurs, puis que de cent accidents qu'ils predisent, à peine y en a-t-il vn qui aduienne? Combien ignorants, puis que se meslant de cognoistre le bon-heur d'autruy, ils ne sçauent trouuer le leur propre; & ne vueillez pour les fantasticques discours de cét homme, rendre si miserable vne personne, qui est tant à vous ; remettez-vous deuant les yeux,

D

combien il vous aime, à quels hazards il s'est mis pour vous, quel combat fut celuy de Polemas, & quel desespoir fust lors le sien, quelles douleurs vous luy preparez à cette heure, & quelles morts vous le contraindrez d'inuenter pour-se deffaire, s'il en a la cognoissance. Galathée en branlant la teste, luy respondit: Voyez-vous, Leonide, il ne s'agit pas icy de l'élection de Lindamor, ou de Polemas cõme autrefois: mais de celle de tout mon bien, ou de tout mon mal. Les considerations que vous auez sont tres-bonnes pour vous, à qui mon malheur ne toucheroit que par la compassion: mais pour moy elles sont trop dangereuses, puis que ce n'est pas pour vn jour: mais pour tousiours que ce mal-heur me menace. Si j'estois en vostre place & vous en la mienne, peut-estre vous conseillerois-je cela mesme que vous me conseillez: mais certes vne eternelle infortune m'espouuante. Et quant aux mensonges de ces personnes que vous dites, je veux bien croire pour l'amour de vous, que peut-estre il n'auiendra pas: mais peut-estre aussi auiendra-t'il: & dites moy je vous supplie, croiriez vous vne personne prudente, qui pour le contentement d'autruy, laisseroit balancer sur vn peut-estre, tout son bien, ou tout son mal? Si vous m'aimez ne me tenez jamais ce discours, ou autrement je croiray, que vous cherissez plus le contentement de Lindamor que le mien. Et quant à luy ne faites doute qu'il ne s'en console bien par autre moyen que par la mort : car la raison & le temps l'emportent toufiours fur cefte fureur : & de fait combien en auez-vous veu de ces tant defefperez pour femblables occafions, qui peu de temps apres ne fe foient repentis de leurs defefpoirs.

Ces belles Nimphes difcouroient ainfi, quand de loin elles virent retourner Siluie, de laquelle, pour eftre trop jeune, Galathée falloit cachant, ainfi que j'ay dit. Cela fut caufe qu'elle trencha fon difcours affez court : toutefois elle ne laiffa de dire à Leonide ; fi vous m'auez aimée quelquefois, vous me le ferez paroiftre à cefte heure, que non feulement il y va de mon contentement : mais de toute ma felicité. Leonide ne luy peut refpondre, par ce que Siluie f'en trouua fi proche qu'elle euft oüy leur difcours. Eftant arriuée, Galathée fçeut que Celadon eftoit efueillé : car de la porte elle l'auoit oüy plaindre & foufpirer. Et il eftoit vray, d'autant que quelque temps apres qu'elles furent forties de fa chambre, il f'efueilla en furfault : & par ce que le Soleil par les vitres donnoit à plein fur fon lict, à l'ouuerture de fes yeux, il demeura tellement efbloüy, que confus en vne clairté fi grande, il ne fçauoit où il eftoit : le trauail du jour paffé l'auoit eftourdy ; mais à l'heure il ne luy en reftoit plus aucune douleur, fi bien que fe reffouuenant de la cheute dans Lignon, & de l'opinion qu'il auoit euë peu auparauant d'eftre mort, fe voyant maintenant dans cefte confufe lumiete, il ne fçauoit que juger, finon qu'Amour

D ij

l'eust rauy au Ciel, pour recompense de sa fidelité: Et ce qui l'abusa dauantage en ceste opinion, fut que quand sa veuë commença de se renforcer, il ne vid autour de luy, que des enrichissseures d'or, & des peintures esclatantes dont la chambre estoit toute parée, & que son œil foible encore, ne pouuoit recognoistre pour contrefaites.

D'vn costé il voyoit Saturne appuyé sur sa faux, auec les cheueux longs, le front ridé, les yeux chassieux, le nez aquilin, & la bouche degoutante de sang, & pleine encore d'vn morceau de ses enfants, dont il en auoit vn demy mangé en la main gauche, auquel par l'ouuerture qu'il luy auoit faite au costé auec les dents, on voyoit comme pantheler les poulmons, & trembler le cœur; veuë à le verité pleine de cruauté! car ce petit enfant auoit la teste renuersée sur les espaules, les bras panchants pardeuant, & les jambes eslargies d'vn costé & d'autre, toutes rougissantes du sang qui sortoit de la blesseure que ce vieillard luy auoit faite, de qui la barbe longue & chenuë en maints lieux, se voyoit tachée des goutes du sang qui tomboit du morceau qu'il tascchoit d'aualler. Ses bras, & ses jambes nerueuses & crasseuses, estoient en diuers endroits couuertes de poil, aussi bien que ses cuisses maigres, & descharneés. Dessous ses pieds s'esleuoient de grands monceaux d'ossements, dont les vns blanchissoient de vieillesse, les autres ne commençoient que d'estre descharnez, &

d'autres joincts auec vn peu de peau & de chair demy gaſtée, monſtroient n'eſtre que depuis peu mis en ce lieu. Autour de luy on ne voyoit que des Sceptres en pieces, des Couronnes rompuës, de grands edifices ruinez, & cela de telle ſorte, qu'à peine reſtoit-il quelque legere reſſemblance de ce que ç'auoit eſté. Vn peu plus loing on voyoit les Coribantes auec leurs Cimbales, & hau-bois, cacher le petit Iupiter dans vne cauerne, des dents deuoreuſes de ce pere. Puis aſſez prés de là on le voyoit grand, auec vn viſage enflambé: mais graue, & plein de Majeſté, les yeux benins: mais redoutables, la Couronne ſur la teſte, en la main gauche, le Sceptre qu'il appuyoit ſur la cuiſſe, où l'on voyoit encor la cicatrice de la playe qu'il s'eſtoit faite, quand pour l'imprudence de la Nimphe Semele, afin de ſauuer le petit Bacchus, il fut contraint de s'ouurir cet endroit, & de l'y porter juſques à la fin du terme. De l'autre main il auoit le foudre, à trois poinctes qui eſtoit ſi bien repreſenté, qu'il ſembloit meſme voler deſ-ja par l'Air. Il auoit les pieds ſur vn grand Monde, & pres de luy on voyoit vn grand Aigle, qui portoit en ſon bec crochu vn foudre, & l'aprochoit leuant la teſte contre luy au plus pres de ſon genoüil. Sur le dos de cet oyſeau eſtoit le petit Ganimede, veſtu à la façon des habitans du Mont Ida, graſſet, potelet, blanc, les cheueux dorez & friſez, qui d'vne main careſſoit la teſte de cet oyſeau, & de l'au-

tre tafchoit de prendre le foudre de celle de Iupiter, qui du coude & non point autrement re-
pouſſoit nonchalammant ſon foible bras. Vn
peu à coſté on voyoit la couppe, & l'eſguiere
dont ce petit eſchançon verſoit le Nectar à ſon
maiſtre, ſi bien repreſentées, que d'autant que
ce petit importun s'efforçant d'atteindre à la
main de Iupiter, l'auoit touchée d'vn pied, il
ſembloit qu'elle chancellaſt pour tomber, &
que le Petit euſt expreſſément tourné la teſte
pour voir ce qui en auiendroit. De chaque
coſté des pieds de ce Dieu on voyoit vn grand
tonneau; à coſté droit eſtoit celuy du bien, &
à l'autre celuy du mal, & à l'entour les vœux, les
prieres, les ſacrifices eſtoient diuerſement figurez. Car les ſacrifices eſtoient repreſentez par
des fumées entre-meſlées de feu, & au dedans
les vœux & les ſupplications paroiſſoient comme legeres Idées, & à peine marquées, en ſorte que l'œil les peuſt bien recognoiſtre. Ce ſeroit vn trop long diſcours de raconter toutes
ces peintures particulierement; tant y a que le
tour de la chambre en eſtoit tout plein. Meſme Venus dans ſa conque Marine entre autres
choſes regardoit encores la bleſſeure que le
Grec luy fit en la guerre Troyenne : & l'on
voyoit tout contre le petit Cupidon qui la careſſoit, auec la bruſlure ſur l'eſpaule, de la
lampe de la curieuſe Pſiché : Et cela ſi bien repreſenté, que le Berger ne le pouuoit diſcerner
pour contrefait. Et lors qu'il eſtoit plus auant
en ceſte penſée, les trois Nymphes entrerent

dans sa chambre, la beauté & la majesté desquelles le rauirent encore plus en admiration. Mais ce qui luy persuada beaucoup mieux l'opinion qu'il auoit d'estre mort, fust que voyant ces Nymphes il les prist pour les trois graces: & mesmes voyant entrer auec elles le petit Meril, de qui la hauteur, la jeunesse, la beauté, les cheueux frisez & la jolie façon, luy firent juger que c'estoit Amour. Et quoy qu'il fust confus en luy mesme, si est-ce que ce courage qu'il eut tousiours plus grand que ne requeroit pas le nom de Berger, luy donna l'asseurâce apres les auoir saluées, de demander en quel lieu il estoit. A quoy Galathée respõdit; Celadon vous estes en lieu où l'on fait dessein de vous guerir entierement, nous sommes celles qui vous trouuant dans l'eau vous auons porté icy, où vous auez toute puissance. Alors Siluie s'auança : Et quoy Celadon (dit-elle) est-il possible que vous ne me connoissiez point ? vous ressouuient-il pas de m'auoir veuë en vostre hameau ? Ie ne sçay (respondit Celadon) belle Nimphe, si l'estat où je suis pourra excuser la foiblesse de ma memoire. Comment (dit la Nimphe) ne vous ressouuenez-vous plus que la Nimphe Siluie, & deux de ses compagnes allerent voir vos sacrifices & vos jeux, le jour que vous chommiez à la Déesse Venus ? L'accident qui vous est arriué vous a-t'il fait oublier, qu'apres que vous eustes gagné à la lutte tous vos compagnons, Siluie fut celle qui vous donna pour prix vn chappeau de fleurs, qu'incõtinent vous mistes sur la teste à la Bergere Astrée. Ie ne sçay pas si toutes ces choses sont effacées de vostre memoire, si sçay-je bien que quand vous portastes ma guirlande sur les beaux cheueux d'Astrée, chacun s'en estonna, à cause d l'inimitié qu'il y auoit entre vos deux familles, & particulierement entre Alcippe vostre pere, & Alcé pere d'Astrée; & lors mesmes j'en voulus sçauoir l'occasion ; mais on me l'embroüilla de sorte, que je n'en peu sçauoir autre chose, sinon qu'Amarillis ayant esté aymée de ces deux Bergers, & qu'entre les riuaux il y a toufiours peu d'amitié, ils vindrent plusieurs fois aux mains, jusques à ce qu'Amarillis eut espousé vostre pere, & qu'alors Alcé, & la sage Hypolite, que depuis il espousa, espouferent ensemble vne si cruelle haine côtre eux, qu'elle ne leur permit jamais d'auoir pratique ensemble. Or voyez Celadon, si je ne vous cognois pas bien, & si je ne vous donne de bonnes enseignes de ce que je dis. Le Berger oyant ces paroles, s'alla peu à peu remettant en memoire ce qu'elle disoit, & toutesfois il estoit si estonné, qu'il ne sçauoit luy respondre : car ne cognoissant Siluie que pour Nymphe d'Amasis, & à cause de sa vie champestre, n'ayant point de familiarité auec elle, ny auec ses compagnes, il ne pouuoit juger pourquoy, ny comment il estoit à ceste heure parmy elles. En fin il respondit : Ce que vous me dites, belle Nymphe, est fort vray ; & me ressouuiens que le iour de Venus, trois Nymphes donnerent les trois prix, desquels j'eu celuy de la lutte, Lycidas, mon frere, celuy de la course, qu'il donna à Phillis, & Syluandre celuy de chanter, qu'il presenta à la fille de la sage Bellinde ; mais de me ressouuenir des noms qu'elles auoient, ie ne le sçaurois, d'autant que nous estions tant empeschez en nos jeux, que nous nous contentasmes de sçauoir que c'estoient des Nymphes d'Amasis, & de Galathée ; car quant à nous, de mesme que nos corps ne sortent des pasturages, & des bois, aussi ne font nos esprits peu curieux. Et depuis, repliqua Galathee, n'en auez vous rien sçeu d'auantage ? Ce qui m'en a donné plus de cognoissance, respondit le Berger, ç'a esté le discours que mon pere m'a fait bien souuent de ses fortunes, parmy lequel ie luy ay plusieurs fois ouy faire mention d'Amasis : mais non point d'aucune particularité qui la touche, quoy que ie l'aye bien desiré. Ce desir (reprit Galathee) est trop loüable pour ne luy satisfaire : c'est pourquoy ie vous veux dire particulierement, & qui est Amasis, & qu nous sommes.

Sçachez donc, gentil Berger, que de toute ancienneté ceste contrée que l'on nomme à ceste heure Foretz, fut couuerte de grands abysmes d'eau, & qu'il n'y auoit que les hautes montagnes que vous voyez à l'entour, qui fussent découuertes, hormis quelques pointes dans le milieu de la plaine, comme l'escueil du bois d'Isoure, & de Mont verdun ; de sorte que les habitans demeuroient tous sur le haut des montagnes. Et c'est pourquoy encores les anciennes familles de ceste contrée, ont les bastimens de leurs noms sur les lieux plus releuez, & dans les plus hautes montaignes, & pour preuue de ce que ie dis, vous voyez encores aux coupeaux d'Isoure, de Mont-verdun, & autour du Chasteau de Marcilly, de gros anneaux de fer platez dans le rocher où les vaisseaux s'attachoient, n'y ayant pas apparence qu'ils peussent seruir à autre chose. Mais il peut y auoir quatorze ou quinze siecles, qu'vn estranger Romain, qui en dix ans conquit toutes les Gaules, fit rompre quelques montagnes, par lesquelles ces eaux s'escoulerent, & peu apres se découurit le sein de nos plaines, qui luy semblerent si agreables & fertiles, qu'il delibera de les faire habiter, & en ce dessein fist descendre tous ceux qui viuoient aux montaignes, & dans les forests, & voulut que le premier bastiment qui y fut faite, portast le nom de Iulius, côme luy; & parce que la plaine humide & limoneuse jetta grande quantité d'arbres, quelques vns ont dit que le pays s'appelloit Foretz, & les peuples Foresiens: au lieu que auparauant ils estoient nommez Segusiens, mais ceux-là sont fort déceus ; car le nom de Foretz vient de Forum qui est Feurs, petite ville que les Romains firent bastir, & qu'ils nommerent Forum Segusianorum, comme s'ils eussent voulu dire la place ou le marché des Segusiens, qui proprement n'estoit que le lieu où ils tenoient leurs armees durant le temps qu'ils mirent ordre aux contrees voisines.

Voila, Celadon, ce que l'on tient pour asseuré de l'antiquité de ceste prouince : mais il y a deux opinions contraires de ce que ie vous vay dire. Les Romains disent que du temps que nostre plaine estoit encores couuerte d'eau, la chaste Déesse Diane l'eut tant agreable qu'elle y demeuroit presque ordinairement : car ses Driades & Amadriades, viuoient & chassoient dans ces grands bois & hautes montagnes qui ceignoient ceste grande quantité d'eaux, & parce qu'elle n'estoit que de sources de fontaines, elle y venoit bien souuent se baigner à auec ses Nayades qui y demeuroient ordinairement. Mais lors que les eaux s'escoulerent, les Nayades furent contraintes de les suiure, & d'aller auec-elles dans le sein de l'Ocean : si bien que la Déesse se trouua tout à coup amoindrie de la moitié de ses Nymphes ; & cela fut cause que ne pouuant auec vn chœur si petit, continuer ses ordinaires passe-temps, elle esleut quelques filles des principaux Druides & Cheualiers, qu'elle joignit auec les Nymphes qui luy estoient restées, ausquelles elle donna aussi le nom de Nymphe. Mais il aduint, comme en fin l'abus peruertit tout ordre, que plusieurs d'entr'elles qui auoient de jeunesse esté nourries en leurs maisons, les vnes entre les commoditez d'vne amiable mere, les autres entre les alleichements des souspirs, & des seruices des Amants, ne pouuant continuer les peines de la chasse, ny bânir de leur memoire les honnestes affectiõs de ceux qui auresfois les auoiẽt

LIVRE DEVXIESME DE LA
recherchees: se voulurent retirer en leurs maisons, & se marier: quelques autres, à qui la Deesse en refusa le congé, manquerent à leurs promesses, & à leur honnesteté, dequoy elle fut tāt irritée, qu'elle resolut d'éloigner ce pays, profané, ce luy sembloit, de ce vice qu'elle abhorroit si fort. Mais pour ne punir la vertu des vnes auec l'erreur des autres, auāt que de partir, elle chassa ignominieusement, & bannit à iamais hors du pays toutes celles qui auoient failly, & éleut vne des autres, à laquelle elle donna la mesme authorité qu'elle auoit sur toute la contrée, & voulut qu'à iamais la race de celle-là y eust toute puissance: & dés lors leur permit de se marier, auec deffenses, toutefois, tres-expresses, que les hōmes n'y succedassent iamais. Depuis ce tēps, il n'y a point eu d'abus entre nous: & nos loix ont tousiours esté inuiolablement obseruées. Mais nos Druydes parlēt bien d'autre sorte: car ils disent que nostre grande Princesse Galathee, fille du Roy Celtes, femme du grand Hercule, & mere de Galathes, qui donna son nō aux Gaulois, qui auparauant estoient appellez Celtes, pleine d'amour pour sō mary, le suiuoit par tout où son courage & sa vertu le portoient contre les monstres, & contre les Geants. Et de fortune en ce temps-là ces mōts qui nous separent de l'Auuergne, & ceux qui sont plus en là, à la main gauche, qui se nomment Cemene, & Gebenne, seruoient de retraitte à quelques Geants qui par leur force se rendoiēt redoutables à chacun. Hercule en estant auerty y vint, & par ce qu'il

aymoit tendrement ſa chere Galathée, il la laiſſa en ceſte contrée qui eſtoit la plus voiſine, &
où elle prenoit beaucoup de plaiſir, fut à la chaſſe, fut en la compagnie des filles de la contrée:
Et par ce qu'elle eſtoit Royne de toutes les Gaules, lors qu'Hercule euſt vaincu les Geants,
& que la neceſſité de ſes affaires le contraignit
d'aller ailleurs, auant que partir, pour laiſſer vne
memoire eternelle du plaiſir qu'elle auoit eu en
ceſte contrée, elle ordonna ce que les Romains
diſent que la Déeſſe Diane auoit fait. Mais que
ce ſoit Galathee, ou Diane, tant y a que par vn
priuilege ſur-naturel, nous auons eſté particulierement maintenuës en nos franchiſes, puis
que de tant de peuples, qui comme torrens ſont
fondus deſſus la Gaule, il n'en y a point eu qui
nous ait toublé en noſtre repos: Meſme Alaric
Roy des Viſigotz, lors qu'il conquit auec l'A-
quitaine toutes les Prouinces de deçà Loyre,
ayant ſçeu nos ſtatuts, en reconfirma les priuileges, & ſans vſurper aucune authorité ſur nous,
nous laiſſa en nos anciennes franchiſes. Vous
trouuerez peut-eſtre eſtrange, que ie vous parle
ainſi particulierement des choſes qui ſont outre
la capacité de celles de mō âge: Mais il faut que
vous ſçachiez, que Pimandre (qui eſtoit mon
pere) a eſté fort curieux de rechercher les anti-
quitez de ceſte contree, de ſorte que les plus
ſçauans Druides luy en diſcouroient d'ordinaire durant le repas, & moy qui eſtois preſque
touſiours à ſes coſtez, en retenois ce qui me
plaiſoit le plus: Et ainſi ie ſçeus que d'vne ligne

continuée, Amasis ma mere estoit descenduë de celle que la Déesse Diane ou Galathee auoit esleuë. Et c'est pourquoy estant Dame de toutes ces contrees, & ayāt encore vn fils nommé Clidaman, elle nourrit auec nous quantité de filles, & de jeunes fils des Druides, & des Cheualiers, qui pour estre en si bonne escole, apprennent toutes les vertus que leur âge peut permettre. Les filles vont vestuës côme vous nous voyez, qui est vne sorte d'habit que Diane ou Galathee auoient accoustumé de porter, & que nous auons tousiours maintenuë pour memoire d'elle. Voila, Celadon, ce que vous vouliez sçauoir de nostre estat, & m'asseure auant que vous nous esloigniez (car ie veux que vous nous voyez toutes ensemble) que vous direz nostre assemblée ne ceder à nulle autre, ny en vertu, ny en beauté.

Alors Celadon cognoissant qui estoient ces belles Nymphes, recogneut aussi quel respect il leur deuoit; & quoy qu'il n'eust pas accoustumé de se trouuer ailleurs qu'entre des Bergers, ses semblables, si est ce que la bonne naissance qu'il auoit, luy apprenoit assez ce qu'il deuoit à telles personnes. Donc apres leur auoir rendu l'honneur auquel il croyoit estre obligé : Mais (dit-il en continuant) encor ne puis-je assez m'estonner de me voir entre tant de grandes Nymphes, moy qui ne suis qu'vn simple Berger, & de receuoir d'elles tant de faueurs. Celadon, respondit Galathee, en quelque lieu que la vertu se trouue, elle merite d'estre aymée & honorée, aussi bien sous les habits des Bergers, que sous la glorieuse pourpre des Roys: & pour vostre particulier vous n'estes point enuers nous en moindre consideration, que le plus grand des Druides, ou des Cheualiers de nostre Cour: car vous ne deuez leur ceder en faueur, puis que vous ne le faites pas en merite. Et quant à ce que vous vous voyez entre nous, sçachez que ce n'est point sans vn grand mystere de nos Dieux, qui nous l'ont ainsi ordonné, comme vous le pourrez sçauoir à loisir, soit qu'ils ne vueillent plus que tant de vertus demeurent sauuages entre les forests, & les lieux champestres, soit qu'ils facent dessein, en vous faisant plus grand que vous n'estes, de rendre par vous bien-heureuse vne personne qui vous ayme : viuez seulement en repos, & vous guerissez, car il n'y a rien que vous puissiez desirer en l'estat où vous estes, que la santé. Madame, respondit le Berger, qui n'entendoit pas bien ces paroles ; si ie dois desirer la santé, le principal sujet est, pour vous pouuoir rendre quelque seruice, en eschange de tant de graces qu'il vous plaist de me faire; il est vray que tel que ie suis, il ne faut point parler que ie sorte des bois, ny de nos pasturages, autrement le vœu solemnel que nos peres ont fait aux Dieux, nous accuseroit enuers eux, d'estre indignes enfans de tels peres. Et quel est ce serment, respondit la Nymphe. L'histoire, repliqua Celadon, en seroit trop longue : si mesme il me faloit redire le sujet, que mon pere

Livre devxiesme de la

Alcippe a eu de le continuer; tant y a, Madame, qu'il y a pluſieurs années, que d'vn accord general, tous ceux qui eſtoient le long des riues de Loire, de Lignon, de Furan d'Argent, & de toutes ces autres riuieres, apres auoir bié recogneu les incommoditez que l'ambition d'vn peuple nommé Romain, faiſoit reſſentir à leurs voiſins pour le deſir de Dominer, s'aſſemblerent dans ceſte grande plaine, qui eſt autour de Montverdun, & là d'vn mutuel conſentement, iureret tous de fuir à iamais toute ſorte d'ambition, puis qu'elle ſeule eſtoit cauſe de tant de peines, & de viure eux & les leurs, auec le paiſible habit de Bergers; & depuis a eſté remarqué (tant les Dieux ont eu agreable ce vœu) que nul de ceux qui l'ont fait, ou de leurs ſucceſſeurs, n'a eu que trauaux & peines incroyables, s'il ne l'a obſerué: & entre tous, mon pere en eſt l'exemple le plus remarquable & le plus nouueau: de ſorte que ayant cogneu que la volonté du Ciel eſtoit de nous retenir en repos ce que nous auons à viure, nous auons de nouueau ratifié ce vœu, auec tant de ſerments, que celuy qui le romproit ſeroit trop deteſtable. Vrayement, reſpondit la Nymphe, ie ſuis tres-aiſe d'oüir ce que vous me dites: car il y a fort long temps que j'en ay ouy parler, & n'ay encore peu ſçauoir pourquoy tant de bonnes & anciennes familles, comme j'oyois dire qu'il y en auoit entre vous, s'amuſoient hors des villes, à paſſer leur âge entre les bois, & les lieux ſolitaires: Mais, Celadon, ſi l'eſtat où vous eſtes, le vous peut permettre, dites
moy

moy ie vous prie, quelle a esté la fortune de vostre pere Alcippe, pour luy faire reprédre la sorte de vie qu'il auoit si long temps laissée : car ie m'asseure que le discours merite d'estre sçeu. Alors quoy que le Berger se sentist encore mal de l'eau qu'il auoit aualée, si est ce qu'il se cótraignit pour luy obeïr, & cómença de ceste sorte.

HISTOIRE D'ALCIPPE.

Vous me commandez, Madame, de vous dire la fortune la plus trauersee, & la plus diuerse d'homme du monde, & en laquelle on peut bien apprendre, que celuy qui veut donner de la peine à autruy s'en prepare la plus grande partie. Toutefois puis que vous le voulez ainsi, pour ne vous desobeïr, ie vous en diray briefuement ce que j'en ay appris par les ordinaires discours de celuy mesme à qui toutes ces choses sont aduenuës : car pour nous faire entendre, combien nous estions heureux de viure en repos d'esprit, mon pere nous a raconté bien souuent ses fortunes estranges. Sçachez donc, Madame, qu'Alcippe ayant esté nourry par son pere auec la simplicité de Berger, eut tousiours vn esprit si esloigné de sa nourriture, que toute autre chose luy plaisoit plus que ce qui sentoit le village. Si bien que jeune enfant, pour presage de ce qu'il reüssiroit, & à quoy estant en âge il s'adonneroit, il n'auoit plaisir si grand que de faire des assemblées d'autres en-

E

fans ainſi que luy, auſquels il apprenoit de ſe
mettre en ordre; & les armoit, les vns de fon-
des, les autres d'arcs, & de fléches, deſquelles il
leur monſtroit à tirer iuſtement, ſans que les
menaces des vieux & ſages Bergers l'en peuſ-
ſent deſtourner. Les anciens de nos hameaux
qui voyoient ſes actions, prediſoient de grands
troubles par ces contrées, & ſur tout qu'Alcippe
ſeroit vn eſprit turbulant qui iamais ne ſ'arreſ-
teroit dans les termes du Berger. Lors qu'il
commençoit d'attaindre vn demy ſiecle de ſon
âge, de fortune il deuint amoureux de la Bergere Amarillis, qui pour lors eſtoit recherchée
ſecrettemẽt d'vn autre Berger ſon voiſin, nommé Alcé. Et par ce qu'Alcippe auoit vne ſi bonne opinion de ſoy-meſme, qu'il luy ſembloit
n'y auoir Bergere qui ne receuſt auſſi librement
ſon affection, comme il la luy offriroit, il ſe reſolut de n'vſer pas de beaucoup d'artifice pour
la luy declarer; de ſorte que la rencontrant à vn
des ſacrifices de Pan, ainſi qu'elle retournoit en
ſon hameau, il luy dit: Ie n'euſſe iamais creu
auoir ſi peu de force, que de ne pouuoir reſiſter
aux coups d'vn ennemy, qui me bleſſe ſans y
‟ penſer. Elle luy reſpondit; Celuy qui bleſſe par
‟ mégarde ne doit pas auoir le nom d'ennemy.
Non pas (reſpondit-il) en ceux qui ne ſ'arreſtẽt
pas aux effets, mais au paroles ſeulement; mais
‟ quant à moy, ie trouue que celuy qui offenſe
‟ comme que ce ſoit, eſt ennemy, & c'eſt pourquoy ie vous puis bien donner ce nom. A moy
(repliqua-t'elle?) Ie n'en voudrois auoir, ny

l'effet, ny la pensée: car ie fais trop d'estat de vostre merite. Voyla (adiousta le Berger) vn des coups dõt vous m'offensez le plus, en me disant vne chose pour vne autre, que si veritablement vous recognoissiez en moy ce que vous dites, autant que ie m'estime outragé de vous, autant m'ẽ dirois-je fauorisé: Mais ie voy biẽ qu'il vous suffit de porter l'Amour aux yeux, & en la bouche, sans luy dõner place dans le cœur. La Bergere alors se trouuant surprise, cõme n'ayant point entẽdu de parler d'Amour, luy respondit. Ie fais estat, Alcippede, vostre vertu, ainsi que ie dois, & non point outre mon deuoir : & quant à ce que vous parlez d'Amour, croyez que ie n'en veux auoir, ny dans les yeux, ny dans le cœur pour personne, & moins pour ces esprits abaissez, qui viuent comme sauuages dans les bois. Ie cognois bien (repliqua le Berger) que ce n'est point élection d'Amour, mais ma destinée qui me fait estre vostre; puis que, si l'Amour doit naistre de ressemblance d'humeur, il seroit bien mal-aisé qu'Alcippe n'en eust pour vous, qui dés le berceau a eu en haine ceste vie champestre, que vous méprisez si fort; & vous proteste, s'il ne faut que changer de condition, pour auoir part en vos bonnes graces, que dés icy ie quitte la houlette, & les trouppeaux, & veux viure entre les hommes, & non point entre les sauuages. Vous pouuez bien (répõdit Amarillis) changer de condition, mais non pas m'en faire changer, estant resoluë de n'estre iamais moins à moy, que ie suis, pour donner place à quelque

E ij

plus forte affection : si vous voulez donc que nous continuons de viure, comme nous auons fait par le passé, changez ces discours d'affection & d'Amour, en ceux que vous souliez me tenir autrefois, ou bien ne trouuez point estrage que ie me bannisse de vostre presence, estāt impossible qu'Amour & l'honnesteté d'Amarillis puissent demeurer ensemble. Alcippe qui n'auoit point attendu vne telle responfe, se voyant si éloigné de sa pensée, fut tellement confus en soy-mesme, qu'il demeura quelque temps sans luy pouuoir respondre : en fin estant reuenu, il tascha de se persuader, que la honte de son âge, & de son sexe, & non pas faute de bonne volonté enuers luy, luy auoit fait tenir tels propos. C'est pourquoy il luy respondit : Quelle que vous me puissiez estre, ie ne seray iamais autre que vostre seruiteur, & si le commandement que vous me faites n'estoit incompatible auec mon affection, vous deuez croire qu'il n'y a rien au monde qui m'y peust faire contreuenir : vous m'en excuserez donc, & me permettrez que ie continuë ce dessein, qui n'est qu'vn tesmoignage de vostre merite, & auquel vueillez vous, ou non, ie suis entierement resolu. La Bergere tournant doucement l'œil vers luy : Ie ne sçay Alcippe (luy dit-elle) si c'est par gageure ou par opiniastreté que vous me parlez de ceste sorte. C'est, respondit-il, par tous les deux : car j'ay fait gageure auec mes desirs de vous vaincre, ou de mourir; & ceste resolution s'est changee en opiniastreté, n'y ayant rien qui me puisse divertir du serment que j'en ay fait. Ie serois bien aise (repliqua Amarillis) que vous eussiez pris quelqu'autre pour butte de telles importunitez. Vous nommerez (luy dit le Berger) mes affections comme il vous plaira, cela ne peut toutefois me faire changer de dessein. Ne trouuez donc point mauuais (repliqua Amarillis) si ie suis aussi ferme en mon opiniastreté, que vous en vostre importunité. Le Berger voulut repliquer, mais il fut interrompu par plusieurs Bergeres qui suruindrent: de sorte qu'Amarillis, pour conclusion, luy dit assez bas. Vous me ferez déplaisir, Alcippe, si vostre deliberation est recogneue: car ie me contente de sçauoir vos folies, & aurois trop de déplaisir que quelqu'autre les entendist. Ainsi finirent les premiers discours de mon pere, & d'Amarillis, qui ne firent que luy augmenter le desir qu'il auoit de la seruir. Car rien ne donne tant d'Amour que l'honnesteté. Et de fortune le long du chemin, ceste trouppe rencontra Celion, & Bellinde, qui s'estoient arrestez à contempler deux tourterelles qui sembloient se caresser, & se faire l'Amour l'vne à l'autre, sans se soucier de voir à l'entour d'elles tant de personnes. Alors Alcippe se ressouuenant du commandement qu'Amarillis venoit de luy faire, ne peut s'empescher de souspirer tels vers: Et par ce qu'il auoit la voix assez bonne, chacun se teut pour l'escouter.

SONNET,

Sur les contraintes de l'honneur.

Hers oyseaux de Venus, aimables Tourterelles,
Qui redoublez sans fin vos baisers amoureux,
Et lassez à l'enuy renouuellez par eux,
Ores vos douces paix, or' vos douces querelles.

Quand ie vous voy languir, & tremousser des aisles,
Comme rauis de l'aise où vous estes tous deux :
Mon Dieu, qu'à nostre égard ie vous estime heureux,
De joüir librement de vos Amours fidelles.

Vous estes fortunez de pouuoir franchement
Monstrer ce qu'il nous faut cacher si finement,
Par les iniustes loix que cest honneur nous donne.

Honneur feint qui nous rend de nous mesme ennemis :
Car le cruel qu'il est, sans raison il ordonne,
Qu'en Amour seulement le larcin soit permis.

Depuis ce temps, Alcippe se laissa tellement transporter à son affection, qu'il n'y auoit plus de borne qu'il n'outre-passast, & elle au contraire se monstroit tousiours plus froide, & plus gelée enuers luy : & sur ce sujet, vn iour qu'il fut prié de chanter, il dit tels vers.

MADRIGAL,
Sur la froideur d'Amarallis.

Elle a le cœur de glace, & les yeux tous de flame,
　Et moy tout au rebours
Ie gele par dehors, & ie porte tousiours
Le feu dedans mon ame.
Helas! c'est que l'Amour,
　La choisi pour sejour,
Et mon cœur & les yeux de ma belle Bergere,
Dieux, changera-t'il point quelquefois de dessein.
Et que ie l'aye aux yeux, & qu'elle l'ait au sein?

En ce temps-là, comme ie vous ay dit, Alcé recherchoit Amarillis, & par ce que c'estoit vn tres-honneste Berger, & qui estoit tenu pour fort sage, le pere d'Amarillis panchoit plus à la luy bailler, que non point à Alcippe, à cause de son courage turbulant: & au contraire la Bergere aimoit d'auantage mon pere, par ce que son humeur estoit plus approchante de la sienne: ce que recognoissant bien le sage pere, & ne voulant vser de violance ny d'authorité absoluë enuers elle, il eut opinion que l'éloignement la pourroit diuertir de ceste volonté: & ainsi resolut de l'enuoyer pour quelque temps vers Artemis, sœur d'Alcé, qui se tenoit sur les riues de la riuiere d'Allier. Lors qu'Amarillis sçeut la deliberation de son pere (comme tousiours on s'efforce contre les choses defenduës) elle prit resolution de ne partir point sans asseurer Alcippe de sa bonne volonté; en ce dessein elle luy escriuit tels mots,

LETTRE D'AMARILLIS A ALCIPPE.

Vostre opiniastreté a surpassé la mienne, mais la mienne aussi surmontera celle qui me contraint de vous advertir, que demain ie pars, & qu'auiourd'huy si vous me trouuez sur le chemin, où nous nous rencontrasmes auant-hier, & que vostre Amour se puisse contenter de parole, elle aura occasion de l'estre, & à Dieu.

Il seroit trop long, Madame, de vous dire tout ce qui se passa particulierement entr'eux, outre que l'estat où ie me trouue, m'empesche de le pouuoir faire. Ce me sera donc assez en abregeant, de vous dire qu'ils se rencontrerent au mesme endroit, & que ce fut là le premier lieu où mon pere eut asseurance d'estre aimé d'Amarillis, & qu'elle luy conseilla de laisser la vie champestre où il auoit esté nourry, par ce qu'elle la méprisoit comme indigne d'vn noble courage, luy promettant qu'il n'y auoit rien d'assez fort pour la diuertir de sa resolution. Apres qu'ils furent separez, Alcippe graua tels vers sur vn arbre, le long du bois.

SONNET

D'Alcippe sur la constance de son amitié.

Marillis toute pleine de grace,
Alloit ces bors de ces fleurs despoüillant,
Mais sous la main qui les alloit cueillant,
D'autres soudain renaissoient en leur place.

Ces beaux cheueux, où l'Amour s'entrelasse,
Amour alloit d'vn doux air éueillant,
Et s'il en voit quelqu'vn s'éparpillant,
Tout curieux soudain il le ramasse.

Telle Lignon pour la voir s'arresta,
Et pour miroir ses eaux luy presenta.
Et puis luy dit ; Vne si belle image

A ton départ mon onde esloignera :
Mais de mon cœur iamais ne partira
Le traict fatal, Nymphe, de ton visage.

Lors qu'elle fut partie, & qu'il commença à bon escient de ressentir les déplaisirs de son absence, allant bien souuent sur le mesme lieu où il auoit pris congé de sa Bergere, il y souspira plusieurs fois tels vers.

SONNET,

Sur l'Absence.

RIVIERE de Lignon dont la course eternelle
du gratieux FORETS va le sein arrousant,
Et qui flot dessus flot ne te vas reposant,
Que tu ne sois r'entrée en l'onde paternelle.

Ne vois-tu point Allier qui rauissant ta belle,
Vse comme outrageux des Loix du plus puissant:
Et l'honneur de tes bords loing de toy rauissant,
T'oblige d'entreprendre vne iuste querelle?

Contre ce rauisseur appelle à ton secours,
Ceux qui pour son depart répandent tous les iours
Les larmes que tu vois inonder ton riuage.

Ose-le seulement, que nos yeux & nos cœurs
Verseront pour t'ayder milles fleuues de pleurs,
Qui ne se tariront qu'en vengeant ton outrage.

Mais ne pouuant viure sans la voir au mesme lieu, où il auoit tant accoustumé le bien de sa veuë, Il se resolut comme que ce fust, de partir de là, & lors qu'il en cherchoit l'occasion, il s'en presenta vne toute telle qu'il l'eust sçeu desirer. Peu auparauant la mere d'Amasis estoit morte, & on se preparoit dans la grande ville de Marcilly de la receuoir, comme nouuelle Dame, auec beaucoup de triomphe : Et par ce que les preparatifs que l'on y faisoit y attiroient par curiosité presque tout le pays : mon pere fit en sorte qu'il obtint congé d'y aller. Et c'est de là d'où vint le commencement de tous ses trauaux. Il auoit vn demy siecle & quelques lunes, le visage beau entre tous ceux de ceste contrée, les cheueux blonds, annelez & crespez de la Nature, qu'il portoit assez longs : & bref, Madame, il estoit tel, que l'Amour en voulut faire peut-estre quelque secrette vengeance. Et voicy comment : Il fut veu de quelque Dame, & si secrettement aimé d'elle, que jamais nous n'en auons peu sçauoir le nom. Au commencement qu'il arriua à Marcilly, il estoit vestu en Berger : mais assez proprement : car son pere le cherissoit fort, & afin qu'il ne fist quelque folie, comme il auoit accoustumé en son hameau, il luy mit deux ou trois Bergers aupres, qui en auoient le soing, principalement vn nommé Cleante, homme à qui l'humeur de mon pere plaisoit : de sorte qu'il l'aimoit comme s'il eust esté son fils. Ce Cleante en auoit vn nommé Clindor, de l'aage de mon pere, qui sembloit auoir eu de la nature la mesme inclination à aymer Alcippe. Alcippe, qui d'autre costé recognoissoit ceste affection, l'aima plus que tout autre : ce qui estoit si agreable à Cleante, qu'il n'auoit rien qu'il pûst refuser à mon pere : cela fut cause qu'apres auoir veu quelques jours, comme les jeunes

Cheualiers qui estoient à ces festes, alloient vestus, comme ils s'armoient & combattoient à la barriere, & ayant declaré son dessein à son amy Clindor, tous deux ensemble requirent Cleante de leur vouloir donner les moyens de se faire paroistre entre ces Cheualiers. Et comment (leur dit Cleante) auez vous bien le courage de vous esgaler à eux? Et pourquoy-non (dit Alcippe) n'ay-je pas autant de bras, & de jambes qu'eux? Mais, dit Cleante, vous n'auez pas appris les ciuilitez des villes. Nous ne les auons pas apprises, dit-il, mais elles ne sont point si difficiles qu'elles nous doiuent oster l'esperance de les apprendre bien tost ; & puis il me semble qu'il n'y a pas tant de difference de celles-cy aux nostres que nous ne les changions bien aisément. Vous n'auez pas, dit-il, l'adresse aux armes. Nous auons, repliqua-t'il, assez de courage pour suppléer à ce deffaut. Et quoy, adiousta Cleante, voudriez vous laisser la vie champestre? Et qu'ont affaire (respondit Alcippe) les bois auec les hommes? & que peuuent apprendre les hommes en la pratique des bestes? Mais, respondit Cleante, ce vous sera bien du desplaisir, de vous voir desdaigner par ces glorieux courtisants, qui à tous coups vous reprocheront que vous estes des Bergers. Si c'est honte, dit Alcippe, d'estre Berger, il ne le faut plus estre ; si ce n'est pas honte, le reproche n'en peut estre mauuais. Que s'ils me méprisent pour ce nom, ie tascheray par mes actions de me faire estimer. En fin

Cleante les voyant, si resolus à faire autre vie que celle de leurs peres; Or bien, dit-il, mes enfans, puis que vous auez pris ceste resolution, ie vous diray, que quoy que vous soyez tenus pour Bergers, vostre naissance toutesfois vient des plus anciens tiges de ceste contrée, & d'où il est sorty autant de braues Cheualiers, que de quelqu'autre qui soit en Gaule; mais vne consideration contraire à celle que vous auez leur fit eslire ceste vie retirée: par ainsi ne craignez point que vous ne soyez bien reçeus entre ces Cheualiers, dont les principaux sont mesmes de vostre sang. Ces paroles ne seruirent que de rendre leur desir plus ardant: car ceste cognoissance leur donna plus d'enuie de mettre en effet leur resolution, sans considerer ce qui leur pourroit aduenir, fut par les incommoditez que telle vie rapporte, fut par le desplaisir, que le pere d'Alcippe & ses parents en receuroient. Dés l'heure Cleante fit la despence de tout ce qui leur estoit necessaire: Ils estoient tous deux si bien nays, qu'ils s'acquirent bien tost la cognoissance & l'amitié de tous les principaux. Et Alcippe en mesme temps s'adonna de telle sorte aux armes qu'il reüssit vn des bons Cheualiers de son temps.

Durant ces festes qui continuerent deux lunes, mon pere fut veu, comme ie vous ay dit d'vne Dame, de qui ie n'ay iamais peu sçauoir le nom, & par ce qu'il ne luy defailloit aucune de ces choses qui peuuent faire aymer,

elle en fut de sorte esprise, qu'elle inuenta vne
ruze assez bonne pour venir à bout de son intention. Vn jour que mon pere assistoit dans
vn temple aux sacrifices, qui se faisoient pour
Amasis, vne assez vieille femme se vint mettre pres de luy, & feignant de faire ses orai-
sons, elle luy dit deux ou trois fois : Alcippe,
Alcippe, sans le regarder : luy qui s'oüyt nommer, luy voulut demander ce qu'elle luy vouloit : Mais luy voyant les yeux tournez ailleurs,
il creut qu'elle parloit à vn autre : elle qui s'apperceut qu'il l'escoutoit, continua : Alcippe,
c'est à vous à qui je parle, encor que je ne vous
regarde point : si vous desirez d'auoir la plus
belle fortune que jamais Cheualier ait euë en
ceste Cour, trouuez-vous entre jour & nuict,
au carrefour qui conduit à la place de Pallas,
& là vous sçaurez de moy le reste. Alcippe
voyant qu'elle luy parloit de ceste sorte, sans
la regarder aussi, luy respondit qu'il s'y trouueroit. A quoy il ne faillit point : car le soir
approchant, il s'en alla au lieu assigné, où il ne
tarda guere que ceste femme aagée ne vint à
luy, presque couuerte d'vn taffetas qu'elle
auoit sur la teste, & l'ayant tiré à part, luy dit:
Ieune homme tu es le plus heureux qui viue,
estant aimé de la plus belle, & plus aimable
Dame de cette Cour, & de laquelle (si tu
veux me promettre ce que je te demanderay)
dés à ceste heure je m'oblige à te faire auoir
toute sorte de contentement. Le jeune Alcippe oyant ceste proposition, demanda qui

estoit la Dame. Voila, dit-elle, la premiere chose que je veux que tu me promettes, qui est de ne t'enquerir point de son nom, & de tenir ceste fortune secrette: l'autre que tu permettes que je te bouche les yeux, quand je te conduiray où elle est. Alcippe luy dit, pour ne m'enquerir de son nom, & tenir cét affaire secrette, cela feray-je fort volontiers: mais de me boucher les yeux jamais je ne le permettray. Et qu'est-ce que tu veux craindre? (dit-elle.) Ie ne crains rien (respondit Alcippe) mais je veux auoir les yeux en liberté. O jeune homme, dit la vieille, que tu es encore apprentif, pourquoy veux-tu faire desplaisir à vne personne qui t'aime tant? & n'est-ce pas luy déplaire que de vouloir sçauoir d'elle plus qu'elle ne veut? Croy moy, ne fais point de difficulté, ne doute de rien, quel danger y peut-il auoir pour toy? où est-ce courage que ta presence promet à l'abord? est-il possible qu'vn peril imaginé te fasse laisser vn bien asseuré? & voyant qu'il ne s'en esmouuoit point: Que maudite soit la mere, dit-elle, qui te fist si beau, & si peu hardy; sans doute & ton visage, & ton courage, sont plus de femme que de ce que tu es. Le jeune Alcippe ne pouuoit oüyr sans rire les parolles de ceste vieille en colere: en fin apres auoir quelque temps pensé en luy-mesme quel ennemy il pouuoit auoir, & trouuant qu'il n'en auoit point, il se resolut d'y aller, pourueu qu'elle luy permit de porter son espée, & ainsi se laissa boucher les yeux; & la

LIVRE DEVXIESME DE LA
prenant par la robbe, la suiuit où elle le voulut conduire. Ie serois trop long, si je vous racontois, Madame, toutes les particularitez
de ceste nuit: tant y a qu'apres plusieurs dé-
tours, & ayant peut-estre plusieurs fois passé
sur vn mesme chemin, Il se trouua en vne châbre, où les yeux bandez il fut desabillé
par ceste mesme femme, & mis dans vn lict,
peu apres arriua la Dame, qui l'auoit enuoyé
chercher, & se mettant aupres de luy, luy
déboucha les yeux, parce qu'il n'y auoit point
de lumiere dans la chambre: mais quelque
peine qu'il y prit, il ne sçeut jamais tirer vne
seule parole d'elle. De sorte qu'il se leua le
matin sans sçauoir qui elle estoit, seulement
la jugea-t'il belle & jeune; & vne heure auant
jour, celle qui l'auoit amené, le vint reprendre,
& le reconduisit auec les mesmes ceremonies:
depuis ce jour ils resolurent ensemble que toutes les fois qu'il y deuroit retourner, il trouueroit vne pierre à vn certain carrefour dés le matin.

Cependant que ces choses se passoient ainsi,
le pere d'Alcippe vint à mourir: De sorte qu'il
demeura plus maistre de soy-mesme qu'il ne
souloit estre, & n'eust esté le commandement
d'Amarillis & son intention particuliere qui
l'y retenoit, l'Amour qu'il portoit à sa Bergere l'eust peut-estre rappellé dans les bois:
car les faueurs de ceste Dame incogneuë ne
pouuoient en rien luy en oster le souuenir.
Que si les grands dons qu'il receuoit d'elle
ordinai-

ordinairement, ne l'eussent retenu en ceste
pratique, passé les deux ou trois premiers
voyages il s'en fust retiré, quoy qu'il sembla
que depuis ce temps-là il entra en faueur aupres de Pimander, & d'Amasis. Mais par ce
qu'vn jeune cœur peut mal-aisément tenir
long-temps quelque chose de caché, il aduient que Clindor son cher amy, le voyant
despendre plus que de coustume, luy demanda
d'où luy en venoient les moyens. A quoy du
premier coup répondant fort diuersement, en
fin il luy découurit toute ceste fortune, & puis
luy dit, que quelque artifice qu'il y eust sçeu
mettre, il n'auoit jamais peu sçauoir qui elle
estoit. Clindor trop curieux, luy conseilla de
coupper demy pied de la frange du lict, & que
le lendemain il suiuit les meilleures maisons
dont il se pouuoit douter & qu'il la recognoistroit, ou à la couleur, ou à la piece: ce qu'il fit,
& par cét artifice, mon pere eust cognoissance de celle qui le fauorisoit; toutesfois il en a
tellement tenu le nom secret, que ny Clindor, ny nul de ses enfans n'en à jamais rien
peu sçauoir. Mais la premiere fois que par
apres il y retourna, lors qu'il estoit prest à se leuer le matin, il la conjura de ne se vouloir plus
cacher à luy, qu'aussi bien c'estoit peine perduë, puis qu'il sçauoit asseurément qu'elle
estoit vne telle: Elle s'oyant nommer fut sur
le point de parler, toutefois elle se teut, &
attendit que la vieille fust venuë, à laquelle
quand Alcippe fut sorty du lict, elle fit tant

F

de menaces, croyant que ce fust elle qui l'eust découuerte, que cette pauure femme s'en vint toute tremblante jurer à mon pere qu'il se trompoit. Luy alors en souriant, luy raconta la finesse dont il auoit vsé, & que c'auoit esté de l'inuention de Clindor: elle bien aise de ce qu'il luy auoit descouuert, apres mille sermens du contraire, r'entra le dire à ceste Dame, qui mesme s'estoit leuée pour oüyr leur discours; & quand elle sçeut que Clindor en auoit esté l'inuenteur, elle tourna toute sa colere contre luy, pardonnant aisément à Alcippe qu'elle ne pouuoit haïr: toutefois depuis ce jour elle ne l'enuoya plus querir. Et par ce qu'vn esprit offensé n'a rien de si doux que la vengeance, ceste femme tourna de tant de costez qu'elle fit vne querelle à Clindor, pour laquelle il fut contraint de se battre contre vn cousin de Pimander, qu'il tua, & quoy qu'il fust poursuiuy, si se sauua-t'il en Auuergne auec l'aide d'Alcippe. Mais Amasis fit en sorte, qu'Alaric Roy des Visigostz estant pour lors à Thoulouse, le fit mettre prisonnier à Vsson, auec commandement à ses officiers de le remettre entre les mains de Pimander, qui n'attendoit pour le faire mourir que d'auoir la commodité de l'enuoyer querir. Alcippe ne laissa rien d'intenté pour obtenir son pardon: Mais ce fut en vain, car il auoit trop forte partie. C'est pourquoy voyant la perte asseurée de son amy, il delibera à quelque hazard que ce fuſt de le ſauuer. Il eſtoit pour lors à Viſſon, comme je vous ay dit, place ſi forte qu'il euſt ſemblé à tout autre vne folie de vouloir entreprendre de l'en ſortir. Son amitié toutefois, qui ne trouuoit rien de plus mal-aiſé que de viure ſans Clindor, le fit reſoudre de deuancer ceux qui alloient de la part de Pimander. Ainſi feignant de ſe retirer chez ſoy mal contant, il part luy douzieſme, & vn jour de marché ſe preſentent à la porte du Chaſteau tous veſtus en villageois, & portant ſous leurs jupes de courtes eſpées, & aux bras des paniers comme perſonnes qui alloient vendre. Ie luy ay oüy dire qu'il y auoit trois fortereſſes l'vne dans l'autre. Ces reſolus payſans vindrent juſques à la derniere, où peu de Viſigoſtz eſtoient reſtez: car la pluſ-part eſtoient deſcendus en la baſſe ville pour voir le marché, & pour ſe pouruoir de ce qui eſtoit neceſſaire pour leur garniſon. Eſtát là ils offroient à ſi bon prix leurs denrées, que preſque tous ceux qui eſtoient dedans ſortirent pour en achepter. Lors mon pere voyant l'occaſion bonne, ſaiſiſſant au collet celuy qui gardoit la porte, luy mit l'eſpée dans le corps, & chacun de ſes compagnons comme luy ſe deffit en meſme inſtant du ſien, & entrant dedans mirent le reſte au fil de l'eſpée, & ſoudain ſerrant la porte coururent aux priſons, où ils trouuerét Clindor dans vn cachot, & tant d'autres, qu'ils ſe jugerent eſtant armez, ſuffiſans de deffaire le reſte de la garniſon. Pour abreger, je

F ij

vous diray, Madame, qu'encore que pour l'alarme, les portes de la ville fussent fermées, si les forcerent-ils sans perdre vn seul homme, quoy que le gouuerneur, qui en fin y fut tué, y fist toute la resistance qu'il peut. Ainsi voilà Clindor sauué, & Alaric aduerty que c'estoit mon pere qui auoit fait ceste entreprise; dequoy il se sentit tant offensé, qu'il en demanda justice à Amasis, & elle qui ne vouloit perdre son amitié, s'affectionna beaucoup pour le contenter, & enuoya incontinent pour se saisir de mon pere : mais ses amis l'en aduertirent si à propos, qu'ayant donné ordre à ses affaires, il sortit hors de ceste contrée, & piqué contre Alaric plus qu'il n'est pas croyable, s'alla mettre auec vne nation, qui depuis peu estoit entrée en nos Gaules, & qui pour estre belliqueuse, s'estoit saisie des deux bords du Rosne & de l'Arar, & d'vne partie des Alobroges. Et par ce que desireux d'agrandir leurs terres, ils faisoiēt continuellemēt la guerre aux Visigostz, Ostrogosts & Romains, il y fut tresbien receu auec tous ceux qu'il y voulut conduire, & estant cogneu pour homme de valeur, fut incontinant honoré de diuerses charges. Mais quelques années estant escoulées, Gondioch Roy de ceste nation venant à mourir, Gondebault son fils succeda à la Couronne de Bourgongne, & desirant d'asseurer ses affaires dés le commencement, fit la paix auec ses voisins, mariant son fils Sigismond auec vne des filles de Theodoric Roy des Ostrogostz : & pour complaire à

Alaric, qui estoit infiniment offensé contre Alcippe, luy promit de ne le tenir plus aupres de luy. De sorte qu'auec son congé, il se retira auec vn autre peuple, qui du costé de Renes s'estoit saisi d'vne partie de la Gaule, en dépit des Gaulois & des Romains: Mais, Madame, ce discours vous seroit ennuyeux, si particulierement je vous racontois tous ses voyages: car de ceux-cy il fut contraint de s'en aller à Londres vers le grand Roy Artus, qui en ce mesme temps, comme depuis je luy ay oüy raconter plusieurs fois, institua l'Ordre des Cheualiers de la table ronde. De là il fut contraint de se retirer au Royaume qui porte le nom du port des Gaulois. Et en fin estant recherché par Alaric, il se resolut de passer la mer & aller à Bisance, où l'Empereur luy donna la charge de ses galeres. Mais d'autant que le desir de reuenir en la patrie, est le plus fort de tous les autres, mon pere, quoy que tres-grand auec ces grands Empereurs, n'auoit toutefois rien plus à cœur, que de reuoir fumer ses foüiers, où si souuent il auoit esté emmaillotté, & sembla que la fortune luy en presenta le moyen, lors que moins il l'attendoit. Mais j'ay oüy dire quelquefois à nos Druides, que la fortune se plaist de tourner le plus souuent sa roüe du costé où l'on attend moins son tour. Alaric vint à mourir, & Thierry son fils luy succeda, qui pour auoir plusieurs freres eut bien assez affaire à maintenir ses estats, sans penser aux inimitiez de son pere: Et ainsi se voulant ren-

F iij

LIVRE DEVXIESME DE LA

dre aymable à chacun (car la bonté & la liberalité font les deux aymants, qui attirent le
plus l'amitié de chacun) dés le commencement
de son regne, il publia vne abolition generale
de toutes les offenses faites en son Royaume.
Voila vn grand commencement pour moyen-
ner le retour d'Alcippe; si ne pouuoit-il encore
reuenir, d'autant que Pimander n'auoit point
oublié l'injure receuë; toutesfois ainsi que les
Visigostz furent cause de son bannissement, de
mesme la fortune s'en voulut seruir pour instrument de r'appel. Quelque téps auparauant,
comme je vous ay dit, Artus Roy de la grand'
Bretagne auoit institué les Cheualiers de la table ronde, qui estoient vn certain nombre de
jeunes hommes vertueux, obligez d'aller chercher les aduentures, punir les meschans, faire
justice aux oppressez, & maintenir l'honeur des
Dames. Or les Visigostz d'Espagne, qui alors
demeuroient dans Pampelune, à l'imitation de
cestui-cy esleurent des Cheualiers, qui alloient
en diuers lieux montrât leur force & adresse. Il
aduint qu'é ce temps vn de ces Visigostz, apres
auoir couru plusieurs contrées s'en vint à Marcilly, où ayant fait son desfi accoustumé, il vainquit plusieurs des Cheualiers de Pimander, ausquels il coupoit la teste, & d'vne cruauté extréme, pour tesmoignage de sa valeur, les enuoyoit
à vne Dame qu'il seruoit en Espagne. Entre les
autres Amarillis y perdit vn oncle, qui comme
mon pere, ne voulant demeurer dans le repos
de la vie champestre, auoit suiuy le mestier des

armes. Et parce que durant cet esloignement, elle auoit esté assez curieuse pour auoir d'ordinaire de ses nouuelles, par la voye de certains jeunes garçons qu'elle & luy auoient dressez à cela; aussi tost que ce mal-heur luy fut auenu, elle le luy escriuit, non pas en opinion qu'il deust s'en retourner: mais comme luy faisant part de son desplaisir. Amour qui n'est jamais dans vne belle ame sans la remplir de mille desseins genereux, ne permit à mon pere de sçauoir le déplaisir d'Amarillis estre causé par vn homme, sans incontinent faire resolution de chastier cet outrecuidé. Et ainsi auec le congé de l'Empereur, s'en vint déguisé en la maison de Cleante, qui sçachant sa deliberation, tascha plusieurs fois de l'en diuertir: mais Amour auoit de plus fortes persuasions que luy. Et vn matin que Pimader sortoit pour aller au Temple, Alcippe se presenta deuant luy, armé de toutes pieces, & quoy qu'il eust la visiere haussée, si ne fut-il point recogneu pour la barbe qui luy estoit venuë depuis son départ. Lors que Pimader sçeut sa resolution, il en fit beaucoup d'estat, pour la haine qu'il portoit à cét estranger à cause de son arrogance & de sa cruauté, & dés l'heure mesme fit aduertir le Visigoth par vn heraut d'armes. Pour abreger, mõ pere le vainquit, & en presenta l'espée à Pimader, & sans se faire cognoistre à personne, sinon à Amarillis qui le vid en la maison de Cleãte, il s'en retourna à Bisance, où il fut receu cõme de coustume. Cependant Cleante qui n'auoit nul plus grand

LIVRE DEVXIESME DE LV
desir, que de le reuoïr libre en Foretz, le descouurit à Pimander, qui estoit fort desireux de sçauoir le nom de celuy qui auoit combattu l'estranger. Luy au commencement estonné, en fin esmeu de la vertu de cét homme, demanda s'il estoit possible qu'il fust encor en vie. A quoy Cleante respondit, en racontant toutes ses fortunes, & tous ses longs voyages, & en fin quel il estoit paruenu aupres de tous les Rois qu'il auoit seruis. Sans mentir, dit alors Pimander, la vertu de cét homme merite d'estre recherchée & non pas bannie, outre l'extréme plaisir qu'il m'a fait ; qu'il reuiëne donc, & qu'il s'asseure que je le cheriray, & aimeray comme il merite : & que dés icy je luy pardonne tout ce qu'il a fait contre moy. Ainsi mon pere apres auoir demeuré dix sept ans en Grece, reuint en sa patrie, honoré de Pimander, & d'Amasis, qui luy donnerent la plus belle charge qui fut pres de leur personne. " Mais voyez que c'est que de " nous! On se saoule de toute chose par l'abon- " dance, & le desir assouuy demeure sans force. Aussi tost que mon pere eut les faueurs de la fortune telles qu'il eust sçeu desirer, le voilà qu'il en perd le goust, & les mesprise. Et lors vn bon demõ qui le voulut retirer de ce goulphe, où il auoit si souuent failly de faire naufrage, luy representa, à ce que je luy ay oüy dire, sem- " blables considerations. Vien-ça Alcippe, quel " est ton dessein ? n'est-ce pas de viure heureux " autant que Cloton fillera tes jours ? si cela " est, où pense-tu trouuer ce bien, sinon au re-

I. PARTIE D'ASTREE. 45

pos ? Le repos où peut-il estre que hors des affaires ? Les affaires, comment peuuent-elles es-
logner l'ambition de la Cour, puis que la mesme felicité de l'ambition gist en la pluralité des
affaires ? N'as tu point encor assez éprouué l'inconstance dont elles sont pleines ? aye pour le
mains ceste consideration en toy. L'ambition
est de commander à plusieurs, chacun de ceux-
là a mesme dessein que toy. Ces desseins leur
proposent les mesmes chemins : allant par mesme chemin ne peuuent ils paruenir là mesme
où tu és ? & y paruenant, puis que l'ambition
est vn lieu si estroit qu'il n'est pas capable que
d'vn seul, il faut ou que tu te deffendes de mille
qui t'ataqueront, ou que tu leur cedes. Si tu te
deffends, quel peut estre ton repos, puis que tu
as à te garder des amis, & des ennemis, & que
iour & nuit leurs fers sont aiguisez cõtre toy ? Si
tu leur cedes, est-il rien de si miserable qu'vn
courtisan décheu ? Doncques, Alcippe, r'entre
en toy-mesme, & te ressouuiens que tes peres,
& ayeulx, ont esté plus sages que toy, ne vueille
point estre plus auisé, mais plante vn clou de
diamant à la rouë de ceste fortune, que tu as si
souuent trouuée si muable, reuiens au lieu de ta
naissance, laisse-là ceste pourpre, & la change en
tes premiers habits, que ceste lance soit changée en houlette, & ceste espée en coultre, pour
ouurir la terre, & non pas le flanc des hommes :
Là tu trouueras chez toy le repos, qu'en tant
d'années tu n'as iamais peu trouuer ailleurs.
Voila, Madame, les considerations qui r'ame-

nerent mon pere à sa premiere profession. Et ainsi, au grand estonnement de tous, mais auec beaucoup de loüange des plus sages, il reuint à son premier estat, où il fit renouueller nos anciens statuts, auec tant de contentemēt de chacun, qu'il se pouuoit dire estre au comble de l'ambition, quoy qu'il s'en fust dépoüillé : puis qu'il estoit tant aimé, & honoré de ses voisins, qu'ils le tenoient pour vn oracle ; & toutefois ce ne fut pas encor là la fin de ses peines, car estant apres la mort de Pymander retiré chez luy, il ne fut plustost en nos riuages, qu'Amour ne luy renouuellast sa premiere playe, n'y ayant de toutes les fléches d'Amour, nulle plus acerée que celle de la conuersation. Ainsi dōc voila Amarillis si auant en sa pensée, qu'elle luy donnoit plus de peine que tous les premiers trauaux. Ce fut en ce temps qu'il reprit la deuise qu'il auoit portée durant tous ses voyages, d'vne penne de Geay, voulant signifier PEINE I'AY. De cet Amour vint vne tres-grande inimitié: Car Alcé, pere d'Astrée estoit infiniment amoureux de cest Amarillis, & Amarillis durant l'exil de mon pere auoit permis. ceste recherche, par le commandement de ses parents; & à ceste heure ne s'en pouuoit distraire sans luy donner tant d'ennuy, que c'estoit le desesperer : d'autre costé Alcippe, qui dépoüillant l'habit de Cheualier, n'en auoit pas laissé le courage, ne pouuāt souffrir vn riual, vint aux mains plusieurs fois auec Alcé, qui n'estoit pas sans courage, & croit-on que n'eust esté les parens d'Amarillis, qui se resolurent de la donner à Alcippe, il fust arriué beaucoup de mal-heur entre eux: mais encor que par ce mariage on coupast les racines des querelles, celles toutefois de la hayne demeurerent si viues, que depuis elles creurent si hautes, qu'il n'y a iamais eu familiarité entre Alcé, & Alcippe. Et c'est cela (dit Celadon, s'adressant à Syluie) belle Nymphe, que vous ouystes dire estant en nostre hameau: car ie suis fils d'Alcippe & d'Amarillis, & Astrée est fille d'Alcé, & d'Hypolite. Vous trouuerez peut estre estrange, que n'estant sorty de nos bois ny de nos pasturages, ie sçache tant de particularitez des contrées voisines. Mais, Madame, tout ce que j'en ay appris, n'a esté que de mon pere, qui me racontant sa vie, a esté contraint de me dire ensemble les choses que vous auez ouyes.

Ainsi finit Celadon son discours, & certes non point sans peine: car le parler luy en donnoit beaucoup, pour auoir encores l'estomach mal disposé; & cela fut cause qu'il raconta ceste histoire le plus briefuement qu'il peut: Galathée toutefois en demeura plus satisfaite, qu'il ne se peut croire, pour auoir sçeu de quels ayeuls estoit descendu ce Berger qu'elle aymoit tant.

LE TROISIESME
LIVRE DE LA PRE-
MIERE PARTIE
d'Astrée.

ANT que le iour dura, ces belles Nymphes tindrent si bonne compagnie à Celadon, que s'il n'eust eu le cuisant déplaisir du changement d'Astrée, il n'eust point eu d'occasion de s'ennuyer : car elles estoient & belles, & remplies de beaucoup de iugement : toutefois en l'estat où il se trouuoit, cela ne fut assez pour luy empescher de se desirer seul : & par ce qu'il preuoyoit bien que ce ne pouuoit estre que par le moyen de la nuit qui les côtraindroit de se retirer, la souhaittoit à toute heure. Mais lors qu'il se croyoit plus seul, il se trouua le mieux acompagné : car la nuict estant venuë, & ces Nymphes retirees en leurs chambres, ses pensers luy vindrent tenir compagnie, auec de si cruels ressouuenirs, qu'ils luy firent bien autant ressentir leur abord qu'il l'auoit desiré. Quels desespoirs alors ne se presenterent point à luy? nul de tous ceux que l'Amour peut produire, voire l'Amour le plus desesperé: Car si à l'iniuste sentence de sa Maistresse il opposoit son innocence, soudain l'execution de cest arrest luy reuenoit deuant les yeux. Et comme d'vn penser on tombe en vn autre, il rencontra de fortune auec la main le rubā où estoit la bague d'Astrée, qu'il s'estoit mis au bras. O que de mortelles memoires luy remit-il en l'esprit! il se representa tous les courroux qu'en cest instant-là elle auoit peints au visage, toutes les cruautez que son ame faisoit paroistre, & par ses paroles, & par ses actions, & tous les dédains auec lesquels elle auoit proferé les ordonnances de son bannissement. S'estant quelque temps arresté sur ce dernier malheur, il s'alla ressouuenir du changement de sa fortune: combien il s'estoit veu heureux, combien elle l'auoit fauorisé, & combien tel heur auoit continué. De là il vint à ce qu'elle auoit fait pour luy, combien en sa consideration elle auoit dédaigné d'honnestes Bergers, combien elle auoit peu estimé la volonté de son pere, le courroux de sa mere, & les difficultez qui s'opposoient à leur amitié: puis il falloit representant combien les fortunes d'Amour estoient peu asseurées aussi bien que toutes les autres: & combien peu de chose luy restoit de tāt de faueurs, qui en fin estoit sans plus vn bracelet de cheueux, qu'il auoit au bras, & vn portrait qu'il portoit au col, duquel il baisa la boite plusieurs fois: pour la bague qu'il auoit à l'autre bras, il croyoit que ce fust plustost la force que sa bonne volonté qui la luy eust donnée: Mais tout au coup il se ressouuint des lettres, qu'elle luy auoit escrites, durãt le bon-heur de la fortune, & qu'il portoit d'ordinaire auec luy dans vn petit sac de senteur. O quel tressaut fut le sien! car il eut peur que ces Nimphes foüillant ses habits ne l'eussent treuué. En ce doute il appella fort haut le petit Meril, car pour le seruir il estoit couché à vne garderobe fort proche. Le jeune garçon s'oyant appeller coup sur coup deux ou trois fois, vint sçauoir ce qu'il luy vouloit. Mon petit amy (dit Celadon) ne sçais-tu point que sont deuenus mes habits? car il y a quelque chose dedans qu'il m'ennuyeroit fort de perdre: vos habits (dit-il) ne sont pas loing d'icy, mais il n'y a rien dedans, car ie les ay cherchez. Ah! dit le Berger, tu te trompes Meril, j'y auois chose que j'aimerois mieux auoir cõseruée que la vie: & lors se tournant de l'autre costé du lit, se mit à plaindre & tourmenter fort lõg temps. Meril qui l'escoutoit d'vn costé, estoit marry de son déplaisir, & de l'autre estoit en doute, s'il luy deuoit dire ce qu'il en sçauoit. En fin ne pouuant supporter de le voir plus longuement en ceste peine, il luy dit, qu'il ne se deuoit point tant ennuyer, & que la Nymphe Galathée l'aymoit trop pour ne luy rendre vne chose qu'il monstroit d'auoir si chere. Alors Celadon se tourna vers luy: & comment (dit-il) la Nymphe a t'elle ce que ie te demande? Ie croy (respondit-il) que c'est cela mesme, pour le moins ie n'y ay trouué qu'vn petit sac plein de papier: & ainsi que ie le vous apportois, vn peu auant que vous ayez voulu dormir, elle l'a veu, & me l'a osté. O Dieux (dit alors le Berger) aillent toutes choses au pis qu'elles pourront: & se tournant de l'autre costé, ne voulut luy parler dauantage. Cependant Galathée lisoit les lettres de Celadon, car il estoit fort vray, qu'elle les auoit ostées à Meril, suiuant la curiosité ordinaire de ceux qui aiment: mais elle luy auoit fort deffendu de n'en rien dire, par ce qu'elle auoit intention de les rendre, sans qu'il sçeust qu'elle les eust veuës. Pour lors Syluie luy portoit vn flambeau deuant, & Leonide estoit ailleurs, si bien qu'à ce coup il fallut qu'elle fust du secret. Nous verrons, disoit Syluie, s'il est vray, que ce Berger soit si grossier comme il se feint, & s'il n'est point amoureux: car ie m'asseure que ces papiers en diront quelque chose: & lors elle s'appuya vn peu sur la table. Cependant Galathée desnoüoit le cordon, qui serroit si bien, que l'eau n'y auoit guiere fait de mal, toutefois il y auoit quelques papiers moüillez, qu'elle tira dehors le plus doucement qu'elle peut, pour ne les rompre: & les ayant espanchez sur la table, le premier sur qui elle mit la main, fut vne telle lettre.

LETTRE D'ASTREE A CELADON.

Qv'eſt-ce que vous entreprenez Celadon, en quelle confuſion vous allez vous mettre? croyez moy qui vous conſeille en amye, laiſſez ce deſſein de me ſeruir, il eſt trop plein d'incommoditez; quel contentemēt y eſperez vous? ie ſuis tāt inſuportable que ce n'eſt guere moins entreprendre que l'impoſſible; il faudra ſeruir, ſouffrir, & n'auoir des yeux, ny de l'Amour que pour moy: car ne croyez point que ie vueille auoir à partir auec quelqu'autre, ny que ie reçoiue vne volonté à moitié mienne: ie ſuis ſoupçoneuſe, ie ſuis ialouſe, ie ſuis difficile à gagner, & facile à perdre; & puis aiſee à offenſer, & tres-mal aiſee à rappaiſer; la moindre doute eſt en moy vne aſſeurance; il faut que mes volōtez ſoient des deſtinées, mes opiniōs des raiſons, & mes cōmandemēs des loix inuiolables. Croyez moy, encor vn coup; retirez vous, Berger, de cē dangereux labyrinthe, & fuyez vn deſſein ſi ruineux. Ie me recognois mieux que vous, ne vous figurez de pouuoir à la fin changer mon naturel, ie rompray pluſtoſt que de plier, & ne vous plaignez à l'auenir de moy, ſi à ceſte heure vous ne croyez ce que ie vous en dis.

Ne me

Ne me tenez iamais pour ce que ie suis, dit Galathée, si ce Berger n'est amoureux, car en voicy vn commencement qui n'est pas petit. Il n'en faut point douter, dit Siluie, estant si honneste homme. Et comment, repliqua Galathee, auez-vous opinion qu'il faille necessairement aimer pour estre tel ? Ouy Madame, dit-elle, à ce que j'ay ouy dire: parce que l'Amant ne desire rien dauantage, que d'estre aimé: pour estre aimé, il faut qu'il se rende aimable, & ce qui rend aimable est cela mesme qui rend honneste homme. A ce mot Galathée luy donna vne lettre qui estoit vn peu moüillée pour la seicher au feu, & ce pendant elle en prit vne autre qui estoit telle.

LETTRE D'ASTREE A CELADON.

Vus ne voulez croire que ie vous ayme, & desirez que ie croye que vous m'aimez: si ie ne vous aime point, que vous profitera la creance que i'auray de vostre affection? A faire peut estre, que ceste opinion m'y oblige? A peine Celadon, ne pourra ceste foible consideration, si vos merites, & les seruices que i'ay receus de vous ne l'ont peu encores. Or voyez en quel estat sont vos affaires: ie ne veux pas seulement que vous sçachiez que ie croy que vous m'aymez; mais ie veux de plus, que vous soyez asseuré que ie vous ayme, & entre tant d'autres vne chose seule, vous en doit rendre certain; si ie ne vous aimois point, qui me feroit mépriser le contentement de mes parens? Si vous considerez combien ie leur doy, vous cognoistrez en quelque sorte la qualité de mon amitié, puis que non seulement elle contre-pese, mais emporte de tant, vn si grand poids: & à Dieu, ne soyez plus incredule.

En mesme temps Syluie rapporta la lettre, & Galathée luy dit auec beaucoup de déplaisir, qu'il aimoit, & que de plus il estoit infiniment aimé, & luy releut la lettre, qui luy touchoit fort au cœur, voyant qu'elle auoit à forcer vne place, où vn si fort ennemy estoit desia victorieux: car par ces lettres, elle iugea que l'humeur de ceste Bergere n'estoit pas d'estre à moitié Maistresse, mais auec vne tres absoluë puissance commander à ceux qu'elle daignoit receuoir pour siens; elle fortifia beaucoup ce iugement, quand elle leut la lettre qui auoit esté seichée: elle estoit telle.

LETTRE D'ASTREE A CELADON.

Ycidas a dit à ma Phillis que vous estiez auiourd'huy de mauuaise humeur, en sui-

e cause, ou vous? Si c'est moy, c'est sans occasion, car ne veux-ie pas tousiours vous aimer, & estre aimee de vous? & ne m'auez vous mille fois iuré, que vous ne desiriez que cela pour estre content? Si c'est vous, vous me faites tort, de disposer sans que ie le sçache, de ce qui est à moy: car par la donation que m'auez faite, & que i'ay receuë, & vous & tout ce qui est de vous m'appartient. Aduertissez-m'en donc, & ie verray si ie vous en doy donner permission, & ce pendant ie le vous deffends.

Auec quel empire, dit alors Galathée, traite ceste Bergere? Elle ne luy fait point de tort, respondit Syluie, puis qu'elle l'en a bien aduerty dés le commencement. Et sans mentir, si c'est celle que ie pense, elle a quelque raison, estant l'vne des plus belles, & des plus accomplies personnes, que ie vy jamais. Elle s'appelle Astrée, & ce qui me le fait iuger ainsi, c'est ce mot de Phillis, sçachant que ces deux Bergeres sont amies iurées. Et encor, comme ie vous dis, que sa beauté soit extréme, toutefois c'est ce qui est en elle de moins aimable, car elle a tant d'autres perfections, que celle-là est la moins apparente. Ces discours ne seruoient qu'à la reblesser dauantage, puis qu'ils ne luy descouuroient que de plus grandes difficultez en son dessein: & par ce qu'elle ne vouloit, que Syluie pour lors en sçeust dauantage, elle

G ij

LIVRE TROISIESME DE LA
resserra ces papiers, & se mit au lit, non sans vne
grande compagnie de diuerses pensées, entre
lesquelles le sommeil se glissa peu à peu.

A peine estoit-il iour, que le petit Meril sortit
de la chambre du Berger, qui auoit plaint toute
la nuict, & que le trauail, & le mal n'auoient peu
assoupir qu'à la venuë de l'aurore: & par ce que
Galathée luy auoit commandé de remarquer
particulierement tout ce que feroit Celadon,
& le luy rapporter, il alloit luy dire ce qu'il
auoit appris. A l'heure mesme Galathée s'estant
esueillée, parloit si haut auec Leonide que Meril les oyant heurta à la porte, & se fist ouurir.
Madame, dit-il, de toute ceste nuict ie n'ay dormy: car le pauure Celadon a failly de mourir, à
cause des papiers que vous me pristes hier: &
parce que ie le vy si fort desesperé, ie fus cotraint
pour le remettre vn peu, de luy dire que vous
les auiez. Comment (reprit la Nimphe) il sçait
donc que ie les ay? Ouy certes, Madame, res-
pond Meril, & m'asseure qu'il vous suppliera de
les luy rendre, car il les tient trop chers; & si
vous l'eussiez ouy côme moy, ie ne croy point
qu'il ne vous eust fait pitié. Hé! dy moy, Meril,
adjousta la Nimphe, entre-autres choses, que
disoit-il? Madame, repliqua-t'il, apres qu'il se
fut enquis si ie n'auois point veu les papiers, &
qu'en fin il eut sçeu que vous les auiez, il se
tourna comme transporté de l'autre costé, &
dit; Or sus aillent toutes choses au pis qu'elles
pourront: & apres auoir demeuré muet quelque temps, & qu'il pensa que ie me fusse remis

dans le lict, ie l'oüys souspirer assez haut, & puis dire telles paroles. Astrée! Astrée! ce bannissement deuoit-ce estre la recompense de mes seruices? si vostre amitié est changee, pourquoy me blasmez-vous pour vous excuser? si j'ay failly, que ne me dites vous ma faute? n'y a-t'il point de iustice au Ciel, non plus que de pitié en vostre ame? helas! s'il y en a, que n'en ressens-je quelque faueur, à fin que n'ayant peu mourir, comme vouloit mon desespoir, ie le fasse pour le moins, comme le commande la rigueur d'Astrée? Ah! rigoureux, pour ne dire cruel commandement! qui eust peu en vn tel accident prendre autre resolution que celle de la mort? n'eust-il pas donné signe de peu d'Amour, plustost que de beaucoup de courage? Et il s'arresta vn peu, puis il reprit ainsi. Mais à quoy, mes traistres espoirs, m'allez vous flattant? est-il possible que vous m'osiez approcher encores, dites-vous pas qu'elle changera? considerez ennemis de mon repos, quelle apparence il y a, que tant de temps escoulé, tant de seruices, & d'affections recogneuës; tant de desdains supportez, & d'impossibilitez vaincuës, ne l'ayent peu, & qu'vne absence le puisse. Esperons, esperons plustost vn fauorable cercueil de la mort, qu'vn fauorable repentir d'elle. Apres plusieurs semblables discours, il se teut assez long temps: mais estant retourné au lict, ie l'oüys peu apres recommencer ses plaintes, qu'il a continuées iusques au iour: & tout ce que j'en ay peu remarquer, n'a esté que

des plaintes, qu'il fait contre vne Astrée, qu'il accuse de changement, & de cruauté. Si Galathée auoit sçeu vn peu des affaires de Celadon, par les lettres d'Astrée, elle en apprit tant par le rapport de Meril, que pour son repos il eust esté bon qu'elle en eust esté plus ignorante. Toutefois en se flattant elle se figuroit, que le mépris d'Astrée pourroit luy ouurir plus aisément le chemin à ce qu'elle desiroit : Escoliere
" d'Amour! qui ne sçauoit pas qu'Amour ne
" meurt iamais en vn cœur genereux, que la ra-
" cine n'en soit entierement arrachée. En ceste
" esperance elle escriuit vn billet qu'elle plia sans le cachetter, & le mit entre ceux d'Astrée : Puis donnant le sac à Meril, tien, luy dit-elle, Meril, rends ce sac à Celadon, & luy dy que ie voudrois luy pouuoir rendre aussi bien tout le contentement qui luy deffaut. Que s'il se porte bien, & qu'il me vueille voir, dy luy que ie me trouue mal ce matin : elle disoit cela à fin qu'il eust loisir de visiter ses papiers, & de lire celuy qu'elle luy escriuoit. Meril s'en alla : & par ce que Leonide estoit dans vn autre lict, elle ne peut voir le sac, ny ouyr la commission qu'elle luy auoit donnée, mais soudain qu'il fut dehors, elle l'appella, & la fit mettre dans le lict auec elle : & apres quelques autres propos, elle luy parla de ceste sorte. Vous sçauez, Leonide, ce que ie vous dy hier de ce Berger, & combien il m'importe qu'il m'aime, ou qu'il ne m'aime pas : depuis ce temps-là, i'ay sçeu de ses nouuelles plus que ie n'eusse voulu ; vous auez ouy

ce que Meril m'a r'apporté, & ce que Siluie m'a dit des perfections d'Astrée : si bien, continuat'elle, que puis que la place est prise, ie voy naistre vne double difficulté à nostre entreprise: toutefois ceste heureuse Bergere l'a fort offensé : & vn cœur genereux souffre mal-aisément vn mépris sans s'en ressentir. Madame, luy respondit Leonide, d'vn costé ie voudrois que vous fussiez contente, & de l'autre ie suis presque bien aise de ces incommoditez : car vous vous faites tant de tort, si vous continuez, que ie ne sçay si vous l'effacerez iamais. Pensez-vous, encor que vous croyez estre icy bien secrette, que l'on ne vienne à sçauoir ceste vie? & que sera-ce de vous, si elle se descouure ? Le jugement ne vous manqua iamais, au reste de vos actions, est-il possible qu'en cest accident il vous deffaille ? Que iugeriez-vous d'vne autre qui meneroit telle vie ? Vous respondrez, que vous ne faites point de mal. Ah ! Madame, il ne suffit pas à vne personne de vostre qualité, d'estre exempte du crime, il faut l'estre aussi du blâme ! Si c'estoit vn homme qui fust digne de vous, ie le patienterois ; mais encor que Celadon soit des premiers de ceste contrée, c'est toutesfois vn Berger, & qui n'est recogneu pour autre. Et ceste vaine opinion de bonheur, ou de mal-heur, pourra-t'elle tant sur vous, qu'elle vous abatte de sorte le courage, que vous vueillez égaler ces gardeurs de Brebis, ces rustiques, & ces demy-sauuages à vous? Pour Dieu, Madame, reuenez en vous-mesme,

G iiij

& considerez l'intention dont ie profere ces paroles. Elle eust continué, n'eust esté que Galathée toute en colere l'interrompit. Ie vous ay dit, que ie ne voulois point, que vous me tinssiez ces discours, ie ne sçay à quoy j'en suis resoluë: quand ie vous en demanderay aduis, donnez le moy, & vne fois pour toutes, ne m'en parlez plus, si vous ne voulez me déplaire. A ce mot elle se tourra de l'autre costé, en telle furie, que Leonide cogneut bien qu'elle « l'auoit fort offensee. Aussi n'y a t'il rien qui tou-
« che plus viuement qu'opposer l'honneur à l'A-
« mour, car toutes les raisons d'Amour demeu-
« rent vaincuës, & l'Amour, toutefois de-
« meure tousiours en la volonté le plus fort.
Peu apres Galathée se tourna, & luy dit; Ie n'ay point creu iusques icy, que vous eussiez opinió d'estre ma gouuernante, mais à ceste heure ie commence d'auoir quelque creance, que vous le vous figurez. Madame, respondit-elle, ie ne me mécognoistray iamais tant, que ie ne recognoisse tousiours ce que ie vous doy: mais puis que vous trouuez si mauuais ce que mon deuoir m'a fait vous dire, ie proteste dés icy, que ie ne vous donneray iamais occasion d'entrer pour ce sujet en colere contre moy. C'est vne estrange chose, que de vous, repliqua Galathée, qu'il faille que vous ayez tousiours raison en vos opinions! Quelle apparence y a t'il, que l'on puisse sçauoir que Celadon soit icy: il n'y a ceans que nous trois, Meril, & ma nourrice sa mere? pour Meril, il ne sort

point, & outre cela, il a assez de discretion pour son aage : Pour ma nourrice, sa fidelité m'est assez cogneuë, & puis ç'a esté en partie par son dessein, que le tout s'est conduit de cette sorte : Car luy ayant raconté ce que le Druide m'auoit predit, elle qui m'aime plus tendrement que si j'estois son enfant propre, me conseilla de ne dédaigner cét aduertissement; & par ce que je luy proposay la difficulté du grand abord des personnes qui viennent ceans quand j'y suis, elle mesme m'auertit de feindre que je me voulois purger. Et quel est vostre dessein, dit Leonide ? De faire en sorte, respondit elle, que ce Berger me vueille du bien, & jusques à ce que cela soit, de ne le point laisser sortir de ceans : que si vne fois il vient à m'aimer, je laisseray conduire le reste à la fortune. Madame, dit Leonide, Dieu vous en donne tout le contentement que vous en desirez : mais permettez moy de vous dire encor pour ce coup, que vous vous ruïnez de reputation. Quel temps faut-il pour détaciner l'affection si bien prise qu'il porte à Astrée, la beauté, & la vertu de laquelle on dit estre sans seconde ? Mais, interrompit incontinant la Nimphe, elle le desdaigne, elle l'offense, elle le chasse ; pensez-vous qu'il n'ayt pas assez de courage pour la laisser ? O, Madame, rayez cela de vostre esperance, dit Leonide, s'il n'a point de courage, il ne le ressentira pas, & s'il en a, vn homme genereux ne se diuertit jamais d'vne entreprise pour les difficultez. Ressouuenez-vous pour exemple, de combien de desdains vous auez vsé contre Lindamor, & combien vous l'auez traitté cruellement, & combien il a peu fait de cas de tels desdains, ny de telles cruautez. Mais qu'il soit ainsi, que Celadon, pour estre en fin vn Berger, n'ait pas tant de courage que Lindamor, & qu'il fléchisse aux coups d'Astrée, qu'esperez-vous de bon pour cela ? pensez-vous qu'vn esprit trompé soit aisé à retromper vne seconde fois en vn mesme sujet ? Non, non, Madame, quoy qu'il soit, & de naissance, & de conuersation entre des hommes grossiers, si ne le peut-il estre tant, qu'il ne craigne de se rebruler à ce feu, dont la douleur luy cuit encore en l'ame. Il faut (& c'est ce que vous pouuez esperer de plus auantageux) que le temps le guerisse entierement de ceste brusleure, auant qu'il puisse tourner les yeux sur vn autre sujet semblable: & quelle longueur y faudra t'il ? & cependant sera-t'il possible d'empescher si long-temps, que les gardes qui ne sont qu'en ceste basse court, ne viennent à le sçauoir ? ou en le voyant (car encor ne le pouuez-vous pas tenir tousjours en vne chambre) ou par le rapport de Meril, qui (encor qu'assez discret pour son âge) est en fin vn enfant. Leonide, luy dit-elle, cessez de vous trauailler pour ce sujet, ma resolution est celle que je vous ay dite ; que si vous voulez me faire croire que vous m'aimez, fauorisez mon dessein en ce que vous pourrez, & du reste laissez-m'en le soucy. Ce matin, si le mal de Celadon le permet (il me sembla qu'hier il se portoit bien) vous pourrez le conduire au jardin; car pour aujourd'huy je me trouue vn peu mal, & difficilement sortiray-je du lict, que sur le soir. Leonide toute triste ne luy respondit sinon qu'elle raporteroit tousiours tout ce qu'elle pourroit à son contentement.

Cependant qu'elles discouroient ainsi, Meril fit son message, & ayant trouué le Berger esueillé, luy donna le bon iour de la part de la Nymphe, & luy presenta ses papiers. O combié promptement se releua-t'il sur le lict! il fit ouurir les rideaux, & les fenestres, n'ayant le loisir de se leuer, tant il auoit de haste de voir ce qui luy auoit cousté tant de regrets. Il ouure le petit sac, & apres l'auoir baisé plusieurs fois: O secretaire, dit il, de ma vie plus heureuse! comment t'és-tu trouué entre ces mains estrangeres? A ce mot il sort toutes les lettres sur le lict, & pour voir s'il en manquoit quelqu'vne, il les remit en leur rang, selon le temps qu'il les auoit receuës, & voyant qu'il restoit vn billet, il l'ouure & leut tels mots.

ELADON ie veux que vous sçachiez que Galathée vous aime, & que le Ciel a permis le desdain d'Astrée, pour ne vouloir, que plus long-temps vne Bergere possedast ce qu'vne Nymphe desire: recognoissez ce bonheur, & ne le refusez.

L'eſtonnement du Berger fut tres-grand, toutefois voyant que le petit Meril conſideroit ſes actions, il n'en voulut faire ſemblant. Les reſſerrant donc toutes enſemble, & ſe remettant au lict, il luy demanda qui les luy auoit baillées: je les ay priſes, dit-il, dans la toilette de Madame, & n'euſt eſté que je deſirois de vous oſter de la peine où je vous voyois, je n'euſſe oſé y aller: car elle ſe trouue vn peu mal. Et qui eſt auec elle? demáda Celadon. Les deux Nimphes, dit-il, que vous viſtes icy hier, dont l'vne eſt Leonide, niepce d'Adamas, l'autre eſt Siluie fille de Deante le glorieux: & certes elle n'eſt pas ſa fille ſans raiſon: car c'eſt bien la plus altiere en ſes façons que l'on puiſſe voir. Ainſi receut Celadon le premier aduertiſſement de la bonne volonté de Galathée: car encor qu'il n'y euſt ny chiffre ny ſignature au billet qu'il auoit receu, ſi jugea-t'il bien que cela n'auoit point eſté fait ſans qu'elle le ſceut. Et dés lors il preuit que celuy ſeroit vne ſur-charge à ſes ennuis, & qu'il s'y falloit reſoudre. Voyant donc que la moitié du jour eſtoit preſque paſſée, & ſe trouuant aſſez bien, il ne voulut demeurer plus long temps au lict, croyant que pluſtoſt il en ſortiroit, pluſtoſt auſſi pourroit-il prendre congé de ces belles Nimphes. S'eſtant leué en ceſte deliberation, ainſi qu'il ſortoit pour s'aller promener, il rencontra Leonide & Siluie, que Galathée, n'oſant ſe leuer, ny ſe montrer encor à luy, de honte du billet qu'elle luy auoit eſcrit, luy enuoyoit pour l'entretenir. Ils deſcendifent dans le jardin : & par ce que Celadon leur vouloit cacher son ennuy, il se monstroit auec le visage le plus riant qu'il pouuoit dissimuler, & feignant d'estre curieux de sçauoir tout ce qu'il voyoit. Belles Nimphes, leur dit-il, n'est-ce pas pres d'icy, où se trouue la fontaine de la verité d'Amour? Ie voudrois bien s'il estoit possible que nous la vissions : C'est bien pres d'icy, respondit la Nimphe, car il ne faut que descendre dans ce grand bois : mais de la voir il est impossible, & il en faut remercier ceste belle qui en est cause, dit-elle, en montrant Siluie. Ie ne sçay, repliqua-t'elle, pourquoy vous m'en accusez : car quant à moy je n'oüys jamais blasmer l'espée, si elle couppe l'imprudent qui met le doigt dessus. Il est vray, respondit Leonide : mais si ay bien moy celuy qui en blesse, & vostre beauté n'est pas de celles qui se laissent voir sans homicide. Telle qu'elle est, respondit Siluie, auec vn peu de rougeur, elle a bien d'assez forts liens, pour ne lascher jamais ce qu'elle estraint vne fois. Elle disoit cecy, en luy reprochant l'infidelité d'Agis, qui l'ayant quelque temps aimée, pour vne jalousie, ou pour vne absence de deux mois s'estoit entierement changé, & pour Polemas qu'vne autre beauté luy auoit desrobé : ce qu'elle entendit fort bien. Aussi luy repliqua-t'elle, j'auoüe, ma sœur, que mes liés sont aisez à deslier : mais c'est d'autant que je n'ay jamais voulu prendre la peine de les noüer. Celadon oyoit auec beaucoup de plaisir leurs petites disputes, & à fin qu'elles ne finissent si tost, il dit à Siluie: Belle Nimphe, puis que c'est de vous, d'où procede la difficulté de voir ceste admirable fontaine, nous ne vous aurions pas peu d'obligation, si par vous-mesmes nous apprenions comme cela est aduenu. Celadon, respondit la Nimphe en sousriant, vous auez bien assez d'affaire chez vous, sans aller chercher ceux d'autruy. Toutesfois si la curiosité peut encor trouuer place auec vostre amour, ceste parleuse de Leonide, si vous l'en priez, vous en dira bien la fin: puis que sans en estre requise, elle vous a si bien dit le commencement. Ma sœur, respondit Leonide, vostre beauté fait bien mieux parler tous ceux de qui elle est veuë: & puis que vous me donnez permission d'en dire vn effet, je vous aime tant que je ne laisseray jamais vos victoires incognuës, & mesmes celles, que vous desirez si fort que l'on sçache: toutefois pour n'ennuyer ce Berger, j'abregeray pour ce coup le plus qu'il me sera possible. Non point pour cela, interrompit le Berger, mais pour donner loisir à ceste belle Nimphe de vous rendre la pareille. N'en doutez nullement, repliqua Siluie: mais selon qu'elle me traitera, je verray ce que j'auray à faire. Ainsi de l'vne & de l'autre, par leur bouche mesme, Celadon apprenoit leur vie plus particuliere: & afin qu'en ce promenant il les pust mieux oüyr, elles le mirent entre elles, & marchant au petit pas, Leonide commença de ceste sorte.

HISTOIRE DE SILVIE.

Evx qui dient que pour estre aimé, il ne faut qu'aimer, n'ont pas esprouué ny les yeux, ny le courage de ceste Nimphe; autremét ils eussent cogneu, que tout ainsi que l'eau de la fontaine fuit incessamment de sa source; que de mesme l'Amour qui naist de ceste belle, s'esloigne d'elle le plus qu'il peut. Si oyant le discours que je vay vous faire, vous n'aduoüez ce que je dis, je veux bien que vous m'accusiez de peu de jugement.

Amasis mere de Galathée, a vn fils nommé Clidaman, accompagné de toutes les aimables vertus qu'vne personne de son aage, & de sa qualité peut auoir: car il semble estre nay à tout ce qui est des armes, & des Dames. Il peut y auoir trois ans, que pour donner quelque cognoissance de son gentil naturel, auec la permission d'Amasis, il fit vn seruiteur à toutes les Nimphes, & cela non point par élection, mais par sort; par ce qu'ayant mis tous les noms des Nimphes dans vn vase, & tous ceux des jeunes Cheualiers dans l'autre, deuant toute l'assemblée, il prit la plus jeune d'entre nous, & le plus jeune d'entr'eux; au fils il donna le vase des Nimphes, & à la fille celuy des Cheualiers; & lors apres plusieurs sons de trompettes, le jeune garçon tira, & le premier nom qui sortit fut Siluie, soudain on en fit faire de mesme à la jeune Nimphe, qui tira celuy de Clidaman. Grand certes fut l'aplaudissement de chacun: mais plus grande la gentillesse de Clidaman, qui apres auoir receu le billet vint, vn genoüil en terre, baiser les mains à ceste belle Nimphe, qui toute honteuse ne l'eust point permis, sans le commandement d'Amasis, qui dit que c'estoit le moindre hommage qu'elle deust receuoir au nom d'vn si grand Dieu que l'Amour. Apres elle, toutes les autres furent appellées: aux vnes il rencontra selon leur desir, aux autres non; tant y a que Galathée en eut vn tres-accomply, nommé Lindamor, qui pour lors ne faisoit que reuenir de l'armée de Meroüée. Quant au mien il s'appelloit Agis, le plus inconstant & trompeur qui fut jamais. Or de ceux qui furent ainsi donnez, les vns seruirent par apparance, les autres par leur volonté ratifierent à ces belles la donation que le hazard leur auoit fait d'eux; & ceux qui s'en deffendirent le mieux, furent ceux qui auparauant auoient desja conceu quelque affection. Entre autres le jeune Ligdamon en fut vn: cestui-cy escheut à Silere, Nimphe à la verité bien-aymable: mais non pour luy qui auoit des-ja disposé ailleurs de ses volontez. Et certes ce fut vne grande fortune pour luy d'estre alors absent: car il n'eust jamais fait à Silere le feint hommage qu'Amasis commandoit, & cela luy eust peut-estre causé quelque disgrace. Car il faut, gentil Berger, que vous sçachiez, qu'il auoit esté nourry si jeune parmy nous, qu'il n'a-

uoit

noit point encor dix ans quand il y fut mis : au reste si beau & si adroit en tout ce qu'il faisoit, qu'il n'y auoit celle qui n'en fist cas, & plus que toutes, Siluie estant presque de mesme aage. Au commencement leur ordinaire conuersation, engendra vne amitié de frere à sœur, telle que leur cognoissance estoit capable de receuoir : Mais à mesure que Ligdamon prenoit plus d'aage, il prenoit aussi plus d'affection : si bien que l'enfance se changeant en quelque chose de plus rassis, il commença sur les quatorze ou quinze ans, de changer en desirs ses volontez, & peu à peu ses desirs en passions. Toutesfois il vesquit auec tant de discretion, que Siluie n'en eut jamais cognoissance qu'elle mesme ne l'y forçast. Depuis qu'il fut attaint à bon escient, & qu'il recogneut son mal, il jugea bien incontinent le peu d'espoir qu'il y auoit de guerison, vne seule des humeurs de Siluie ne luy pouuant estre cachée. Si bien que la joye & la gaillardise qui estoit en son visage, & en toutes ses actions, se changea en tristesse, & sa tristesse en vne si pesante melancolie, qu'il n'y auoit celuy qui ne recogneust ce changement. Siluie ne fut pas des dernieres à luy en demander la cause : mais elle n'en peut tirer que des responses interrompuës. En fin voyant qu'il continuoit en ceste façon de viure, vn jour qu'elle commençoit desia à se plaindre de son peu d'amitié, & à luy reprocher qu'elle l'obligeoit à ne luy rien celer, elle oüyt qu'il ne peut si bien se contraindre qu'vn tres-ardent souspir

H

ne luy eschapast au lieu de response. Ce qui la
fit entrer en opiniõ qu'Amour peut estre estoit
la cause de son mal:Et voyez si le pauure Ligdamon conduisoit discrettement ses actions, puis
qu'elle ne se peust jamais imaginer d'en estre la
cause. Ie croy bien que l'humeur de la Nimphe, qui ne panchoit point du tout à ce dessein
,, en pouuoit estre en partie l'occasion. Car mal-
,, aisément pensons nous à vne chose esloignée
,, de nostre intention : mais encor falloit-il
qu'en cela sa prudence fust grande, & sa froideur aussi, puis qu'elle couuroit du tout l'ardeur de son affection. Elle donc plus qu'auparauant le presse : que si c'est Amour, elle luy
promet toute l'assistance, & tous les bons offices qui se peuuent esperer de son amitié. Plus
il luy en fait de refus, & plus elle desire de le
sçauoir : en fin ne pouuant se deffendre dauantage, il luy aduoüa que c'estoit Amour : mais
qu'il auoit fait sermét de n'en dire jamais le sujet : Car, disoit-il, de l'aimer, mon outrecuidáce
certes est grande:mais forcée par tant de beautez, qu'elle est excusable en cela:de l'oser nommer, quelle excuse couuriroit l'ouuerture que
je ferois de ma temerité?Celle, respõdit incontinant Siluie, de l'amitié que vous me portez:
Vrayement, repliqua Ligmadon, j'auray donc
celle-là, & celle de vostre commandemét, que
je vous supplie auoir ensemble deuant les yeux
pour ma descharge, & ce miroir qui vous fera
voir ce que vous desirez sçauoir. A ce mot il
prend celuy qu'elle portoit à sa ceinture, & le

luy mit deuant les yeux. Pensez quelle fut sa surprise, recognoissant incôtinant ce qu'il vouloit dire; & elle m'a depuis iuré qu'elle croyoit au commencement que ce fust de Galathée de qui il vouloit parler. Cependant qu'il demeuroit rauy à la considerer, elle demeura rauie à se côsiderer en sa simplicité; en colere contre luy, mais beaucoup plus contre elle-mesme, voyant bien qu'elle luy auoit tiré par force, ceste declaration de la bouche. Toutesfois son courage altier ne permit pas qu'elle fist longue deffense, pour la iustice de Ligdamon: car tout à coup elle se leua, & sans parler à luy, partit pleine de despit que quelqu'vn l'osast aimer. Orgueilleuse beauté qui ne iuge rien digne de soy! Le fidelle Ligdamon demeura: mais sans ame, & comme vne statuë insensible. En fin reuenant à soy il se conduisit le mieux qu'il peust en son logis, d'où il ne partit de long-temps, parce que la cognoissance qu'il eut du peu d'amitié de Siluie, le toucha si viuement qu'il en tomba malade; de sorte que personne ne luy esperoit plus de vie, quand il se resolut de luy escrire vne telle lettre.

LETTRE DE LIGDAMON A SILVIE.

A perte de ma vie n'eust eu assez de force pour vous découurir la temerité de vostre seruiteur, sans vostre exprés cômandement; si toutefois vous iugez que ie deuois mourir, &

me taire ; dites aussi que vos yeux deuoient auoir moins absoluë puissance sur moy : car si à la premiere semõce, que leur beauté m'en fit, ie ne peus me deffendre de leur dõner mon ame; comment en ayant esté si souuent requis, eusse-ie refusé la recognoissance de ce don? que si toutefois i'ay offensé en offrant mon cœur à vostre beauté, ie veux bien pour la faute que i'ay cõmise de presenter à tant de merites chose de si peu de valeur, vous sacrifier encore ma vie, sans regretter la perte de l'vn ny de l'autre, que d'autant qu'ils ne vous sont agreables.

Cette lettre fut portée à Siluie lors qu'elle estoit seule dans sa chambre ; il est vray que j'y arriuay au mesme temps, & certes à la bonne heure pour Ligdamon : car voyez quelle est l'humeur de ceste belle Nimphe: elle auoit pris vn si grand despit contre luy, depuis qu'il luy auoit découuert son affection, que seulement elle n'effaça pas le souuenir de son amitié passée ; mais en perdit tellement la volonté, que Ligdamon luy estoit comme chose indifferente; si bien que quand elle oyoit que chacun desesperoit de sa guerison, elle ne s'en esmouuoit non plus, que si elle ne l'eust jamais veu. Moy qui plus particulieremẽt y prenois garde, je ne sçauois qu'en juger, sinon que sa jeunesse luy faisoit ainsi aisément perdre l'amitié des personnes absentes : mais à ceste fois que je luy vy refuser ce qu'on luy donnoit de sa part, je cogneu bien qu'il y deuoit auoir entr'eux du mauuais mesnage. Cela fut cause que je pris la lettre qu'elle auoit refusée, & que le jeune garçon qui l'auoit apportée par le commandement de son maistre, auoit laissée sur la table. Elle alors moins fine qu'elle ne vouloit pas estre, me courut apres, & me pria de ne la point lire. Ie la veux voir, dis-je, quand ce ne seroit que pour la deffense que vous m'en faites? Elle rougit alors, & me dit; non, ne la lisez point ma sœur, obligez moy de cela, je vous en conjure par nostre amitié. Et quelle doit-elle estre, luy respondis-je, si elle peut souffrir que vous me cachiez quelque chose? Croyez, Siluie, que si elle vous laisse assez de dissimulation pour vous couurir à moy, qu'elle me donne bien assez de curiosité pour vous découurir. Et quoy, dit-elle, il n'y a donc plus d'esperance en vostre discretion? non plus, luy dis-je, que de sincerité en vostre amitié. Elle demeura vn peu muette en me regardant, & s'aprochāt de moy me dit; Au moins promettez moy, que vous ne la verrez point, que je ne vous aye fait le discours de tout ce qui s'est passé. Ie le veux bien, dis-je, pourueu que vous ne soyez point mensongere. Apres m'auoir iuré qu'elle me diroit veritablement tout, & m'auoir adiuré que je n'en fisse iamais semblant, elle me raconta ce que ie vous ay dit de Ligdamon; & à ceste heure (continua-t'elle) il vient de m'enuoyer ceste lettre, & j'ay bien affaire de ses plaintes, ou plu-

H iij

stoſt de ſes feintes. Mais, luy reſpondis-ie, ſi elles eſtoient veritables? Et quand elles le ſeroient pourquoy ay-ie à me meſler, dit-elle, de ſes folies? Pour cela meſme, adiouſtay-ie, que celuy eſt obligé d'aider au miſerable, qu'il a fait tomber dans vn precipice. Et que puis-je mais de ſon mal, repliqua-t'elle? pouuois-ie moins faire que de viure, puis que j'eſtoy au monde? pourquoy auoit-il des yeux? pourquoy ſ'eſt-il trouué où j'eſtoy? vouliez-vous que ie m'enfuiſſe? Toutes ces excuſes, luy dis-je, ne ſont pas valables: car ſans doute vous eſtes complice de ſon mal. Si vous euſſiez eſté moins pleine de perfection, ſi vous vous fuſſiez renduë moins aimable, croyez vous qu'il euſt eſté reduit à cette extrémité? Et vrayement, me dit-elle en ſouſriant, vous eſtes bien jolie de me charger de ceſte faute: quelle vouliez-vous que ie fuſſe, ſi ie n'euſſe eſté celle que ie ſuis? Et quoy Siluie, luy reſpondis-je, ne ſçauez-vous point,
» que celuy qui aiguiſe vn fer entre les mains
» d'vn furieux, eſt en partie coulpable du mal
» qu'il en fait? & pourquoy ne le ſerez-vous pas puis que ceſte beauté, que le Ciel à voſtre naiſſance vous a donnée, a eſté par vous ſi curieuſement aiguiſée auec tant de vertus, & aimables perfections; qu'il n'y a œil qui ſans eſtre bleſſé les puiſſe voir? & vous ne ſerez pas blaſmée des meurtres que voſtre cruauté en fera? Voyez vous, Siluie, il ne falloit pas que vous fuſſiez moins belle, ny moins remplie de perfections: mais vous deuiez vous eſtudier au-

tant à vous faire bonne, que vous eſtiez belle, & à mettre autant de douceur en voſtre ame que le Ciel vous en auoit mis au viſage : mais le mal eſt que vos yeux pour mieux bleſſer l'ont toute priſe, & n'ont laiſſé en elle que rigueur & cruauté.

Or, gentil Berger, ce qui me faiſoit tant affectionner la deffenſe de Ligdamon eſtoit, que outre que nous eſtions vn peu alliés, encor eſtoit-il fort aimé de toutes celles qui le cognoiſſoient : & j'auois ſçeu qu'il eſtoit reduit à fort mauuais terme. Doncques apres quelques ſemblables propos j'ouuris la lettre & la leus tout haut, afin qu'elle l'entendiſt : mais elle n'en fit jamais vn ſeul clin d'œil ; ce que je trouuay fort eſtrange, & preuy bien que ſi je n'vſois de tres-grande force, à peine tirerois-je jamais d'elle quelque bon remede pour mon malade : ce qui me fit reſoudre de luy dire du premier coup, qu'en toute façon je ne voulois point que Ligdamon ſe perdiſt. Voy, ma ſœur ! me dit-elle, puis que vous eſtes ſi pitoyable gueriſſez-le. Ce n'eſt pas de moy, reſpondis-je, dont ſa gueriſon dépend : mais je vous aſſeure bien (ſi vous continuez enuers luy, comme vous auez fait par le paſſé) que ie vous en feray auoir du deſplaiſir ; car ie feray qu'Amaſis le ſçaura, & n'y aura vne ſeule de nos compagnes à qui ie ne le die. Vous ſeriez bien aſſez folle, repliqua-t'elle. N'en doutez nullement, reſpondis-je, car pour concluſion j'ayme Ligdamon, & ne veux point voir ſa perte tant que je la pourray empefcher. Vous dites fort bien Leonide (me dit-elle alors en colere) ce font icy des offices que j'ay toufiours attendu de voftre amitié. Mon amitié (luy refpondis-je) feroit toute telle enuers vous contre luy, s'il auoit le tort. En ce point nous demeurafmes quelque temps fans parler; en fin ie luy demanday quelle eftoit fa refolution. Telle que vous voudrez, me dit-elle, pourueu que vous ne me faffiez point ce déplaifir de publier les folies de Ligdamon: car encor que ie n'en puiffe eftre taxée, il me facheroit toutefois que l'on les fçeuft. Voyez, m'efcriay-je alors, quelle humeur eft la voftre Siluie, vous craignez que l'on fçache qu'vn homme vous ait aimée: & vous ne craignez pas de faire fçauoir que vous luy ayez donné la mort. Par ce, refpondit-elle, qu'on peut foupçonner le premier eftre produit auec quelque confentemét de mon cofté: mais nõ point le dernier. Laiffons cela, repliquay-je, & vous refoluez, que ie veux que Ligdamon foit à l'aduenir traité d'autre forte : & puis ie continuay qu'elle s'affeuraft que ie ne permettrois point qu'il mouruft, & que ie voulois qu'elle luy efcriuift en façon, qu'il ne fe defefperaft plus: que quand il feroit guery, ie me contenterois qu'elle en vfaft côme elle voudroit, pourueu qu'elle luy laiffaft la vie. I'eus de la peine à obtenir cette grace d'elle, toutefois je la menaçois à tous coups de le dire : ainfi apres vn long debat, & l'auoir fait recommencer deux ou trois fois, en fin elle luy efcriuit de cefte forte.

RESPONSE DE SILVIE A LIGDAMON.

Il y a quelque chose en vous qui me plaise, c'est moins vostre mort que toute autre: la recognoissance de vostre faute m'a satisfaite, & ne veux point d'autre vengeance de vostre temerité, que la peine que vous en aurez: recognoissez vous à l'aduenir, & me recognoissez: à Dieu, & viuez.

Ie luy escriuis ces mots au bas de la lettre, à fin qu'il esperast mieux ayant vn si bon second.

BILLET DE LEONIDE A Lygdamon, dans la response à Siluie.

Leonide a mis la plume en la main à ceste Nimphe; Amour le vouloit, vostre iustice l'y conuyoit, son deuoir le luy cōmandoit; mais son opiniastreté auoit vne grande deffense. Puis que ceste faueur est la premiere que i'ay obtenuë pour vous, guerissez vous, & esperez.

Ces billets luy furent portez si à propos, qu'ayant encor assez de force pour les lire, il vid le commandement que Siluie luy faisoit de viure; & par ce que iusques alors il n'auoit voulu vser d'aucune sorte de remede; depuis, pour ne desobeyr à ceste Nymphe, il se gouuerna de façon, qu'en peu de temps il se porta mieux; ou fust que sa maladie, ayant fait tout son effort, estoit sur son déclin; ou que veritablement le contentement de l'ame soit vn bon remede pour les douleurs du corps: Tant y a que depuis, son mal alla tousiours diminuant. Mais cela esmeut si peu ceste cruelle beauté, qu'elle ne se changea jamais enuers luy, & quand il fut guery, la plus fauorable responce qu'il peut auoir, fut: Ie ne vous ayme point, ie ne vous hay point aussi; contentez-vous, que de tous ceux qui me pratiquent vous estes celuy qui me desplaist le moins. que si luy ou moy la recherchions de plus grande declaration, elle nous disoit des paroles si cruelles, qu'autre que son courage ne les pouuoit imaginer, ny autre affection les supporter, que celle de Ligdamon.

Mais pour ne tirer ce discours en longueur, Ligdamon l'ayma, & seruit tousiours depuis sans nulle autre apparence d'espoir, que celle que ie vous ay ditte: iusques à ce que Clidaman fut esleu par la fortune pour la seruir; alors certes il faillit bien à perdre toute resolution, & n'eust esté qu'il sçeut par moy, qu'il n'estoit pas mieux traitté, ie ne sçay quel il fust deuenu. Toutesfois encor, que cela le consolaſt vn peu, la grandeur de ſon riual luy donnoit plus de peur que de jalouſie. Il me ſouuiẽt qu'vne fois il me fit vne telle reſponſe, ſur ce que ie luy diſois, qu'il ne deuoit ſe monſtrer tant en peine pour Clidaman. Belle Nymphe, me reſpondit-il, ie vous diray librement d'où mon ſoucy procede, & puis iugez ſi j'ay tort. Il y a deſia ſi long temps, que j'eſpreuue Syluie, ne pouuoir eſtre eſmeuë, ny par fidelité d'affection, ny par extremité d'Amour, que c'eſt ſans doute qu'elle ne peut eſtre bleſſée de ce coſté-là; Toutesfois, comme j'ay appris du ſage Adamas, voſtre oncle, toute perſonne eſt ſujette à vne certaine force, dont elle ne peut euiter l'attrait, quand vne fois elle en eſt touchée. Et quelle puis je penſer, que puiſſe eſtre celle de ceſte Belle, ſi ce n'eſt la grandeur, & la puiſſance; & ainſi ſi ie crains, c'eſt la fortune, & non les merites de Clidaman; ſa grandeur, & non point ſon affection. Mais certes en cela il auoit tort: car ny l'Amour de Ligdamon, ny la grandeur de Clidaman n'eſmeurent iamais vne ſeule eſtincelle de bonne volonté en Syluie. Et ne croy point qu'Amour ne la garde pour exemple aux autres, la voulant punir de tant de deſdains, par quelque moyen inaccouſtumé. Or en ce meſme temps il aduint vn grand teſmoignage de ſa beauté, ou pour le moins de la force qu'elle a à ſe faire aimer.

C'eſtoit le iour tant celebré, que tous les ans nous chommons le ſixieſme de la Lune de Iuil-

let & que Amasis a accoustumé de faire ce solemnel sacrifice, tát à cause de la feste, que pour
estre le iour de la natiuité de Galathée : Lors
qu'estant desia bien auant au sacrifice, il arriua
dans le temple quantité de personnes vestuës
de dueil : au milieu desquelles venoit vn Cheualier plein de tant de majesté entre les autres,
qu'il estoit aisé à iuger qu'il estoit leur maistre.
Il estoit si triste & melancolique, qu'il faisoit
bien paroistre d'auoir quelque chose en l'ame
qui l'affligeoit beaucoup. Son habit noir en façon de máte, luy traisnoit jusques en terre, qui
empeschoit de cognoistre la beauté de sa taille,
mais le visage qu'il auoit découuert, & la teste nuë, dont le poil blond, & crespé faisoit
honte au Soleil, attiroient les yeux de chacun
sur luy. Il vint au petit pas jusques où estoit
Amasis, & apres luy auoir baisé la robbe, il se
retira, attendant que le sacrifice fust acheué, &
par fortune bonne, ou mauuaise pour luy, ie
ne sçay, il se trouua vis à vis de Syluie. Estrange
effet d'Amour ! Il n'eust si tost mis les yeux sur
elle, qu'il ne cogneust, quoy qu'auparauant il
ne l'eust jamais veuë : & pour en estre plus asseuré le demanda à l'vn des siens qui nous cognoissoit toutes : sa réponse fut suiuie d'vn
profond souspir par cest estranger ; & depuis,
tant que les ceremonies durerent, il n'osta les
yeux de dessus elle. En fin le sacrifice estant paracheué, Amasis s'en retourna en son Palais,
où luy ayant donné audience, il luy parla deuant tous de telle sorte.

Madame, encore que le dueil que vous voyez en mes habits soit beaucoup plus noir en mon ame, si ne peut-il égaler la cause que j'en ay. Et toutesfois, encore que ma perte soit extresme, ie ne pense pas estre le seul qui y ait perdu: car vous y estes particulierement amoindrie entre vos fidelles seruiteurs, d'vn qui peut estre n'estoit point ny le moins affectionné, ny le plus inutile à vostre seruice. Cette consideration m'auoit fait esperer de pouuoir obtenir de vous quelque vengeance de sa mort contre son homicide; mais dés que ie suis entré dans ce temple, j'en ay perdu toute esperance, jugeant que si le desir de vengeance mouroit en moy, qui suis le frere de l'offensé, qu'à plus forte raison se perdroit-elle en vous, Madame, en qui la compassion du mort, & le seruice qu'il vous auoit voüé, en peuuent sans plus faire naistre quelque volonté. Toutesfois, parce que ie voy les armes de l'homicide de mon frere, preparées desia contre moy, non point pour fuïr telle mort, mais pour en aduertir les autres, ie vous diray le plus briefuement qu'il me sera possible, la fortune de celuy que ie regrette. Encore, Madame, que ie n'aye l'honneur d'estre cogneu de vous, ie m'asseure toutefois qu'au nom de mon frere, qui n'a iamais vescu qu'à vostre seruice, vous me recognoistrez pour vostre tres-humble seruiteur: Il s'appelloit Aristandre, & sommes tous deux fils de ce grand Cleomire, qui pour vostre seruice visita si sounen le Tibre, le Rhin, & le Danube: & d'autan que j'estoy le plus jeune, il peut y auoir neuf ans, qu'aussi tost qu'il me vid capable de porter les armes, il m'enuoya en l'armée de ce grand Meroüée, la delice des hommes, & le plus agreable Prince qui vint iamais en Gaule. De dire pourquoy mon pere m'enuoya plustost vers Meroüée, que vers Thierry le Roy des Visigots, ou vers celuy des Bourguignons, il me seroit mal-aisé; toutefois j'ay opinion que ce fut, pour ne me faire seruir vn Prince si proche de vos Estats, que la fortune pourroit rendre vostre ennemy. Tant y a que la rencontre pour moy fut telle, que Childeric son fils, Prince belliqueux, & de grande esperance, me voyant presque de son âge, me voulut plus particulierement fauoriser de son amitié que tout autre. Quand j'arriuay pres de luy, c'estoit sur le poinct, que ce grand & prudent Ætius, traittoit vn accord auec Meroüée & ses Francs (car tels nomme-t'il tous ceux qui le suiuent) pour resister à ce fleau de Dieu Attilla, Roy des Huns, qui ayant r'amassé par les deserts de l'Asie, vn nombre incroyable de gens, jusques à cinq cents mille combattans, descendit comme vn deluge, rauageant furieusement tous les pays par où il passoit; & encor que cest Ætius, lieutenant general en Gaule, de Valentinian, fut venu en deliberation de faire la guerre à Meroüée, qui durant le gouuernement de Castinus, s'estoit saisi d'vne partie de la Gaule, si luy sembla-t'il meilleur de se le rendre amy, & les Visigots, & les Bourguinons aussi, que d'estre deffait par Attilla, qui desia ayant trauersé la Germanie, estoit sur les bords du Rhin, où il ne demeura long temps sans s'auancer tellement en Gaule, qu'il assiegea la ville d'Orleans, d'où la suruenuë de Thierry Roy des Visigots, luy fit leuer le siege: & prendre autre chemin. Mais attaint par Meroüée, & Ætius auec leurs confederez, aux champs Cathalauniques, il fut deffait, plus par la vaillance des Francs, & la prudence de Meroüée, que de toute autre force. Depuis Ætius ayant esté tué, peut-estre par le commandement de son maistre, pour quelque mécontentement, Meroüée fut receu à Paris, Orleans, Sens, & aux villes voisines, pour Seigneur, & pour Roy: & tout ce peuple luy a depuis porté tant d'affection, que non seulement il veut estre à luy, mais se fait nommer du nom des Francs, pour luy estre plus agreable, & leur pays au lieu de Gaule prend le nom de France. Cependant que j'estois ainsi entre les armes des Francs, des Gaulois, des Romains, des Bourguignons, des Visigots, & des Huns, mon frere estoit entre celles d'Amour. Armes d'autant plus offensiues, qu'elles n'adressent toutes leurs playes qu'au cœur! son desastre fut tel (si toutefois à ceste heure il m'est permis de le nommer ainsi) qu'estant nourry auec Clidaman, il vid la belle Syluie: mais la voyant il vid sa mort aussi, n'ayant depuis vescu que comme se trainant au cercueil: D'en dire la

cause, ie ne sçaurois : car estant auec Childeric,
ie n'en sçeu autre chose, sinon que mon frere
estoit à l'extrémité. Encor que j'eusse tous les
contentemens qui se peuuent, comme estant
bien veu de mon maistre, aimé de mes compagnons, chery, & honoré generalement de
tous, pour vne certaine bonne opinion que
l'on auoit conceuë de moy aux affaires qui se
stoient presentées, qui peut estre m'auoit plus
r'apporté entre-eux d'authorité & de credit,
que mon âge, & ma capacité ne meritoient. Si
ne peus-je, sçachant la maladie de mon frere,
m'arrester plus long temps prés de Childeric:
au contraire prenant congé de luy, & luy promettant de retourner bien tost, je m'en reuins
auec la haste que requeroit mon amitié; soudain que ie fus arriué chez luy, plusieurs luy
coururent dire que Guyemants estoit venu:
car c'est ainsi que l'on m'appelle, son amitié
luy donna assez de force, pour se releuer sur
le lict, & m'embrasser de la plus entiere affection, que iamais vn frere, serra l'autre entre
ses bras.

Il ne seruiroit, Madame, que de vous
ennuyer, & me reblesser encor plus viuement,
de vous raconter les choses que nostre amitié fit entre nous : tant y a que deux ou trois
iours apres, mon frere fut reduit à telle extremité, qu'à peine auoit-il la force de respirer, & toutefois ce cruel Amour l'adonnoit
tousiours plustost aux souspirs, qu'à la necessité qu'il en auoit pour respirer, & parmy ses
plus cuisants

plus cuisants regrets, on n'oyoit que le nom
de Siluie. Moy à qui le déplaisir de sa mort
estoit si violet, que rien n'estoit assez fort pour
me le faire dissimuler, ie voulois tant de mal à
ceste Siluie incogneuë, que ie ne pouuois m'empescher de la maudire: ce que mon frere oyant,
& son affection estant encore plus forte que
son mal, il s'efforça de me parler ainsi. Mon
frere, si vous ne voulez estre mon plus grand
ennemy, cessez, ie vous prie ces imprecations,
qui ne peuuent que m'estre plus désagreables,
que mon mal mesme. I'essiroy plustost de
n'estre point, que si elles auoient effect, &
estant inutiles, que profitez-vous, sinon de
me témoigner combien vous haïssez ce que
j'aime? Ie sçay bien que ma perte vous ennuye,
& en cela ie ressens plus nostre separation que
ma fin. Mais puis que tout homme est nay
pour mourir, pourquoy auec moy ne remerciez-vous le Ciel, qui m'a esleu la plus belle
mort, & la plus belle meurtriere qu'autre ayt
iamais euë? L'extremité de mon affection, &
l'extremité de la vertu de Siluie, sont les armes desquelles sa beauté s'est seruie, pour me
mettre au cercueil: & pourquoy me plaignez
vous, & voulez-vous mal à celle à qui ie veux
plus de bien qu'à mon ame? Ie croy qu'il vouloit dire dauantage, mais la force luy manqua,
& moy plus baigné de pleurs de pitié, que contre Attilla, ie n'auois iamais esté moüillé de
sueur sous mes armes, ny mes armes n'auoient
esté teintes de sang sur moy. Ie luy respondis:

mon frere, celle qui vous rauit aux voſtres, eſt la plus injuſte qui fut iamais: Et ſi elle eſt belle, les Dieux meſme ont vſé d'injuſtice en elle: car où ils luy deuoiēt changer le viſage, ou le cœur, Alors Ariſtandre ayant repris dauantage de force, me repliqua: Pour Dieu Guyemants, ne blaſphemez plus de ceſte ſorte; & croyez que Siluie à le cœur ſi reſpondant au viſage, que comme l'vn eſt plein de beauté, l'autre auſſi l'eſt de vertu. Que ſi pour l'aimer ie meurs, ne vous en eſtonnez, par ce que ſi l'œil ne peut ſans eſblouïſſement ſouſtenir les eſclairs d'vn Soleil ſans nuage, comment mon ame ne ſeroit-elle demeurée eſbloüye aux rayons de tant de Soleils qui eſclairent en ceſte belle? Que ſi ie n'ay peu gouſter tant de diuinitez ſans mourir, que j'aye au moins le contentement de celle qui mourut pour voir Iupiter en ſa diuinité. Ie veux dire que comme ſa mort rendit teſmoignage que nulle autre n'auoit iamais veu tant de diuinitez qu'elle, que vous auoüyez auſſi que nul n'ayma iamais tant de beauté, ny tant de vertu que moy. Moy qui venois d'vn exercice qui me faiſoit croire n'y auoir point d'Amour forcé, mais volontaire, auec lequel on s'alloit flattant en l'oyſiueté; ie luy dis: Eſt-il poſſible qu'vne ſeule beauté ſoit la cauſe de voſtre mort? Mon frere, me reſpondit-il, ie ſuis en telle extrémité que ie ne penſe pas vous pouuoir ſatisfaire, en ce que vous me demandez. Mais continua-t'il, en me prenant la main, par l'amitié fraternelle, & par la noſtre particuliere, qui nous lie encor plus, ie vous adiure de me promettre vn don. Ie le fis. Lors il continua, Portez de ma part ce baiser à Siluie, & lors il me baisa la main, & obseruez ce que vous trouuerez de ma derniere volonté, & quand vous verrez ceste Nimphe, vous sçaurez ce que vous m'auez demandé. A ce mot, auec le soufle s'enuola son ame, & son corps me demeura froid d'entre les bras.

L'affliction que ie ressentis de ceste perte, comme elle ne peut estre imaginée, que par celuy qui l'a faite, aussi ne peut elle estre comprise, que par le cœur qui l'a soufferte; & malaisément paruiendra la parole, où la pensée ne peut atteindre : si bien que sans m'arrester dauantage à pleurer ce desastre, ie vous diray, Madame, qu'aussi tost que ma douleur me l'a voulu permettre, ie me suis mis en chemin, tant pour vous rendre l'hommage, que ie vous doy, & vous demander iustice de la mort d'Aristandre, que pour obseruer la promesse que ie luy ay faite enuers son homicide, & luy presenter ce que dans sa derniere volonté il a laissé par escrit : à fin que ie me puisse dire aussi iuste obseruateur de ma parole, que son affection a esté inuiolable. Mais soudain que ie me suis presenté deuant vous, & que j'ay voulu ouurir la bouche pour accuser ceste meurtriere, j'ay recogneu si veritables les paroles de mon frere, que non seulement j'excuse sa mort, mais encor j'en desire, & requiers vne semblable. Ce sera donc, Madame auec vostre permission, que ie paracheueray ; & lors faisant vne grande reuerence à Amasis, il choisit entre nous Siluie, & mettant vn genoüil en terre, il luy dit: Belle meurtriere, encor que sur ce beau sein il tombast vne larme de pitié à la nouuelle de la mort d'vne personne qui vous estoit tant acquise, vous ne laisseriez d'en auoir aussi entiere, & honorable victoire. Toutefois si vous iugez qu'à tant de flammes, que vous auiez allumées en luy, si peu d'eau ne seroit pas grand allegement, receuez pour le moins l'ardant baiser qu'il vous enuoye, ou plustost son ame changée en ce baiser, qu'il remet en ceste belle main : riche à la verité des dépoüilles de plusieurs autres libertez, mais de nulle plus entiere que la sienne. A ce mot il luy baisa la main, & puis continua ainsi apres s'estre releué. Entre les papiers où Aristandre auoit mis sa derniere volonté, nous auons trouué cestuycy, & par ce qu'il est cacheté de la façon que vous voyez, & qu'il s'adresse à vous, ie le vous apporte auec la protestation, que par son testament il me commande de vous faire, auant que vous l'ouuriez. Que si vostre volonté n'est de luy accorder la requeste qu'il vous y fait, il vous supplie de ne la lire point, à fin qu'en sa mort, comme en sa vie, il ne ressente les traits de vostre cruauté : lors il luy presenta vne lettre, que Siluie troublée de cet accident eust refusée sans le commandement qu'Amasis luy en fit. Et puis Guyemants reprit la parolle ainsi: I'ay iusques icy satisfait à la derniere volonté d'Aristandre, il reste que ie poursuiue sur son homicide sa cruelle mort: mais si autrefois l'offense m'auoit fait ce commandement, l'Amour à ceste heure m'ordonne, que ma plus belle vengeance soit le sacrifice de ma liberté, sur le mesme autel qui fume encores de celle de mon frere, qui m'estant rauie, lors que ie ne respirois contre vous, que sang; & mort, rendra tesmoignage que iustement tout œil qui vous void, vous doit son cœur pour tribut, & qu'iniustement tout homme vid, qui ne vid en vostre seruice. Syluie confuse vn peu de ceste rencontre, demeura assez long temps à répondre; de sorte qu'Amasis prit le papier qu'elle auoit en la main, & ayant dit à Guyemants que Syluie luy feroit responsé, elle se tira à part auec quelques-vnes de nous, & rompant le cachet, leut telles paroles.

LETTRE D'ARISTANDRE A SYLVIE.

Si mon affection ne vous a peu rēdre mon seruice agreable, ny mon seruice mon affection; que pour le moins, ou ceste affection vous rende ma mort pleine de pitié, ou ma mort vous asseure de la fidelité de mon affection: & que comme nul n'ayma iamais tant de perfections, que nul aussi n'aima iamais auec tant de passion. Le dernier tesmoignage que ie vous en rendray, sera le don de ce que i'ay le plus cher apres vous, qui est mon frere: car ie sçay bien que ie le vous donne, puis que ie luy ordonne de vous voir, sçachant assez par experience, qu'il est impossible que cela soit sãs qu'il vous ayme. Ne vueillez pas, ma belle meurtriere, qu'il soit heritier de ma fortune, mais ouy bien de celle que i'eusse peu iustement meriter enuers toute autre que vous. Celuy qui vous escrit, c'est vn seruiteur, qui pour auoir eu plus d'Amour qu'vn cœur n'estoit capable d'en conceuoir, voulut mourir plustost que d'en diminuer.

Amasis appellant alors Siluie, luy demanda de quelle si grande cruauté elle auoit peu vser contre Aristandre, qui l'eust conduit à ceste extrémité. La Nymphe rougissant luy respondit, qu'elle ne sçauoit dequoy il se pouuoit plaindre. Ie veux, luy dit-elle, que vous receuiez Guyemants en sa place: alors l'appellant deuant tous, elle luy demanda s'il vouloit obseruer l'intention de son frere. Il respondit que ouy, pourueu qu'elle ne fust point contraire à son affection. Il prie ceste Nimphe, dit alors Amasis, de vous receuoir en sa place, & que vous ayez meilleure fortune que luy. De vous receuoir, ie le luy commande: pour la fortune dont il parle, ce n'est iamais la priere ny le commandement d'autruy, qui la peut faire, mais le propre merite, ou la fortune mesme. Guyemants apres auoir baisé la robbe à Amasis, en vint faire de mesme à la main de Siluie, en signe de seruitude : mais elle estoit si piquée contre luy, des reproches qu'il luy auoit faits, & de la declaration de son affection, que sans le commandement d'Amasis, elle ne l'eust jamais permis.

On commençoit à se retirer, quand Clidaman qui reuenoit de la chasse, fut aduerty de ce nouueau seruiteur de sa Maistresse : dequoy il fit ses plaintes si haut, qu'Amasis, & Guyemants les ouyrent : & par ce qu'il ne sçauoit d'où cela procedoit, elle le luy declara : & à peine auoit-elle paracheué, que Clidaman reprenant la parole, se pleignit qu'elle eust permis vne chose tant à son desauantage, que c'estoit reuoquer ses ordonnances, que le destin la luy auoit esleuë, que nul ne la luy sçauroit rauir sans la vie. Paroles qu'il proferoit auec affection & vehemence, par ce qu'à bon escient il aimoit Siluie : mais Guyemants qui outre sa nouuelle Amour auoit vne si bonne opinion de soy-mesme, qu'il n'eust voulu ceder à personne du monde, respondit, addressant sa parole à Amasis. Madame, on veut que ie ne sois point seruiteur de la belle Siluie, ceux qui le requierent sçauent peu d'Amour, autrement ils ne penseroient pas que vostre ordonnance, ny celle de tous les Dieux ensemble, fust assez forte pour diuertir le cours d'vne affe-

LIVRE TROISIESME DE LA
&ction; c'est pourquoy ie declare ouuertement,
que si on me deffend ce qui m'a desia esté permis, ie seray desobeïssant, & rebelle, & n'y a deuoir ny consideration qui me fasse changer: &
lors se tournant vers Clidaman: Ie sçay le respect que ie vous doy, mais ie ressents aussi le
pouuoir qu'Amour a sur moy. Si le destin
vous à donné à Siluie, sa beauté est celle qui
m'a acquis; iugez lequel des deux dons luy
doit estre plus agreable. Clidaman vouloit
répondre, quand Amasis luy dit: Mon fils
vous auriez raison de vous douloir, si on alte-
roit nos ordonnances, mais on ne les interes-
se nullement: il vous a esté commandé de
seruir Siluie, & non pas deffendu aux autres:
„ Les senteurs rendent plus d'odeur, estant es-
„ meuës. Vn Amant aussi ayant vn riual, rend
„ plus de tesmoignages de ses merites. Ainsi
„ ordonna Amasis: & voyla Siluie bien seruie: car Guyemants n'oubliant chose que
son affection luy commandast, & Clidaman
à l'enuy s'estudyoit de paroistre encore plus
soigneux. Mais sur tout Ligdamon la seruoit
auec tant de discretion, & de respect, que
le plus souuent il ne l'osoit aborder, pour
ne donner cognoissance aux autres de son affection: & à mon gré son seruice estoit bien
autant aymable que de nul des autres: Mais
certes vne fois il faillit de perdre patience. Il aduint qu'Amasis se trouua entre
les mains vne eguille faicte en façon d'espée, dont Siluie auoit accoustumé de se

I. PARTIE D'ASTREE. 69

releuer, & accommoder le poil, & voyant Clidaman assez pres d'elle, elle la luy donna pour la porter à sa Maistresse: mais il la garda tout le jour, afin de mettre Guyemantz en peine. Il ne le doutoit point de Ligdamon: & voyez comme bien souuent on blesse l'vn pour l'autre, car le poison qui fut preparé pour Guyemantz toucha tant au cœur à Ligdamon, que ne pouuant le dissimuler, afin de n'en donner cognoissance, il se retira en son logis, où apres auoir quelque temps enuenimé son mal par ses pensers, il prit la plume & m'escriuit tels vers:

MADRIGAL,
SVR L'ESPEE DE SILVIE ENTRE LES MAINS de Clidaman.

Mour en trahison,
D'vne meurtriere espée,
Mais non pas sans raison;
De mon bon-heur l'esperance a coupée,
Car ne pouuant payer,
Ma grande seruitude,
Par vn digne loyer,
Qui l'excusast de son ingratitude.
Il veut me traitter finement,
Plustost en soldat qu'en amant.

ET AV BAS DE CES VERS il adjousta ces paroles.

IL faut aduoüer, belle Leonide, que Siluie fait comme le Soleil, qui iette indifferemment ses rayons sur les choses plus viles, aussi bien que sur les plus nobles.

Luy-mesme m'apporta ce papier, & ne peus, quoy que ie m'y estudiasse, y rien entendre, ny tirer de luy autre chose, sinon que Siluie luy auoit donné vn grand coup d'espée : & me laissant s'en alla le plus perdu homme de la terre. Voyez comme Amour est artificieux blesseur, qui auec de si petites armes fait de si grands coups : Il me fascha de le voir en cét estat, & pour sçauoir s'il y auoit quelque chose de nouueau, j'allay trouuer Siluie : mais elle me jura qu'elle ne sçauoit que ce pouuoit estre : en fin ayant demeuré quelque temps à relire ces vers, tout à coup elle porta la main à ses cheueux, & n'y trouuant son poinçon elle se mit à sousrire, & dit que son poinçon estoit perdu, & que quelqu'vn l'auoit trouué, & qu'il falloit que Ligdamon le luy eust recogneu. A peine m'auoit-elle dit cela que Clidaman entra dans la sale auec ceste meurtriere espée en la main. Ie la suppliay de ne la luy laisser plus. Ie verray, dit-elle, sa discretion, puis j'vseray du pouuoir que je doy auoir sur luy. Elle ne faillit pas à son dessein : car d'abord elle luy dit; Voila vne espée qui est à moy. Il respondit. Aussi est bié celuy qui la porte. Ie la veux auoir, dit-elle. Ie voudrois, respondit-il, que vous vouluffiez de mesme tout ce qui est à vous. Ne me la voulez-vous pas rendre? dit la Nimphe. Comment, repliqua-t'il, pourrois je vouloir quelque chose, puis que je n'ay point de volõté? Et, luy dit-elle, qu'auez vous fait de celle que vous auiez? Vous me l'auez rauie, dit-il, & à cette heure elle est chágée en la vostre. Puis donc, continua-t'elle, que vostre volonté n'est que la mienne, vous me rendrez ce poinçon, par ce que je le veux. Puis, dit-il, que je veux cela mesme que vous voulez, & que vous voulez auoir ce poinçon, il faut par necessité que je le vueille auoir auffi. Siluie soufrit vn peu : mais en fin dit-elle, je veux que vous me le donniez. Et moy aussi, dit-il, je veux que vous me le donniez. Alors la Nimphe estendit la main & le prit. Ie ne vous refuseray jamais, dit-il, quoy que vous vueillez m'oster, & fust-ce le cœur encores vne fois. Ainsi Siluie receut son espée, & j'escriuis ce billet à Ligdamon.

BILLET DE LEONIDE
à Ligdamon.

E bien, que sans le sçauoir on auoit fait à vostre riual, le sçachant luy a esté rauy: iugez en quel terme sont ses affaires, puis que

Livre troisiesme de la
les faueurs qu'il a procedent d'ignorance : & les défaueurs de deliberation.

Ainsi Ligdamon fut guery, non pas de la mesme main : mais du mesme fer qui l'auoit blessé : Cependant l'affection de Guyemantz vint à telle extrémité, que peut-estre ne deuoit elle rien à celle d'Aristandre : d'autre costé Clidaman, sous la couuerture de la courtoisie auoit laissé couler en son ame vne tres-ardante & tres-veritable Amour. Apres auoir entre eux plusieurs fois essayé à l'enuy, qui seroit plus agreable à Siluie, & cogneu qu'elle les fauorisoit, & deffauorisoit également : Ils se resolurent vn jour, par ce que d'ailleurs ils s'entre-aimoyent fort, de sçauoir qui des deux estoit le plus aimé, & vindrent pour cét effet à Siluie, de laquelle ils eurent de si froides responses qu'ils n'y purent asseoir jugement. Alors par le conseil d'vn Druide, qui peut-estre se faschoit de voir deux telles personnes perdre si inutilement le temps, qu'ils pouuoient bien mieux employer pour la deffense des Gaules, que tant de Barbares alloient inondát; ils vindrent à la fontaine de la verité d'Amour. Vous sçauez quelle est la proprieté de cette eau, & comme elle declare par force les pensées plus secrettes des Amants : car celuy qui y regarde dedans y voit sa Maistresse, & s'il est aimé, il se voit aupres, & si elle en aime quelqu'autre c'est la figure de celuy-là qui s'y voit. Or Clidaman fut le premier qui s'y presenta, il mit le genoüil en terre, baisa le bord de la fontaine, & apres auoir supplié le Demon du lieu de luy estre plus fauorable qu'à Damon, il se panche vn peu en dedans : incontinent Siluie s'y presente si belle & admirable, que l'Amant transporté se baissa pour luy baiser la main : mais son contentement fut bien changé quand il ne vid personne pres d'elle. Il se retira fort troublé, apres y auoir demeuré quelque temps, & sans en vouloir dire autre chose, fit signe à Guyemantz, qu'il y esprouuast sa fortune. Luy auec toutes les ceremonies requises, ayant fait sa requeste, jetta l'œil sur la fontaine : mais il fut traitté comme Clidaman, par ce que Siluie seule se presenta bruslant presque auec ses beaux yeux, l'onde qui sembloit rire autour d'elle. Tous deux estonnez de cette rencontre, en demanderent la cause à ce Druide, qui estoit tres-grand magicien. Il respondit que c'estoit d'autant que Siluie n'aimoit encore personne, comme n'estant point capable de pouuoir estre bruslée, mais de brusler seulement. Eux qui ne se pouuoient croire tant deffauorisez, par ce qu'ils s'y estoient presentez separez, y retournerent tous deux ensemble : & quoy que l'vn & l'autre se panchast de diuers costez : si est-ce que la Nimphe y parut seule. Le Druide en sousriant les vint retirer, leur disant qu'ils creussent pour certain n'estre point aimez, & que se pancher d'vn costé & d'autre ne pouuoit representer leur figure dans ceste eau : car il faut, disoit-il, que vous sçachiez que tout ainsi que les autres eaux representent les corps qui luy sont deuant, celle-cy represente les esprits. Or l'esprit qui n'est que la volonté, la memoire, & le jugement, lors qu'il aime, se transforme en la chose aimée; & c'est pourquoy lors que vous vous presentez icy, elle reçoit la figure de vostre esprit, & non pas de vostre corps; & vostre esprit estant changé en Siluie, il represente Siluie, & non pas vous. Que si Siluie vous aimoit elle seroit changée aussi bien en vous, que vous en elle; & ainsi representant vostre esprit vous verriez Siluie, & voyant Siluie changée, comme je vous ay dit, par cét Amour, vous vous y verriez aussi. Clidaman estoit demeuré fort attentif à ce discours, & considerant que la conclusion estoit vne asseurance de ce qu'il craignoit le plus, de colere mettant l'espée à la main, en frappa deux ou trois coups de toute sa force sur le marbre de la fontaine : mais son espée ayant au commencement resisté, en fin se rompit par le milieu, sans laisser presque marque de ses coups, & par ce qu'il estoit resolu en toute façon de rompre la pierre, imitant en cela le chien en colere, qui mord le caillou que l'on luy a jetté; Le Druide luy fit entendre qu'il se trauailloit en vain, d'autant que cét enchantement ne pouuoit prendre fin par force : mais par extrémité d'Amour; que toutefois s'il vouloit le rendre inutile, il en sçauoit le moyen. Clidaman nourrissoit pour rareté dans de grandes cages de fer, deux Lyons, & deux Lycornes, qu'il faisoit bien souuent combattre contre diuerses sortes d'animaux. Or ce Druide les luy demãda pour gardes de ceste fontaine, & les enchanta de sorte, qu'encor qu'ils fussent mis en liberté, ils ne pouuoient abandonner l'entrée de la grotte, sinon quand ils alloiẽt chercher à viure: car en ce temps là, il n'y en demeuroit que deux, & depuis n'ont fait mal à personne qu'à ceux qui ont voulu essayer la fontaine: mais ils assaillent ceux-là auec tant de furie, qu'il n'y a point d'apparence que l'on s'y hazarde: car les Lyons sont si grands & affreux, ont les ongles si longs & si trenchants, sont si legers & adroits, & si animez à ceste deffense qu'ils font des effects incroyables. D'autre costé les Lycornes ont la corne si pointuë & si forte, qu'elles perceroient vn rocher, & hurtent auec tant de force, & de vistesse, qu'il n'y a personne qui les puisse éuiter. Aussi tost que ceste garde fut ainsi disposée, Clidaman & Guyemantz partirent si secrettement, qu'Amasis, ny Siluie n'en sçeurent rien qu'ils ne fussent desia bien loing. Ils allerent trouuer Moroüée & Childeric: car on nous a dit depuis, que se voyant également traittez de l'Amour, ils voulurent essayer si les armes leur seroient également fauorables. Ainsi, gentil Berger, nous auons perdu la commodité de cette fontaine qui découuroit si bien les cachettes des pensées trompeuses, que si tous eussent esté comme Ligdamon, ils ne nous l'eussent pas fait perdre : car lors que je sçeus que Clidaman & Guyemantz s'y en alloient, je luy conseillay d'estre le tiers, m'asseurant qu'il seroit le plus favorisé : mais il me fit vne telle responce. Belle Leonide, je conseilleray toufiours à ceux qui sont en doute de leur bien, ou de leur mal, qu'ils hazardent quelquefois d'en sçauoir la verité : mais ne seroit-ce folie à celuy qui n'a jamais peu conceuoir aucune esperance de ce qu'il desire, de rechercher vne plus seure cognoissance de son desastre ? Quant à moy je ne suis point en doute, si la belle Siluie m'aime, ou non, je n'en suis que trop asseuré : & quand je voudray en sçauoir d'auantage, je ne le demanderay jamais qu'à ses yeux, & à ses actions. Depuis ce temps là son affection est allé croissant, tout ainsi que le feu où l'on met du bois : car c'est le propre de la pratique, de rendre ce qui plaist plus agreable, & ce qui ennuie plus ennuieux : Et Dieu sçait, comme ceste cruelle l'a toufiours traitté. Le moment est à venir auquel elle l'a jamais voulu voir sans desdain, ou cruauté ; & ne sçay quant à moy, comme vn homme genereux ait eu tant de patience, puis qu'en verité les offenses qu'elle luy a faites, tiennent pluftost de l'outrage que de la rigueur.

Vn jour qu'il la rencontra qu'elle s'alloit promener seule auec moy, par ce qu'il a la voix fort agreable, & que je le priay de chanter, il dit tels vers.

CHANSON

CHANSON,
SVR VN DESIR.

QVEL est ce mal qui me trauaille,
Et ne veut me donner loisir,
De trouuer remede qui vaille?
Helas! c'est vn ardant desir,
Qui comme vn feu tousiours aspire,
Au lieu plus haut & mal aisé:
Car le bien que plus ie desire
C'est celuy qui m'est refusé.

Ce desir eut dés sa naissance,
Et pour sa mere & pour sa sœur,
Vne temeraire esperance,
Qui presque le fist possesseur:
Mais comme le cœur d'vne femme,
N'est pas en amour arresté,
Le desir me demeure en l'ame,
Bien que l'espoir m'en soit osté.

Mais si l'esperance est esteinte,
Pourquoy, Desir, t'efforces-tu
De faire vne plus grande atteinte?
C'est que tu nays de la vertu,
Et comme elle est tousiours plus forte,

K.

Et sans faueurs & sans appas,
Quoy que l'esperance soit morte,
Desir pourtant tu ne meurs pas.

Il n'eut point si tost acheué, que Siluie reprit ainsi. Hé! dites moy Ligdamon, puis que je ne suis pas cause de vostre mal, pourquoy vous en prenez vous à moy? C'est vostre desir que vous deuez accuser: car c'est luy qui vous trauaille vainement. Le passionné Ligdamon respondit: Le desir est celuy certes qui me tourmente: mais ce n'est pas luy qui en doit estre blasmé, c'est ce qui le fait naistre, ce sont les vertus & les perfections de Siluie. Si les ,, desirs, repliqua-t'elle, ne sont desreglez, ils ne ,, tourmentent point, & s'ils sont desreglez, & ,, qu'ils transportent au delà de la raison, ils ,, doiuent naistre d'autre objet que de la vertu, ,, & ne sont point vrays enfans d'vn tel pere, ,, puis qu'ils ne luy ressemblent point. Iusques ,, icy, respondit Ligdamon, je n'ay point oüy dire que l'on desaduoüast vn enfant pour ne ressembler à son pere: & toutefois les extrémes desirs ne sont point contre la raison: car ,, n'est-il pas raisonnable de desirer toutes ,, choses bonnes, selon le degré de leur bon- ,, té? & par ainsi vne extréme beauté sera raison- ,, nablement aimée en extrémité: que s'il les ,, faut en quelque chose blasmer, on ne sçau- ,, roit dire qu'ils soient contre raison: mais outre la raison. Cela suffit, repliqua ceste cruelle, je ne suis point plus raisonnable que la raison:

C'eſt pourquoy ie ne veux aduoüer pour mien, ce qui l'outrepaſſe. A ce mot, pour ne luy laiſſer le moyen de luy reſpondre, elle alla rencontrer quelques-vnes de ſes compagnes qui nous auoient ſuiuies.

Vne fois qu'Amaſis reuenoit de ce petit lieu de Mont-briſon, où la beauté des jardins, & la ſolitude l'auoient plus long temps arreſtée qu'elle ne penſoit, la nuict la ſurprit en reuenant à Marcilly. Et par ce que le ſoir eſtoit aſſez fraiz, ie luy allois demandant par les chemins, expreſſément pour le faire parler deuant ſa Maiſtreſſe, s'il ne ſentoit point la fraicheur & l'humidité du ſerein. A quoy il me reſpondit, qu'il y auoit long temps, que le froid, ny le chaud exterieur ne luy pouuoit guiere faire de mal, & luy demandant pourquoy, & quelle eſtoit ſa recepte. A l'vn, me reſpondit-il, j'oppoſe mes deſirs ardents, & à l'autre mon eſpoir gelé. Si cela eſt, luy repliquay-je ſoudain, d'où vient que ie vous oys ſi ſouuent dire que vous bruſlez, & d'autrefois que vous gelez. Ah ! me reſpondit-il, auec vn grand ſouſpir, courtoiſe Nimphe, le mal dont ie me plains ne me tourmente pas par dehors, c'eſt au dedans ; & encores ſi profondement que ie n'ay cachette en l'ame ſi reculée, où ie n'en reſſente la douleur: Car il faut que vous ſçachiez, qu'en tout autre le feu, & le froid ſont incompatibles enſemble ; mais moy j'ay dans le cœur continuellement le feu allumé, & la froide glace, & en reſſens ſans ſoulagement la ſeule incōmodité.

K ij

Siluie ne tarda plus longuement à luy faire ressentir ses cruautez accoustumées, que jusqu'à la fin de cette parole : Encores crois-je qu'elle ne luy donna pas mesme du tout le loisir de la proferer, tant elle auoit d'enuie de luy faire esprouuer ses pointures, veu que se tournant vers moy, comme souſriant, elle dit, en penchant desdaigneusement la teste de son costé : O que Ligdamon est heureux d'auoir, & le chaud, & le froid quand il veut! pour le moins il n'a pas de quoy se plaindre, ny de ressentir beaucoup d'incommodité ; car si la froideur de son espoir le gele, qu'il se réchauffe en l'ardeur de ses desirs : que si ses desirs trop ardents le bruſlent, qu'il le refroidisse aux glaçons de ses espoirs. Il est bien necessaire, belle Siluie, respondit Ligdamon, que j'vse de ce remede pour me maintenir, autremét il y a long temps que je ne serois plus : mais c'est bien peu de soulagement à vn si grand feu. Tant s'en faut, la cognoissance de ces choses m'est vne nouuelle blesseure qui m'offense, d'autant plus qu'en la grandeur de mes desirs, je cognoy leur impuissance, & en leur impuissance leur grandeur. Vous figurerez, repliqua la Nimphe, vostre mal tel que vous voudrez, si ne croiray-je jamais que le froid estant si pres du chaud, & le chaud si pres du froid, l'vn ny l'autre permette à son voisin d'offenser beaucoup. A la verité respondit Ligdamon, me faire bruſler & geler en mesme temps n'est pas vne des moindres merueilles qui procedent de vous : mais celle-cy est bien plus grande, que c'est de vostre glace que procede ma chaleur, & de ma chaleur vostre glace. Mais il est encor plus merueilleux de voir qu'vn homme puisse auoir de semblables imaginations, adjousta la Nimphe: car elles conçoiuent des choses tant impossibles, que celuy qui les croiroit pourroit estre autant taxé de peu de jugement, que vous en les disant de peu de verité. I'aduoüe, respondit-il, que mes imaginations conçoiuent des choses du tout impossibles: mais cela procede de mon trop d'affection, & de vostre trop de cruauté; & comme cela n'est vn de vos moindres effects, aussi ce que vous me reprochez, n'est vn de mes moindres tourments. Ie croy, adiousta-t'elle, que vos tourmens & mes effects, sont en leur plus grande force en vos discours. Mal-aisément, respondit Ligdamon, pourroit-on bien dire ce qui ne se peut bien ressentir. Mal-aisément, repliqua la Nimphe, peuuent auoir cognoissance les sentiments des vaines idées d'vne malade imagination. Si la verité, adjousta Ligdamon, n'accompagnoit ceste imagination, à peine aurois-je tant de besoing de vostre compassion. Les hommes respondit la Nimphe, font leurs trophéees de nostre honte: Ne fissiez vous point mieux, respondit-il, les vostres de nostre perte! Ie ne vis jamais, repliqua Siluie, des personnes tant perdues, qui se trouuassent si bien que vous faites tous.

Plus je vous raconte des cruautez de ceste

Livre troisiesme de la
Nimphe, & des patiences de Ligdamon, & plus il m'en reuient en la memoire. Quand Clidamant s'en fut allé, comme ie vous ay dit, Amasis voulut luy enuoyer apres, la plus-part des jeunes Cheualiers de ceste contrée, sous la charge de Lindamor, afin qu'il fust tenu de Meroüée pour tel qu'il estoit. Entre autre Ligdamon comme tres-gentil Cheualier, n'y fut point oublié: mais ceste cruelle ne voulut jamais luy dire adieu, feignant de se trouuer mal: luy toutefois qui ne s'en vouloit point aller sans qu'elle le sceust en quelque sorte, m'escriuit tels vers.

SVR VN DEPART.

*A*Mour pourquoy, puis que tu veux
Que ie brusle de tant de feux,
Faut-il que j'esloigne Madame?

Ie luy respondis.

*P*Our faire en elle quelque effait,
Ne sçais-tu qu'en la cendre naist,
Le Phœnix qui meurt en la flame?

Il eust esté trop heureux de ceste responce: mais ceste cruelle m'ayant trouué que j'escriuois, & ne voulant ny luy faire du bien, ny permettre qu'autre luy en fist, me rauit la plume à toute force de la main, me disant que les flateries que ie faisois à Ligdamon, estoient cause de la continuation de ses folies, & qu'il auoit plus à se plaindre de moy, que d'elle: Pour la fin elle luy escriuit.

RESPONSE DE SILVIE.

LE phœnix de la cendre sort,
Parce qu'en la flame il est mort.
L'absence en l'Amour est mortelle,
Si la presence n'a rien peu,
Iamais par le froid n'est rompeu,
Le glaçon qu'vn feu ne degelle.

Vous pouuez penser auec quel contentement il partit. Il fut fort à propos pour luy d'auoir accoustumé de longue main semblables coups, & qu'il se ressouuint, que les deffaueurs qui partent de celles que l'on sert, doiuent le plus souuent tenir lieu de faueurs. Et me souuient que sur ce discours, il se disoit le plus heureux Amant du monde: puis que les ordinaires deffaueurs qu'il receuoit de Siluie, ne pouuoient le mettre en doute, qu'elle n'eust beaucoup de memoire de luy, & qu'elle ne le recogneust pour son seruiteur, & que puis que elle ne traittoit point de ceste sorte auec les autres, qui ne luy estoient point particulierement affectionnez, il faisoit croire que ceste monroye estoit celle, dont elle payoit ceux qui estoient à elle, & que telle qu'elle estoit-il la falloit cherir, puis qu'elle auoit ceste marque: & sur ce sujet il m'enuoya ces vers auant que partir.

K iiij

SONNET.

ELLE le veut ainsi ceste beauté supréme,
 Que ce soit l'impossible, & non ce que ie puis,
 Que luy fasse l'essay de ce que ie luy suis;
Et bien, elle le veut, & ie le veux de mesme.

En fin elle verra que mon amour extréme,
 En sa source ressemble à la source du puis,
 Car plus elle voudra m'espuiser par ennuis,
Et plus elle verra qu'infiniment ie l'ayme.

La source qui produit ma belle affection,
 Est celle-là sans plus de sa perfection,
 Eternelle en effet, comme elle est eternelle.

Donc essays rigoureux de mon cruel destin,
 Puisez incessamment, mon amour est sans fin,
 Et plus vous puiserez, plus elle sera belle.

Leonide eust continué son discours n'eust esté que de loing elle vid venir Galathée, qui apres auoir demeuré longuement seule, & ne pouuant plus long temps se priuer de la veuë du Berger, s'estoit habillée le mieux à son aduantage, que son miroir luy auoit sceu conseiller, & s'en venoit sans autre compagnie que du petit Meril. Elle estoit belle & bien digne d'estre aimée d'vn cœur qui n'eust point eu d'autre affection. En ce mesme temps pour la confusion que l'eau auoit mise en l'estomac de Celadon, il se trouua fort mal: De sorte qu'à l'abord de la Nimphe, ils furent contraints de se retirer, & le Berger peu apres se mit au lict, où il demeura plusieurs iours tombant & se releuant de ce mal, sans pouuoir estre, ny bien malade, ny bien guery.

LE QVATRIESME LIVRE DE LA Premiere Partie d'Aſtrée.

ALATHEE (qui eſtoit atteinte à bon eſcient, tant que la maladie de Celadon dura, ne bougea preſque d'ordinaire d'aupres de ſon lict, & quand elle eſtoit contrainte de s'en éloigner pour repoſer, ou pour quelqu'autre affaire, elle y laiſſoit le plus ſouuent Leonide, à qui elle auoit donné charge de ne perdre vne ſeule occaſion de faire entendre au Berger ſa bonne volonté, croyant que par ce moyen elle luy feroit en fin eſperer ce que ſa condition luy deffendoit. Et certes Leonide ne la trompoit nullement : car encore qu'elle euſt bien voulu que Lindamor euſt eſté ſatisfait, toutefois elle qui attendoit tout ſon auancement de Galathée, n'auoit nul plus grand deſſein que de luy complaire. Mais Amour, qui ſe joüe ordinairement de la prudence des Amants, & ſe plaiſt à conduire ſes effets au rebours de leurs intentions, rendit

par la conuersation du Berger, Leonide plus necessiteuse d'vn qui parlast pour elle, qu'autre qui fust en la trouppe : car l'ordinaire veuë de ce Berger, qui n'auoit faute de nulle de ces choses qui peuuent faire aimer, luy fit reco-
„ gnoistre que la beauté a de trop secrettes in-
„ telligences auec nostre ame, pour la laisser
„ si librement approcher de ses puissances, sans soupçon de trahyson. Le Berger s'en apperceut assez tost, mais l'affection qu'il portoit à Astrée, encore qu'outragé si indignement, ne vouloit luy permettre souffrir de ceste amitié naissante auec patience. Cela fut cause qu'il se resolut de prendre congé de Galathée, dés qu'il commenceroit de se trouuer vn peu moins mal : mais aussi tost qu'il luy en ouurit la bouche ; Comment, luy dit-elle, Celadon, receuez-vous si mauuais traittement de moy, que vous vueillez partir de ceans auant que d'estre bien guery ? Et lors qu'il luy respondit, que c'estoit de crainte de l'incommoder, & qu'aussi pour ses affaires, il estoit contraint de retourner en son hameau, asseurer ses parents & amis de sa santé ; Elle l'interrompit, disant : Non Celadon, n'entrez point en doute que ie sois incommodée, pourueu que ie vous voye accommodé ; & quant à vos affaires, & à vos amis, sans moy, de qui il semble que la compagnie vous déplaise si fort, vous ne seriez pas en ceste peine, puis que desia vous ne seriez plus. Et me semble que le plus grand affaire que vous ayez, c'est de

satisfaire à l'obligation que vous m'auez, &
que l'ingratitude ne sera pas petite, qui me
refusera quelques moments de ceste vie que
vous tenez toute de moy. Et puis il ne faut
desormais que vous tourniez plus les yeux
sur chose si basse que vostre vie passée : il faut
que vous laissiez vos hameaux, & vos trouppeaux, pour ceux qui n'ont pas les merites
que vous auez, & qu'à l'aduenir vous leuiez
les yeux à moy, qui puis, & veux faire pour
vous, si vos actions ne m'en ostent la volonté. Quoy que le Berger fist semblant de n'entendre ce discours, si le comprint-il aysément, & dés lors éuita le plus qu'il luy fut
possible, de parler à elle particulierement.
Mais le déplaisir que ceste vie luy rapportoit,
estoit tel, que perdant presque patience, vn
iour que Leonide l'oyant souspirer, luy en demanda l'occasion, puis qu'il estoit en lieu où
l'on ne desiroit rien, que son contentement, il
luy respondit : Belle Nimphe, entre tous les
plus miserables, ie me puis dire le plus rigoureusement traitté de ma fortune, car pour le
moins ceux qui ont du mal, ont aussi permission de s'en douloir, & ont ce soulagement d'e-
stré plaints, mais moy ie ne l'ose faire, d'autant
que mon mal-heur vient couuert du masque
de son contraire : & cela est cause qu'au lieu
d'estre plaint, ie suis plustost blasmé pour homme de peu de jugement ; que si vous, & Galathée sçauiez quels sont les amers absinthes,
dont ie suis nourry en ce lieu, heureux à la ve-

rité pour tout autre que pour moy; je m'asseure que vous auriez pitié de ma vie. Et que faut-il, dit-elle, pour vous soulager? Pour ceste heure, luy dit-il, il ne me faut que la permission de m'en aller. -Voulez-vous, repliqua la Nimphe, que j'en parle à Galathée? Ie vous en requiers, répondit-il, par tout ce que vous aimez le plus. Ce sera donc par vous, dit la Nimphe, en rougissant: & sans tourner la teste vers luy, elle sortit de la chambre pour aller où estoit Galathée, qu'elle trouua toute seule dans le jardin, & qui desia commençoit de soupçonner qu'il y eust de l'Amour du costé de Leonide, luy semblant qu'elle n'auançoit rien en la charge qu'elle luy auoit donnée: quoy qu'elle ne bougast presque de tout le iour d'aupres de luy, par ce que sçachant combien les armes de la beauté du Berger estoient trenchantes, elle jugeoit bien qu'il en pouuoit blesser aussi bien deux, comme vne. Toutefois estant contrainte de passer par ses mains, elle taschoit de se détromper le plus qui luy estoit possible. Et ainsi continuoit tousiours enuers la Nimphe, le mesme visage qu'elle auoit accoustumé, & lors qu'elle la vid venir à elle, elle s'auança pour s'enquerir comme se portoit le Berger: & ayant sçeu qu'il estoit au mesme estat qu'elle l'auoit laissé, elle se remit au promenoir; & apres auoir fait quelques pas sans parler, elle se tourna vers la Nimphe, & luy dit. Mais, dites moy, Leonide, fut-il jamais vn homme plus insensible que Celadon, puis que, ny mes actions, ny vos persuasions ne luy peuuent donner ressentiment de ce qu'il me doit rendre ? Quant à moy, répondit Leonide, ie l'accuse plustost de peu d'esprit, & de faute de courage, que non point de ressentiment, car j'ay opinion qu'il n'a pas le jugement de recognoistre à quoy tendent vos actions; que s'il recognoist mes paroles, il n'a pas le courage de pretendre si haut: & ainsi autant que l'aymant de vos perfections, & de vos faueurs le peut esleuer à vous, autant la pesanteur de son peu de merite, & de sa condition le rabaisse: mais il ne faut point trouuer cela estrange, puisque les pommiers portent des pommes, & les chesnes des glands ! car chaque chose produit selon son naturel. Aussi que pouuez-vous esperer, que produise le courage d'vn villageois, que des desseins d'vne ame vile, & r'abaissée ? Ie croy bien, respondit Galathée, que la grande difference de nos conditions luy pourroit donner beaucoup de respect: mais je ne puis penser s'il recognoist ceste difference, qu'il n'ait assez d'esprit, pour juger à quelle fin je le traitte auec tant de douceurs, si ce n'est qu'il soit desia tant engagé enuers ceste Astrée, qu'il ne s'en puisse plus retirer. Asseurez-vous, Madame, repliqua Leonide, que ce n'est point respect, mais sottise, qui le rend ainsi mécognoissant; car ie veux bien aduoüer, comme vous sçauez, qu'asseurément il est vray qu'il aime Astrée, mais s'il auoit du jugement, ne le mépriseroit-il pas pour vous, qui meritez, sans comparaison beaucoup dauantage ? & toutefois, il est si mal aduisé, qu'à tous les coups, que je luy parle de vous, il ne me répond qu'auec les regrets de l'éloignement de son Astrée, qu'il represente auec tant de déplaisirs, que l'on iugeroit que le séjour qu'il fait ceans, luy est infiniment ennuyeux. Et ce matin mesme l'oyant souspirer, ie luy en ay demandé la cause, il m'a fait des réponses qui émouuroient des pierres à pitié, & en fin la conclusion a esté, que ie vous requisse qu'il s'en peust aller. Ouy ! repliqua Galathée, rouge de colere, & ne pouuant dissimuler sa jalousie, confessez verité, Leonide, il vous a émeuë. Il est vray, Madame, il m'a émeuë de pitié, & me semble, puis qu'il a tant d'enuie de s'en aller, que vous ne deuez point le retenir par force : car l'Amour n'entre jamais dans vn cœur à coups de foüets. Ie n'entends pas, repliqua Galathée ; qu'il vous ait esmeuë de pitié, mais n'en parlons plus, peut-estre quand il sera bien sain, ressentira-t'il aussi tost les effets du dépit qu'il a fait naistre en moy, que ceux de l'Amour qu'il a produits en vous : cependant pour parler franchement, quil se resolue de ne partir point d'icy à sa volonté, mais à la mienne. Leonide voulut répondre : mais la Nimphe l'interrompit. Or sus, Leonide, luy dit-elle, c'est assez, contentez-vous, que ie n'en dis pas dauantage, allez seulement, ma resolution est celle là. Ainsi Leonide fut contrain-

ce de se taire, & de s'en aller, ressentant de
telle sorte ceste injure, qu'elle resolut dés lors
de se retirer chez Adamas, son oncle, & ne
receuoir jamais plus le soucy des secrets de
Galathée; qui en mesme temps appella Siluie
qui se promenoit en vne autre allée, toute
seule, à qui, contre son dessein, elle ne peut
s'empescher, en se pleignant de Leonide, de
faire sçauoir ce que jusques alors elle luy auoit
caché : mais Siluie, encore que jeune, toutefois pleine de beaucoup de jugement, pour
r'accommoder toutes choses, taschea d'excuser Leonide au mieux qu'il luy fut possible,
jugeant bien que si sa compagne se dépitoit,
& que ces choses vinssent à estre sceuës, elles
ne pourroient que rapporter beaucoup de
honte à sa Maistresse. Et c'est pourquoy elle
luy dit apres plusieurs autres propos : Vous sçauez bien, Madame, que jamais vous ne m'a-
uez rien découuert de cest affaire, & toutefois
ie vous en diray de telles particularitez, que
vous ne m'en iugerez pas tant ignorante, comme ie le vous ay fait paroistre, mais mon humeur n'est pas de m'entremettre aux choses,
où ie ne suis point appellée. Il y a desia quelque temps, que voyant ma compagne si assi-
duë aupres de Celadon, ie soupçonnois que
l'Amour en fust cause, & non pas la compassion de son mal, & par ce que c'est chose qui
nous touche à toutes, ie me resolus auant que
de luy en parler, d'en estre bien asseurée, &
dés lors j'espiay ses actions de plus pres que de

couſtume, & fis tant qu'auant-hier ie me mis
en la ruelle du lict du Berger, cependant qu'il
dormoit, & peu apres Leonide entra, qui en
pouſſant la porte, l'eſueilla ſans y penſer; &
apres pluſieurs diſcours communs, elle vint à
parler de l'amitié qu'il auoit portée à la Bergere Aſtrée, & Aſtrée à luy. Mais, dit-elle, croyez
moy, Berger, que ce n'eſt rien, au pris de l'affection que Galathée vous porte. A moy? dit-il.
Ouy, à vous, repliqua Leonide, & n'en faites
point tant l'eſtonné, vous ſçauez combien de
fois ie la vous ay dite, encor eſt-elle plus grande que mes paroles. Belle Nymphe, reſpondit
le Berger, ie ne merite, ny ne croy tant de bon-
heur; auſſi quel seroit ſon deſſein enuers moy,
qui ſuis né Berger, & qui veux viure & mourir
tel. Voſtre naiſſance, reprit ma compagne, ne
peut eſtre que grande, puis qu'elle a donné
commencement à tant de perfections. O Leonide! reſpondit alors le Berger, vos paroles
ſont pleines de moquerie: mais quand elles ſeroient veritables, auez vous opinion que ie ne
ſçache qui eſt Galathée, & qui ie ſuis? Si fais,
certes, belle Nimphe: & ſçay fort bien me-
ſurer ma petiteſſe, & ſa grandeur à l'aulne du
deuoir: Voire, reſpondit Leonide, penſez-vous
qu'Amour ſe ſerue de meſmes meſures, que
les hommes? cela eſt bon, pour ceux qui veulent vendre ou acheter, mais ne ſçauez-vous
" pas, que les dons ne ſe meſurent point, &
" Amour n'eſtant rien qu'vn don: pourquoy le
" voudriez vous reduire, à l'aulne du deuoir? Ne
doutez

doutez plus, de ce que ie vous dis, & pour ne
manquer à voſtre deuoir, rendez luy autant,
& d'Amour, & d'affection, qu'elle vous en
donne. Ie vous jure, Madame, que juſques
alors, ie m'eſtois figurée que Leonide parloit pour elle meſme : & ne faut point que j'en
mente, du commencement ce diſcours m'e-
ſtonna, mais depuis voyant auec combien de
diſcretion vos actions eſtoient conduites, ie
loüay beaucoup la puiſſance que vous auiez
ſur elles, ſçachant bien, qu'il eſt plus difficile
de commander abſolument à ſoy-meſme, qu'à
tout autre. Ma mignonne, répondit Galathée,
ſi vous ſçauiez l'occaſion que j'ay, de rechercher l'amitié de Celadon, vous loüeriez & con-
ſeilleriez ce meſme deſſein : car vous ſouuient-
il de ce Druide qui nous predit noſtre fortune? I'en ay bonne memoire, répondit-elle, il
n'y a pas fort long temps. Vous ſçauez, continua Galathée, combien de choſes veritables,
il vous a predites, & à Leonide auſſi : Or ſçachez que de meſme, il m'a aſſeurée, que ſi je
pouſois jamais autre que Celadon, ie ſerois la
plus mal-heureuſe perſonne de la terre : vous
ſemble-t'il qu'ayant tant de preuue de la verité de ſes predictions, ie doiue mépriſer celle-
cy, qui me touche ſi fort? Et c'eſt pourquoy ie
trouuois ſi mauuais que Leonide euſt eſté ſi
mal-aduiſée, que de marcher ſur mes pas, luy
en ayant fait ceſte meſme declaration. Madame, reſpondit Siluie, n'entrez nullement en
ceſte doute; car en verité, ie ne vous mens

L

point, & me semble que vous ne deuez la dépiter dauantage, de peur qu'en se plaignan elle ne découure ce dessein à quelque-autre. Mamie, répondit Galathée, en l'embrassant, ie ne doute point de ce dont vous m'auez asseurée, & vous promets, que ie me conduiray enuers Leonide, ainsi que vous m'auez conseillée.

Cependant qu'elles discouroient ainsi Leonide alla retrouuer Celadon, auquel elle raconta de mot à mot les propos que Galathée & elle auoient euz sur son sujet, & qu'il pouuoit se resoudre, que le lieu où il estoit auoit apparence d'vne libre demeure ; mais que veritablement c'estoit vne prison. Ce qui le toucha si viuement, qu'au lieu que son mal n'alloit que traisnant, il deuint si violent que le soir mesme la fieure le reprit, si ardante, que Galathée l'estant allé voir, & le trouuant si fort empiré, entra fort en doute de sa vie ; & plus encore, quand le lendemain son mal se rendant tousiours plus grand, il leur éuanoüit deux ou trois fois entre les bras. Et quoy que ces Nimphes ne l'éloignassent jamais de plus loin, que l'vne au cheuet, & l'autre aux pieds de son lict, sans prendre autre repos, que celuy que par des sommeils interrompus, le sommeil extréme leur alloit quelquefois dérobant ; si est ce qu'il estoit tres-mal secouru, n'y ayant en ce lieu aucune commodité pour vn malade : & n'osant en faire venir d'ailleurs de peur d'estre découuertes. Si bien que le

Berger courut vne grande fortune de sa vie, & telle, qu'vn soir il se trouua en si grande extrémité, que les Nimphes le tindrent pour mort; mais en fin il réuint à soy, & peu apres fist vne tres-grande perte de sang, qui l'affoiblist de sorte, qu'il voulut reposer. Cela fut cause que les Nimphes le laisserent seul auec Meril, & s'estant retirées, Siluie toute effrayee de cest accident, s'adressant à Galathée, luy dit: Il me semble, Madame, que vous estes pour entrer en vne grande confusion, si vous n'y mettez quelque ordre; jugez en quelle peine vous seriez, si ce Berger se perdoit entre vos mains, à faute de secours. Helas! dit la Nimphe, dés l'accroissement de son mal, j'ay bien consideré ce que vous dittes, mais quel remede y a t'il? Nous sommes icy entierement dépourueuës de ce qui luy est necessaire, & d'en auoir d'ailleurs, quand il y iroit de ma vie, ie ne le voudrois pas faire, pour la crainte que j'ay, que l'on le sçache ceans. Leonide, que l'affection faisoit parler plus resolument que Siluie, luy dit: Madame, ces craintes sont fort bonnes, en ce qui ne touche point la vie de personne: mais où il y en va, il ne faut point estre tant consideree, ou bien preuoir les autres inconueniens qui en peuuent naistre: Si ce Berger meurt, auez-vous opinion que sa mort demeure sans estre sceuë? quand ce ne seroit que pour punition, il faut que vous croyez que le Ciel mesme la descouuriroit,

L ij

mais prenons toutes choses au pis, & qu'on sçache que ce Berger est ceans. Et quoy, pour cela? ne pourrez-vous pas couurir vostre dessein de celui de la compassion, à laquelle nostre naturel nous incline toutes? & toutefois s'il vous plaist de vous reposer de cest affaire sur moy, ie m'asseure de le conduire si discrettement que personne n'en descouurira rien : car, Madame, j'ay, comme vous sçauez, mon oncle Adamas, Prince des Druides de ceste contree, à qui nul des secrets de nature, ny des vertus des herbes, ne peut estre cachée : il est homme plein de discretion, & jugement, & ie sçay qu'il a particuliere inclination à vous faire seruice, si vous l'employez en ceste occasion, ie tiens pour certain que le tout reüssira à vostre contentement. Galathée demeura quelque temps sans respondre : mais Syluie qui voyoit que c'estoit le meilleur expedient, & preuoyoit que par le moyen du sage Adamas, elle diuertiroit Galathée de ceste honteuse vie, respondit assez promptement, que ceste voye luy sembloit la plus asseurée. A quoy Galathée consentit, n'en pouuant eslire vne meilleure. Il reste, reprit Leonide, de sçauoir, Madame, à fin que ie n'outre-passe vostre commandement, que c'est que vous voulez que ie die, ou que ie taise à Adamas. Il n'y a rien, respondit Siluie (voyant que Galathée demeuroit interdite) qui oblige tant à se taire, que de faire paroistre vne entiere fiance ; ny rien au contraire qui dispense plus à parler, que la meffiance recogneuë. De forte qu'il me femble pour rendre Adamas fecret, qu'il luy faut dire auant qu'il vienne, tout ce qu'il pourra découurir quand il fera icy. Ie fuis, répondit Galathée, tant hors de moy, qu'à peine fçay-je ce que ie dis. C'eft pourquoy ie remets toute chofe à voftre difcretion. Ainfi partit Leonide auec deffein, quoy que la nuict fuft au commencement fort obfcure, de ne f'arrefter que elle ne fuft chez fon oncle, de qui la demeure eftoit fur le panchant de la montagne de Marcilly, affez pres des Veftalles & Druides de Laignieu; mais fon voyage fut beaucoup plus long qu'elle ne penfoit, car arriuant fur la pointe du jour, elle fçeut qu'il eftoit allé à Feurs, & qu'il n'en reuiendroit de deux, ou trois iours: qui fut caufe que fans f'y arrefter beaucoup, elle en prit le chemin, tant laffe toutefois, que n'euft efté le defir de la guerifon du Berger, qui ne luy donnoit nul repos, fans doute elle euft attendu Adamas chez luy, où elle ne fit que fe repofer enuiron vne demie heure, parce que n'eftant accouftumée à ce trauail, elle le trouuoit fort difficile; & lors qu'il luy fembla de f'eftre affez rafraifchie, elle partit feule comme elle y eftoit venuë: Mais à peine auoit-elle fait vne lieuë, qu'elle vid venir de loin, par le mefme chemin qu'elle auoit fait, vne Nimphe toute feule, que peu apres elle recogneut pour eftre Siluie: cefte rencontre ne luy donna pas vn petit furfaut, croyant qu'elle luy vint annoncer la mort de Celadon : mais ce fut tout au contraire : car elle sceut par elle, que depuis son depart il auoit fort bien reposé, & qu'à son resueil il s'estoit trouué sans fieure; qu'à ceste occasion Galathée l'auoit fait incontinent partir pour la r'atraper, à fin de l'en aducirir, & de luy dire que le Berger estant en si bon estat, il n'estoit pas de besoin d'amener Adamas, ny de luy découurir leurs affaires. Il seroit bien mal-aisé de representer quel fut le contentement de Leonide, oyant la guerison du Berger qu'elle aimoit : Et apres en auoir loüé Dieu, elle dit à sa compagne : Puis ma sœur, que je recognois suiuant les discours que vous me tenez, que Galathée ne vous a point celé le dessein qu'elle a touchant ce Berger, il faut que ie vous en parle franchement, & que ie vous die, que ceste sorte de vie me déplaist infiniment, & que ie la trouue fort honteuse, & pour elle, & pour nous : car elle en est tellement passionnée, que quelque mépris que ce Berger fasse d'elle, elle ne s'en peut distraire; & a tellement deuant les yeux les predictions d'vn certain Druide, qu'elle croit tout son bon-heur dépendre de cet Amour: & c'est le bon, que suiuant l'humeur des Amants, elle iuge Celadon tant aimable, qu'elle croit chacun le deuoir aimer autant qu'elle; comme si tous le voyoient de ses mesmes yeux; & c'est là mon grief, car elle est deuenuë si jalouse de moy, qu'à peine me peut-elle souffrir aupres de luy. Or ma sœur si ceste vie vient à se sçauoir, comme il n'en faut point douter,

puis qu'il n'y a rien de si secret qui ne se des-"
couure, jugez que c'est qu'on dira de nous,"
& quelle opinion nous aurions de quelque autre à qui semblable chose fust arriuée: j'ay fait tout ce qu'il m'a esté possible pour l'en distraire, mais ç'a esté sans effet: C'est pourquoy ie suis resoluë de la laisser aimer, puis qu'elle veut aimer, pourueu que ce ne soit point à nos dépens. Ie vous fais tout ce discours pour vous dire, qu'il me sembleroit tres à propos, d'y chercher quelque bon remede, & que ie ne voy point vn moyen plus aisé, que par l'entremise de mon oncle, qui en viendra bien à bout par son conseil, & par sa prudence. Ma sœur, répondit Siluie, ie louë infiniment vostre dessein, & pour vous donner commodité de conduire Adamas vers elle, ie m'en retourneray d'icy, & diray que j'ay esté chez Adamas, & que ie n'ay trouué, ny vous ny luy. Il sera donc à propos, respondit Leonide, que nous allions nous reposer dans quelque buisson, à fin qu'il semble que vous m'ayez cherchée plus long temps, aussi bien suis-je si lasse qu'il faut que ie dorme vn peu, si ie veux acheuer mon voyage. Allons, ma sœur, repliqua Siluie, & croyez que vous ne faites peu pour vous, d'oster Celadon d'entre nous: car ie preuoy bien à l'humeur de Galathée, qu'auec le temps il vous r'apporteroit beaucoup de déplaisir. A ce mot elles se prirent par la main, & regardant où elles pourroient passer vne partie du iour, elles virent vn lieu de l'autre costé de

L iiij

LIVRE QVATRIESME DE LA

Lignon, qui leur sembla, si à propos, que passant sur le pont de la Boterelle, & laissant Bonlieu sejour des Druides & Vestalles à main gauche, & descendant le long de la riuiere, elles vindrent se mettre dedans vn gros buisson qui estoit tout joignant le grand chemin, & de qui l'espaisseur rendoit en tout temps vn agreable sejour, où apres auoir choisi l'endroit le plus couuert, elles s'endormirent l'vne aupres de l'autre.

Et cependant qu'elles reposoient, Astrée, Diane, & Phillis vindrent de fortune conduire leurs troupeaux en ce mesme lieu : & sans voir les Nimphes, s'assirent aupres d'elles, & parce que les amitiez qui naissent en la mauuaise fortune, sont bien plus estroittes & serrées, que celles qui se conçoiuent dans le bon-heur; Diane qui s'estoit liée d'amitie auec Astrée, & Phillis depuis le desastre de Celadon, leur portoit tant de bonne volonté, & elles à elle, que presque de tout le iour, elles ne s'abandonnoient: & certes Astrée auoit bien besoin de consolation, puis que, presque au mesme temps elle perdit Alcé, & Hypolite ses pere & mere; Hypolite pour la frayeur qu'elle eut de la perte d'Astrée, lors qu'elle tomba dedans l'eau, & Alcé pour le déplaisir de la perte de sa chere compagne; ce qui toutefois ne fut à Astrée vn foible soulagement; pouuant plaindre la perte de Celadon sous la couuerture de celle de son pere & de sa mere : & comme ie vous ay dit, Diane, fille de la sage Bellinde, pour ne manquer au deuoir de voisinage l'allant plusieurs fois visiter, trouua son humeur si agreable, & Astrée la sienne, & Phillis celle de toutes deux, qu'elles se iurerent ensemble vne si estroitte amitié, que jamais depuis elles ne se separerent; & ce jour auoit esté le premier, qu'Astrée estoit sortie de la cabane. De sorte que les deux fidelles compagnes se trouuerent auec elle: mais elle ne fut plustost assise qu'elle n'apperceut de loing Semire, qui la venoit trouuer. Ce Berger auoit esté long temps amoureux d'Astrée, & ayant recognu qu'elle aimoit Celadon, il auoit esté cause de leur mauuais mesnage, s'estant persuadé qu'ayant chassé Celadon, il obtiendroit aisément son lieu : il s'en venoit la trouuer afin de commencer son dessein : mais il fut fort deçeu : Car Astrée ayant recogneu sa finesse, conceut vne haine si grande contre luy, qu'aussi tost qu'elle l'aperceut, se mettant la main sur les yeux, pour ne le voir, elle pria Phillis de luy dire de sa part, qu'il ne se presentast jamais à elle ; & ces paroles furent proferées auec vn certain changement de visage, & d'vne si grande vehemence, que ses compagnes y recognurent bien vne tres grande animosité, qui fit auancer plus promptement Phillis vers le Berger. Quand il oüyt ce message, il demeura tellement confus en sa pensée, qu'il sembloit estre immobile. En fin, vaincu, & contraint par la cognoissance de son erreur, il luy dit: Discrette Phillis, j'aduoüe que le Ciel est juste, de me donner plus d'ennuy qu'vn cœur n'est capable de supporter : puis qu'encor n'e peut-il esgaler son chastiment à mon offense, ayant esté cause de faire rompre la plus belle & la plus entiere amitié qui ait jamais esté. Mais afin que les Dieux ne me punissent point plus rigoureusement, dictes à ceste belle Bergere, que je demande pardon, & à elle & aux cendres de Celadon, l'asseurant que l'extréme affection que je luy ay portée, a sans plus esté la cause de ceste faute ; que loing d'elle & de ses yeux, à bon droit courroucez, j'iray plaignant toute ma vie. A ce mot il s'en alla tant desolé, que son repentir toucha Phillis de quelque pitié: Et estant reuenuë vers ses compagnes, leur redit ce que le Berger auoit respondu. Helas! ma sœur, dit Astrée, j'ay plus d'occasion de fuïr ce meschant, que je n'ay pas de pleurer: jugez par là, si je le dois faire ; c'est luy sans plus qui est cause de tout mon ennuy. Comment ma sœur, dit-elle, Semire est cause de vostre ennuy ? A-t'il tant de puissance sur vous ? Si j'osois vous racöter sa meschanceté, dit Astrée, & mon imprudence, vous diriez qu'il a vsé du plus grand artifice, que l'esprit le plus cauteleux sçauroit jamais inuenter. Diane qui recognut que c'estoit à son occasion, qu'ellle n'en parloit pas plus clairement à Phillis, pour n'y auoir encore que huit ou dix iours qu'elles se hantoient si familierement, leur dit, que ce n'estoit pas son dessein de leur r'apporter de la contrainte. Et vous, belle Bergere, dit-elle se tournant vers la triste Astrée, me donnerez occasion de croire que vous ne m'aimez pas, si vous vsez moins librement enuers moy que enuers Phillis, puis qu'encore qu'il n'y ait pas si long temps, que j'ay le bien de vostre conuersation; si ne deuez-vous moins estre asseurée de mon affection que de la sienne. Phillis alors luy respondit: Ie m'asseure qu'Astrée parlera tousiours deuant vous aussi franchement que deuant elle mesme, son humeur n'estant pas d'estre amie à moitié, & depuis qu'elle s'est jurée telle, il n'y a plus de cachette en son ame. Il est certain, continua Astrée, & ce qui m'empesche d'en parler d'auantage, c'est seulement, que remettre le fer dans vne playe ne sert qu'à l'enuenimer. Si est-ce, repliqua Diane, qu'il faut bien souuent vser du fer pour les guerir: & quant à moy, il me semble que de dire librement son mal à vne amie, c'est luy en remettre vne partie: & si j'osois vous en prier, ce me seroit vne tres-grande satisfaction de sçauoir quelle a esté vostre vie, tout ainsi que je ne feray jamais difficulté de vous raconter la miene, quand vous en aurez la curiosité. Puis que vous le voulez ainsi, respondit Astrée, & que vous auez agreable de participer à mes ennuis, je veux donc que par apres vous me fassiez part de vos contentements, & que cependant vous me permettiez d'vser de briefueté en ce discours, que vous desirez sçauoir de moy; aussi bien vne histoire si mal-heureuse que la mienne ne peut plaire que pour estre courte, & s'estant toutes trois assises en rond, elle reprit la parole de cette sorte.

HISTOIRE D'ASTREE ET PHILLIS.

CEvx qui pensent que les amitiez, & les haines passent de pere en fils, s'ils sçauoient quelle a esté la fortune de Celadon & de moy, aduoüeroient sans doute qu'ils se sont bien fort trompez. Car, belle Diane, ie croy que vous auez souuent oüy dire la vieille inimitié d'entre Alcé, & Hypolite mes pere & mere, & Alcippe & Amarillis, pere & mere de Celadon; leur haine les ayant accompagnez iusques au cercueil, qui a esté cause de tant de troubles entre les Bergers de ceste contrée, que ie m'asseure qu'il n'y a personne qui l'ignore le long des riues du cruel & diffamé Lignon: Et toutesfois il sembla qu'Amour pour montrer sa puissance, voulut expressément de personnes tant ennemies en vnir deux si estroittement, que rien n'en peut rompre les liens que la mort: Car à peine Celadon auoit atteint l'aage de quatorze ou quinze ans, & moy de douze ou treize, qu'en vne assemblée qui se faisoit au Temple de Venus, qui est sur le haut de ce Mont, releué dans la plaine, vis à vis de Mont-Suc, à vne lieuë du Chasteau de Montbrison; ce jeune Berger me vid, & comme il m'a raconté depuis, il en auoit conceu le desir long temps auparauant par le rapport que l'on luy auoit fait de moy: Mais l'empeschement que ie vous ay dit de nos peres luy en auoit osté les moyens; & faut que j'auoüe, que ie ne croy pas qu'il en eust plus de volonté que moy. Car je ne sçay pourquoy lors que j'oyois parler de luy le cœur me tressailloit en l'estomac; si ce n'est que ce fust vn presage des troubles, qui depuis me sont arriuez à son occasion. Or soudain qu'il me vid, je ne sçay comment il trouua sujet d'Amour en moy, tant y a que depuis ce temps il se resolut de m'aimer, & de me seruir, & sembla qu'à cette premiere veuë nous fussions l'vn & l'autre sur le point qu'il nous falloit aimer, puis qu'aussi tost qu'on me dit que c'estoit le fils d'Alcippe, je ressentis vn certain changement en moy qui n'estoit pas ordinaire, & dés lors toutes ses actions commencerent à me plaire, & à me sembler beaucoup plus agreables que de tous ces autres jeunes Bergers de son aage; & par ce qu'il n'osoit encores s'approcher de moy, & que la parole luy estoit interditte, ses regards par leurs allées & venuës, me parlerent si souuent, qu'en fin je recognus qu'il auoit enuie de m'en dire dauantage: & d'effet en vn bal qui se tenoit au pied de la montagne, sous des vieux ormes qui rendent vn agreable ombrage; il vsa de tant d'artifice, que sans m'en prendre, & montrant que c'estoit par mesgarde, il

LIVRE QVATRIESME DE LA
se trouua au dessous de ma main. Quât à moy je
ne fis point semblant de le cognoistre, & traittois auec luy, comme auec tous les autres.
Luy au contraire en me prenant la main, baissa
la teste, de sorte que faisant semblant de baiser
sa main, je sentis sur la mienne sa bouche; cét
acte me fit monter la rougeur au visage, & faignant de n'y prendre garde je tournay la teste
de l'autre costé, comme attentiue au brâle que
nous dansions. Cela fut cause qu'il demeura
quelque temps sans parler à moy ne sçachant,
comme je croy, par où il deuoit commencer: en
fin ne voulant perdre ceste occasion qu'il auoit
si long temps recherchée, il s'auança deuant
moy, & parla à l'aureille de Corilas, qui me
conduisoit à ce bal, si haut (feignant toutefois
de le dire bas) que j'oüys tels mots. Pleust à
Dieu, Corilas, que la querelle des peres de cette Bergere, & de moy, eust à se desmesler entre
nous deux: & lors il se retira en sa place, & Corilas luy respondit assez haut: Ne faites point
ce souhait Celadon, car peut estre ne souhaitterez vous jamais rien de si dangereux. Quelque hazard qu'il y ait (respondit Celadon, tout
haut) je ne me desdiray jamais de ce que je vous
ay dit, & en deusse-je donner le cœur pour gage. En semblables promesses, repliqua Corilas, on n'offre jamais vne moindre asseurance
que celle-là, & toutefois il y en a fort peu, qui
quelque temps apres ne s'en dédient. Quiconque, adjouta le Berger, fera difficulté de courre
la fortune dont vous me menacez, je le croiray

pour homme de peu de courage. C'est vertu, respondit Corilas, d'estre courageux : mais c'est vne folie aussi d'estre temeraire. A la preuue, repliqua Celadon, on cognoistra quel je suis ; & cependant je vous promets encore vn coup, que je ne m'en dédiray iamais. Et par ce que ie faisois semblant de ne prendre garde à leur discours, adressant sa parole à moy, il me dit : Et vous belle Bergere, quelle opinion en auez vous ? Ie ne sçay, luy respondis-je, dequoy vous parlez. Il m'a dit, reprit Corilas, que pour tirer vn grand bien d'vn grand mal, il voudroit que la haine de vos peres fust changée en amour entre les enfans. Comment, respondis-je, faisant semblant de ne le cognoistre pas, estes vous fils d'Alcippe ? & m'ayant respondu qu'oüy, & de plus mon seruiteur. Il me semble, luy dis-je, qu'il eust esté plus à propos que vous vous fussiez mis auprès de quelqu'autre, qui eust eu plus d'occasion de l'auoir agreable que moy. I'ay bien oüy dire, repliqua Celadon, que les Dieux punissent les erreurs des peres sur les enfants : mais entre les hommes cela n'a jamais esté accoustumé : ce n'est pas qu'il ne doiue estre permis à vostre beauté qui est diuine, d'vser des mesmes priuileges des Dieux : mais si cela est, vous deuez aussi comme eux le pardon quand on le vous demande. Est-ce ainsi Berger, interrompit Corilas, que vous commencez vostre combat en criant mercy ? En tel combat, respondit-il, estre vaincu c'est vne espece de victoire, & quant à moy ie le veux bien estre, pourueu qu'elle en vueille la despoüille: Ie croy qu'ils eussent plus longuemēt continué leur discours, si le bransle eust duré dauantage: mais sa fin nous separa, & chacun retourna en sa place.

Quelque temps apres on commença de proposer les prix aux diuers exercices qu'on auoit accoustumé de faire, comme de luitter, de courre, de sauter, & de jetter la barre, ausquels Celadon pour estre trop jeune, ne fut receu qu'à celuy de la course; dont il eut le prix, qui estoit vne Guirlande de diuerses fleurs, qui luy fut mise sur la teste par toute l'assemblée, auec beaucoup de loüange, qu'estant si jeune il eust vaincu tant d'autres Bergers. Luy sans beaucoup songer en soy-mesme, se l'ostant, me la vint poser sur les cheueux, me disant assez bas: Voicy qui reconfirme ce que je vous ay dit. Ie fus si surprise que je ne puz luy respondre, & n'eust esté Artemis, vostre mere, Phillis, ie la luy eusse renduë, non pas que venant de sa main elle ne me fust fort agreable: mais par ce que ie craignois qu'Alcé, & Hyppolite le treuuassent mauuais. Toutefois Artemis, qui desiroit plustost d'assoupir que de r'allumer ces vieilles inimitiez, me commanda de la receuoir, & de l'en remercier: ce que ie fis si froidement que chacun iugea bien, que ce n'auoit esté que par l'ordonnance de ma tante. Tout ce iour se passa de ceste sorte, & le lendemain
aussi,

aussi, sans que le jeune Berger perdist vne seule commodité de me faire paroistre son affection. Et par ce que le troisiesme jour on a accoustumé, de representer en l'honneur de Venus le jugement que Paris donna des trois Déesses; Celadon resolut de se mesler parmy les filles, sous habit de Bergere: Vous sçauez bien que le troisiesme jour, sur la fin du repas le grand Druide a de coustume de jetter entre les filles vne pomme d'or, sur laquelle sont escrits les noms des trois Bergeres qui luy semblent les plus belles de la trouppe, auec ce mot (Soit donnée à la plus belle des trois;) & qu'apres on tire au sort celle qui doit faire le personnage de Paris, qui auec les trois Bergeres entre dans le Temple de la Beauté desdié à Venus.: Où les portes estant bien fermées, elle fait jugement de la beauté de toutes trois, les voyant nuës, horsmis vn foible linge, qui les couure de la ceinture jusques auprès du genoüil, & par ce que autrefois il y a eu de l'abus, & que quelques Bergers se sont meslez parmy les Bergers; il fut ordonné par edict public, que celuy qui commettroit semblable faute, seroit sans remission lapidé par les filles à la porte du Temple. Or il aduint que ce jeune enfant sans consideration de ce danger extréme, ce jour là s'habilla en Bergere, & se mettant dans nostre trouppe fut receu pour fille; & comme si la fortune l'eust voulu fauoriser, mon nom fut escrit sur la pomme, & celuy de Malthée, & de Stelle: & lors

M

qu'on vint à tirer le nom de celle qui feroit le personnage de Paris, j'oüys nommer Orithie qui estoit le nom que Celadon auoit pris Dieu sçait si en son ame il ne receut toute la joye dont il pouuoit estre capable, voyant son dessein si bien reüssir. En fin nous fusmes menées dans le Temple, où le iuge estant assis en son siege, les portes closes, & nous trois demeurées toutes seules dedans auec luy, nous commençasmes, selon l'ordonnance, à nous desabiller, & par ce qu'il falloit que chacune à part allast parler à luy, & faire offre tout ainsi que les trois Déesses auoient fait autrefois à Paris; Stelle qui fut la plus diligente à se desabiller, s'alla la premiere presenter à luy, qu'il contempla quelque temps, & apres auoir oüy ce qu'elle luy vouloit dire, il la fit retirer pour donner place à Malthée, qui m'auoit deuancée, parce que me faschant fort de me montrer nuë, j'allois retardant le plus que je pouuois de me despoüiller. Celadon à qui le temps sembloit trop long, & apres auoir fort peu entretenu Malthée, voyant que je n'y allois point, m'appella paresseuse. En fin ne pouuant plus dilayer j'y fus contrainte: mais, mon Dieu, quand je m'en souuiens, je meurs encor de honte! j'auois les cheueux espars, qui me couuroient presque toute, sur lesquels pour tout ornement je n'auois que la Guirlande que le jour auparauant il m'auoit donnée. Quand les autres furent retirées, & qu'il me vid en cét estat aupres de luy, ie pris bien garde qu'il changea deux ou trois fois de couleur: mais ie n'en eusse jamais soupçonné la cause: de mon costé la honte m'auoit teint la ioüe d'vne si viue couleur, qu'il m'a iuré depuis ne m'auoir iamais veuë si belle, & eust bien voulu qu'il luy eust esté permis de demeurer tout le iour en ceste contemplation; mais craignant d'estre découuert, il fut contraint d'abreger son contentement, & voyant que ie ne luy disois rien: car la honte me tenoit la langue liée: Et quoy Astrée, me dit-il, croyez-vous vostre cause tant auantageuse, que vous n'ayez besoin, comme les autres, de vous rendre vostre iuge affectionné? Ie ne doute point Orithie, luy respondis-je, que ie n'aye plus de besoin de seduire mon iuge par mes paroles, que Stelle, ny Malthée: mais ie sçay bien aussi que ie leur cede autant en la persuasion, qu'en la beauté. De sorte que n'eust esté la contrainte à quoy la coustume m'a obligée, ie ne fusse iamais venuë deuant vous pour esperance de gaigner le prix. Et si vous l'emportez, respondit le Berger, qu'est-ce que vous ferez pour moy? Ie vous en auray, luy dis-je, d'autant plus d'obligation, que ie croy le meriter moins. Et quoy, me repliqua t'il, vous ne me faites point d'autre offre? Il faut, luy dis-je, que la demáde vienne de vous: Car ie ne vous en sçaurois faire qui meritast d'estre receuë. Iurez moy, me dit le Berger, que vous me dónerez ce que ie vous demáderay, & mon iugement sera à vostre auantage: apres que ie

M ij

le luy eus promis, il me demanda de mes cheueux pour faire vn bracelet, ce que ie fis, & apres les auoir ferrez dedans vn papier, il me dit: Or Astrée je retiendray ces cheueux pour gage du serment que vous me faites, afin que si vous y contreuenez iamais, ie les puisse offrir à la Déesse Venus, & luy en demander vengeance. Cela, luy respondis-je, est superflu, puis que ie suis resoluë de n'y manquer iamais. Alors auec vn visage riant, il me dit, Dieu soit loüé, belle Astrée, de ce que mon dessein a reüssi si heureusement: car sçachez que ce que vous m'auez promis, c'est de m'aimer plus que personne du monde, & me receuoir pour vostre fidele seruiteur, qui suis Celadon, & non pas Orithie, comme vous pensez : Ie dis ce Celadon, par qui amour a voulu rendre preuue que la haine n'est assez forte pour destourner ses effects, puis qu'entre les inimitiez de nos peres, il m'a fait estre tellement à vous, que je n'ay point redouté de mourir à la porte de ce Temple, pour vous rendre tesmoignage de mon affection. Iugez, sage Diane, quelle ie deuins lors : car Amour me deffendoit de vanger ma pudicité, & toutefois la honte m'animoit contre l'Amour : enfin apres vne cōfuse dispute, il me fut impossible de cōsentir à moy-mesme de le faire mourir, puis que l'offense qu'il m'auoit faite n'estoit procedée que de m'aymer trop ; toutefois le recognoissant estre Berger, ie ne puz plus longuement demeurer nuë deuant ses yeux, & sans luy faire autre response, ie m'en courus vers mes compagnes, que ie trouuay desia presque reuestuës: Et reprenant mes habits sans sçauoir presque ce que ie faisois, ie m'habillay le plus promptemēt qu'il me fut possible : Mais pour abreger, lors que nous fusmes toutes prestes, la dissimulée Orithle se mit sur le sueil de la porte, & nous ayant toutes trois aupres d'elle : I'ordonne, dit-il, que le prix de la beauté soit donné à Astrée, en tesmoignage dequoy ie luy presente la pomme d'or, & ne faut que personne doute de mon iugement, puis que ie l'ay veuë, & qu'encores que fille j'en ay ressenty la force. En proferant ces mots, il me presenta la pomme, que ie receus toute troublée, & plus encores quand tout bas il me dit, receuez ceste pomme pour gage de mon affection, qui est toute infinie, comme elle est toute ronde. Ie luy respondis: contente toy temeraire que ie la reçois pour sauuer ta vie, & qu'autrement ie la refuserois venant de ta main. Il ne pût me repliquer de peur d'estre oüy & recogneu : & par ce que c'estoit la coustume, que celle qui receuoit la pomme, baisoit le iuge pour remerciement, je fus contrainte de le baiser: mais ie vous asseure que quand jusques alors ie ne l'eusse point recogneu, j'eusse bien découuert que c'estoit vn Berger: car ce n'estoit point vn baiser de fille. Incontinant la foule, & l'applaudissement de la trouppe nous separa, par ce que le Druide m'ayant couronnée, me fit porter dans vne chaire jusques où estoit l'assemblée, auec tant

M iij

d'honneur, que chacun s'estonnoit, que ie ne m'en resiouïssois dauantage: mais j'estois tellement interditte, & si fort cōbatuë d'Amour, & de despit, qu'à peine sçauois-je ce que ie faisois. Quant à Celadon aussi tost qu'il eut paracheué les ceremonies, il se perdit entre les autres Bergeres, & peu à peu sans qu'on y prist garde, se retira de la trouppe, & laissa ces habits empruntez, pour reprendre les siens naturels; auec lesquels il nous vint retrouuer ayant vn visage si asseuré, que personne ne s'en fust jamais douté: quant à moy lors que ie le reuy, ie n'osois presque tourner les yeux sur luy, pleine de honte, & de colere: mais luy qui s'en prenoit garde sans en faire semblant, trouua le moyen de m'accoster, & me dit assez haut; le iuge qui vous a donné le prix de la beauté, a montré d'auoir beaucoup de iugement, & me semble que quoy que la iustice de vostre cause meritast bien vne aussi fauorable sentence, vous ne laissez toutefois de luy auoir quelque obligation. Ie croy Berger, luy respondis-je assez bas, qu'il m'est plus obligé que moy à luy, puis que s'il m'a donné vne pomme, qui en quelque sorte m'estoit deuë, ie luy ay donné la vie, que pour sa temerité il meritoit de perdre. Aussi m'a-t'il dit, respondit incontinent Celadon, qu'il ne la veut conseruer que pour vostre seruice. Si ie n'eusse eu plus d'esgard, repliquay-je, à moy mesme qu'à luy, ie n'eusse pas laissé sans chastiment vne si grande outrecuidance: mais Celadon c'est assez, coupons là ce discours,

& contentez-vous, que si ie ne vous ay faict punir comme vous meritez, ce n'a seulement esté, que pour ne vouloir donner occasion à chacun de penser quelque chose de plus mal à propos de moy, & non point pour faute de volonté que j'eusse de vous en voir chastié. S'il n'y a eu, dit-il, que ceste occasion, qui ait retardé ma mort, dictes moy de quelle façon vous voulez que ie meure, & vous verrez que ie n'ay moins de courage pour vous satisfaire, que j'ay eu d'Amour pour vous offenser. Ce discours seroit trop long, si ie voulois particulierement vous redire tous nos propos. Tant y a qu'apres plusieurs repliques d'vn costé & d'autre, par lesquelles il m'estoit impossible de douter de son affection, si pour le moins les diuers changements de visage en peuuent donner quelque connoissance, ie luy dis, feignant d'estre en colere: Ressouuiens toy Berger de l'inimitié de nos peres, & croy que celle que ie te porteray ne leur cedera en rien, si tu m'importunes jamais plus de tes folies, ausquelles ta jeunesse & mon honneur font pardonner pour ceste fois. Ie luy dis ces derniers mots, afin de luy donner vn peu de courage : car il est tout vray, que sa beauté, son courage, & son affection me plaisoient, & afin qu'il ne peust me respondre, ie me tournay pour parler à Stelle qui estoit assez pres de moy. Luy tout estonné de ceste response, se retira de l'assemblée, si triste, qu'en peu de iours il deuint presque mescognoissable, & si particulier, qu'il ne hantoit plus que les lieux plus retirez & sauuages de nos bois, Dequoy estant aduertie par quelques vnes de mes compagnes, qui m'en parloient sans peser que j'en fusse la cause; ie commençay d'en ressentir de la peine, & resolus en moy-mesme de chercher quelque moyen de luy donner vn peu plus de satisfaction : & parce, comme ie vous ay dit, qu'il s'esloignoit de toute sorte de compagnie, ie fus contrainte pour le rencontrer de conduire mes trouppeaux du costé où ie sceus qu'il se retiroit le plus souuent ; & apres y auoir esté en vain deux ou trois fois, en fin vn iour, ainsi que ie l'allois cherchant, il me sembla d'entr'ouyr sa voix entre quelques arbres, & ie ne fus point trompée : car m'approchant doucement je le vis couché en terre de son long, & les yeux tous moites de larmes si tendus contre le Ciel, qu'ils sembloient immobiles. La veuë que j'en eus, me trouuant toute disposée, m'esmeut tellement à pitié, que ie me resolus de ne le laisser plus en semblable peine. C'est pourquoy apres l'auoir quelque temps consideré, & ne voulant point luy faire paroistre, que ie le voulusse rechercher : Ie me retiray assez loin de là, où faisant semblant de ne prendre garde à luy, ie me mis à chanter si haut, que ma voix paruint iusques à ses aureilles. Aussi tost qu'il l'oüyt, ie veis qu'il se releua en sursault, & tournant les yeux du costé où j'estois, il demeura comme rauy à m'escouter:

à quoy ayant pris garde, à fin de luy donner commodité de m'approcher, ie fis semblant de dormir, & toutefois ie tenois les yeux entrouuerts pour voir ce qu'il deuiendroit, & certes il ne manqua point de faire ce que j'auois pensé : car s'approchant doucement de moy, il se vint mettre à genoux le plus pres qu'il peut : & apres auoir demeuré long temps en cet estat, lors que ie faisois semblant d'estre plus assoupie, pour luy donner plus de hardiesse, ie sentis qu'apres plusieurs souspirs il se baissa doucement contre ma bouche, & me baisa : Alors me semblant qu'il auoit bien assez pris de courage, j'ouuris les yeux, comme m'estant éueillée, quand il m'auoit touchée, & me releuant, ie luy dis, feignant d'estre en colere : Mal appris Berger, qui vous a rendu si outrecuidé, que de venir interrompre mon sommeil de cette sorte? Luy alors tout tremblant, & sans leuer les genoux ; C'est vous, belle Bergere, dit-il, qui m'y auez contraint, & si j'ay failly, vous en deuez punir vos perfections qui en sont causes : ce sont tousiours là, luy dis je, les excuses de vos outrecuidances, mais si vous continuez à m'offenser ainsi, croyez, Berger, que ie ne le supporteray pas. Si vous appellez offense, me répondit-il, d'estre aimée, & adorée, cōmencez de bonne heure à chercher le chastiment que vous me voulez donner : car dés icy ie vous jure que ie vous offenseray de ceste sorte toute ma vie, & qu'il n'y a ny rigueur de vostre cruauté, ny inimitié de nos peres, ny empeschement de

l'vniuers, ensemble, qui me puisse diuertir de ce dessein. Mais, belle Diane, il faut que j'abrege ces agreables discours, estant si peu conuenables en la saison desastrée où ie suis, & vous diray seulement, qu'en fin estant vaincuë, ie luy dis: Mais quoy, Berger, quelle fin aura vostre dessein, puis que ceux qui vous peuuent rendre tel qu'il leur plaist, le desaprouuent? Comment, me, repliqua-t'il incontinent, rendre tel qu'il leur plaist? tant s'en faut qu'Alcippe ait ceste puissance sur m'a volonté, que ie ne l'ay pas moy mesme. Vous pouuez, luy répondis-je, vous dispenser de vous à vostre gré, mais non pas de l'obeïssance que vous deuez à vostre pere, sans faire vne grande faute. L'obeïssance, adjousta-t'il, que ie luy en dois, ne peut passer
" au delà de ce que ie puis sur moy : Car ce n'est
" pas faillir, de ne point faire ce que l'on ne peut:
" mais soit ainsi, que ie le doiue, puis que de deux maux on doit fuïr le plus grand, ie choisiray plustost de faillir enuers luy, qui n'est qu'vn homme, qu'enuers vostre beauté qui est diuine. Nos discours en fin continuerent si auant, qu'il fallut que ie luy permisse d'estre mon seruiteur, & d'autant que nous estions si jeunes & l'vn & l'autre, que nous n'auions pas encore beaucoup d'artifice pour couurir nos desseins, Alcippe s'en prit incontinent garde, & ne voulant point que ceste amitié passast plus outre, il resolut auec le bon vieillard Cleante son ancien amy, de luy faire entreprendre vn voyage si long, que l'absence effaceast ceste jeune

impression d'Amour : mais cest esloignement
y profita aussi peu que tous les autres artifices
dont depuis il se seruit : Car Celadon, quoy que
jeune enfant a tousiours eu vne telle resolution
à vaincre toutes difficultez, qu'au lieu que
quelqu'autre eust pris ces contrarietez, pour
peine, il les receuoit pour preuues de soy-mesme, & les nommoit les pierres de touche de sa
fidelité : & d'autant qu'il sçeut que son voyage
deuoit estre long, il me pria de luy donner commodité de me dire à-Dieu. Ie le fis, belle Diane,
mais si vous eussiez veu l'affection dont il me
supplyoit de l'aimer, les sermens dont il m'asseuroit de ne point changer, & les conjurations
dont il m'obligeoit à n'en aimer point d'autre,
vous eussiez sans doute iugé, que toutes choses
plus impossibles pouuoient arriuer plustost que
la perte de ceste amitié. En fin ne pouuant plus
retarder, il me dit, Mon Astre (car tel estoit le
nom dont plus communément en particulier
il me nommoit) ie vous laisse mon frere Lycidas, à qui ie ne celay jamais vn seul de mes desseins : Il sçait quel seruice ie vous ay voüé ; promettez moy si vous voulez que ie parte auec
quelque contentement, que vous receurez,
comme venans de moy, tous les seruices qu'il
vous fera, & que par sa presence vous renou-
uellerez la memoire de Celadon : & certes il
auoit raison de me faire ceste priere : car Lycidas durant son éloignement, se monstra si curieux d'obseruer ce que son frere luy auoit re-
commandé, qu'il y en eust plusieurs qui creu-

rent qu'il auoit succedé à l'affection que son frere me portoit: cela fut cause qu'Alcippe apres l'auoir tenu trois ans hors de ceste côtrée, le r'appella auec opiniō qu'vn si long terme auroit aisément effacé la legere impression qu'Amour auoit peu faire en vne ame si jeune; & que deuenu plus sage, il distrairoit mesme Lycidas de mon affection: mais son retour ne me fut qu'vne extréme asseurance de sa fidelité: car la froideur des Alpes qu'il auoit passées par deux fois, ne peut en rien diminuer le feu de son Amour, ny les admirables beautez de ces Romaines le diuertir tant soit peu de ce qu'il m'auoit promis. O Dieux! auec quel contentement me vint-il retrouuer! il me supplia par son frere, que ie luy donnasses commodité de me parler: ie croy auoir encore sa lettre; Helas! j'ay plus cherement conserué ce qui venoit de luy, que luy-mesme: & lors elle tira de sa poche vn petit sac, semblable à celuy que Celadon portoit, où à son imitation elle conseruoit curieusement les lettres qu'elle receuoit de luy, & tirant la premiere (car elles estoient toutes d'ordre) apres s'estre essuyé les yeux, elle leut tels mots.

LETTRE DE CELADON à la Bergere Astrée.

Elle Astrée, mon exil a esté vaincu de ma patience; fasse le Ciel qu'il l'ait aussi esté de vostre amitié : ie suis party auec tant de regret, & reuenu auec tant de contentement, que n'estant mort, ny en allant ny en reuenant, ie tesmoigneray tousiours qu'on ne peut mourir de trop de plaisir, ny de trop de déplaisir. Permettez moy donc que ie vous voye, à fin que ie puisse raconter ma fortune à celle qui est ma seule fortune.

Belle Diane, il est impossible que ie me ressouuienne des discours, que nous eusmes alors, sans me reblesser; de sorte que la moindre playe m'en est aussi douloureuse que la mort. Pendant l'absence de Celadon Artemis ma tante, & mere de Phillis, vint visiter ses parens, & mena auec elle ceste belle Bergere, dit-elle, monstrant Phillis, & par ce que nostre façon de viure luy sembla plus agreable que celle des Bergers d'Allier, elle resolut de demeurer auec nous, qui ne me fut pas peu de contentement: car par ce moyen nous vinsmes à nous pratiquer, & quoy que l'amitié ne fust pas si estroitte qu'elle a esté depuis, toutefois son humeur me plaisoit de sorte, que ie passois assez agreablement plusieurs heures fascheuses auec elle; & lors que Celadon fut de retour, & qu'il l'eut quelque temps hantée, il en fit vn si bon jugement, que ie puis dire auec verité, qu'il est cause de l'estroitte affection qui depuis a esté entr'elle & moy. Ce fut à ceste fois, que luy ayant attaint l'âge de dix sept ou dixhuict ans, & moy de quinze ou seize, nous cōmançasmes de nous conduire auec plus de prudence : De sorte que pour celer nostre amitié, ie le priay, ou plustost ie le contraignis de faire cas de toutes les Bergeres qui auroient quelque apparence de beauté, à fin que la recherche qu'il faisoit de moy, fust plustost iugée commune que particuliere; ie dis que ie l'y cōtraignis, par ce que ie n'ay pas opinion que sans son frere Lycidas il y eust jamais voulu consentir : car apres s'estre par plusieurs fois jetté à genoux deuant moy, pour reuoquer le cōmandement que ie luy en faisois, en fin son frere luy dit, qu'il estoit necessaire pour mon contentement d'en vser ainsi, & que s'il n'y sçauoit point d'autre remede, il falloit qu'en cela il se seruist de l'imagination, & que parlāt aux autres, il se figurast que c'estoit à moy. Helas! le pauure Berger auoit bien raison d'en faire tant de difficulté; car il preuoyoit trop véritablemēt que de là procederoit la cause de sa mort. Excusez, sage Diane, si mes pleurs interrōpent mon discours; puis que j'en ay tant de sujet, que ce seroit impieté de me les interdire : & apres s'estre essuyée les yeux, elle reprit son discours ainsi.

Et par ce que Phillis estoit d'ordinaire auec

moy, ce fut à elle qu'il s'adressa premierement,
mais auec tant de contrainte, que ie ne pouuois
quelquefois m'empescher d'en rire: & d'autant
que Phillis croyoit que ce fust à bon escient, &
qu'elle traittoit enuers luy, comme on a de coustume d'vser enuers ceux qui commencent vne
recherche: ie me souuiens que s'en voyant assez rudement traitté, il chantoit fort souuent
ceste chanson, qu'il auoit faite sur ce sujet.

CHANSON.

Dessus les bords d'vne fontaine,
D'humide mousse reuestus,
Dont l'onde à maint replis tortus,
S'alloit égarant par la plaine,
Vn Berger se mirant en l'eau,
Chantoit ces vers au Chalumeau.
Cessez vn iour, cessez la belle,
Auant ma mort d'estre cruelle.

Se peut-il, qu'vn si grand supplice,
Que pour vous ie souffre en aimant,
Si les Dieux sont Dieux de iustice,
Soit en fin souffert vainement?
Peut-il estre qu'vne amitié
N'esmeuue iamais à pitié,
Mesme quand l'Amour est extréme,
Comme est celle dont ie vous aime?

Ces yeux de qui les mignardises
M'ont souuent contraint d'esperer,

Encores que pleins de faintises,
Veulent-ils bien se parjurer?
Ils m'ont dit souuent que son cœur
Quitteroit en fin sa rigueur,
Accordant à ce faux langage
Le reste de son beau visage.

Mais quoy? les beaux yeux des Bergeres,
Se trouueront aussi trompeurs,
Que des cours les attraits pipeurs?
Doncques ces beautez bocageres,
Quoy que sans fard dessus le front,
Dedans le cœur se farderont,
Et n'apprendront en leurs escoles,
Qu'à ne donner que des paroles?

C'est assez, il est temps, la Belle,
De finir ceste cruauté
Et croyez que toute beauté,
Qui n'a la douceur auec elle,
C'est vn œil qui n'a point de iour:
Et qu'vne belle sans Amour,
Comme indigne de ceste flame,
Ressemble vn corps qui n'a point d'ame.

Ma sœur, interrompit Phillis, ie me ressouuiens fort bien de ce que vous dittes, & faut que ie vous fasse rire, de la façon dont il parloit à moy : car le plus souuent ce n'estoient que des mots tant interrompus, qu'il eust fallu deuiner pour les entendre, & d'ordinaire quand il me vouloit nommer, il auoit tant accoustumé de mé de parler à vous, qu'il m'appelloit Astrée. Mais voyez que c'est de nostre inclination. Ie reconnoissois bien que la nature auoit en quelque sorte aduantagé Celadon par dessus Lycidas; toutefois sans en pouuoir dire la raison, Lycidas m'estoit beaucoup plus agreable. Helas ma sœur, dit Astrée, vous me remettez en memoire vn propos qu'il me tint en ce temps-là de vous, & de ceste belle Bergere, dit-elle, se tournant vers Diane. Belle Bergere, me disoit-il, la sage Bellinde, & vostre tante Artemis, sont infiniment heureuses d'auoir de telles filles, & nostre Lygnon leur est fort obligé, puis que par leur moyen, il a le bon-heur de voir sur ses riues, ces deux belles & sages Bergeres. Et croyez que si ie m'y connois elles seules meritent l'amitié d'Astrée, c'est pourquoy ie vous conseille de les aimer: car ie preuoy, pour le peu de connoissance que j'ay eu d'elles, que vous receurez beaucoup de contentement de leur familiarité: pleust à Dieu que l'vne d'elles daignast regarder mon frere Lycidas, auec quelle affection l'y porterois-je? Et d'autant que j'auois encor fort peu de connoissance de vous, belle Diane, ie luy respondis, que ie desirerois plutost qu'il seruist Phillis, & il aduint ainsi que ie le souhaittois, car l'ordinaire conuersation qu'il eut auec elle à mon occasion, produisit au commencement de la familiarité entr'eux, & en fin de l'Amour à bon escient. Vn jour qu'il la trouua à commodité, il se resolut de lui declarer son affection auec le plus d'Amour, & le moins de parole qu'il pourroit: Belle Bergere, luy dit-il, vous auez assez de connoissance de vous-mesmes, pour croire que ceux qui vous ayment, ne vous peuuent aymer qu'infiniment ; il ne peut estre que mes actions ne vous ayent donné quelque connoissance de mon affection, pour peu que vous en ayez reconneu ; puis qu'on ne peut vous aymer qu'à l'extresme, vous deuez aduoüer que mon Amour est tres-grande ; & toutesfois estant telle, ie ne demande en vous pour encore, qu'vn commencement de bonne volonté. Nous nous trouuasmes si pres, Celadon & moy, que nous peusmes ouyr ceste declaration, & la réponse aussi que Phillis luy fit, qui à la verité fut plus rude que ie ne l'eusse pas attendu d'elle; car dés long temps auparauant, elle, & moy auions fort bien reconneu aux yeux & aux actions de Lycidas qu'il l'aimoit, & en auions souuent discouru, & ie l'auois plustost trouuée de bonne volonté enuers luy qu'autrement : toutefois à ce coup, elle luy respondit auec tant d'aigreur, que Lycidas s'en alla cōme desesperé; & Celadon qui aimoit son frere plus que l'ordinaire, ne pouuant souffrir de le voir traitter de ceste sorte, & ne sçachant à qui s'en prendre, s'en faschoit presque contre moy, dōt au commencement ie ne pus m'empescher de sousrire, & en fin ie luy dis ; Ne vous ennuyez point, Celadon, de ceste réponse, car nous y sommes presque obligées, puis que les Bergers de ce temps, pour la plus-part se plaisent beaucoup plus de faire croire à chacun qu'ils ont plusieurs bonnes fortunes, que presque de les auoir vrayement, ayant opinion que la gloire d'vn Berger s'augmente par la diminution de nostre honneur: & à fin que vous sçachiez que ie connois bien l'humeur de Phillis, ie prends la charge de mettre Lycidas en ses bonnes graces, pourueu qu'il continuë, & qu'il ait vn peu de patience: Mais il faut aduoüer que quand j'en parlay la premiere fois à ceste Bergere, elle me renuoya si loin, que ie ne sçauois presque qu'en esperer, si bien que ie me resolus de la gagner auec le temps: mais Lycidas qui n'auoit point de patience, fit dessein plusieurs fois de ne l'aimer plus, & en ce temps il alloit chantant d'ordinaire tels vers.

STANCES,

Sur vne resolution de ne plus aimer.

Quand ie vy ces beaux yeux nos superbes vainqueurs.
Soudain ie m'y sousmis comme aux Roys de nos cœurs,
Pensant que la rigueur en deust estre bannie:
Mais depuis espreuuant leur dure cruauté,
Ie creus qu'eternisez en nous leur Tyrannie,
Ce n'estoit pas Amour, mais plustost lascheté.

Il est vray que c'est d'eux, dont naissent tous les iours,
Aux moindres de leur traits quelques nouueaux Amours

N ij

LIVRE QVATRIESME DE LA

Mais à quoy sert cela, si comme de sa source,
L'eau soudain qu'elle y naist, incontinent s'enfuit?
De mesme aussi l'Amour d'vne soudaine course
S'enfuit loing de ces yeux, quoy qu'il en soit produit.

A son exemple aussi fuyons les ces beaux yeux,
Fuyons les, & croyons, que c'est pour nostre mieux :
Et quand ils nous voudroient faire quelque poursuitte,
N'attendons point leurs coups n'y pouuant resister:
Car il vaut beaucoup mieux se sauuer à la fuitte,
Que d'attendre la mort qu'on peut bien euiter.

Ie croy que Lycidas n'eust pas si promptement mis fin à la cruauté dont Phillis refusoit son affection, si de fortune vn jour, qu'elle & moy, selon nostre coustume, nous allions promener le long de Lignon, nous n'eussions rencontré ce Berger dans vne Isle de la riuiere, en lieu fort escarté, & où il n'y auoit pas apparance de fainte. Nous le vismes d'vn des costez de la riuiere, qui estoit bien assez large & profonde pour nous empescher d'aller où il estoit, mais non pas d'ouyr les vers qu'il alloit plaignant, en traçant, à ce qu'il sembloit, quelques chiffres sur le sable auec le bout de sa houlette, que nous ne pouuions reconnoistre, pour la distance qu'il y auoit de luy à nous : mais les vers estoient tels.

MADRIGAL.

QV'IL NE DOIT POINT esperer d'estre aimé.

Pensons nous en l'aimant.
Que nostre Amour fidelle,
Puisse jetter en elle
Quelque seur fondement?
Helas! c'est vainement.
 Car plustost pour ma peine
Ce que ie vay tracer,
Sur l'inconstante areine
Ferme se doit penser,
Que pour mon aduantage
En son ame volage,
Ie jette onc en l'aimant
Quelque seur fondement.

Peu apres nous ouïsmes que s'estant teu pour quelque temps, il reprenoit ainsi la parole auec vn grand Helas! & leuant les yeux au Ciel: O Dieux! si vous estes en colere contre moy, parce que j'adore auec plus de deuotion l'œuure de vos mains que vous mesmes; pourquoy n'auez-vous compassion de l'erreur que vous me faites faire? que si vous n'auiez agreable que Phillis fust adorée, ou vous deuiez mettre moins de perfections en elle, ou en moy moins de connoissance de ses perfections: car n'est-ce profaner vne chose de tant de merite, que de luy offrir moins d'affection ? Ie croy que ce Berger continua assez longuement semblables discours, mais ie ne les peuz ouyr, par ce que Phillis me prenant par force sous le bras, m'emmena auec elle; & lors que nous fusmes vn peu éloignées, ie luy dis : Mauuaise Phillis, pourquoy n'auez-vous pitié de ce Berger que vous voyez mourir à vostre occasion ? Ma sœur, me respondit-elle, les Bergers de ceste contrée sont si dissimulez, que le plus souuent leur cœur nie ce que leur bouche promet : que si sans passion nous voulons regarder les actions de cestuy-cy, nous connoistrons qu'il n'y a rien qu'artifice : & pour les paroles que nous venons d'ouyr, ie iuge quant moy, que nous ayant veuës de loin, il s'est expressément mis sur nostre chemin, à fin que nous ouyssions ses plaintes dissimulées; autrement n'eussent-elles pas esté aussi bonnes, dittes à nous mesmes qu'à ces bois, & à ces riues sauuages ? Mais ma sœur, luy répondis-je, vous le luy auez deffendu. Voila, me repliqua-t'elle, vne grande connoissance de son peu d'amitié, y a t'il quelque commandement assez fort pour arrester vne violente affection ? Croyez, ma sœur, que l'amitié qui peut flechir n'est pas forte ; pensez vous que s'il eust desobey à mes commandemens, ie ne l'eusse pas tenu pour m'aimer dauantage? Mais, ma sœur, en fin, luy dis-je, il vous a obey. Et bien, me repliqua-t'elle, il m'a obey, & en cela ie le tiens pour fort obeïssant ; mais en ce qu'il a du tout laissé ma recherche, ie le tiens pour fort peu paſſionné: Et quoy? eſtoit il point d'aduis qu'à la premiere ouuerture qu'il m'a faite de ſa bonne volonté, j'en priſſe des teſmoins, à fin qu'il ne ſ'en pûſt plus dédire? Si ie ne l'euſſe interrompuë, ie croy qu'elle euſt continué encore long temps ce diſcours, mais par ce que ie deſirois que Lycidas fuſt traitté d'autre ſorte, pour la peine que Celadon en ſouffroit, ie luy dis, Que ces façons de parler eſtoient à propos auec Lycidas, mais non pas auec moy, qui ſçauois bien que nous ſommes obligées de monſtrer plus de mécontentement quand on nous parle d'Amour, que nous n'en reſſentons, à fin d'éprouuer par là, quelle intention ont ceux qui parlent à nous: Que ie la loüerois, ſi elle vſoit de ces termes enuers Lycidas, mais que c'eſtoit trop de meſfiance enuers moy, qui ne luy auois jamais celé ce que j'auois de plus ſecret dans l'ame; & que pour concluſion, puis qu'il eſtoit impoſſible qu'elle éuitaſt d'eſtre aimée de quelqu'vn, qu'il valloit beaucoup mieux que ce fuſt de Lycidas, que de tout autre, puis qu'elle deuoit deſia eſtre aſſeurée de ſon affection. A quoy elle me reſpondit, qu'elle n'auoit jamais penſé de diſſimuler enuers moy, & que elle feroit trop marrie que j'euſſe ceſte opinion d'elle, & que pour m'en rendre plus de preuue, puis que ie voulois qu'elle reçeuſt Lycidas, qu'elle m'obeïroit lors qu'elle recognoiſtroit qu'il l'aimeroit ainſi que je diſois: Cela fut cauſe que Celadon la trouuant quelque têps apres

Livre qvatriesme de la
avec moy, luy donna vne lettre que son frere
luy escriuoit par mon conseil.

LETTRE DE LYCIDAS A PHILLIS.

Si ie ne vous ay tousiours aimée, que iamais ne sois-ie aimé de personne, & si mon affection a iamais changé, que iamais le malheur où ie suis ne se change. Il est vray que depuis quelque temps, i'ay plus caché d'Amour dans le cœur, que ie n'en ay laissé paroistre en mes yeux, ny en mes paroles. Si i'ay failly en cela, accusez en le respect que ie vous porte, qui m'a ordoné d'en vser ainsi. Que si vous ne croyez le serment que ie vous en fay, tirez-en telle preuue que vous voudrez de moy, & vous connoistrez que vous m'auez mieux acquis, que ie ne sçay vous en asseurer par mes veritables, mais trop impuissantes paroles.

En fin, sage Diane, apres plusieurs repliques d'vn costé & d'autre, nous fismes en sorte que Lycidas fut receu; & dés lors nous commençalmes tous quatre vne vie qui n'estoit point desagreable, nous fauorisant l'vn l'autre, auec le plus de discretion qu'il nous estoit possible; & à fin de mieux couurir nostre dessein, nous inuentasmes plusieurs moyens, fut de nous parler, fut de nous escrire secrettement. Vous aurez peut-estre bien pris garde à ce rocher, qui est sur le grand chemin allant à la Roche: Il faut que vous sçachiez, qu'il y a vn peu de peine à monter au dessus: mais y estant le lieu est enfoncé, de sorte que l'on s'y peut tenir debout sans estre veu par dehors, & par ce qu'il est sur le grand chemin, nous le choisismes pour nous y assembler, sans que personne nous vist: que si quelqu'vn nous rencontroit en y allant nous feignons de passer chemin, & afin que l'vn ny l'autre n'y allast point vainement, nous mettions dés le matin quelque brisée au pied, pour marque que nous auions à nous dire quelque chose: il est vray que pour estre trop pres du chemin pour peu que nostre voix haussast, nous pouuions estre ouys de ceux qui alloient & venoient; cela estoit cause que d'ordinaire nous laissions ou Phillis, ou Lycidas en garde, qui d'aussi loing qu'ils voyoient approcher quelqu'vn, toussoient pour nous en aduertir: & par ce que nous auions coustume de nous escrire tous les jours pour estre quelquefois empeschez, & ne pouuoir venir en ce lieu, nous auions choisi le long de ce petit ruisseau qui coustoye la grande allée, vn vieux saule my-mangé de vieillesse, dans le creux duquel nous mettions tous les jours des lettres, & afin de pouuoir plus aisément faire responce, nous y laissions ordinairement vne escritoire. Bref, sage

LIVRE QVATRIESME DE LA
Diane, nous nous tournions de tous les coſtez, qu'il nous eſtoit poſſible pour nous tenir cachez: Et meſme nous auions pris vne telle couſtume de ne nous parler point Celadon & moy, ny Lycidas & Phillis, qu'il y en eut pluſieurs qui crûrent que Celadon euſt changé de volonté: & par ce qu'au contraire auſſi toſt qu'il voyoit Phillis il l'alloit entretenir, & elle luy faiſoit toute la bonne chere qu'il luy eſtoit poſſible : & moy de meſme, toutes les fois que Lycidas arriuoit, je rompois compagnie à tout autre pour parler à luy. Il aduint que par ſucceſſion de temps Celadon meſme eut opinion que j'aimois Lycidas, & moy je creus qu'il aimoit Phillis, & Phillis penſa que Lycidas m'aimoit, & Lycidas eut opinion que Phillis aimoit Celadon. De ſorte que nous nous trouuaſmes, ſans y penſer, tellement embroüillez de ces opinions, que la jalouſie nous fit bien paroiſtre qu'il faut peu
„ d'apparence pour la faire naiſtre dans vn cœur
„ qui aime bien. A la verité, interrompit Phillis, nous eſtions bien eſcholiers d'Amour en ce temps-là: car à quoy nous ſeruoit pour cacher ce que vrayement nous aimions, de faire croire à chacun vn' Amour qui n'eſtoit pas ; puis que vous deuiez bien autant craindre que l'on creuſt que vous vouluſſiez du bien à Lycidas
„ comme à Celadon? Ma ſœur, ma ſœur, repli-
„ qua Aſtrée, luy frappant de la main ſur l'eſ-
„ paule nous ne craignons guiere qu'on penſe
„ de nous ce qui n'eſt pas, & au contraire le

moindre soupçon de ce qui est vray ne nous laisse aucun repos. Cette jalousie, continua-telle, se tournant vers Diane, nous attaignit tellement tous quatre, que je ne crois pas que la vie nous eust longuement duré, si quelque bon demon ne nous eust fait resoudre de nous en esclaircir en presence les vns des autres. Des-ja sept ou huit jours s'estoient escoulez, que nous ne nous voyons plus dans le rocher, & que les lettres que Celadon & moy mettions au pied du saule, estoient si differentes de celles que nous auions accoustumé; qu'il sembloit que ce fussent differentes personnes. En fin, comme je vous dis, quelque bon demon ayant soucy de nous, nous fit par hazard rencontrer tous quatre en ce mesme lieu sans nulle autre compagnie: Et l'amitié de Celadon (d'autant plus forte que toutes les autres, qu'elle le contraignit le premier de parler) luy mit ces paroles dans la bouche. Belle Astrée, si je pensois que le tēps peust remedier au mal que je ressens, je m'en remettrois au remede qu'il me pourroit r'apporter: mais puis que plus il va vieillissant, plus aussi va-t'il augmentant, je suis contraint de luy en rechercher vn meilleur par la plainte que je vous veux faire du tort que je reçoy; & d'autant plus aisément m'y suis-je resolu, que je suis pour faire ma plainte & deuant mes juges, & deuant mes parties. Et lors qu'il vouloit continuer Lycidas l'interrompit, disant, qu'il estoit en vne peine qui n'estoit en grandeur guiere differente de la sienne.

En grandeur? dit Celadon, il eſt impoſſible: car la mienne eſt extréme. Et la mienne, repliqua Lycidas, eſt ſans comparaiſon. Cependant que nos Bergers parloient enſemble, je me tournay vers Phillis, & luy dis; Vous verrez ma ſœur, que ces Bergers ſe veulent plaindre de nous, à quoy elle me reſpondit, que nous auions bien plus d'occaſion de nous plaindre d'eux. Mais encore, luy dis-je, que j'en aye beaucoup de me douloir de Celadon, toutesfois j'en ay encor dauantage de vous, qui ſous tiltre de l'amitié que vous feignez de me porter, l'auez diſtrait de celle qu'il me faiſoit paroiſtre: De ſorte que je puis dire, que vous me l'auez deſrobé; & par ce que Phillis demeura ſi confuſe de mes propos, qu'elle ne ſçauoit que me reſpondre, Celadon s'adreſſant à moy, me dit. Ah! belle Bergere, mais volage comme belle, eſt-ce ainſi que vous auez perdu la memoire des ſeruices de Celadon & de vos ſerments? Ie ne me plains pas tant de Lycidas, encor qu'il ait manqué au deuoir de la proximité & de l'amitié qui eſt entre-nous, comme je me deulx de vous à vous meſme, ſçachant bien que le deſir que vos perfections produiſent dans vn cœur, peut bien faire oublier toute ſorte de deuoir: mais eſt-il poſſible qu'vn ſi long ſeruice que le mien, vne ſi abſoluë puiſſance que celle que vous auez touſiours euë ſur moy, & vne ſi entiere affection que la mienne, n'ait peu arreſter l'inconſtance de voſtre ame? ou bien ſi encore tout ce qui vient de moy est trop peu pour le pouuoir, comment est-ce que vostre foy si souuent jurée, & les Dieux si souuent pris pour tesmoins, ne vous ont peu empescher de faire deuant mes yeux vne nouuelle election? En mesme temps Lycidas prenãt la belle main de Phillis, apres vn grand souspir, luy dit ; Belle main, en qui j'ay entierement remis ma volonté, puis je viure & sçauoir, que tu te plaises à la despouille d'vn autre cœur que du mien ? du mien, dis-je, qui auoit merité tant de fortune, si quelqu'vn eust peu en estre digne par la plus grande, par la plus sincere, & par la plus fidelle amitié qui ait jamais esté ? Ie ne pûs escouter les autres paroles que Lycidas continua : car je fus contrainte de respondre à Celadon : Berger, Berger, luy dis-je, tous ces mots de fidelité & d'amitié sont plus en vostre bouche, qu'en vostre cœur : & j'ay plus d'occasion de me plaindre de vous que de vous escouter : mais par ce que je ne fay plus d'estat de rien qui vienne de vous, je ne daignerois m'en douloir ; vous en deuriez faire de mesme, si vos dissimulations le vous permettoient : mais puis que nos affaires sont en ce terme, continuez Celadon, aimez bien Phillis, & la seruez bien, ses vertus le meritent ; que si en parlant à vous je rougis, c'est de despit d'auoir aimé ce qui en estoit tant indigne, & de m'y estre si lourdement deceuë. L'estonnement de Celadon fut si grand, oyant les reproches que je luy faisois, qu'il demeura longuement sans pouuoir parler, ce qui me donna commodité d'oüyr que Phillis respondoit à Lycidas: Lycidas, Lycidas, celuy qui me doit me demande: Vous me nômez volage, & vous sçauez bien que c'est le nom le plus conuenable à vos actions: mais vous pensez en vous plaignant le premier, effacer le tort que vous me faites, à moy? non, je faux, mais à vous-mesme: car ce vous est plus de honte de changer, que je ne fais de perte en vostre changement; mais ce qui m'offense, c'est que vous vueilliez m'accuser de vostre faute: & faindre quelque bonne occasion de vostre infidelité: il est vray toutefois que celuy qui déçoit vn frere, peut bien tromper celle qui ne luy est rien. Et lors se tournant vers moy, elle me dit. Et vous Astrée, croyez que le gain que vous auez fait le diuertissant de mon amitié, ne peut estre de plus longue durée que jusques à ce qu'il se presente vn autre object, encor que je sçache bien que vos perfections ont tant de puissance, que si ce n'estoit vn cœur tout de plume, vous le pourriez arrester. Phillis, luy repliquay-je, la preuue rend tesmoignage que vous estes vne flatteuse, quand vous parlez ainsi des perfections qui sont en moy, puis que m'ayant desrobé Celadon, il faut qu'elles soient bien foibles, ne l'ayant pû retenir apres l'auoir pris. Celadon se jettant à genoüil deuant moy: Ce n'est pas, me dit il, pour mespriser les merites de Phillis: mais je proteste bien deuant tous les Dieux, qu'elle n'alluma jamais la moindre estincelle d'Amour dans mon ame, & que ie supporteray auec moins de desespoir l'offense que vous feriez contre moy en changeant, que non point celle que vous faites contre mon affection en me blasmant d'inconstance. Il ne sert à rien, sage Diane, de particulariser tous nos discours, car ils seroient trop longs, & vous pourroient ennuyer: tant y a qu'auant que nous separer nous fusmes tellement remis en nostre bon sens, ainsi le faut-il dire, que nous reconnusmes le peu de raison qu'il y auoit de nous soupçonner les vns les autres:& toutefois nous auions bien à loüer le Ciel, que nous nous fissions ceste declaration tous quatre ensemble, puis que ie ne crois pas qu'autrement il eust esté possible de desraciner cette erreur de nostre ame;& quant à moy ie vous asseure bien que rien n'eust peu me faire entendre raison, si Celadon ne m'eust parlé de ceste sorte deuant Phillis mesme.

Or depuis ce temps nous allasmes vn peu plus retenus que de coustume; mais au sortir de ce trauail ie rentray en vne autre qui n'estoit guiere moindre : car nous ne peusmes si bien dissimuler, qu'Alcippe, qui prenoit garde, ne reconneust que l'affection de son fils enuers moy n'estoit pas du tout estainte, & pour s'en asseurer, il veilla si bien ses actions, que remarquant auec quelle curiosité il alloit tous les iours à ce vieux saule, où nous mettions nos lettres, vn matin il s'y en alla le

Livre qvatriesme de la
premier, & apres auoir longuement cherché, prenant garde à la fouleure que nous auions faite sur l'herbe pour y estre allez si souuent, il se laissa conduire, & le trac le mena droit au pied de l'arbre, où il trouua vne lettre que j'y auois mise le soir : elle estoit telle.

LETTRE D'ASTREE
A CELADON.

HIER *nous allasmes au Temple, où nous fusmes assemblés pour assister aux honneurs qu'on fait à Pan & à Siringue en leur chommant ce iour; i'eusse dit festoyant si vous y eussiez esté : mais l'amitié que ie vous porte est telle, que ny mesmes les choses diuines, s'il m'est permis de le dire ainsi, sans vous ne me peuuent plaire. Ie me trouue tant incommodée de nos communs importuns, que sans la promesse que i'ay de vous escrire tous les iours, ie ne sçay si auiourd'huy vous eussiez eu de mes nouuelles : receuez-les donc pour ce coup de ma promesse.*

Quand Alcippe eut leu ceste lettre, il la remit au mesme lieu, & se cachant pour voir la response, son fils ne tarda pas d'y venir, & ne se trouuant point de papier rescriuit sur le dos de ma lettre, & m'a dit depuis que la sienne estoit telle.

LETTRE

LETTRE DE CELADON
A LA BERGERE ASTREE.

VOVS m'obligez & deſobligez en meſme temps ; pardon ſi ce mot vous offenſe: Quād vous me dittes que vous m'aimez, puis-ie auoir quelque plus grande obligation à tous les Dieux? Mais l'offenſe n'eſt pas petite quād ceſte fois vous ne m'eſcriuez que pour me l'auoir promis : car ie dois ce bien à voſtre promeſſe & non pas à voſtre amitié. Reſſouuenez-vous ie vous ſupplie, que ie ne ſuis pas à vous par ce que ie le vous ay promis : mais par ce que veritablement ie ſuis voſtre, & que de meſme ie ne veux pas des lettres pour les conditions qui ſont entre nous : mais pour le ſeul teſmoignage de voſtre bonne volonté, ne les cheriſſant pas pour eſtre marchandées : mais pour m'eſtre enuoyées d'vne entiere & parfaitte affection.

Alcippe n'auoit peu recognoiſtre qui eſtoit la Bergere à qui cette lettre s'adreſſoit : car il n'y auoit perſonne de nommé. Mais voyez que c'eſt d'vn eſprit qui veut contrarier, il ne plaignit pas ſa peine d'attendre en ce meſme lieu plus de cinq ou ſix heures, pour voir qui ſeroit celle qui la viendroit querir : S'aſſeurant bien que le iour ne s'escouleroit pas que quelqu'vne ne la vint prendre : Il estoit des-ja fort tard quand ie m'y en allay : mais soudain qu'il m'apperceut, de peur que ie ne la prisse il se leua, & fit semblant de s'estre endormy-là: & moy pour ne luy point donner de soupçon tournant mes pas, ie faignis de prendre vne autre voye : luy au contraire fort satisfait de sa peine, aussi tost que ie fus partie prit la lettre, & se retira chez soy, d'où il fit incontinant dessein d'en enuoyer son fils, par ce qu'il ne vouloit en sorte quelconque qu'il y eut alliance entre nous, à cause de l'extréme inimitié qu'il y auoit entre Alcé & luy ; & au contraire auoit intention de le marier auec Malthée fille de Forelle, pour quelque commodité qu'il pretendoit de leur voisinage. Les paroles qui furent dittes entre nous à son depart n'ont esté que trop diuulguées par vne des Nimphes de Bellinde: car ie ne sçay comment ce iour-là Lycidas qui estoit au pied du rocher s'endormit, & ceste Nymphe en passant nous oüyt, & escriuit dans des tablettes tous nos discours. Et quoy, interrompit Diane, sont-ce les vers que j'ay oüy chanter à vne des Nymphes de ma mere, sur le depart d'vn Berger ? Ce les sont, respondit Astrée, & par ce que ie n'ay jamais voulu faire semblant qu'il y eust quelque chose qui me touchast, je ne les ay osé demander. Ne vous en mettez point en peine, repliqua Diane : car demain ie vous en donneray vne coppie. Et apres qu'Astrée l'en eut remerciée elle continua.

Or durant cét esloignement, Olimpe fille du Berger Lupeandre, demeurant sur les confins de Forestz, du costé de la riviere de Furan, vint auec sa mere en nostre hameau: & par ce que cette bonne vieille aimoit fort Amarillis, comme ayant de jeunesse esté nourries ensemble, elle la vint visiter. Ceste jeune Bergere n'estoit pas si belle qu'elle estoit affetée, & auoit si bonne opinion d'elle mesme, qu'il luy sembloit que tous les Bergers qui la regardoient en estoient amoureux ; qui est vne regle infaillible, pour toutes celles qui s'affectionnent aisément. Cela fut cause qu'aussi tost qu'elle fut arriuée dans la maison d'Alcippe, elle commença de s'embesongner de Lycidas, ayant opinion que la ciuilité dont il vsoit enuers elle procedast d'Amour: soudain que le Berger s'en apperceut, il nous le vint dire pour sçauoir comme il auoit à s'y conduire: nous fusmes d'auis, afin de mieux couurir l'affection qu'il portoit à Phillis, qu'il maintint Olimpe en cette opinion: Et peu apres il aduint par mal-heur qu'Artemis eut quelque affaire sur les riues d'Allier, où elle emmena auec elle Phillis, quelque artifice que nous sceussions inuenter pour la retenir. Durant cét esloignement qui pût estre de six ou sept lunes, la mere d'Olimpe s'en retourna, & laissa sa fille entre les mains d'Amarillis, en intention que Lycidas l'espouseroit, iugeant selon ce qu'elle en voyoit, qu'il l'aimoit des-jà beaucoup: Et par ce que c'estoit vn party auantageux pour elle,

O ij

elle fut conseillée par sa mere de le rendre le plus amoureux qu'il luy seroit possible : Et vous asseure, belle Diane, qu'elle ne s'y feignit point: car depuis ce temps-là elle estoit plustost celle qui recherchoit, que la recherchée. Si bien que vn jour qu'elle le trouua à propos, ce luy sembloit, dans le plus retiré du bois de Bon-lieu, où de fortune il estoit allé chercher vne brebis qui s'estoit esgarée, apres quelques propos communs, elle luy jetta vn bras au col, & apres l'auoir baisé, luy dit, gentil Berger, je ne sçay qu'il y peut auoir en moy de si desagreable, que je ne puisse par tant de demonstrations de bonne volonté trouuer lieu en vos bonnes graces. C'est peut-estre, respondit le Berger en sousriant, par ce que ie n'en ay point. Celuy qui diroit comme vous, repliqua la Bergere, deuroit estre estimé autant aueuglé que vous l'estes, si vous ne voyez point l'offre que je vous fais de mon amitié: Iusques, à quád Berger, ordonnez-vous que j'aime sans estre aimée, & que je recherche sans que l'on m'en sçache gré? Si me semble-t'il que les autres Bergeres de qui vous faites tant de cas, ne sont point plus aimables que moy, ny n'ont aucun auantage dessus moy, sinon en la possession de vos bonnes graces. Olimpe proferoit ces paroles auec tant d'affection, que Lycidas en fut esmeu; Belle Diane, toutes les autres fois que je me suis ressouuenuë de l'accident qui arriua lors à ce Berger, ie n'ay peu m'empescher d'en rire: mais ores mon mal-heur me le deffend, &

toutefois il me semble qu'il n'y a pas dequoy s'ennuyer, sinon pour Phillis, qui luy auoit tant commandé de faindre de l'aimer: car la fainte en fin fut à bon escient, & ainsi ceste miserable Olimpe, pensant par ses faueurs se faire aimer dauantage, se rendit depuis ce temps-là si mesprisée, que Lycidas (ayant eu d'elle tout ce qu'il en pouuoit auoir) la desdaigna, desorte qu'il ne la pouuoit souffrir aupres de luy. Incontinant que ceste fortune luy fut arriuée, il me la vint raconter auec tant d'apparance de desplaisir, que j'eus opinion qu'il se repentoit de sa faute, & toutefois il n'auint pas ainsi: car ceste Bergere fit tant la folle, qu'elle en deuint enceinte, & lors qu'elle commençoit de s'en ressentir, Phillis reuint de son voyage, & si je l'auois attenduë auec beaucoup de peine, aussi la receus-je auec beaucoup de contentement: mais comme on s'enquiert ordinairement le plutost de ce qui touche au cœur, Phillis apres les deux ou trois premieres paroles, ne manqua de demander cóme Lycidas se portoit, & comme il se gouuernoit auec Olimpe. Fort bien, luy respódis-je, & m'asseure qu'il ne tardera guiere à vous en venir dire des nouuelles: ie luy en tranchois le propos si court, de peur de luy dire quelque chose qui offensast Lycidas, qui de son costé n'estoit pas sans peine, ne sçachant comme aborder sa Bergere: en fin il se resolut de souffrir toutes choses plustost que d'estre banny de sa veuë, & s'en vint la trouuer en son logis, où il sçauoit que

O iij

j'estois; soudain que Phillis le vid, elle courut à luy les bras ouuerts pour le salüer: mais s'estant vn peu reculé, il luy dit: Belle Phillis, ie n'ay point assez de hardiesse pour m'approcher de vous, si vous ne me pardonnez la faute que ie vous ay faite. La Bergere (ayant opinion qu'il s'excusoit de ne luy estre venu au deuant comme il auoit accoustumé) luy respondit: il n'y a rien qui me puisse retarder de saluer Lycidas, & quand il m'auroit offensée beaucoup dauantage, ie luy pardonne toutes choses: A ce mot elle s'auança, & le salüa auec beaucoup d'affection: mais il y eut du plaisir quand elle l'eut ramené à moy, & qu'il me pria de declarer son erreur à sa Maistresse, afin de sçauoir promptement à quoy elle le condamneroit: Non pas, dit-il, que le regret de l'auoir offensée ne m'accompagne au cercueil: mais pour le desir que j'ay de sçauoir ce qu'elle ordonnera de moy. Ce mot fit monter la couleur au visage de Phillis, se doutant bien que son pardon auoit esté plus grand, que son intention; à quoy Lycidas prenant garde: Ie n'ay point assez de courage, me dit-il, pour oüyr la declaration que vous luy en ferez. Pardonnez moy donc belle Maistresse (se tournant vers Phillis) si ie vous romps si tost compagnie, & si ma vie vous a depleu, & que ma mort vous puisse satisfaire, ne soyez point auare de mon sang. A ce mot, quoy que Phillis le r'appellast, il ne voulut reuenir, au contraire poussant la porte il nous laissa seules. Vous pouuez croire que

Phillis ne fut pareſſeuſe de s'enquerir s'il y auoit quelque choſe de nouueau, & d'où venoit vne ſi grande crainte. Sans l'arreſter d'vn long diſcours, je luy dis ce qui en eſtoit, & enſemble mis toute la faute deſſus nous, qui auiós eſté ſi mal auiſées de ne preuoir que ſa jeuneſſe ne pouuoit faire plus de reſiſtance aux recherches de ceſte folle: & que ſon deſplaiſir en eſtoit ſi grand, que ſon erreur en eſtoit pardonnable. Du premier coup ie n'obtins pas d'elle ce que ie deſirois: mais peu de iours apres Lycidas par mon conſeil ſe vint jetter à ſes genoux, & par ce que pour ne le voir point elle s'en courut en vne autre châbre, & de celle-là en vne autre, fuyant Lycidas, qui l'alloit pourſuiuant, & qui eſtoit reſolu, ainſi qu'il diſoit, de ne la laiſſer en paix, qu'il n'euſt le pardon, ou la mort; en fin ne ſçachant plus où fuïr, elle s'arreſta en vn cabinet, où Lycidas entrant & fermant les portes, ſe remit à genoux deuant elle, & ſans luy dire autre choſe, attendoit l'arreſt de ſa volonté. Ceſte affectionée opiniaſtreté eut plus de force ſur elle, que mes perſuaſions, & ainſi apres auoir demeuré quelque téps ſans luy rien dire: Va, luy dit-elle, importun, c'eſt à ton opiniaſtreté, & non à toy que ie pardonne: A ce mot il luy baiſa la main, & me vint ouurir la porte, pour me môtrer qu'il en auoit eu la victoire: & lors voyant ſes affaires en ſi bon eſtat, je ne les laiſſay point ſeparer que toutes offenſes ne fuſſent entierement remiſes, & Phillis pardonna tellement à ſon Berger,

O iiij

que depuis le voyant en vne peine extréme de celer le ventre d'Olimpe, qui grossissoit à veuë d'œil, elle s'offrit de luy aider & assister en tout ce qu'il luy seroit possible. Pour certain, interrompit alors Diane, voila vne estráge preuue de bonne amitié; pardonner vne telle offense qui est entieremét contre l'amitié, & de plus empescher que celle qui en est cause n'en ait du desplaisir? Sans mentir, Phillis, c'est trop, & pour moy j'aduouë que mon courage ne le sçauroit souffrir. Si fit donc bien mon amitié, respondit Phillis, & par là vous pouuez iuger de quelle qualité elle est. Laissons cette consideration à part, repliqua Diane, car elle seroit
,, fort desauantageuse pour vous : puis que de
,, ne ressentir les offenses qui se font contre l'a-
,, mitié, c'est plustost signe de deffaut que de sur-abondance d'Amour : & quát à moy si j'eusse esté des amies de Lycidas, j'eusse expliqué cét offre au desauantage de vostre bône volonté. Ah! Diane, dit Phillis, si vous sçauiez que c'est que d'aimer, comme de vous faire aimer,
,, vous iugeriez qu'au besoin se connoist l'amy, mais le ciel s'est contenté de vous auoir faite pour estre aimée, & nó pas pour aimer. Si cela est, respódit Diane, ie luy suis plus obligée d'vn tel bié que de la vie : mais si ie suis capable sans aimer de iuger de l'amitié? Il ne se peut, interrompit Phillis. I'aime donc mieux m'en taire, respondit Diane, que d'en parler auec vne si chere permission : toutefois si vous me voulez faire autant de grace qu'au medecin qui parle

& iuge indifferemment de toutes sortes de maladies sans les auoir euës, ie diray, que s'il y a quelque chose en l'amitié, dont l'on doiue faire estat, ce doit estre sans plus l'amitié mesme: car toute autre chose qui nous en plaist, ce n'est que pour estre jointe auec elle : & par ainsi il n'y a rien qui puisse plus offencer celuy qui ayme, que de remarquer quelque deffaut d'Amour, & ne point ressentir telles offenses, c'est veritablemét auoir l'esprit ladre pour ceste passion. Et voulez vous que ie vous die ce qu'il me semble de l'amitié? C'est vne musique à plusieurs voix, qui bien vnies, rendent vne tres-douce harmonie, mais si l'vue desaccorde, elle ne déplaist pas seulement, mais fait oublier tout le plaisir, qu'elles ont donné auparauant. Par ainsi, dit Phillis, mauuaise Diane, vous voulez dire, que si on vous auoit seruie longuement, la premiere offense effaceroit toute la memoire du passé. Cela mesme, dit Diane, ou peu moins. O Dieux, s'escria Phillis, que celuy qui vous aymera n'aura pas œuure faite! Celuy qui m'aimera, repliqua Diane, s'il veut que ie l'aime, prendra garde de n'offenser mon amitié : & croyez-moy, Phillis, qu'à ce coup vous auez plus fait d'injure à Lycidas, qu'il ne vous auoit auparauant offensée. Donc, dit Phillis en souriant, autresfois ie disois que c'estoit l'amitié qui me l'auoit fait faire, mais à ceste heure, ie diray que c'estoit la vengeance; & aux plus curieux j'en diray la raison que vous m'auez aprise. Ils iugeront, adjousta Diane, qu'autresfois vous auez sçeu aimer, & qu'à ceste heure vous sçauez que c'est d'aimer. Quoy que s'é soit, répondit Phillis, s'il y eust de la faute, elle procéda d'ignorance, & non point de deffaut d'Amour: car ie pensois y estre obligée, mais s'il y retourne iamais, ie me garderay bien d'y retober. Et vous Astrée, vous estes trop longuement muette, dittes nous donc, comme j'assistay à faire cest enfant? alors Astrée reprit ainsi.

Soudain que ceste Bergere se fut offerte, Lycidas l'accepta fort effrontément, & dés lors il enuoya vn jeune Berger à Moin, pour luy amener la sage femme de ce lieu, les yeux clos, à fin qu'elle ne sçeust discerner où elle alloit. Diane alors, comme toute estonnée mit le doigt sur la bouche, & dit: Belle Bergere, cecy n'a pas esté si secret que vous pensez, ie me ressouuiés d'en auoir ouy parler. Ie vous supplie, dit Phillis, racontez nous comme vous l'auez ouy dire, pour sçauoir s'il a esté redit à la verité. Ie ne sçay, adiousta Diane, si ie m'en pourray bien ressouuenir; le pauure Philandre fut celuy qui m'en fit le conte, & m'asseura qu'il l'auoit apris de Lucine la sage femme, à qui mesme il estoit arriué, & qu'elle n'en eust jamais parlé, si on se fust fié en elle: Vn iour qu'elle se promenoit dans le parc, qui est entre Môt-brison, & Moin, auec plusieurs autres ses compagnes, elle vid venir à elle vn jeune homme, qu'elle ne cognoissoit point, & qui à son abord luy fit des recommandations de quelques vnes de ses parentes, qui estoient à Feurs, & puis luy en di-

quelques particularitez, à fin de la separer vn peu des autres femmes qui estoient auec elles: & lors qu'il la vid seule, il luy fit entédre qu'vne meilleure occasion le conduisoit vers elle : car c'est, luy dit-il, pour vous conjurer par toute la pitié que vous eustes jamais, de vouloir secourir vne honneste femme, qui est en danger si vous luy refusez vostre aide : la bonne femme fut vn peu surprise d'ouyr changer tout à coup ce discours, mais le jeune homme la pria de celer mieux son estonnement, & qu'il éliroit plustost la mort, que si on venoit à soupçonner cet affaire; & Lucine s'estant r'asseurée, & luy ayant promis qu'elle seroit secrette, & qu'il luy dist seulement en quel temps elle se deuoit tenir preste. Ne faites donc point de voyage de deux mois, luy dit le jeune homme, & à fin que vous ne perdiez rien, voila l'argent que vous pourriez gaigner ailleurs durant ce temps-là. A ce mot il luy donna quelques pieces d'or dans vn papier, & s'en retourna sans passer à la ville: apres toutefois auoir sçeu d'elle, si elle ne marcheroit pas la nuit, & qu'elle luy eust respondu, voyant le gain si grand, que nul téps ne la pourroit arrester. Dans quinze ou seize iours apres, ainsi qu'elle sortoit de Moin, sur les cinq ou six heures du soir, elle le vid reuenir auec le visage tout changé, & s'approchant d'elle, luy dit : Ma mere, le téps nous a déceu, il faut partir, les cheuaux nous attendent, & la necessité nous presse : elle voulut rentrer en la maison pour donner ordre à ses affaires, mais il ne voulut le luy

LIVRE QVATRIESME DE LA
permettre, craignant qu'elle n'en parlaſt à quelqu'vn : ainſi eſtant paruenu dans vn vallon fort retiré du grand chemin du coſté de la Garde, elle trouua deux cheuaux auec vn homme de belle taille, & veſtu de noir, qui les gardoit : auſſi toſt qu'il vid Lucine, il s'en vint à elle auec vn viſage fort ouuert, & apres pluſieurs remerciemens, la fit mettre en trouſſe derriere celuy qui l'eſtoit allé querir, puis montant ſur l'autre cheual, s'en allerent au grãd trot à trauers les chãps; & lors qu'ils furent vn peu éloignez de la ville, & que la nuict commençoit à s'obſcurcir, ce jeune homme ſortant vn mouchoir de ſa poche, banda les yeux à Lucine, quelque difficulté qu'elle en ſçeuſt faire; & apres firent faire deux ou trois tours au cheual ſur lequel elle eſtoit, pour luy oſter toute connoiſſance du chemin qu'ils vouloient tenir; & puis reprenant le trot, marcherent vne bonne partie de la nuict, ſans qu'elle ſçeut où elle alloit, ſinon qu'ils luy firent paſſer vne riuiere, comme elle croit, deux ou trois fois, & puis la mettant à terre, la firẽt marcher quelque temps à pied, & ainſi qu'elle pouuoit juger, c'eſtoit par vn bois, où en fin elle entreuit vn peu de lumiere à trauers le mouchoir, que toſt apres ils luy oſterẽt, & lors elle ſe trouua ſous vne tente de tapiſſerie, accommodée de telle façon que le vent n'y pouuoit entrer : d'vn coſté elle vid vne jeune femme dans vn lit de camp, qui ſe plaignoit fort, & qui eſtoit maſquée : au pied du lit elle apperçeut vne femme qui auoit auſſi le viſage couuert, & qui à ſes ha-

bits, mōstroit d'estre âgée, elle tenoit les mains
jointes, & auoit les larmes aux yeux ; de l'autre
costé il y auoit vne jeune fille de chambre masquée, auec vn flambeau en la main : au cheuet
du lict estoit panché cet hōneste homme qu'elle auoit trouué auec les cheuaux, qui faisoit paroistre de ressentir infiniment le mal de ceste
femme, qui estoit appuyée cōtre son estomach,
& le jeune homme qui l'auoit portée en trousse, alloit d'vn costé & d'autre pour donner ce
ce qui estoit necessaire, y ayant sur vne table au
milieu de ceste tente, deux grands flambeaux
allumez. Il est aisé à croire, que Lucine fut
fort estonnée de se treuuer en tel lieu, toutefois
elle n'eut le loisir de demeurer long temps en
cet estonnement : car on eust jugé que ceste petite creature n'attendoit que l'arriuée de ceste
femme pour venir au monde, tant la mere prit
tost les douleurs de l'accouchement, qui ne luy
durerent pas vne demie heure sans déliurer d'vne fille : mais ce fut vne diligence encore plus
grande que celle dont on vsa à débagager incontinent, & à mettre l'accouchée, & l'enfant
dans vne littiere, & à r'enuoyer Lucine apres
l'auoir bien contentée, les yeux clos toutefois
ainsi qu'elle estoit venuë : que si on se fust fié en
elle, elle jure que jamais elle n'en eust parlé,
mais qu'il luy sembloit que leur mesfiance luy
en donnoit congé : & voila tout ce que j'en ay
sçeu, par Philandre. Astrée & Phillis qui auoiēt
esté fort attentiues à son discours, se regarderēt
entr'elles, fort estonnées, & Phillis ne peut s'em-

LIVRE QVATRIESME DE LA
pefcher de fousrire, & Diane luy en demandát
la raifon; C'eft par ce, dit-elle, que vous nous
auez dit vne hiftoire, que nous ne fçauions pas,
& pour moy ie ne fçaurois m'imaginer qui ce
peut eftre: Car pour Olimpe, elle ne fut point
tant hazardée; & faut par neceffité que ce foit
autre qu'vne Bergere, y ayant vn fi grand appareil. En verité répondit Diane; ie prenois ceft
honnefte homme pour Lycidas, la vieille pour
la mere de Celadon, & la fille de chambre pour
vous, & jugeois que vous vous fuffiez ainfi dé-
guifees pour n'eftre recogneuës. Si vous affeu-
reray-je, reprit Aftrée, que ce n'eft point Olimpe, car Phillis n'y vfa d'autre artifice que de la
faire venir en fa maifon: & de fortune fa mere
Artemis, eftoit pour lors allée fur les riues d'Allier: & par ce qu'Olimpe eftoit entre les mains
d'Amarillis, il fallut qu'elle feignit d'eftre malade, ce qui luy fut fort aifé, à caufe du mal qu'elle auoit defia, & apres auoir traifné quelque
temps, elle fit entendre elle mefme à la mere
de Celadon, que le changement d'air luy r'apporteroit peut eftre du foulagement, & qu'elle
s'affeuroit que Phillis feroit bien aife de la retirer chez elle. Amarillis qui fe fentoit chargée
de fa maladie, fut bien aife de cefte refolution,
& ainfi Phillis la vint querir: & lors que le terme approcha, Lycidas alla prendre la fage femme, & luy banda les yeux, à fin qu'elle ne recon-
neuft point le chemin, mais quand elle fut arriuée, il les luy débanda, fçachant bien qu'elle ne
connoiftroit pas Olimpe, comme ne l'ayant ja-

mais veuë auparauant. Voila tout l'artifice qui y fut fait: & soudain qu'elle fut bien remise, elle s'en alla chez elle, & nous à t'ó dit depuis qu'elle vsa d'vn bien plaisant artifice pour faire nourrir sa fille: car aussi tost qu'elle fut arriuée, elle aposta vne folle femme, qui faignant de l'auoir faite, la vint donner à vn Berger qui auoit accoustumé de seruir chez sa mere, disant qu'elle l'auoit euë de luy: Et par ce que ce pauure Berger s'en sentoit fort innocent, il la refusa & la rabroüa, de sorte qu'elle qui estoit faite au badinage, le poursuiuit iusques dans la chambre de Lupeandre mesme: & là, quoy que le Berger la refusast, elle mit l'enfant au milieu de la chambre & s'en alla. On nous a dit que Lupeandre se courrouça fort, & Olimpe aussi à ce Berger, mais la conclusion fut, qu'Olimpe se tournant vers sa mere: Encor ne faut-il pas, luy dit-elle, que ceste petite creature demeure sans estre nourrie; elle ne peut mais de la faute d'autruy, & ce sera vne œuure agreable aux Dieux de la faire esleuer. La mere qui estoit bóne & charitable, s'y accorda; & ainsi Olimpe retira sa fille aupres d'elle. Cependant Celadon estoit chez Forelle, où l'on luy faisoit toute la bonne chere qu'il se pouuoit, & mesme Malthee auoit eu commandement de son pere de luy faire toutes les honnestes caresses qu'elle pourroit; mais Celadon auoit tant de desplaisir de nostre separation, que toutes leurs honnestetez luy tenoient lieu de supplice, & viuoit ainsi auec tant de tristesse, que Forelle ne pouuant souffrir le mespris qu'il faisoit de sa fille, en aduertit Alcippe, à fin qu'il ne s'attendist plus à ceste alliance, qui ayant sçeu la resolution de son fils, esmeu, comme ie croy, de pitié, fit dessein d'vser encor vne fois de quelque artifice: & apres cela ne le tourmenter point d'auantage. Or pendant le sejour que Celadon fit pres de Malthee, mon oncle Phocion fit en sorte, que Corebe, tres-riche & honneste Berger, me vint rechercher, & parce qu'il auoit toutes les bonnes parties qu'on eust sçeu desirer, plusieurs en parloiët desia, comme si le mariage eust esté resolu. De quoy Alcippe se voulant seruir, fit la ruse que ie vous diray. Il y a vn Berger nommé Squilindre demeurant sur les lisieres de Forests, en vn hameau appellé Argental, homme fin, & sans foy; & qui entre ses autres industries sçait si bien contrefaire toutes sortes de lettres, que celuy mesme de qui il les veut imiter, est bien empesché de reconnoistre la faussté: ce fut à cet homme à qui Alcippe monstra celle qu'il auoit trouuee de moy au pied de l'arbre, ainsi que ie vous ay dit, & luy en fit escrire vne autre à Celadon en mon nom, qui estoit telle.

LETTRE

LETTRE CONTREFAITE, d'Astrée à Celadon.

CELADON, puis que ie suis contrainte par le commandement de mon pere, vous ne trouuerez point estrange que ie vous prie de finir cest Amour qu'autrefois ie vous ay coniuré de rendre eternelle: Alcé m'a donnée à Corebe: & quoy que le party me soit auantageux, si est-ce que ie ne laisse de ressentir beaucoup la separation de nostre amitié. Toutefois puis que c'est folie de contrarier à ce qui ne peut arriuer autrement, ie vous conseille de vous armer de resolution, & d'oublier tellement tout ce qui s'est passé entre-nous, que Celadon n'ait plus de memoire d'Astrée, comme Astrée est contrainte d'ores en là, de perdre pour son deuoir tous les souuenirs de Celadon.

Ceste lettre fut portée assez finement à Celadon par vn jeune Berger inconneu. Dieux! quel deuint-il d'abord, & quel fut le deplaisir qui luy serra le cœur! Donc, dit-il, Astrée, il est bien vray qu'il n'y a rien de durable au monde, puis que ceste ferme resolution que vous m'auez si souuent jurée, s'est changée si promptement! Donc vous voulez que ie sois tefmoin, que quelque perfection qu'vne femme puiſſe auoir, elle ne peut ſe dépoüiller de ſon inconſtance naturelle! Donc le Ciel a conſenty, que pour vn plus grand ſupplice, la vie me reſtaſt, apres la perte de voſtre amitié: à fin que ſeulement ie veſquiſſe pour reſſentir dauantage mon deſaſtre? Et là tombant éuanoüy, il ne reuint point pluſtoſt en ſoy-meſme, que les plaintes en ſa bouche: & ce qui luy perſuadoit plus aiſément ce change, c'eſtoit que la lettre ne faiſoit qu'approuuer le bruit commun du mariage de Corebe, & de moy. Il demeura tout le iour ſur vn lit, ſans vouloir parler à perſonne, & la nuit eſtant venuë, il ſe déroba de ſes compagnons, & ſe mit dans les bois les plus épais, & les plus reculez, fuyant la rencontre des hommes, comme vne beſte ſauuage: reſolu de mourir loing de la compagnie des hommes, puis qu'ils eſtoient la cauſe de ſon ennuy. En ceſte reſolution il courut toutes les montagnes de Foreſts, du coſté de Ceruieres, où en fin il choiſit vn lieu qui luy ſembla le moins frequenté, auec deſſein d'y paracheuer le reſte de ſes triſtes iours. Le lieu s'appelloit Lapau, d'où ſourdoit l'vne des ſources du deſaſtreux Lignon: car l'autre vient des montaignes de Chalmaſel.

Or ſur les bords de ceſte fontaine, il baſtit vne petite cabane, où il veſquit retiré plus de ſix mois, durant leſquels, ſa plus ordinaire nourriture eſtoit les pleurs, & les plaintes: ce fut en ce temps qu'il fit ceſte chanſon.

CHANSON,
De Celadon, sur le changement
d'Astrée.

IL faudroit bien que la constance,
M'eust dérobé le sentiment,
Si ie ne ressentois l'offence,
Que m'a fait vostre changement:
Et la ressentant si soudain,
Ie ne recourois au dédain.

Vous m'auez dédaigné, pariure,
Pour vn que vous n'auiez point veu,
Par ce qu'il eut par auenture,
Plus de bien que ie n'ay pas eu:
Infidelle, osez-vous encor
Sacrifier à ce veau d'or?

Où sont les sermens que nous fismes,
Où sont tant de pleurs espandus,
Et ces à-Dieux, quand nous partismes?
Le Ciel les a bien entendus:
Quand vostre cœur les oublyoit,
Vostre bouche les publyoit.

Yeux pariurez, flame infidelle,
Qui n'aimez sinon en changeant,
Fasse Amour qu'vne beauté telle

Que la vostre m'aille vengeant :
Qu'elle faigne de vous aimer,
Seulement pour vous enflâmer.

Ainsi pressé de sa tristesse,
Vn Amant trahy se plaignoit,
Quand on luy dit que sa Maistresse
Pour vn autre le dédaignoit ;
Et le Ciel tounant par pitié,
Promit venger son amitié.

Il estoit couché, miserable,
Pres de Lignon, & s'en alloit,
Du doigt marquant dessur le sable,
Leurs chiffres ainsi qu'il souloit.
Ce chiffre, dit-il, trop heureux,
Helas ! n'est plus propre à nous deux.

Lors le pleur, enfant de la peine,
Qu'vne iuste douleur poussoit,
Tombant à grands flots sur l'areine,
Ces doubles chiffres effaçoit :
Efface, dit-il, ò mon pleur,
Non pas ceux-cy, mais ceux du cœur.

Amant qui plain de coüardise,
T'en vas plaignant si longuement
Vne ame toute de faintise :
Lors que tu sçeus son changement,

Ou tu devois soudain mourir,
Ou bien incontinent guerir.

La solitude de Celadon eust esté beaucoup plus longue sans le commandement qu'Alcippe fit à Lycidas de chercher son frere, ayant en soy-mesme fait dessein (puis qu'aussi bié voyoit il que sa peine luy estoit inutile) de ne contrarier plus à ceste amitié : mais Lycidas eust longuement cherché, sans vne rencontre qui nous aduint ce iour là mesme.

I'estois sur le bord de Lignon, & tenois les yeux sur son cours, resuant pour lors à la perte de Celadon : & Phillis & Lycidas parloient ensemble vn peu plus loing, quand nous vismes de petites balottes qui alloient nageant sur l'eau. La premiere qui s'en prit garde fut Phillis, qui nous les monstra, mais nous ne pusmes deuiner ce que ce pouuoit estre. Et parce que Lycidas reconneut la curiosité de sa Maistresse, pour luy satisfaire, il s'auança le plus auant qu'il pût en l'eau, & fit tant auec vne longue branche qu'il en prit vne : Mais voyant que ce n'estoit que cire, par ce qu'il s'estoit moüillé, & qu'il se faschoit d'auoir pris tant de peine pour chose qui valoit si peu, il la jetta de dépit en terre, & si à propos, que frappant contre vn gros caillou, elle se mit toute en pieces, & n'en resta qu'vn papier, qui auoit esté mis dedans, que Phillis courut incontinent prendre, & l'ayant ouuert, nous y leusmes tels mots.

LIVRE QVATRIESME DE LA

VA t'en papier, plus heureux que celuy qui t'enuoye, reuoir les bords tant aimez où ma Bergere demeure; & si accompagné des pleurs dont ie vay grossissant ceste riuiere, il t'aduient de baiser le sablon où ses pas sont imprimez, arrestes-y ton cours, & demeure bien fortuné où mon mal-heur m'empesche d'estre; que si tu paruiës en ses mains, qui m'ont rauy le cœur, & qu'elle te demande que ie fais, dy luy, ô fidelle papier, que iour & nuict ie me chãge en pleurs pour lauer son infidelité; & si touchée du repētir, elle te moüille de quelques larmes, dy luy que pour détendre l'arc elle ne guerit pas la playe qu'elle a faite à sa foy, & à mon amitié; & que mes ennuis seront tesmoins & deuant les hommes, & deuant les Dieux, que comme elle est la plus belle, & la plus infidelle du monde, que ie suis aussi le plus fidelle & plus affectionné qui viue, auec asseurance toutefois de n'auoir iamais contentement que par la mort.

Nous n'eusmes pas si tost jetté les yeux sur ceste escriture, que nous la reconneusmes tous trois, pour estre de Celadon: qui fut cause que Lycidas courut, pour retirer les autres qui nageoient sur l'eau, mais le courant les auoit emportées si loin, qu'il ne les peut atteindre: tourefois nous iugeafmes biē par celle-cy, qu'il deuoit eftre aupres de la fource de Lignon, qui fut caufe que Lycidas le lendemain partit de bōne heure pour le chercher, & vfa de telle diligence, que trois iours apres il le trouua en fa folitude, fi chāgé de ce qu'il fouloit eftre, qu'il n'eftoit pas prefque reconnoiffable: mais quand il luy dit, qu'il falloit f'ē reuenir vers moy, & que ie le luy cōmandois ainfi, il ne pouuoit à peine fe perfuader que fon frere ne le vouluft trōper. En fin la lettre qu'il luy porta de moy, luy donna tant de contentement, que dans fort peu de iours il reprit fon bon vifage, & nous reuint trouuer: non toutefois fi toft qu'Alcippe ne mourut auant fon retour, & que peu de iours apres Amarillis ne le fuiuift. Et lors nous eufmes bien opinion que la fortune auoit fait tous fes plus grands efforts contre nous, puis que ces deux perfonnes eftoient mortes, qui nous y contraryoient le plus: Mais n'auint-il pas par mal-heur que la recherche de Corebe alla continuāt, fi auāt que Alcé, Hipolite, & Phocion, ne me laiffoiēt point de repos: & toutefois ce ne fut pas de leur cofté dont noftre mal-heur proceda, quoy que Corebe en partie en fut caufe: car lors qu'il me vint rechercher; par ce qu'il eftoit fort riche, il amena auec luy plufieurs Bergers, entre lefquels eftoit Semire, Berger à la verité plein de plufieurs bonnes qualitez, f'il n'euft efté le plus perfide, & le plus cauteleux homme qui fut iamais: auffi toft qu'il jetta les yeux fur moy, il fit deffein de me feruir, fans fe foucier de

P iiij

l'amitié que Corebe luy portoit; & par ce que Celadon & moy, pour cacher nostre amitié, auions fait dessein, comme ie vous ay desia dit, de faindre, luy d'aimer toutes les Bergeres, & moy de patienter indifferamment la recherche de toute sorte de Bergers, il creut au commencement que la bonne reception que ie luy faisois, estoit la naissance de quelque plus grande affection, & n'eust si tost reconneu celle qui estoit entre Celadon & moy, si de mal-heur il n'eust trouué vne de mes lettres. Car encor que pour sa derniere perte on conneust bien qu'il m'aimoit, si y en auoit-il fort peu qui creussent que ie l'aimasse, tant ie m'y estois conduite froidement, depuis que Celadon estoit retourné: & par ce que les lettres qu'Alcippe auoit trouuées au pid de l'arbre, nous auoient cousté si cher, nous ne voulusmes plus y fier celles que nous nous escriuions, mais inuentasmes vn autre artifice qui nous sembla plus asseuré. Celadon auoit apiecé au droit du cordon de son chapeau, par le dedans, vn peu de feutre si proprement, qu'à peine se voyoit il, & cela se serroit auec vne gance à vn bouton par dehors, où il faignoit de retrousser l'aile du chapeau: il mettoit là dedans sa lettre, & puis faisant semblant de se joüer, ou il me jettoit son chappeau, ou ie le luy ostois, ou il le laissoit tomber, ou faignoit pour mieux courre, ou sauter, de le mettre en terre, & ainsi j'y prenois ou mettois la lettre. Ie ne sçay côme par mal-heur, vn iour que j'é auois vne entre les mains pour l'y mettre, en courant apres quelque loup, qui estoit venu passer aupres de nos troupeaux, je laissay tomber si mal-heureusement pour moy, que Semire, qui venoit aupres, la releua, & vit qu'elle estoit telle.

LETTRE D'ASTREE.
A CELADON.

MON cher Celadon, i'ay receu vostre lettre, qui m'a esté autant agreable, que ie sçay que les miennes le vous sont; & n'y ay rien trouué qui ne me satisface, hors-mis les remerciements que vous me faites, qui ne me semblent à propos, ny pour mon amitié, ny pour ce Celadon qui dés long temps s'est desia tout donné à moy : car s'ils ne sont point vostres, ne sçauez-vous pas que ce qui n'a point ce titre ce sçauroit me plaire ? que s'ils sont à vous, pourquoy me donnez vous separé ce qu'en vne fois i'ay receu, quand vous vous donastes tout à moy ? n'en vsez donc plus, ie vous supplie, si vous ne me voulez faire croire, que vous auez plus de ciuilité que d'Amour.

Depuis qu'il eut trouué ceste lettre, il fit dessein de ne me parler plus d'Amour qu'il ne m'eust mise mal auec Celadon, & commença de ceste sorte. En premier lieu il me supplia de luy pardonner s'il auoit esté si téméraire que d'auoir osé hausser les yeux à moy, que ma beauté l'y auoit contraint: mais qu'il recognoissoit bien son peu de merite, & qu'à ceste occasion il me protestoit qu'il ne s'y mesprendroit jamais plus: & que seulement il me supplioit d'oublier son outrecuidance. Et puis il se rendit tellement amy, & familier de Celadon, qu'il sembloit qu'il ne peust rien aimer dauantage; & pour m'abuser mieux, il ne me rencontroit jamais sans trouuer quelque occasion de parler à l'auantage de mon Berger, couurant si finement son intention, que personne n'eust pesé qu'il l'eust fait à dessein. Ces loüanges de la personne que j'aimois, comme ie vous ay dit, me deceurent si bien que ie prenois vn plaisir extréme de l'entretenir: & ainsi deux ou trois lunes s'escoulerent fort heureusement pour Celadon & pour moy: mais ce fut comme ie croy, pour me faire ressentir dauantage ce que depuis ie n'ay cessé ny ne cesseray de pleurer. A ce mot au lieu de ses paroles, ses larmes representerent ses desplaisirs à ses compagnes, auec telle abondance, que ny l'vne ny l'autre n'oserent ouurir la bouche, craignant d'augmenter dauantage ses pleurs: ,, car plus par raison on veut seicher les lar,, mes, & plus on en va augmentant la source. En fin elle reprit ainsi: Helas! sage Diane, comment me puis-je souuenir de cét accident sans mourir! Desia Semire estoit si familier, & auec Celadon & auec moy, que le plus souuent nous estions ensemble ? Et lors qu'il creut d'auoir assez acquis de creance en mon endroit pour me persuader ce qu'il vouloit entreprendre; vn iour qu'il me trouua seule, apres que nous eusmes longuement parlé des diuerses trahisons, que les Bergers faisoient aux Bergeres qu'ils faignoient d'aimer : Mais ie m'estonne, dit-il, qu'il y ait si peu de Bergeres qui prennent garde à ces tromperies, quoy que d'ailleurs elles soient fort auisées. C'est, luy respondis-je, que l'Amour leur clost les yeux. Sans mentir, me repliqua-t'il, ie le croy ainsi: car autrement il ne seroit pas possible que vous ne reconnussiez celle que l'on vous veut faire. Et lors se taisant, il monstroit de se preparer à m'en dire dauantage: mais comme s'il se fust repenty de m'en auoir tant dit, il se reprit ainsi: Semire, Semire, que pense-tu faire ? ne voy-tu pas qu'elle se plaist en ceste tromperie, pourquoy la veux-tu mettre en peine ? & lors s'adressant à moy, il continua. Ie voy bien, belle Astrée, que mes discours vous ont rapporté du déplaisir : mais pardonnez-le moy, qui n'y ay esté poussé que par l'affection que j'ay à vostre seruice. Semire, luy dis-je, ie vous suis obligée de ceste bonne volonté, mais ie le serois encor dauantage, si vous paracheuiez ce que vous auez commencé. Ah ! Bergere, me respondit-il, ie ne vous en ay que trop dit: mais peut-estre le reconnoistrez vous mieux auec le temps, & lors vous jugerez que veritablement Semire est vostre seruiteur. Ah, le malicieux! combien fut-il veritable en ses mauuaises promesses: car depuis ie n'en ay que trop reconnu pour me laisser le seul desir de viure. Si est-ce que pour lors il ne voulut m'en dire dauantage, afin de m'en donner plus de volonté: & quand il eut opinion que j'en auois assez, vn jour, que selon ma coustume ie le pressois de me faire sçauoir la fin de mon contentement, & que je l'eus conjuré par le pouuoir que j'auois eu autrefois sur luy, de me dire entierement ce qu'il auoit commencé, il me respondit: Belle Bergere, vous me conjurez tellement, que je croirois faire vne trop grande faute de vous desobeir: Si voudrois-je ne vous en auoir jamais commencé le propos, pour le desplaisir que ie preuoy que la fin vous raportera: & apres que je l'eus asseuré du contraire, il me sceut si bien persuader que Celadon aimoit Aminthe, fille du fils de Cleante, que la jalousie coustumiere compagne des ames qui aiment bien, commença de me persuader que cela pouuoit estre vray, & ce fut bien vn mal-heur extréme, qu'alors je ne me ressouuins point du commandement que je luy auois fait de faindre d'aimer les autres Bergeres. Toutefois voulant faire la fine, pour dissimuler mon desplaisir, je respondis à Semire, que je n'auois jamais, ny creu, ny voulu, que Celadon me particularisast plus que les autres; que s'il sembloit que nous eussions quelque familiarité, ce n'estoit que pour la longue connoissance que nous auions euë ensemble : mais quant à ses recherches elles m'estoient indifferentes. Or, me respondit lors ce cauteleux, je loue Dieu que vostre humeur soit telle : mais puis qu'il est ainsi, il ne peut estre que vous ne preniez plaisir d'oüyr les passionnez discours qu'il tient à son Aminthe. Il faut que j'aduoüe, sage Diane, quand j'oüys nommer Aminthe sienne, j'en changeay de couleur, & par ce qu'il m'offroit de me faire ouïr leurs paroles, il me sembla que je ne deuois fuir de reconnoistre la perfidie de Celadon ; helas ! plus fidelle que moy bien auisée : & ainsi j'acceptay cét offre : & certes il ne faillit pas à sa promesse : car peu apres il s'en reuint courant m'asseurer qu'il les auoit laissez assez pres de là, & que Celadon auoit la teste dans le giron d'Aminthe, qui des mains luy alloit releuant le poil : me racontant ces particularitez pour me piquer dauantage. Ie le suiuis : mais tant hors de moy, que ie ne me ressouuiens, ny du chemin que ie fis, ny comme il me fit approcher si pres d'eux, sans qu'ils m'apperceussent, depuis j'ay iugé que ne se souciant point d'estre oüys, ils ne prenoient garde à ceux qui les escoutoient, tant y a que ie m'en trouuay si pres que j'oüys Celadon, qui luy respondoit : Croyez moy, belle Bergere, qu'il n'y a beauté qui soit plus viuement emprainte en vne ame, que celle qui est dans la mienne. Mais Celadon, respondit Aminthe, comment est-il possible qu'vn cœur si jeune que le vostre puisse auoir assez de dureté pour retenir longuement ce que l'Amour y peut grauer. Mauuaise Bergere, repliqua mon Celadon, laissons ces raisons à part, ne me mesurez ny à l'aulne, ny au poids de nul autre; honorez moy de vos bônes graces, & vous verrez si ie ne les conserueray aussi cheres en mon ame, & aussi longuement que ma vie. Celadon, Celadon, adjousta Aminthe, vous seriez bien puny, si vos faintes deuenoient veritables, & si le Ciel pour me venger vous faisoit aimer cesté Aminthe dont vous vous mocquez. Iusques icy il n'y auoit rien qui en quelque sorte ne fust supportable: mais, ô Dieux, pour faindre quelle fut la response qu'il luy fit! Ie prie Amour, luy dit-il, Belle Bergere si ie me mocque, qu'il fasse tôber la mocquerie sur moy, & si j'ay merité d'obtenir quelque grace de luy, qu'il me donne la punition dont vous me menacez. Aminthe ne pouuant iuger l'intention de ses discours, ne luy respondit qu'auec vn sousris; & auec vne faço de la main, la luy passant & repassant deuant les yeux, que j'interpretois en mon langage qu'elle ne le refuseroit pas, si elle croyoit ses paroles veritables: mais ce qui me toucha bien viuement, fut que Celadon apres auoir esté quelque temps sans parler, jetta vn grand souspir, qu'elle accôpagna incontinent d'vn autre. Et lors que le Berger se releua pour luy parler, elle se mit la main sur les yeux, & rougit côme presque ayât honte que ce souspir luy fust eschappé: qui fut cause que Celadon se remettant en sa premiere place, peu apres chanta ces vers.

SONNET.

QV'IL CONNOIST QV'ON FAINT DE l'aymer.

ELLE faint de m'aimer pleine de mignardise,
Souspirant apres moy, me voyant souspirer,
Et par de faintes pleurs tesmoigne d'endurer,
L'ardeur que dans mon ame elle connoist esprise.

Le plus accort Amant, lors qu'elle se déguise
De ses trompeurs attraits, ne se peut retirer;
Il faut estre sans cœur pour ne point desirer
D'estre si doucement deceu par sa faintise.

Ie me trompe moy-mesme au faux bien que ie voy,
Et mes contentements conspirent contre moy,
Traistres miroirs du cœur, lumieres infidelles!

Ie vous reconnois bien & vos trompeurs appas;
Mais que me sert cela puis qu'Amour ne veut pas,
Voyant vos trahisons, que ie me garde d'elles?

Apres s'estre teu quelque temps, Aminthe luy dit: Et quoy Celadon vous ennuyez-vous sitost? Ie crains pluftoft, dit-il, d'ennuyer celle à qui en toute façon ie ne veux que plaire. Et qui peut-c'estre, dit-elle, puis que nous sommes seuls? Ah! qu'elle se trompoit bien, & que j'y estois bien pour ma part, & aussi cherement qu'autre qui fust de la trouppe. Ce n'est aussi que vous, respõdit Celadon, que je crains d'importuner: mais si vous me le commandez ie continueray. Ie n'oserois, repliqua la Bergere, vser de commandement, où mesme la priere est trop indiscrette. Vous vserez, reprit le Berger, des termes qu'il vous plaira: mais en fin ie ne suis que vostre seruiteur: & lors il recommença de ceste sorte.

MADRIGAL.

SVR LA RESSEMBLANCE DE SA DAME & de luy.

Ie puis bien dire que nos cœurs
Sont tous deux faits de roche dure,
Le mien, resistant aux rigueurs,
Et le vostre, puis qu'il endure,
Les coups d'amour & de mes pleurs.
    Mais considerant les douleurs,
Dont i'eternise ma souffrance,
Ie dis en cette extremité,
Ie suis vn rocher en constance,
Et vous l'estes en cruauté.

Belle

Belle Diane, il fut hors de mon pouuoir d'arrester dauantage en ce lieu, & ainsi m'esloignant doucement d'eux, ie m'en retournay à mon trouppeau, si triste que de ce jour ie ne puz ouurir la bouche ; & par ce qu'il estoit desja assez tard, ie retiray mes brebis en leur parc, & passay vne nuict telle que vous pouuez penser. Helas ! que tout cela estoit peu de chose, si ie n'y eusse adiousté la folie que ie pleureray aussi long temps que j'auray des larmes ; aussi ie ne sçay qui m'auoit tât aueuglée : car si j'eusse eu encor quelque reste de jugement parmy ceste nouuelle jalousie, pour le moins ie me fusse enquise de Celadon quel estoit son dessein ; & quoy qu'il eust voulu dissimuler, j'eusse assez aisément reconnu sa fainte : mais sans autre consideration, le lendemain qu'il me vint trouuer aupres de mon trouppeau, ie luy parlay auec tant de mespris, que desesperé, il se precipita dans ce goulphe, où se noyant, il noya d'vn coup tous mes contentemens. A ce mot elle deuint pasle comme la mort, & n'eust esté que Phillis la réueilla, la tirant par le bras, elle estoit en danger d'esuanoüyr.

LE CINQVIESME LIVRE D'ASTREE.

E bruit que ces Bergeres firent lors qu'Aſtrée faillit d'éuanouïr fut ſi grãd, que Leonide s'en eſueilla, & les oyant parler aupres d'elle, la curioſité luy donna volonté de ſçauoir qui elles eſtoiét: & par ce qu'apres eſtre vn peu remiſe, ces trois Bergeres ſe leuerent pour s'en aller, tout ce qu'elle peut faire ce fut d'éueiller Siluie pour les luy montrer: auſſi toſt qu'elle les apperceut elle reconnut Aſtrée, quoy qu'elle fut fort chãgée, pour le déplaiſir qu'elle auoit de la perte de Celadon. Et les autres deux, dit Leonide, qui ſont elles? L'vne, dit-elle, qui eſt à main gauche, c'eſt Phillis ſa chere compagne, & l'autre c'eſt Diane fille de la ſage Bellinde, & de Celion, & ſuis bien marrie que nous ayons ſi longuement dormy: car ie m'aſſeure que nous euſſions bien appris de leurs nouuelles, y ayant apparence que l'occaſion qui les a eſloignées des autres, n'a eſté que pour parler plus libre-

Q ij

ment. Vrayement, respondit Leonide, j'aduoüe n'auoir iamais rien veu de plus beau qu'Astrée, & faisant comparaison d'elle à toutes les autres, ie la trouue du tout auantagée. Considerez, repliqua Siluie, quelle esperance doit auoir Galathée de diuertir l'affection du Berger: Cette consideration toucha bien aussi viuement Leonide, pour son sujet propre, que pour celuy de Galathée: toutefois Amour qui ne vit jamais aux despens de personne, sans luy donner pour payement quelque espece d'esperance, ne voulut point traitter ceste Nymphe plus auarement que les autres: & ainsi, quoy qu'il n'y eust pas grande apparence, ne laissa de luy promettre que peut estre l'absence d'Astrée, & l'amitié qu'elle luy feroit paroistre, luy pourroient faire changer de volonté: & apres quelques autres semblables discours, ces Nymphes se separerent, Leonide prenant le chemin de Feurs, & Siluie celuy d'Isoure: cependant que les trois belles Bergeres, ayāt ramassé leurs trouppeaux, s'alloient peu à peu retirant dans leurs cabanes.

A peine auoient-elles mis le pied dans le grand pré, où sur le tard on auoit accoustumé de s'assembler, qu'elles apperceurent Lycidas parlant auec Siluandre: mais aussi tost que le Berger reconnut Astrée, il deuint pasle, & si changé que pour n'en donner connoissance à Siluandre, il luy rompit compagnie, auec quelque mauuaise excuse: mais voulant euiter leur rencontre, Phillis luy alla couper chemin

auec Diane, apres auoir dit à Astrée la mauuaise satisfaction que ce Berger auoit d'elle: &
par ce que Phillis ne vouloit point le perdre,
l'ayant jusques là trop cherement conserué,
quoy qu'il essayast de l'outre-passer promptement, si l'atteignit-elle, & luy dit en sousriant;
Si vous fuyez de ceste sorte vos amies, que ferez vous, vos ennemies? Il respondit. La compagnie que vous cherissez tant, ne vous permet
pas de retenir ce nom. Celle, repliqua la Bergere, de qui vous vous plaignez, souffre plus
de peine de vous auoir offensé que vous mesme. Ce n'est pas, respondit le Berger, guerir
la blesseure que de rompre le glaiue qui l'a faite. En mesme temps Astrée arriua, qui s'adressant à Lycidas, luy dit; tant s'en faut Berger, que
ie die la haine que vous me portez estre injuste,
que i'aduoüe que vous ne me sçauriez autant
hair, que vous en auez d'occasion: toutesfois si
la memoire de celuy qui est cause de ceste
mauuaise satisfaction, vous est encore aussi
viue en l'ame qu'elle le sera à jamais en la mienne; vous vous ressouuiendrez que ie suis la
chose du monde qu'il a plus aimée, & qu'il
vous sieroit mal de me hair, puis qu'encore il
n'y a rien qu'il aime dauantage que moy. Lycidas vouloit respondre, & peut estre selon sa
passion trop aigrement: mais Diane luy mettant la main deuant la bouche, luy dit. Lycidas, Lycidas, si vous ne receuez ceste satisfaction, autant que jusques icy vous auez eu
de raison, autant serez-vous blasmé pour estre

déraisonnable. Astrée sans s'arrester à ce que Diane disoit, luy osta la main du visage, & luy dit: Non, non, sage Bergere, ne contraignez point Lycidas, laissez luy vser de toutes les rigoureuses paroles qu'il luy plaira: Ie sçay que ce sont des effets de sa iuste douleur; toutefois ie sçay bien aussi qu'en cela il n'a pas fait plus de perte que moy. Lycidas oyant ces paroles, & la façon dont Astrée les proferoit, dõna tesmoignage auec ses larmes qu'elle l'auoit attendry, & ne pouuant se commander si promptement, quelque deffense que Phillis & Diane fissent, il se deffit de leurs mains, & s'en alla d'vn autre costé: dequoy Phillis s'apperceuant, afin d'en auoir entiere victoire, le suiuit, & luy sceut si bien representer le déplaisir d'Astrée, & la meschanceté de Semire, qu'en fin elle le remit bien auec sa compagne.

Mais cependant Leonide suiuoit son chemin à Feurs, & quoy qu'elle se hastast, elle ne peut outre-passer Ponsins, par ce qu'elle auoit dormy trop long temps: cela fut cause qu'elle s'esueilla beaucoup auant le iour, desireuse de retourner de bonne heure, afin de pouuoir demeurer quelque temps à son retour, auec les Bergeres qu'elle venoit de laisser: toutesfois elle n'osa partir auant que la clarté luy monstrast le chemin, de peur de se perdre, quoy qu'il luy fust impossible de fermer l'œil le reste de la nuit: cependãt qu'elle alloit entretenant ses pensées, & qu'elle y estoit le plus attentiue, elle ouit que quelqu'vn parloit assez pres d'el-

le, car il n'y auoit qu'vn entre-deux d'aiz fort
delié, qui separoit vne chambre en deux, d'autant que le maiſtre du logis eſtoit vn fort honneſte paſteur, qui par courtoiſie, & pour les
loix de l'hoſpitalité receuoit librement ceux
qui faiſoient chemin, ſans ſ'enquerir quels ils
eſtoient: & par ce que ſon logis eſtoit aſſez
eſtroit, il auoit eſté contraint de faire des entre-
deux d'aiz pour auoir plus de chambres. Or
quand la Nimphe y arriua, il y auoit deux eſtrã-
gers logez: mais par ce qu'il eſtoit fort tard, ils
eſtoient des-ja retirez & endormis, & de fortune la chambre où la Nimphe fut logée eſtoit
faite de cette ſorte, & tout auprez de la leur,
ſans qu'en ſ'y couchant elle ſ'en prit garde.
Oyant donc murmurer quelqu'vn aupres de
ſon lict: car le cheuet eſtoit tourné de ce coſté-
là, afin de les mieux entendre, elle approcha
l'oreille à la fante d'vne aix, & par hazard l'vn
d'eux releuât la voix vn peu plus, elle ouyt qu'il
reſpondoit ainſi à l'autre: Que voulez-vous que
ie vous die dauãtage, ſinon qu'Amour vous rẽd
ainſi impatient? & bien elle ſe ſera trouuée laſ-
ſe, ou malade, ou incommodée de quelque ſur-
uenant qui l'aura fait retarder, & faut il ſe de-
ſeſperer pour cela? Leonide penſoit bië reçon-
noiſtre ceſte voix: mais elle ne pouuoit ſ'en reſſouuenir entierement, ſi fit bien de l'autre auſſi
toſt qu'il reſpondit: Mais voyez vous, Climanthe, ce n'eſt pas cela qui me met en peine: car
l'attente ne m'ennuyera jamais tant que j'eſpe-
reray quelque bonne iſſuë de noſtre entrepriſe:

Q iiij

ce que ie crains, & qui me met sur les espines où vous me voyez, c'est que vous ne luy ayez pas bien fait entendre ce que nous auions deliberé, ou qu'elle n'ait pas adiousté foy à vos paroles. Leonide oyant ce discours, & reconnoissant fort bien celuy qui parloit : estonnée, & desireuse d'en sçauoir dauantage, s'approcha si pres des aiz, qu'elle n'en perdoit vne seule parole, & lors elle oüyt que Climanthe respondoit. Dieu me soit en ayde auec cét homme. Ie vous ay desia dit plusieurs fois que cela estoit impossible. Oüy bien, dit l'autre, à vostre iugement. Vrayement, respondit Climanthe, pour le vous faire aduoüer, & pour vous faire sortir de ceste peine, je vous veux encor vne fois redire le tout par le meuu.

HISTOIRE DE LA TROMPERIE DE Climanthe.

Pres que nous nous fusmes separez, & que vous m'eustes fait connoistre Galathée, Siluie, Leonide, & les autres Nimphes d'Amasis : aussi bien de veuë que ie les connoissois desia par les discours que vous m'en auiez tenus, ie creus qu'vne des principales choses qui pouuoit seruir à nostre dessein, estoit de sçauoir comme seroit vestu Lindamor le jour de son départ: car vous sçauez, que Clidaman & Guyemants s'en eſtât allez trouuer Meroüé, Amaſis commanda à Lindamor de le ſuiure auec tous les jeunes Cheualiers de ceſte contrée, à fin que Clidaman fuſt reconneu de Meroüé, pour celuy qu'il eſtoit: & par mal-heur, il ſembloit que Lindamor euſt plus de deſſein de faire tenir ſa liurée ſecrette, qu'il n'auoit jamais eu. Si eſt-ce que j'allay ſi bien épiant l'occaſion, qu'vn ſoir qu'il eſtoit au milieu de la ruë, j'oüis qu'il commanda à vn de ſes gens d'aller chez le maiſtre qui luy faiſoit ſes habits, pour luy apporter le hoqueton qu'il auoit fait faire pour le iour de la monſtre; par ce qu'il le vouloit eſſayer: & d'autant qu'il auoit expreſſément deffendu de ne le laiſſer voir à perſonne, il luy donna vne bague pour contre-ſigne: ie ſuiuis d'aſſez loin ceſt homme, pour reconnoiſtre le logis, & le lendemain à bonne heure, ſçachant le nom du maiſtre, j'entray effrontément en ſa maiſon, & luy dis que ie venois de la part de Lindamor, par ce qu'Amaſis le preſſoit de partir, & qu'il craignoit que ces habits ne fuſſent pas faits à temps, & que ie ne m'en fiaſſe point à ce qu'il m'en diroit, mais que ie les viſſe moy-meſme pour luy en r'apporter la verité: Et puis continuant, ie luy dis, Il m'euſt donné la bague que vous ſçauez, pour contreſigne, mais il m'a dit, qu'il ſuffiſoit que ie vous diſſe, que hier au ſoir il auoit enuoyé querir le hoqueton, & que celuy qui le vint demander vous l'auoit apportée: ainſi ie trompay le maiſtre, & remarquay ſes habits le mieux qu'il me fut poſſible, & lors que ie fis ſemblant de le haſter, il me répondit qu'il auoit aſſez de temps, puis que ce iour là meſme, il auoit veu vne lettre d'Amaſis, dans l'aſſemblée de la ville, par laquelle elle leur ordonnoit de ſe tenir armez dans cinq ſemaines, par ce qu'au iour qu'elle leur marquoit, elle vouloit faire ſon aſſemblée dans leur ville, à cauſe de la monſtre generale, que Lindamor & ſes trouppes faiſoient pour aller trouuer Clidaman; & que le lendemain elle vouloit que vous fuſſiez receu pour general de ceſte contrée en ſon abſence: par ce moyen, ie ſçeus le iour du départ de Lindamor, & de plus, que vous demeureriez en ce pays, qui fut vn accident, qui vint tres à propos pour paracheuer noſtre deſſein, quoy que vous en euſſiez eſté deſia bien aduerty. Suyuant cela, ie m'en allay retirer dans ce grand bois de Sauignieu, où ſur le bord de la petite riuiere qui paſſe au trauers, ie fis vne cabane de fueilles, mais ſi cacheé que pluſieurs euſſent paſſé aupres ſans la voir, & cela à fin que l'on creuſt que j'y auois demeuré longuement: car comme vous ſçauez, perſonne ne me cognoiſſoit en ceſte contrée, & pour mieux monſtrer qu'il y auoit long temps que j'y demeurois, les fueilles dont ie couuris cette loge eſtoient deſia toutes ſeiches, & puis ie pris le grand miroir que j'auois fait faire, que ie mis ſur vn autel, que j'entournay de houx, & d'eſpines, y mettant parmy quelques herbes, comme Verueine, fougere, & autres semblables. Sur vn des costez ie mis du Guy, que ie disois estre de chesne : de l'autre la Serpe d'or, dont ie faignois l'auoir couppé le sixiesme de la premiere lune, & au milieu le linceul, où ie l'auois cueilly ; & au dessus de tout cela, j'attachay le miroir au lieu le plus obscur, à fin que mon artifice fust moins apperçeu, & vis à vis par le dessus, j'y accommoday le papier paint, où j'auois tiré si au naturel, le lieu que ie voulois monstrer à Galathée, qu'il n'y auoit personne qui ne le reconneut ; & à fin que ceux qui seroient en bas, s'ils tournoient les yeux en haut ne le vissent, du costé où l'on entroit, j'entrelassay des branches, & des fueilles de telle sorte ensemble, qu'il estoit impossible : & par ce que si l'on eust approché l'autel, se tournant de l'autre costé, on eust sans doute veu mon artifice, ie fis à l'entour vn assez grand cerne, où ie mis les encensoirs de rang, & deffendois à chacun de ne les outre-passer point. Au deuant du miroir, il y auoit vne aiz, sur laquelle Heccathe estoit painte, ceste aiz auoit tout le bas ferré d'vn fusil, & comme vous sçauez, elle ne tenoit qu'à quelques poils de cheual, si deliez, qu'auec l'obscurité du lieu, il n'y auoit personne qui les peust apperceuoir : aussi tost que l'on les tiroit, l'aiz tomboit, & de sa pesanteur frappoit du fusil sur vne pierre si à propos, qu'elle ne manquoit presque jamais de faire feu. J'auois mis au mesme lieu vne mixtion de souffre, & de salpestre qui s'esprend de sorte au feu qui le touche, qu'il s'en esleue vne flame, auec vne si grande promptitude, qu'il n'y a celuy qui n'en demeure en quelque sorte estonné; ce que j'auois inuenté pour faire croire que c'estoit vne espece, ou de diuinité, ou d'enchantement: tant y a que ie trouuay le tout si bien disposé, qu'il me sembloit qu'il n'y auoit rien à redire. Apres toutes ces choses, ie commençay quelquefois à me laisser voir, mais rarement, & soudain que ie prenois garde que l'on m'auoit apperçeu, ie me retirois en ma loge, où ie faisois semblant de ne me nourrir que de racines, par ce que la nuit j'allois achetter à trois, & quatre lieux de là, auec d'autres habits, tout ce qui m'estoit necessaire. Dans peu de jours plusieurs se prirent garde de moy, & le bruit de ma vie fut si grand, qu'il paruint jusques aux aureilles d'Amasis, qui se venoit bien souuent promener dans ces grands jardins de Mont-brison; & entre-autres, vne fois qu'elle y estoit, Silaire, Syluie, Leonide, & plusieurs autres de leurs compagnes, vindrent se promener le long de mon petit ruisseau, où pour lors, ie faisois semblant d'amasser quelques herbes: aussi tost que ie reconneu qu'elles m'auoient apperçeu, ie me retiray au grand pas en ma cabane: elles qui estoient curieuses de me voir, & de parler à moy, me suiuirent à trauers ces grands arbres. Ie m'estois desia mis à genoux, mais quand ie les ouys approcher, ie m'en vins sur la porte, où la premiere que ie rencontray fut Leonide : & parce qu'elle estoit preste d'entrer, la repoussant vn peu, ie luy dis assez rudement : Leonide, la diuinité que ie sers, vous commande de ne profaner ses autels. A ces mots elle se recula, vn peu surprise : car mon habit de Druide me faisoit rendre de l'honneur, & le nom de la diuinité donnoit de la crainte : & apres s'estre r'asseurée, elle me dit ; Les autels de vostre Dieu, quel qu'il soit, ne peuuent estre profanez de receuoir mes vœux : puis que ie ne viens que pour luy rendre l'honneur que le Ciel demáde de nous. Le Ciel, luy répondis-je, demande à la verité les vœux, & l'honneur, mais non point differents de ce qu'il les ordonne : par ainsi, si le zele de la diuinité que ie sers, vous ameine icy, il faut que vous obseruiez ce qu'elle commande. Et quel est son commandement ? adjousta Siluie. Siluie, luy dis je, si vous auez la mesme intention que vostre conpagne, faites toutes deux ce que ie vous diray, & puis vos vœux luy seront agreables. Auant que la Lune commence à décroistre, lauez-vous auant iour la jambe droitte iusques au genoüil, & le bras iusques au coude dans ce ruisseau qui passe deuant ceste saincte cauerne ; & puis la jambe, & le bras nud, venez icy auec vn chapeau de Verueine, & vne ceinture de Fougiere : apres ie vous diray ce que vous aurez à faire pour participer aux sacrez mysteres de ce lieu, que ie vous ouuriray, & declareray. Et lors luy prenant la main, ie luy dis : Voulez vous, pour

LIVRE CINQVIESME DE LA
tesmoignage des graces, dont la diuinité que
ie sers me fauorise, que ie vous die vne partie
de voſtre vie,& de ce qui vous auiendra? Non
pas moy, dit-elle, car ie n'ay point tant de curiosité: mais vous, ma compagne, dit-elle, s'a-
dreſſant à Leonide, ie vous ay veuë autrefois
desireuse de le ſçauoir, paſſez-en à ceſte heure
voſtre enuie. Ie vous en supplie, me dit Leonide, en me presentant la main. Alors me reſ-
souuenant de ce que vous m'auiez dit de ces
Nymphes en particulier, ie luy pris la main, &
luy demanday, si elle estoit née de iour ou de
nuit, & ſçachant que c'eſtoit de nuit, ie pris la
main gauche, & apres l'auoir quelque temps
consideree, ie luy dis: Leonide, ceſte ligne de
vie, nette, bien marquée,& longue, vous monſtre que vous deuez viure, pour les maladies
du corps, aſſez saine, mais ceſte petite croix,
qui eſt sur la mesme ligne, presque au plus
haut de l'angle, qui a deux petites lignes au
deſſus, & trois au deſſous, & ces trois auſſi
qui sont à la fin de celle de la vie, vers la re-
ſtrainte, monſtrent en vous des maladies, que
l'amour vous donnera, qui vous empeſche-
ront d'eſtre auſſi saine de l'esprit, que du corps;
& ces cinq ou six poincts, qui comme petits
grains, sont semez çà & là, de ceſte mesme ligne, me font iuger que vous ne haïrez jamais
ceux qui vous aimeront, mais pluſtoſt que vous
vous plairez d'eſtre aimee,& d'eſtre seruie : Or
regardez ceſte autre ligne, qui prend de la racine de celle dont nous auons desia parlé ; &

passant par le milieu de la main, s'esleue vers le mont de la Lune, elle s'appelle moyenne naturelle, ces coupures que vous y voyez, qui paroissent peu, signifient que vous vous courroucez facilement, & mesme contre ceux sur qui l'Amour vous donne authorité : & ceste petite estoile, qui tourne contre l'enfleure du poulce, monstre que vous estes pleine de bonté, & de douceur, & que facilement vous perdez vos coleres : Mais voyez vous ceste ligne que nous nommons Mensale, qui se joint auec la moyenne naturelle, en sorte que les deux font vn angle : cela monstre que vous aurez diuers troubles en l'entendement pour l'Amour, qui vous rendront quelquefois la vie desagreable ; ce que ie iuge encor mieux, considerant que peu apres la moyenne deffaut, & celle-cy s'assemble auec celle de la vie, si bien qu'elles font l'angle de la Mensale, & de l'autre : car cela m'apprend que tard, ou jamais aurez vous la conclusion de vos desirs. Ie voulois continuer, quand elle retira la main, & me dit: que ce n'estoit pas ce qu'elle me demandoit, car ie parlois trop en general, mais qu'elle vouloit clairement sçauoir, ce qui auiendroit du dessein qu'elle auoit. Alors ie luy respondis: Les Numes celestes, sçauent eux seuls ce qui est de l'aduenir ; sinon en tant que par leur bonté, ils en donnent connoissance à leurs seruiteurs ; & cela quelquefois pour le bien public, quelquefois pour satisfaire aux ardantes supplications de ceux, qui plusieurs fois en

» importunent leurs autels, & bien souuent
» pour faire paroiſtre que rien ne leur eſt ca-
» ché, & toutefois c'eſt apres au prudent inter-
» prete de ce Dieu, de n'en dire qu'autant qu'il
» connoiſt eſtre neceſſaire : par ce que les ſe-
» crets des Dieux ne veulent point eſtre diuul-
» guez ſans occaſion. Ie vous dy cecy, à fin que
voſtre curioſité ſe contente de ce que ie vous
en ay diſcouru vn peu moins clairement que
vous ne deſirez : car il n'eſt pas neceſſaire que
ie le vous die autrement; & à fin que vous connoiſſiez que le Dieu ne m'eſt point chiche de
ſes graces, & qu'il me parle familierement, ie
vous veux dire des choſes qui vous ſont aduenuës, par leſquelles vous iugerez combien ie
ſçay.

En premier lieu, belles Nymphes, vous ſçauez bien que ie ne vous vy jamais, & toutefois
à l'abord, ie vous ay toutes nommées par vos
noms : ce que j'ay fait, parce que ie veux bien
que vous me croyez plus ſçauant que le commun ; non pas à fin que la gloire m'en reuienne, ce ſeroit trop de preſomption, mais à la diuinité que ie ſers en ce lieu. Or il faut que vous
croyez que tout ce que ie vous diray, ie l'ay appris du meſme Maiſtre, & certes en cela ie ne
mentois pas, car c'eſtoit vous Polemas, qui me
l'auiez dit : mais par ce, continuay-je, que les
particularitez rendront peut-eſtre mon diſcours plus long, il ne ſeroit point hors de propos que nous nous miſſions ſous ces arbres
voiſins. A ce mot nous y allaſmes, & lors ie
recom-

recommençay ainsi. Vrayement, interrompit Polemas, vous ne pouuiez conduire auec plus d'artifice ce commencement. Vous iugerez, respondit Climanthe, que la continuation ne fut point auec moins de prudence. Ie pris donc la parole de ceste sorte.

Belle Nimphe, il peut y auoir trois ans, que le gentil Agis, en pleine assemblée, vous fut donné pour seruiteur, à ce commencement vous vous fustes indifferens : car jusques alors, la jeunesse de l'vn & de l'autre, estoit cause que vos cœurs n'estoient capables des passions que l'Amour conçoit, mais depuis ce teps vostre beauté en luy, & sa recherche en vous, commencerent d'éueiller peu à peu ces feux, dont la nature met les premieres estincelles en nous, dés l'heure que nous naissons : de sorte que ce qui vous estoit indifferent, deuint particulier en tous deux, & l'Amour en fin le forma, & nasquit en son ame, auec toutes les passions qui ont accoustumé de l'accompagner, & en vous vne bonne volonté, qui vous faisoit agréer dauantage son affection, & ses seruices que de tout autre. La premiere fois qu'à bon escient il vous en fit ouuerture, fut quand Amasis s'allant promener dans ses beaux jardins de Montbrison, il vous prit sous le bras, & apres auoir demeuré quelque temps sans parler, il vous dit tout à coup. En fin, belle Nymphe, il ne sert de rien que ie dispute en moy-mesme, si ie dois, ou si ie ne dois pas vous declarer ce que j'ay dãs l'ame, car le dissimuler est peut-estre receuable

R.

en ce qui quelquefois peut estre changé : mais ce qui me contraint de parler à cet heure, m'accompagnera iusques au delà du tombeau. Icy ie m'arrestay, & luy dis : Voulez vous Leonide, que ie redie les mesmes paroles que vous luy respondites. Sans mentir, luy dit alors Polemas, vous vous mettiez en vn grand hazard d'estre découuert. Nullement, respondit Climanthe, & pour vous rendre preuue de la perfectō de ma memoire, ie vous diray les mesmes paroles. Mais, repliqua Polemas, si moy-mesmes m'estois oublié à les vous dire? ô, adiousta Climanthe, ie ne doute pas que cela ne soit: mais tant y a que le sujet des paroles estoit celuy que vous m'auez dit, & elle mesme ne sçauroit se ressouuenir des mesmes mots ; de sorte qu'auec l'opinion que ce soit vn Dieu qui me les ait dits, sans doute elle eust creu, que c'estoient ceux-là mesme ; Que si vous n'eussiez esté si familier auec elle, comme vostre secrette affection vous auoit rendu, ie ne l'eusse pas si aisément entrepris : mais me ressouuenant que vous m'auiez dit, que vous l'auiez seruie fort longuement, & que ce seruice auoit esté tousiours bien reçeu, iusques à ce que vous auiez changé d'affection, & que vous estiez deuenu seruiteur de Galathée, & mesmes que cela estoit cause que pour vous faire déplaisir elle tenoit le party de Lindamor contre vous. Ie parlois plus hardiment de tout ce qui s'estoit passé en
„ ce temps-là, sçachant bien que l'Amour ne per-
„ met pas que l'on puisse celer quelque chose à la

perſonne que l'on aime; mais pour retenir à noſtre propos, elle me répondit: Ie veux bien que vous m'en diſiez ce qu'il vous plaira; mais nous en croirons ce que nous voudrons, ce qu'elle diſoit, comme eſtant vn peu picquée de ce qu'elle le vouloit peut eſtre celer à ſes compagnes. Ie ne laiſſay de continuer: Or bien Leonide, vous en croirez ce qu'il vous plaira: car ie m'aſſeure que ie ne vous diray rien qu'en voſtre ame vous ne l'auouyez pour vray. Vous luy répondites, comme faignant de n'entendre pas ce qu'il vouloit dire: Vous auez raiſon Agis, de ne point taire par diſſimulation ce qui vous doit accompagner auſſi longuement que vous viurez, autrement ne pouuant eſtre qu'il ne ſe découure, vous ſeriez tenu pour perſonne double; nom qui n'eſt honorable à nulle ſorte de gens: mais moins à ceux qui font la profeſſion que vous faites. Ce conſeil, donc, répondit-il, & ma paſſion me contraindront de vous dire, belle Nimphe, que ny l'inégalité de vos merites à moy, ny le peu de bonne volonté, que j'ay reconneu en vous, n'ont peu empeſcher mon affection, ny ma temerité, qu'elles ne m'ayent eſleué iuſques à vous; que ſi toutefois non point la qualité du don: mais de la volonté doit eſtre receuable, ie puis dire auec aſſeurance, que l'on ne vous ſçauroit offrir vn plus grand ſacrifice: car ce cœur que ie vous donne, ie le donne auec toutes les affections, & auec toutes les puiſſances de mon ame, & tellement tout, que ce qui après ceſte dona-

R ij

tion, ne se trouuera vostre en moy, ie le desa-
uoüeray, & renonceray comme ne m'appar-
tenant pas : la conclusion fut que vous luy respondites ; Agis, ie croiray ces paroles quand le
temps, & vos seruices me les auront dittes,
aussi bien que vostre bouche : Voila la premiere declaration d'amitié que vous eustes de luy,
de laquelle il vous rendit par apres assez de
preuue, tant par la recherche qu'il fit pour vous
épouser, que par les querelles qu'il prit contre
plusieurs, desquels il estoit jaloux : ce fut en ce
temps que voulant vous friser les cheueux,
vous vous bruslates la jouë, sur quoy il fit tels
vers.

CHANSON,

D'Agis, sur la brusleure de la jouë de Leonide.

Ependant que l'Amour se iouë,
Dedans l'or de vos beaux cheueux,
Vn' étincelle de ses feux,
Par mal-heur vous touche la iouë.

Par là iugez Nimphe cruelle,
Combien en est le feu cuisant,

Puis que ceste seule estincelle
Tant de douleur va produisant.

Cependant que vostre œil eslance,
Encores qu'il en fust vaincœur,
Tant de flâmes contre mon cœur,
L'vne la iouë vous offence.

Pour là iugez Nipmhe cruelle,
Combien en est le feu cuisant,
Puis que ceste seule estincelle,
Tant de douleur va produisant.

Cependant que mon cœur enflâme,
Vouloit son ardeur vous lancer,
Son feu qui ne pût y passer,
Brusla la iouë au lieu de l'ame.

Par là iugez Nimphe cruelle,
Combien est le feu cuisant,
Puis que ceste seule estincelle,
Tant de douleur va produisant.

Et pour vous faire paroistre que veritablement ie sçay ces choses, par vne diuinité qui ne peut mentir, & de qui la veuë, & l'oüye penetrent iusques dans le profond des cœurs, ie vous veux dire vne chose sur ce suiet, que personne ne peut sçauoir que vous & Agis. Elle eut peur que ie ne découurisse quelque secret qui la peust fascher, aussi estoit-ce mon dessein de luy donner ceste apprehension: cela fut cause qu'elle me dit toute troublée: Homme de Dieu, encor que ie ne craigne pas que vous, ou autre puissiez dire chose sur ce sujet, qui me doiue importer, toutefois ce discours est si sensible, qu'il est bien mal-aisé d'y toucher d'vne main si douce, que la blesseure n'en cuise, c'est pourquoy ie vous supplie de le finir. Elle profera ces paroles auec vn tel changement de visage & d'vne voix si interdite, que pour la r'asseurer, ie fus contraint de luy dire. Vous ne deuez me croire auec si peu de consideration, que ie ne sçache celer ce qui pourroit vous offenser, ny que j'ignore que les moindres blesseures sont bien fort sensibles en la partie où ie vous touche: car c'est au cœur à qui toutes ces playes s'addressent: mais puis que vous ne voulez pas en sçauoir dauantage, ie m'en tairay, aussi bien il est temps que ie r'entre vers la diuinité qui me r'appelle: & en cest instant, ie me leuay, & leur donnay le bon iour, puis apres auoir fait quelques apparences de ceremonies sur la riuiere, ie dy assez haut. O souueraine Deité, qui presides en ce lieu, voicy que dans ceste eau, ie me nettoye, & despoüille de tout le profane que la pratique des hommes me peut auoir laissé, depuis que ie suis sorty hors de ton sainct Temple. A ce mot ie donnay trois fois des mains dans l'eau, & puis en puisant au creux de l'vne, j'en pris trois fois dans la bouche,

& les yeux, & les mains tournées au Ciel, j'entray en ma cabane sans parler à elles, & par ce que ie me doutay bien qu'elles auroient assez de curiosité pour venir voir ce que ie ferois, ie m'en allay deuant l'autel, où faisant semblant de me mettre en terre, ie tiray les poils de cheual, qui faisant leur effet, laisserent tomber la petite aiz ferrée qui estoit deuant le miroir, qui donna si à propos sur le caillou, qu'il fit feu, & en mesme temps se prit à la composition, qui estoit au dessous ; si bien que la flâme en sortit auec tant de promptitude, que ces Nimphes qui estoient à la porte, voyant au commencement éclairer le miroir, puis tout à coup le feu si prompt, & violent, prirent vne telle frayeur, qu'elles s'en retournerent auec beaucoup d'opinion, & de ma saincteté, & du respect enuers la Diuinité que ie seruois. Ce commencement pouuoit-il estre mieux conduit que cela ? Non certes respondit Polemas, & ie juge bien quant à moy que toute personne qui n'en eust point esté aduertie, s'y fust aisément trompee.

Cependant que Climanthe parloit ainsi, Leonide l'escoutoit si rauie hors d'elle-mesme, qu'elle ne sçauoit si elle dormoit ou veilloit : car elle voyoit bien que tout ce qu'il racontoit, estoit tres-veritable, & toutefois elle ne pouuoit bonnement croire que cela fust ainsi : & cependant qu'elle disputoit en elle mesme, elle ouyt que Climanthe recommençoit. Or ces Nimphes s'en allerent, & ne puis sçauoir asseurément quel rapport elles firent de moy, si est ce que par conjecture, il y a apparence qu'elles dirent à chacun les choses admirables qu'elles auoient veuës, & comme " la renommée augmente tousiours, la Cour " n'estoit pleine que de moy : & certes en ce temps-là j'eux de la peine à continuer mon entreprise, car vne infinité de personnes vindrent me voir, les vnes par curiosité, les autres pour estre instruites, & plusieurs pour sçauoir si ce que on disoit de moy estoit point controuué, & fallut que j'vsasse de grandes ruses, quelquefois pour échapper, ie disois que ce iour-là estoit vn iour muet pour la deité que ie seruois, vne autre fois que quelqu'vn l'auoit offensée, & qu'elle ne vouloit point respondre, que ie ne l'eusse appaisée par jeusnes : d'autrefois ie mettois des conditions aux ceremonies que ie leur faisois faire, qu'ils ne pouuoiēt paracheuer qu'auec beaucoup de temps, & quelquefois quand le tout estoit finy, j'y trouuois à dire, ou qu'ils n'auoient pas bien obserué tout, ou qu'ils en auoient trop, ou trop peu fait : & par ainsi ie les faisois recommencer, & allois gagnant le temps. Pour le regard de ceux dont quelque chose m'estoit cogneuë : ie les dépeschois assez promptement, & cela estoit cause que les autres desireux d'en sçauoir autant que les premiers, se soufmettoient à tout ce que je voulois. Or durant ce temps Amasis me vint voir, & auec elle Galathée : apres que j'eus satisfait à Amasis sur ce qu'elle me demandoit, qui fut en somme de sçauoir quel seroit le voyage que Clidaman auoit entrepris, & que je luy eus dit qu'il courroit beaucoup de fortune, qu'il seroit blessé, & qu'il se trouueroit en trois batailles, auec le Prince des Francs : mais qu'en fin il s'en reuiendroit auec toute sorte d'honneur & de gloire : elle se retira de moy fort contente, & me pria que je recommandasse son fils à la Deïté que je seruois. Mais Galathée beaucoup plus curieuse que sa mere, me tirant à part, me dit ; Mon pere, obligez moy de me dire ce que vous sçauez de ma fortune. Alors je luy dis, qu'elle me montrast la main, je la regarday quelque temps, puis je la fis cracher trois fois en terre, & ayant mis le pied gauche dessus, ie la tournay du costé du Soleil Leuant, & la fis regarder quelque temps en haut. Ie luy pris la mesure du visage, & de la main, puis la grosseur du col, & auec ceste mesure je mesuray depuis la ceinture en haut, & en fin luy regardant encor vn coup les deux mains, je luy dis; Galathée, vous estes heureuse, si vous sçauez prendre vostre heur, & tres mal-heureuse, si vous le laissez eschapper, ou par nonchalance, ou par Amour, ou par faute de courage : Mais à la verité si vous ne vous rendez incapable du bien à quoy le Ciel vous a destinée, vous ne sçauriez par le desir attaindre à plus de felicité, & tout ce bien, ou tout ce mal, vous est preparé par l'Amour; aduisez donc de prendre vne belle & ferme resolution, en vous-mesme de ne vous laisser esbranler à persuasion d'Amour, ny à conseil d'amie, ny à commandements de parents : que si vous ne le faites, ie ne croy point qu'il y ait sous le Ciel rien de plus miserable que vous serez. Mon Dieu, dit alors Galathée, vous m'estonnez! Ne vous en estonnez point, luy dis-je : car ce que ie vous en dis n'est que pour vostre bien, & afin que vous vous y puissiez conduire auec toute prudence, je vous en veux découurir tout ce que la diuinité qui me l'a appris me permet : mais ressouuenez-vous de le tenir si secret, que vous ne le fiez à personne : Apres qu'elle me l'eust promis, ie continuay de ceste sorte. Ma fille (car l'office auquel les Dieux m'ont appellé me permet de vous nommer ainsi) vous estes & serez seruie de plusieurs grands Cheualiers, dont les vertus & les merites peuuent diuersement vous esmouuoir : mais si vous mesurez vostre affection, ou à leurs merites, ou au jugement que vous ferez de leur Amour, & non point à ce que ie vous en diray, vous vous rendrez autant pleine de mal-heur, qu'vne personne hors de la grace des Dieux le sçauroit estre : car moy qui suis l'interprette de leur volonté, en la vous disant je vous oste toute excuse de l'ignorer; si bien que d'or'en là vous serez desobeïssante enuers eux si vous y contreuenez, &

vous sçauez que le Ciel demande plus l'obeïssance & la soufmission que tout autre sacrifice: par ainsi ressouuenez vous bien de ce que ie vous vay dire. Le jour que les Baccanales vont par les ruës heurlant & tempestant, pleines de l'enthousiasme de leur Dieu, vous serez en la grande ville de Marcilly, où plusieurs Cheualiers vous verront : mais prenez bien garde à celuy qui sera vestu de toille d'or verte, & de qui toute la suitte portera la mesme couleur, si vous l'aimez, je plains dés icy vostre mal-heur, & ne puis assez vous dire, que vous serez la butte de tous desastres & de toutes infortunes : car vous en ressentirez plus encores, que ie ne vous en puis dire. Mon pere, me respondit-elle vn peu estonnée, à cela ie sçay vn bon remede, qui est de ne rien aimer du tout. Mon enfant, luy repliquay-je, ce remede est fort dangereux d'autant que non seulement vous pouuez offenser les Dieux, en faisant ce qu'ils ne veulent pas: mais aussi en ne faisant pas ce qu'ils veulét : par ainsi prenez garde à vous. Et comment, adjousta-t'elle, faut-il que je m'y conduise ? Ie vous ay des-ja dit, luy respondis-je, ce que vous ne deuez pas faire, à ceste heure ie vous diray ce qu'il faut que vous fassiez.

Il faut en premier lieu, que vous sçachiez, que toutes les choses corporelles ou spirituelles ont chacune leurs contraires, & leurs simpathisantes ; des plus petites nous pourrions venir à la preuue des plus grandes, mais pour la connoissance qu'il faut que vous ayez, ce

LIVRE CINQVIESME DE LA
discours seroit inutile : aussi ce que je vous en
dis n'est que pour vous faire entendre, que
tout ainsi que vous auez ce mal-heur contraire à vostre bon-heur, aussi auez-vous vn destin si capable de vous rendre heureuse, que vostre heur ne se peut representer ; & en cela les
Dieux ont voulu recompenser celuy, auquel
ils vous ont sousmise. Puis qu'il est ainsi, me
respondit-elle, je vous conjure, mon pere, par
la diuinité que vous seruez, de me dire quel il
est. C'est, luy dis-je, vne autre personne, que
si vous l'espousez, vous viurez auec toute la
felicité qu'vne mortelle peut auoir. Et qui est-
il ? respondit incontinant Galathée. Belle Nimphe, luy dis-je, ce que ie vous dy ne vient pas
de moy, c'est d'Hecathe que ie sers : De sorte
que si je ne vous en dy dauantage, ne croyez
pas que ce soit faute de volonté : mais c'est
qu'elle ne me l'a point encor découuert, &
cela d'autant que ie n'en ay pas eu la curiosité:
mais si vous en auez enuie, obseruez les choses que je vous diray, & vous en sçaurez tout
ce qui sera necessaire : car encor que liberale-
„ ment les Dieux fassent les biens aux hommes
„ qu'il leur plaist, si veulent-ils estre reconnus
„ pour Dieux, & les sacrifices des mortels leur
„ agreent, comme connoissances qu'ils don-
„ nent de n'estre point ingrats des biens receus.
Apres quelques autres propos, ceste Nimphe
fort interditte me dit, qu'elle ne desiroit rien
dauantage, & qu'elle obserueroit tout ce que
j'ordonnerois. Il est temps à ceste heure, luy

dis-je, car la Lune est en son plein, ou peu s'en faut, & si vous la laissez décroistre, vous ne le pourrez plus : & puis ie luy fis le mesme commandement que j'auois fait à Siluie & à Leonide, de se lauer auant iour dans le ruisseau voisin, la jambe & le bras, & venir de ceste sorte auec vn chappeau de Verueine, & vne ceinture de Fougiere deuant ceste cauerne, & que j'y tiendrois preparé ce qui seroit necessaire pour le sacrifice : mais qu'il ne falloit pas que ceux qui y assisteroient fussent en autre estat qu'elle. Et bien, me dit-elle, j'y viendray auec deux de mes Nymphes, & si secrettement que personne n'en sçaura rien : mais aduisez à ne me parler deuant elles en sorte qu'elles sçachent asseurément cét affaire : car elles tascheroient de m'en diuertir. Ie fus extrémement aise de cét aduertissement, ayant moy-mesme cette mesme crainte, outre que la voyant auec ceste preuoyance, je jugeay qu'elle faisoit dessein de suyure mon aduis, autrement elle ne s'en fust pas souciée : ainsi donc elle s'en alla auec asseurance de reuenir le troisiesme iour d'apres. Or ce qui m'auoit fait dire qu'il falloit que ce fust auant que la Lune descreust, fut afin que si quelqu'autre me venoit importuner de semblable chose, ie peusse trouver excuse sur le deffaut de la Lune, & aussi j'auois dit qu'il falloit que ce fust auant jour, afin d'y auoir moins de personnes. Et quant au jour des Baccanales, j'auois conté que c'estoit ce iour-là que Lyndamor deuoit prendre congé d'Amasis à Marcilly, & d'elle par consequant; & aussi qu'il seroit habillé de vert. Or toutes ces choses ainsi resoluës & preparées, ie donnay ordre à trouuer ce qu'il falloit pour le sacrifice que nous auions à faire le troisiesme jour : car encore que ie ne sceusse guere bien ce mestier, si falloit-il que ie me monstrasse expert en cela, afin qu'elles, qui y estoient accoustumées, n'y trouuassent rien à redire. Vous sçauez que dés le commencement nous y estions preparez, & que nous auions donné ordre pour recouurer tout ce qui estoit necessaire.

Le matin venu, à peine le jour commençoit à poindre, que ie la trouuay en l'estat que ie luy auois ordonné auec Siluie & Leonide, & sans mentir ie desiray alors que vous y fussiez, pour auoir le contentement de voir cette belle, dont les cheueux au gré du vent s'alloient recrespants en onde, n'estant couuerts que d'vn chappeau de Verueine, vous eussiez veu ce bras nud, & ceste jambe blanche comme albastre, le tout gras & poly, en sorte qu'il n'y auoit point d'apparence d'os, la greue longue & droite, & le pied petit & mignard, qui faisoit honte à ceux de Tetis. Il faut que j'aduoüe la verité, ie voulus vn peu passer le temps, & voir dauantage de ces beautez, de sorte que ie leur dis qu'il falloit qu'elles se parfumassent tout le corps d'ancens masle, & de souffre : afin que les visions des Deïtez de Stix ne les peussent offenser : Et leur monſtray à cét effet vn lieu peu reculé, où elles ne pouuoient eſtre veuës que mal-aiſément.

Sur le panchant du vallon voiſin, duquel ce petit ruiſſeau arrouſe le pied, il s'eſleue vn boccage eſpaiſſi branche ſur branche de diuerſes fueilles, dont les cheueux n'ayant jamais eſté tondus par le fer, à cauſe que le bois eſt dedié à Diane, s'entre-ombrageoient eſpandus l'vn ſur l'autre, de ſorte que mal-aiſément pouuoient-ils eſtre percez du Soleil, ny à ſon leuer, ny à ſon coucher; & par ainſi au plus haut du midy meſme, vne chiche lumiere d'vn jour blaſardy palliſſoit d'ordinaire; ce lieu ainſi commode leur donna courage: mais plus encore la curioſité de ſçauoir ce qu'elles deſiroient. Là donc apres auoir pris les parfums neceſſaires, elles vont ſe deſhabiller toutes trois, & moy qui ſçauois quel eſtoit le lieu, m'eſgarant à trauers les halliers, reuins par vn autre coſté où elles eſtoient, & eus commodité de les voir nuës: ſans mentir, ie ne vy de ma vie rien de ſi beau: mais ſur toutes ie trouuay Leonide admirable, fut en la proportion de ſon corps, fuſt en la blancheur de la peau, fuſt en l'embonpoinct, elle les ſurpaſſoit de beaucoup; ſi bien qu'alors ie vous condamnay pour homme peu expert aux beautez cachées, puis que vous l'auiez quittée pour Galathée, qui à la verité a bien quelque choſe de beau au viſage; mais le reſte ſi peu accompagnant ce qui ſe

voit, qu'il se peut auec raison, nommer vn abuseur. Mon Dieu Climanthe, dit alors Polemas, qui ne pouuoit oüyr parler de ceste sorte de ce qu'il aimoit, si vous me voulez plaire laissez ces termes, & continuez vostre discours: car il y a bien de la comparaison du visage de Leonide à celuy de Galathée! En cela, respondit Climanthe, vous pourriez auoir quelque raison: mais croyez moy, qui le sçay pour l'auoir veu, le visage de Leonide est ce qui est de moins beau en son corps. Or je luy conseille donc, dit Polemas tout en colere, qu'elle cache le visage, & qu'elle monstre ce qu'elle a de plus beau: mais voyez vous, vous auiez les yeux troublez tant pour l'obscurité du lieu, que pour auoir tout l'entendement à vostre entreprise, de sorte qu'en ce temps-là mal-aisément en pouuiez-vous faire quelque bon iugement: mais laissons cela à part, & continuez vostre discours ie vous supplie. Leonide qui escoutoit tous ces propos, voyant auec quel mespris Polemas parloit d'elle; se ressentit de sorte offensée contre luy, que jamais depuis elle ne luy pût pardonner, & au contraire quoy qu'elle vouluft mal à la ruse de Climanthe, si l'aimoit-elle en quelque sorte soyant loüer: car il n'y a rien qui chatoüille dauantage vne fille que la loüange de sa beauté, & mesme quand elle est hors de soupçon de flatterie. Cependant qu'elle estoit en ces pensers, elle oüyt qu'il continuoit ainsi. Or ces trois belles Nimphes
s'en

s'en reuindrent vers moy, & me trouuerent au deuant de ma cauerne, où ie faisois vne fosse pour le sacrifice ; d'autant que soudain qu'elles auoient commencé de se r'abiller, ie m'en estois reuenu, & auois eu le loisir d'en faire vne partie : Ie la creusay d'vne coudée & de quatre pieds en rond, puis j'allumay trois feux à l'entour, d'encens, d'ache, & de pauot, & auec vn encensoir, ie parfumay le lieu trois fois en rond, & autant ma cabane, & puis ie leur entournay le corps de Verueine, & leur fis à chacune vne couronne de pauot, & mis dans leur bouche du sel, que ie leur fis mâcher. Apres ie pris trois genices noires, & les plus belles que j'eusse sceu choisir, & neuf brebis qui n'auoient point esté connuës du bellier, dont la laine noire & longue ressembloit à de la soye, tant elle estoit douce & deliée ; ie conduisis ces animaux sans les frapper sur la fosse, où m'estant tourné du costé de l'Occident, ie les poussay sur le bord, de la main gauche, & de l'autre ie prins le poil qui estoit entre les cornes, & le jettay dedans le creux, y respandant ensemble du lait, & de la farine, du vin, & du miel, & apres auoir appellé quatre fois Hecathe, ie mis le cousteau dans le cœur des animaux, l'vn apres l'autre, & en receus le sang dans vne tasse, & puis r'appellant encore Hecathe, ie le laissay tomber peu à peu dedans. Lors me semblant qu'il ne restoit plus rien à faire ie me releuay sur le bout des pieds, & faisant comme le transporté, ie dis aux

S

Nimphes: voicy le Dieu, il eſt temps ; & prenant Galathée par la main, nous entraſmes tous quatre dedans. Ie m'eſtois rendu farouche, j'auois les yeux ouuerts, & rouans dans la teſte, la bouche ent'rouuerte, l'eſtomach pantelant, & le corps comme tremouſſant par le ſainct Enthouſiaſme. Eſtant pres de l'autel, je dis : O ſaincte Deïté, qui preſides en ce lieu, donne moy que ie puiſſe reſpondre à ceſte Nimphe auec verité ſur ce qu'elle m'a demandé : le lieu eſtoit fort obſcur, & n'y auoit clarté que celle que deux petits flambeaux donnoient, qui eſtoient allumez ſur l'autel ; & le jour qui eſtoit des-ja aſſez grand donnoit vn peu de clarté à l'endroit où eſtoit le papier paint, afin qu'il ſe peuſt mieux repreſenter dans le miroir. Apres auoir dit ces mots, ie me laiſſay choir en terre, & ayant tenu quelque temps la teſte en bas, ie me releuay, & m'adreſſant à Galathée, ie luy dis : Nimphe aimée du Ciel, tes vœus & tes ſacrifices ont eſté receus, la Deïté que nous auons reclamée, veut que par la veuë, & non ſeulement par l'oüye, tu ſçaches où tu dois trouuer ton bien : Approche toy de cét autel, & dy apres moy : O grande Hecathe qui preſides aux Palus Stigieux, ainſi jamais le chien à trois teſtes ne t'aboye quand tu y deſcendras : ainſi tes autels fument touſjours d'agreables ſacrifices, comme ie te promets tous les ans de les charger d'vn ſemblable à ceſtuy-cy : pourueu, grande Déeſſe, que par toy ie voye ce que ie te requiers. A ceſte derniere parole, ie touchay les poils de cheual, ausquels la petite ayx estoit suspanduë, qui estant laschée tomba, & sans manquer donnant sur le caillou, fit le feu accoustumé, auec vne flame si prompte, que Galathée fut surprinse de frayeur: mais ie la retins & luy dis, Nimphe, n'ayez peur, c'est Hecathe qui vous monstre ce que vous demandez: lors la fumée peu à peu se perdant, le miroir se vid: mais vn peu troublé de la fumée de ce feu, qui fut cause que prenant vne esponge möüillée, que je tenois expressément au bout d'vne cane, je passay deux ou trois fois sur la glace qui la rendit fort claire, & de fortune le Soleil leua en mesme temps, donnant si à propos sur le papier paint, qu'il paroissoit si bien dans le miroir, que ie ne l'eusse sceu desirer mieux. Apres qu'elles y eurent regardé quelque temps, ie dis à Galathée, ressouuiens toy Nimphe, qu'Hecathe te fait sçauoir par moy, qu'en ce lieu que tu vois representé dans ce miroir, tu trouueras vn diamant à demy perdu, qu'vne belle & trop desdaigneuse a mesprisé, croyant qu'il fust faux: & toutefois il est d'inestimable valeur, prends le & le conserues curieusement: Or ceste riuiere, c'est Lignon, ceste Saulaye qui est deça, c'est le costé de Mont-verdun, au dessous de ceste coline, où il semble qu'autrefois la riuiere ait eu son cours, remarque bien le lieu & t'en ressouuiens. Puis tirant la Nimphe à part, ie luy dis, mon enfant vous auez, comme ie vous ay dit, vne

S ij

influence infiniment mauuaise, & vne autre
la plus heureuse qu'on puisse desirer: La mauuaise ie la vous ay ditte, gardez vous-en si vous
aimez vostre contentement: La bonne, c'est
celle-cy, que vous voyez dans ce miroir: Remarquez, donc bien le lieu que ie vous y ay
fait voir; & afin de vous en mieux ressouuenir,
apres que j'auray parlé à vous retournez le
voir, & le remarquez bien: car le iour que la
lune sera au mesme estat qu'elle est aujour-
d'huy enuiron ceste mesme heure, vn peu plus
tost ou vn peu plus tard, vous trouuerez celuy
que vous deuez aimer. S'il vous void auant que
vous luy, il vous aimera: mais difficilement le
pourrez vous aimer: au contraire si vous le
voyez la premiere, il aura de la peine à vous
aimer, & vous l'aimerez incontinant: si faut-il
comme que ce soit que par vostre prudence
vous surmontiez cette contrarieté; resoluez-
vous donc, & de vous vaincre, & de le vaincre
s'il est de besoin: car sans doute auec le temps
vous y paruiendrez; que si vous ne le rencon-
trez la premiere fois, retournez y la Lune d'a-
pres au mesme iour, & enuiron ceste mesme heure, & continuez ainsi jusques à la
troisiesme, si à la seconde vous ne l'y ren-
contrez; Hecathe ne veut pas bien m'as-
„ seurer du iour. Les Dieux se plaisent de met-
„ tre de la peine en ce qu'ils veulent nous don-
„ ner, afin que l'obeïssance qu'en cela nous leur
„ rendons, soit tesmoignage combien nous les
„ estimons. Lors prenant vne petite houssine ie

m'approchay du miroir, & luy monstray auec
le bout tous les lieux. Voyez-vous, luy disois-
je, voila la montagne d'Isoure, voila Mont-
verdun, voila la riuiere de Lignon : Or voyez
vous là Cala à ce bord de deçà, & vn peu plus
bas là Pra; allant à la chasse vous y auez passé
souuent, vous pourrez bien le reconnoistre.
Or, Nimphe, Hecathe te mande encor par
moy, que si tu n'obserues ce qu'elle t'a declaré, & ce que tu luy as promis, elle augmentera
le mal-heur dont le destin te menasse : & puis
changeant vn peu de voix, ie luy dis; Et ie suis
tres-aise qu'auant mon depart j'aye esté si heureux que de vous auoir donné cét aduis : car
encor que ie ne sois point de ceste contrée, si
est ce que vostre vertu & vostre pieté enuers
les Dieux m'obligent à vous aimer, & à prier
Hecathe qu'elle vous conserue & rende heureuse, & par là vous voyez que ie suis du tout
à ceste Déesse, puis que m'ayant commandé
de partir dans demain, sans luy contredire ie
m'y resolus, & vous dis a-dieu. A ce mot ie les
mis hors de la cabane; & leur ostant les herbes
que ie leur auois mises autour, ie les bruslay
dans le feu qui estoit encor allumé, & puis me
retiray.

Ie vous veux dire à ceste heure, pourquoy
ie luy dis que ce fust à la pleine Lune : car vous
vous estes fasché que ie luy aye donné si long
terme, ie l'ay fait afin que Lindamor fust party auant qu'elle y allast, n'y ayant pas apparence qu'Amasis le luy eust permis aupara-

S iij

uant ; & puis encor falloit-il que vous, qui deuiez prendre la charge de toute la Prouince,
eussiez vn peu de loisir de demeurer pres d'A-
masis, apres le depart de tous ces Cheualiers,
pour y commencer à donner quelque ordre:
puis que d'aller si promptement à la chasse,
chacun en eust murmuré ; d'autant que
„ vous sçauez, combien vne personne qui se
„ mesle de l'Estat, est sujette aux enuies & ca-
„ lomnies. Ie luy donnay les trois Lunes apres,
afin que si vous y failliez vn jour, vous y pus-
siez estre l'autre. Ie luy dy, que si elle vous
voyoit la premiere, qu'elle vous aimeroit facilement ; que si c'estoit vous, ce seroit au contraire, & cela seulement pour ce que ie sçauois
fort bien que vous seriez le premier à la voir:
si bien qu'elle trouueroit veritable en elle-
mesme ceste difficulté d'Amour : car comme
vous sçauez elle aime Lindamor. Ie luy dis
que ie deuois partir le lendemain, afin qu'elle
ne trouuast pas estrange mon depart, si de fortune elle reuenoit me chercher pour quelque
autre curiosité : car ayant fait enuers elle ce
que nous auions resolu, ma plus grande haste
estoit de m'en aller pour n'estre reconnu de
quelque Druide qui m'eust fait chastier, &
vous sçauez bien que ç'a tousiours esté là toute ma crainte : vous semble-t'il que j'y aye
oublié quelque chose? Non certes, dit alors Polemas : mais que peut-estre ce qui l'a des-ja re-
tardée si long temps ? Quát à moy, dit Climanthe, ie ne le puis sçauoir, si ce n'est qu'elle n'ait

pas bien conté les jours de la Lune : mais puis que rien ne vous presse, & que vous pouuez encor vous retrouuer icy au temps que ie luy ay donné, ie suis d'aduis que vous le fassiez, & que tous les matins deux iours auant & apres vous ne manquiez point d'aller là à bonne heure : car il est tout vray, que le premier iour nous y fusmes vn peu trop tard. Et que voulez vous, respondit Polemas, que j'y fasse ? ce fut la perte de ce Berger qui se noya qui en fut cause, & vous sçauez bien que le bord de la riuiere estoit si plein de personnes, que ie n'eusse peu demeurer là seul sans soupçon : mais si ne retardasmes nous pas beaucoup, & n'y a pas apparence qu'elle y fust ce iour-là : car ie m'asseure que la mesme occasion qui m'en empescha l'aura aussi fait retarder, pour n'estre point veuë. Ne vous persuadez point cela, repliqua Climanthe, elle estoit trop desireuse d'obseruer ce que ie luy auois ordonné : Mais il me semble qu'il seroit temps de se leuer, afin que vous partissiez : & lors ouurant les fenestres il vid poindre le jour. Sans doute, luy dit-il, auant que vous soyez au lieu où vous deuez estre, l'heure sera passée : hastez vous : car il vaut mieux en toutes choses auoir plusieurs heures de reste qu'vn moment de moins. Et voulez vous, luy dit Polemas, que nous y allions encore ? pensez-vous qu'elle y vienne, y ayant plus de quinze iours que le temps est passé ? Peut-estre, respondit-il, aura-t'elle mal conté, ne laissons pas de nous y trouuer.

Leonide qui craignoit d'estre veuë ou par Polemas, ou par Climanthe, n'osa se leuer qu'ils ne fussent partis; & afin de reconnoistre le visage de Climanthe, lors qu'il fut jour, elle le considera de sorte, qu'il luy sembla impossible qu'il se pûst dissimuler à elle; & soudain qu'elle les vid sortir hors de la maison, elle dépescha de s'abiller: & apres auoir pris congé de son hoste, continua son voyage, si confuse en elle mesme du malicieux artifice de ces deux personnes, qu'il luy sembloit que toute autre y eust esté deceuë aussi bien qu'elle : si est-ce que le mespris que Polemas auoit fait de sa beauté, la picquoit si viuement, qu'elle resolut de remedier par sa prudence à sa malice, & de faire en sorte que Lindamor en son absence ne ressentist les effets de ceste trahison ; ce qu'elle iugea ne se pouuoir faire mieux que par le moyen de son oncle Adamas, auquel elle fit dessein de declarer tout ce qu'elle en sçauoit. Et en ceste resolution, elle se hastoit pour aller à Feurs, où elle pensoit le trouuer ; mais elle y arriua trop tard : car dés le matin il estoit party pour s'en retourner chez luy, ayant le jour auparauant paracheué, ce qui estoit du sacrifice : & des-ja le Soleil commençoit à eschauffer bien fort, quand il se trouua dans la grande plaine de Mont-verdun ; & par ce qu'à main gauche il remarqua vne touffe d'arbres qui faisoient ce luy sembloit, vn assez gracieux ombrage, il y tourna ses pas en volonté de s'y reposer quelque téps. A peine y estoit-il arriué, qu'il vid venir d'assez loing vn Berger, qui sembloit chercher ce mesme lieu, pour la mesme occasion qui luy auoit conduit : & par ce qu'il móstroit d'estre fort pensif en soy-mesme, lors qu'il arriua, Adamas pour ne le distraire de ses pensées, ne le voulut point saluer: mais sans se faire voir à luy, voulut écouter ce qu'il alloit disant: & peu apres qu'il se fut assis de l'autre costé du buisson, il ouyt qu'il reprit la parole ainsi. Et pourquoy aymerois-je ceste volage ? En premier lieu sa beauté ne m'y peut contraindre, car elle n'en a pas assez pour auoir le nom de belle : & puis ses merites ne sont point tels, que s'ils ne sont aidez d'autres considerations, ils puissent retenir vn honneste homme à son seruice; & en fin son amitié qui estoit tout ce qui m'obligeoit à elle, est si muable, que s'il y a quelque impression d'Amour en son cœur, ie croy qu'il est non seulement de cire, mais de cire presque fondue, tant il reçoit aisément les figures de toutes nouueautez, & qu'il ressemble à ses yeux, qui reçoiuent les figures de tout ce qu'on leur presente : mais aussi qui les perdent aussi tost que l'object n'en est plus deuant eux : que si ie l'ay aimée, il faut que j'aduouë, que c'est par ce que ie pensois qu'elle m'aimast : mais si cela n'estoit pas, ie l'excuse : car ie sçay bien qu'elle mesme pensoit de m'aimer. Ce Berger eust continué dauantage, n'eust esté qu'vne Bergere, de fortune y suruint, qui sembloit l'auoir suiuy de loing; & quoy qu'elle eust ouy quelques paroles des siennes, si n'en fit elle semblant, & au contraire s'asseant aupres de luy, elle luy dit : Et bien, Corilas, quel nouueau soucy est celuy qui vous retient si pensif ? Le Berger luy respondit le plus dédaigneusement qu'il peut, & sans tourner la teste de son costé : C'est celuy qui me fait rechercher auec quelle nouuelle tromperie vous laisserez ceux qu'à ceste heure vous commencez d'aimer. Et quoy, dit la Bergere, pourriez-vous croire que j'affectionne autre que vous? Et vous, dit le Berger, pourriez-vous croire, que ie pense que vous m'affectionnez ? Que croyez vous donc de moy ? dit-elle. Tout le pire, respondit Corilas, que vous pouuez croire d'vne personne que vous haïssez. Vous auez, adjousta-t'elle, d'estranges opinions de moy. Et vous, dit Corilas, d'estranges effets en vous. O Dieux! dit la Bergere, quel homme ay-je trouué en vous ? C'est moy, respondit le Berger, qui puis dire auec beaucoup plus de raison, en vous rencontrant, Stelle, Quelle femme ay je trouuée ? car y a t'il rien qui soit plus capable d'amitié que vous ? vous dis-je, qui ne vous plaisez qu'à tromper ceux qui se fient en vous, & qui imitez le chasseur, qui poursuit auec tant de soing la beste dont apres il donne curée à ses chiens. Vous auez, dit-elle, si peu de raison en ce que vous dittes, que celuy en auroit encore moins, qui s'arresteroit à vous respondre. Pluft à Dieu, dit le Berger, que j'en eusse tousiours eu autant en mon ame, qu'à ceste heure j'en ay en mes paroles, ie n'aurois pas le regret qui m'afflige. Et apres s'estre l'vn & l'autre teus pour quelque temps, elle releua sa voix, & chantant luy parla de ceste sorte : & luy de mesme, pour ne demeurer sans réponse, luy alloit repliquant.

DIALOGVE
DE STELLE, ET CORILAS.

STEL.

Voudriez vous estre mon Berger,
   A faute d'Amour infidelle ?
COR.
Pour suiure vostre esprit leger,
   Il faut plustost vne bonne ayle,
   Que non pas vn courage haut,
   Mais vous suiure c'est vn deffaut.
STEL.
Vous n'auez pas tousiours pensé,
   Que m'aimer fust erreur si grande.
COR.
Ne parlons plus du temps passé,
   Celuy vit mal, qui ne s'amende :
   Le passé ne peut reuenir,
   Ny moy non plus m'en souuenir.

LIVRE CINQVIESME DE LA

STEL.

Que c'est de ne sçauoir aymer,
    Et se figurer le contraire ?

COR.

Pourquoy me voulez vous blasmer,
    De ce que vous ne sçauez faire ?
Vous aimez par opinion,
Et non pas par election.

STEL.

Ie vous aime, & vous aimeray,
    Quoy que vostre Amour soit changée.

COR.

Moy, iamais ie ne changeray,
    Celle où mon ame est engagée :
Ne croyez point qu'à chaque iour,
Ie change comme vous d'Amour.

STEL.

Vous estes donques resolu
    De suiure vne amitié nouuelle ?

COR.

Si quelquefois vous m'auez plu,
    Ie vous iugeois estre plus belle :
I'ay depuis veu la verité,
Vous auez trop peu de beauté.

STEL.

Infidelle! vous destruisez
    Vne amitié qui fut si grande?

COR.

De vostre erreur vous m'accusez,
Le battu paye ainsi l'amende :
Mais dittes ce qu'il vous plaira,
Ce qui fut iamais ne sera.

STEL.

Mais quoy, vous m'aimez en effet,
Qui vous fait estre si volage ?

COR.

Quand on voit l'erreur qu'on a fait,
Changer d'aduis, c'est estre sage :
Il vaut mieux tard se repentir,
Que iamais d'erreur ne sortir.

STEL.

Le change oste donc d'entre nous,
Ceste amitié que ie desire.

COR.

Le change m'a fait estre à vous,
De vous le change me retire :
Mais si ie plains changeant ainsi,
C'est d'auoir tardé iusqu'icy.

STEL.

Et quoy, l'honneur ny le deuoir
Ne sçauroient vaincre vne humeur telle ?

COR.

Qu'est-ce qu'en vous ie puis plus voir,
Qui ceste amitié ronouuelle,

Dont vos faintes m'auoient espris,
Puis qu'en son lieu i'ay le mépris?
STEL.
Ie vous verray pour me venger,
Sans estre aimé, seruir quelqu'autre.
COR.
Bien tost d'vn tel mal, le changer
Me guerira comme du vostre:
Et si ie fais onc autrement,
I'auray perdu l'entendement.
STEL.
Et n'aurez vous point de regret,
D'vne infidelité si grande?
COR.
I'en ay prononcé le decret,
Celuy me doit qui me demande:
Mais demandez, & plaignez vous,
Toute Amour est morte entre nous.

La Bergere voyant bien qu'il ne demeureroit jamais sans replique à ses demandes, laissant le chanter, luy dit. Et quoy, Corilas, il n'y a donc plus d'esperance en vous? Non plus, dit-il, qu'en vous de fidelité, & ne croyez point que vos faintes, ny vos belles paroles me puissent faire changer de resolution : ie suis trop affermy en ceste opiniastreté; de sorte que c'est en vain que vous essayez vos armes contre moy, elles sont trop foibles, ie n'en crains plus les coups, ie vous conseille de les esprouuer contre d'autres, à qui leur connoissance ne lasse pas mépriser comme à moy ; il ne peut estre que vous n'en trouuiez à qui le Ciel pour punir quelque secrette faute, ordonne de vous aimer, & ils vous seront d'autāt plus agreables, que la nouueauté vous plaist sur toute chose. A ce coup la Bergere fut à bon escient piquée, toutefois faignant de tourner ceste offense en risée, elle luy dit en s'en allant. Que ie me moque de vous Corilas, & de vostre colere, nous vous reuerrons bien tost en vostre bonne humeur ! Cependant contentez-vous que ie patiente vostre faute sans que vous la rejettiez sur moy. Ie sçay, repliqua le Berger, que c'est vostre coustume de vous moquer de ceux qui vous aiment, mais si l'humeur que j'ay me dure, ie vous asseure que vous pourrez long temps vous mocquer de moy, auant que ce soit d'vne personne qui vous aime. Ainsi se separerent ces deux ennemis : & Adamas qui les auoit escoutez, ayant connoissance par leurs noms de la famille dont ils estoient, eut enuie de sçauoir dauantage de leur affaire, & appellant Corilas par son nom le fit venir à luy ; & parce que le Berger se monstroit estonné de ceste surprise, pour le respect qu'on portoit à l'habit, & à la qualité du Druide, à fin de le r'asseurer, il le fit asseoir auprès de luy, & puis luy parla ainsi. Mon enfant, car tel ie vous puis nommer pour l'amitié que j'ay tousiours portée à tous ceux de vostre famille, il ne faut que vous soyez marry d'auoir parlé si franchement à Stelle deuant moy. Ie suis tres-aise d'auoir sçeu vostre prudence : mais ie desirerois d'en sçauoir dauantage, à fin de vous conseiller si bien en cest affaire que vous n'y fissiez point d'erreur ; & pour moy, ie ne croy pas y auoir peu de difficulté, puis que les loix de la ciuilité, & de la courtoisie obligent peut estre dauātage qu'on ne pense pas. Aussi tost que Corilas auoit veu le Druide, il l'auoit bien recōneu pour l'auoir veu plusieurs fois en diuers sacrifices : mais n'ayant jamais parlé à luy, il n'auoit la hardiesse de luy raconter par le menu ce qui s'estoit passé entre Stelle & luy, quoy qu'il desirast fort que chacun sceust la iustice de sa cause, & la perfidie de la Bergere : dequoy s'apperceuant Adamas, à fin de luy en donner courage, il luy fit entendre qu'il en sçauoit desia vne partie, & que plusieurs le racontoient à son desauantage, ce qu'il oyoit auec déplaisir, pour l'amitié qu'il auoit tousiours portée aux siens. Ie crains, répondit Corilas, que ce ne vous soit importunité d'ouïr les particularitez de nos villages. Tant s'en faut, repliqua t'il, ce me sera beaucoup de satisfaction, de sçauoir que vous n'auez point de tort, aussi bien veux-je passer icy vne partie de la chaleur, & ce sera autant de temps employé.

HISTOIRE

HISTOIRE DE STELLE, ET CORILAS.

Vis que vous le commandez ainsi, dit le Berger, il faut que ie prenne ce discours d'vn peu plus haut. Il y a fort long temps que Stelle demeura vefue d'vn mary, que le Ciel luy auoit donné, pluſtoſt pour en auoir le nom que l'effet : car outre qu'il eſtoit maladif, ſa vieilleſſe qui approchoit de ſoixante & quinze ans, luy diminua tellement les forces, qu'elle le contraignit de laiſſer ceſte jeune vefue auant preſque qu'elle fuſt vrayement mariée : l'amitié qu'elle luy portoit ne luy fit pas beaucoup reſſentir ceſte perte, ny ſon humeur auſſi, qui n'a jamais eſté de prendre fort à cœur les accidents qui luy ſuruiennent. Demeurant donc fort ſatisfaite en ſoy-meſme, de ſe voir deliurée tout à coup de deux ſi peſants fardeaux, à ſçauoir de l'importunité d'vn faſcheux mary, & de l'authorité que ſes parens auoient accouſtumé d'auoir ſur elle ; Incontinent elle ſe mit à bon eſcient au mode, & quoy que ſa beauté, ainſi que vous auez veu, ne ſoit pas de celles qui peuuent contraindre à ſe faire aimer, ſi eſt-ce que ſes affetteries ne déplaiſoient point à la pluſpart de ceux qui la voyoient. Elle pouuoit auoir dixſept ou dixhuit ans, âge tout propre à commettre beaucoup d'imprudences, quand on a la libert-

T

té. Cela fut cause que Saliam, son frere, treshon-
neste, & tres-aduisé Berger, & des plus grands
amis que j'eusse, ne pouuant supporter ses li-
bres & coustumieres recherches, à fin de luy en
oster les commoditez en quelque sorte, se resolut de l'esloigner de son hameau, & la mettre
en telle compagnie qu'elle peut passer son âge
plus dangereux sans reproche. Pour cet effet, il
pria Cleanthe de trouuer bon qu'elle fit compagnie à sa petite fille Aminthe, par ce qu'elles
estoient presque d'vn âge, encore que Stelle en
eust quelque peu d'auantage : & d'autant que
Cleanthe le trouua bon, elles commencerent
ensemble vne vie si priuée, & si familiere, que
jamais ces deux Bergeres n'estoient l'vne sans
l'autre : plusieurs s'estonnoient qu'estant si differentes d'humeurs, elles peussent se lier si
estroitement : mais la douce pratique d'Aminthe, & le souple naturel de Stelle en furent cause, & ainsi jamais Aminthe ne dedisoit les de-
liberations de sa compagne, & Stelle ne trouuoit jamais rien de mauuais de tout ce que
Aminthe vouloit. De ceste sorte elles vesquirent si priuément, qu'il n'y auoit rien de caché
entre elles. Mais en fin Lysis fils du Berger Ge-
netian, laissant les vallons gelez de Mont-Lu-
ne, descendit en nostre plaine, où ayant veu
Stelle en vne assemblée generalle qui se faisoit
au Temple de Venus, vis à vis de Mont-Suc,
lors mesme qu'Astrée eut le prix de beauté : Il
en deuint de sorte amoureux, que ie ne croy
pas qu'il ne le soit encores au tombeau ; & elle

se trouua tant à son gré, qu'apres plusieurs voyages, & plusieurs messages, ses affections passèrent si auant que Lysis fit parler de mariage, à quoy elle fit toute telle réponse qu'il eust sçeu desirer. En ce temps-là Saliam fut contraint de faire vn voyage si lointain qu'il ne sçeut rien de tout ce traitté, outre qu'elle s'estoit desia prise vne si grande authorité sur soy-mesme, qu'elle ne luy communiquoit pas beaucoup de ses affaires : d'autre costé, Aminthe la voyant si tost resoluë à ce mariage, plusieurs fois luy demanda si c'estoit à bon escient, & qu'il luy sembloit qu'en chose de si grande importance, il y falloit bien regarder. Ne vous en mettez point en peine, luy dit-elle, je sortiray aisément de cest affaire. Sur cela Lysis, qui poursuiuoit fort viuement, prit jour assigné pour faire l'assemblée, & se met aux dépenses accoustumées en semblable occasion, tenant son mariage pour asseuré. Mais l'humeur coustumiere de plusieurs femmes, de ne faire personne maistre de leur liberté, l'empescha de cotinuer son premier dessein, qu'elle taschea de rompre par des demandes, tant déraisonnables, qu'elle croyoit que les parents & amis de Lysis n'y consentiroiet jamais; mais l'Amour qu'il luy portoit, estant plus fort que toutes ces difficultez, elle fut enfin contrainte de le rompre sans autre couuerture que de son peu de bonne volonté. Si Lysis fut offensé, vous le pouuez juger, receuant vn si grand outrage, toutefois il ne peust chasser cet Amour qu'il ne fust encor vainqueur; & me souuiens

T ij

que sur ce discours il fit ces vers, que depuis
lors que nous fusmes amis, il me donna.

SONNET,

Sur vn d'épit d'Amour.

Espit foible guerrier, parrain audacieux,
Qui me conduis au camp sous de si foibles armes,
Contre vn Amour armé de fléches & de charmes,
Amour si coustumier d'estre victorieux.

Si le vent de son aisle aux premieres alarmes
Fait fondre tes glaçons, qui coulent de mes yeux;
Et que feront les feux, qui consument les Dieux,
Et qui vont s'irritant par les torrents de larmes?

Ie viens crier mercy, vaincu ie tens la main,
Fléchissant sous le joug du vainqueur inhumain,
Qui de ta resistance augmentera ta gloire:

Ie veux pour mon salut faire armer la pitié,
Et si de ma Bergere, elle émeut l'amitié;
Mon sang soit mon triomphe, & ma mort ma Victoire.

Ce qui fut cause de ce changement en Stelle, fut vne nouuelle affection, que la recherche d'vn Berger nommé Semire, fit naistre dans son ame, dequoy Lysis s'apperceut le dernier, par ce qu'elle se cachoit plus de luy que de tout autre: Ce Berger est entre tous ceux que je vis jamais, le plus diſſimulé & cauteleux, du reſte tres honneſte homme, & perſonne qui a beaucoup d'aimables parties; qui donnerent occaſion à la Bergere de refuſer, contre ſa promeſſe, l'alliance de Lyſis, mettant ce refus en ligne de faueur à ſon nouuel Amant, qui toutefois ne triompha pas longuement de ceſte victoire : car il aduint que Lupeandre faiſant vne aſſemblée pour le mariage de ſa fille Olimpe: Lyſis & Stelle y furent appellez, & parce que nous ſommes fort proches parents Olimpe & moy, ie ne vouluz faillir de m'y trouuer : ie ne ſçay ſi ce fut vengeance d'Amour, ou que le naturel inconſtant de la Bergere par ſon branſle incertain, l'a rapportaſt d'où elle eſtoit partie, tant y a qu'elle ne reuit pas ſi toſt Lyſis, qu'il luy reprit fantaſie de ler'appeller, & pour ceſt effet n'oublia nulles de ſes affetteries, dont la nature luy a eſté imprudemment prodigue : mais le courage offenſé du Berger, luy donnoit d'aſſez bonnes armes, non pas pour ne l'aimer, mais pour cacher ſeulement ſon affection. En fin ſur le ſoir que chacun eſtoit attentif, qui à dancer, & qui à entretenir la perſonne plus à ſon gré, elle le pourſuiuit de ſorte, que le ſerrant contre vne feneſtre, d'où il ne pouuoit honneſtement échapper, il fut contraint de ſouſtenir les efforts de ſon ennemie. D'autre coſté Semire qui auoit touſiours l'œil ſur elle, ayant remarqué les pourſuittes qu'elle auoit faites tout le ſoir à ce Berger, ſuiuant le naturel de tout Amant, commença à laiſſer naiſtre quelque jalouſie en ſon ame, sçachant bien que la mesche nouuellement estainte se r'allume fort aisément ; & voyant qu'elle auoit serré Lysis contre la fenestre, à fin d'oüir ce qu'elle luy disoit, faignant de parler à quelqu'autre, il se mit si pres d'eux, qu'il oüit qu'elle luy demandoit pourquoy il la fuyoit si fort. Vrayement, répondit Lysis, c'est me poursuiure à outrance, & auec trop d'effronterie. Mais encore, reprit Stelle, que ie sçache d'où procedent ces injures, peut-estre que m'ayant ouye, & jugeant sans passion, tout le mal ne sera du costé de celuy que vous pesez. Pour Dieu, répondit Lysis, Bergere, laissez moy en paix, & qu'il vous suffise que ces injures procedent de la haine que ie vous porte, & l'occasion de ma haine, de vostre legereté, qui la rend si iuste, que pluft au Ciel que celuy qui en a tout le tort, en ressentist aussi tout le déplaisir : mais mettons toutes ces choses sous les pieds, & en perdez aussi bien la memoire que j'ay perdu toute volonté de vous aimer. I'entens, répondit Stelle, d'où procede vostre courroux, & certes vous auez bien raison de vous en formaliser de ceste sorte, voyez ie vous supplie le grād tort qu'ō luy a fait de ne l'auoir reçeu pour mary, aussi tost qu'il s'est presenté ; n'est-ce pas la coustume de ne le faire jamais demander deux fois? A la verité, si ie ne vous ay pris au mot, ie vous ay fait vne grande offense : mais quelle apparence y a t'il aussi de refuser vne personne si cōstāte, qui m'a aimée presque trois mois ? Lysis voyant deuant luy celle que son outrage ne luy permettoit d'aimer, & que son amitié ne souffroit qu'il haïst, ne sçauoit auec quels mots luy répondre, toutefois pour interrompre ce torrent de paroles, il luy dit: Stelle c'est assez, nous auons esprouué il y a lõg temps que vous sçauez mieux dire que faire, & que les paroles vous croissent en la bouche dauantage, quand la raison vous deffaut le plus: mais tenez ce que ie vous vay dire pour inuiolable; autant que ie vous ay autrefois aimée, autant vous hay-je à ceste heure, & ne sera iour de ma vie, que ie ne vous publie pour la plus ingrate, & plus trompeuse femme qui soit sous le Ciel. A ce mot forçeant son affection, & le bras de Stelle, qu'elle appuyoit à la muraille pour le clorre contre la fenestre, il la laissa seule, & s'en alla entre les autres Bergeres, qui pour l'heure le garétirẽt de ceste ennemie. Semire, qui comme ie vous ay dit, écoutoit tous ces discours, demeura si estonné, & si mal satisfait d'elle, que dés lors il se resolut de ne faire jamais estat d'vn esprit si volage; & ce qui luy en donna encore plus de volonté, fut que par hazard, ayant lõguement recherché l'occasion de parler à elle, & voyant que Lysis l'auoit laissée seule, je m'en allay l'accoster: car il faut que j'auoüe que ses attraits, & mignardises auoient plus eu de force sur mon ame, que les outrages qu'elle auoit faits à Lysis ne m'auoient pû donner de connoissance de l'imperfection de son esprit; & comme chacun va tousiours flattant son desir, je m'allois figurant, que ce que les merites de Lysis n'auoient pû obtenir sur elle, ma

T iiij

bonne fortune me le pourroit acquerir. Tant
que sa recherche dura, ie ne voulus point faire
paroistre mon affection, car outre le parentage
qui estoit entre luy & moy, encor' y auoit-il vne
tres estroitte amitié: mais lors que ie vis qu'il
s'en departoit, croyant que la place fust vacante (ie n'auois pris garde à la recherche de Semire) ie creus qu'il estoit plus à propos de luy
en decouurir quelque chose, que non pas d'attendre qu'elle eust quelque autre dessein. Ainsi
donc m'adressant à elle, & la voyant toute pensiue, ie luy dis, qu'il falloit bien que ce fust quelque grande occasion qui la rendoit ainsi changée: car ceste tristesse n'estoit pas coustumiere
à la belle humeur. C'est ce fascheux de Lysis, me
respondit-elle, qui se ressouuient tousiours du
passé, & me va reprochant le refus que j'ay fait
de luy. Et cela, luy disie, vous ennuye-t'il? Il ne
peut estre autrement, me répondit t'elle; car on
„ ne dépoüille pas vne affection comme vne che-
„ mise: & il prit si mal mon retardement qu'il l'a
tousiours nommé vn congé. Vrayement, luy
disie, Lysis ne meritoit pas l'honneur de vos
bonnes graces, puis que ne les pouuant acheter par ses merites, il deuoit pour le moins essayer de le faire par ses longs seruices, accōpaguez d'vne forte patience; mais son humeur
boüillante, & peut estre son peu d'amitié ne le
luy permirent pas. Si ce bon-heur me fust arriué cōme à luy, auec quelle affection l'eusse-je
receu, & auec qu'elle patiēce l'eusse-je attendu?
Vous trouuerez peut estre estrange, mon pe-

re, de m'ouïr dire le prompt changemét de cette Bergere, & toutefois ie vous iure qu'elle receut l'ouuerture de mõ amitié, auſſi-toſt que ie la luy fis, & de telle ſorte, qu'auant que nous ſeparer elle eut agreable l'offre du ſeruice que ie luy fis, & me permit de me dire ſon ſeruiteur. Vous pouuez croire que Semire qui eſtoit aux eſcoutes ne demeura guiere plus ſatisfait de moy, qu'il l'auoit eſté de Lyſis : & de fait, depuis ce temps il ſe departir de ceſte recherche, ſi diſcrettement toutesfois, que pluſieurs creurent que Stelle par ſes refus en auoit eſté la cauſe; car elle ne monſtra pas de ſ'en ſoucier beaucoup, parce que la place de ſon amitié eſtoit occupée du nouueau deſſein qu'elle auoit en moy; qui eſtoit cauſe que ie receuois plus de faueur d'elle que ie n'euſſe pas fait, dequoy Lyſis ſ'aperceut bien toſt : mais Amour qui veut touſiours triompher de l'amitié, m'empeſchoit de luy en parler, craignant de déplaire à la Bergere : & quoy qu'il ſ'offençaſt bien fort de ce que ie me cachois de luy, ſi ne luy en euſſe-je jamais parlé ſans la permiſſion de Stelle, qui meſme me fit paroiſtre de deſirer que cét affaire paſſaſt par ſes mains : & depuis, comme j'ay remarqué, elle le faiſoit en deſſein de le rembarquer encor vne fois auec elle : mais moy qui pour lors ne prenois pas garde à toutes ſes ruzes, & qui ne cherchois que le moyen de la contenter ; vne nuict que Lyſis & moy eſtiõs couchez enſemble, ie luy tins vn tel langage : Il faut que ie vous aduoüe Lyſis, qu'en fin Amour s'est moqué de moy, & de plus qu'il n'y a point de delay à ma mort, s'il ne vient de vous. De moy? respondit Lysis, vous deuez estre asseuré que ie ne failleray jamais à nostre amitié, encor que vostre meffiance vous y fasse faire de si grandes fautes, & ne croyez pas que ie n'aye reconnu vostre Amour, mais vostre silence qui m'offensoit, m'a fait taire. Puis, repliquay-je, que vous l'auez connu, & que vous ne m'en auez point parlé, ie suis le plus offensé, car j'aduoue bien d'auoir failly en quelque chose contre nostre amitié en me taisant, mais il faut considerer qu'vn Amant n'est pas à soy-mesme, & que de toutes ses erreurs il en faut accuser la violence de son mal : mais vous qui n'auiez point de passion, vous n'auez point d'excuse que le deffaut d'amitié : Lysis se mit à sousrire, oyant mes raisons, & me respondit: Vous estes plaisant, Corilas, de me payer en me demandant, si ne veux-je toutefois vous contredire, & puis que vous auez ceste opinion, voyez en quoy ie puis amender ceste faute. En faisant pour moy, respondis-je, ce que vous n'auez peu faire pour vous : C'est (il faut en fin le dire) que si ie ne paruiens à l'amitié de Stelle, il n'y a plus d'espoir en moy. O Dieux! s'escria alors Lysis, à quel passage vous a conduit vostre desastre? fuyez, Corilas, ce dangereux riuage, où en verité il n'y a que des rochers, & des bancs qui ne sont remarquez que par les naufrages de ceux qui ont pris ceste mesme route: Ie vous en parle comme experimenté, vous le sçauez;

ie croy bien qu'ailleurs vos merites vous acquerront meilleure fortune qu'à moy : mais auec ceste perfide, c'est erreur que d'esperer que la vertu ny la raison le puissent faire ? Ie luy respondis, ce ne m'est peu de contentement de vous ouïr tenir ce langage, car jusques icy j'ay esté en doute que vous n'en eussiez encore quelque ressentimēt; & cela m'a fait aller plus retenu : mais puis que Dieu mercy cela n'est pas, ie veux en cét Amour tirer vne extréme preuue de vostre amitié : Ie sçay que la haine qui succede à l'Amour, se mesure à la grandeur de son deuancier, & qu'ayant tant aymé ceste belle Bergere, venant à la haïr, la haine en doit estre d'autant plus grande: toutefois ayant sceu par Stelle mesme, que ie ne puis paruenir à ce que ie desire que par vostre moyen, ie vous adjure par nostre amitié de m'y vouloir aider, soit en le luy conseillant, soit en la priant, ou de quelque sorte que ce puisse estre : & ie nomme celle-cy vne extréme preuue, car ie ne doute point que la haïssant, il ne vous ennuye de parler à elle; mais c'est mon amitié qui veut faire paroistre qu'elle est plus forte que la haine. Lysis fut bien surpris, attendant de moy toute autre priere que celle cy, par laquelle, outre le desplaisir qu'il auroit de parler à Stelle, encor se voyoit-il à jamais priué de la personne qu'il aimoit le plus. Toutefois, il respondit, ie feray tout ce que vous voudrez, vous ne vous sçauriez promettre dauantage de moy que j'en ay de volonté : mais ressouuenez-vous

de ce qui s'est passé entre nous, & que j'ay
„ tousiours oüy dire, qu'aux messages d'A-
„ mour, il se faut seruir des personnes qui ne
„ sont point hayes : il est vray qu'il ne faut pour
Stelle y regarder de si pres, puis que ie vous asseure que vous y ferez aussi bien vos affaires de cette sorte que d'vne autre. Voyla donc le pauure Lysis au lieu d'Amant deuenu messager d'Amour, mestier que son amitié luy commanda de faire pour moy, non point par acquit: mais en intention de m'y seruir en amy, quoy que peut estre depuis l'Amour luy fist en quelque sorte changer ce dessein, comme ie vous diray : mais en cela il faut accuser la violence d'Amour, & le pouuoir trop absolu qu'il a sur les hõmes, & admirer là l'amitié qu'il me portoit, qui luy permit de consentir à se priuer à jamais de ce qu'il aimoit, pour me le faire posseder. Quelques jours apres recherchant la cõmodité de parler à elle, il la trouua si à propos chez-elle, qu'il n'y auoit personne qui peust interrompre son discours, pour long qu'il le voulut faire, & lors renouuellant le souuenir de l'injure qu'il en auoit euë : il s'arma tellement contre ses attraits, qu'Amour n'eut guiere d'espoir pour ce coup de le pouuoir vaincre; ce ne fut pas que la Bergere ne mist autant d'estude pour le surmonter, que luy pour trouuer des seuretez pour sa liberté : mais par ce que contre Amour il opposa le despit & l'amitié; le premier armé de l'offense, & l'autre du deuoir, il demeura inuaincu en ce

combat. Auant qu'il commençast de parler, elle le voyant approcher, luy alla au deuant, auec les paroles de la mesme affetterie: Quel nouueau bon-heur dit-elle, est celuy qui me rameine ce desiré Lysis? Quelle faueur inesperée est celle-cy? Ie retourne à bien esperer de moy, puis que vous reuenez: car ie puis auec verité iurer que depuis que vous me laissastes je n'ay jamais eu vn entier contentement. A quoy le Berger respondit; Plus affettée que fidelle Bergere, ie suis plus satisfait de la confession que vous faites, que ie n'ay esté offensé par vostre infidelité: Mais laissons ce discours & oublions-le pour jamais, & respondez moy à ce que ie veux vous demander? Estes vous encor resoluë de tromper tous ceux qui vous aimeront? Pour moy ie sçay bien qu'en croire, nulle de vos humeurs à mes despens ne m'estant inconneuë: Mais ce qui me conuie à le vous demander, c'est pour connoistre à vostre mine, si l'on en sera quitte à meilleur marché: car si vous dittes auec affection, serment, ou autre sorte d'asseurance que nul ne sera déceu de vous, pour certain ils sont de mon rang: La Bergere n'attendoit pas ces reproches, toutefois elle ne laissa de luy respondre. Si vous n'estes venu que pour m'injurier, ie vous remercie de ceste visite: mais aussi vous auez bien occasion de vous plaindre de moy. Me plaindre, respondit le Berger, ie vous prie laissons cela à part, ie ne me plains non plus que ie vous injurie, & tant s'en faut que j'vse de plainte, que

je me louë de voſtre humeur: car ſi vous euſſiez plus longuement fait paroiſtre de m'aimer, j'euſſe plus long temps veſcu en tromperie; & pleuſt à Dieu que la perte de voſtre amitié ne m'euſt r'apporté plus de regret que de
dommage, vous n'auriez pas occaſion de dire
„ que ie me plains, non-plus que ie ne vous in-
„ jurie pas, puis que l'injure & la verité ne peuuent non plus eſtre enſemble que vous & la fidelité: mais il eſt tres-veritable que vous eſtes
la plus trompeuſe & la plus ingratte Bergere
de Foreſts. Il me ſemble, luy reſpondit Stelle,
peu courtois Berger, que ces diſcours ſeroient
mieux en la bouche de quelqu'autre que de
vous. Alors Lyſis changeant vn peu de façon.
Iuſques icy, dit-il, j'ay preſté ma langue au juſte
dépit de Lyſis, à ceſte heure je la preſte à vn qui
a bien plus affaire de vous, c'eſt vn peu prudent
Berger qui vous aime, & qui n'a rien de cher
au prix de vos bonnes graces. Elle croyant
qu'il ſe mocquaſt, luy reſpondit: Laiſſons ce
diſcours, & qu'il vous ſuffiſe, Lyſis, que vous
m'auez aimée, ſans à ceſte heure vouloir renouueller le ſouuenir de vos erreurs. A la verité, repliqua ſoudain le Berger, c'eſtoient bien
erreurs celles qui me pouſſoient à vous aimer:
mais vous n'errez pas moins ſi vous auez opinion que ie parle de moy: C'eſt du pauure Corilas, qui s'eſt tellement laiſſé ſurprendre à ce
qui ſe void de vous, que pour choſe que ie luy
aye ſceu dire de voſtre humeur, il m'a eſté impoſſible de l'en retirer: ie luy ay dit ce que j'a-

uois esprouué de vous, le peu d'amitié, & le peu d'asseurance qu'il y a en vostre ame, & en vos paroles: Ie luy ay juré que vous le tromperiez, & ie sçay que vous m'empescherez d'estre parjure: mais le pauure miserable est tant aueuglé, qu'il a opinion que où ie n'ay pû atteindre ses merites le feront paruenir, & toutefois pour le destromper ie luy ay bien dit; que le plus grand empeschement d'obtenir quelque chose de vous estoit le merite: & afin que vous en croyez ce que ie vous en dis, voicy vne lettre qu'il vous escrit: j'ay opinion que s'il a failly, vous luy en ferez bien faire la penitence. Et par ce que Stelle ne vouloit lire ma lettre, Lysis l'ouurant la luy leut tout haut.

LETTRE DE CORILAS A STELLE.

IL est bien impossible de vous voir sans vous aimer, mais plus encore de vous aimer sans estre extréme en telle affectiō: que si pour ma deffence il vous plaist de considerer ceste verité, quand ce papier se presentera deuant vos yeux, ie m'asseure que la grandeur de mon mal obtiendra par pitié autant de pardon enuers vous, que l'outrecuidance qui m'esleue à tant de merites, pourroit meriter de iuste

Livre cinqviesme de la punition. Attendant le iugement que vous en ferez, permettez que ie baise mille & mille fois vos belles mains, sans pouuoir par tel nombre égaler celuy des morts, que le refus de ceste supplication me donnera, ny des felicitez qui m'accompagneront, si vous me receuez, comme veritablement ie suis, pour vostre tres-affectionné & fidele seruiteur.

Soudain que Lysis eut acheué de lire, il continua : Et bien Stelle, de quelle mort mourra-t'il? pour combien en sera-t'il quitte? Pour moy ie commence à le plaindre, & vous à penser par quel moyen vous l'entretiendrez en l'opinion où il est, & puis comme vous luy ferez trouuer vos refus plus amers. Ces discours touchoient à bon escient ceste Bergere, voyant combien il estoit esloigné de l'aymer, de sorte que pour l'interrompre elle fut contrainte de luy dire. Il me semble Lysis que si Corilas est en la volonté que ce papier fait paroistre, il a esté peu aduisé de vous y employer, puis que vos paroles sont plus capables d'acquerir de la haine que de l'amitié, & que vous semblez plutost messager de guerre, que de paix. Stelle, repliqua le Berger, tant s'en faut qu'il ait esté peu aduisé en ceste élection, que s'il auoit monstré autant de iugement au reste de ses actions, il ne seroit pas tant necessiteux de vostre secours. Il a esprouué

vos

vos affetteries, il sçait quels sont vos attraits, & de qui se fust-il pû seruir sans soupçon de se faire plutost vn competiteur qu'vn amy fauorable, sinon de moy, qui vous hay plus que la mort? Et toutefois l'artifice dont ie me sers n'est pas mauuais: car vous representant si naïfuement ce que vous estes, vous reconnoistrez mieux l'honneur qu'il vous fait de vous aimer: mais laissons ce propos & me dittes à bon escient s'il est en vos bonnes graces, & combien il y demeurera, puis qu'en verité ie n'oserois retourner à luy, sans luy en apporter quelque bonne responses: Ie vous en conjure par son amitié, & par la nostre passée; A ce propos le Berger en adjousta quelques autres, auec tant de prieres, que la Bergere creut qu'il le disoit à bon escient, ce qu'elle mesme se persuada aisément selon son naturel : Car c'est la coustume de celles qui s'affectionnent aisément, de croire encore plus aisément d'estre aimées, si est ce que pour ceste fois Lysis ne peust obtenir d'elle, sinon que l'amitié de son cousin, au desfaut de la sienne, ne luy estoit point desagreable : mais que le temps seroit son conseil. Et depuis par diuerses fois il la sollicita, de sorte, qu'il en eut toute telle asseurance qu'il voulut; & parce qu'il se ressouuint de son humeur volage, il tascha de l'obliger par vne promesse escritte de sa main, & la sceut tourner de tant de costez, qu'il en eut ce qu'il voulut. Il s'en reuint de ceste sorte vers moy, & me fit le discours de tout ce qu'il auoit fait, horsmis de ceste promesse : car connoissant l'humeur de Stelle, il se doutoit tousiours qu'elle le tromperoit, & que s'il me parloit de ce papier, ce seroit m'y embarquer dauantage, & puis plus de peine à me r'amener : tout cecy fut sans le sceu d'Aminthe, de laquelle plus que de nulle autre Stelle le cachoit Lors que j'eus receu vne telle asseurance de ce que ie desirois le plus, apres en auoir remercié la Bergere, ie commençay auec sa permission de donner ordre aux nopces, & ne faisois plus difficulté d'en parler ouuertement, quoy que Lysis me predit tousiours bien qu'en fin ie serois trompé : Mais l'apparence du bien que nous desirons, flatte de sorte, que mal-aisément prestons nous l'aureille à qui nous dit le contraire : Cependant que ce mariage s'alloit diuulgant Semire, qui comme ie vous ay dit, auoit quitté ceste recherche à cause de Lysis & de moy, estant picqué des discours qu'elle auoit tenus de luy, resolut pour faire paroistre le contraire, à quelque pris que ce fuft de rentrer en ses bonnes graces, en dessein de la quitter par apres, si effrontément qu'elle ne peust plus dire que ceste separation procedast d'elle ; il ne falut pas y apporter beaucoup d'artifice : car son humeur changeante se laissa aisément aller à son naturel, & ainsi tout à coup la voila resoluë de me quitter pour Semire, comme peu auparauant elle auoit quitté Semire pour moy. Si n'estoit elle pas sans peine, à cause de la promesse qu'elle auoit escritte, ne sçachant comme s'en defdire. En fin le iour des nopçes estant venu, où j'auois assemblé la plus part de mes parents & amis, ie m'en tenois si asseuré, que j'en receuois la resioüissance de tout le monde : mais elle qui pensoit bien ailleurs, lors que ie n'estois attentif qu'à faire bône chere à ceux qui estoient venuz, rompit tout à fait ce traitté, auec des excuses encores plus mal-basties que les premieres : dequoy ie me sentis tant offensé, que partât de chez elle sans luy dire à-dieu ; Ie conceuz vn si grand mespris de sa legereté, que jamais depuis elle n'a peu rapointer auec moy.

Or jugez, mon pere, si j'ay occasion de me douloir d'elle, & si ceux qui le racontent à mon desauantage en ont esté bien informez. A la verité, respondit Adamas, voila vne femme indigne de ce nom, & m'estonne comme il est possible qu'ayant trompé tant de gens, il y en ait encor quelqu'vn qui se fie en elle. Encore ne vous ay-je pas tout raconté, reprit Corilas: car apres que chacun s'en fut allé horsmis Lysis, elle fit en sorte que Semire l'arresta jusques sur le soir. Cependant (comme ie croy) qu'elle alloit cherchant quelque artifice pour r'auoir sa promesse, par ce qu'elle voyoit bien qu'il estoit du tout offensé contre elle. En fin tout effrontément elle luy parla de ceste sorte : Est-il possible, Lysis, que vous avez tellement perdu l'affection, que si souuent vous m'auez iurée, que vous n'avez plus nulle volonté de me plaire ? Moy, dit Lysis, le Ciel me

V ij

fasse plutost mourir. A ce mot quelque empeschement qu'elle y sceust mettre, il sortit de la
maison pour s'en aller: mais elle l'atteignit assez pres de là, & luy prenant la main entre les
siennes, la luy alloit serrant d'vne façon que
chacun eust iugé qu'il y auoit bien de l'Amour,
& quoy qu'il fust tres-sçauant de son humeur,
& de ses tromperies, si ne se peust-il empescher
de se plaire à ses flatteries, encor qu'il ne leur ad-
jou a point de foy, ce qu'il tesmoigna bien lors
que considerant ses actions il luy dit: Mon Dieu,
Stelle, que vous abusez des graces dont le Ciel
vous a esté sans raison prodigue! Si ce corps en-
fermoit vn esprit qui eust quelque ressemblance auec sa beauté, qui est-ce qui pourroit vous
resister? Elle qui reconnut quelle force auoient
eu ses caresses, y adjousta tout l'artifice de ses
yeux, toutes les menteries de sa bouche, & toutes les malices de ses inuentions, auec lesquelles elle le tourna de tant de costez, qu'elle le
mit presque hors de luy mesme: & puis elle vsa
de tels mots. Gentil Berger, s'il est vray que vous
soyez ce Lysis, qui autrefois m'a tant affection-
née, ie vous conjure par le souuenir d'vne saison si heureuse pour moy, de vouloir m'escouter en particulier, & croyez que si vous auez eu
quelque occasion de vous plaindre, ie vous feray paroistre, que ceste seconde faute, ou pour
le moins que vous estimez telle, n'a esté commise que pour remedier à la premiere. A ces
paroles Lysis fut vaincu: toutefois pour ne se
monstrer si foible, il luy respondit. Voyez vous

Stelle, combien vous estes esloignée de vostre opinion, tant s'en faut que ie voulusse faire quelque chose qui vous pleust, qu'il n'y a rien qui vous desplaise que ie ne tasche de faire. Puis qu'il n'y a point d'autre moyen, respondit la Bergere, revenez donc dans la maison pour me déplaire. Auec ceste intention, respondit-il, ie le veux: Ainsi donc ils r'entrerent chez-elle, & lors qu'ils furent pres du feu elle reprit la parole de ceste sorte. En fin, Berger, il est impossible que ie viue plus longuement auec vous, & que ie dissimule, il faut que j'oste du tout le masque à mes actions, & vous connoistrez que ceste pauure Stelle, que vous auez tant estimée volage, est plus constante que vous ne pensez pas; & veux seulement, quand vous le connoistrez ainsi, que pour satisfaction des outrages que vous m'auez faits, vous confessiez librement que vous m'auez outragée: Mais, dit-elle soudain, interrompant ce propos, qu'auez-vous fait de la promesse qu'autrefois vous auez euë de moy en faueur de Corilas? car si vous la luy auez donnée, cela seul peut interrompre nos affaires. Qui est-ce qui en la place de Lysis n'eust creu qu'elle l'aimoit, & qui ne se fust laissé tromper comme luy? aussi ce Berger ayant opinion qu'elle vouloit faire pour luy ce qu'elle m'auoit refusé, luy rendit sans difficulté ceste promesse qu'il auoit tousiours tenuë & fort chere, & fort secrette: Soudain qu'elle l'eut elle la déchira, & s'approchant du feu luy en fit vn sacrifice: & puis se tournant vers le Berger,

LIVRE CINQVIESME DE LA

elle luy dit en sousriant : Il ne tiendra plus qu'à vous, gentil Berger, que vous ne poursuiuiez voſtre voyage : car il est desja tard. O Dieux! s'escria Lysis connoissant sa tromperie : Est-il possible que jusques à trois fois j'aye esté deceu d'vne mesme personne ? Et quelle occasion, luy dit Stelle, auez vous de dire que vous ayez esté trompé ? Ah! perfide & desloyalle, dit-il, ne venez-vous de me dire que vous me feriez paroiſtre que ceſte derniere faute n'a esté faite que pour reparer la premiere, & que pour me monſtrer que vous eſtiez conſtante, vous me découuririez au nud voſtre cœur & vos intentions ? Lysis, dit-elle, vous venez touſiours aux injures : si ie ne vous ay jamais aimé ne ſuis-je conſtante à ne vous aimer point encores ? & ne vous fais-je voir quel eſt mon cœur : & à quoy tendent mes actions, puis qu'ayant eu ce que ie voulois de vous, ie vous laiſſe en paix ? croyez que toutes les paroles que vous m'auez fait perdre depuis vne heure en çà, n'eſtoient que pour recouurer ce papier, & à ceſte heure que ie l'ay, je prie Dieu qu'il vous dône le bon ſoir. Quel eſtonnement penſez-vous que fut celuy du Berger ? Il fut ſi grand que ſans parler, ny temporiſer dauantage, demy hors de ſoy, il s'en alla chez luy. Mais certes il a bien eu depuis occaſion d'eſtre vengé : car Semire, comme ie vous ay dit, qui auoit eſté la cauſe de mon mal, ou pluſtoſt de mon bien (telle puis-je nommer ceſte ſeparation d'amitié) ſe reſſentant encor offenſé du premier meſpris qu'elle auoit fait de luy, voyant ceste extréme legereté, & considerant que peut-estre luy en pourroit elle faire encor de mesme, resolut de la preuenir; & ainsi l'ayant abusée, comme nous l'auions esté Lysis & moy, il rompit le traitté du mariage au milieu de l'assembleé qui en auoit esté faite, qui fit dire à plusieurs, que par les mesmes armes dont l'on blesse, on en reçoit bien souuent le supplice.

Corilas finit de ceste sorte: Et Adamas en sousriant, luy dit: Mon enfant, le meilleur conseil que ie vous puisse donner en cecy, c'est de fuir la familiarité de ceste trompeuse, & pour vous deffendre de ses artifices, & contenter vos parents, qui desirent auec tant d'impatience de vous voir marié; lors que quelque bon party se presentera receuez-le sans vous arrester à ces jeunesses d'Amour: car il n'y a rien qui vous puisse mieux garantir des finesses & surprises de ceste trompeuse, ny qui vous rende plus estimé parmy vos voisins, que de vous marier, non point par Amour: mais par raison. Celle-là estant vne des plus importantes actions que vous puissiez jamais faire, & de laquelle tout l'heur & tout le mal-heur d'vn homme peut dépendre. A ce mot ils se separerent: car il cōmençoit à se faire tard, & chacun prit le chemin de son logis.

V iiij

LE SIXIESME
LIVRE DE LA PRE-
MIERE PARTIE
d'Astrée.

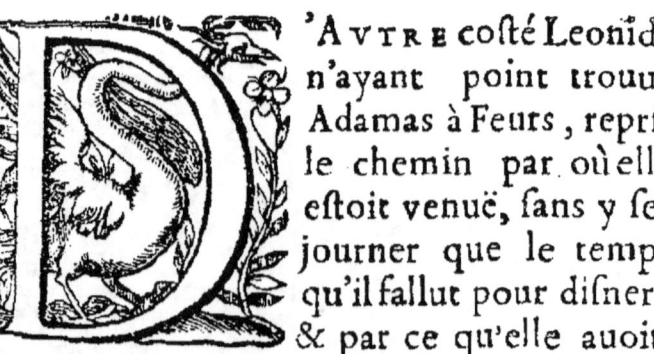'A vtre costé Leonide n'ayant point trouué Adamas à Feurs, reprit le chemin par où elle estoit venuë, sans y seiourner que le temps qu'il fallut pour disner; & par ce qu'elle auoit resolu de demeurer ceste nuict auec les belles Bergeres qu'elle auoit veuës le iour auparauãt, pour le desir qu'elle auoit de les connoistre plus particulierement, elle vint repasser au mesme lieu, où elle les auoit rencontrées, puis estendãt la veuë de tous costez, il luy sembla bien d'en voir quelques vnes: mais ne les pouuant reconnoistre pour estre trop loing, auec vn grãd tour, elle s'en approcha le plus qu'elle peut, & lors les voyant au visage, elle connut que c'estoient les mesmes qu'elle cherchoit. Elle deuoit esti-

LIVRE SIXIESME DE LA
mer beaucoup ceste rencontre: car de fortune elles estoient sorties de leur hameau, en deliberation de passer le reste du iour ensemble, & pour couler plus aisément le temps, faisoient dessein de n'estre qu'elles trois, à fin de pouuoir plus librement parler de tout ce qu'elles auoiēt de plus secret; si bien que Leonide ne pouuoit venir plus à propos, pour satisfaire à sa curiosité, mesme qu'elles ne faisoient qu'y arriuer. Estant doncques aux escoutes, elle ouyt qu'Astrée prenant Diane par la main, luy dit. C'est à ce coup, sage Bergere, que vous nous payerez ce que vous nous auez promis, puis que sur la parole que nous auons euë de vous, Phillis, & moy n'auons point fait de difficulté de dire tout ce que vous auez voulu sçauoir de nous. Belle Astrée, respondit Diane, ma parole m'oblige, sans doute à vous faire le discours de ma vie: mais beaucoup plus l'amitié qui est entre nous, ,, sçachant bien que c'est, estre coulpable d'vne ,, trop grande faute, que d'auoir quelque ca- ,, chette en l'ame, pour la personne que l'on ,, aime. Que si j'ay tant retardé de satisfaire à ce ,, que vous desirez de moy, croyez, belles Bergeres, que ç'a esté, que le loisir ne me l'a encore permis: car encor que ie sois tres-asseurée, que ie ne sçaurois vous raconter mes jeunesses sans rougir, si est ce que ceste honte me sera aisée à vaincre, quand ie penseray que c'est pour vous complaire. Pourquoy rougiriez vous, respondit Phillis, puis que ce n'est pas faute que d'aimer? Si ce ne l'est pas, repliqua Diane, c'est pour le

moins vn pourtrait de la faute, & si ressemblant que bien souuent ils sont pris l'vn pour l'autre. Ceux, adiousta Phillis, qui s'y deçoiuết ainsi, ont bien la veuë mauuaise. Il est vray, répondit Diane: mais c'est nostre mal-heur, qu'il y en a plus de ceste sorte, que non pas des bones. Vous nous offenseriez, interrõpit Astrée, si vous auiez ceste opinion de nous. L'amitié que ie vous porte à toutes deux, répondit Diane, vous doit assez asseurer que ie n'en sçaurois faire mauuais iugement: car il est impossible d'aimer ce que l'on n'estime pas. Aussi ce qui me met en peine n'est pas l'opinion que mes amies peuuent auoir de moy: mais ouy bien le reste du monde, d'autant qu'auec mes amies ie viuray tousiours, de sorte, que mes actions leur seront conneuës, & par ce moyen l'opinion ne peut auoir force en elles: mais aux autres il m'est impossible; si biẽ qu'enuers elles les raports peuuent beaucoup noircir vne persone, & c'est pour ce sujet, puis que vous m'ordonnez de vous raconter vne partie de ma vie, que ie vous cõjure par nostre amitié de n'en parler iamais: & le luy ayant iuré toutes deux, elle reprit son discours de ceste sorte.

HISTOIRE, DE DIANE.

CE seroit chose estrange, si le discours que vous desirez sçauoir de moy, ne vous estoit ennuyeux; puis, belles, & discrettes Bergeres, qu'il m'a tant fait endurer de desplaisir, que ie ne croy point y employer à ceste heure plus de paroles à le redire, qu'il m'a cousté de larmes à le souffrir : & puis qu'en fin il vous plaist que ie renouuelle ces fascheux ressouuenirs, permettez moy que j'abrege, pour n'amoindrir en quelque sorte le bon-heur où ie suis, par la memoire de mes ennuis passez. Ie m'asseure qu'encores que vous n'ayez jamais veu Celion, ny Belinde, que toutefois vous auez bien ouy dire, qu'ils estoient mes pere & mere, & peut-estre aurez sçeu vne partie des trauerses qu'ils ont euës pour l'amour l'vn de l'autre, qui m'empeschera de les redire, quoy qu'elles ayent esté presage de celles que ie deuois receuoir. Et faut que vous sçachiez qu'apres que les soucis de l'Amour furent amortis par le mariage, à fin qu'ils ne demeurassent oyseux les affaires du mesnage commencerent à naistre, & en telle abondance que s'ennuyant des procez, ils furent contraints d'en accorder plusieurs à l'amiable ; entre autres, vn de leur voisin nommé Phormion les trauailla de sorte que leurs amis furét en fin d'auis pour assoupir tous ce soucis, de faire quelques promesses d'alliance future entre-eux, & par ce que l'vn ny l'autre n'auoiét point encores d'enfans (n'y ayant pas long temps qu'ils estoient mariez) ils jurerent par Theutales sur l'autel de Belenus, que s'ils n'auoient tous deux qu'vn fils, & vne fille, il les mariroient ensemble, & promirent ceste alliance auec tant de sermens que celuy qui l'eust rompué, eust esté le plus parjure homme du monde. Quelque temps apres, mon pere eut vn fils qui se perdit, lors que les Gots & Ostrogots rauagerent ceste Prouince: peu apres ie nâquis, mais si mal-heureusement pour moy, que jamais mon pere ne me vid, estant née apres sa mort. Cela fut cause que Phormion voyant mon pere mort, & mon frere perdu, (car ces barbares l'auoient enleué, & peut estre tué, ou laissé mourir de necessité) & que mon oncle Dinamis s'en estoit allé de déplaisir de ceste perte, se resolut, s'il pouuoit auoir vn fils, de rechercher l'effet de leurs promesses. Il aduint que quelque temps apres sa femme accoucha, mais ce fut d'vne fille, & par ce qu'elle estoit âgée, & qu'il craignoit de n'en auoir plus d'elle, il fit courre le bruit que c'estoit d'vn fils, & y vsa d'vne si grande finesse, que jamais personne ne s'en print garde: artifice qui luy fut assez aisé, par ce que personne n'eust creu qu'il eust voulu vser d'vne telle tromperie, & que jusques à vn certain âge, il est bien mal-aisé de pouuoir par le visage y reconnoistre quelque chose, & pour mieux deceuoir les plus fins, la fit appeller Filidas, & quand elle fut en âge, luy fit apprendre les exercices propres aux jeunes Bergers, ausquels elle ne s'accommodoit point trop mal. Le dessein de Phormion estoit, me voyant sans pere & sans oncle, de se rendre maistre de mon bien, par ce faint mariage: & quand Filidas, & moy serions plus grandes, de me marier auec vn de ses neueux qu'il aimoit bien fort. Et veritablement il ne fut point deçcu en son premier dessein : car Bellinde estoit trop religieuse enuers les Dieux, pour manquer à ce qu'elle sçauoit que son mary, l'estoit obligé. Il est vray que me voyant rauie d'entre ses mains (car soudain apres ce mariage dissimulé, ie fus remise entre celles de Phormion) elle en receut tant de déplaisir, que ne pouuant plus demeurer en ceste contrée, elle s'en alla sur le lac de Leman, pour estre maistresse des Vestales & Druides d'Euiens, ainsi que la vieille Cleontine luy fit sçauoir par son Oracle. Cependant me voila entre les mains de Phormion, qui incontinent apres retira chez soy ce neueu, auquel il me vouloit donner, qui se nommoit Amindor. Ce fut le commencement de mes peines, par ce que son oncle luy fit entendre, qu'à cause de nostre bas âge, le mariage de Filidas, & de moy n'estoit pas tant asseuré que si nous n'estions agreables l'vn à l'autre, il ne se pust bien rompre, & que si cela aduenoit, il aimeroit mieux qu'il m'épousast que tout autre, & qu'il fit son profit de cet aduertissement, auec tant de discretion, que personne ne s'en peut prendre garde; taschant cependant de m'obliger à son amitié, en sorte que ie me donnasse à luy, si ie venois à estre libre. Ce jeune Berger se mit si bien ce dessein dans l'oppinion, que tant que ceste fantasie luy dura, il ne se peut dire combien j'auois d'occasion de me loüer de luy. En mesme temps Daphnis tres-honneste,

& sage Bergere, reuint des riues de Euran, où elle auoit demeuré plusieurs années, & parce que nous estions voisines, la conuersation que nous eusmes par hazard ensemble, nous rendit tant amies, que ie commençay de ne m'ennuyer plus tant que ie soulois : car il faut que j'auoüe que l'humeur de Filidas m'estoit de sorte insuportable, que ie ne pouuois presque la souffrir, d'autant que la crainte qu'elle auoit que ie ne deuinsse plus sçauante, la rendoit si jalouse de moy, que ie ne pouuois presque parler à personne. Les choses estant en ces termes, Phormion tout à coup tomba malade, & le iour mesme fut si promptement étouffé d'vn catherre, qu'il ne peut ny parler, ny donner aucun ordre à ses affaires, ny aux miennes. Filidas au commencement se trouua vn peu estonnée, en fin se voyant maistresse absoluë de soy-mesme, & de moy, elle resolut de se conseruer ceste authorité, considerāt que la liberté que le nom d'homme r'apporte, est beaucoup plus agreable que n'est pas la seruitude à laquelle nostre sexe est soumis. Outre qu'elle n'ignoroit pas que venant à se declarer fille, elle ne donneroit peu à parler à toute la contrée. Ces raisons luy firent continuer le nom qu'elle auoit durant la vie de son pere, & craignant plus que jamais, que quelqu'vn ne découurist ce qu'elle estoit, elle me tenoit de si pres, que mal-aisément estois-je jamais sans elle. Mais, belles Bergeres, puis qu'il vous plaist de sçauoir mes jeunesses, c'est

à ce coup qu'il faut qu'en les oyant vous les excusiez, & qu'enſemble vous ayez ceſte creance de moy, que j'ay eu tant, & de ſi grands ennuis pour aimer, que ie ne ſuis plus ſenſible de ce coſté là, m'y eſtant de ſorte endurcie, que l'Amour n'a plus d'aſſez fortes armes, ny de pointe aſſez acerée pour me percer la peau. Helas! c'eſt du Berger Filandre, dont ie veux parler, Filandre qui le premier a peu me donner quelque reſſentiment d'Amour, & qui n'eſtant plus, a emporté tout ce qui en pouuoit eſtre capable en moy. Vrayement, interrompit Aſtrée, ou l'amitié de Filandre a eſté peu de choſe, ou vous y auez vſé d'vne grande prudence, puis qu'en verité ie n'en ouy jamais parler; qui eſt choſe bien rare, d'autant que la médiſance ne pardonne pas meſme à ce qui n'eſt pas. Que l'on n'en ait point parlé, répondit Diane, j'en ſuis plus obligée à noſtre bonne intention, qu'à noſtre prudence, & pour l'affection du Berger, vous pourrez iuger quelle elle eſtoit, par le diſcours que ie vous en feray: Mais le Ciel qui a reconneu nos pures & nettes intentions, à voulu nous fauoriſer de ce bon-heur. La premiere fois que ie le vy, ce fut le iour, que nous chommons à Appollon, & à Diane, qu'il vint aux jeux en compagnie d'vne ſœur, qui luy reſſembloit ſi fort, qu'ils retenoient ſur eux les yeux de la plus grande partie de l'aſſemblée. Et par ce qu'elle eſtoit parente aſſez proche de ma chere Daphis, auſſi toſt que ie la vy, ie l'embraſſay &
careſſay

caressay auec vn visage si ouuert, que dés lors elle le iugea obligée à m'aimer : elle se nommoit Callirée, & estoit mariée sur les riues de Furan, à vn Berger nommé Gerestan, qu'elle n'auoit jamais veu que le iour qu'elle l'épousa, qui estoit cause du peu d'amitié qu'elle luy portoit. Les caresses que ie fis à la sœur, donnerent occasion au frere de demeurer pres de moy, tât que le sacrifice dura, & par fortune (ie ne sçay si ie doy dire bonne ou mauuaise pour luy) ie m'estois ce iour agencée le mieux que j'auois peu, me semblant qu'à cause de mon nom, cette feste me touchoit bien plus particulierement que les autres. Et luy, qui venant d'vn long voyage, n'auoit autre connoissance, ny des Bergers, ny des Bergeres, que celle que sa sœur luy donnoit, ne nous laissa guiere de tout le iour; si bien qu'en quelque sorte me sentant obligée à l'entretenir, ie fis ce que ie peus pour luy plaire. Et ma peine ne fut point inutile : car dés lors ce pauure Berger donna naissance à vne affection qui ne finit jamais que par sa mort. Encores suis je tres-certaine, que si au cercueil on a quelque souuenir des viuans, il m'aime, & conserue parmy ses cendres, la pure affection qu'il m'a jurée. Daphnis s'en prit garde dés le iour mesme, & de fait, le soir estant au lict, (parce que Filidas s'estoit trouuée mal, & n'estoit p'u venir à ces jeux) elle me le dit : mais ie rejettay ceste opinion si loing, qu'elle me dit : Ie voy bien, Diane, que ce iour me coustera beaucoup de prieres, & à Filandre beaucoup de

X

peine, mais quoy qu'il aduienne, si n'en serez vous pas du tout exempte. Elle auoit accoustumé de me faire souuēt la guerre de semblables recherches, par ce qu'elle voyoit que ie les craignois, cela fut cause que ie ne m'arrestay pas à luy respondre. Si est-ce que cet aduertissement fut cause, que le lendemain il me sembla de reconnoistre quelque apparence de ce qu'elle m'auoit dit. L'apres-disnée, nous auions accoustumé de nous assembler sous quelques arbres, & là danser aux chansons, ou bien nous asseoir en rond, & nous entretenir des discours que nous jugions plus agreables, à fin de ne nous ennuyer en ceste assemblée, que le moins qu'il nous seroit possible : Il aduint que Filandre n'ayant connoissance que de Daphnis & de moy, se vint asseoir entre elle & moy, & attendant de sçauoir à quoy toute la trouppe se resoudroit, pour n'estre muette, ie l'enquerois de ce que ie pensois qu'il me pouuoit respondre, à quoy Amidor prenant garde, entra en si grande jalousie, que laissant la compagnie sans en dire le sujet, il s'en alla chantant ceste vilanelle, ayant auparauant tourné l'œil vers moy, pour faire connoistre que c'estoit de moy dont il entendoit parler.

VILANELLE D'AMIDOR,
REPROCHANT
vne legereté.

A La fin celuy l'aura,
Qui dernier la seruira.
De ce cœur cent fois volage,
Plus que le vent animé,
Qui peut croire d'estre aimé,
Ne doit pas estre creu sage.
Car en fin celuy l'aura,
Qui dernier la seruira.

A tous vents la girouette,
Sur le feste d'vne tour :
Elle aussi vers toute Amour,
Tourne le cœur & la teste,
A la fin, &c.

Le chasseur iamais ne prise,
Ce qu'à la fin il a pris,
L'inconstante fait bien pis,
Méprisant qui la tient prise,
Mais en fin, &c.

Ainsi qu'vn clou l'autre chasse,
Dedans son cœur le dernier,

De celuy qui fut premier,
Soudain vsurpe la place:
C'est pourquoy celuy l'aura,
Qui dernier la seruira.

I'eusse bien eu assez d'authorité sur moy, pour m'empescher de donner connoissance du déplaisir que ceste chanson me r'apportoit, n'eust esté que chacun me regarda : Et sans Daphnis, ie ne sçay quelle ie fusse deuenuë : mais elle pleine de discretion, sans attēdre la fin de cest Vilanelle, l'interrōpit de ceste sorte, s'adressant à moy.

Madrigal de Daphnis, sur l'amitié qu'elle porte à Diane.

Vis qu'en naissant, belle Diane,
Amour des cœurs vous fit l'aimant,
Pourquoy dit-on que ie profane,
Tant de beautez, en vous aimant,
Si par d'estin ie vous adore?
Que si l'Amour le plus parfait,
Comme on dit, de semblance naist,
Le nostre sera bien extréme,
Puis que vous & moy ce n'est
Qu'vn sexe mesme.

Et à fin de mieux couurir la rougeur de mon

visage, & faire croire que ie n'auois point pris garde aux paroles d'Amidor, aussi tost que Daphnis eut finy, ie luy répondis ainsi.

Madrigal, sur le mesme sujet.

Pourquoy semble-t'il tant estrange,
Que fille comme vous estant,
Toutefois ie vous aime tant ?
Si l'Amant en l'aimé se change,
Me puis-ie pas mieux me changer,
Estant Bergere en vous Bergere,
Qu'estant Bergere en vn Berger ?

Apres nous, chacun selon son rang, chanta quelques vers, & mesme Filandre qui auoit la voix tres-bonne, quand ce vint à son tour, dit ceux-cy d'vne fort bonne grace.

STANCES,
De Filandre, sur la naissance de son affection.

Que ses desirs soient grands & ses attentes vaines,
Ses Amours pleins de feux, & plus encor de peines,
Qu'il aime, & que jamais il ne puisse estre aimé,

Qu bien s'il est aimé qu'on ne puisse luy plaire,
Sans deuoir esperer, toutefois qu'il espere,
Mais seulement à fin qu'il soit plus enflamé.

Ainsi sur mon berceau de la parque ordonnée,
Neuf fois se prononça la dure destinée,
Qui deuoit infallible accompagner mes iours,
A main droitte le Ciel tonna plein de nuages,
Et depuis j'ay conneu que ces tristes presages,
Regardent mes desseins, & les suiuent tousiours.

Ne vous étonnez donc, suiuant ceste ordonnance,
Si voyant vos beautez mon amitié commence;
Que si ie suis puny du dessein proposé,
Ce m'est alegement, qu'on en iuge coulpable
La loy de mon destin, & ma faute loüable,
En disant qu'vn cœur bas ne l'eust jamais osé.

Ainsi quand le soucy d'vne Amour infeconde,
Se consomme aux rayons du grand Astre du monde,
Il semble en le suiuant qu'il die, ô, mon Soleil
Brusle moy de tes raiz, fay que par toy ie meure,
Pour le moins en mourant ce plaisir me demeure,
Qu'autre feu ne pouuoit me brusler que ton œil.

Quand l'vnique Phœnix d'vn artifice rare,
Instruit par la nature ensemble se prepare,
Du reste de sa tombe à faire son berceau,
Il dit à ce beau feu, gardien de son ame,
Ie renaiz en la gloire en mourant en ta flâme,
Et ie reprens la vie aux cendres du tombeau.

Il en dit bien encores quelques autres : mais
ie les ay oubliez, tant y a qu'il me sembla que

c'estoit à moy à qui ces paroles s'adressoient. Et ne sçay si ce que Daphnis m'en auoit dit me le faisoit paroistre ainsi, ou ses yeux qui parloient encor plus clairement que sa bouche. Mais si ces vers m'en donnerent connoissance, sa discretion me le tesmoigna bien mieux peu apres : car c'est vn des effets de la vraye affection que de seruir discrettement, & de ne donner connoissance de son mal, que par les effets sur lesquels on n'a point de puissance. Ce jeune Berger reconneut l'humeur d'Amidor, & d'autant que l'Amour rend tousiours curieux, s'estant enquis que c'estoit que de Filidas, il iugea, que le meilleur artifice pour leur clorre les yeux à tous deux, estoit de faire amitié bien estroitte auec eux, sans donner aucune connoissance de celle qu'il me portoit, & l'Amour le rendit bien si fin & prudent, que continuant son dessein, il ne deceut pas seulement Amidor, mais presque mes yeux aussi, parce que d'ordinaire il nous laissoit pour aller vers luy, & ne venoit jamais où nous estions, que luy tenant compagnie : il est vray que la malicieuse Daphnis le reconneut incontinent, par ce, disoit-elle, qu'Amidor n'estoit pas tant aimable qu'il peust conuier vn si honneste Berger que Filandre, à vser de si soigneuse recherche; de sorte qu'il falloit que ce fust pour quelque plus digne sujet. Elle fut cause que ie commençay de m'en prendre garde, & faut que j'aduoüe qu'alors sa discretion me pleut, & que si j'eusse peu souffrir d'estre aimée, c'eust esté

X iiij

LIVRE SIXIESME DE LA
de luy : mais l'heure n'estoit pas encore venuë,
que ie pouuois estre blessée de ce costé là: Toutefois ie ne laissois de me plaire à ses actions, &
d'approuuer son dessein en quelque sorte. Pour
prendre congé de nous, il nous vint accompagner fort loing, & au partir ie n'ouïs jamais tāt
d'asseurance d'amitié qu'il en dit à Amidor, ny
tant d'offres de seruices pour Filidas ; & ceste
folle de Daphnis me disoit à l'oreille, figurez
vous que c'est à vous qu'il parle, & si vous ne
luy respondez vous luy faites trop de tort ; &
lors qu'Amidor vsoit de remerciement, elle
me disoit, ô qu'il est sot, de croire que ces of-
frandes s'addressent à son autel ! Mais il sceut
si bien dissimuler, qu'il s'acquit du tout Amidor, & gaigna tant sur sa bonne volonté, qu'e-
stant de retour, & redisant ce que Filandre l'a-
uoit prié de dire de sa part à Filidas, il adiousta
tant d'auantageuses loüanges, que ceste fille
prit enuie de le voir, & quelques iours apres
sans m'en rien dire, (parce que quand ie parlois de luy c'estoit auec vne certaine nonchal-
lance, qu'il sembloit que ce fust par mépris)
ils l'enuoyerent prier de les venir voir : Dieu
sçait s'il s'en fit solliciter plus d'vne fois : car
c'estoit tout ce qu'il desiroit le plus, luy semblant qu'il estoit impossible que son dessein
eust meilleur commencement : Et de fortune
le iour qu'il deuoit arriuer, Daphnis & moy
nous promenions sous quelques arbres, qui
sont de l'autre costé de ce pré, le plus pres d'i-
cy: Et ne sçachant presque à quoy nous entrete-

nir, cependant que nos trouppeaux paiſſoient, nous allions incertaines où nos pas ſans éle-ction nous guidoient, lors que nous entr'ouïſ-mes vne voix d'aſſez loing : & qui d'abord nous ſembla eſtrangere. Le deſir de la con-noiſtre nous fit tourner droit vers le lieu où la voix nous conduiſoit, & par ce que Daphnis alloit la premiere, elle reconnut Filandre auant que moy, & me fit ſigne d'aller doucement; & quant ie fus pres d'elle s'approchant de mon aureille, elle me nomma Filandre, qui du dos appuyé contre vn arbre, entretenoit ſes penſées, laſſé (comme il y auoit apparence) de la longueur du chemin, & par hazard quand nous arriuaſmes, il recommença de cet-te ſorte.

―――――――――――
―――――――――――

Vn cœur outrecuidé,
Ie meſpriſois Amour, ſes ruzes, & ſes charmes;
Lors que changeant ſes armes,
Des voſtres contre moy, le trompeur s'eſt aidé:
Et toutefois auant que de m'en faire outrage,
Il me tint ce langage.

Vn Dieu contre mes loix arrogant deuenu,
Pour auoir obtenu
D'vn ſerpent la victoire,
Voulut nier ma gloire:
Mais quoy! d'vne Daphné, ie le rendis Amant,

Pour luy monstrer ma force?
Que si j'ay mis ses feux sous cette froide escorce,
Iuge quel chastiment,
Sera le tien Filandre.
Car le feu qui brusla ce Dieu si glorieux,
Ne vint que des beaux yeux,
D'vne Nymphe qu'encor toute insensible il aime:
Mais ie veux que le tien
Plus ardant que le sien,
Vienne non d'vne Nymphe : ains de Diane mesme.

Quand ie m'oüys nommer, belles Bergeres, ie tressaillis, comme si sans y penser j'eusse mis le pied sur vn serpent, & sans vouloir attendre dauantage, ie m'en allay le plus doucement que ie peus pour n'estre pas veuë, quoy que Daphnis, pour m'y faire retourner, me laissast aller assez loing toute seule. En fin voyant que ie continuois mon chemin, elle s'esloigna peu à peu de luy pour n'estre point ouïe : & puis vint à toute course me r'atteindre, & auant presque qu'elle eust repris haleine, elle m'alloit criant mille reproches interrompus. Et quand elle peut parler : sans mentir, me dit-elle, si le Ciel ne vous punit, ie croiray qu'il est aussi injuste que vous : & quelle cruauté est la vostre, de ne vouloir seulement escouter celuy qui se plaint ? Et à quoy me pouuoit seruir, luy dis-je, de demeurer là plus longuement ? Pour oüyr, me dit-elle, le mal que vous luy faites. Moy ? respondis-je, vous estes vne mocqueuse de dire que ie fasse du mal à vne perſonne en qui meſme ie ne penſe pas. C'eſt en quoy, me repliqua-t'elle, vous le trauaillez plus : car ſi vous penſiez ſouuent en luy, il ſeroit impoſſible que vous n'en euſſiez pitié. Ie rougis, à ce mot, & le changement de couleur fit bien connoiſtre à Daphnis que ces paroles m'offenſoient. Cela fut cauſe qu'en ſouſriant, elle me dit. Ie me mocque Diane, c'eſt pour paſſe-temps ce que j'en dis, & ne croy pas qu'il y penſe: & quant à ce qu'il chantoit, où il a nommé voſtre nom, c'eſt pour certain pour quelqu'autre qui a vn meſme nom, ou que pour ſe deſennuyer, il va chantant ces vers, qu'il a appris de quelqu'autre Nous allaſmes diſcourant de ceſte ſorte, & ſi longuement, qu'ennuyées du promenoir nous reuinſmes par vn autre chemin, au meſme lieu où eſtoit Filandre ? Quant à moy ce fut par meſgarde, il peut bien eſtre que Daphnis le fit à deſſein, & nous trouuant ſi pres de luy, ie fus contrainte de le conſiderer : auparauant il eſtoit aſſis, & appuyé contre vn arbre : mais à ce coup nous le trouuaſmes couché de ſon long en terre vn bras ſous la teſte, & ſembloit qu'il veillaſt: car il auoit deuant luy vne lettre, toute moüillée des pleurs qui luy couloient le long du viſage ; mais en effet il dormoit : y ayant apparence, que liſant ce papier le trauail du chemin auec ſes profonds penſers l'euſt peu à peu aſſoupy : nous en fuſmes encores plus certaines, quand Daphnis plus aſſeurée que moy, se baissant lentement, m'apporta la lettre toute moüillée des larmes qui trouuoient passage sous sa paupiere mal close, cette veuë me toucha de pitié : mais beaucoup plus sa lettre qui estoit telle.

LETTRE DE FILANDRE A DIANE.

CEVX qui ont l'honneur de vous voir courent vne dangereuse fortune. S'ils vous aiment ils sont outrecuidez, & s'ils ne vous aiment point, ils sont sans iugement; vos perfections estant telles, qu'auec raison elles ne peuuent, ny estre aimées ny n'estre point aimées : & moy estant contraint de tomber en l'vne de ces deux erreurs, i'ay choisi celle qui a plus esté selon mon humeur, & dont aussi bien il m'estoit impossible de me retirer. Ne trouuez donc mauuais, belle Diane, puis qu'on ne vous peut voir sans vous aimer, que vous ayant veuë ie vous aime. Que si cette temerité merité chastiement, ressouuenez-vous que i'aime mieux vous aimer en mourant, que viure sans vous aimer. Mais, que dis-ie, i'aime mieux? il n'est plus en mon choix : car il faut que par ne-

essité ie sois tant que ie viuray, außi veritablement vostre seruiteur, que vous ne sçauriez estre telle que vous estes, sans estre la plus belle Bergere qui viue.

A peine pûs-je acheuer cette lettre que ie m'en retournay toute tremblante, & Daphnis la remit si doucement où elle l'auoit prise, qu'il ne s'en esueilla point, & s'en reuenant à moy qui l'attendois assez pres de-là: Me permettez vous de parler? me dit-elle. Nostre amitié, luy respondis-je, vous en donne toute puissance. En verité, continua-t'elle, ie plains Filandre, car il est tout vray qu'il vous ayme, & m'asseure qu'en vostre ame vous n'en doutez nullement. Daphnis, luy dis-je, qui aura failly en fera la penitence. Si cela estoit, me repliqua-t'elle, Filandre n'en feroit point, car ie n'aduoüeray jamais que ce soit faute de vous aymer, & croirois que ce seroit plutost offenser, de ne le faire pas, puis que les choses belles n'ont esté faictes que pour estre aimées & cheries. Ie me remets à vostre iugement, luy dis-je, si mon visage doit estre mis entre les choses qui sont nommées belles. Mais ie vous conjure seulement par nostre amitié de ne luy faire jamais sçauoir que j'aye quelque connoissance de son intention, & si vous l'aymez, conseillez luy de ne m'en point parler: car vous estimant, & Callirée comme ie faits, ie serois marrie qu'il me le fallut bannir de nostre compagnie, & vous sçauez bien que j'y serois contrainte, s'il prenoit la hardiesse de m'en parler. Et comment voulez-vous donc qu'il viue? me dit-elle. Comme il viuoit, luy dis-je, auant qu'il m'eust veuë. Mais, me repliqua-t'elle, cela ne se peut plus, puis qu'alors il n'auoit point encor esté attaint de ce feu qui le brusle. Qu'il en cherche, luy dis-je, luy-mesme les moyens, sans m'offenser, qu'il esteigne ce feu. Le feu, dit-elle, qui se peut esteindre n'est pas grand, & le vostre est extréme. Le feu, adjoustay-je, pour grand qu'il soit ne brusle si on ne s'en approche : Encor, me dit elle, que celuy qui s'est bruslé fuye ce feu, il ne laisse d'auoir la bruslure, & en fuyant d'en emporter la douleur. Pour conclusion, luy dis-je, si cela est j'aime mieux estre le feu qui le brusle. Auec semblables discours nous reuinsmes vers nos trouppeaux, & sur le soir les ramenasmes en nos hameaux, où nous trouuasmes Filandre, à qui Filidas faisoit tant de bonne chere, & Amidor aussi; que Daphnis croyoit qu'il les eust ensorcellez, n'estant pas leur humeur de traitter ainsi auec les autres. Il demeura quelques jours auec nous, durant lesquels ils ne fit jamais semblant de moy, viuant auec vne si grande discretion, que n'eust esté ce que Daphnis & moy en auions veu, nous n'eussions jamais soupçonné son intention. En fin il fut contraint de partir, & ne sçachant à quoy se resoudre, s'en alla chez sa sœur, par ce qu'il l'aimoit & se fioit en elle comme en soy-mesme. Cette Bergere, comme ie vous ay dit, auoit esté mariée par authorité, & n'auoit autre contentement que celuy que l'amitié qu'elle portoit à ce frere, luy pouuoit donner : soudain qu'elle le vid, elle fut curieuse, apres les premieres salutations, de sçauoir quel auoit esté son voyage, & luy ayant respondu, qu'il venoit de chez Filidas, elle luy demanda des nouuelles de Daphnis & de moy ; à quoy ayant satisfait, & l'oyant parler auec tant de loüange de moy, elle luy dit à l'oreille. I'ay peur, mon frere, que vous l'aimiez plus que moy. Ie l'aime, respondit-il, comme son merite m'y oblige. Si cela est, repliqua-t'elle, j'ay bien deuiné : car il n'y a Bergere au monde qui ait plus de merite, & faut que j'aduoue que si j'estois homme, vouluft elle ou non, ie serois son seruiteur. Ie croy, ma sœur, luy respondit-il, que vous le dittes à bon escient? Ie le vous iure, dit-elle, sur ce que j'ay de plus cher. Ie pense, repliqua-t'il, que si cela estoit, vous ne seriez pas sans affaire : car à ce que j'ay peu iuger, elle est d'vne humeur qui ne seroit pas aisée à fleschir, outre que Filidas en meurt de jalousie, & Amidor la veille de sorte, que jamais elle n'est sans l'vn des deux. O mon frere, s'escria-t'elle, tu és pris ! puis que tu as remarqué ces particularitez, ne me le cele plus, & sans mentir si c'est faute que d'aimer, celle-là est fort pardonnable : & sans le laisser le pressa de sorte, qu'apres mille protestations & autant de supplications, de n'en faire

jamais semblant, il le luy aduoüa ; & auec des
paroles si affectionnées, qu'elle eust bien esté
incredule, si elle en eust douté : & lors qu'elle luy demanda comment j'auois receu ceste
declaration. O Dieux! luy dit il, si vous sçauiez quelle est son humeur, vous diriez que
jamais personne n'entreprit vn dessein plus
difficile. Tout ce que j'ay pû faire jusques
icy, a esté de tromper Filidas & Amidor, leur
faisant croire qu'il n'y a rien au monde qui
soit plus à eux que moy, & j'y suis si bien paruenu, qu'ils m'enuoyerent prier de les voir:
& lors il luy fit tout le discours de ce qui s'estoit passé entre eux. Mais, dit-il, continuant
son propos, quoy que j'y fusse allé en dessein
de découurir à Diane combien ie suis à elle,
si n'ay-je jamais osé, tant le respect a eu de
force sur moy, qui me faict desesperer de le
pouuoir jamais, si ce n'est qu'vne longue
pratique m'en donne la hardiesse, mais cela
ne peut estre, sans que Filidas & Amidor
s'en prennent garde : Si bien, ma sœur que
pour vous dire l'estat où ie suis, c'est presque
en vn desespoir. Callirée qui aymoit ce frere
plus que toute autre chose, ressentit sa peine
si viuement, qu'apres y auoir quelque temps
pensé, elle luy dit. Voulez-vous, mon frere, qu'en ceste occasion ie vous rende vne
preuue de ma bonne volonté. Ma sœur, luy
respondit-il, quoy que ie n'en sois point en
doute, si est-ce que ny en cét accident, ny en
tout autre, ie n'en refuseray jamais de vous;
car

car les tefmoignages de ce que nous defirons »
ne laiffent de nous eftre agreables, encor que »
d'ailleurs nous en foyons affeurez. Or bien, »
mon frere, luy dit-elle, puis que vous le voulez ie vous rendray donc ceftuy-cy, qui ne
fera pas petit, pour le hazard en quoy ie me
mettray : Et puis elle continua, vous fçauez
la reffemblance de nos vifages, de noftre hauteur, & de noftre parole, & que fi ce n'eftoit
l'habit, ceux mefmes qui font d'ordinaire
auec nous, nous prendroient l'vn pour l'autre: Puis que vous croyez que le feul moyen
de paruenir à voftre deffein, eft de pouuoir
demeurer fans foupçon aupres de Diane, en
pouuons nous trouuer vn plus aifé ny plus
fecret, que de changer d'habits vous & moy?
car vous eftant pris pour fille, Filidas n'entrera jamais en mauuaife opinion, quelque fejour
que vous faffiez pres de Diane, & moy reuenant vers Gereftan auec vos habits, luy feray
entendre que Daphnis & Diane vous auront
retenu par force : Et ne faut qu'inuenter
quelque bonne excufe pour auoir congé de
mon mary pour les aller voir, mais ie ne fçay
quelle elle fera, puis que, comme vous fçauez il eft affez difficile. Vrayement ma fœur
refpondit Filandre, ie n'ay jamais doubté
de voftre bon naturel, mais à cefte heure
il faut que j'aduoüe, qu'il n'y euft jamais vne
meilleure fœur, & puis qu'il vous plaift de
prendre cefte peine, ie vous fupplie fi ie la
reçois, d'accufer mon Amour qui m'y force,

Y

& de croire que c'est le seul moyen de conseruer la vie à ce frere que vous aimez ; & lors il l'embrassa auec tant de reconnoissance de l'obligation qu'il luy auoit, qu'elle deuint plus desireuse de l'y seruir, qu'elle n'estoit auparauant. Enfin, elle luy dit, Mon frere, laissons toutes ces paroles pour d'autres qui s'aiment moins, & voyons seulement de mettre la main à l'œuure. Pour le congé, dit-il, nous l'obtiendrons aisément, faignant que toute la bonne chere qui m'a esté faicte chez Filidas, n'a esté que pour l'intention qu'Amidor a de rechercher la niepce de vostre mary : & par ce que ceste charge luy ennuye, ie m'asseure qu'il sera bien aise que vous y alliez, luy faisant entendre que vous & Daphnis ensemble pourriez aisément traitter ce mariage. Mais quel ordre mettrons-nous en nos cheueux, car les vostres trop longs, & les miens trop courts, nous r'apporteront bien de l'incommodité ? Ne vous souciez de cela, luy dit-elle, pour peu que vous laissiez croistre les vostres ils seront assez grands pour vous coiffer comme moy, & quand aux miens, ie les couperay comme les vostres. Mais, luy dit-il, ma sœur, ne plaindrez vous point vostre poil ? Mon frere, luy repliqua-t'elle, ne croyez point que j'aye rien de plus cher que vostre contentement, outre que j'éuiteray tant d'importunitez, cependant que vous porterez mes habits, ne couchant point aupres de Gerestan, que s'il falloit auoir mon poil, ma peau encores, ie ne ferois point de difficulté de la coupper. A ce mot il l'embraſſa, luy diſant, que Dieu quelquefois la deliureroit de ce tourment; & Filandre pour ne perdre temps, à la premiere occaſion qui luy ſembla à propos, en parla à Gereſtan, luy repreſentant ceſte aliance ſi faiſable & ſi auantageuſe, qu'il s'y laiſſa porter fort aiſément. Et parce que Filandre vouloit donner loiſir à ſes cheueux de croiſtre, il faignit d'aller donner quelque ordre à ſes affaires, & qu'il ſeroit bien toſt de retour. Mais Filidas ne ſceut pluſtoſt Filandre de retour qu'elle ne l'allaſt viſiter, accompagnée ſeulement d'Amidor, & n'en voulut partir ſans le r'amener vers nous, où il demeura ſept ou huit jours ſans auoir plus de hardieſſe de ſe declarer à moy que la premiere fois.

Durant ce temps, pour monſtrer combien il eſt mal-aiſé de forcer longuement le naturel, quoy que Filidas contrefiſt l'homme tant que elle pouuoit, ſi fut-elle contrainte de reſſentir les paſſions de femme : car les recherches & les merites de Filandre firent l'effet en elle, qu'il deſiroit qu'elles fiſſent en moy : Mais Amour qui ſe plaiſt à rendre les actions des plus aduiſez toutes contraires à leurs deſſeins, luy fit faire coup ſur ce qu'il viſoit le moins. Ainſi voila la pauure Filidas tant hors d'elle-meſme, qu'elle ne pouuoit viure ſans Filandre, & luy faiſoit des recherches ſi apparentes, qu'il en demeuroit tout eſtonné, & n'euſt eſté le desir qu'il auoit de pouuoir demeurer pres de moy, il n'eust jamais souffert ceste façon de viure. En fin quand il jugea que ses cheueux estoient assez longs pour se coiffer, il retourna chez Gerestan, & luy raconta qu'il auoit donné vn bon commencement à leur affaire, mais que Daphnis auoit iugé à propos auant qu'elle en parlast, qu'Amidor vist sa niepce en quelque lieu, afin de sçauoir, si elle luy seroit agreable, & que le meilleur moyen estoit que Callirée l'y conduisit, qu'aussi bien ce seroit vn commencement d'amitié qui ne pouuoit que leur profiter. Gerestan qui ne desiroit rien auec tant de passion que d'estre deschargé de ceste niepce, trouua ceste proposition fort bonne, & le commanda fort absolument sa femme, qui pour luy en donner plus de volonté fit semblant de ne l'approuuer beaucoup, pour le cōmencement, mettant quelque difficulté à son voyage, & monstrant de partir d'aupres de luy à regret, disant qu'elle sçauoit bien que telles affaires ne se manient pas comme l'on veut, ny si promptement que l'on se les propose, & que cependant leurs affaires domestiques n'en iroient pas mieux. Mais Gerestan, qui ne vouloit qu'elle eust autre volonté que la sienne, s'y affectionna de sorte, que trois jours apres il la fit partir auec son frere & sa niepce. La premiere iournée elle alla coucher chez Filandre, où le matin ils changerent d'habits, qui estoient si bien faits l'vn pour l'autre, que ceux mesme qui les accompagnoient n'y reconnurent rien : & faut que j'aduoüe, que j'y fus deceuë comme les autres, n'y ayant entr'eux difference quelconque que ie peuſſe remarquer: Mais j'y pouuois eſtre bien aiſément trompée, puis que Filidas le fut, quoy qu'elle ne viſt que par les yeux de l'Amour, qu'on dit eſtre plus penetrans que ceux d'vn linx : car ſoudain qu'ils furent arriuez, elle nous laiſſa la fainte Callirée, ie veux dire Filandre, & emmena la vraye dans vne autre chambre pour ſe repoſer, le long du chemin ſon frere l'auoit inſtruite de tout ce qu'elle auoit à luy reſpondre, & meſme l'auoit aduertie des recherches qu'elle luy faiſoit, qui reſſembloient, diſoit-il, à celles que les perſonnes qui aiment ont accouſtumé. Dequoy & l'vn & l'autre eſtoit fort ſcandalizé, & quoy que Callirée fuſt fort reſoluë de ſupporter toutes ſes importunitez pour le contentement de ſon frere, ſi eſt ce qu'elle, qui croyoit Filidas eſtre homme, en auoit tant d'horreur que ce n'eſtoit pas vne foible contrainte que celle qu'elle ſe faiſoit de parler à elle. Quant à nous, lors que nous fuſmes retirées ſeules, Daphnis & moy, fiſmes à Filadre toutes les careſſes, qu'entre femmes on a de couſtume, ie veux dire entre celles, où il y a de l'amitié & de la priuauté, que ce Berger receuoit & rendoit auec tant de tranſport, qu'il m'a depuis iuré, qu'il eſtoit hors de ſoy meſme : ſi ie n'euſſe eſté bien enfant peut-eſtre que ſes actions me l'euſſent fait reconnoiſtre : & toutefois Daphnis ne s'en douta point, tant il se sçauoit bien contrefaire. Et par ce qu'il estoit des-ja tard apres le soupper, nous nous retirasmes à part cependant que Callirée & Filidas se promenoient le long de la chambre : Ie ne sçay quant à moy quels furent leurs discours : mais les nostres n'estoient que des asseurances d'amitié, que Filandre me faisoit d'vne si entiere affection, qu'il estoit aisé à iuger que si plutost & en autre habit il ne m'en auoit rien dit, il ne le falloit point blasmer de deffaut de volonté, mais de hardiesse seulement. Pour moy j'essayois de luy en faire paroistre de mesme: car le croyant fille, ie pensois y estre obligée par sa bonne volonté, par son merite, & par la proximité d'elle & de Daphnis. Dés lors Amidor, qui auparauant m'auoit voulu du bien, commença à changer ceste amitié, & à aimer la fainte Callirée, parce que Filandre qui craignoit que sa demeure ne depleust à ce jeune homme, faisoit tout ce qu'il pouuoit pour luy complaire. La volage humeur d'Amidor, ne luy pût permettre de receuoir ces faueurs sans deuenir amoureux. Ce que ie ne trouuay pas estrange, d'autant que la beauté, le iugement, & la courtoisie du Berger, qui ne démantoient en rien les perfections d'vne fille, ne luy en donnoient que trop de sujet. Voyez combien Amour est folastre, & à quoy il passe son temps! à Filidas qui est fille, il fait aimer vne fille, & à Amidor vn homme, & auec tant de passion, qu'estant en particulier, ce seul sujet estoit assez suffisant de nous entretenir. Dieu sçait si Filandre sçauoit faire la fille, & si Callirée contrefaisoit bien son frere, & s'ils auoient faute de prudence à conduire bien chacun son nouuel Amant. La froideur dont Callirée vsoit enuers moy estoit cause que Filidas n'en auoit point de soupçon, outre que son Amour l'en empeschoit assez: & faut que ie confesse que la voyant si fort se retirer à Filidas, Daphnis & moy eusmes opinion que Filandre eust changé de volonté. Dont ie receuois vn contentement extréme, pour l'amitié que ie portois à sa sœur. Sept ou huict iours s'écoulerent de ceste sorte, sans que personne en trouuast le temps trop long, parce que chacun auoit vn dessein particulier. Mais Callirée qui auoit peur que son mary ne s'ennuyast de ce seiour, sollicitoit son frere de me faire sçauoir son dessein, disant qu'il n'y auoit pas apparence que la familiarité qui estoit des-ja entre luy & moy, me peust permettre de refuser son seruice: mais luy qui m'alloit tastant de tous costez, n'eust jamais la hardiesse de se declarer; & pour abuser Gerestan, il la pria d'aller vers son mary en l'habit où elle estoit, l'asseurant qu'il n'y connoistroit rien, & de luy faire entendre que par l'aduis de Daphnis, elle auoit laissé Callirée chez Filidas, afin de traitter auec plus de loisir le mariage d'Amidor & de sa niepce. Au commencement sa sœur s'estonna: car son mary estoit assez fascheux. En fin voulant en tout contenter son frere, elle s'y resolut, & pour rendre ceste excuse plus vray-semblable, ils parlerent à Daphnis du mariage d'Amidor, qu'elle rejetta assez loing pour plusieurs considerations qu'elle leur mit en auant, mais sçachant qu'ils auoient pris ce sujet pour auoir congé de Gerestan, qu'autrement ils n'eussent pû auoir, elle qui se plaisoit en leur compagnie me le communiqua, & fusmes d'aduis qu'il estoit à propos de faire semblant que ceste alliance fust faisable, & sur ceste resolution elle en escriuit à Gerestan, luy conseillant de laisser sa femme pour quelque temps auec nous, afin que nostre amitié fust cause que l'alliance s'en fist auec moins de difficulté, & qu'elle croyoit que toutes choses y fussent bien disposées.

Auec ceste resolution Callirée ainsi reuestuë, alla trouuer son mary, qui deceu de l'habit la prit pour son frere, & receut les excuses du sejour de sa femme, estant bien aise qu'elle y fust demeurée pour ce sujet. Iugez, belles Bergeres, si ie n'y pouuois pas bien estre trõpée, puis que son mary ne la pût reconnoistre. Ce fut en ce temps que la bonne volonté qu'il me portoit augmenta de sorte, qu'il n'y eut plus de moyen de la celer, quelque force qu'il se pût faire,
„ la conuersation ayant cela de propre qu'el-
„ le rend ce qui est aimé plus aimé, & plus hay
„ ce que l'on trouue mauuais : Et reconnoissant son impuissance, il s'aduisa de me persuader, qu'encor qu'il fust fille, il ne laissoit d'estre

amoureux de moy, auec autant de paſſion, & plus encores que s'il euſt eſté homme, & le diſoit ſi naïfuement, que Daphnis qui m'aimoit bien fort, diſoit que juſques à ceſte heure elle ne l'auoit jamais recõneu : mais qu'il eſtoit vray qu'elle en eſtoit auſſi amoureuſe; ce qu'il ne falloit pas trouuer eſtrange, puis que Filias, qui eſtoit homme, aimoit de ſorte Filandre, que ce n'eſtoit rien moins qu'Amour ; & la diſſimulée Callirée juroit qu'vne des plus fortes occaſions qui auoient contraint ſon frere à s'en aller, eſtoit la recherche qu'il luy faiſoit : de quoy ils me ſceurent dire tant de raiſons, que ie me laiſſay ayſément perſuader que cela eſtoit, me ſemblant meſme qu'il n'y auoit rien qui me peuſt importer. Ayant donc receu ceſte fainte, elle ne faiſoit plus de difficulté de me parler librement de ſa paſſion : mais toutefois comme femme, & par ce qu'elle me juroit que les meſmes reſſentimens, & les meſmes paſſions que les hommes ont pour l'Amour, eſtoient en elle, & que celuy eſtoit vn grãd ſoulagement de les dire, bien ſouuent eſtant ſeules, & n'ayant point cet entretien deſagreable, elle ſe mettoit à genoux deuant moy, & me repreſentoit ſes veritables affections, & Daphnis meſme qui s'y plaiſoit, quelquefois l'y cõuyoit.

Douze ou quinze iours s'eſcoulerent ainſi, auec tant de plaiſir pour Filandre qu'il m'a depuis juré n'auoir jamais paſſé des iours plus heureux, quoy que ſes deſirs luy donnaſſent d'extrémes impatiences, & cela fut cauſe que

LIVRE SIXIESME DE LA
augmentant de iour à autre son affection, & se
plaisant en ses pensers, bien souuent il se retiroit seul pour les entretenir; & par ce que le
iour il ne vouloit nous esloigner, quelquefois la nuit, quand il pensoit que chacun dormoit, il sortoit de sa chambre, & s'en alloit dans
vn iardin, où sous quelques arbres il passoit vne
partie du temps en ses considerations; & d'autant que plusieurs fois il sortoit de ceste sorte,
Daphnis s'en prit garde, qui couchoit en mesme chambre, & comme ordinairement on
soupçonne plustost le mal que le bien, elle eut
opinion de luy & d'Amidor, pour la recherche
que ce ieune Berger luy faisoit: & pour s'en asseurer, elle veilla de façon, faignant de dormir,
que voyant sortir la fainte Callirée du lict, elle
la suiuit de si pres, qu'elle fut presque aussi tost
que ce ieune Berger, dans la basse court, n'ayant
mis sur elle qu'vne robe à la haste, & le suiuant
pas à pas à la lueur de la Lune, elle le vid sortir de
la maison, par vne porte mal fermée, & entrer
dans vn iardin, qui estoit sous les fenestres de
ma chābre, & passant iusques au milieu, le vid
asseoir sous quelques arbres, & tendāt les yeux
contre le Ciel, ouyt qu'il disoit fort haut.

Ainsi ma Diane surpasse,
En beauté les autres beautez
Comme de nuict la Lune efface,
De clarté les autres clartez.

Quoy que Filandre eust dit ces paroles asse-

haut, si est-ce que Daphnis n'en entre-ouït
que quelques mots, pour estre trop esloignée:
mais prenant le tour vn peu plus long, elle s'approcha
de luy sans estre veuë, le plus doucement
qu'elle peut, quoy qu'il fust si attentif
à son imagination, que quand elle eust esté
deuant luy, il ne l'eust pas apperceuë, à ce que
depuis il m'a iuré. A peine s'estoit-elle mise en
terre pres de luy, qu'elle l'ouït souspirer fort
haut, & puis peu apres d'vne voix assez abatuë
dire. Et pourquoy ne veut ma fortune que ie
sois aussi capable de la seruir, qu'elle est digne
d'estre seruie? & qu'elle ne reçoiue aussi bien
les affections de ceux qui l'ayment, qu'elle
leur donne d'extresmes passions? Ah, Callirée!
que vostre ruse a esté pernicieuse pour mon
repos, & que ma hardiesse est punie d'vn tres-
iuste supplice: Daphnis escoutoit fort attentiuement
Filandre, & quoy qu'il parlast assez
clairement, si ne pouuoit-elle comprendre ce
qu'il vouloit dire, abusée de l'opinion qu'il
fust Callirée: cela fut cause que luy prestant
l'oreille, encores plus curieuse, elle ouït que
peu apres rehaussant la voix, il dit. Mais outrecuidé Filandre, qui pourra jamais excuser ta
faute, ou quel assez grand chastiment esgalera
ton erreur? tu aimes ceste Bergere, &
ne voy tu pas qu'autant que sa beauté te le
commande, autant te le deffend son honnesteté?
combien de fois t'en ay-je aduerty? & si tu
ne m'as voulu croire, n'accuse de ton mal que
ton imprudence. A ce mot sa langue se teut;

mais ses yeux & ses souspirs en son lieu commencerent à rendre tesmoignage quelle estoit la passion, dont il n'auoit peu descouurir que si peu, & pour se diuertir de ses pensers, ou plustost pour les continuer plus doucement, il se leua, pour se promener comme de coustume, & si promptement, qu'il apperceut Daphnis, quoy que pour se cacher elle se mist à la fuitte; mais luy qui l'auoit veuë, pour la reconnoistre, la poursuiuit jusques à l'entrée d'vn bois de coudriers, où il l'atteignit; & pensant qu'elle eust découuert tout ce qu'il auoit tenu si caché, demy en colere, il luy dit. Et quelle curiosité, Daphnis, est celle-cy de me venir espier de nuict en ce lieu? C'est, respondit Daphnis en sousriant, pour apprendre de vous par finesse, ce que ie n'eusse sceu autrement, (& en cela elle en pensoit parler à Callirée, & n'ayant pas encor découuert qu'il fust Filandre) Et bien (reprit Filandre pensant estre découuert) quelle si grande nouueauté y auez vous apprise? Toute celle, dit Daphnis, que j'en voulois sçauoir. Vous voila donc, dit Filandre, bien satisfaite de vostre curiosité? Aussi bien, respondit-elle, que vous l'estes, & le serez mal de vostre ruse : car tout sejour pres de Diane, & toute ceste grande affection que vous luy faites paroistre, ne vous rapporteront en fin que de l'ennuy, & du déplaisir. O Dieux, s'escria Filandre, est il possible que ie sois découuert! Ah, discrette Daphnis, puis que vous sçauez ainsi le sujet de mon sejour, vous auez bien entre vos mains, & ma vie, & ma mort: mais si vous vous ressouuenez de ce que ie vous suis, & quels offices d'amitié vous auez receu de moy, quand l'occasion s'en est presentée, ie veux croire que vous aimerez mieux mon bien & mon contentement, que non pas mon desespoir ny ma ruine. Daphnis pensoit encores parler à Callirée, & auoit opinion que toute ceste crainte fust à cause de Gerestan, qui eust trouué mauuais (s'il en eust esté aduerty) qu'elle fit cest office à son frere; & pour l'en asseurer, luy dit; tant s'en faut que vous ayez à redouter ce que ie sçay de vos affaires, que si vous m'en eussiez aduertie, j'y eusse contribué, & tout le conseil, & toute l'assistance que vous eussiez peu desirer de moy: mais racontez moy d'vn bout à l'autre tout ce dessein, à fin que vostre franchise m'oblige plus à vous y seruir, que la mesfiance que vous auez euë de moy ne me peut auoir offésée. Ie le veux, dit-il, ô Daphnis, pourueu que vous me promettiez de n'en rien dire à Diane, que ie n'y consente. C'est vn discours, répondit la Bergere, qu'il ne luy faut pas faire mal à propos, son humeur estát peut-estre plus estrange que vous ne croiriez pas en cela. C'est là mon grief, dit Filandre, ayant dés le commencement assez reconneu que j'entreprenois vn dessein presque impossible: Car d'abord que ma sœur, & moy resolusmes de changer d'habit, elle prenant le mien, & moy le sien, ie preuy bien que tout ce qui m'en reüssiroit de plus aduantageux, seroit de pouuoir viure plus libremẽt quelques iours auprés d'elle, ainsi déguisé, que si elle mere connoissoit pour Filandre. Comment, interrompit Daphnis, toute surprise, comment pour Filandre? & n'estes vous pas Callirée? Le Berger qui pensoit qu'elle l'eust auparauant reconnu, fut bien marry de s'estre découuert si legerement, toutefois voyant que la faute estoit faitte, & qu'il ne pouuoit plus retirer la parole qu'il auoit proferée, pensa estre à propos de s'en preualoir, & luy dit: Voyez, Daphnis, si vous auez occasion de vous douloir de moy, & de dire que ie ne me fie pas en vous, puis que si librement ie vous découure le secret de ma vie: car ce que ie viens de vous dire, m'est de telle importance, qu'aussi tost qu'autre que vous le sçaura, il n'y a plus d'esperance de salut en moy: mis ie veux bien m'y fier, & me remettre tellement en vos mains, que ie ne puisse viure que par vous: Sçachez donc, Bergere, que vous voyez deuant vous Filandre sous les habits de sa sœur, & qu'Amour en moy, & la compassion en elle, ont esté cause que nous nous soyons ainsi déguisez; & apres luy alla racontant son extréme affection, la recherche qu'il auoit faitte d'Amidor, & de Filidas, l'inuention de Callirée à changer d'habits, la resolution d'aller trouuer son mary vestuë en homme; bref tout ce qui s'estoit passé en cet affaire, auec tant de demonstration d'Amour, qu'encores qu'au commencement Daphnis se fust estonnée de la hardiesse de luy & de sa sœur, si est-ce qu'elle en perdit l'estonnement, quand elle reconneut la grandeur de son affection, jugeant bien qu'elle les pouuoit porter à de plus grandes folies. Et encor que si elle eust esté appellée à leur conseil, lors qu'ils firent ceste entreprise, elle n'en eust jamais esté d'aduis : toutefois voyant comme l'effet en auoit bien reüssi, elle resolut de luy ayder en tout ce qui luy seroit possible, & n'y espargner ny peine, ny soing, ny artifice qu'elle jugeast dépendre d'elle, & le luy ayant promis, auec plusieurs asseurances d'amitié, elle luy donna le meilleur aduis qu'elle pût, qui estoit de m'engager peu à peu en son amitié : Car, disoit-elle, l'Amour enuers les femmes, est vn de ces outrages, dont la parole offense plus que le coup. C'est vn ouurage que nul n'a honte de faire, pourueu que le nom luy en soit caché. De sorte que j'estime ceux-là bien aduisez, qui se font aimer à leurs Bergeres auant que de leur parler d'Amour : D'autant qu'Amour est vn animal qui n'a rien de rude que le nom, estant d'ailleurs tant agreable, qu'il n'y a personne à qui il déplaise. Et par ainsi, pour estre receu de Diane, il faut que ce soit sans le luy nommer, ny mesme sans qu'elle le voye, & vser d'vne telle prudence qu'elle vous aime, aussitost qu'elle pourra sçauoir que vous l'aimez d'Amour : car y estant embarquée, elle ne pourra par apres se retirer au port, encore qu'elle voye quelque apparence de tourmente autour d'elle : Il me semble que jus-

ques icy vous vous y estes conduit auec vne assez grande prudence : mais il faut continuer. La fainte que vous auez faitte d'estre amoureuse d'elle, encores que fille, est tres à propos, estant tres-certain que toute Amour qui est soufferte, en fin en produit vne reciproque. Mais il faut passer plus outre. Nous faisons aisément plusieurs choses qui nous sembleroient fort difficiles, si la coustume ne nous les rendoit aisées. C'est pourquoy ceux qui n'ont pas accoustumé vne viande, la treuuent au commencement d'vn goust faschevx, qui peu à peu se rend agreable par l'vsage. Il faut que de là vous appreniez à rendre à Diane les discours amoureux plus aisez, & que par la coustume, ce qu'elle a si peu accoustumé, luy soit ordinaire, & pour y mieux paruenir, il faut trouuer quelque inuention pour luy rendre agreable vostre recherche, & que vous luy puissiez parler, encores que fille, aux mesmes termes que les Bergers. Car tout ainsi que l'oreille qui a accoustnmé d'ouïr la Musique, est capable d'y plier mesme la voix, & la hausser, & baisser aux tons qui sont harmonieux, encor que d'ailleurs on ne sçache rien en cest art. De mesme, la Bergere qui oyt souuent les discours d'vn Amant, y plie les puissances de son ame, & encore qu'elle ne sçache point aimer, ne laisse à se porter insensiblement aux ressentimens de l'Amour : Ie veux dire qu'elle aime la compagnie de ceste personne, en ressent l'éloignement, a pitié
de

de son mal, & bref aime en effet sans y penser.
Voyez vous, Filandre, ne faites pas vostre
profit de ces instructions ailleurs, & ne croyez
pas que si ie ne vous aimois, & n'auois pitié
de vous, ie vous découurisse ces secrets de
l'escole : mais receuez ce que ie vous dis pour
arrhes de ce que ie desire faire pour vous.
Auec semblables paroles, voyant que le iour
approchoit, ils se retirerent dans le logis, non
pas sans se mocquer de l'Amour d'Amidor,
qui le prenoit pour fille, & de r'apporter vne
partie de ses discours pour en rire. Et s'estant
sur le matin endormis en ceste resolution, ils
demeurerent bien tard au lict, pour se recompenser
de la perte de la nuict; ce qui donna
cōmodité au jeune Amidor de les y surprendre,
& n'eust esté que presque en mesme tēps
j'entray dans leur chambre, ie croy qu'il eust
peut-estre reconnu la tromperie : car s'estant
adressé au lict de la fainte Callirée, quoy qu'elle
joüast bien son personnage, luy parlāt auec
toute la modestie qu'il luy estoit possible, &
luy monstrant vn visage seuere pour luy oster
la hardiesse de ne se point hazarder, si est-ce
que son affection l'eust peut-estre licentié, &
que ses mains indiscrettes, eussent découuert
son sein. Mais à mon abort Daphnis me pria de
l'en empescher, & de les separer, ce que ie fis
auec beaucoup de contentement de Filandre,
qui feignant de m'en remercier, me baisa la
main auec tant d'affection, que ie l'eusse tant
soit peu soupçōné, j'eusse bien recōnu, que ve-

Z

ritablement il y auoit de l'Amour. Apres leur ayant donné le bonjour, ie r'amenay Amidor auec moy, à fin qu'ils eufsét le loifir de s'abiller.

Et par ce qu'ils auoient deffein de parache-uer ce qu'ils auoient propofé, incontinent apres difner que nous fufmes retirez comme de couftume fous quelques arbres, pour jouïr du fraiz, encore qu'Amidor y fuft, Daphnis jugea que l'occafion eftoit bonne, eftant bien aife que ce fuft mefme en fa prefence, pour luy en ofter tout foupçon, & que fi à l'aduenir il l'oyoit par mefgarde parler quelquefois en homme, il ne le trouuaft point eftrange, faifant donc figne à Filandre, à fin qu'il aydaft à fon deffein; elle luy dit: Et qu'eft-ce, Callirée, qui vous peut rendre muette en la prefence de Diane? C'eft, refpondit il, que j'allois en moy-mefme faifant plufieurs fouhaits, pour la volonté que j'ay de faire feruice à ma Maiftreffe, & entre autres vn, que ie n'euffe jamais penfé deuoir defirer. Et quel eft-il? interrompit Amidor. C'eft, continua Filandre, que ie voudrois eftre homme pour rendre plus de feruice à Diane. Et commét, adjoufta Daphnis, eftes vous amoureufe d'elle? Plus refpondit Filandre, que ne le fçauroit eftre tout le refte ne l'vniuers. I'ayme donc mieux, dit Amidor, que vous foyez fille, tant pour mon aduantage, que pour celuy de Filidas. La confideration de l'vn, ny de l'autre, repliqua Filandre, ne me fera pas changer de defir. Et quoy? adjoufta Daphnis, auriez vous opinion que Diane vous aimaſt dauantage. Ie le deurois ainſi eſperer, dit Filandre, par les loix de Nature, ſi ce n'eſt, que comme en ſa beauté elle en outrepaſſe les forces, qu'en ſon humeur, elle en dédaigne les ordonnances. Vous me croirez telle qu'il vous plaira (luy dis-je) ſi vous fais-je ſerment veritable, qu'il n'y a homme au monde que j'aime plus que vous. Auſſi (me repliqua-t'il) n'y a-t'il perſonne qui vous ayt tant voüé de ſeruice: mais ce bon-heur ne me durera que juſques à ce que vous aurez reconnu mon peu de merite, ou que quelque meilleur ſujet ſe preſente. Me croyez-vous (luy repliquay-je) ſi volage que vous me faites? Ce n'eſt pas (me répondit-il) que ie croye en vous les imperfections de l'inconſtance: mais je ſçay bien que j'en ay les cauſes pour les deffauts qui ſont en moy. Le deffaut, luy diſ-je, eſt pluſtoſt de mon coſté ; & à ce mot ie l'embraſſay, & le baiſay d'vne auſſi ſincere affection que ſ'il euſt eſté ma ſœur. Dequoy Daphnis ſouſrioit en ſoy-meſme, me voyant ſi bien abuſée: Mais Amidor nous interrompant, jaloux (comme ie croy) de tous deux. Ie penſe, dit-il, que c'eſt à bon eſcient, & que Callirée ne ſe mocque point. Comment, dit-il, me moquer? que le Ciel me puniſſe plus rigoureuſement qu'il ne chaſtia jamais parjure, ſ'il y eut jamais Amour plus violente, ny plus paſſionnée que celle que ie porte à Diane. Et ſi vous eſtiez homme, adiouſta Daphnis, ſçauriez-vous bien vſer des paroles d'homme, pour declarer vostre passion. Encores, respondit-il, que j'aye peu d'esprit, si est-ce que mon extresme affection ne me laisseroit jamais muette en semblable occasion. Et voyons la, Belle, dit Amidor, si ce ne vous est peine, comme vous vous démesleriez d'vne telle entreprise? Si ma Maistresse, dit Filandre, me le permet, ie le feray, auec promesse toutefois qu'elle m'accordera trois supplications que ie luy feray. La premiere qu'elle me respondra à ce que ie luy diray, l'autre, qu'elle ne croira point estre vne fainte, ce que sous autre personne que de Callirée, ie luy representeray : mais les receura comme tres-veritables, encores qu'impuissantes passions, & pour la fin, qu'elle ne permettra que jamais autre que moy la serue en ceste qualité. Moy qui voyois que chacun y prenoit plaisir, & aussi que veritablement j'aymois Filandre sous les habits de sa sœur, luy respondis, que pour sa seconde & derniere demande elles luy estoient accordées, tout ainsi qu'elle les sçauroit desirer, que pour la premiere, j'estois si peu accoustumée à faire telles responses, que ie m'asseurois qu'elle y auroit peu de plaisir. Toutefois que pour ne la dédire en rien, j'assayerois de m'en acquitter le mieux qu'il me seroit possible. A ce mot, se releuant sur vn genoux, par ce que nous estions assis en rõd, me prenant vne main, il commença de ceste sorte.

Ie n'eusse jamais creu, belle Maistresse, considerant en vous tant de perfections, qu'il peust estre permis à vn mortel de vous aimer, si ie n'eusse esprouué en moy-mesme, qu'il est impossible de vous voir, & ne vous aimer point. Mais sçachant bien que le Ciel est trop juste pour vous commander vne chose impossible, j'ay tenu pour certain qu'il vouloit que vous fussiez aimée, puis qu'il permettoit que vous fussiez veuë, & sur ceste creance j'ay fortifié de raisons la hardiesse que j'auois euë de vous voir, & beny en mon cœur l'impuissance, qui m'a aussi tost sousmis à vous, que mes yeux se sont tournez vers vous. Que si les loix ordonnent, que l'on donne à chacun ce qui est sien, ne trouuez mauuais, belle Bergere, que ie vous donne mon cœur, puis qu'il vous est tellement acquis, que si vous le refusez, ie le desaduoüe pour estre mien. A ce mot il se teut, pour ouyr ce que ie luy respondrois, mais auec vne façon, que s'il n'eust point eu l'habit qu'il portoit, mal-aisément eust on peu douter qu'il ne le dist à bon escient, & pour ne contreuenir à ce que ie luy auois promis, ie luy fis telle responce. Berger, si les loüanges que vous me donnez, estoient veritables, ie croirois peut-estre ce que vous me dittes de vostre affection : mais sçachant bien que ce sont flatteries, ie ne puis croire que le reste ne soit dissimulation. C'est trop blesser vostre jugement, me dit-il, que de douter de la grandeur de vostre merite: mais c'est auec semblables excuses que vous auez accoustumé de refuser les choses que vous ne voulez pas ; si puis-

Z iij

je auec verité jurer par Teutates, & vous sçauez bien que ie ne me parjure pas, que vous ne refuferez jamais rien qui vous foit donné de meilleure, ny plus entiere volonté. Ie fçay bien, luy refpondis-je, que les Bergers de cette contrée, ont accouftumé d'vfer de plus de paroles, où il y a moins de verité, & qu'ils tiennent entre-eux, pour chofe tres-auerée, que les Dieux n'efcoutent, ny ne puniffent jamais les faux ferments des amoureux. Si c'eft vn vice particulier de vos Bergers, dit-il, ie m'en remets à voftre connoiffance; mais moy qui fuis eftranger, ie ne dois participer à leur hôte, non plus que ie ne faits à leur faute, & toutefois par vos paroles mefmes plus cruelles, il faut que ie retire quelque fatisfaction pour moy : car encor que les Dieux ne puniffent les ferments des Amoureux, fi ie ne le fuis pas, comme il femble que vous en doutiez, les Dieux ne laifferont de m'enuoyer le chaftiment de parjure, & s'ils ne le font, vous ferez contrainte d'aduoüer, que n'eftant point chaftié, ie ne fuis donc point menteur, & fi ie fuis menteur, & ne fuis point chaftié, il faut que vous confeffiez que ie fuis Amant. Et par ainfi, de quelque cofté que voftre bel efprit fe vueille tourner, il ne fçauroit defaduoüer, qu'il n'y a point de beauté en la terre, ou Diane eft belle, & que jamais beauté n'a efté aimée, ou la voftre l'eft de ce Berger, qui eft à vos genoux, & qui en ceft eftat implore le fecours de toutes les graces, pour en retirer vne de vous, qu'il croit meriter, si vne parfaite Amour a jamais eu du merite. Si ie suis belle, repliquay-je, ie m'en remets aux yeux qui me voyent sainement : mais vous ne sçauriez nier que vous ne soyez parjure & dissimulée, & il faut, Callirée, que ie die que l'asseurance dont vous me parlez en homme, me fait resoudre à ne croire jamais aux paroles, puis qu'estant fille, vous le sçauez si bien déguiser. Et pourquoy, Diane, dit-il, lors en sousriant, interrompez-vous si tost les discours de vostre seruiteur ? vous estonnez-vous qu'estant Callirée, ie vous parle auec tant d'affection ? ressouuenez-vous qu'il n'y a impuissance de codition qui m'en fasse jamais diminuer, tant s'en faut, ce sera pluftost ceste occasion qui la conseruera, & plus violente, & eternelle, puis qu'il n'y a rien qui diminuë tant l'ardeur du desir, que la jouïssance de ce qu'on desire, & cela ne pouuant estre entre nous, vous serez jusques à mon cercueil tousiours aimée, & moy tousiours Amante. Et toutefois si Tiresias, apres auoir esté fille, deuint homme, pourquoy ne puis-je esperer que les Dieux me pourroient bien autant fauoriser, si vous l'auiez agreable ? Croyez moy, belle Diane, puis que les Dieux ne font jamais rien en vain, qu'il n'y a pas apparance qu'ils ayent mis en moy vne si parfaite affection, pour m'en laisser vainement trauailler, & que si la nature m'a fait naistre fille, mon Amour extresme me peut bien rendre telle, que ce ne soit point inutilement. Daphnis qui voyoit que ce discours s'alloit fort

Z iiij

égarant, & qu'il eſtoit dangereux, que ceſt A-
mant ne ſe laiſſaſt tranſporter à dire choſe qui
le fit découurir par Amidor, l'interrompit, en
luy diſant. C'eſt ſans doute, Callirée, que voſtre
Amour ne ſera point épriſe inutilement tant
que vous ſeruirez ceſte belle Bergere, non plus
que le flambeau ne ſe conſume pas en vain,
qui eſclaire à ceux qui ſont dans la maiſon : car
tout le reſte du monde n'eſtant que pour ſeruir ceſte Belle, vous aurez fort bien employé
vos iours, quand vous les aurez paſſez en ſon
ſeruice. Mais changeons de diſcours, dit A-
midor : car voicy venir Filidas, qui ne pren-
droit nullement plaiſir à les ouïr, encore que
vous ſoyez fille, & preſque en meſme temps
Filidas arriua, qui nous fit toutes leuer pour le
faluër. Mais Amidor qui aimoit paſſionné-
ment la fainte Callirée, lors que ſa couſine arriua, prit le temps ſi à propos, que s'eſloi-
gnant auec Filandre vn peu de la trouppe, &
la prenant ſous le bras, & voyant que perſonne
ne les pouuoit ouyr, commença de luy parler
ainſi. Eſt-il poſſible, belle Bergere, que les paroles que vous venez de tenir à Diane ſoient
veritables, ou bien ſi vous les auez dittes ſeulement pour monſtrer la beauté de voſtre eſprit ? Croyez Amidor, luy reſpondit-il, que ie
ne ſuis point menſongere, & que jamais ie ne
dis rien plus veritablement, que l'aſſeurance
que ie luy ay faite de mon affection, que ſi en
quelque choſe j'ay manqué à la verité, ç'a eſté
pour en auoir dit moins que ie j'en reſſens :

mais en cela ie dois estre excusée, puis qu'il n'y a point d'assez bonnes paroles pour le pouuoir dire comme ie le conçois : A quoy il respondit auec vn grand souspir. Puis que cela est, belle Callirée, mal-aisément puis je croire que vous ne reconnoissiez beaucoup mieux l'affection que l'on vous porte, puis que vous ressentez les mesmes coups dont vous blessez, que non point celles qui en sont du tout ignorantes, & cela sera cause que ie n'iray point recherchant d'autres paroles pour vous declarer ce que ie souffre pour vous, ny d'autres raisons pour excuser ma hardiesse, que celles dont vous auez vsé parlant à Diane, & seulement j'adiouteray ceste consideration, afin que vous connoissiez la grandeur de mon affection : Que si le coup qui ne se void, se doit juger selon la force du bras qui le donne ; la beauté de Diane, dont vous ressentez la blessure, estant beaucoup moindre que la vostre, doit bien auoir fait moindre effort en vous que la vostre en moy : Et toutefois si vous l'aimez auec tant de violence, considerez comment Amidor doit estre traitté de Callirée, & quelle peut estre son affection : car il ne sçauroit la vous declarer que par la comparaison de la vostre. Berger, luy respondit-il, si la connoissance que vous auez euë de l'amitié que ie porte à Diane, vous a donné la hardiesse de me parler de ceste sorte, il faut que ie supporte le supplice que mon inconsideration merite, ayant parlé si ouuertement deuant vous : mais aussi deuiez-vous auoir esgard, qu'estant fille ie ne pouuois par ces discours offenser son honnesteté, & si faites bien vous la mienne en me parlant ainsi, qui ay vn mary qui ne supporteroit pas auec patience cét outrage s'il en estoit aduerty. Mais outre cela, puis que vous parlez de Diane, à qui veritablement ie me suis entierement donnée : encor faut-il que ie vous die, que si vous voulez que ie mesure vostre affection à la mienne, selon les causes que nous auons d'aimer, ie ne croiray pas que vous en ayez beaucoup, puis que ce que vous nommez beauté en moy, ne peut en sorte que ce soit, retenir ce nom aupres de la sienne. Belle Bergere, luy dit Amidor, ie n'ay jamais creu que l'on vous pûst offenser en vous aimant : mais puis que cela est, j'aduoüe que ie merite chastiment, & que ie suis prest à le receuoir tout tel que vous me l'ordonnerez, il est vray que vous deuez ensemble vous resoudre à joindre au mesme supplice, tout celuy que ie pourray meriter, en vous aimant le reste de ma vie : car il est impossible que ie viue sans vous aimer : Et ne croyez point que le mescontentement de Gerestan m'en puisse jamais diuertir; celuy qui ne craint, ny les hazards, ny la mort mesme, ne redoutera jamais vn homme : Mais quant à ce qui vous touche, j'aduoüe que j'ay failly en faisant quelque comparaison de vous à Diane, estant sans doute mal proportionnée de son costé; il est vray que ce n'a pas esté comme de chose égale:

mais comme du moindre au plus grand, & ayant eu opinion que ce que vous reſſentiez vous donneroit plus de connoiſſance de ma peine, j'ay commis ceſte erreur, en laquelle ſi vous me pardonnez, ie proteſte de ne retomber jamais. Filandre qui m'aimoit à bon eſcient, & qui auoit eu opinion qu'Amidor en fiſt de meſme, euſt mal-aiſément ſupporté d'oüyr parler de moy auec tant de meſpris, s'il n'euſt eu deſſein de découurir ce qui en eſtoit: mais deſirant de s'en eſclaircir, & luy ſemblant d'en auoir rencontré vne fort bonne occaſion, il eut tant de puiſſance ſur ſoy-meſme, que ſans luy en faire ſemblant, il luy dit: Comment eſt-il poſſible, Amidor, que voſtre bouche profere des paroles que voſtre cœur deſment ſi fort? Penſez-vous que ie ne ſçache pas bien que vous diſſimulez, & que dés long temps voſtre affection eſt toute pour Diane? Mon affection ? repliqua-t'il comme ſurpris, que jamais perſonne ne me puiſſe aimer, ſi j'ayme autre Bergere que vous, ie ne dis pas qu'autrefois ie n'aye eſté de ſes amis, mais ſon humeur inégale tantoſt toute de feu, tantoſt toute de glace m'en a tellement retiré, qu'à cette heure elle m'eſt indifferente. Et comment, dit Filandre, m'oſez-vous parler ainſi, puis que ie ſçay qu'en verité elle vous a aimé & vous aime encores? Ie ne veux pas nier, dit Amidor, qu'elle ne m'ait aimé. Et, continua-t'il, en ſouſriant, ie ne iurerois pas qu'elle ne m'aime encores: mais ſi ferois bien qu'elle n'eſt point aimée de moy, & que ie luy en laisse tout le soucy. Ce qu'Amidor disoit en cela estoit bien selon son humeur: car c'estoit sa vanité ordinaire, de vouloir qu'on creust qu'il eust plusieurs bonnes fortunes, & à ceste occasion il auoit accoustumé de se rendre à dessein si familier de celles qu'il hantoit, que quand il s'en retiroit, il pouuoit presque par ses sousris & niant froidement, faire croire tout ce qu'il vouloit d'elles. A ce coup Filandre reconnut bien son artifice, & n'eust esté qu'il craignoit de se decouurir, il se sentit tellement touché de mon offense, que ie crois qu'il l'eust repris de mensonge, si ne peut-il s'empescher de luy respondre assez aigrement. Vrayement Amidor, vous estes le plus indigne Berger, qui viue parmy les bonnes compagnies. Vous auez le courage de parler de ceste sorte de Diane, à qui vous montrez tant d'amitié, & à qui vous auez tant d'obligation? & que pouuons nous esperer, nous qui n'approchons en rien ses merites : puis que ny ses perfections, ny son amitié, ny vostre alliance ne vous peuuent attacher la langue? Quant à moy j'aduouë que vous estes la plus dangereuse personne qui viue, & qui voudra auoir du repos, doit tascher de vous esloigner comme vne maladie tres-contagieuse. A ce mot il le quitta, & nous vint retrouuer, le visage tant enflammé de colere, que Daphnis connut bien qu'il estoit offensé d'Amidor, qui estoit demeuré si estonné de ceste separation, qu'il ne sçauoit ce qu'il auoit à faire. Depuis le soir Daphnis s'enquit de Filandre, de leur discours, & par ce qu'elle m'aimoit, & iugeoit que cela ne pouuoit que beaucoup accroistre l'amitié que ie portois à la fainte Caillirée, dés le matin elle me le raconta auec tant d'aspreté contre Amidor, & si auantageusement pour Filandre, qu'il faut aduoüer que depuis ie ne me peus si aisément deffendre de l'aimer, lors que ie le reconnus, me semblant que sa bonne volonté m'y obligeoit. Mais Daphnis, qui sçauoit bien que si ie l'aimois alors c'estoit pour le croire Callirée, luy conseilloit ordinairement de se découurir à moy, disant qu'elle croyoit bien qu'au commencement ie le rejetterois, & m'en fascherois : mais qu'en fin toutes choses se remettroient, & que de son costé elle y trauailleroit de sorte, qu'elle esperoit en venir à bout. Mais elle ne peut auoir d'assez fortes persuasiōs pour luy en donner le courage, qui fit resoudre Daphnis de le faire elle mesme sans qu'il le sçeust, preuoyant bien que Gerestan voudroit r'auoir sa femme, & que ceste finesse auroit esté inutile.

En ceste resolution vn iour qu'elle me trouua seule, apres quelques discours assez ordinaires : Mais que sera-ce en fin, dit-elle, de ceste folle de Callirée, ie croy en verité que vous luy ferez perdre l'entendement : car elle vous aime si passionnément, que ie ne croy pas qu'elle puisse viure : Si Filidas va vn iour coucher hors de ceans, & que vous puissiez

sortir vne nuict de voſtre chambre, il faut que
vous la voyez en l'eſtat où ie l'ay trouuée pluſieurs fois: car preſque toutes les nuicts qui ſont
vn peu claires, elle les paſſe dans le jardin, & ſe
plaiſt de ſorte en ſes imaginations, que ie ne la
puis retirer qu'à force, de ſes reſueries. Ie voudroy bien, luy reſpondis-je, luy pouuoir r'apporter du ſoulagement: mais que veut-elle de
moy? ne luy rends-je pas amitié pour amitié?
ne luy en fais-je aſſez paroiſtre par toutes mes
actions? manque-je à quelque ſorte de courtoiſie, ou de deuoir enuers elle? Cela eſt vray:
mais, me repliqua-t'elle, ſi vous auiez oüy ſes
diſcours, ie ne croy pas qu'elle ne vous fiſt compaſſion, & vous ſupplie que ſans qu'elle le ſçache, vous la veniez eſcouter vne nuict. Ie le luy
promis fort librement, & luy dis que ce ſeroit
bien toſt: car Filidas m'auoit dit le ſoir auparauant, qu'elle vouloit viſiter Gereſtan & faire
amitié auec luy.

Quelques jours apres, Filidas ſelon ſon deſſein, emmenant Amidor auec luy, partit pour
aller voir Gereſtan, ayant reſolu de ne reuenir
de ſept ou huit jours, afin de luy faire paroiſtre
plus d'amitié, & ce ſejour nous vint fort à propos: car s'il euſt eſté en la maiſon, mal-aiſément
luy euſſions nous peu cacher le trouble en
quoy nous fuſmes. Or le meſme jour du depart, Filandre ſuiuant ſa couſtume, ne manqua
pas de deſcendre au jardin à moitié deſabillé,
lors qu'il creut que chacun eſtoit endormy.
Au contraire Daphnis qui s'eſtoit couchée la

premiere, aussi tost qu'elle le vid sortir, se depescha de me le venir dire, & me mettant hastiuement vne robe dessus, ie la suiuis assez viste, jusques à ce que nous fusmes dans le jardin: Mais lors qu'elle eust remarqué où il estoit, elle me fit signe d'aller au petit pas apres elle. Et quand nous nous en fusmes approchées, de sorte que nous le pouuions oüyr, nous nous assismes en terre, & incontinent apres, j'oüys qu'il disoit. Mais à quoy toute ceste patience? à quoy tous ces dilayemens? ne faut-il pas que tu meures sans secours, ou que tu décounres ta blesseure au Chirurgien qui la peut guerir? Et là s'arrestant pour quelque temps, il reprenoit ainsi auec vn grand souspir: Ne dis-tu pas, ô fascheuse crainte, qu'elle nous bannira de sa presence? & qu'elle nous ordonnera vne mort desesperée? Et bien, si nous mourons, ne nous sera-ce pas beaucoup de soulagement d'abreger vne si miserable vie que la nostre, & mourant satisfaire à l'offense que nous aurons faite? Et quant au bannissement, s'il ne nous vient d'elle, le pouuons nous éuiter de Gerestan, de qui l'impatience ne nous laissera guere dauantage icy? Que si toutefois nous obtenons vn plus long sejour de cét importun, & que la mort ne nous vienne du courroux de la belle Diane, helas! la pourrons nous éuiter de la violence de nostre affection? Que faut-il donc que ie fasse? Que ie le luy die? Ah! ie ne l'offenseray jamais s'il m'est possible. Le luy tairay-je? Et pourquoy le taire, puis qu'aussi bien ma mort luy en dónera vne bien prompte connoiſſance. Quoy donc ie l'offenſeray? Ah! l'outrage & l'amitié ne vont jamais enſemble. Mourons donc pluroſt: Mais ſi ie conſens à ma mort ne luy fais-je pas perdre le plus fidele ſeruiteur qu'elle ait jamais eu? & puis eſt-il poſ-ſible qu'en adorant on puiſſe offenſer? Ie le luy diray donc, & en meſme-temps luy décõuuri-ray l'eſtomac, afin que le fer plus aiſément pu-niſſe mon erreur, ſi elle le veut. Voila, luy diray-je, où demeure le cœur de cét infortuné Filan-dre, qui ſous les habits de Callirée, au lieu d'ac-querir vos bonnes graces, a rencontré voſtre courroux, vengez-vous & le puniſſez, & ſoyez certaine que ſi la vengeance vous ſatisfait, le ſupplice luy en ſera tres-agreable.

Belles Bergeres, quand j'oüys parler Filan-dre de ceſte ſorte, ie ne ſçay ce que ie deuins, tant ie fus ſurpriſe d'eſtonnement: Ie ſçay bien que ie m'en voulus aller, afin de ne voir plus ce trompeur, tant pleine de deſpit que j'en tremblois toute: Mais Daphnis pour ache-uer entierement ſa trahiſon, me retint par for-ce, & par ce (comme ie vous ay dit) que nous eſtions fort pres du Berger, au premier bruit que nous fiſmes il tourna la teſte, & croyant que ce ne fuſt que Daphnis, il s'y en vint: mais quand il m'apperceut, & qu'il creut que ie l'a-uois oüy. O Dieux! dit-il, quel ſupplice effa-cera ma faute? Ah! Daphnis, ie n'euſſe jamais attendu cette trahiſon de vous. Et à ce mot il s'en alla courant par le jardin comme vne perſonne

sonne insensée, quoy qu'elle l'appellast deux ou trois fois par le nom de Callirée: mais craignãt d'estre oüye de quelqu'autre, & plus encore que le desespoir ne fist faire à Filandre quelque chose de mal à propos en sa personne, elle me laissa seule & se mit à le suiure, me disant toute en colere en partant. Vous verrez, Diane, que si vous traittez mal Filandre, peut estre vous ruinerez-vous de sorte, que vous en ressentirez le plus grand desplaisir. Si ie fus estonnée de cét accident, jugez le, belles Bergeres, puis que ie ne sçauois pas mesmes m'en retourner. En fin apres auoir repris vn peu mes esprits, ie cherchay de tant de costez, que ie reuins en ma chambre, où m'estant remise au lict toute tremblante, ie ne pûs clorre l'œil de toute la nuict.

Quant à Daphnis elle chercha tant Filandre, qu'en fin elle le rencontra plus mort que vif, & apres l'auoir tancé de n'auoir sceu se preualoir d'vne si fauorable occasion, & toutefois l'auoir asseuré que ie n'estois point si estonnée de cét accident que luy, elle le remit vn peu, & le rasseura en quelque sorte, non point toutefois tellement que le lendemain il eust la hardiesse de sortir de sa chambre. Moy d'autre costé infiniment offensée contre tous d'eux, ie fus contrainte de tenir le lict, pour ne donner connoissance de mon déplaisir à ceux qui estoient autour de nous, & particulierement à la niepce de Gerestan: Mais de bonne fortune, elle n'estoit pas plus spirituelle que de raison,

A a

de sorte que nous luy cachasmes aisément ce mauuais mesnage, ce qui nous eust esté presque impossible, & mesme à Filandre, autour duquel elle demeuroit ordinairement. Daphnis ne se trouua pas peu empeschée en ceste occasion : car au commencement ie ne pouuois la receuoir en ses excuses. En fin elle me tourna de tant de costez, & me sceut tellement déguiser ceste affection, que ie luy promis d'oublier le déplaisir qu'elle m'auoit fait : jurant toutefois quand à Filandre que ie ne le verrois jamais. Et ie croy qu'il s'en fust allé sans me voir, ne me pouuant supporter courroucée, n'eust esté le danger où il craignoit que Callirée tombast : car elle auoit à faire à vn mary, qui estoit assez fascheux. Ce fut ceste consideration qui le retint : mais sans bouger du lict, faignant d'estre malade. Cinq ou six jours se passerent sans que ie le vouluse voir, quelque raison que Daphnis me peust alleguer pour luy, & n'eust esté que ie fus aduertie que Filidas reuenoit & Callirée aussi, ie ne l'eusse veu de long temps. Mais la crainte que j'eus que Filidas ne s'en prist garde, & que ce qui estoit si secret ne fust diuulgué par toute la contrée, me fit resoudre à le voir, auec condition, qu'il ne me feroit point de semblant de ce qui s'estoit passé, n'ayant pas assez de force sur moy, pour m'empescher de ne donner quelque connoissance de mon déplaisir. Il le promit & le tint : car à peine osoit-il tourner les yeux vers moy, & quand il le faisoit, c'estoit

auec vne certaine foubmiſſion, qui ne m'aſſeuroit pas peu de fon extréme Amour. Et de fortune, incontinant apres que j'y fus entrée, Filidas, Amidor, & le diſſimulé Filandre arriuerent
dans la chambre, de qui les feneſtres fermées
nous donnerent aſſez bonne commodité de
cacher nos viſages. Filandre auoit aduerty ſa
ſœur de tout ce qui luy eſtoit aduenu, & cela
auoit eſté cauſe que le ſejour de Filidas n'auoit
pas eſté ſi loing qu'il en auoit fait deſſein : car
elle diſant que ſa ſœur eſtoit malade, les contraignit de s'en retourner.

Mais ce diſcours, ſeroit trop ennuyeux, ſi ie
n'abregeois toutes nos petites querelles. Tant
y a que Calliréé ayant ſceu comme toutes choſes eſtoient paſſées, quelquefois les tournant
en gauſſerie, d'autrefois cherchant des appara-
ces de raiſon, ſceut de ſorte ſe ſeruir de ſon bien
dire, eſtant meſme aidée de Daphnis, qu'en fin
ie conſentis au ſejour de Filandre, iuſqu'à ce
que les cheueux fuſſent reuenus à ſa ſœur, connoiſſant bien que ce ſeroit la ruiner & moy auſſi, ſi ie precipitois dauantage ſon retour. Et il
aduint (comme elle auoit fort bien preueu) que
durant le temps que ce poil demeura à croiſtre,
l'ordinaire conuerſation du Berger, qui en fin
ne m'eſtoit point deſ-agreable, & la connoiſſance de la grādeur de ſon affection, commencerent à me flatter de ſorte, que de moy meſme j'excuſois ſa tromperie; conſiderant de plus
le reſpect & la prudence dont il s'y eſtoit conduit. Si bien qu'auant qu'il peuſt partir, il ob-

Aa ij

tint ceſte declaration qu'il auoit tant deſirée, à ſçauoir que j'oublyois ſa tromperie, & que ne ſortant point des termes de ſon deuoir, j'aimerois ſa bonne volonté, & la cherirois pour ſon merite ainſi que ie deurois. La connoiſſance qu'il me donna de ſon contentement, ayant ceſte aſſeurance de moy, me rendit bien auſſi aſſeurée de ſon affection, que peu auparauant ſon déplaiſir m'en auoit fait certaine : car il fut tel qu'à peine le pouuoit-il diſſimuler. Cependant que nous eſtions en ces termes, Filidas de qui l'Amour s'alloit touſiours augmentant, ne peut en couurir dauantage la grandeur, de ſorte qu'elle reſolut de tenter tout à fait le diſſimulé Filandre. Auec ce deſſein la trouuant à propos vn iour qu'elles ſe promenoient enſemble dans vne touffe d'arbres, qui fait l'vn des quarrez du jardin, elle luy parla de ceſte ſorte apres auoir eſté longuement interditte. Et bien Filandre, ſera-t'il vray que quelque amitié que ie vous puiſſe faire paroiſtre, ie ne ſois point aſſez heureux pour eſtre aimé de vous ? Callirée luy reſpondit : Ie ne ſçay Filidas quelle plus grande amitié vous me demandez, ny comment ie vous en puis rendre dauantage, ſi vous meſmes ne m'en dõnez les moyens. Ah ! dit-elle, ſi voſtre volonté eſtoit telle que la mienne la deſire, ie le pourrois bien faire : Iuſqu'à ce que vous m'ayez eſprouué dit Callirée, pourquoy voulez-vous douter de moy ?
„ Ne ſçauez vous pas, dit Filidas, que l'extréme
„ deſir eſt touſiours ſuiuy du doute ? iurez-moy

que vous ne me manquez point d'amitié, & je vous declareray peut estre chose dont vous serez bien estonné. Callirée fut vn peu surprise ne sçachant ce qu'elle vouloit dire, toutefois pour en sçauoir la conclusion elle luy respondit: Ie le vous jure, Filidas, tout ainsi que vous me le demandez, & de plus que ie ne pourray jamais vous rendre tesmoignage de bonne volonté que ie ne le fasse. A ce mot pour remerciement, & presque par transport, Filidas la prenant par la teste, la baisa auec tant de vehemence, que Callirée en rougit, & la repoussant tout en colere, luy demanda quelle façon estoit celle-là. Ie sçay, respondit alors Filidas, que ce baiser vous estonne, & que mes actions jusques icy vous auront peut-estre fait soupçonner quelque chose d'estrange de moy: mais si vous voulez auoir la patience de m'escouter, ie m'asseure que vous en aurez plutost pitié que mauuaise opinion. Et lors reprenant du commencement jusques au bout, elle luy fit entendre le procez qui auoit esté entre Phormion, & Celion nos peres, l'accord qui fut fait pour l'assoupir, & en fin l'artifice de son pere à la faire esleuer comme vn homme, encor qu'elle fut fille. Bref nostre mariage, & tout ce que ie viens de vous raconter, & puis continua de ceste sorte. Or ce que ie veux de vous pour satisfaction de vostre promesse, c'est que reconnoissant l'extréme affection que ie vous porte, vous me receuiez pour vostre femme, & ie feray espouser Diane à mon cousin Amidor, que mon pere auoit expressément esleué dans sa maison pour ce sujet. Et là dessus elles adjousta tant de paroles pour la persuader, que Callirée estonnée plus que ie ne vous sçaurois dire, eut le loisir de reuenir à soy, & luy respondre, que sans mentir elle luy auoit raconté de grandes choses, & telles que mal-aisément les pourroit-elle croire, si elle ne les asseuroit d'autre façon que par paroles. Elle alors se desboutonnant se descouurit le sein : L'honnesteté, luy dit-elle, me deffend de vous en monstrer dauantage : mais cela ce me semble vous doit suffire. Callirée alors pour auoir le loisir de se conseiller auec nous, fit semblant d'en estre fort aise : mais qu'elle auoit des parents dont elle esperoit tout son auancement, & sans l'aduis desquels, elle ne feroit jamais vne resolution de telle importance, & sur tout, qu'elle la supplioit de tenir ceste affaire secrette : car la diuulgant ce ne seroit que donner sujet à plusieurs de parler, & qu'elle l'asseuroit dés-lors, que quand il n'y resteroit que son consentement elle luy donneroit connoissance de sa bonne volonté. Auec semblables propos elles finirent leur promenoir, & reuindrent au logis, où de tout le jour Callirée n'osa nous accoster, de peur que Filidas n'eust opinion qu'elle nous en parlast : mais le soir elle raconta à son frere tous ces discours, & puis tous deux allerent trouuer Daphnis, à laquelle ils les firent entendre. Iugez si l'estonnement fut grand : mais quel qu'il peust estre, le contentement de Filandre le furpaſſoit de beaucoup, luy ſemblant que le Ciel luy offroit vn treſ-grand acheminement à la concluſion de ſes deſirs. Le matin Daphnis me pria d'aller voir la fainte Calliré, & la vraye demeura aupres de Filidas, afin qu'elle ne ſ'en doutaſt. Dieu ſçait quelle ie deuins quand ie ſceus tout ce diſcours : Ie vous iure que j'eſtois ſi eſtonnée, que je ne ſçauois ſi c e n'eſtoit point vn ſonge. Mais ce fut le bon que Daphnis ſe plaignoit infiniment de moy, que ie le luy euſſe ſi longuement celé, & quelque ſerment que ie luy fiſſe, que ie n'en auois rien ſceu juſques à l'heure, elle ne me vouloit point croire ſi enfant, & lors que je luy diſois que ie penſois que tous les hommes fuſſent comme Filidas, elle ſe tuoit de rire de mon ignorance. En fin nous reſoluſmes, de peur que Bellinde ne vouluſt diſpoſer de moy à ſa volonté, ou que Filidas ne me fiſt quelque ſurpriſe pour Amidor, qu'il ne falloit rien faire à la volée & ſans y bien penſer : car dés lors par la ſollicitation de Daphnis & de Calliréé, ie promis à Filandre de l'eſpouſer. Et cela fut cauſe que reprenant ſes habits, apres auoir aſſeuré Filidas, qu'il alloit pour en parler à ſes parens, il ſe retira auec ſa ſœur vers Gere ſtan, qui ne prit jamais garde à ceſte ruze. Depuis ce temps il fut permis à Filandre de m'écrire : car enuoyant d'ordinaire de ſes nouuelles à Filidas, j'auois touſiours de ſes lettres, & ſi finement, que ny elle, ny Amidor ne ſ'en apperceurent jamais.

Aa iiij

Or, belles Bergeres, jusques icy ceste recherche ne m'auoit guere r'apporté d'amertume, mais, helas! c'est ce qui s'en ensuiuit qui m'a tant fait aualler d'absinthe, que jusqu'au cercueil il ne faut pas que j'espere de gouster quelque douceur. Il aduint pour mon malheur, qu'vn estranger passant par ceste contrée me vid endormie à la fontaine des Sicomores, où la fraischeur de l'ombrage, & le doux gazoüillement de l'onde m'auoient sur le haut du jour assoupie. Luy, que la beauté du lieu auoit attiré pour passer l'ardeur du midy, n'eut plutost jetté l'œil sur moy, qu'il y remarqua quelque chose qui luy pleust. Dieux quel homme, ou plutost quel monstre estoit ce! Il auoit le visage reluisant de noirceur, les cheueux racourcis & meslez comme la laine de nos moutons, quand il n'y a qu'vn mois ou deux qu'on les a tondus. La barbe à petits bouquets clairement espanchée autour du manton, le nez aplaty entre les yeux & rehaussé & large par le bout, la bouche grosse, les leures renuersées, & presque fendues sous le nez: mais rien n'estoit si estrange que les yeux: car en tout le visage il n'y paroissoit rien de blanc, que ce qu'il en découuroit quand il les roüoit dans la teste. Ce bel Amant me fut destiné par le Ciel, pour m'oster à jamais toute volonté d'aimer: car estant rauy à me considerer, il ne pût s'empescher (transporté comme ie croy de ce nouueau desir) de s'approcher de moy pour me baiser. Mais par ce qu'il estoit armé, & à cheual, le bruit qu'il fit m'éueilla, & si à propos, qu'ainsi qu'il estoit prest de se baisser pour satisfaire à sa volonté, j'ouuris les yeux & voyant ce monstre si pres de moy, premierement ie fis vn grand cry, puis luy portant les mains au visage, le heurtay de toute ma force, luy qui estoit à moitié panché, n'attendant pas cette deffense, fut si surpris, que le coup le fit balancer, & de peur qu'il eut, comme ie pense, de choir sur moy, il aima mieux tomber de l'autre costé, si bien que j'eus loisir de me leuer, ie ne croy pas que s'il m'eust touchée, ie ne fusse morte de frayeur : car figurez vous, que tout ce qui est de plus horrible, ne sçauroit en rien approcher l'horreur de son visage épouuentable. I'estois des-ja bien esloignée, quand il se releua, & voyãt qu'il ne me sçauroit attaindre, par ce qu'il estoit armé assez pesamment, & que la peur m'attachoit des ayles aux pieds, il sauta promptement sur son cheual, & à toute course me suiuoit, lors qu'estant presque hors d'haleine, la pauure Filidas, qui assez pres de là entretenoit Filandre, qui nous estoit venu voir, & qui s'estoit endormy en luy parlant, ayant ouy ma voix, courut à moy, voyant que ce cruel me poursuiuoit auec l'espée nuë en la main : car la colere de sa cheutte luy auoit effacé toute Amour, elle s'opposa genereusement à sa furie, me faisant paroistre par ce dernier acte, qu'elle m'auoit autant aimée que son sexe le luy permettoit, & d'abort luy prit la bride du cheual, dont ce barbare offensé, sans nul égard de l'humanité, luy donna de l'espée sur le bras, de telle force qu'il le luy détacha du corps, & elle presque en mesme temps de douleur mourut, & tomba entre les pieds de son cheual, qui broncha si lourdement que son maistre eut assez d'affaire a s'en dépestrer. Et par ce que Filidas en mourant fit vn grand cry, nommant fort haut Filandre : luy qui estoit aupres l'oüit, & la voyant en si piteux estat, en eut vn si extréme déplaisir : mais plus encores quand il vid ce barbare, s'estant démeslé de son cheual, me courre apres l'espée en la main, & moy comme ie vous disois, & de peur, & de la course que j'auois faite, tãt hors d'haleine que ie ne pouuois presque mettre vn pied deuant l'autre. Que deuint ce pauure Berger ! ie ne croy pas que jamais Lyonne à qui les petits ont esté dérobez, lors qu'elle voit ceux qui les emportét, s'eslançast plus legerement apres eux, que le courageux Filandre apres ce cruel. Et par ce qu'il estoit chargé d'armes qui l'empeschoient de courre, il l'atteignit assez tost, & d'abord luy cria, cessez Cheualier, cessez d'outrager dauantage celle qui merite mieux d'estre adorée, & par ce qu'il ne s'arrestoit point, ou fust que pour estre en furie il n'oyoit point sa voix, ou que pour estre estranger, il n'entendoit point son langage : Filandre mettant vne pierre dans sa fronde, la luy jetta d'vne si grande impetuosité, que le frappant à la teste, sans les armes qu'il y portoit, il n'y a point de doute qu'il l'eust tué de ce coup, qui fut tel, que l'estranger s'en aboucha, mais se releuant incontinent, & oubliant la colere qu'il auoit contre moy, s'adressa tout en furie à Filandre, qui se trouua si pres qu'il ne pût éuiter le coup mal-heureux qu'il luy dóna dans le corps, n'ayant en la main que sa houlette pour toute deffense. Toutefois le voyant le glaiue de son ennemy si auant, sa naturelle generosité, luy donna tant de force, & de courage, qu'au lieu de reculer, il s'auança, & s'enfonçant le fer dans l'estomach jusques aux gardes, il luy planta le bout ferré de sa houlette entre les deux yeux, si auant, qu'il ne l'en pût plus retirer qui fut cause que la luy laissant ainsi attachée, il le saisit à la gorge, & de mains & de dents, paracheua de le tuer. Mais, helas! ce fut bien vne victoire cherement acheptée, car ainsi que ce barbare tomba mort d'vn costé, Filandre n'ayant plus de force, se laissa choir de l'autre, toutefois si à propos, que tombant à la renuerse, l'espée qu'il auoit au trauers du corps, heurta de la pointe contre vne pierre, & la pesanteur du corps la fit ressortir de la playe. Moy qui de temps en temps tournois la teste pour voir si ce cruel m'atteignoit point encores, vis bien au commencement que Filandre le couroit, & dés lors vne extréme frayeur me saisit. Mais, helas! quand ie le vis blessé si dangereusement, oubliant toute sorte de crainte, ie m'arrestay, mais quand il tomba, la frayeur de la mort ce me peut empescher de courre vers luy, & aussi morte presque que luy, ie me jettay en terre, l'appellant toute esplorée par son nom, il auoit des-ja perdu beaucoup de sang, & en perdoit à toute heure dauantage par les deux costez de sa playe; & voyez quelle force a vne amitié, moy qui ne sçaurois voir du sang sans m'esuanoüir, j'eus bien alors le courage de luy mettre mon mouchoir contre sa blesseure pour empescher le cours du sang, & rompant mon voyle luy en mettre autant de l'autre costé. Ce petit soulagement luy seruit de quelque chose, car luy ayant mis la teste en mon giron, il ouurit les yeux, & reprit la parole. Et me voyant toute couuerte de larmes il s'efforça de me dire. Si jamais j'ay esperé vne fin plus fauorable que celle-cy, ie prie le Ciel, belle Bergere, qu'il n'ait point de pitié de moy. Ie voyois bien que mon peu de merite, ne me pourroit jamais faire atteindre au bon-heur desiré, & ie craignois que en fin le desespoir ne me contraignit à quelque furieuse resolution contre moy-mesme. Les Dieux qui sçauent mieux ce qu'il nous faut que nous ne le sçauons desirer, ont bien conneu que n'ayant vescu depuis si long temps que pour vous, il falloit aussi que ie mourusse pour vous. Et jugez quel est mon contentement, puis que ie meurs non seulement pour vous : mais encores pour vous conseruer la chose du monde que vous auez la plus chere, qui est vostre pudicité. Or ma Maistresse, puis qu'il ne me reste plus rien pour mon contentement, qu'vn seul point, par l'affection que vous auez reconneuë en Filandre, ie vous supplie de me le vouloir accorder, à fin que ceste ame heureuse entierement, puis vous aller attendre aux chāps Elisiens, auec ceste satisfaction de vous. Il me dit ses paroles à mots interrompus, & auec beaucoup de peine : & moy qui le voyois en cét estat, pour luy donner tout le contentemēt qu'il pouuoit desirer, luy respondis : Amy, les Dieux n'ont point fait naistre en nous vne si belle & honneste affection, pour l'esteindre si promptement, & pour ne nous en laisser que le regret : I'espere qu'il vous donneront encores tant de vie, que ie pouray vous faire connoistre que ie ne vous cede point en amitié, non plus que vous ne le faites à personne en merite. Et pour preuue de ce que ie vous dy, demandez seulement tout ce que vous voudrez de moy : car il n'y a rien que ie vous puisse ny vueille refuser. A ces derniers mots, il me prit la main, & se l'approchant de la bouche, je baise, dit-il, ceste main, pour remerciement de la grace que vous me faites, & lors dressant les yeux au Ciel, ô Dieux, dit-il, ie ne vous requiers qu'autant de vie qu'il m'en faut pour l'accomplissement de la promesse que Diane me vient de faire. Et puis adressant sa parole à moy, auec tant de peine, qu'à peine pouuoit-il proferer les mots, il me dit ainsi ; Or ma belle Maistresse, escoutez donc ce que ie veux de vous ; puis que ie ne ressens l'aigreur de la mort, que pour vous : Ie vous conjure par mon affection, & par vostre promesse, que j'emporte ce contentement hors de ce monde, que ie puisse dire que

LIVRE SIXIESME DE LA
ie suis voſtre mary, & croyez ſi ie le reçois, que mon ame ira treſ-contente en quelque lieu qu'il luy faille aller, ayant vn ſi grand teſmoignage de voſtre bonne volonté. Ie vous jure, belles Bergeres, que ces paroles me toucherent ſi viuement, que ie ne ſçay comme j'euz aſſez de force à me ſouſtenir, & croy, quand à moy, que ce fut la ſeule volonté que j'auois de luy complaire, qui m'en donna le courage : cela fut cauſe qu'il n'eut pas pluſtoſt finy ſa demande, que luy retendant la main, ie luy dits, Filandre, ie vous accorde ce que vous me requerez, & vous jure deuant tous les Dieux, & particulierement deuant les diuinitez qui ſont en ces lieux, que Diane ſe donne à vous, & qu'elle vous reçoit, & de cœur & dame pour ſon mary, & en diſant ces mots, ie le baiſay : Et moy, me dit-il, ie vous reçoy, ma belle Maiſtreſſe, & me donne à vous, pour jamais treſ-heureux & content, d'emporter ce glorieux nom de mary de Diane. Helas ! ce mot de Diane fut le dernier qu'il profera : car m'ayant les bras au col, & me tirant à luy pour me baiſer, il expira, laiſſant ainſi ſon eſprit ſur mes leures : Quelle ie deuins, le voyant mort, jugez-le, belles Bergeres, puis que veritablement ie l'aimois. Ie tombay abouchée ſur luy, ſans poulx, & ſans ſentiment, & de telle ſorte eſuanoüie, que ie fus emportée chez moy, ſans que ie reuinſe. O Dieux! que j'ay reſſenty viuemēt cette perte, & reconneu plus que veritable ce que tāt de fois il m'auoit predit, que ie l'aimerois dauantage apres

sa mort, que durant sa vie. Car j'ay depuis conserué si viue sa memoire en mon ame, qu'il me semble qu'à toute heure ie l'ay deuant mes yeux, & que sans cesse il me dit, que pour n'estre ingrate, il faut que ie l'aime. Aussi fais-je, ô belle ame, & auec la plus entiere affection qu'il se peut, & si où tu es, on a quelque connoissance de ce qui se fait ça bas, reçoy, ô cher amy! cette volonté, & ces larmes que ie t'offre pour tesmoignage, que Diane aimera jusques au cercueil son cher Filandre.

LE SEPTIESME LIVRE DE LA PRE-
miere partie d'Astree.

STREE pour interrompre les tristes paroles de Diane; Mais, belle Bergere, luy dit-elle, qui étoit ce miserable qui fut cause d'vn si grand desastre? Helas! dit Diane, que voulez vous que ie vous en die? c'estoit vn ennemy qui n'estoit au monde que pour estre cause de mes eternelles larmes. Mais encor, respondit Astrée, ne sceut-on jamais quel homme c'estoit? On nous dit, repliqua t'elle, quelque temps apres, qu'il venoit de certains pays barbares, outre vn détroit (ie ne sçay si ie le sçauray bien nommer) qui s'appelle les Colomnes d'Hercule, & le sujet qui le fit venir de si loing pour mon mal-heur, estoit que deuenu amoureux en ces côtrées-là, sa Dame luy auoit cõmandé de chercher toute l'Europe, pour sçauoir s'il y en auoit quelqu'autre aussi belle qu'elle, & s'il venoit à rencontrer

quelque Amât qui vouluſt maintenir la beauté de ſa Maiſtreſſe, il eſtoit obligé de combattre contre luy, & luy en enuoyer la teſte, auec
le pourtrait, & le nom de la Dame. Helas! que
pluſt aux Dieux que j'euſſe eſté moins prompte à m'en fuir, lors qu'il me pourſuiuoit pour
me tuer, à fin que par ma mort j'euſſe empeſ-
ché celle du pauure Filandre. A ces paroles elle ſe mit à pleurer, auec vne telle abondance
de larmes, que Phillis pour la diuertir, changea de propos, & ſe leuant la premiere. Nous
auons, dit-elle, demeuré trop longuement aſ-
ſiſes, il me ſemble qu'il ſeroit bon de ſe promener vn peu. A ce mot elles ſe leuerent toutes trois, & ſ'en allerent du coſté de leurs hameaux: car auſſi bien eſtoit-il tantoſt temps
de diſner. Leonide qui eſtoit (comme ie vous
ay dit) aux eſcoutes, ne perdoit pas vne ſeule
parole de ces Bergeres, & plus elle oyoit de
leurs nouuelles, & plus elle en eſtoit deſireuſe.
Mais quand elle les vid partir ſans auoir parlé
de Celadon, elle en fut fort faſchée ; toutefois
ſous l'eſperance qu'elle eut, que demeurant
ce iour auec elles, elle en pourroit découurir
quelque choſe, & auſſi que des-ja elle en auoit
fait le deſſein; lors qu'elle les vid vn peu eſloignées, elle ſortit de ce buiſſon, & faiſant vn
peu de tour, ſe mit à les ſuiure ; car elle ne
vouloit pas qu'elles penſaſſent qu'elle les euſt
ouyes. De fortune Phillis ſe tournant du coſté d'où elles venoiët, l'apperceut d'aſſez loing,
& la monſtra à ſes compagnes, qui ſ'arreſte-

tent, mais voyāt qu'elle venoit vers elles, pour luy rendre le deuoir que sa condition meritoit, elles retournerent en arriere, & la salüerent. Leonide toute pleine de courtoisie, apres leur auoir rendu leur salut, s'adressant à Diane, luy dit: Sage Diane, ie veux estre auiourd'huy vostre hostesse, pourueu qu'Astrée & Phillis soiēt de la trouppe, car ie suis partie ce matin de chez Adamas mon oncle, en dessein de passer tout ce iour auec vous, pour connoistre si ce que l'ō m'a dit de vostre vertu, Diane, de vostre beauté, Astrée, de vostre merite, Phillis, respōd à la renommée qui est diuulguée de vous. Diane voyant que ses compagnes s'en remettoient à elle, luy respondit; Grande Nimphe, il seroit peut-estre meilleur pour nous que vous eussiez seulement nostre connoissance par le rapport de la renommée, puis qu'elle nous est tant aduantageuse : Toutefois puis qu'il vous plaist de nous faire cest honneur, nous le receurons, comme nous sommes obligées de receuoir auec reuerence les graces qu'il plaist au Ciel de nous faire. A ces dernieres paroles elles la mirent entre-elles, & la menerent au hameau de Diane, où elle fut receuë d'vn si bon visage, & auec tant de ciuilité, qu'elle s'estonnoit comme il estoit possible, qu'entre les bois, & les pasturages des personnes tant accomplies fussent esleuées. L'apresdisnée se passa entre-elles en plusieurs deuis & en des demandes que Leonide leur faisoit: & entre autres elle s'enqueroit qu'estoit deue-

Bb ij

nu vn Berger nommé Celadon, qui eſtoit fils d'Alcippe. Diane reſpondit, qu'il y auoit quelque temps qu'il s'eſtoit noyé dans Lignon. Et ſon frere Lycidas, dit-elle, eſt-il marié? Non point encor, dit Diane, & ne croy pas qu'il en ait beaucoup de haſte: car le déplaiſir de ſon frere luy eſt encor trop vif en la memoire. Et par quel mal-heur, adiouſta Leonide, ſe perdit-il? Il voulut, dit Diane, ſecourir ceſte Bergere qui y eſtoit tombée auant que luy: & lors elle monſtra Aſtrée. La Nymphe qui ſans en faire ſemblant, prenoit garde aux actions d'Aſtrée, voyant qu'à ceſte memoire elle changeoit de viſage, & que pour diſſimuler ceſte rougeur, elle mettoit la main ſur les yeux, conneut bien qu'elle l'aimoit à bon eſcient, & pour en découurir dauantage, continua: Et n'en a t'on jamais retrouué le corps? Non, dit Diane, & ſeulement ſon chappeau fut reconneu, qui s'eſtoit arreſté à quelques arbres que le courant de l'eau auoit déracinez. Phillis qui conneut que ſi ce diſcours continuoit plus outre, il tireroit les larmes des yeux de ſa compagne, qu'elle auoit des-ja beaucoup de peine à retenir, à fin de l'interrompre: Mais, grande Nymphe, luy dit elle, quelle bonne fortune pour nous a eſté celle qui vous a conduitte en ce lieu? A mon abord, dit Leonide, ie la vous ay dittes: ç'a ſeulement eſté pour auoir le bien de voſtre connoiſſance, & pour faire amitié auec vous, deſirant d'auoir le plaiſir de voſtre compagnie. Puis que cela eſt, reprit Phillis, ſi vous le trouuez bon, il seroit à propos de sortir comme de coustume à nos exercices accoustumez, & par ainsi vous auriez plus de cōnoissance de nostre façon de viure, & mesme si vous nous permettez d'vser deuant vous de la franchise de nos villages. C'est, dit Leonide, dequoy ie voulois vous requerir, car ie sçay que la contrainte n'est jamais agreable, & ie ne viens pas icy pour vous déplaire. De cette sorte Leonide prenāt Diane d'vne main & Astrée de l'autre, elles sortirent, & auec plusieurs discours paruindrent jusques à vn bois qui s'alloit estendant jusques sur le bord de Lignon, & là pour auoir plus d'humidité s'espaississoit dauantage & rendoit le lieu plus champestre. A peine furent elles assises, qu'elles ouyrent chanter assez pres de là, & Diane fut la premiere qui en reconneut la voix, & se tournant vers Leonide. Grande Nimphe, luy dit-elle, prendrez vous plaisir d'ouyr discourir vn jeune Berger, qui n'a rien de villageois que le nom, & l'habit? car ayant tousiours esté nourry dans les grādes villes, & parmy les personnes ciuilisées, il ressent moins nos bois que toute autre chose. Et qui est-il, respondit Leonide? c'est, repliqua Diane, le Berger Siluādre, qui n'est parmy nous que depuis vingt cinq ou trente lunes. Et de quelle famille est-il? dit la Nimphe. Il seroit bien mal-aisé, adjousta Diane, de le vous pouuoir dire : car il ne sçait luy mesme qui est son pere & sa mere, & a seulement quelque legere connoissance qu'ils sont

Bb iij

LIVRE SEPTIESME DE LA
de Forests, & à cette occasion, lors qu'il a pû, il
y est reuenu, auec resolution de n'en plus partir; & à la verité nostre Lignõ y perdroit beaucoup, s'il s'en alloit: car ie ne croy pas que de
long temps il y vienne Berger plus accomply.
Vous le loüez trop, respõdit la Nymphe, pour
ne me donner point enuie de le voir, allons
nous en l'entretenir. S'il nous apperçoit, dit
Diane, & qu'il ait opinion de ne vous estre
ennuyeux, il ne faillira point de venir bien
tost vers vous, & il aduint côme elle le disoit:
car de fortune le Berger qui se promenoit, les
apperceuant, tourna incontinent ses pas vers
elles, & les salüa; mais par ce qu'il ne connoissoit point Leonide, il faisoit semblant de vouloir côtinuer son chemin, lors que Diane luy
dit. Est-ce ainsi, Siluãdre, que l'on vous a ensei-
gné la ciuilité dans les villes, d'interrõpre vne
si bonne compagnie par vostre venuë, &
puis ne luy rien dire. Le Berger luy respondit en souriant. Puis que j'ay failly en vous
interrompant, moins ie continueray en cette faute, & moindre, ce me semble, sera
mon erreur. Ce n'est pas, respondit Diane,
ce qui vous faisoit si tost partir d'icy, mais plustost que vous n'y auez rien trouué qui merite de vous y arrester, toutefois si vous tournez la veuë vers ceste belle Nymphe, ie m'asseure que si vous auez des yeux, vous ne croirez
pas d'en pouuoir trouuer dauantage ailleurs.
Ce qui attire quelque chose, repliqua Syluandre, doit auoir quelque sympathie auec

elle, mais il ne vous doit point sembler estrange, n'y en ayant point entre tant de merites, & mes imperfectious, que ie n'aye point rassenty cest attrait, que vous me reprochez. Vostre modestie, interrompit Leonide, vous fait mettre ceste dissemblance entre nous, mais la croyez vous au corps ou en l'ame? pour les corps, vostre visage, & le reste qui se voit de vous, vous le deffend; si c'est en l'ame, il me semble que si vous en auez vne raisonnable, elle n'est point differente des nostres. Syluandre coneut bien qu'il n'auoit pas à parler auec des Bergeres, mais auec vne personne qui estoit bien plus releuée, qui le fit resoudre de luy respondre auec des raisons plus fermes qu'il n'auoit pas accoustumé entre les Bergeres, & ainsi il luy dit. Le prix, belle Nymphe, qui est en toutes les choses de l'Vniuers ne se doit pas prendre pour ce que nous en voyons, mais pour ce à quoy elles sont propres: Car autrement l'homme qui est le plus estimé, seroit le moindre, puis qu'il n'y a animal qui ne le surpasse en quelque chose particuliere, l'vn en force, l'autre en vistesse, l'autre en veuë, l'autre en ouye, & semblables priuileges du corps: mais quand on considere que les Dieux ont fait tous ces animaux pour seruir à l'homme, & l'homme pour seruir aux Dieux, il faut auoüer que les Dieux l'ont iugé estre d'auantage. Et par ceste raison, ie veux dire, que pour connoistre le prix de chacun, il faut regarder à quoy les Dieux s'en

Bb iiij

seruent: car il n'y a pas apparence qu'ils ne sçachent bien la valeur de chaque chose. Que si
nous en faisons ainsi de vous & de moy, qui
ne dira que les Dieux auroient vne grande
mesconnoissance de nous, si estant egaux en
merite, ils se seruoient de vous pour Nimphe,
& de moy pour Berger? Leonide loüa en elle
mesme beaucoup le gentil esprit du Berger,
qui soustenoit si bien vne mauuaise cause, &
pour luy donner sujet de continuer, elle luy
dit: Quand cela seroit receuable pour mon regard, toutefois pourquoy est-ce que ces Bergeres ne vous eussent pû arrester, puis que selon ce que vous dittes, elles doiuét auoir cete
» conformité auec vous? Sage Nimphe, répódit
» Syluandre: la moindre cede tousiours à la plus
grande partie: où vous estes, ces Bergeres en
doiuét faire de mesme. Et quoy, adjousta Diane, desdaigneux Berger, nous estimez vous si
peu? Tant s'en faut, respondit Syluandre, c'est
pour vous estimer beaucoup que j'é parle ainsi; car si j'auois mauuaise opinion de vous, ie ne
dirois pas que vous fussiez vne partie de ceste
grāde Nimphe, quis que par là ie ne vous rēds
point son inferieure, sinon qu'elle merite d'e-
stre aimée & respectée pour sa beauté, pour ses
merites, & pour sa condition; & vous pour vos
beautez & merites. Vous vous joüez, Syluandre, respondit Diane, si veux-je croire que j'en
ay assez pour obtenir l'affection d'vn hōneste
Berger; elle parloit ainsi, par ce qu'il estoit si
éloigné de toute Amour, qu'être elles il estoit

nommé bien souuent l'insensible : & elle estoit bien ayse de le faire parler. A quoy il répondit; Vostre creance sera telle qu'il vous plaira, si m'aduoüerez vous, que pour cét effet il vous deffaut vne des principales parties. Et laquelle? dit Diane. La volonté, repliqua-t-il, car vostre volonté est si contraire à cét effet, que, dit Phillis en l'interrompant, jamais Siluandre ne le fut dauantage à l'Amour. Le Berger l'oyant parler, se retira vers Astrée, disant que l'on luy faisoit supercherie, & que c'estoit l'outrager que de se mettre tant côtre luy. L'outrage, dit Diane s'adresse tout à moy, car ceste Bergere me voyant aux mains auec vn si fort ennemy, & faisant vn sinistre iugemêt de mon courage & de ma force, m'a voulu aider. Ce n'est pas, dit-il en cela, belle, Bergere, qu'elle vous a offensée : car elle eust eu trop peu de iugement, si elle n'eust creu vostre victoire certaine; mais c'est que me voyât desja vaincu, elle a voulu vous en desrober l'honneur, en essayant de me donner vn coup sur la fin du combat; mais ie ne sçay côme elle l'entend : car si vous ne vous en meslez plus, ie vous assure qu'elle n'aura pas si aylément cette gloire qu'elle pense. Phillis qui de son naturel estoit gaye, & qui ce jour auoit resolu de faire passer le temps à Leonide, luy respondit, auec vn certain haussemêt de teste : Il est bon là, Siluandre, que vous ayez opinion que de vous vaincre soit quelque chose de desirable, ou d'honorable pour moy: moy, dis-je, qui

mettrois ceste victoire entre les moindres que j'obtins jamais. Si ne la deuez-vous pas tant mespriser, dit le Berger, quand ce ne seroit que pour estre la premiere qui m'auroit vaincu. Autant, repliqua Phillis, qu'il y a d'honneur d'estre la premiere en ce qui a du merite, au-
» tant y a t'il de honte en ce qui est au contraire.
» Ah! Bergere, interrôpit Diane, ne parlez point
» ainsi de Syluandre : car si tous les Bergers qui font moins que luy deuoient estre méprisez, ie ne sçay qui seroit celuy de qui il faudroit faire cas. Voilà Diane, respondit Phillis, les premiers coups dont vous le surmontez, sans doute il est à vous. C'est la coustume de ces esprits hagards & farouches, de se laisser sur-
» prendre aux premiers attraits, d'autant que
» n'ayant accoustumé telles faueurs, ils les reçoi-
» uent auec tant de goust, qu'ils n'ont point de
» resistance contre-elles. Phillis disoit ces paroles en se mocquant, si aduint-il toutesfois que ceste gratieuse deffense de Diane fit croire au Berger qu'il estoit obligé à la seruir par les loix de la courtoisie. Et dés lors cette opinion, & les perfections de Diane eurent tant de pouuoir sur luy qu'il conceut ce germe d'Amour, que le temps & la praticque accreurent, côme nous dirons cy apres. Ceste dispute dura quelque temps entre ces Bergeres, auec beaucoup de contentement de Leonide, qui admiroit leur gentil esprit. Phillis en fin se tournant vers le Berger, luy dit : Mais à quoy seruent tant de paroles, s'il est vray que vous soyez tel, venons

en à la preuue, & me dittes quelle Bergere fait particulierement estat de vous ? Celle, respondit le Berger, de qui vous me voyez faire estat particulierement. Vous voulez dire, adjousta Phillis, que vous n'en recherchez point, mais cela procede de faute de courage. Plutost, repliqua Syluandre, de faute de volonté, & puis continuant : Et vous qui me mesprisez si fort, dittes nous quel Berger est-ce qui vous aime si particulieremēt ? Tous ceux qui ont de l'esprit & du courage, respondit Phillis : Car celuy qui void ce qui est aymable sans l'aimer, à faute d'esprit ou de courage. Ceste raison, dit Syluandre, vous oblige donc à m'aimer, ou vous accuse de grands deffaux ; mais ne parlons point si generalement, & particularisez nous quelqu'vn qui vous aime. Alors Phillis auec vn visage graue & seuere : Ie voudrois bien, dit-elle, qu'il y en eust d'assez temeraires pour l'entreprendre. C'est donc, adjousta Syluandre, faute de courage. Tant s'en faut, respondit Phillis, c'est faute de volonté. Et pourquoy s'escria Siluandre, voulez-vous que l'on croye que ce soit plustost en vous faute de volonté qu'en moy ? Il ne seroit pas mauuais, dit la Bergere, que les actions qui vous sont bien seantes me fussent permises ; trouueriez-vous à propos que ie courusse, luittasse, ou sautasse comme vous faites ? Mais c'est trop disputer sur vn mauuais sujet, il faut que Diane y mette la conclusion, & voyez si ie ne m'assure bien fort de la iustice de ma cause, puis que ie prēds vn iuge partial. Ie la feray toufiours, refpondit Diane, pour la raifon qui me fera conneuë. Or bien, continua Phillis, quand les paroles ne peuuent verifier ce que l'on fouftient, n'eft-on pas obligé d'en venir à la preuue? C'eft fans doute, refpondit Diane. Condamnez donc ce Berger, reprit Phillis, à rendre preuue du merite qu'il dit eftre en luy, & qu'à cefte occafion il entreprenne de feruir & d'aymer vne Bergere de telle forte, qu'il la contraigne d'aduoüer qu'il merite d'eftre aymé; que s'il ne le peut, qu'il confeffe librement fon peu de valeur. Leonide & les Bergeres trouuerent cefte propofition fi agreable, que d'vne commune voix il y fut condamné. Non pas, dit Diane en foufriant, qu'il foit contraint de l'aimer : car en Amour la contrainte ne peut rien, & faut que fa naiffance procede d'vne libre volonté : mais j'ordonne bien qu'il la ferue & honore ainfi que vous dittes. Mon iuge, refpondit Siluandre, quoy que vous m'ayez condamné fans m'oüyr, fi ne veux-je point appeller de voftre fentence : mais ie requiers feulement, que celle qu'il me faudra feruir, merite, & fçache reconnoiftre mon feruice. Siluandre, Siluandre, dit Phillis, par ce que le courage vous deffaut, vous cherchez des efchapatoires; mais fi vous en ofteray-je bien toft tous les moyens, par celle que ie vous propoferay : car c'eft Diane, puis qu'il ne luy deffaut, ny efprit pour reconnoiftre voftre merite, ny merites pour vous donner volonté de la seruir. Quand à moy, respondit Siluandre, j'y en reconnois plus que vous ne sçauriez dire, pourueu que ce ne soit point profaner ses beautez de les seruir par gageure. Diane vouloit respondre & se fust excusée de ceste coruée : mais à la requeste de Leonide & d'Astrée, elle y consentit, auec condition toutefois que cét essay ne dureroit que trois lunes. Ceste recherche estant doncques ainsi arrestée, Siluandre se jettant à genoux, baisa la main à sa nouuelle Maistresse, comme pour faire le serment de fidelité, & puis se releuant. A ceste heure, dit-il, que j'ay receu vostre ordonnance, ne me permettrez vous pas, belle Maistresse, de vous proposer vn tort qui m'a esté fait ? Et Diane luy respondit qu'il en auoit toute liberté. Il reprit ainsi : Si pour auoir parlé trop auantageusement de mes merites, contre vne personne qui me méprisoit, j'ay iustemét esté condamné à en faire la preuue, pourquoy ceste glorieuse de Phillis, qui a beaucoup plus de vanité que moy, & qui mesme est cause de toute ceste dispute, ne sera t'elle códamnée à en rendre vn semblable tesmoignage? Astrée, sans attendre ce que respondroit Diane, dit, qu'elle tenoit ceste requeste pour si juste, qu'elle s'asseuroit qu'elle luy seroit accordée, & Diane en ayant demandé l'aduis de la Nymphe, & voyant qu'elle estoit de mesme opinion, condamna la Bergere ainsi qu'il l'auoit requis. Ie n'attendois pas, dit Phillis, vne sentence plus fauorable ayant telles parties,

mais bien, que faut-il que ie fasse ? Que vous
acqueriez, dit Siluandre, les bonnes graces de
quelque Berger. Cela, dit Diane, n'est pas raisonnable : Car jamais la raison ne contrarie au
deuoir ; mais j'ordonne qu'elle serue vne Bergere, & que tout ainsi que vous, elle soit obligée de s'en faire aimer, & que celuy de vous
deux qui sera moins aimable, au gré de celles
que vous seruirez, soit contraint de ceder à
l'autre. Ie veux donc, dit Phillis, seruir Astrée.
Ma sœur, respondit-elle, il semble que vous
doutiez de vostre merite, puis que vous cherchez œuure faite ; mais il faut que ce soit cette belle Diane, non seulement pour les deux
raisons que vous auez alleguées à Siluandre,
qui sont ses merites & son esprit : mais outre
cela, par ce qu'elle pourra plus équitablement
iuger du seruice de l'vn & de l'autre, si c'est à
elle seule que vous vous adressiez. Ceste ordonnance sembla si équitable à chacun, qu'ils
l'obseruerent apres auoir tiré serment de Diane, que sans esgard d'autre chose que de la verité, les trois mois estant finis, elle en feroit
le jugement. Il y auoit du plaisir à voir ceste
nouuelle sorte d'Amour : car Phillis faisoit
fort bien le seruiteur, & Siluandre en feignant
le deuint à bon escient, ainsi que nous dirons
cy apres : Diane d'autre costé sçauoit si bien
faire la Maistresse, qu'il n'y eust eu personne
qui n'eust creu que c'estoit sans fainte. Lors
qu'ils estoient sur ce discours, & que Leonide en elle mesme iugeoit ceste vie pour

la plus heureuse de toutes, ils virent venir
du costé du pré deux Bergeres, & trois Bergers, qui à leurs habits monstroient d'estre
estrangers, & lors qu'ils furent vn peu plus
pres, Leonide qui estoit curieuse de connoistre les Bergers & Bergeres de Lignon par
leur nom, demanda qui estoient ceux-cy. A
quoy Phillis respondit, qu'ils estoient estrangers, & qu'il y auoit quelques mois qu'ils
estoient venus de compagnie, que quant à
elle, elle n'en auoit autre connoissance. Alors
Siluandre adjousta qu'elle perdoit beaucoup
de ne les connoistre pas plus particulieremēt,
car entr'autres il y en auoit vn nommé Hylas
de la plus agreable humeur qu'il se peut dire,
d'autant qu'il ayme, disoit-il, tout ce qu'il
void; mais il a cela de bon, que qui luy fait le
mal, luy donne le remede, par ce que si son
inconstance le fait aimer, son inconstance aussi le fait bien tost oublier, & il a de si extrauagantes raisons pour prouuer son humeur estre
la meilleure, qu'il est impossible de l'oüyr
sans rire. Vrayement, dit Leonide, sa compagnie doit estre agreable, & faut que nous le
mettions en discours aussi tost qu'il sera icy.
Ce sera, respondit Siluandre, sans beaucoup
de peine : car il veut tousiours parler : mais
s'il est de ceste humeur, il y en a vn autre auec
luy, qui en a bien vne toute contraire, par ce
qu'il ne fait que regretter vne Bergere morte qu'il a aimée. Celuy-là est homme rassis,
& monstre d'auoir du iugement; mais il est

Livre septiesme de la
si triste, qu'il ne sort jamais propos de sa bouche, qui ne tienne de la melácolie de son ame. Et qu'est-ce, repliqua Leonide, qui les arreste en ceste contrée? Sans mentir, dit-il, belle Nymphe, ie n'ay pas encor eu ceste curiosité; mais si vous voulez ie le leur demanderay: car il me semble qu'ils viennent icy. A ce mot ils furent si pres, qu'ils oüyrent que Hylas venoit chantant tels vers.

VILLANELLE DE Hylas svr son inconstance.

La belle qui m'arrestera
Beaucoup plus d'honneur en aura.

I.

J'Ayme à changer, c'est ma franchise,
Et mon humeur m'y va portant:
Mais quoy, si ie suis inconstant,
Faut-il pourtant qu'on me mesprise?
Tant s'en faut, qui m'arrestera
Beaucoup plus d'honneur en aura.

II.

Faire aimer vne ame barbare,
C'est signe de grande beauté,

Et rendre

Et rendre mon cœur arresté,
C'est vn effet encor plus rare.
   Si bien que qui m'arrestera
   Beaucoup plus d'honneur en aura.

III.

Arrester vn fais immobile,
Qui ne le peut faire aisément?
Mais arrester vn mouuement,
C'est chose bien plus difficile.
   C'est pourquoy qui m'arrestera
   Beaucoup plus d'honneur en aura.

IIII.

Et pourquoy trouuez-vous estrange
Que ie change pour auoir mieux?
Il faudroit bien estre sans yeux,
Qui ne voudroit ainsi le change.
   Mais celle qui m'arrestera
   Beaucoup plus d'honneur en aura.

V.

On dira bien que cette belle,
Qui rendra mon cœur arresté,
Surpassera toute beauté,
Me rendant constant & fidelle.
   Par ainsi qui m'arrestera
   Beaucoup plus d'honneur en aura.

VI.

Venez donques cheres Maistresses,

LIVRE SEPTIESME DE LA
Qui de beauté voulez le prix,
Arrester mes legers esprits,
Par des faueurs & des caresses.
    Car celle qui m'arrestera
    Beaucoup plus d'honneur en aura.

Leonide en sousriant contre Siluandre, luy dit que ce Berger n'estoit pas de ces trompeurs qui dissimulent leurs imperfections, puis qu'il les alloit chantant. C'est parce, respondit Siluandre, qu'il ne croit pas que ce soit vice, & qu'il en fait gloire. A ce mot ils arriuerent si pres, que pour leur rendre leur salut, la Nymphe & le Berger furent contraints d'interrompre leurs propos, & parce que Siluandre auoit bonne memoire de ce que la Nymphe luy auoit demandé de l'estat de ces Bergers, aussi tost que les premieres paroles de la ciuilité furent paracheuées : Mais Tircis, dit Siluandre, car tel estoit le nom du Berger, si ce ne vous est importunité, dittes nous le sujet qui vous a fait venir en ceste contrée de Forestz, & qui vous y retient. Tircis alors mettant le genoüil en terre, & leuant les yeux, & les mains en haut : O bonté infinie, dit-il, qui par ta preuoyance gouuernes tout l'Vniuers, sois tu loüée à jamais de celle qu'il t'a pleu auoir de moy; & puis se releuant, auec beaucoup d'estonnement de la Nymphe, & de ceste trouppe, il respondit à Siluandre: Gentil-Berger, vous me demandez que c'est qui m'ameine & me retient en ceste contrée, sçachez que ce n'est autre que vous, & que c'est vous seul que j'ay si longuement cherché. Moy, respondit Siluandre, & comment peut-il estre, puis que ie n'ay point de connoissance de vous? C'est en partie, respondit-il, pour cela que ie vous cherche. Et s'il est ainsi, repliqua Siluandre, il y a des-ja long temps que vous estes parmy nous, que veut dire que vous ne m'en auez parlé? Parce, respondit Tircis, que ie ne vous connoissois pas, & pour satisfaire à la demáde que vous m'auez faite, parce que le discours en est lõg, s'il vous plaist ie le vous raconteray quand vous aurez repris vos places sous ces arbres cõme vous estiez quand nous sommes arriuez. Siluandre alors se tournant vers Diane: Ma Maistresse, dit-il, vous plaist-il de vous r'asseoir. C'est à Leonide, respondit Diane, à qui vous le deuiez auoir demandé. Ie sçay bien respõdit le Berger, que la ciuilité me le cõmandoit ainsi, mais Amour me l'a ordõné d'autre sorte. Leonide prenát Diane & Astrée par la main s'assit au milieu, disant que Siluandre auoit eu raison: parce que l'Amour qui a autre consideration que de soy-mesme n'est pas vraye Amour, & apres elles les autres Bergeres & Bergers s'assirent en rõd: & lors Tircis se tournát vers la Bergere, qui estoit auec luy: Voicy le iour heureux, dit-il, Laonice, que nous auons tát desiré, & que depuis que nous sommes entrez en ceste contrée, nous auons attendu auec tant d'impatience: il ne tiendra

LIVRE SEPTIESME DE LA
plus qu'à vous, que nous ne sortions de cette peine, ainsi qu'à ordonné l'Oracle. Alors la Bergere, sans luy faire autre responce, s'adressa à Siluandre, & luy parla de cette sorte.

HISTOIRE DE TIRCIS ET DE LAONICE.

DE toutes les amitiez il n'en y a point, à ce que j'ay oüy dire, qui puissent estre plus affectionnées que celles qui naissent auec l'enfance, par ce que la coustume que ce jeune âge prend, va peu à peu se changeant en nature: de laquelle s'il est mal-aisé de se despoüiller, ceux le sçauent qui luy veulent contrarier: Ie dis cecy pour me seruir en quelque sorte d'excuse, lors, gentil Berger, que vous me verrez contrainte de vous dire que j'ayme Tircis, car cette affection fut presque succee auec le laict, & ainsi mon ame s'esleuant auec telle nourriture, receut en elle-mesme comme propres, les accidens de cette passion, & sembloit que toute chose à ma naissance s'y accordast, car nos demeures voisines, l'amitié qui estoit entre nos peres, nos âges qui estoiét fort égaux, & la gentillesse de l'enfance de Tircis, ne m'en donnoient que trop de commodité: mais le mal-heur voulut que presque en mesme temps nasquit Cleon dans nostre hameau, auec peut estre plus de graces que moy; mais sans doute auec beaucoup plus de bonne fortune : car dés lors que cette fille commença d'ouurir les yeux, il sembla que Tircis en receut au cœur des flames, puis que dans le berceau mesme il se plaisoit à la considerer. En ce temps-là ie pouuois auoir six ans, & luy dix, & voyez comme le Ciel dispose de nous sans nostre consentement! Dés l'heure que ie le vis ie l'aimay, & dés l'heure qu'il vid Cleon il l'aima; & quoy que ce fussent amitiez telles que l'âge pouuoit supporter, toutesfois elles n'estoient pas si petites, que l'on ne reconnust fort bien cette difference entre nous : puis venant à croistre, nostre amitié aussi creut à telle hauteur, que peut-estre n'y en a-t'il jamais eu qui l'ait surpassée. En cette jeunesse vous pouuez croire que j'y allois sans prendre garde à ses actions : mais venant vn peu plus auant en âge, ie remarquay en luy tant de défaut de bonne volonté, que ie me resolus de m'en diuertir : resolution que plusieurs dépitez ,, conçoiuent, mais que point de vrays Amants ,, ne peuuent executer, comme j'espreuuay long ,, temps apres : Toutesfois mon courage offensé eut bien assez de pouuoir pour me faire dissimuler, &, si ie ne pouuois en verité m'en retirer entierement, essayer pour le moings de prendre quelque espece de congé. Ce qui m'en ostoit plus les moyens estoit, que ie ne voyois point que Tircis affectionnast autre Bergere; car tout ce qu'il faisoit auec Cleõ ne pouuoit donner soupçon, que ce ne fust enfance, puis que pour lors elle ne pouuoit auoir

Cc iij

plus de neuf ans, & quand elle commença à croiſtre, & qu'elle pût reſſentir les traits d'Amour, elle ſe retira de ſorte de luy, qu'il ſembloit que cét eſloignement eſtoit capable de la garentir de telles bleſſeures: Mais Amour plus fin qu'elle, ſçeut en telle ſorte approcher de ſon ame les merites, l'affection, & les ſeruices de Tircis, qu'en fin elle ſe trouua au milieu, & tellement entournée de toutes parts, que ſi de l'vne elle éuitoit d'eſtre bleſſée, la playe qu'elle receuoit de l'autre en eſtoit plus grande & plus profonde. Si bien qu'elle ne pût recourre à nul meilleur remede qu'à la diſſimulation, non pas pour ne receuoir les coups, mais ſeulement pour empeſcher que ſon ennemy ny autre les apperceut. Elle pût bien toutefois vſer de ceſte feinte quand elle ne commença que d'auoir la peau égratignée: mais quand la bleſſeure fut grande, il fallut ſe rendre, & s'auoüer vaincuë. Ainſi voila Tircis aimé de ſa Cleon, le voila qui j'oüyt de toutes les honneſtes douceurs d'vne amitié, quoy que du commencement il ne ſçeuſt preſque quel eſtoit ſon mal, ainſi que ces vers le teſmoignent qu'il fit en ce temps-là.

SONNET.

MON Dieu quel est le mal dont ie suis tourmenté?
Depuis que ie la vis, ceste Cleon si belle,
I'ay senty dans le cœur vne douleur nouuelle,
Encores que son œil me l'ait soudain osté.

Depuis d'vn chaut desir ie me sens agité,
Si toutefois desir tel mouuement s'appelle,
De qui le iugement tellement s'ensorcelle,
Qu'il ioint à son dessein ma propre volonté.

De ce commencement mon mal a pris naissance,
Car depuis le desir accreut sa violance,
Et soudain ie perdis & repos & repas.

Au lieu de ce repos naquit l'inquietude,
Qui serue du desir bâtit ma seruitude:
C'est le mal que ie sens & que ie n'entens pas.

Depuis que Tircis eut reconnu la bonne volonté de l'heureuse Cleon, il la receut auec tant de contentement, que son cœur n'estant capable de la celer fut contraint d'en faire part à ses yeux, qui soudain, Dieu sçait combien changez de ce qu'ils souloient estre, ne donnerent que trop de connoissance de leur joye. La discretion de Cleon estoit bien telle,

LIVRE SEPTIESME DE LA
qu'elle ne donna aucun auantage à Tircis sur
son deuoir ; si est-ce que jalouse de son honneur, elle le pria de feindre de m'aimer, afin
que ceux qui remarqueroient ses actions s'arrestant à celles-cy toutes euidentes, n'allassent
point recherchant celles qu'elle vouloit cacher. Elle fit élection de moy plutost que de
toute autre, s'estant apperceuë dés long temps
» que ie l'aimois, & sçachant combien il est
» mal-aisé d'estre aimée sans aimer, elle pensa
que facilement chacun croiroit cette amitié,
n'y en ayant guieres parmy nous, qui ne se
fussent apperceuës de la bonne volonté que ie
luy portois. Luy qui n'auoit dessein que celuy
que Cleon approuuoit, tascha incontinét d'effectuer ce qu'elle luy auoit commádé. Dieux !
quand il me souuient des douces paroles dont
il vsoit enuers moy ie ne puis, encores que
mensongeres, m'empescher de les cherir, & de
remercier Amour des heureux moments
dont il m'a fait joüyr en ce temps-là, & souhaitter que ne pouuant estre plus heureuse,
ie fusse pour le moings toul-jours ainsi trompée ; & certes Tircis n'eut pas beaucoup de
peine à me persuader qu'il m'aimoit : Car ou-
» tre que chacun croit facilement ce qu'il desire, encores me sembloit-il que cela estoit faisable, puis que ie ne me iugeois point tát desagreable, qu'vne si longue pratique que la nostre n'eust pû gagner quelque chose sur luy, &
mesme auec le soin que j'auois eu de luy plaire : dequoy ceste glorieuse de Cleō passoit bien

souuent le temps auec luy; mais si amour eust esté iuste, il deuoit faire tomber la mocquerie sur elle mesme, permettant que Tyrcis vint à m'aimer sans feinte; toutefois il n'aduint pas comme cela, au contraire ceste dissimulation luy estoit tant insuportable qu'il ne la pouuoit cōtinuer, & n'eust esté que l'Amour ferme les yeux à ceux qui aiment, il n'eust pas esté possible que ie ne m'en fusse apperceuë, aussi bien que la pluspart de ceux qui nous voyoient ensemble, ausquels comme à mes ennemis plus declarez, ie n'adioustois point de foy: & par-ce que Cleon & moy estiōs fort familieres, cette fine Bergere eut peur que le temps, & la veuë que j'en auois, ne m'ostassent de l'erreur où j'estois; mais gentil Berger, il eust fallu que j'eusse esté aussi aduisee qu'elle; toutefois pour se mieux cacher encores, elle inuenta vne ruze, qui ne fut pas mauuaise. Son dessein comme ie vous ay dit, estoit de cacher l'amitié que Tircis luy portoit, par celle qu'il me faisoit paroistre; & il aduint comme elle le proposa, car on commença d'en parler assez haut, & à mon desauantage; & encor que ce ne fussent que ceux qui ne prennent garde qu'aux apparences, si est-ce que ce nombre estant plus grand que l'autre, le bruit en courut incontinent, & le soupçon qu'on auoit auparauāt de celles de Cleon, s'amortit tout à fait, si bien que ie pouuois dire qu'elle aimoit à mes despens; mais elle qui craignoit, ainsi que ie vous ay dit, que ie ne vinsse à descouurir cet artifice, voulut le cacher sous vn autre, & conseilla Tircis de me faire entendre que chacun commençoit de reconnoistre nostre amitié, & d'en faire des iugemens assez mauuais, qu'il estoit necessaire de faire cesser ce bruit par la prudence, & qu'il falloit qu'il fist semblant d'aimer Cleon, à fin que par ce diuertissemēt, ceux qui en parloient mal se teussent. Et vous direz, luy disoit elle, que vous m'eslisez plustost qu'vne autre, pour la commodité que vous aurez d'estre pres d'elle, & de luy parler. Moy qui estois toute bonne, & sans finesse ie treuuay ce conseil tres-bō; si bien qu'auec ma permission, depuis ce iour, quand nous nous trouuions tous trois ensemble, il ne faisoit point de difficulté d'entretenir sa Cleon, comme il auoit accoustumé. Et certes il y auoit bien du plaisir pour eux, & pour tout autre qui eust sceu ceste dissimulation: car voyant la recherche qu'il faisoit de Cleon, ie pensois qu'il se moquast, & à peine me pouuoy-je empescher d'en rire: d'autre côté Cleon prenant garde à mes façous, & sçachant la tromperie en quoy ie la pensois estre, auoit vne peine extréme de n'en faire point de semblant. Mesme que ce trompeur luy faisoit quelquefois des clins d'œil, qu'elle ne pouuoit dissimuler, sinon trouuant excuse de rire de quelque autre sujet, qui bien souuent estoit si hors de propos, que j'en accusois l'Amour qu'elle portoit au Berger, & le contentement que ceste tromperie luy r'apportoit: & voyez si j'estois bonne, en mon

ame ie reſſentois par pitié le deſplaiſir qu'elle
receuroit, quand elle ſçauroit la verité : mais
depuis ie trouuay que ie me pleignois en ſa
perſonne ? toutesfois ie m'excuſe, car qui n'y
euſt eſté deceuë, puis que l'Amour auſſi toſt
qu'il ſe ſaiſit entierement d'vne ame, la deſ-
poüille incontinent de toute deffiance enuers la perſonne aimee ? & ce diſſimulé Berger joüoit de telle ſorte ſon perſonnage, que
ſi j'euſſe eſté en la place de Cleon, j'euſſe peut-
eſtre douté que ſa fainte n'euſt eſté veritable.
Eſtant quelquefois au milieu de nous deux,
ſ'il ſe relaſchoit à faire trop de demonſtration
de ſon amitié à Cleon, auſſi toſt il ſe tournoit
vers moy, & me demandoit à l'oreille ſ'il ne
faiſoit pas bien : mais ſa plus grande fineſſe
ne l'arreſta pas à ſi peu de choſe, oyez ie vous
ſupplie iuſques où elle paſſa. En particulier il
parloit à Cleon plus ſouuent qu'à moy, luy
baiſoit la main, demeuroit vne & deux heures
à genoux deuant elle, & ne ſe cachoit point
de moy, pour les cauſes que ie vous ay dittes,
mais en general iamais il ne bougeoit d'aupres de moy, me recherchoit auec tant de diſſimulation, que la plus part continuoit l'o-
pinion que l'on auoit euë de nos Amours ; ce
qu'il faiſoit à deſſein, voulant que ſeule ie
viſſe la recherche qu'il luy faiſoit, parce qu'il
ſçauoit bien que ie ne la croyois pas, mais ne
vouloit en ſorte que ce fuſt, que ceux qui la
pourroient penſer veritable, en euſſent tât ſoit
peu de connoiſſance. Et quand ie luy diſois,

que nous ne pouuions oster l'opinion aux personnes de nostre amitié, & que nul ne pouuoit croire à ce que l'on m'en disoit qu'il aimast Cleon. Et comment, me respondit-il, voulez vous qu'ils croyent vne chose qui n'est pas? tant y a que nostre finesse en dépit des plus mal-pensans, sera creuë du general; mais luy qui estoit fort aduisé, voyant qu'il se presentoit occasion de passer encor plus outre, me dit, que sur tout il falloit tromper Cleon, & que celle-là estant bien deceuë, c'estoit auoir presque paracheué nostre dessein: Qu'à ceste occasion il falloit que ie luy parlasse pour luy, & que ie fusse comme confidente. Elle, me disoit-il, qui a desia ceste opinion receura de bon cœur les messages que vous luy ferez, & ainsi nous viurons en asseurance; ô quelle miserable fortune nous courons bien souuent! Quand à moy ie pensois que si quelquefois Cleon auoit creu que j'eusse aymé ce Berger, ie luy en ferois perdre l'opinion en la priant de l'aymer, & comme confidente luy parlant pour luy; mais Cleon ayant sceu les discours que j'auois tenus au Berger, & voyant la contrainte auec quoy elle viuoit, iugea que par mon moyen elle en pourroit auoir des messages, & mesme des lettres. Cela fut cause qu'elle receut fort bien la proposition que ie luy en fis, & que depuis ce téps elle traitta auec luy, comme auec celuy qui l'aymoit, & moy ie ne seruois qu'à porter les billets de l'vn à l'autre: O Amour quel mestier est celuy que tu me fis faire alors! Ie ne m'en plains toutefois, puis que j'ay ouy dire, que ie n'ay pas esté la premiere qui a fait de semblables offices pour autruy, les pensant faire pour soy-mesme. En ce temps, parce que les Fracs, les Romains, les Gots, & les Bourguignons, se faisoient vne tres-cruelle guerre, nous fusmes côtraints de nous retirer en la ville, qui porte le nom du Pasteur iuge des trois Deesses: car nos demeures n'estoient point trop éloignées de là; le long des bords du grand fleuue de Seine. Et d'autant qu'à cause du grand abord des gens, qui de tous les costez s'y venoient retirer, & qui ne pouuoient auoir les commoditez telles qu'ils auoient accoustumé aux champs, les maladies contagieuses commencerent de prendre vn si grand cours par toute la ville, que mesmes les plus grands ne s'en pouuoient deffendre: Il aduint que la mere de Cleon en fut atteinte. Et quoy que ce mal soit si espouuantable, qu'il n'y a le plus souuent ny parentage, ny obligation d'amitié qui puisse retenir les sains aupres de ceux qui en sont touchez, si est-ce que le bon naturel de Cleon eut tant de pouuoir sur elle, qu'elle ne voulut jamais esloigner sa mere, quelque remonstrance qu'elle luy fist, au contraire, lors qu'aucuns de ses plus familiers l'en voulurent retirer, luy representant le danger où elle se mettoit, & que c'estoit offenser les Dieux que de les tenter de ceste sorte. Si vous m'aimez, leur disoit elle, ne me tenez iamais ce discours: car ne dois-je pas la vie à celle qui me l'a donnée, & les Dieux peuuent-ils estre offensez que ie serue celle qui m'a appris à les adorer? En ceste resolution elle ne voulut iamais abandonner sa mere, & s'enfermant auec elle, la seruit tousiours aussi franchement que si ce n'eust point esté vne maladie contagieuse. Tircis estoit tout le iour à leur porte, bruslant de desir d'entrer dans leur logis, mais la deffense de Cleon l'en empeschoit, qui ne le luy voulut permettre, de peur que les mal-pensans ne iugeassent ceste assistance au desaduantage de sa pudicité. Luy qui ne vouloit luy déplaire, n'y osant entrer, leur faisoit apporter tout ce qui estoit necessaire, auec vn soin si grand, qu'elles n'eurent iamais faute de rien. Toutefois ainsi le voulut le Ciel, ceste heureuse de Cleon ne laissa d'estre atteinte du mal de sa mere, quelques preseruatifs que Tircis luy pût apporter. Quand ce Berger le sceut, il ne fut plus possible de le retenir qu'il n'entrast dans leur logis, luy semblant qu'il n'estoit plus saison de faindre, ny de redouter les morsures du médisant. Il met donc ordre à tous ses affaires, dispose de son bien, & declare sa derniere volonté, puis ayant laissé charge à quelques vns de ses amis de le secourir, il se r'enferme auec la mere, & la fille, resolu de courre la mesme fortune que Cleon. Il ne sert de rien que d'alonger ce discours de vous redire quels furent les bons offices, quels les seruices qu'il rendit à la mere pour la consideration de la fille, car il ne s'en peut imaginer dauantage, que ceux que son affection luy faisoit produire. Mais quand il la vid morte, & qu'il ne luy restoit plus que sa Maistresse, de qui le mal encores alloit empirant, ie ne crois pas que ce pauure Berger reposast vn momēt: Continuellement il la tenoit en ses bras, ou bien il luy pensoit son mal: elle d'autre costé qui l'auoit tousiours tant aymé, recognoissoit tant d'Amour en ceste derniere action, que la sienne estoit de beaucoup augmentee, de sorte qu'vn de ses plus grands ennuis, estoit le danger en quoy elle le voyoit à son occasion. Luy au contraire auoit tant de satisfaction, que la fortune, encores qu'ennemye, luy eust offert ce moyen de luy tesmoigner sa bonne volonté, qu'il ne pouuoit luy rendre assez de remerciment. Il aduint que le mal de la Bergere estant en estat d'estre percé, il n'y eut point de Chirurgiē qui voulust pour la crainte du danger, se hazarder de la toucher. Tircis à qui l'affection ne faisoit rien trouuer de difficile, s'estat fait apprendre cōme il falloit faire, prit la lancette, & luy leuant le bras la luy perça, & la pensa sans crainte. Bref, gentil Berger, toutes les choses plus dangereuses, & plus mal-aisées luy estoiēt douces, & trop faciles: si est-ce que le mal augmentant d'heure à autre, reduisit en fin ceste tant aimee Cleon en tel estat, qu'il ne luy resta plus que la force de luy dire ces paroles: Ie suis bien marrie, Tircis, que les Dieux n'ayent voulu estendre da-

LIVRE SEPTIESME DE LA
uantage le filet de ma vie, non point que j'ay
volonté de viure plus long temps: car ce desi
ne me le fera jamais souhaitter, ayant trop e
prouué quelles sont les incōmoditez qui sui
uent les humains: mais seulement pour e
quelque sorte ne mourir point tāt vostre obli
gée, & auoir le loisir de vous rendre tesmoi
gnage, que ie ne suis point atteinte ny d'in
gratitude, ny de mescognoissance. Il est vra
que quand ie considere quelles sont les obli
gations que ie vous ay, ie iuge bien que le Cie
est tres-juste de m'oster de ce monde, pui
qu'aussi bien quand j'y viurois autant de sie
cles que j'ay deiours, ie ne sçaurois satisfair
à la moindre du nombre infiny que vostre af
fection m'a produitte. Receuez dōc pour tou
ce que ie vous dois, non pas vn bien égal, mai
ouy bien tout celuy que ie puis, qui est vn ser
ment que ie vous fay, que la mort ne m'efface
ra jamais la memoire de vostre amitié, ny le
desir que j'ay de vous en rendre toute la recon
noissance, qu'vne personne qui aime bien
peut donner à celle à qui elle est obligée. Ces
mots furēt proferez auec beaucoup de peine,
mais l'amitié qu'elle portoit au Berger, luy
donna la force de les pouuoir dire, ausquels
Tircis respondit. Ma belle Maistresse, mal-aisément pourrois-je croire de vous auoir obligée, ny de le pouuoir jamais faire, puis que ce
que j'ay fait jusques icy, ne m'a pas encores satisfait. Et quād vous me dittes que vous m'a-
uez de l'obligation, ie voy bien que vous ne
connoissez

connoissez la grandeur de l'Amour de Tircis, autrement vous ne penseriez pas, que si peu de chose fust capable de payer le tribut d'vn si grãd deuoir. Croyez, belle Cleon, que la faueur que vous m'auez faite d'auoir en aggreables les seruices que vous dittes que ie vous ay rendus, me charge d'vn si grãd faix, que mille vies & mille semblables occasions ne sçauroient m'ẽ décharger. Le Ciel qui ne m'a fait naistre que pour vous, m'accuseroit de mécognoissance, si ie ne viuois à vous, & si j'auois quelque dessein d'employer vn seul moment de ceste vie ailleurs qu'à vostre seruice. Il vouloit continuer lors que la Bergere attainte de trop de mal l'interrompit. Cesse, amy, & me laisse parler, à fin que le peu de vie qui me reste soit employé à t'asseurer que tu ne sçaurois estre aimé dauantage, que tu l'és de moy, qui me sentant pressée de partir, te dis l'eternel à Dieu: & te supplie de trois choses, d'aimer tousiours ta Cleon, de me faire enterrer pres des os de ma mere, & d'ordonner que quand tu payeras le deuoir de l'humanité, ton corps soit mis auprés du mien, à fin que ie demeure auec ce contentement, que ne t'ayant peu estre vnie en la vie, ie le sois pour le moins en la mort. Il luy respondit. Les Dieux seroient iniustes, si ayant donné commencement à vne si belle amitié que la nostre, ils la separoient si promptement: l'espere qu'ils vous conserueront, ou que pour le moins ils me prendront auant que vous, s'ils ont quelque com-

Dd

passion d'vn affligé, mais s'ils ne veullent, ie les requiers seulement de me donner assez de vie pour satisfaire aux commandements que vous me faites, & puis me permettre de vous suiure, que s'ils ne tranchent ma fusée, & que la main me demeure libre, soyez certaine, ô ma belle Maistresse, que vous ne serez pas lõ-guement sans moy. Amy, luy respondit-elle, ie t'ordonne outre cela de viure autant que les Dieux le voudront, car en la longueur de ta vie, ils se monstreront enuers nous tres-pi-toyables, puis que par ce moyen, ce pendant que ie raconteray aux champs Elisiens nostre parfaicte amitié, tu la publieras aux viuants; & ainsi les morts, & les hõmes honorerõt nostre memoire. Mais amy, ie sés que le mal me cõ-traint de te laisser: A-Dieu le plus aymable & le plus aimé d'entre les hõmes. A ces derniers mots elle mourut, demeurant la teste appuyée sur le sein de sõ Berger. De redire icy le déplai-sir qu'il en eut, & les regrets qu'il en fit, ce ne seroit que remettre le fer plus auãt en sa playe; outre q ses blessures sont encores si ouuertes, que chacun en les voyant, pourra iuger quels en ont esté les coups. O mort, s'escria Tircis, qui m'as dérobé le meilleur de moy; ou rends moy ce q tu m'as osté, ou emporte le reste. Et lors pour dõner lieu aux larmes, & aux sãglots, que ce ressouuenir luy arrachoit du cœur, il se teut pour quelque temps; quand Siluandre luy representa qu'il deuoit s'y resoudre, puis qu'il n'y auoit point de remede, & qu'aux choses aduenuës, & qui ne pouuoient plus estre, les plaintes n'estoient que tesmoignages de foiblesse. Tant s'en faut, dit Tircis, c'est en quoy ie trouue plus d'occasion de plainte, car s'il y auoit quelque remede, le plaindre ne seroit pas d'homme aduisé ny de courage, mais il doit bien estre permis de plaindre ce à quoy on ne peut trouuer aucun autre allegement. Lors Laonice reprenant la parole, continua de ceste sorte : En fin ceste heureuse Bergere estãt morte, & Tircis luy ayant rendu les derniers offices d'amitié, il ordonna qu'elle fust enterrée aupres de sa mere : mais la nonchalance de ceux à qui il donna ceste charge, fut telle, qu'ils la mirent ailleurs, car quand à luy, il estoit tellement affligé, qu'il ne bougeoit de dessus vn lit, sans que rien luy conseruast la vie, que le commandemẽt qu'elle luy en auoit fait. Quelques iours apres s'enquerant de ceux qui le venoient voir, en quel lieu ce corps tant aimé auoit esté mis, il sçeut qu'il n'estoit point auec celuy de la mere, dont il receut tant de déplaisir, que conuenant d'une grande somme auec ceux qui auoient accoustumé de les enterrer, ils luy promirent de l'oster de là où il estoit, & le remettre aupres sa mere. Et de fait ils s'y en allerent, & ayant descouuert la terre, ils le prindrent entre trois ou quatre qu'ils estoiẽt : mais l'ayant porté quelques pas, l'infection en estoit si grande, qu'ils furent contraints de le laisser à my chemin, resolus de mourir plustost que de le porter plus outre, dont Tircis aduerty,

Dd ij

apres leur auoir fait de plus grandes offres encores, & voyant qu'ils n'y vouloient point entendre : Et quoy, dit-il tout haut, as tu donc esperé que l'affection du gain pûst dauantage en eux, que la tienne en toy ? Ah, Tircis ! c'est trop offenser la grandeur de t'on amitié. Il dit, & comme transporté s'en courut sur le lieu où estoit le corps, & quoy qu'il eust demeuré trois iours enterré, & que la puanteur en fust extresme, si le print-il entre ses bras, & l'emporta jusques en la tōbe de la mere, qui auoit desia esté ouuerte. Et apres vn si bel acte, & vn si grand tesmoignage de son affection, se retirant hors de la ville, il demeura quarante nuits separé de chacun. Or toutes ces choses me furent inconnuës, car vne de mes tantes ayant esté malade d'vn semblable mal, presque en mesme temps, nous n'auions point de frequentation auec personne, & le iour mesme qu'il reuint, j'estois aussi reuenuë, & ayant seulement entendu la mort de Cleon, ie m'en allay chez luy pour en sçauoir les particularitez, mais arriuā-t à la porte de sa chambre, ie mis l'œil à l'ouuerture de la serrure, par ce qu'ē m'en approchant, il me sembla de l'auoir ouy souspirer, & ie n'estois point trompée, car ie le vis sur le lit, les yeux tournez contre le Ciel, les mains jointes, & le visage tout couuert de larmes. Si ie fus estonnée, gentil Berger, iugez le, car ie ne pensois point qu'il l'aimast, & venois en partie pour me resiouïr auec luy. En fin apres l'auoir consideré quelque temps,

auec vn souspir qui sembloit luy mépartir l'e-
stomach, ie luy ouys proferer telles paroles.

STANCES,
Sur la mort de Cleon.

Pourquoy cacher nos pleurs ? il n'est plus temps de
 faindre
Vn Amour que sa mort découure par mon dueil,
Qui cesse d'esperer il doit cesser de craindre,
Et l'espoir de ma vie est dedans le cercueil.

Elle viuoit en moy, ie viuois tout en elle,
Nos esprits l'vn à l'autre estraints de mille nœuds
S'vnissoient tellement, qu'en leur Amour fidelle,
Tous les deux n'estoient qu'vn & chacun estoit deux.

Mais sur le point qu'Amour d'vn fondement plus
 ferme
Asseuroit mes plaisirs, j'ay veu tout renuerser,
C'est d'autant que mon-heur auoit touché le terme.
Qu'il est permis d'atteindre, & non d'outrepasser.

Ce fut dedans Paris, que les belles pensées,
Qu'Amour éprit en moy, finirent par la mort,
A mesme temps qu'on vid les Gaules oppressées,
Aux efforts estrangers opposer leur effort.

Et falloit-il aussi que tombe moins celebre
Que Paris enfermast ce que j'ay pû cherir,
Ou que mon mal aduint en saison moins funebre,
Que quand toute l'Europe estoit prest à perir ?

Dd iij

Mais ie me trôpe, ô Dieux! ma Cleõ n'est point morte,
Son cœur pour viure en moy, ne viuoit plus en soy;
Le corps seul en est mort & de contraire sorte,
Mon esprit meurt en elle, & le sien vit en moy.

Dieux! quelle deuins-je quand ie l'oüys parler ainsi? mon estonnement fut tel, que sans y penser, estât appuyée contre la porte, ie l'entr'oüuris presque à moitié, à quoy il tourna la teste, & me voyant n'en fit autre semblant, sinon que me tendant la main, il me pria de m'asseoir sur le lit pres de luy, & lors sans s'essuyer les yeux, car aussi bien y eust il fallu tousiours le mouchoir, il me parla de ceste sorte, Et bien, Laonice, la pauure Cleon est morte, & nous sommes demeurez pour plaindre ce rauissement: & par ce que la peine où j'estois ne me laissoit la force de pouuoir luy respondre, il continua: Ie sçay bien, Bergere, que me voyant en cest estat pour Cleon, vous demeurez estonnée que la fainte amitié que ie luy ay portée, me puisse dóner de si grands ressentimens? Mais, helas! sortez d'erreur, ie vous supplie, aussi bien me sembleroit-il cómettre vne trop grande faute contre Amour, si sans occasion ie continuois la fainte, que mon affection m'a jusques icy commandée. Sçachez donc, Laonice, que j'ay aimé Cleon, & que toute autre recherche n'a esté que pour couuerture de celle-cy; par ainsi, si vous m'auez eu de l'amitié, pour Dieu Laonice, plaignez moy en ce desastre, qui a d'vn mesme couy mis tous mes espoirs dans son cercueil : Et si vous estes en quelque sorte offensée, pardonnez à Tircis l'erreur qu'il a faite enuers vous, pour ne faillir en ce qu'il deuoit à Cleon. A ces paroles transportée de colere ie partis si hors de moy, qu'à peine pûs-je retrouuer mon logis, d'où ie ne sortis de long temps: mais apres auoir contrarié mille fois à l'Amour, si fallut il s'y sousmettre, & aduoüer que le dépit est vne foible deffense quand il luy plaist. Par ainsi me voila autant à Tircis que ie l'auois jamais esté, j'excuse en moy-mesme les trahisons qu'il m'auoit faittes, & luy pardonne les torts & les faintes auec lesquelles il m'auoit offensee, les nommant pour leur pardonner, non pas faintes ny trahisons, mais violences d'Amour : Et ie fus d'autant plus aisément portée à ce pardon, qu'Amour qui se disoit complice de sa faute, m'alloit flattant d'vn certain espoir ne succeder à la place de Cleon. Lors que j'estois en ceste pensée, ne voila pas vne de mes sœurs qui me vint aduertir que Tircis s'estoit perdu, en sorte qu'on ne le voyoit plus, & que personne ne sçauoit où il estoit. Ceste recharge de douleur me surprit si fort, que tout ce que ie pûs, fut de luy dire, que ceste tristesse estant passee, il reuiendroit comme il s'en estoit allé; mais dés lors ie fis dessein de le suiure, & afin de n'estre empeschée de personne, ie partis si secrettement sur le commencement de la nuit, qu'auant le iour ie me trouueray fort esloignée : si ie fus estonnée,

Dd iiij

LIVRE SEPTIESME DE LA

au commencement me voyant seule dans ces obscuritez, le ciel le sçait, à qui mes plaintes estoient adressées: mais Amour qui m'accompagnoit secrettement, me donna assez de courage pour parachever mon dessein. Ainsi donc ie poursuy mon voyage, suiuant sans plus la routte que mes pas rencontroient, car ie ne sçauois où Tircis alloit, ny moy aussi. De sorte que ie fus vagabonde plus de quatre mois, sans en auoir nouuelle. En fin passant le Mont-d'or, ie rencontray ceste Bargere (dit-elle mostrant Madonthe) & auec elle ce Berger nommé Tersandre, assis à l'ombre d'vn rocher, attendant que la chaleur du midy s'abatist: & par ce que ma coustume estoit de demander des nouuelles de Tircis à tous ceux que ie rencontrois, ie m'adressay où ie les vis, & sceus que mon Berger, aux marques qu'ils m'en donnerent, estoit en ces deserts, & qu'il alloit tousiours regrettant sa Cleon. Alors ie leur racontay ce que ie viens de vous dire, & les adjuray de m'en dire les plus asseurées nouuelles qu'ils pourroient : A quoy Madonthe émeuë de pitié, me répondit auec tant de douceur, que ie la jugeay attainte du mesme mal que le mien ; & mon opinion ne fut mauuaise, car ie sceus depuis d'elle la longue histoire de ses ennuis, par laquelle ie connus qu'Amour blesse aussi bien dans les cours que dans nos bois; & par ce que nos fortunes auoient quelque simpathie entre-elles, elle me pria de vouloir demeurer & parachener nos voyages enſemble, puis que toutes deux faiſions vne meſme queſte. Moy qui me vis ſeule, ie receus les bras ouuerts ceſte commodité, & depuis nous ne nous ſommes point eſloignées. Mais que ſert ce diſcours à mon propos, puis que ie ne veux ſeulement que raconter ce qui eſt de Tircis & de moy? Gentil Berger, ce me ſera aſſez de vous dire, qu'apres auoir demeuré plus de trois mois en ces pays-là, en fin nous ſceuſmes qu'il eſtoit venu icy, où nous n'arriuaſmes ſi toſt, que ie le rencontray, & tant à l'impourueu pour luy, qu'il en demeura ſurpris: pour le commencement il me receut auec vn aſſez bon viſage: mais en fin ſçachant l'occaſion de mon voyage, il me declara tout au long l'affection extréme qu'il auoit portée à Cleon, & combien il eſtoit hors de ſon pouuoir de m'aimer. Amour ſ'il y a quelque iuſtice en toy, ie te demande, & non à cet ingrat, quelque recõnoiſſance de tant de trauaux paſſez.

Ainſi paracheua Laonice, & mõſtrant qu'elle n'auoit rien d'auantage à dire, en ſ'eſſuyant les yeux elle les tourna pitoyablement contre Siluandre, comme luy demandant faueur en la iuſtice de ſa cauſe. Lors Tircis parla de ceſte ſorte.

Sage Berger, quoy que l'hiſtoire de mes mal-heurs ſoit telle que ceſte Bergere vient de vous raconter, ſi eſt-ce que celle de mes douleurs eſt bien plus pitoyable, de laquelle toutefois ie ne vous veux point entretenir dauan-

tage, de crainte de vous ennuyer, & ceste cõ-
pagnie: seulement j'adiousteray à ce qu'elle
vient de dire, que ne pouuant supporter ses
plaintes ordinaires; d'vn commun consentement nous allâmes à l'Oracle pour sçauoir ce
qu'il ordõneroit de nous, & nous eusmes vne
telle response par la bouche d'Arontine.

ORACLE.

Vr les bords où Lignon paisiblement serpente,
Amans vous trouuerez vn curieux Berger,
Qui premier s'enquerra du mal qui vous tourmente,
Croyez-le: car le Ciel l'élit pour vous iuger.

Et quoy qu'il y ait des-jà long temps que
nous sommes icy, si est-ce que vous estes le
premier qui nous auez demandé l'estat de nostre fortune: C'est pourquoy nous nous jettõs
entre vos bras, & vous requerons d'ordonner
ce que nous auons à faire; & à fin que rien ne
se fist que par la volonté du Dieu, la vieille
qui nous rendit cét Oracle, nous dit, que vous
ayant rencontré, nous eussions à jetter au sort
qui seroit celuy qui maintiendroit la cause de
l'vn & de l'autre, & que pour cét effet, tous
ceux qui s'y rencõtreroiẽt eussent à mettre vn
gage entre vos mains dans vn chappeau. Le
premier qui en sortiroit seroit celuy qui par-
leroit pour Laonice, & le dernier de tous pour
moy. A ce mot il les pria tous de le vouloir; à

quoy chacun ayant consenty, de fortune celuy de Hylas fut le premier, & celuy de Phillis le dernier. Dequoy Hylas se sousriant. Autrefois dit-il, que j'estois seruiteur de Laonice, j'eusse mal-aisément voulu persuader à Tircis de l'aimer; mais à cét heure que ie ne suis que pour Madonthe, ie veux bien obeïr à ce que le Dieu me commande. Berger, respondit Leonide, vous deuez connoistre par là quelle est la prouidence de ceste diuinité, puis que pour esmouuoir quelqu'vn à changer d'affection, il en donne la charge à l'inconstant Hylas, comme à celuy qui par l'vsage en doit bien sçauoir les moyens, & pour continuer vne fidelle amitié il en donne la persuasion à vne Bergere constante en toutes ses actions; & que pour iuger de l'vn & de l'autre, il a esleu vne personne qui ne peut-estre partiale: car Siluandre n'est constant ny inconstant, puis qu'il n'a jamais rien aimé. Alors Siluandre prenant la parole: Puis donc que vous voulez, ô Tircis, & vous Laonice que ie sois iuge de vos differens, iurez entre mes mains tous deux, que vous l'obseruerez inuiolablement, autrement ce ne seroit qu'irriter d'auantage les Dieux, & prendre de la peine en vain. Ce qu'ils firent, & lors Hylas commença de cette sorte.

HARANGVE DE HYLAS POVR LAONICE.

SI j'auois à souftenir la cause de Laonice deuant quelque personne dénaturée, ie craindrois peut-eftre que le deffaut de ma capacité n'amoindrift en quelque sorte la iuftice qui eft en elle: mais puis que c'eft deuant vous, gentil Berger, qui auez vn cœur d'homme, (ie veux dire qui sçauez quels sont les deuoirs d'vn homme bien né) non seulement ie ne me deffie point d'vn fauorable jugement: mais tiens pour certain, que si vous eftiez en la place de Tircis, vous auriez honte que telle erreur vous pûft eftre reprochée. Ie ne m'arresteray donc point à chercher plusieurs raisons sur ce sujet, qui de luy-mesme eft si clair, que toute autre lumiere ne luy peut seruir que d'ombrage, & diray seulement que le nom qu'il porte d'homme, l'oblige au contraire de ce qu'il a fait, & que les loix & les ordonnances du Ciel & de la nature, luy commandent de ne point disputer dauantage en cefte cause. Les deuoirs de la courtoisie ne luy ordonnent-ils de rendre les biensfaits receus? Le Ciel ne commande-t'il pas qu'à tout seruice quelque loyer soit rendu? & la nature ne le contraint-elle d'aimer vne belle femme qui l'aime, & d'abhorrer plutoft que de cherir vne personne morte?

Mais cestuy-cy tout au rebours, aux faueurs receuës de Laonice rend des discourtoisies, & au lieu des seruices qu'il aduoue luy mesme qu'elle luy a faits, luy seruant si longuement de couuerture en l'amitié de Cleon, il la paye d'ingratitude, & pour l'affection qu'elle luy a portée dés le berceau, il ne luy fait paroistre que du mespris. Si es-tu bien homme Tircis, si monstre-tu de cõnoistre les Dieux, & si me semble t'il bien que ceste Bergere est telle, que si ce n'estoit que son influence la soulmet à ce malheur, elle est plus propre à faire ressentir, que de ressentir elle-mesme les outrages dont elle se plaint. Que si tu és homme, ne sçais-tu pas que c'est le propre de l'homme d'aimer les viuans, & non pas les morts? que si tu connois les Dieux, ne sçais-tu qu'ils punissent ceux qui contreuiennent à leurs ordonnances? & que,

Amour iamais l'aimer à l'aimé ne pardonne?

Que si tu aduoües que dés le berceau elle t'a seruy & aimé. Dieux! seroit-il possible qu'vne si longue affection, & vn si agreable seruice deust en fin estre payé du mespris?

Mais soit ainsi que ceste affection, & ce seruice estans volontaires en Laonice, & non pas recherchez de Tircis, puissent peu meriter enuers vne ame ingrate, encores ne puis-je croire que vous n'ordonniez, ô iuste Siluandre, qu'vn trõpeur ne doiue faire satisfaction à celuy qu'il a deceu, & que par ainsi Tircis

qui par ses dissimulations a si long temps
trompé ceste belle Bergere, ne soit obligé à
reparer ceste injure enuers elle, auec autant
de veritable affection, qu'il luy en a fait rece-
„uoir de mensongeres & de fausses : que si cha-
„cun doit aimer son semblable, n'ordonnerez-
vous pas, nostre iuge, que Tircis aime vne personne viuante & non pas vne morte, & mette
son amitié en ce qui le peut aimer, & non
point entre les cendres froides d'vn cercueil?
Mais Tircis, dy moy quel peut estre ton dessein ? Apres que tu auras noyé d'vn fleuue
de larmes les tristes reliques de la pauure
Cleon ; crois-tu de la pouuoir ressusciter par
tes soupirs & par tes pleurs? Helas! ce n'est
qu'vne fois que l'on paye Charon, on n'entre
„jamais qu'vne fois dans sa nacelle, on a beau
„le r'appeller de là, il est sourd à tels cris, & ne
„reçoit jamais personne qui vienne de ce bord.
„C'est impieté, Tircis, que d'aller tourmentant
le repos de ceux que les Dieux appellent : L'a-
„mitié est ordonnée pour les viuans, & le cer-
„cueil pour ceux qui sont morts ; ne vueille con-
„fondre de telles sorte leurs ordonnances, qu'à
vne Cleon morte, tu donnes vne affection viuante, & à vne Laonice viue le cercueil. Et en
cela ne t'arme point du nom de constance : car
elle n'y a nul interest ; trouuerois-tu à propos
qu'vne personne allast nuë, par ce qu'elle auroit gasté ses premiers habits ? Croy moy qu'il
est aussi digne de risée de t'oüyr dire que par
ce que Cleon est paracheuée, tu ne veux plus

rien aimer. Rentre, rentre en toy-mesme, reconnois ton erreur, jette toy aux pieds de cette belle, aduouë luy ta faute, & tu éuiteras par ainsi la contrainte, à quoy nostre iuste iuge par sa sentence te soufmettra. Hylas acheua de cette sorte, auec beaucoup de contentement de chacun, sinon de Tircis, de qui les larmes donnoient connoissance de sa douleur, lors que Phillis après auoir receu le commandement de Siluandre, leuant les yeux au Ciel répondit ainsi à Hylas.

RESPONSE DE PHILLIS POVR TIRCIS.

Belle Cleon, qui entends du Ciel l'injure que l'on propose de te faire, inspire moy de ta diuinité : car tel te veux-ie estimer, si les vertus ont jamais pû rendre diuine vne personne humaine ; & faits en sorte que mon ignorance n'affoiblisse les raisons que Tircis a de n'aymer jamais que tes perfections. Et vous, sage Bergere, qui sçauez mieux ce que je deurois dire pour sa deffense, que ie ne sçaurois le conceuoir, satisfaites aux deffauts qui seront en moy, par l'abōdance des raisons qui sont en ma cause, & pour commencer: Ie diray, Hylas, que toutes les raisons que tu allegues pour preuue qu'estant aymé on doit aymer, quoy qu'elles soient fausses, te sont toutefois accordées pour bonnes : mais pourquoy veux-tu conclurre par là, que Tircis doit trahir l'amitié de Cleon, pour en commencer vne nouuelle auec Laonice? Tu demandes des choses impossibles, & contrariantes ; impossibles d'autant que nul n'est obligé à plus qu'il ne peut, & comment veux-tu que mon Berger aime, s'il n'a point de volonté? Tu ris Hylas, quand tu m'oys dire qu'il n'en a point. Il est vray, interrompit Hylas, car qu'auroit il fait de la sienne? Celuy, respondit Phillis, qui ayme donne son ame mesme à la personne aimée, & la volonté n'en est qu'vne puissance. Mais, repliqua Hylas, ceste Cleon à qui vous voulez qu'il l'ait remise, estant morte n'a plus rien de personne, & ainsi Tircis doit auoir repris ce qui estoit à soy. Ah! Hylas, Hylas, respondit Phillis, tu parles bien en nouice d'Amour : car les donations qui sont faites par son authorité, sont à jamais irreuocables. Et que seroit donc deuenuë, adjousta Hylas, ceste volonté depuis la mort de Cleon? Ceste petite perte, reprit Phillis, a suiuy l'extréme qu'il a faite en la perdant, que si le plaisir est l'objet de la volonté, puis qu'il ne peut plus auoir de plaisir, qu'a-t'il affaire de volonté? & ainsi elle a suiuy Cleon ; que si Cleon n'est plus, ny aussi sa volonté, car il n'en a jamais eu que pour elle : mais si Cleon est encore en quelque lieu, comme nos Druides nous enseignent, ceste volonté est entre ses mains si contente en tel lieu, que si elle-mesme la me la vouloit chaſſer, elle ne tourneroit pas vers Tircis, comme ſçachant bien qu'elle y ſeroit inutilement, mais iroit dans le cercueil repoſer auec ſes os bien aimez: & cela eſtant, pourquoy accuſe-tu d'ingratitude le fidele Tircis, s'il n'eſt pas en ſon pouuoir d'aimer ailleurs? Et voilà comment tu demandes non ſeulement vne choſe impoſſible; mais contraire à ſoy-meſme: car ſi chacun doit aimer ce qui l'aime, pourquoy veux-tu qu'il n'aime pas Cleon, qui n'a jamais manqué enuers luy d'amitié? & quant à la recompenſe que tu demandes pour les ſeruices & pour les lettres que Laonice portoit de l'vn à l'autre; qu'elle ſe reſſouuienne du contentement qu'elle y receuoit, & combien durant ceſte tromperie elle a paſſé de jours heureux, qu'autrement elle euſt trainés miſerablement; qu'elle balance ſes ſeruices auec ce payemét, & ie m'aſſure qu'elle ſe trouuera leur redeuable. Tu dis Hylas, que Tircis l'a trompée: ce n'a point eſté tromperie: mais iuſte chaſtiment d'Amour, qui a fait retomber ſes coups ſur elle meſme, puis que ſon intention n'eſtoit pas de ſeruir, mais de deceuoir la prudente Cleon; que ſi elle a à ſe plaindre de quelque choſe, c'eſt que de deux trompeuſes elle a eſté la moins fine. Voila Siluandre comme briefuement il m'a ſemblé de reſpondre aux fauſſes raiſons de ce Berger; & ne me reſte plus que de faire aduoüer à Laonice, qu'elle a tort de pourſuiure vne telle injuſtice: Ce que ie feray

E e

aisément s'il luy plaist de me respondre. Belle Bergere dittes moy, aimez-vous bien Tircis? Bergere, dit-elle, toute personne qui me connoistra n'en doutera jamais. Et s'il estoit contraint, repliqua Phillis, de s'esloigner pour lõg temps, & que quelqu'autre vint ce pendant à vous rechercher, chãgeriez-vous ceste amitié? Nullement, dit-elle, car j'aurois tousiours esperance qu'il reuiendroit. Et, adjousta Phillis, si vous sçauiez qu'il ne deust jamais reuenir, laisseriez vous de l'aimer? Non certes, respondit-elle. Or belle Laonice, continua Phillis, ne trouuez donc estrange que Tircis, qui sçait que sa Cleon pour ses merites est esleuée au Ciel, qui sçait que de là haut elle void toutes ses actions, & qu'elle se resiouyt de sa fidelité, ne vueille chãger l'affection qu'il luy a portée, ny permettre que ceste distance des lieux separe leurs affections, puis que toutes les incomoditez de la vie ne l'ont jamais pû faire. Ne pensez pas, comme Hylas a dit, que jamais nul ne repasse deçà le fleuue d'Acheron, plusieurs qui ont esté aimez des Dieux, sont allez & reuenus; & qui le sçauroit estre dauantage que la belle Cleon, de qui la naissance a esté veuë par la destinée d'vn œil si doux & fauorable, qu'elle n'a jamais rien aimé, dont elle n'ait obtenu l'Amour? O Laonice s'il estoit permis à vos yeux de voir la diuinité, vous verriez ceste Cleon, qui sans doute est à ceste heure en ce lieu, pour deffendre sa cause, qui est à mon aureille pour me dire les mesmes paroles qu'il faut que ie profere. Et lors vous iugeriez que Hylas a eu tort de dire, que Tircis n'aime qu'vne froide cendre. Il me semble de la voir là au milieu de nous reuestuë d'immortalité au lieu d'vn corps fragile, & sujet à tous accidens, qui reproche à Hylas les blasphemes dont il a vsé contre-elle. Er que respondrois-tu Hylas, si l'heureuse Cleon te disoit: tu veux inconstant, noircir mon Tircis de ta mesme infidelité; si autrefois il m'a aimée, crois-tu que ç'ait esté mon corps? si tu me dis qu'oüy, ie respondray qu'il doit estre condamné, (puis que nul Amant ne doit jamais se retirer d'vne Amour commēcée,) d'aimer les cendres que je luy ay laissées dans mon cercueil, autant qu'elles dureront. Que s'il aduoüé d'auoir aimé mon esprit, qui est ma principale partie, & pourquoy inconstant changera-t'il ceste volonté, à ceste heure qu'elle est plus parfaite qu'elle n'a jamais esté? Autrefois (ainsi le veut la misere des viuās) ie pouuois estre jalouse, ie pouuois estre importune, il me falloit seruir, j'estois veuë de plusieurs comme de luy: mais à ceste heure affranchie de toute imperfection, ie ne suis plus capable de luy rapporter ces desplaisirs. Et toy, Hylas, tu veux auec tes sacrileges inuentions, diuertir de moy celuy en qui seule ie vis en terre, & par vne cruauté plus barbare, qu'inoüye, essayes de me redonner vne autrefois la mort. Sage Siluandre, les paroles que ie viens de proferer, sonnent si viuement à mes aureilles, que ie ne puis croire que vous ne les ayez oüyes, & ressenties jusques au cœur ; cela est cause que pour laisser parler ceste diuinité en vostre ame ie me tairay, apres vous auoir dit seulement, qu'Amour est si juste, que vous en deuez craindre en vous-mesmes les supplices, si la pitié de Laonice plutost que la raison de Cleon, vous esmeuuent & vous emportent.

A ce mot Phillis s'estant leuée auec vne courtoise reuerence, fit signe qu'elle ne vouloit rien dire de plus pour Tircis. De sorte que Laonice vouloit respondre, quand Siluandre le luy deffendit, luy disant qu'il n'estoit plus temps de se deffendre, mais d'oüyr seulement l'arrest que les Dieux prononceroient par sa bouche, & apres auoir quelque temps consideré en soy-mesme, les raisons des vns & des autres, il prononça vne telle sentence.

IVGEMENT DE SILVANDRE.

DE s causes debatuës deuant nous, le point principal est, de sçauoir si Amour peut mourir par la mort de la chose aimée, surquoy
„ nous disons, qu'vne Amour perissable n'est
„ pas vray Amour : car il doit suiure le sujet qui
„ luy a donné naissance : C'est pourquoy ceux qui ont aimé le corps seulement, doiuent enclorre toutes les Amours du corps dans le mesme tombeau où il s'enserre ; mais ceux qui outre cela ont aimé l'esprit, doiuent auec leur

Amour vôler apres cét esprit aimé jusques au plus haut Ciel, sans que les distances les puissent separer. Donques toutes ces choses bien considerées, nous ordonnons que Tircis aime toujours sa Cleon, & que des deux Amours qui peuuent estre en nous, l'vne suiue le corps de Cleon au tombeau, & l'autre l'esprit dans les Cieux. Et par ainsi, il soit d'or'en là deffendu aux recherches de Laonice, de tourmenter dauantage le repos de Cleon: car telle est la volonté du Dieu qui parle en moy.

Ayant dit ainsi, sans attendre les plaintes & les reproches qu'il preuoyoit en Laonice & en Hylas, il fit vne grande reuerence à Leonide, & au reste de la trouppe, & s'en alla sans autre compagnie que celle de Phillis, qui ne voulut non plus s'y arrester, pour n'oüyr les regrets de ceste Bergere, & par ce qu'il estoit tard Leonide se retira dans le hameau de Diane pour ceste nuit, & les Bergers & Bergeres, ainsi qu'ils auoient accoustumé, sinon Laonice, qui infiniment offensée de Siluandre & Phillis, iura de ne partir de ceste contrée, qu'elle ne leur eust r'apporté vn desplaisir remarquable. Il sembla que la fortune la conduisit ainsi qu'elle eust sceu desirer, car ayant laissé la compagnie, & s'estant mise dans le plus espais du bois pour se plaindre en toute liberté, en fin son bon demon luy remit deuant les yeux le mespris insupportable de Tircis, combien il estoit veritablement indigne d'estre aimé d'elle, & luy fit vne telle honte

de sa faute, que mille fois elle iura de le hayr, & à son occasion Siluandre & Phillis. Il aduint que cependant que ces choses luy passoient par le souuenir, Lycidas qui depuis quelques jours commençoit d'estre mal satisfait de Phillis, à cause de quelque froideur, qu'il luy sembloit de reconnoistre en elle, apperceut Siluandre qui la venoit entretenant; & il estoit vray, que la Bergere vsoit de plus de froideur enuers luy, ou plutost de nonchalance qu'elle ne faisoit pas auant la frequêtation de Diane : par ce que ceste nouuelle amitié, & le plaisir qu'Astrée, Diane, & elle prenoient ensemble, l'occupoit de sorte, qu'elle ne se soucioit plus de ses petites mignardises, dont l'affection de Lycidas estoit nourrie, & luy
„ qui sçauoit fort bien qu'vne Amour ne se peut
„ bastir, que de la ruine d'vne precedente, eut opinion que ce qui la rendoit plus nonchalante enuers luy, & moins soucieuse de l'entretenir, estoit quelque nouuelle amitié, qui la diuertissoit; & ne pouuant encores reconnoistre qui en estoit le subjet, il s'alloit tout seul rongeant par ses pésées, & se retiroit dans les lieux plus cachez, afin de se plaindre auec plus de franchise ; & par mal-heur, lors qu'il s'en vouloit retourner, il vid, comme ie vous ay dit, Siluandre & Phillis de loing : veuë qui ne luy r'apporta pas peu de soupçon : car sçachant le merite du Berger & de la Bergere, il creut aisément que Siluandre n'ayant jamais rien aimé s'estoit donné à elle, & qu'elle, sui-

uant l'humeur de celles de son sexe, eust assez volontiers receu ceste donation. Toutes ces considerations luy donnerent beaucoup de soupçon, mais plus encore quand passant pres de luy sans le voir, il ouyt, ou il luy sembla d'ouyr des paroles d'Amour, & cela pouuoit bien estre, à cause de la sentéce que Siluandre venoit de donner. Mais pour le faire sortir du tout de patience, il aduint que les ayant laissé passer, il sortit du lieu où il estoit, & pour ne les suiure, prit le chemin d'où ils venoient, & la fortune voulut qu'il s'alla rasseoir aupres du lieu où estoit Laonice, sans la voir, où apres auoir quelque temps resué à son desplaisir, trásporté de trop d'ennuy, il s'escria assez haut: ô Amour, est-il possible que tu souffres vne si grande injustice sans la punir? est-il possible qu'en ton reigne les outrages & les seruices soient également recompensez? & puis se taisant pour quelque temps, en fin les yeux tendus au Ciel, & les bras croisez, se laissant aller à la réuerse, il reprit ainsi. Pour la fin il te plaist Amour, que ie rende tesmoignage qu'il n'y a point de constance en nulle femme, & que Phillis pour estre de ce sexe, quoy que remplie de toute autre perfection, est sujette aux mesmes loix de ceste inconstance naturelle: Ie dis ceste Phillis de qui l'amitié m'a esté autrefois plus asseurée que ma volonté mesme. Mais quoy, ô ma Bergere! ne suis-je pas ce mesme Lycidas, de qui vous auez monstré de cherir si fort l'affection? ce que vous auez autrefois iugé de recommandable en moy, est il tellement changé que vous trouuiez plus agreable vn Siluandre inconnu, vn vagabond, vn hôme que toute terre méprise, & ne daigne aduoüer pour sien? Laonice qui escoutoit ce Berger, oyant nommer Phillis, & Siluandre, desireuse d'en sçauoir dauantage, commença de luy prester l'aureille à bon escient, & si à propos pour elle, qu'elle apprit auant que de partir de là, tout ce qu'elle eust peu desirer des plus secrettes pensées de Phillis; & de là prenant occasion de luy déplaire ou à Siluandre, elle resolut de mettre ce Berger encor plus auant en ceste opinion, s'asseurant que si elle aimoit Lycidas, elle le rendroit jaloux, & si c'estoit Siluandre, elle en diuulgueroit l'Amour de telle sorte que chacun la sçauroit: Et ainsi lors que ce Berger fut party, car son mal ne luy permettoit de demeurer longuement en vn mesme lieu, elle sortit aussi de ce lieu, & se mettant apres luy, l'attraignit assez pres de là, parlant auec Corilas, qui l'auoit rencontré en chemin, & faignant de leur demander des nouuelles du Berger desolé, ils luy respondirent qu'ils ne le connoissoient point. C'est, leur dit-elle, vn Berger qui va plaignant vne Bergere morte, & que l'on m'a dit auoir demeuré presque toute l'apres-disnée en la compagnie de la belle Bergere Phillis & de son seruiteur: & qui est celuy-là, respondit incontinant Lycidas? Ie ne sçay pas, continua la Bergere, si ie sçauray bien dire son nom, il me semble qu'il s'appelle Silandre ou Siluandre, vn Berger de moyenne taille, le visage vn peu long, & d'assez agreable humeur, quand il luy plaist. Et qui vous a dit, repliqua Lycidas, qu'il estoit son seruiteur? Les actions de l'vn & de l'autre, respondit elle, car j'ay passé autrefois par de semblables détroits, & ie me souuiens encor de quel pied on y marche: mais dittes moy si vous sçauez quelque nouuelle de celuy que ie cherche, car il se fait nuit, & ie ne sçay où le trouuer. Lycidas ne luy peut respondre tant il se trouua surpris, mais Corilas luy dit, qu'elle suiuist ce sentier, & qu'aussi tost qu'elle seroit sortie de ce bois, elle verroit vn grand pré, où sans doute elle en apprendroit des nouuelles, car c'estoit là où tous les soirs chacun s'assembloit auant que de se retirer, & que de peur qu'elle ne s'egarast il luy feroit compagnie, si elle l'auoit agreable. Elle qui estoit bien aise de dissimuler encores dauantage (faignant de n'en sçauoir pas le chemin) receut auec beaucoup de courtoisie l'offre qu'il luy auoit faitte, & donnant le bon soir à Lycidas, prit le chemin qui luy auoit esté monstré, le laissant si hors de soy, qu'il demeura fort longuement immobile au mesme lieu: en fin reuenãt comme d'vn long éuanoüissement, il s'alloit redisant les mesmes paroles de la Bergere, ausquelles il luy estoit impossible de n'adjouster beaucoup de foy, ne la pouuant soupçonner de menterie. Il seroit trop long de redire icy les regrets qu'il fit, & les outrages qu'il dit à la fidelle, Phillis: tant y a que de toute la nuict, il ne fit qu'aller tournoyant dans le plus retiré du bois, où sur le matin trauaillé d'ennuy, & du trop long marcher, il fut contraint de se coucher sous quelques arbres, où tout moitte de pleurs, en fin son extreme déplaisir le contraignit de s'endormir.

LE HVICTIESME LIVRE DE LA PRemiere partie d'Astree.

Oudain que le iour parut, Diane, Astrée & Phillis se trouuerent ensemble, à fin d'estre au leuer de Leonide, qui ne pouuāt assez estimer leur hōnesteté, & courtoisie, s'estoit habillée dés que la premiere clarté auoit donné dans sa chābre, pour ne perdre vn seul momēt du tēps qu'elle pourroit demeurer auec elles; de sorte que ces Bergeres furent estonnées de la voir si diligente, lors qu'elles ouurirent la porte, & toutes ensemble se prenant par la main sortirent du hameau pour commencer le mesme exercice du iour precedent. A peine auoient elles passé entierement les dernieres maisons, qu'elles apperceurent Syluandre, qui sous la fainte recherche de Diane, commençoit à ressentir vne Amour naissante & veritable: car picqué de ce nouueau soucy, de toute la nuit il n'auoit pû clorre l'œil, tant son penser luy

LIVRE HVITIESME DE LA
estoit allé representant tous les discours, &
toutes les actions qu'il auoit veuës de Diane
le iour auparauant, si bien que ne pouuant attendre la venuë de l'aurore dans le lit, il l'auoit
deuancée, & auoit desia esté long temps pres
de cet hameau, pour voir quand sa nouuelle
Maistresse sortiroit, & aussi tost qu'il l'auoit
apperceuës'en estoit venu à elle chantant ces
vers.

STANCES,

Des desirs trop éleuez.

Spoirs Ixions en audace
Du Ciel dédaignant la menace,
Vous aspirez plus qu'il ne faut?
Au Ciel comme Icares pretendre,
C'est bien pour tumber d'vn grand saut:
Mais ne laissez de l'entreprendre.

Ainsi que jadis Promethée
En sa poitrine bequetée
Ses tourments immortalisa,
Ayant rauy le feu celeste
Il dit; au moins ce bien me reste,
D'auoir pû, ce que nul n'osa.

Mon cœur sur vn roc de constance
Tout deuoré par ma souffrance,
Dira: Les plus hautains esprits

*N'ont osé dérober sa flame;
Et j'ay ceste gloire en mon ame
D'auoir plus que nul entrepris.*

*Echo, pour l'Amour de Narcisse,
Contant aux rochers son supplice,
Se consoloit en son esmoy,
Et leur disoit toute enflammée,
Si d'elle ie ne suis aimée,
Nul autre ne l'est plus que moy.*

Phillis qui estoit d'vn'humeur fort gaye, & qui se vouloit bien acquiter de l'essay à quoy elle auoit esté condamnee, se tournant vers Diane: Ma Maistresse, luy dit elle, fiez vous à l'aduenir aux paroles de ce Berger. Hier il ne vous aimoit point, & à cest'heure il meurt d'Amour; pour le moins, puis qu'il en vouloit tāt dire, il deuoit cōmencer de meilleure heure à vous seruir, ou attendre encore quelque temps auāt que de proferer telles paroles. Siluadre estoit si pres qu'il pût ouyr Phillis, qui le fit escrier de loing: O ma Maistresse, bouchez vos oreilles aux mauuaises paroles de mon ennemye, Et puis estant arriué. Ah! mauuaise Phillis, luy dit-il, est-ce ainsi que de la ruine de mon contentement, vous taschez de bastir le vostre? Il est bon là, respondit Phillis, de parler de vostre cōtentement, n'auez vous point auec les autres encor ceste perfectiō de la pluspart des Bergers, qui par vanité se dient infinimēt côtés & fauorisez de leur Maistresse, quoy qu'au côtraire ils en soient mal traittez? Vous parlez de côtentement? vous Siluandre, vous auez la hardieſſe d'vſer de ces paroles, en la preſence meſme de Diane? & que direz vous ailleurs, puis que vous auez l'outrecuidance de parler ainſi deuant elle? Elle euſt continué n'euſt eſté que le Berger, apres auoir ſalüé la Nymphe, & les Bergeres, l'interrompit ainſi: Vous voulez que ma Maiſtreſſe trouue mauuais que j'aye parlé du contentement que j'ay en la ſeruant, & pourquoy ne voulez vous pas que ie le die, s'il eſt vray? Il eſt vray? reſpondit Phillis, Voyez quelle vanité! direz vous pas encore qu'elle vous aime, & qu'elle ne peut viure ſans vous? Ie ne diray pas, repliqua le Berger, que cela ſoit, mais ie vous reſpondray bien, que ie voudrois qu'il fuſt ainſi: mais vous monſtrez de trouuer ſi eſtrâge que ie die auoir du contentement au ſeruice que ie rêds à ma Maiſtreſſe, que ie ſuis côtraint de vous demander, ſi vous n'y en auez point: Pour le moins, dit-elle, ſi j'y en ay, ie ne m'en vante pas. C'eſt ingratitude, reprit le Berger, de receuoir du bien de quelqu'vn ſans l'en remercier, & comment eſt-il poſſible d'aimer la meſme perſonne enuers qui on eſt ingrat? Par-là, interrôpit Leonide, ie jugerois que Phillis n'aime point Diane. Il y a peu de perſonnes qui ne fiſt ce meſme jugement, reſpondit Siluandre, & ie croy qu'elle meſme le pêſe ainſi. Si vous auiez de bonnes raiſons vous me le pourriez perſuader, repliqua Phillis. S'il ne faut que des raiſons pour le prouuer, dit Siluandre, ie n'en ay desia plus affaire : car quoy que ie preuue ou nie vne chose, cela ne la fait pas estre autre que ce qu'elle est : si bien que puis qu'il ne me manque que des raisons pour prouuer vostre peu d'amitié, qu'ay-je affaire de vous en connaincre? Tant y a que pour faire que vous n'aimiez point Diane, il ne tiét qu'à vous le prouuer. Phillis demeura vn peu empeschée à respondre, & Astrée luy dit : il semble, ma sœur que vous approuuiez ce que dit ce Berger? Ie ne l'approuue pas, respondit elle, mais ie suis bien empeschée à le reprouuer. Si cela est, adjousta Diane, vous ne m'aimez point, car puis que Siluandre a trouué les raisons que vous demandiez, & ausquelles vous ne pouuez resister, il faut adouër que ce qu'il dit est vray. A ce mot le Berger s'approcha de Diane, & luy dit, Belle & juste Maistresse, est-il possible que ceste ennemie Bergere ait encore la hardiesse de ne me vouloir permettre de dire que le seruice que ie vous rends me r'apporte du contentement, quand ce ne seroit que pour la response que vous venez de faire, tant à mon aduantage ? En disant, respondit Astrée, que Phillis ne l'aime point, elle ne dit pas pour cela que vous l'aimiez, ou qu'elle vous aime. Si j'oyois, respondit-il, ces paroles, ie vous aime ou vous m'aimez de la bouche de ma Maistresse, ce ne seroit pas vn contentement, mais vn transport qui me rauiroit hors de moy, de trop de satisfaction : & toutefois si celuy qui se taist, monstre de consentir à

ce qu'il ouyt, pourquoy ne puis-je dire que ma Belle Maistresse aduoüe que ie l'aime, puis que sans y contredire elle oyt que ie le dis. Si l'Amour, repliqua Phillis, consiste en paroles, vous en auez plus que le reste des hommes ensemble, car ie ne croy pas que pour mauuaise cause que vous ayez, elles vous deffaillent jamais. Leonide prenoit vn plaisir extréme aux discours de ces Bergeres, & n'eust esté la peine en quoy le mal de Celadon la tenoit, elle eust demeuré plusieurs iours auec elles, mais quoy qu'elle sceust qu'il estoit hors de fieure, si ne laissoit elle de craindre qu'il ne retombast : cela fut cause qu'elle les pria de prendre auec elle le chemin de Laignieu, jusques à la riuiere, par ce qu'elle jouyroit plus long temps de leur entretien, elles le luy accorderent librement ; car outre que la courtoisie le leur commandoit, encores se plaisoient-elles fort en sa compagnie. Ainsi donc prenant Diane d'vn costé, & Astrée de l'autre, elle s'achemina vers la Bouteresse, mais Siluandre fut bien trompé, qui de fortune s'estoit trouué plus esloigné de Diane que Phillis, de sorte qu'elle auoit pris la place qu'il desiroit ; dequoy Phillis toute glorieuse s'alloit mocquant du Berger, disant que sa Maistresse pouuoit aisément iuger qui estoit plus soigneux de la seruir. Elle doit donner cela, respondit-il, à vostre importunité, & non pas à vostre affection, car si vous l'aimiez, vous me laisseriez la place que vous auez. Ce seroit
plustost

plutost signe du cõtraire dit, Phillis, si j'en laissois approcher quelqu'autre plus que moy: car si la personne qui ayme desire presque se trãsformer en la chose aymée, plus on s'en peut approcher, & plus on est pres de la perfection de ses desirs. L'Amant, respondit Syluandre, qui a plus d'esgard à son contentement particulier qu'à celuy de la personne aymée, ne merite pas ce tiltre. De sorte que vous qui regardez d'auantage au plaisir que vous auez d'estre si pres de vostre Maistresse, que non point à sa commodité, ne deuez pas dire que vous l'aymiez, mais vous mesmes seulement: car si j'estois au lieu où vous estes, ie l'aiderois à marcher, & vous ne faittes que l'empescher. Si ma Maistresse, repliqua Phillis, me rudoyoit autant que vous, ie ne sçay si ie l'aimerois. Ie sçay dõc bien assurémẽt adjouta le Berger, que si j'estois au lieu de vostre Maistresse, ie ne vous aymerois point. Comment? auoir la hardiesse de la menacer de ceste sorte? Ah! Phillis, vne des principalles loix d'Amour, c'est que celuy qui peut s'imaginer de pouuoir quelquefois n'aymer point, n'est des-ja plus Amant. Ma Maistresse, ie vous demande iustice, & vous requiers de la part d'Amour, que vous punissiez ce crime de leze Majesté, & que l'ostant de ce lieu trop honorable pour elle qui n'aime point, vous m'y mettiez, moy qui ne veux viure que pour aymer. Ma Maistresse, interrompit Phillis, ie voy bien que cet enuieux de mon bien, ne me laissera point en repos, que ie

F f

ce qu'il ouyt, pourquoy ne puis-je dire que ma Belle Maistresse aduoüe que ie l'aime, puis que sans y contredire elle oyt que ie le dis? Si l'Amour, repliqua Phillis, consiste en paroles, vous en auez plus que le reste des hommes ensemble, car ie ne croy pas que pour mauuaise cause que vous ayez, elles vous deffaillent jamais. Leonide prenoit vn plaisir extréme aux discours de ces Bergeres, & n'eust esté la peine en quoy le mal de Celadon la tenoit, elle eust demeuré plusieurs iours auec elles, mais quoy qu'elle sceust qu'il estoit hors de fieure, si ne laissoit elle de craindre qu'il ne retombast : cela fut cause qu'elle les pria de prendre auec elle le chemin de Laignieu, jusques à la riuiere, par ce qu'elle jouyroit plus long temps de leur entretien, elles le luy accorderent librement; car outre que la courtoisie le leur commandoit, encores se plaisoient-elles fort en sa compagnie. Ainsi donc prenant Diane d'vn costé, & Astrée de l'autre, elle s'achemina vers la Bouteresse, mais Siluandre fut bien trompé, qui de fortune s'estoit trouué plus esloigné de Diane que Phillis, de sorte qu'elle auoit pris la place qu'il desiroit; dequoy Phillis toute glorieuse s'alloit mocquant du Berger, disant que sa Maistresse pouuoit aisément iuger qui estoit plus soigneux de la seruir. Elle doit donner cela, respondit-il, à vostre importunité, & non pas à vostre affection, car si vous l'aimiez, vous me laisseriez la place que vous auez. Ce seroit
plustost

ne luy quitte ceste place, & ie crains qu'auec son langage il ne vous y fasse consentir; c'est pourquoy ie desire si vous le trouuez bon de le preuenir, & la luy laisser, auec cõdition qu'il vous declarera vne chose que ie luy proposeray. Syluandre alors sans attendre la response de Diane, dit à Phillis : Ostez vous seulement, Bergere, car ie ne refuseray jamais ceste condition, puis que sans cela ie ne luy celeray jamais chose qu'elle vueille sçauoir de moy. A ce mot il se mit en sa place, & lors Phillis luy dit. Enuieux Berger, quoy que le lieu où vous estes ne se puisse acheter, si-est ce que vous auez promis dauantage que vous ne pensez, car vous estes obligé de nous dire qui vous estes, & quelle occasion vous a conduit en ceste contrée, puis qu'il y a des-ja si long têps que vous estes icy, & nous n'auons pû en sçauoir encore que fort peu. Leonide qui auoit ceste mesme volonté, prenant la parole. Sans mentir, dit-elle, Phillis vous n'auez point encor monstré plus de prudence qu'en ceste proposition, car en mesme temps vous auez mis Diane & moy, hors d'vne grande peine, Diane pour l'incommodité que vous luy donniez, empeschant que Syluandre ne l'aidast à marcher, & moy pour le desir que j'auois de le connoistre plus particulierement. Ie voudrois bien, respondit le Berger en souspirant, vous pouuoir bien satisfaire en cette curiosité : mais ma fortune me le refuse tellement, que ie puis dire, que j'en suis & plus desireux, & presque autant ignorant que vous:

car il luy plaist de m'auoir fait n'aistre, & me faire sçauoir que ie vis, en me cachant toute autre connoissance de moy: & à fin que vous ne croyez que ie ne vueille satisfaire à ma promesse, ie vous jure par Thautates, & par les beautez de Diane, dit-il, se tournant vers Phillis, que ie vous diray veritablement tout ce que j'en sçay.

HISTOIRE DE SYLVANDRE.

Ors qu'Ætius fut fait Lieutenant general en Gaule de l'Empereur Valentinian, il trouua fort dangereux pour les Romains, que Gondioch premier Roy des Bourguignons, en possedast la plus grande partie, & se resolut de l'en chasser, & le renuoyer delà le Rhin, d'où il estoit venu peu auparauant, lors que Stilico, pour le bon seruice qu'il auoit fait aux Romains, contre le Goth Radagayse, luy donna les anciennes prouinces des Authunois, des Sequanois, & des Allobroges, que dés lors de leur nom, ils nommerent Bourgongne, & sans le commandement de Valentinian, il est aisé à croire qu'il l'eust fait, pour auoir toutes les forces de l'Empire entre ses mains: mais l'Empereur se voyant vn grand nombre d'ennemis sur les bras, comme Gots, Huns, Vuan-

Ff ij

dales, & Francs, qui tous l'attaquoient en diuers lieux, commanda à Ætius de les laisser en paix; ce qui ne fust pas si tost, que desia les Bourguignons n'eussent receu de grādes routtes, & telles que toutes leurs prouinces & celles qui leur estoient voisines, s'en ressentirent, ayant leurs ennemis fait le dégast auec tant de cruauté, que tout ce qu'ils trouuoient, ils l'emmenoient. Or moy pour lors, qui pouuois auoir cinq ou six ans, fus comme plusieurs autres emmené en la derniere ville des Allobroges, par quelques Bourguignons, qui pour se venger, estant entrez dans les pays confederez à leurs ennemis, y firent les mesmes desordres qu'ils receuoient: de pouuoir dire quelle estoit l'intention de ceux qui me prindrent, ie ne le sçaurois, si ce n'estoit pour en auoir quelque somme d'argent; tant y a que la fortune me fut si bonne apres m'auoir esté tant ennemie, que ie tombay entre les mains d'vn Heluetien, qui auoit vn pere fort vieux, & tres-homme de bien, & qui prenant quelque bonne opinion de moy, tant pour ma phisionomie, que pour quelque aggreable response qu'en cet âge ie luy auois renduë, me retira pres de luy, en intention de me faire estudier; & de fait, quoy que son fils y contrariast en tout ce qu'il luy estoit possible, si ne laissa-t'il de suiure son premier dessein, & ainsi n'espargna rien pour me faire instruire en toute sorte de doctrine, m'enuoyant aux Vniuersitez des Massiliens en la prouince des Romains. Si bien que ie pouuois dire auec beaucoup de raison, que j'eſtois perdu, ſi ie n'euſſe eſté perdu. Toutefois quoy que ſelon mon genie, il n'y eut rien qui me fuſt plus aggreable que les lettres, ſi eſt-ce que ce m'eſtoit vn continuel ſupplice, de penſer que ie ne ſçauois d'où, ny qui j'eſtois; me ſemblant que jamais ce malheur n'eſtoit aduenu à nul autre. Et comme j'eſtois en ce ſoucy, vn de mes amis me conſeilla d'enquerir quelque oracle pour en ſçauoir la verité: car quant à moy pour eſtre trop jeune ie n'auois aucune memoire non plus que ie n'en ay encore, du lieu où j'auois eſté pris, ny de ma naiſſance; & celuy qui me le conſeilloit, me diſoit, qu'il n'y auoit pas apparence, que le Ciel ayant eu tant de ſoin de moy, que j'en auois reconnu depuis ma perte, il ne me vouluſt fauoriſer de quelque choſe dauantage: cet amy me ſçeut ſi bien perſuader, que tous deux enſemble nous y allaſmes; & la reſponſe que nous euſmes, fut telle.

ORACLE.

Tv naſquis dans la terre où fut jadis Neptune:
Iamais tu ne ſçauras celuy dont tu és né,
Que Syluandre ne meure, & à telle fortune
Tu fus par les deſtins au berceau deſtiné.

Iugez, belle Diane, quelle atisfaction nous eufmes de ceste responfe; quant à moy sans m'y arrester dauantage, ie me resolus de ne m'en enquerir jamais, puis qu'il estoit impossible que ie le sceusse sans mourir, & vesquis par apres auec beaucoup plus de repos d'esprit, m'en remettant à la conduitte du Ciel, & m'employant seulement à mes estudes, ausquelles ie fis vn tel progrez, que le vieillard Abariel (car tel estoit le nom du pere de celuy qui m'auoit enleué) eut enuie de me reuoir auant que de mourir, presageant presque sa fin prochaine : estant donc arriué pres de luy, & en ayant receu tout le plus doux traittement que j'eusse sçeu desirer; vn iour que j'estois seul dans sa chambre, il me parla de ceste sorte. Mon fils (car comme tel ie vous ay tousiours aimé depuis que la rigueur de la guerre vous remit en mes mains) ie ne vous croy point si mécconnoissant de ce que j'ay fait pour vous, que vous puissiez douter de ma bonne volonté : toutefois si le soing que j'ay eu de faire instruire vostre jeunesse, ne vous en a donné assez de connoissance, ie veux que vous l'ayez, par ce que ie desire de faire pour vous : Vous sçauez que mon fils Azahyde, qui fut celuy qui vous prit, & amena chez moy, a vne fille que j'aime autant que moy-mesme, & parce que ie fais estat de passer le peu de iours qui me restent en repos, & en tranquilité, ie fay dessein de vous marier auec elle, & vous donner si bonne part de mon bien, que ie puisse viure auec vous, autant qu'il plaira aux Dieux: Et ne croyez point que j'aye fait ce dessein à la vollée, car il y a long temps que j'y prepare toute chose : En premier lieu, j'ay voulu reconnoistre quelle estoit vostre humeur, cependant que vous estiez enfant, pour iuger si vous pourriez compatir auec moy, d'autant qu'en vn tel âge on n'a point encore d'artifice, & ainsi on void à nud toutes les affections d'vne ame ; & vous, trouuant tel que j'eusse voulu qu'Azahyde eust esté, ie pensay d'establir le repos de mes derniers iours sur vous, & pour cet effet, ie vous enuoyay aux estudes, sçachant bien qu'il n'y a rien qui rende vne ame plus capable de la raison, que la connoissance des choses ; & cependant que vous auez esté loing de ma presence, j'ay tellement disposé ma petite fille à vous espouser, que pour me complaire, elle le desire presque autant que moy. Il est vray qu'elle voudroit bien sçauoir qui, & d'où vous estes, & pour luy satis-faire ie me suis enquis d'Azahyde plusieurs fois en quel lieu il vous prit, mais il m'a tousiours dit qu'il n'en sçauoit autre chose, sinon que c'estoit delà le fleuue du Rosne, hors la prouince Viennoise : Et que vous luy fustes donné par celuy qui vous auoit enleué à plus de deux journées en çà, en eschange de quelques armes. Mais que peut-estre vous en pourrez vous mieux ressouuenir, car vous pouuiez auoir cinq ou six ans, & luy ayant

Ff iiij

demandé si les habits que vous auiez lors, ne pouuoient point donner quelque connoissance de quels parents vous estiez yssu, il m'a respondu que non, d'autant que vous estiez si jeune encore, que mal-aisément pouuoit-on juger à vos habits de quelle condition vous estiez. Desorte, mon fils, que si vostre memoire ne vous sert en cela, il n'y a personne qui nous puisse oster de ceste peine. Ainsi se teut le bon vieillard Abariel, & me prenant par la main, me pria encore de luy en dire tout ce que j'en sçauois; auquel apres tous les remerciemens que ie sceus luy faire, tant de la bonne opinion qu'il auoit de moy, que de la nourriture qu'il m'auoit donnée, & du mariage qu'il me proposoit, ie luy respondis, qu'en verité j'estois si jeune quand ie fus pris, que ie n'auois aucune souuenance ny de mes parents, ny de ma condition. Cela, reprit le bon vieillard, est bien fascheux, toutefois nous ne laisserons pas de passer outre, pourueu que vous l'ayez aggreable, n'ayant attendu d'en parler à Azahyde, que pour sçauoir vostre volonté : & luy ayant respondu que ie serois trop ingrat, si ie n'obeissois entierement à ce qu'il me commanderoit. Dés l'heure mesme, me faisant retirer, il enuoya querir son fils, & luy declara son dessein, que depuis mon retour il auoit sceu de sa fille; & que la crainte de perdre le bien que Abariel nous donneroit, luy faisoit de sorte desapreuuer, que quand son pere luy en parla, il le rejetta si loing, & auec tant de raisons, qu'en fin le bon-homme ne pouuant l'y faire consentir, luy dit franchement. Azahyde si tu ne veux donner ta fille à qui ie voudray, ie donneray mon bien à qui tu ne voudras pas, & pour ce resouds toy de l'accorder à Siluandre, ou ie luy en choisiray vne qui sera mon heritiere. Azahyde qui estoit infiniment auare, & qui craignoit de perdre ce bien, voyant son pere en tels termes, reuint vn peu à soy, & le supplia de luy donner quelques jours de terme pour s'y resoudre ; ce que le pere qui estoit bon, luy accorda aisément, desirant de faire toute chose auec la douceur, & puis m'é aduertit : mais il n'estoit pas de besoin : car ie le connoissois assez aux yeux & aux discours du fils, qui cómença de me rudoyer & traitter si mal, qu'à peine le pouuois-je souffrir. Or durant le temps qu'il auoit pris, il commanda à sa fille, qui auoit l'ame meilleure que luy, sur peine qu'il la feroit mourir (car c'estoit vn homme tout de sang & de meurtre) de faire semblant au bon vieillard, qu'elle estoit marrie que son pere ne voulust faire sa volonté, & qu'elle ne pouuoit pas-maits de sa des-obeissance ; que tát s'en faut elle estoit preste à m'espouser secrettement, & quand il seroit fait, le temps y feroit consentir son pere, & cela estoit en dessein de me faire mourir. La pauure fille fut bien empeschée, car d'vn côté les menaces ordinaires de son pere, de qui elle sçauoit le meschant naturel, la poussoient à jouer ce personnage, d'autre costé l'amitié que dés l'enfance elle me portoit l'en empeschoit ; si est-ce qu'en fin son âge tendre, car elle n'auoit point encore passé vn demy siecle, ne luy laissa pas assez de resolution pour s'en deffendre : & ainsi toute tremblante, elle vint faire la harangue au bon-homme, qui la receut auec tant de confiance, qu'apres l'auoir baisée au front deux ou trois fois, en fin il se resolut d'en vser, comme elle luy auoit dit, & me le commanda si absoluement, que quelque doute que j'eusse de cét affaire, si n'osay-je luy contredire.

Or la resolution fut prise de ceste sorte, que ie monterois par vne fenestre dans sa chambre, où ie l'espouserois secrettement. Ceste ville est assise sur l'extremité des Allobroges du costé des Helueces, & est sur le bord du grand Lac de Leman, de telle sorte que les ondes frappent contre les maisons, & puis se dégorgent auec le Rosne, qui luy passe au milieu. Le dessein d'Azahyde estoit, par ce que leur logis estoit de ce costé-là, de me faire tirer auec vne corde jusques à la moitié de la muraille, & puis me laisser aller dans le Lac, où me noyant on n'auroit jamais nouuelle de moy : par ce que le Rosne auec son impetuosité m'eust emporté bien loing de là, où entre les rochers estroits, ie me fusse tellemét brisé, que personne ne m'eust pû reconnoistre : Et sans doute son dessein eust reüssi, car j'estois resolu d'obeïr au bon Abariel, n'eust esté que

le jour auant que cela deuſt eſtre, la pauure
fille, à qui on auoit commandé de me faire
bonne chere, à fin de m'abuſer mieux, émeuë
de compaſſió & d'horreur d'eſtre cauſe de ma
mort, ne pût s'empeſcher, toute tremblâte, de
me le découurir, me diſant puis apres : Voyez
vous Siluandre en vous ſauuant la vie ie me
donne la mort, car ie ſcay bien qu'Azahyde
ne me le pardonnera jamais : mais j'ayme
mieux mourir innocente, que ſi ie viuois coulpable de voſtre mort. Apres l'auoir remerciée, ie luy dis, qu'elle ne craigniſt point la fureur d'Azahyde, & que j'y pouruoirois en ſorte qu'elle n'en auroit jamais deſplaiſir, que de
ſon coſté elle fiſt ſeulement ce que ſon pere
luy auoit dit, & que ie remedierois bien à ſon
ſalut & au mien : mais que ſur tout elle fuſt
ſecrette. Et dés le ſoir ie retiray tout l'argent
que ie pouuois auoir à moy, & donnay ſi bon
ordre à tout ce qu'il me falloit faire, ſans qu'A-
bariel s'en prit garde, que l'heure eſtant venuë
qu'il falloit aller au lieu deſtiné, apres auoir
pris congé du bon vieillard, qui vint auec moy
juſques ſur la riue, ie montay dans la petite
barque, que luy meſme auoit appreſtée. Et
puis allant doucement ſous la feneſtre, ie fis
ſemblant de m'y attacher, mais ce ne furent
que mes habits remplis de ſable ; & ſoudain
me retirant vn peu à coſté, pour voir ce qu'il
en aduiendroit, ie les ouys tout à coup retomber dans le Lac, où auec la rame, ie batis doucement l'eau, à fin qu'ils creuſſent oyant ce

bruit, que ce fuſt moy qui me debattois: mais ie fus bien toſt contraint de m'oſter de là, par ce qu'ils jetterent tant de pierres, qu'à peine me pûs-je ſauuer, & peu apres ie vis mettre vne lumiere à la feneſtre, de laquelle ayant peur d'eſtre découuert, ie me cachay dans le batteau, m'y couchant de mon long: cela fut cauſe que la nuit eſtant fort obſcure, & moy vn peu éloigné, & la chandelle leur oſtant encore dauantage la veuë, ils ne me virent point, & creurent que le batteau s'eſtoit ainſi reculé de luy meſme. Or quand chacun ſe fut retiré de la feneſtre, j'ouys vn grand tumulte au bord où j'auois laiſſé Abariel, & comme ie pûs iuger, il me ſembla d'oüyr ſes exclamations, que ie penſay eſtre à cauſe du bruit qu'il auoit ouy dans l'eau, craignant que ie fuſſe noyé; tant y a que ie me reſolus de ne retourner plus chez luy, non pas que ie n'euſſe beaucoup de regret de ne le pouuoir ſeruir ſur ſes vieux jours, pour les extrémes obligations que ie luy auois, mais pour la trop grande aſſeurance de la mauuaiſe volonté d'Azahyde: ie ſçauois bien que ſi ce n'eſtoit à ce coup, ce ſeroit à vn autre, qu'il paracheueroit ſon pernicieux deſſein; ainſi donc eſtant venu aux chaiſnes qui ferment le port, ie fus contraint de laiſſer mon batteau pour paſſer à nage de l'autre côté, où eſtant paruenu auec quelque danger, à cauſe de l'obſcurité de la nuit, ie m'en allay ſur le bord, où j'auois caché d'autres habits & tout ce que j'auois de meilleur, & prenant le chemin d'Agaune, ie paruins sur la pointe du iour à Euians, & vous asseure que j'estois si las d'auoir marché assez hastiuement, que ie fus contraint de me reposer tout ce iour-là, où de fortune n'estant point conneu, ie voulus aller prendre conseil, ainsi que plusieurs faisoient en leurs affaires plus urgentes, de la sage Bellinde, qui est maistresse des Vestales qui sont le long de ce Lac, & que depuis j'ay sçeu estre mere de ma belle Maistresse : tant y a que luy ayant fait entendre tous mes desastres, elle consulta l'Oracle, & le lendemain elle me dit, que le Dieu me commandoit de ne m'estonne de tant d'aduersitez, & qu'il estoit necessaire si ie voulois en sortir, de me voir dans la fonteine de la verité d'Amour, parce qu'en son eau estoit mon seul remede ; & que aussi tost que ie m'y serois veu ie reconnoistrois & mon pere, & mon païs. Et luy ayāt demandé en quel lieu estoit ceste fontaine, elle me fit entendre qu'elle estoit en ceste contrée de Forests, & puis m'en declara la proprieté & l'enchantement, auec tant de courtoisie, que ie luy en demeuray infiniment obligé. Dés l'heure mesme ie me resolus d'y venir, & prenant mon chemin par la ville de Plancus, ie m'en vins icy il y a quelques lunes, où le premier que ie rencontray fut Celadon, qui pour lors reuenoit d'vn voyage assez loin-tain, duquel j'appris en quel lieu estoit ceste admirable fonteine ; mais lors que ie voulus y aller, ie tombay tellement malade, que ie demeuray six mois sans sortir du logis; & quelque temps apres que ie me sentois assez fort, ainsi que ie me mettois en chemin, ie sceus par ceux d'alentour qu'vn magicien à cause de Clidaman l'auoit mise sous la garde de deux Lyons, & de deux Lycornes, qu'il y auoit enchantées, & que le sortilege ne pouuoit se rompre qu'auec le sang & la mort du plus fidelle Amant, & de la plus fidelle Amante, qui fut oncques en cette contrée. Dieu sçait si ceste nouuelle me r'apporta de l'ennuy, me voyant presque hors d'esperance de ce que ie desirois: Toutefois considerant que c'estoit ce païs que le Ciel auoit destiné pour me faire reconnoistre mes parents, ie pensay qu'il estoit à propos d'y demeurer, & que peut-estre ces fideles en Amour se pourroient en fin trouuer: mais certes, c'est vne marchandise si rare, que ie ne l'ose presque plus esperer. Auec ce dessein ie me resolus de m'habiller en Berger, à fin de pouuoir viure plus librement parmy tant de bonnes compagnies, qui sont le long de ces riues de Lignon, & pour n'y estre point inutilemét, ie mis tout le reste de l'argent, que j'auois en bestial, & en vne petite cabane, où ie me suis depuis retiré.

Voila belle Leonide, ce que vous auez desiré sçauoir de moy, & voila le payement de Phillis, pour la place qu'elle m'a venduë: que d'or en auant donques, ô ma belle Maistresse, elle n'ait plus la hardiesse de la prendre, puis qu'elle l'a donnée à si bon pris. Ie suis tresaife, refpondit Leonide, de vous auoir oüy raconter ceste fortune, & vous diray que vous deuez bien esperer de vous, puis que les Dieux par leurs Oracles, vous font paroistre d'en auoir soing, quant à moy ie les en prie de tout mon cœur. Et moy non, reprit Phillis en gauffant : car s'il estoit conneu, peut-estre que le merite de son pere luy feroit auoir nostre Maistresse, estant tout certain que les biens, & l'alliance peuuent plus aux mariages, que le merite propre ny l'Amour. Or regardez comme vous l'entendez, reprit Siluandre, tant s'en faut que vous me vueillez tant de mal, que j'espere par vostre moyen de paruenir à ceste connoissance que ie desire. Par mon moyen, respondit-elle toute estonnée, & comment cela ? Par vostre moyen, continua le Berger : car puis qu'il faut que les Lyons meurent par le sang d'vn Amant & d'vne Amáte fidele, pourquoy ne dois-je croire que ie suis cét Amant, & vous l'Amante ? Fidele suis-je bien, respondit Phillis, mais vaillāte ne suis-je pas ; de sorte que pour bien aimer ma Maistresse, ie ne le cederay à personne : mais pour mon sang & ma vie n'en parlons point, car quel seruice luy pourrois-je faire estāt morte ? Ie vous asseure, respōdit Diane, que ie veux vostre vie de tous deux, & non pas vostre mort, & que j'aimerois mieux estre en danger moy-mesme, que de vous y voir à mon occasion. Cependant qu'ils discouroient de ceste sorte, & qu'ils alloient approchant du pont de la Bouteresse,

ils virent de loing vn homme qui venoit assez viste, & qui estant plus proche, fut reconneu bien tost par Leonide: car c'estoit Paris fils du grand Druide Adamas, qui estant reuenu de Feurs, & ayant sceu que sa niepce l'estoit venu chercher, & voyant qu'elle ne reuenoit point, luy enuoyoit son fils, pour l'aduertir qu'il estoit de retour: & pour sçauoir quelle occasion la conduisoit ainsi seule, d'autant que ce n'estoit pas leur coustume d'aller sans compagnie. D'aussi loing que la Nimphe le reconneut, elle le nomma à ces belles Bergeres, & elles pour ne faillir au deuoir de la ciuilité, quand il fut pres d'elles, le salüerent auec tant de courtoisie, que la beauté & l'agreable façon de Diane luy pleurent de sorte, qu'il en demeura presque rauy, & n'eust esté que les caresses de Leonide le diuertirent vn peu, il eust esté d'abord bien empesché à cacher cette surprise, toutesfois apres les premieres salutations, apres luy auoir dit ce qui le conduisoit vers elle. Mais ma sœur, luy dit-il, (car Adamas vouloit qu'ils se nommassent frere & sœur) où auez-vous trouué ceste belle compagnie? Mon frere, luy respondit-elle, il y a deux jours que nous sommes ensemble, & si ie vous asseure que nous ne nous sommes point ennuyées: Celle-ci, luy mõstrant Astrée, est la belle Bergere dõt vous auez tant oüy parler pour sa beauté, car c'est Astrée: Et celle-cy, luy monstrant Diane, c'est la fille de Bellinde & de Celion, & l'autre c'est Phillis, & ce Berger c'est
l'inconnu

l'inconnu Siluandre, de qui toutefois les merites sont si connus, qu'il n'y a celuy en ceste contrée qui ne les ayme. Sans mentir, dit Paris, mon pere auoit tort d'auoir peur que vous fussiez mal accompagnée, & s'il eust sçeu que vous l'eussiez esté si bien, il n'en eust pas tant esté en inquietude. Gentil Paris, dit Siluandre vne personne qui a tant de vertus qu'a ceste belle Nymphe, ne peut jamais estre mal accompagnée. Et moins encores, respondit-il, quand elle est entre tant de sages & belles Bergeres. Et en disant ce mot, il tourna les yeux sur Diane, qui presque se sentant semondre respondit. Il est impossible, courtois Paris, que l'on puisse adjouster quelque chose à ce qui est accomply. Si est-ce, repliqua Paris, que selon mon iugement, j'aymerois mieux estre auec elle tant que vous y seriez, que quand elle sera seule. C'est vostre courtoisie, respondit-elle, qui vous fait vser de ces termes à l'auantage des estrangeres. Vous ne sçauriez, respondit Paris, vous nommer estrangeres enuers moy, que vous ne me disiez estranger enuers vous, qui m'est vn reproche dont j'ay beaucoup de honte, par ce que ie ne puis qu'estre blasmé, d'estre si voisin de tát de beautez, & de tant de merites, & que toutefois ie leur sois presque inconnu, mais pour amander cette erreur, ie me resous de faire mieux à l'aduenir, & de vous pratiquer autant que j'en ay esté sans raison trop esloigné par le passé: & en disant ces dernieres paroles, il se tourna

Gg

vers la Nymphe : Et vous ma sœur, encor que ie fois venu pour vous chercher, toutefois vous ne laisserez, dit-il, de vous en aller seule, aussi bien n'y a-t'il guiere loing d'icy chez Adamas, car quāt à moy ie veux demeurer jusques à la nuit auec ceste belle compagnie. Ie voudrois biē, dit elle, en pouuoir faire de mesme, mais pour ceste heure ie suis cōtrainte d'acheuer mon voyage; bien suis-je resoluë de dōner tellement ordre à mes affaires, que ie pourray aussi bien que vous viure parmy elles: car ie ne croy point qu'il y ait vie plus heureuse que la leur. Auec quelques autres semblables propos, elle prit congé de ces belles Bergeres, & apres les auoir embrassées fort estroittement, leur promit encores de nouueau de les venir reuoir bien tost, & puis partit si contente, & satisfaire d'elles, qu'elle resolut de changer les vanitez de la Cour à la simplicité de ceste vie, mais ce qui l'y portoit dauantage, estoit qu'elle auoit dessein de faire sortir Celadō hors des mains de Galathée, & croyoit qu'il reuiēdroit incontinant en cét hameau, où elle faisoit deliberation de le pratiquer sous l'ombre de ces Bergeres.

Voila quel fut le voyage de Leonide, qui vid naistre deux Amours tres-grandes, celle de Siluandre, sous la fainte gageure, ainsi que nous auons dit, & celle de Paris, ainsi que nous dirons enuers Diane; car depuis ce iour il en deuint tellement amoureux, que pour estre plus familieremēt aupres d'elle, il quitta la vie qu'il auoit accoustumé, & s'habilla en Berger, & voulut estre nommé tel entre elles, afin de se rendre plus aimable à sa Maistresse, qui de son costé l'honoroit comme son merite & sa bonne volôté l'y obligeoient: mais par ce qu'en la suitte de nostre discours nous en parlerons bien souuent, nous n'en dirons pas pour ce coup dauantage. S'en retournât donc tous ensemble en leurs hameaux, ainsi qu'ils approchoient du grand pré, où la pluspart des trouppeaux paissoient d'ordinaire, ils virêt venir de loing Tircis, Hylas, & Lycidas, dont les deux premiers sembloient de disputer à bon escient, car l'action des bras & du reste du corps de Hylas le faisoit paroistre: Quât à Lycidas il estoit tout en soy-mesme, & le chappeau enfonsé, & les mains côtre le dos, alloit regardant le bout de ses pieds, monstrât bien qu'il auoit quelque chose en l'ame qui l'affligeoit beaucoup, & lors qu'ils furent assez pres pour se reconnoistre, & que Hylas apperceut Phillis entre ces Bergeres, d'autant que depuis le iour auparauant il commençoit de l'aimer. Laissant Tircis il s'en vint à elle, & sans saluër le reste de la compagnie la prit sous les bras, & auec son humeur accoustumée, sans autre déguisement de paroles, luy dit la volonté qu'il auoit de la seruir. Phillis qui commençoit de le reconnoistre, & qui estoit bien aise de passer son têps, luy dit: Ie ne sçay, Hylas, d'où vous peut naistre ceste volonté, car il n'y a rien en moy qui vous y puisse conuier. Si

Gg ij

vous croyez, dit-il, ce que vous dittes, vous m'en aurez tant plus d'obligation, & si vous ne le croyez pas, vous me iugerez homme d'esprit, de sçauoir reconnoistre ce qui merite d'estre seruy, & ainsi vous m'en estimerez tant plus. Ne doutez point, respondit-elle, que comme que ce soit ie ne vous estime, & que ie ne reçoiue vostre amitié comme elle merite : & quand ce ne seroit pour autre consideration, pour ce au moins que vous estes le premier qui m'a aymée. De fortune au mesme temps qu'ils parloient ainsi, Lycidas suruint, de qui la jalousie estoit tellement accreuë, que elle surpassoit desia son affection, & pour son mal-heur il arriua si mal à propos, qu'il pût ouyr la response que Hylas fit à Phillis, qui fut telle. Ie ne sçay pas, belle Bergere, si vous continuerez comme vous auez commencé auec moy : mais si cela est, vous serez peu veritable, car ie sçay bien pour le moins que Siluandre m'aydera à vous desmentir, & s'il ne le veut faire pour ne vous déplaire, ie m'asseure que tous ceux qui vous virent hier ensemble, tesmoigneront que Siluãdre estoit vostre seruiteur. Ie ne sçay pas s'il a laissé son amitié dessous le cheuet ; tant y a que si cela n'est, vous estes sa Maistresse. Siluandre qui ne pensoit point aux Amours de Lycidas, croyant qu'il luy seroit honteux de desaduoüer Hylas, & qu'outre cela il offenseroit Phillis, de dire autremẽt deuant elle, respondit : Il ne faut point Berger, que vous cherchiez autre tesmoin que moy pour ce sujet, & ne deuez croire que les Bergers de Lygnon se puissent vestir & deuestir si promptement de leurs affections: car ils sont grossiers, & pour ce tardifs & lents en tout ce qu'ils font: mais tout ainsi que plus vn clou est gros, & plus il supporte de pesanteur, & est plus difficile à arracher, aussi plus nous sommes difficiles, & grossiers en nos affections, plus aussi durent-elles en nos ames. De sorte que si vous m'auez veu seruiteur de ceste belle Bergere, vous me voyez encor tel, car nous ne changeons pas à toute les fois que nous dormons: que si cela vous aduient à vous, dis-je qui auez le cerueau chaud, ainsi que vostre teste chauue, & vostre poil ardant le monstrent, il ne faut que vous fassiez mesme iugement de nous. Hylas oyant parler ce Berger si franchement, & si au vray de son humeur, pensa, ou que Tircis luy en eust dit quelque chose, ou qu'il le deuoit auoir connu ailleurs, & pour ce tout estonné: Berger luy dit-il, m'auez-vous veu autrefois, ou qui vous a appris ce que vous dites de moy? ie ne vous vy jamais dit Siluandre: mais vostre phisionomie & vos discours me font iuger ce que ie dits: Car mal-aisément peut-on soupçonner en autruy vn deffaut duquel on est entierement exépt. Il faut donc, respondit Hylas, que vous ne soyez point du tout exempt de ceste incóstance que vous soupçónez en moy. Le soupçon, repliqua Siluádre, naist ou de peu d'apparence, ou d'vne apparence qui n'est point du tout, sinon en

Gg iij

noſtre imagination, & c'eſt celuy-là qu'on ne
peut auoir d'autruy ſans en eſtre entaché: mais
ce que j'ay dit de vous ce n'eſt pas vn ſoupçon,
c'eſt vne aſſeurance. Appellez-vous ſoupçon,
de vous auoir oüy dire que vous auiez aymé
Laonice: & puis quittant celle-là pour ceſte
ſecõde, dit-il, qui eſtoit hier auec elle, vous les
auez enfin changées toutes deux pour Phillis,
que vous laiſſerez ſans doute pour la premiere
venuë, de qui les yeux vous daigneront regarder. Tircis qui les oyoit ainſi diſcourir, voyant
que Hylas demeuroit vaincu, prit la parole de
ceſte ſorte. Hylas il ne faut plus ſe cacher, vous
eſtes deſcouuert, ce Berger a les yeux trop
clairs pour ne voir les taches de voſtre inconſtance, il faut aduoüer la verité: car ſi vous cõ-
battez contre-elle, outre qu'enfin vous ſerez
reconnu pour menteur, encore ne luy pouuãt
„ reſiſter, d'autant que rien n'eſt ſi fort que la ve-
„ rité, vous ne ferez que rendre preuue de voſtre
foibleſſe. Confeſſez donc librement ce qui en
eſt, & afin de vous donner courage, ie veux
commencer. Sçachez, gentil Berger, qu'il eſt
vray que Hylas eſt le plus inconſtant, le plus
deſloyal, & le plus traiſtre enuers les Bergeres
à qui il promet amitié, qui ait jamais eſté. De
ſorte, adiouſta Phillis, qu'il oblige fort celles
qu'il n'aime point. Et quoy, ma Maiſtreſſe, reſpondit Hylas, vous auſſi eſtes cõtre moy? vous
croyez les impoſtures de ces malicieux? ne
voyez vous pas que Tircis ſe ſentant obligé à
Siluandre de la ſentence qu'il a donnée en ſa
faueur, penſe le payer en quelque ſorte de

vous donner vne mauuaise opinion de moy? Et qu'importe cela ? dit Phillis à Siluandre. Qu'il importe ? respondit l'inconstant : ne sçauez-vous pas qu'il est plus difficile de prendre vne place occupée que non point celle qui n'est detenuë de personne? Il veut dire, adiousta Siluandre, que tant que vous l'aimerez, il me sera plus mal-aisé d'acquerir vos bônes graces: mais Hylas, mon amy, combien estes vous déceu? tant s'en faut, quand ie verray qu'elle daignera tourner les yeux sur vous, ie seray tout asseuré de son amitié : car ie la cônois de si bon iugement, qu'elle sçaura tousjours bien eslire ce qui sera le meilleur. Hylas alors respondit. Vous croyez peut-estre, glorieux Berger, d'auoir quelque auâtage sur moy : Ma Maistresse ne le croyez pas, car il n'en est rien : & de fait quel hôme peut-il estre, puis qu'il n'a jamais eu la hardiesse d'aimer, ny de seruir qu'vne seule Bergere, & encore si froidement que vous diriez qu'il se mocque; Là où j'en ay aimé autant que j'en ay veuës de belles, & de toutes j'ay esté bien receu tant qu'il m'a pleu: Quel seruice pouuez vous esperer de luy, y estant si nouueau qu'il ne sçait par où cômencer? mais moy qui en ay seruy de toutes sortes, de tout âge, de toute condition, & de toutes humeurs, ie sçay de quelle façon il le faut, & ce qui doit, ou ne doit pas vous plaire; & pour preuue de mon dire, permettez moy de l'interroger si vous voulez connoistre son ignorance : & lors se tournant vers luy, il continua : Qu'est-ce, Sil-

Gg iiij

uandre, qui peut obliger dauantage vne belle Bergere à nous aimer ? C'est, dit Siluandre, n'ai-
" mer qu'elle seule. Et qu'est-ce, continua Hy-
" las, qui luy peut plaire dauantage ? C'est res-
" pondit Siluandre, l'aimer extrémement. Or
voyez, reprit alors l'inconstant, quel ignorant
amoureux est cestuy-cy ! tant s'en faut que ce
qu'il dit soit vray, qu'il engendre le mespris
& la haine : car n'aimer qu'elle seule, luy don-
" ne occasion de croire que c'est faute de cou-
" rage, si l'on ne l'ose entreprendre, & pensant
" estre aimée à faute de quelqu'autre, elle mes-
" prise vn tel Amant, au lieu que si vous aimez,
" par tout, pour peu que la chose le merite, elle
" ne croit pas quand vous venez à elle, que ce
soit pour ne sçauoir où aller ailleurs, & cela
l'oblige à vous aimer, mesme si vous la particularisez, & luy faites paroistre de vous fier dauantage en elle, & que pour mieux le luy persuader, vous luy racontiez tout ce que vous
sçauez des autres, & vne fois la sepmaine vous
luy rapportiez tout ce que vous leur auez dit,
& qu'elles vous auront respondu, ageçant encor le conte, comme l'occasion le requerra,
afin de le rendre plus agreable, & la conuierà
cherir vostre compagnie. C'est ainsi, nouice
amoureux ; c'est ainsi que vous l'obligerez à
" quelque Amour : Mais pour luy plaire, il faut
" au rebours, fuir comme poison l'extrémité
" de l'Amour, puis qu'il n'y a rien entre deux
" Amans de plus ennuyeux que ceste si grande
& extréme affection ; car vous qui aimez de

ceste sotte, pour vous plaire, taschez de luy
estre tousiours aupres, de parler tousiours à elle, elle ne sçauroit tousser, que vous ne luy de-
mādiez ce qu'elle veut, elle ne peut tourner le
pied que vous n'en fassiez de mesme. Bref elle
est presque contrainte de vous porter, tant
vous la pressez & importunez : mais le pis est,
que si elle se trouue quelquefois mal, & qu'elle ne vous rie, qu'elle ne parle à vous, & ne
vous reçoiue comme de coustume, vous voila aux plaintes & aux pleurs : mais ie dis plaintes dōt vous luy remplissez tellement les oreilles, que pour se rachetter de ces importunitez,
elle est forcee de se cōtraindre, & quelquefois
qu'elle voudra estre seule, & se resserrer pour
quelque temps en ses pensées, elle sera contrainte de vous voir, vous entretenir, & vous
faire mille contes, pour vous contenter. Vous
semble-t'il que cela soit vn bon moyen pour
se faire aimer, tant s'en faut ? en Amour comme en toute autre chose, la mediocrité est seulement loüable, si bien qu'il faut aimer mediocrement pour éuiter toutes ces fascheuses importunitez : mais encor n'est-ce pas assez, car
pour plaire, il ne suffit pas que l'on ne déplaise
point, il faut auoir encor quelques attraits qui
soient aimables, & cela c'est estre ioyeux, plaisant, auoir tousiours à faire quelque bon côte,
& sur tout n'estre jamais muet deuant elle.
C'est ainsi, Siluādre, qu'il faut obliger vne Bergere à nous aimer, & que nous pouuōs acquerir ses bonnes graces. Or voyez ma Maistresse
si ie n'y suis maistre passé, & quel estat vous de-

uez faire de mon affection. Elle vouloit répondre, mais Siluandre l'interrompit, la suppliant de luy permettre de parler, & lors il interrogea Hylas de ceste sorte: Qu'est-ce, Berger, que vous desirez le plus quád vous aimez? D'estre aimé, respondit Hylas. Mais repliqua Syluandre, quád vous estes aimé, que souhaittez vous de ceste amitié? Que la personne que j'aime, dit Hylas, fasse plus d'estat de moy que de toute autre, qu'elle se fie en moy, & qu'elle tasche de me plaire. Est-il possible, reprit alors Syluandre, que pour conseruer la vie, vous vsiez du poison? Comment voulez vous qu'elle se fie en vous, si vous ne luy estes pas fidele? Mais, dit le Berger elle ne le sçaura pas. Et ne voyez vous, respondit Syluandre, que vous voulez faire auec trahison, ce que ie dis qu'il faut faire auec sincerité? car si elle ne sçait pas que vous en aimez d'autre, elle vous croira fidele, & ainsi ceste fainte vous profitera: mais jugez si la fainte le peut, ce que fera le vray. Vous parlez de mépris, & de dépit: & y a t'il rien qui apporte plus l'vn & l'autre en vn esprit genereux, que de penser, celuy que ie vois icy à genoux deuant moy, s'est lassé d'y estre deuant vne vingtaine, qui ne me vallét pas: ceste bouche dont il baise ma main est flestrie des baisers qu'elle donne à la premiere main qu'elle rencontre, & ces yeux dont il semble qu'il idolatre mon visage, estincellent encores de l'Amour de toutes celles qui ont le nom de femme; & qu'ay-je affaire d'vne chose si commune? & pourquoy en ferois-je estat, puis qu'il ne fait rien dauantage pour moy, que pour la premiere qui le daigne regarder? Quãd ie parle à moy il pense que ce soit à telle, ou à telle personne, & ces paroles dont il vse, il les vient d'apprendre à l'escole d'vne telle : ou bien il vient les estudier icy, pour les aller dire là. Dieu sçait quel mépris, & quel dépit luy peut faire conceuoir ceste pensée : & de mesme pour le second point ; que pour se faire aimer, il ne faut guiere aimer, & estre ioyeux, & galland : car l'estre ioyeux & rieur, est fort bon pour vn plaisant, & pour vne personne de telle estoffe ; mais pour vn Amant, c'est à dire, pour vn autre nous mesme, ô Hylas, qu'il faut bien d'autres conditions ! Vous dittes qu'en toutes choses la mediocrité seule est bonne, il y en a, Berger, qui n'ont point d'extrémité, de milieu, ny de deffaut, comme la fidelité : car celuy qui n'est qu'vn peu fidele ne l'est point du tout, & qui l'est, l'est en extrémité, c'est à dire qu'il n'y peut point auoir de fidelité plus grande l'vne que l'autre : de mesme est-il de la vaillance, & de mesme aussi de l'Amour, car celuy qui peut la mesurer, ou qui en peut imaginer quelqu'autre plus grande que la sienne, il n'aime pas, par ainsi vous voyez (Hylas) comme en commandant que l'on n'aime que mediocrement, vous ordonnez vne chose impossible ; & quãd vous aimez ainsi, vous faites comme ces fols melancoliques, qui croyent estre sçauants en toutes sciences, & toutefois ne sçauent rien;

puis que vous auez opinion d'aimer, & en effet vous n'aimez pas: Mais soit ainsi que l'on
puisse aimer vn peu; & ne sçauez vous que l'a-
mitié n'a point d'autre moisson que l'amitié, &
que tout ce qu'elle seme, c'est seulement pour
en recueillir ce fruit? & comment voulez vous
que celle que vous aimerez vn peu, vous vueille aimer beaucoup? puis que tant s'en falut
qu'elle y gagnast, qu'elle perdroit vne partie
de ce qu'elle semeroit en terre tant ingrate.
Elle ne sçauroit pas, dit Hylas, que ie l'aimasse
ainsi. Voicy, dit Siluandre, la mesme trahison
que ie vous ay desia reprochée: & croyez vous
puis que vous dittes que les effets d'vne extréme Amour sont les importunitez, que vous
auez racontées; que si vous ne les luy rendiez
pas, elle ne conneust bien la foiblesse de vostre
affection? ô Hylas, que nous sçauez peu en A-
mour! ces effets qu'vne extrémité d'Amour
produit, & que vous nommez importunitez,
sont bien tels peut-estre enuers ceux, qui
comme vous ne sçauent aimer, & qui n'ont
iamais approché de ce Dieu, qu'à perte de
veuë; mais ceux qui sont vrayement touchez,
ceux qui à bon escient aiment: & qui sçauent
quels sont les deuoirs, & quels les sacrifices
qui se font aux autels d'Amour: tant s'en faut
qu'à semblables effets ils donnent le nõ d'importunitez, qu'ils les appellẽt felicitez, & par-
faits contentemens: sçauez vous bien que
c'est qu'aimer, c'est mourir en soy, pour reuiure en autruy, c'est ne se point aimer que d'au-

tant que l'on est agreable à la chose aimee : & bref c'est vne volonté de se transformer, s'il se peut entierement en elle : Et pouuez vous imaginer qu'vne personne qui aime de ceste sorte, puisse estre quelquefois importunee de la presence de ce qu'elle aime, & que la connoissance qu'elle reçoit d'estre vrayement aimee, ne luy soit pas vne chose si agreable que toutes les autres au prix de celle-là, ne peuuent seulement estre goustées? Et puis si vous auez quelquefois esprouué que c'est qu'aimer, comme ie dis, vous ne penseriez pas que celuy qui a aymé de telle sorte, puisse rien faire qui déplaise : quand ce ne seroit que pour cela seulement, que tout ce qui est marqué de ce beau carractere de l'Amour, ne peut estre desagreable, encor aduoüeriez vous qu'il est tellement desireux de plaire, que s'il y fait quelque faute, telle erreur mesme plaist, voyant à quelle intention elle est faite, ou que le desir d'estre aymable donne tant de force à vn vray Aymant, que s'il ne se rend tel à tout le monde, s'il n'y manque guiere enuers celle qu'il aime : De là vient que plusieurs qui ne sont pas iugez plus aimables en general que d'autres, seront plus aymez, & estimez d'vne personne particuliere. Or voyez, Hylas, si vous n'estes pas bien ignorant en Amour, puis que iusques icy vous auez creu d'aimer, & toutesfois vous n'auez fait qu'abuser du nom d'Amour, & trahir celles que vous auez pensé d'aimer? Comment,

dit Hylas, que ie n'ay point aimé iusques icy,
& qu'ay-je donc fait auec Carlis, Amaranthe, Laonice, & tant d'autres? Ne sçauez
vous pas, dit Syluandre, qu'en toutes sortes
d'arts il y a des personnes qui les font bien &
d'autres mal? L'Amour est de mesme, car on
peut bien aimer, comme moy, & mal aimer
comme vous, & ainsi on me pourra nommer
maistre, & vous broüillon d'Amour. A ces
derniers mots, il n'y eut celuy qui pûst s'empescher de rire, sinon Lycidas, qui oyant ce
discours, ne pouuoit que se fortifier d'auantage en sa jalousie, de laquelle Phillis ne se
prenoit garde, croyant de luy auoir rendu de
si grandes preuues de son amitié, que par raison il n'en deuoit plus douter; Ignorante, qui
"ne sçauoit pas que la jalousie en Amour, est vn
"rejetton qui attire pour soy la norriture qui
"doit aller aux bonnes branches, & aux bons
"fruits, & qui plus elle est grande, plus aussi
"monstre-t'elle la fertilité du lieu, & la force de
"la plante. Paris qui admiroit le bel esprit de
Siluandre, ne sçauoit que iuger de luy, & luy
sembloit que s'il eust esté nourry entre les
persónes ciuilisées, il eust esté sans pareil, puis
que viuant entre ces Bergers, il estoit tel, qu'il
ne cognoissoit rien de plus gentil: cela fut cause qu'il resolut de faire amitié auec luy, afin de
jouir plus librement de sa compagnie, & pour
les faire disputer encore, il s'adressa à Hylas,
& luy dit, qu'il faloit auoüer qu'il auoit pris vn
mauuais party, puis qu'il en estoit demeuré

muet. Il ne se faut point estonner de cela, dit Diane, puis qu'il n'y a iuge si violent que la conscience: Hylas sçait bien qu'il dispute contre la verité, & que c'est seulement pour flatter sa faute. Et quoy que Diane continuast quelque temps ce discours, si est ce que Hylas ne respondit mot, estant attentif à regarder Phillis, qui depuis qu'elle auoit pû accoster Lycidas, l'auoit tousiours entretenu assez bas, & par ce qu'Astree ne vouloit qu'il ouïst ce qu'elle luy disoit, elle l'interrompit plusieurs fois, iusques à ce qu'elle le contraignit de luy dire : Si Phillis estoit autant importune, ie ne l'aimerois point. Vrayement, Berger, luy dit-elle expres pour l'empescher de les escouter, si vous estes aussi mal gratieux enuers elle, que peu ciuil enuers nous, elle ne fera pas grand conte de vous. Et par ce que Phillis, sans prendre garde à ceste dispute, continuoit son discours, Diane luy dit: Et quoy, Phillis, est-ce ainsi que vous me rendez le deuoir que vous me deuez? vous me laissez donc, pour aller entretenir vn Berger? A quoy Phillis toute surprise respondit: Ie ne voudrois pas, ma Maistresse, que cette erreur vous eust despleu, car j'auois opinion que les beaux discours du gentil Hylas vous empeschoient de prendre garde à moy, qui ce pendant taschois de donner ordre à vne affaire, dont ce Berge me parloit. Et certes elle ne mentoit point, car elle estoit bien empeschee, pour la froideur qu'el-

le reconnoiſſoit en luy. Il eſt bon là, Phillis, reſpondit Diane, auec des paroles de vraye Maiſtreſſe : vous penſez payer touſiours toutes vos fautes par vos excuſes : mais reſſouuenez-vous que toutes ces nonchalances ne ſont pas de petites preuues de voſtre peu d'amitié, & qu'en temps & lieu j'auray memoire de la façon dont vous me ſeruez. Hylas auoit repris Phillis ſous les bras, & ne ſçachant la gajeure de Siluadre, & d'elle, fuſt eſtoné d'ouïr parler Diane de ceſte ſorte, c'eſt pourquoy la voyant preſte à recommencer ſes excuſes, il l'interrompit, luy diſant : Que veut dire, ma belle Maiſtreſſe, que ceſte glorieuſe Bergere vous traitte ainſi mal ? luy voudriez vous bien ceder en quelque choſe ? ne faitte pas ceſte faute, ie vous ſupplie ; car encor qu'elle ſoit belle ſi auez vous bien aſſez de beauté pour faire voſtre party à part, & qui peut eſtre ne cedera guiere au ſien. Ah ! Hylas, dit Phillis, ſi vous ſçauiez contre qui vous parlez, vous eſliriez pluſtoſt d'eſtre muet le reſte de voſtre vie, que de vous eſtre ſeruy de la parole pour déplaire à ceſte belle Bergere, qui vous peut d'vn clin d'œil, ſi vous m'aimez, rendre le plus malheureux qui aime. Sur moy, dit le Berger, elle peut hauſſer ou baiſſer, ouurir ou fermer les yeux, mais mon mal-heur, non plus que mon bon-heur ne dépendra iamais, ny de ſes yeux, ny de tout ſõ viſage, & ſi toutefois ie vous ayme & veux vous aimer. Si vous m'aimez adjouſta Phillis, & que ie puiſſe quelque choſe
ſur vous

sur vous, elle y a beaucoup plus de puissance: car ie puis estre esmeuë, ou par vostre amitié, ou par vos seruices à ne vous mal traitter pas: mais ceste Bergere n'estant, ny aimée, ny seruie de vous, n'en aura aucune pitié. Et qu'ay-je à faire, dit Hylas, de sa pitié, peut estre que ie suis à sa mercy? Ouy certes, repliqua Phillis, vous estes à sa mercy, car ie ne veux que ce qu'elle veut, & ne puis faire que ce qu'elle me commande, car voila la Maistresse que j'aime, que ie sers, & que j'adore: mais de telle sorte que pour elle seule ie veux aimer, ie veux seruir, & pour elle seule ie veux adorer: Si bien qu'elle est toute mon amitié, tout mon seruice, & toute ma deuotion. Or voyez Hylas que vous auez offensé, & quel pardon vous luy deuez demander. Alors le Berger se jettant aux pieds de Diane, tout estonné, apres l'auoir vn peu consideree luy dit. Belle Maistresse de la mienne, si celuy qui ayme pouuoit auoir des yeux pour voir quelqu'autre chose que le sujet aimé, j'eusse bien veu en quelque sorte que chacun doit honorer, & reuerer vos merites, mais puis que ie les ay clos à toute autre chose qu'à ma Phillis, vous auriez trop de cruauté, si vous ne me pardonniez la faute que ie vous aduoüe, & dont ie vous crie mercy. Phillis, qui auoit enuie de se despestrer de cet homme, pour parler à Lycidas, ainsi qu'il l'en auoit priée, se hasta de respondre auant que Diane, pour luy dire que Diane ne luy

H h

pardonneroit point, qu'auec condition qu'il leur raconteroit les recherches, & les rencontres qu'il auoit euës depuis qu'il commençoit d'aimer, car il estoit impossible que le discours n'en fust bien fort agreable, puis qu'il en auoit seruy de tant de sortes, que les accidents en deuoient estre de mesme. Vrayemét Phillis, dit Diane, vous estes vne grande deuineuse: car j'auois des-ja fait dessein de ne luy pardonner iamais qu'auec ceste condition, & pour ce, Hylas, resoluez vous y. Comment, dit le Berger, vous me voulez contraindre à dire ma vie deuant ma Maistresse? & quelle opinion aura-t'elle de moy, quand elle ouyra dire que j'en ay aimé plus de cent, qu'aux vnes j'ay donné congé auant que de les laisser, & que j'ay laissé les autres auant que de leur en rien dire? quand elle sçaura qu'en mesme téps j'ay esté partagé à plusieurs, que pensera-t'elle de moy? Rien de pire, que ce qu'elle pense, dit Siluandre: car elle ne vous iugera qu'inconstant, aussi bien alors qu'elle fait des-ja. Il est vray dit Phillis, mais afin que vous n'entriez point en cette doutte, j'ay affaire ailleurs, où Astrée viendra auec moy, s'il luy plaist, & cependant vous obeyrez aux commandemens de Diane. A ce mot elle prit Astrée sous les bras, & se retira du costé du bois, où des-ja Lycidas estoit allé, & parce que Siluandre auoit entre-ouy ce qu'elle luy auoit respondu, il la suiuit de loing, pour voir quel estoit son dessein, à quoy le soir luy seruit de beaucoup pour n'estre veu, car il commençoit de se faire tard, outre qu'il alloit gaignant les buissons, & se cachant de telle sorte, qu'il les suiuit aisément sans estre veu, & arriua si à propos, qu'il ouyt qu'Astrée luy disoit : quelle humeur est celle de Lycidas, de vouloir parler à vous à ceste heure, & en ce lieu, puis qu'il a tāt d'autres commoditez, que ie ne sçay comme il a choisi ce temps incommode. Ie ne sçay certes, respondit Phillis, ie l'ay trouué tout triste ce soir, & ne sçay ce qui luy peut estre suruenu, mais il m'a tant conjurée de venir icy que ie n'ay pû dilayer : ie vous supplie de vous promener cependant que nous serons ensemble: car sur tout il m'a requis que ie fusse seule. Ie feray respondit Astrée, tout ce qu'il vous plaira, mais prenez garde qu'il ne soit trouué mauuais de vous voir parler à luy à ces heures induës, & mesme estant seule en ce lieu escarté. C'est pour ceste consideration, respondit Phillis, que ie vous ay donné la peine de venir iusqu'icy, & c'est pour cela aussi, que ie vous supplie de vous promener si pres de nous, que si quelqu'vn suruient, il pense que nous soyons tous trois ensemble.

Cependant qu'elles parloient ainsi, Diane & Paris pressoient Hylas de leur raconter sa vie, pour satisfaire au commandement de sa Maistresse, & quoy qu'il en fist beaucoup de difficulté, si est-ce qu'en fin il commença de ceste sorte.

HISTOIRE DE HYLAS.

Vos voulez donc, belle Maistresse de la mienne, & vous gentil Paris, que ie vous die les fortunes qui me sont aduenuës, depuis que j'ay cōmencé d'aimer; ne croyez pas que le refus que j'en ay fait vienne de ne sçauoir que dire, car j'ay trop aimé pour auoir faute de sujet, mais plutost de ce que ie vois trop peu de iour pour auoir le loisir, non pas de les vous dire toutes (cela seroit trop long,) mais d'en bien commencer vne seulement. Toutefois puis que pour obeïr, il faut que ie satisfasse à vos volōtez, ie vous prie en m'escoutāt, de vous ressouuenir, que toute chose est sujette à
» quelque puissāce superieure, qui la force presque aux actions qu'il luy plaist, & celle à quoy
» la mienne m'incline ainsi violemmēt, c'est l'Amour: car autrement vous vous estonneriez peut-estre de m'y voir tellement porté, qu'il n'y a point de chaisne assez forte, soit du deuoir, soit de l'obligatiō qui m'en puisse retirer. Et j'aduouë librement, que s'il faut que chacun ait quelque inclination de la nature, que la mienne est de l'inconstance, de laquelle ie ne dois point estre blasmé, puis que le ciel me l'ordonne ainsi. Ayez ceste consideration deuant les yeux, cependant que vous escouterez le discours que ie vay vous faire.

Entre les principales contrées que le Rosne

en son cours impetueux va visitât, apres auoir receu l'Arar, l'Isere, la Durace, & plusieurs autres riuieres, il vient frapper contre les anciens murs de la ville d'Arles, chef de son païs, & des plus peuplées & riches de la prouince des Romains. Aupres de ceste belle ville, se vint camper, il y a fort long temps, à ce que j'ay ouy dire à nos Druides, vn grand capitaine nomé Gaius Marius, deuant la remarquable victoire qu'il obtint contre les Cimbres, Cimmeriens, & Celtoscites, aux pieds des Alpes, qui estans partis du profond de l'Ocean Scitique, auec leurs femmes & enfans en intétion de saccager Rome, furent tellemét deffaits par ce grand Capitaine qu'il n'en resta vn seul en vie, & si les armes Romaines en auoient espargné quelqu'vn, la barbare fureur qui estoit dans leur courage leur fit tourner leurs propres mains contre eux-mesmes, & de rage se tuer, pour ne pouuoir viure, ayant esté vaincus. Or l'armée Romaine pour r'asseurer les alliez, & amis de leur republique venant camper côme ie vous disois, pres de ceste ville, & selon la coustume de leur nation ceignant tout leur camp de profondes tranchées, il aduint qu'estans fort pres du Rosne, ce fleuue, qui est tres-impetueux, & qui mine & ronge incessammét ses bords, peu à peu vint auec le téps à rencontrer ces larges, & profondes fosses, & entrant auec impetuosité dans ce canal, qu'il trouua tout fait, courut d'vne si grande furie, qu'il cótinua les trâchées iusques dans la mer, où il se va defgorgeant, par ce moyen, par deux voyes, car l'anciē cours a touſiours ſuiuy ſon chemin ordinaire, & ce nouueau s'eſt tellemēt agrādy, qu'il eſgale les plus grādes riuieres, faiſant entre deux vne Iſle tref-delectable, & tref-fertile, & à cauſe que ce ſont les tranchées de Caius Marius, le peuple par vn mot corrōpu, l'appelle de ſon nom Camargue, & depuis parce que le lieu ſe trouua tout entourné d'eau, à ſçauoir de ces deux bras du Rôſne & de la mer Mediterranee, ils la nommerent l'iſle de Camargue. Ie ne vous euſſe pas dit tant au long l'origine de ce lieu, n'euſt eſté que c'eſt la contrée où i'ay pris naiſſance, & où ceux dont ie ſuis venu, ſe ſont de long tēps logez: car à cauſe de la fertilité du lieu, & qu'il eſt comme détaché du reſte de la terre, il y a quantité de Bergers qui ſ'y ſont venus retirer, leſquels à cauſe de l'abondāce des paſturages on appelle Paſtres, & mes peres y ont touſiours eſté tenus en quelque conſideration parmy les principaux, ſoit pour auoir eſté eſtimez gēs de biē & vertueux, ſoit pour auoir eu hōneſtemēt & ſelō leur cōditiō, des biēs de fortune: auſſi me laiſſerent-ils aſſez accōmodé lors qu'ils moururent, qui fut ſans doute trop toſt pour moy; car mon pere mourut le iour meſme que ie naſquis, & ma mere qui m'eſleua auec toute ſorte de mignardiſe, en enfant vnique, ou pluſtoſt enfant gaſté, ne me dura que iuſques à ma douzieſme annéé. Iugez quel maiſtre de maiſon ie deuois eſtre, entre les autres imperfectiōs de ce ieune âge, ie ne pus euiter celle de la presōption, me sēblant qu'il n'y auoit Paſtre en toute Camargue, qui ne me deuſt reſpecter. Mais quand ie fus vn peu plus aduancé, & que l'Amour commēça de ſe meſler auec ceſte preſomption, il me ſembloit que toutes les Bergeres eſtoient amoureuſes de moy, & qu'il n'y en auoit vne ſeule qui ne receuſt mon amitié auec obligation. Et ce qui me fortifia en ceſte opinion, fut qu'vne belle & ſage Bergere ma voiſine nōmée Carlis, me faiſoit toutes les hōneſt[es c]areſſes, à quoy le voiſinage la pouuoit cōuier. I'eſtois ſi ieune encores, que nulles des incōmoditez qu'Amour a de couſtume de r'apporter aux Amants par ſes tranſports violēts, ne me pouuoiēt atteindre, de ſorte que ie n'en reſſentois que la douceur, & ſur ce ſujet ie me reſſouuiens que quelquefois j'allois chantant ces vers.

SONNET,
Sur la douceur d'vne amitié.

Quand ma Bergere parle, ou bien quād elle chante,
Ou que d'vn doux clin d'œil elle ébloüit nos yeux
Amour parle auec elle, & d'vn ſon gratieux,
Nous rauit par l'oreille, & des yeux nous enchante.

On ne le voit point tel, quand cruel il tourmente,
Les cœurs paſſionnez de deſirs furieux;
Mais bien lors qu'enfantin, il s'en court tout joyeux,
Dans le ſein de ſa mere, & mille amours enfante.

Ny jamais ſe joüant aux vergers de Paphos,
Ny prenant au giron des graces ſon repos,

Hh iiij

LIVRE HVITIESME DE LA
Nul ne la veu si beau qu'aupres de ma Bergere:
Mais quand il blesse aussi, le doit-on dire Amour
Il est quand il se ioüe, & qu'il fait son seiour
Dans le sein de Carlis, comme au sein de sa mere.

Encor que l'âge où j'estois ne me permist pas de sçauoir ce que c'estoit que l'Amour, si ne laisserois-je de me plaire en la compagnie de ceste Bergere, & d'vser des recherches dõt j'oyois que se seruoiét ceux qu'õ appelloit amoureux; de sorte que la longue continuation, fit croire à plusieurs que j'en sçauois plus que mõ âge ne permettoit; & cela fut cause, que quand ie fus paruenu aux dix-huit ou dix-neuf ans, ie me trouuay engagé à la seruir. Mais d'autant que mon humeur n'estoit pas de me soucier beaucoup de ceste vaine gloire, que la plufpart de ceux qui se meslent d'aimer se veullent attribuer, qui est d'estre estimez-constans, la bõne chere de Carlis m'obligeoit beaucoup plus que ce deuoir imaginé. De là vint qu'vn de mes plus grãds amis, prit occasion de me diuertir d'elle; Il s'appelloit Hermante, & sans que j'y eusse pris garde, estoit tellemét deuenu amoureux de Carlis, qu'il n'auoit contentement que d'estre aupres d'elle. Moy qui estois ieune ie ne m'apperceuz iamais de ceste nouuelle affection, aussi auois-je trop peu de finesse pour la reconnoistre, puis que les plus rusez en ce mestier ne l'eussent pû faire que mal-aisément. Il auoit plus d'âge que moy, & par consequent plus de prudence, de sorte qu'il sçauoit si bien dissimuler, que ie ne croy pas que personne pour lors s'en doutast; mais ce qui luy donnoit beaucoup d'incommodité, c'eſtoit que les parens de ceſte Bergere, deſiroient que le mariage d'elle & de moy ſe fiſt, à cauſe qu'ils auoient opinion que ce luy fûſt aduantage. Dequoy Hermante eſtant auerty, meſmes connoiſſant aux diſcours de la Bergere, que veritablement elle m'aimoit, il creut qu'elle ſe retireroit de moy, ſi ie commençois de me retirer d'elle. Il auoit bien reconnu, comme ie vous ay dit, que ie changerois auſſi toſt que l'occaſion ſ'en preſenteroit: Et apres auoir conſideré en ſoy-meſme par où il commenceroit ce deſſein, il luy ſembla que me donnant opinion de meriter dauantage, il me feroit deſdaigner pour l'incertain ce qui m'eſtoit aſſeuré. Il y paruint fort aiſément, car outre que ie le croyois comme mon amy, ce bien ne me pouuoit eſtre cher qui m'eſtoit venu ſans peine, & me faiſoit croire que j'obtiendrois bien quelque choſe de meilleur ſi ie voulois m'y eſtudier : Luy d'autre part me le ſçauoit ſi bien perſuader, que ie tenois pour certain n'y auoir Bergere en toute Camargue, qui ne me receuſt plus librement que ie ne voudrois la choiſir. Aſſeuré ſur ceſte creance, j'oſte entieremēt Carlis de mon ame, apres ie fay élection d'vne autre que ie jugeay le meriter ; & ſans doute ie ne me trōpay point, car elle auoit aſſez de beauté pour donner de l'Amour, & de la prudence pour le ſçauoir cōduire. Elle ſ'appelloit Stilliane, eſtimée entre les plus belles & plus ſages de toute l'Isle, au reste altiere, & telle qu'il me falloit pour m'oster de l'erreur où j'estois. Et voyez quelle estoit ma presomption, par ce qu'elle auoit esté seruie de plusieurs, & que tous y auoient perdu leur temps, ie me mis à la rechercher plus volontiers, à fin que chacun connust mieux mon merite. Carlis qui veritablement m'aimoit, fut bien estonnée de ce changement, ne sçachant quelle occasion j'en pouuois auoir, mais si fallut-il le souffrir; elle eut beau me r'appeller, & pour le commencement vser de toutes les sortes d'attraits, dont elle se pût ressouuenir, que ie n'auois garde de retourner, j'estois en trop haute mer, il n'y auoit pas ordre de reprendre terre si promptemēt; mais si elle eut du déplaisir de cette separation, elle en fut bien tost vengée par celle-là mesme qui estoit cause du mal. Car me figurant qu'aussi tost que j'asseurerois Stilliane de mon Amour, qu'elle se donneroit encor plus librémēt à moy, à la premiere fois que ie la rencontray à propos en vne assemblée qui se faisoit, ie luy dis en dansant auec elle: Belle Bergere, ie ne sçay quel pouuoir est le vostre, ny de quelle sorte de charmes se seruent vos yeux, tant y a que Hylas se trouuetāt vostre seruiteur, que personne ne le sçauroit estre dauantage: Elle creut que ie me mocquois, sçachant bien l'Amour que j'auois portée à Carlis, qui luy fit respondre en sousriant: Ces discours, Hylas, sont-ce pas de ceux que vous auez appris en l'escole de la belle Carlis ie voulois respondre quand selon l'ordre du bal on nous vint separer, & ne pûs la r'aprocher, quelque peine que j'y misse : De sorte que ie fus contraint d'attédre que l'assemblée se separast, & la voyant sortir des premieres pour se retirer, ie m'aduançay & la pris sous les bras. Elle au commencement se souffrit, & puis me dit: Est-ce par resolution, Hylas, ou par commandement que ce soir vous m'auez entreprise? Pourquoy, luy respondis-je, me faites vous cette demande ? Par-ce, me dit-elle, que ie vois si peu d'apparence de raison en ce que vous faites, que ie n'en puis soupçonner que ces deux occasions. C'est, luy dis-je, pour toutes les deux, car ie suis resolu de n'aimer jamais que la belle Stilliane, & vostre beauté me cómande de n'en seruir jamais d'autre. Ie croy, me respondit-elle, que vous ne pensez pas parler à moy, ou que vous ne me cónoissez point, & afin que vous ne vous y trompiez plus longuement, sçachez que ie ne suis pas Carlis, & que ie me nomme Stilliane. Il faudroit luy respondis-je, estre bien aueugle pour vous prendre au lieu de Carlis, elle est trop imparfaite pour estre prise pour vous, ou vous pour elle : Et ie sçay trop pour ma liberté, que vous estes Stilliane & seroit bon pour mó repos que j'en sceusse moins. Nous paruinmes ainsi à son logis, sans que ie pûsse reconnoistre, si elle l'auoit eu agreable ou non. Le lédemain il ne fut pas plutost iour que j'allay trouuer Hermante, pour luy raconter ce qui m'estoit aduenu le soir, ie le trouuay encor au lit, & par ce qu'il me vit bien agité : Et bien, me dit-il, qu'y a-t'il de nouueau? La victoire est elle obtenuë auant le combat? Ah mon amy, luy respondis-je, j'ay bien trouué à qui parler, elle me desdaigne, elle se mocque de moy ; elle me renuoye à chasque mot à Carlis : Bref croyez qu'elle me traitte bien en Maistresse. Il ne se pût tenir de rire, oyant apres tout au long nos discours, car il n'en auoit pas attendu moins : mais connoissant bien mon humeur assez changeante, il eut peur que ie ne reuinsse à Carlis, & qu'elle ne me receut, qui fut cause qu'il me respondit : Auez vous esperé moins que cela d'elle? L'estimeriez-vous digne de vostre amitié, si ne sçachant encore au vray que vous l'aimez, elle se donnoit à vous ? Comment peut-elle adjouster foy au peu de paroles que vous luy en auez dites, en ayāt tant oüy autrefois, où vous iuriez le cōtraire à Carlis? Elle seroit sans mentir fort aisée à gagner, si elle se montroit vaincuë pour si peu de combat. Mais, luy dis-je, auant que ie sois aimé d'elle, s'il faut que ie luy en die autant que j'ay desja fait à Carlis, quād est-ce à vostre aduis que cela sera? Vrayement, me respondit Hermante, vous sçauez bien peu que c'est qu'Amour. Il faut que vous appreniez, Hylas, que quand on dit à vne Bergere, ie vous aime, voire mesme quand on luy en fait quelque demonstration, elle ne le croit pas si promptement, d'autant que c'est la coustume des pastres bien nourris, d'auoir de la courtoisie, & il semble que leur sexe pour sa foiblesse oblige les hommes à les seruir & honorer : Et au contraire à la moindre apparence de haine que l'on leur rend, elles croyent fort aysément d'estre hayes, par ce que les amitiez " sont naturelles, & les inimitiez au contraire, " & ceux qui vont contre le naturel, il faut que " ce soit par vn dessein resolu, au lieu que ceux " qui le suiuent, il semble plutost que ce soit par " coustume. Par là Hylas, ie veux dire que vous " ferez bien plus aisément croire à Carlis que vous la hayssez, à la moindre mauuaise volonté que vous luy monstrerez, que vous ne persuaderez pas à Stilliane que vous l'aimez. Et par ce que vous voyez biē qu'elle a sur le cœur ceste affection de Carlis, croyez moy que ce que vous auez à faire de plus pressé, est de luy dōner cōnoissance que vous n'aimez plus cette Carlis, ce que vous deuez faire par quelque action connuë non seulement à Carlis, mais à Stilliane, & à plusieurs autres. Bref, belle Bergere, il me sçeut tourner de tāt de costez, qu'en fin j'escriuis à la pauure Carlis vne telle lettre.

LETTRE DE HYLAS A CARLIS.

Ie ne vous escris pas à ce coup, Carlis, pour vous dire que ie vous ay aimée, car vous ne l'auez que trop creu; mais bien pour vous asseurer que ie ne vous aime plus : Ie sçay asseurément que vous serez estonnée de ceste declaratiõ, puis que vous m'auez tousiours plus aimé presque que ie n'ay sceu desirer : mais ce qui me retire de vous, il faut par force aduouër que c'est vostre mal-heur qui ne vous veut continuer plus long temps le plaisir de nostre amitié, ou bien ma bonne fortune, qui ne me veut dauantage arrester à si peu de chose. Et à fin que vous ne vous plaignez de moy ie vous dis à-dieu, & vous donne congé de prendre party où bon vous semblera, car en moy vous n'y deuez plus auoir d'esperance.

De fortune quand elle receut cette lettre, elle estoit en fort bonne compagnie, & mesme Stilliane y estoit, qui des-apreuua de sorte cette action, qu'il n'y en eut point en toute la trouppe qui me blâmast dauantage. Ce que Carlis recognoissant : Ie vous supplie, leur dit-elle, obligez moy toutes de luy faire la responce. Quant à moy, dit Stilliane, j'en seray bien le secretaire, & lors prenant du papier & de l'ancre, toutes les autres ensemble me rescriuirent ainsi, au nom de Carlis.

RESPONSE DE CARLIS A HYLAS.

HYLAS, l'outrecuidance a esté celle qui vous a persuadé d'estre aimé de moy, & la connoissance que i'ay eu de vostre humeur, & ma volonté qui l'a tousiours trouuée fort desagreable, ont esté celles qui m'ôt empesché de vous aimer, si biē que toute l'amitié que ie vous ay portée, a esté seulement en vostre opinion, & de mesme mon mal-heur, & vostre bonne fortune, & en cela il n'y a rien eu de certain, sinon que veritablemēt quand vous auez creu d'estre aimé de moy, vous auez esté trompé. Ie vous le iure, Hylas, par tous les merites que vous pensez estre, & qui ne sont pas en vous, qui sont en beaucoup plus grand nōbre que ceux qui me deffaillent pour estre digne de vous. L'auantage que ie pretens en tout cecy, c'est d'estre exēpte à l'aduenir de vos importunitez, & pour n'estre point entierement ingratte du plaisir que vous me faites en cela, ie ne sçay que vous souhaitter de plus auantageux, & pour moy aussi, sinon que le Ciel vous fasse à iamais continuer ceste reso-

lution, pour mon contentement, cōme il vous donna la volonté de me rechercher, pour m'importuner. Cependant viuez content, & si vous l'estes autant que moy, estant deliurée d'vn fardeau si fascheux croyez, Hylas, que ce ne sera peu.

Il ne faut point en mentir, la lecture de cette lettre me toucha vn peu, car ie reconnus bien en ma conscience que j'auois tort de cette Bergere, mais la nouuelle affection que Stilliane auoit fait naistre en moy, ne me permit pas de m'y arrester dauantage, & en fin comment que ce fust j'en jettois la faute sur elle: Car, disois-je en moy-mesme, si elle n'est pas si belle, ny si agreable que Stilliane, est-ce moy qui en suis coulpable? qu'elle s'en plaigne à ceux qui l'ont faite auec moins de perfection. Et pour moy qu'y puis-je contribuer, que de regretter & plaindre auec elle sa pauureté? mais cela ne me doit pas empescher d'adorer & desirer la richesse d'autruy. Auec semblables raisons j'essayois de chasser la compassion que Carlis me faisoit: & ne croyant plus auoir rien à faire, que de receuoir Stilliane, qui me sembloit estre desja toute à moy, ie priay Hermante de luy porter vne lettre de ma part, & ensemble luy faire voir la copie de celle que j'auois escrite à Carlis, afin qu'elle ne fust plus en doute d'elle. Luy qui estoit veritablement mon amy en tout ce qui ne touchoit point à

Carlis,

Carlis, n'en fit difficulté, & prenant le temps à propos qu'elle estoit seule en son logis, en luy presentant mes lettres, il luy dit en sousriant. Belle Stilliane, si le feu brusle l'imprudent qui s'en approche trop, si le Soleil esbloüit celuy qui l'ose regarder à plain, & si le fer donne la mort à celuy qui le reçoit dans le cœur, vous ne deuez vous estonner, si le miserable Hylas, s'approchant trop de vous s'est bruslé, si vous osant regarder il s'est esbloüy, & si receuant le trait fatal de vos yeux, il en ressent la blesseure mortelle dans le cœur. Il vouloit continuer, mais elle toute impatiente l'interrompit: Cessez, Hermante, vous trauaillez en vain ; ny Hylas n'a point assez de merite, ny vous assez de persuasion, pour me donner la volonté de changer mon contentement au sien : Ny ie ne me veux point tant de mal, ny à Hylas tant de bien, que ie consente à mon mal-heur, pour croire à vos paroles. Il me suffit, Hermante, que l'humeur de Hylas m'est connuë aux despens d'autruy, sans que aux miens ie l'espreuue : Et ce vous doit estre assez, que Carlis ait esté si laschement trompée, sans que vous seruiez encor d'instrument pour la ruine de quelqu'autre. Si vous aimez Hylas, j'aime beaucoup plus Stilliane : & si vous luy voulez donner vn conseil d'amy, conseillez-le comme ie la conseille, c'est qu'elle n'aime jamais Hylas, dites luy aussi qu'il n'aime jamais Stilliane ; Et s'il ne vous croit, soyez certain qu'à sa confusion il employera son temps vainement, & quant à la lettre que vous me presentez, ie ne feray point de difficulté de la prendre, ayant de si bonnes deffenses contre ses armes, que ie n'en redoute point les coups. A ce mot dépliant ma lettre, elle la leut tout haut, ce n'estoit en fin qu'vne asseurance de mon affection, par le congé que j'auois donné à Carlis à sa consideration, & vne tref-humble supplicatiõ de me vouloir aimer: Elle sousrit apres l'auoir leuë, & s'adressant à Hermante luy demanda s'il vouloit qu'elle me fist responce, & luy ayant respondu qu'il le desiroit passionnément, elle luy dit qu'il eust vn peu de patience, & qu'elle l'alloit escrire, elle estoit telle.

RESPONSE DE STILLIANE A HYLAS.

HYLAS, *voyez combien sont malfondez vos desseins, vous voulez que pour la consideration de Carlis ie vous aime, & il n'y a rié qui me conuie tãt à vous hair que la memoire que i'ay de Carlis. Vous dittes que vous m'aimez, si quelqu'autre plus veritable que vous me le disoit ie le pourrois peut estre croire: car ie connois bien que ie le merite, mais moy qui ne mens iamais, ie vous assure que ie ne vous aime point, & pour ce n'ẽ doutez nullement; aussi seroit-ce auoir bien peu de iuge-*

ment d'aymer vne humeur si mesprisable. Si vous trouuez ces paroles vn peu trop rudes, ressouuenez vous, Hylas, que i'y suis cõtrainte, afin que vous ne vous persuadiez pas d'estre aymé de moy. Carlis m'est tesmoin de la condition de Hylas, & Hylas le sera de la mienne, si pour le moins il veut quelquesfois dire vray. Si ceste response vous plaist, remerciez-en la priere de Hermante, si elle vous desplaist, ressouuenez vous de n'en accuser que vous mesme.

Hermante n'auoit point veu ceste lettre, quand il me l'a donna, & encor qu'il eust bien opinion qu'il y auroit de la froideur, si ne pensoit-il pas qu'elle deust estre si estrange. Il n'en fut pas toutefois tant estonné que moy, car ie demeuray cõme vne personne rauie, laissant choir la lettre en terre; & apres estre reuenu à moy, j'enfonse mon chappeau dans la teste, jette les yeux en terre, m'entrelasse les bras sur l'estomac, & à grãd pas & sans parler me mets à promener le long de la chambre. Hermante estoit immobile au milieu, sans seulemẽt tourner les yeux sur moy. Nous demeurasmes quelque temps de ceste sorte sans parler ; en fin tout à coup, frappant d'vne main contre l'autre, & faisant vn saut au milieu de la chambre. A son dam, dis-je tout haut ; qu'elle cherche qui l'aimera, à sçauoir s'il manque en Camargue des Bergeres plus belles qu'elle,

& qui seront bien aises que Hylas les serue: & puis m'adressant à luy: O que Stilliane est sotte, luy dis-je, si elle croit que ie la vueille aimer par force, & que j'aurois peu de courage si ie me souciois jamais d'elle ; & que pense t'elle estre plus qu'vne autre? Voire, elle merite bien qu'on s'en mette en peine: Ie m'asseure, Hermante, qu'elle a bien fait la resoluë, quád vous auez parlé à elle: ce n'a pas esté pour le moins sans faire les petits yeux, sans se mordre la leure, & sans se frotter les mains l'vne à l'autre pour les paslir: Que ie me mocque de ses affeteries & d'elle aussi, si elle croit que ie me soucie non plus d'elle, que de la plus estrágere des Gaules: Elle ne me sçait reprocher que ma Carlis: ouy ie l'ay aimée, & en despit d'elle ie la veux aimer encores, & m'asseure qu'elle reconnoistra bien tost son imprudence, mais jamais il ne faut qu'elle espere que Hylas la puisse aimer. Ie dis quelques autres semblables paroles, ausquelles ie vis bien changer de couleur à Hermante, mais pour lors j'en ignorois la cause: depuis j'ay iugé que c'estoit de peur qu'il auoit que ie ne reuinsse en la bóne grace de sa Maistresse; si n'é fit-il autre semblant, sinon qu'il se mit à rire, & me dit qu'il y en auroit bié d'estonnées, quand elles verroiét ce changement. Mais si ie pris promptement ceste resolution, aussi promptemét la voulus-je executer: Et en ce dessein m'en allay trouuer Carlis, à qui ie demanday mille pardons de la lettre que ie luy auois escrite, l'asseurát que ce n'auoit jamais esté faute, mais trasport d'affection. Elle qui estoit offensée côtre moy, comme chacun peut penser, apres m'auoir escouté paisiblement, en fin me respondit ainsi. Hylas, si les asseurances que tu me faits de ta bonne volonté sont veritables, ie suis satisfaite, si elles sont mensongeres, ne croy pas de pouuoir renoüer l'amitié qu'à jamais tu as rompuë ; car ton humeur est trop dangereuse. Elle vouloit continuer, quand Stilliane, pour luy monstrer la lettre que ie luy auois escritte, la venant visiter nous interrôpit. Lors qu'elle me vid pres de Carlis. Veille-je, ou si ie songe, dit-elle toute estônée ? Est-ce bien là Hylas que ie vois, ou si c'est vn fantosme? Carlis tres-aise de cette rencontre: C'est bien Hylas, dit-elle, ma côpagne, vous ne vous trompez point, & s'il vous plaist de vous approcher, vous ouyrez les douces paroles dont il me crie mercy, & côme il se dedit de tout ce qu'il m'a escrit, se soufmettant à telle punition qu'il me plaira. Son chastiment, respondit Stilliane, ne doit point estre autre que de luy faire continuer l'affection qu'il me porte. A vous ? luy dit Carlis, tant s'en faut, il me iuroit quand vous estes entrée, qu'il n'aimoit que moy. Et depuis quand? adjousta Stilliane: ie sçay bien pour le moins que j'en ay vn bon escrit qu'Hermâte depuis vne heure m'a donné de sa part, & afin que vous ne doutiez point de ce que ie dis, lisez ce papier, & vous verrez si ie ments. Dieux! que deuins-je à ces mots? Ie vous iure, belle Bergere, que ie ne pûs jamais ouurir la bouche pour ma deffense. Et ce qui me ruina du tout, fut que par malheur plusieurs autres Bergeres y arriuerent en mesme temps, ausquelles elles firét ce conte si desauantageusement pour moy, qu'il ne me fut pas possible de m'y arrester dauātage: mais sans leur dire vne seule parole ie vins raconter à Hermante ma mesauanture, qui faillit d'en mourir de rire, côme à la verité le sujet le meritoit. Ce bruit s'espancha de sorte par toute Camargue, que ie n'osois parler à vne seule Bergere, qui ne me le reprochast, dont ie pris tant de honte, que ie resolus de sortir de l'Isle pour quelque temps. Voyez si j'estois ieune, de me soucier d'estre appellé inconstant, il faudroit bien à ceste heure de semblables reproches pour me faire démarcher d'vn pas. Voila „ que c'est, dit Paris, il faut estre apprentif auant „ que maistre. Il est vray respondit Hylas, & le pis est, qu'il en faut bien souuent payer l'apprentissage. Mais pour reuenir à nostre discours, ne pouuant alors supporter la guerre ordinaire que chacun m'en faisoit, le plus secrettement qu'il me fut possible ie donnay ordre à mon mesnage, & en remis le soin entier à Hermante, & puis me mis sur vn grand batteau qui remontoit, ensemble auec plusieurs autres. Ie n'auois alors autre dessein que de voyager & passer mon temps, ne me souciant non plus de Carlis, ny de Stilliane, que si ie ne les eusse jamais veuës : car j'en auois tellement perdu la memoire en les perdant de veuë, que je n'en auois vn seul regret. Mais, voyez combien il est difficile de contrarier à son inclination naturelle! je n'eus pas si tost mis le pied dās le batteau, que ie vis vn nouueau sujet d'Amour. Il y auoit entre quantité d'autres voyageurs vne vieille femme qui alloit à Lyon rendre des vœux au Tēple de Venus, qu'elle auoit faits pour son fils, & cōduisoit auec elle sa belle fille, pour le mesme sujet, & qui auec raison portoit le nō de belle: car elle ne l'estoit moins que Stilliane, & beaucoup plus que Carlis: elle s'appelloit Aymée, & ne pouuoit encor auoir attaint l'âge de dixhuict ou vingt ans, & quoy qu'elle fust de Camargue, si n'auoit-elle point de connoissance de moy, parce que son mary jaloux (comme sont ordinairement les vieux qui ont de jeunes & belles femmes) & sa belle-mere soupçōneuse, la tenoiēt de si court qu'elle ne se trouuoit iamais en assemblee. Or soudain que je la vis elle me pleut, & quelque dessein que j'eusse fait au contraire, il la fallut aimer. Mais je preuy bien au mesme temps que j'y aurois de la peine, ayant à trōper la belle-mere & à vaincre la belle-fille. Toutesfois pour ne ceder à la difficulté, ie me resolus d'y mettre toute ma prudēce, & jugeant qu'il falloit dōner cōmencement à mō entreprise par la mere: car elle m'empeschoit de m'approcher de mon ennemie, je pensay qu'il n'y auroit rien de plus à propos, que de me faire connoistre à elle, & qu'il ne pourroit estre, puis que nous estions d'vn mesme lieu, que quelque ancienne amitié de nos familles, ou quelque vieille alliance ne me facilitast le moyen de me familiariser auec elle, & que l'occasion apres m'instruiroit de ce que j'aurois à faire. Ie ne fus point déçeu en ceste opinion, car aussi tost que ie luy eus dit qui j'estois, & que j'eus faint quelque assez mauuaise raison de ce que j'alloy desguisé, qu'elle receut pour bonne, & que ie luy eus asseuré que ce qui me faisoit descouurir à elle, n'estoit que pour la supplier de se seruir plus librement de moy. Mon fils, me respondit-elle, ie ne m'estonne pas que vous ayez ceste volonté enuers moy, car vostre pere m'a tant aimée que vous degenereriez trop, si vous n'auiez quelque estincelle de ceste affection. Ah! mon enfant, que vous estes fils d'vn homme de bien, & le plus aimable qui fust en toute Camargue: & me disant ces paroles, elle me prenoit par la teste, & me joignoit contre son estomac, & quelquefois me baisoit au front, & ses baisers me faisoiët ressouuenir de ces foüyers, qui retiennent encor quelque lente chaleur, apres que le feu en est osté: Car mõ pere auoit failly de l'espouser, & peut-estre l'auoit trop seruie pour sa reputation, comme ie sceus depuis: mais moy qui ne me souciois pas beaucoup de ses caresses, sinon en tant qu'elles estoient vtiles à mon dessein, faignãt de les receuoir auec beaucoup d'obligation, la remerciay de l'amitié qu'elle auoit portée à mõ pere, la suppliay de changer toute ceste bonne volonté au fils, & que puis que le Ciel m'auoit fait heritier du reste de ses biens, elle ne me desheritast de celuy que j'estimois le plus, qui estoit l'honneur de ses bonnes graces, & que de mon costé ie voulois succeder au seruice que mon pere luy auoit voüé, cóme à la meilleure fortune de toutes les siennes. Bref, belle Bergere, ie sceus de sorte flatter ma vieille, qu'elle n'aimoit, rien tát que moy, & contre sa coustume pour me gratifier, commanda à sa belle fille de m'aimer. O qu'elle eust esté bien aduisée si elle eust suiuy son conseil; mais ie ne trouuay iamais rien de si froid en toutes ses actions, de sorte qu'encore que ie fusse tout le iour aupres d'elle, si n'eus-je iamais la hardiesse de luy faire paroistre mon dessein par mes paroles, que nous ne fussions bien pres d'Auignon : car Stilliane m'auoit beaucoup fait perdre de la bonne opinion que j'auois euë de moy mesme. Mais outre cela, elle estoit tousiours aux pieds de la vieille, qui ordinairement m'entretenoit du temps passé. Il aduint que ce grand conuoy, auec lequel nous montions, ainsi que ie vous ay dit, & que plusieurs marchãds assemblez faisoient faire, alla branler dans vne iste aupres d'Auignon; & d'autant que nous, qui n'estions pas accoustumez aux voyages, nous trouuions tous engourdis de demeurer si long temps assis, cependant que les batteliers faisoient ce qui leur estoit necessaire, nous mismes pied à terre, pour nous promener, & entre autres la belle mere d'Aimée fut de la trouppe. Aussi tost que ma

Bergere fut dans l'Isle, elle se mit à courre le long de la riue, & à se joüer auec d'autres filles qui estoient sorties du batteau de compagnie, & moy ie me meslay parmy elles, pour auoir le moyen de prendre le temps à propos, cependāt que la vieille se promenoit auec quelques autres femmes de son aage. Et de fortune Aymée s'estant vn peu separée de ses compagnes, cueillant des fleurs qui venoient le lōg de l'eau, ie m'aduançay, & la pris sous les bras. Et apres auoir marché quelque temps sans parler, enfin cōme venant d'vn profond sommeil, ie luy dis. I'aurois honte, belle Bergere, d'estre si longuement muet pres de vous, ayant tant de sujet de vous parler, si ie n'en auois encor plus de me taire, & si mon silence ne procedoit d'où les paroles me deuroient naistre. Ie ne sçay, Hylas, me dit elle, quelle occasion vous auez de vous taire, ny quelle vous pouuez auoir de parler, ny moins quelles paroles ou silence vous voulez entendre. Ah! belle Bergere, luy disie, l'affection qui me consume d'vn feu secret, me donne tant d'occasion de declarer mon mal, qu'à peine le puis-je taire: & d'autre costé ceste affection me fait craindre de sorte d'offenser celle que j'aime, en le luy declarant, que ie n'ose parler: si bien que ceste affection, qui me deuroit mettre les paroles en la bouche, est celle qui me les dénie quand ie suis aupres de vous. De moy? reprit-elle incontinent: pensez vous bien, Hylas, à ce que vous dittes? Ouy de vous, luy repliquay

je, & ne croyez point que ie n'aye bien pensé
à ce que ie dis, auant que de l'auoir osé proferer. Si ie pensois, me respondit-elle, que ces
paroles fussent vrayes, ie vous en parlerois
bien d'autre sorte. Si vous doutez, luy disie,
de ceste verité, jettez les yeux sur vos perfections, & vous en serez entierement asseurée.
Et lors auec mille serments, ie luy dits tout ce
que j'en auois sur le cœur. Elle sans s'esmouuoir, me répondit froidement. Hylas, n'accusez point ce qui est en moy, de vos folies, car
ie sçauray bien y remedier de sorte, que vous
n'en aurez point de sujet ; au reste, puis que
l'amitié que ma mere vous porte, ny la condition en quoy ie suis, ne vous a pû destourner
de vostre mauuaise intention, croyez que ce
que le deuoir n'a pû faire en vous, il le fera en
moy, & que ie vous osteray tellement toute sorte d'occasion de continuer, que vous reconnoistrez que ie suis telle que ie dois estre.
Vous voyez comme ie vous parle froidement,
ce n'est pas que ie ne ressente bien fort vostre
indiscretion ; mais c'est pour vous faire entendre que la passion ne me transporte point,
mais que la raison seulement me fait parler
ainsi ; que si ie vois que ce moyen ne vaille rien pour diuertir vostre dessein, ie recour-
ray apres aux extrémes. Ces paroles proferées auec tant de froideur, me toucherent plus
viuement que ie ne sçaurois vous dire ; toutefois ce ne fut pas ce qui m'en fist distraire : car
ie sçauois bié que les premieres attaques sont

LIVRE HVITIESME DE LA
ordinairement souſtenuës de ceſte façon; mais
par hazard, lors qu'Aimée me voyant ſans parole, & tant eſtonné, s'en retourna ſans m'en
dire dauantage ; il y eut vne de ſes compagnes qui me voyant ainſi reſuer s'en vint à
moy, & me faiſant la mouche, me paſſa deux
ou trois fois la main deuant les yeux, & puis
ſe mit à courre, comme preſque me conuiant
à luy aller apres : Pour le commencement
j'eſtois encor ſi eſtourdy du coup, que ie n'en
fis point de ſemblant, mais quand elle y reuint
la ſeconde fois, ie me mis à la ſuiure , & elle
apres auoir tourné quelque temps autour de
ſes cōpagnes, s'eſcarta de la trouppe, & apres
eſtre vn peu eſloignée , faignant d'eſtre hors
d'haleine, ſe coucha aupres d'vn buiſſon aſſez
touffu : moy qui la courois au commencemēt
ſans deſſein, le voyant en terre , & en lieu où
elle ne pouuoit eſtre veuë, monſtrant de me
vouloir venger de la peine qu'elle m'auoit
dōnée, ie me mis à la foüeter, à quoi elle faiſoit
bien vn peu de reſiſtance, mais de ſorte qu'elle monſtroit que ceſte priuauté ne luy eſtoit
point deſagreable; meſme qu'en faiſant ſemblant de ſe deffendre, elle ſe découuroit comme ie croy à deſſein, pour faire voir ſa charnure blanche, plus qu'on n'euſt pas jugé à ſon viſage. En fin s'eſtant releuée , elle me dit : Ie
n'euſſe pas penſé, Hylas, que vous euſſiez eſté
ſi rude joüeur, autrement ie ne me fuſſe pas
attaquée à vous. Si cela vous a dépleu, luy reſpondis-je, ie vous en demande pardon, mais

si cela n'est pas, ie ne fus de ma vie mieux payé de mon indiscretion, que ceste fois. Comment l'entendez vous, me dit-elle ? Ie l'entends, luy disie, belle Floriante, que ie ne vis jamais rien de si beau, que ce que ie viens de voir. Voyez, me dit-elle, comme vous estes menteur : & à ce mot me donnant doucement sur la joüe, s'en recourut entre ses compagnes. Ceste Floriante estoit fille d'vn tres-honneste Cheualier, qui pour lors estoit malade, & se tenoit pres des riues de l'Arar : & elle ayant sceu la maladie de son pere, s'en alloit le trouuer, ayant demeuré quelque téps auec vne de ses sœurs, qui estoit mariee en Arles. Pour le visage, il n'estoit point trop beau, car elle estoit vn peu brune, mais elle auoit tant d'affeteries, & estoit d'vne humeur si gaillarde, qu'il faut aduoüer que ceste rencontre, me fit perdre la volonté que j'auois pour Aymée, mais si promptement, qu'à peine ressentis-je le déplaisir de la quitter, que le contentement d'auoir trouué celle-cy m'en osta toute sorte de regret. Ie laisse donc Aymée ce me semble, & me donne du tout à Floriante ; ie dis ce me semble, car il n'estoit pas vray entierement, puis que souuent, quand ie la voyois, ie prenois bien plaisir de parler à elle, encor que l'affection que ie portois à l'autre, me tirast auec vn peu plus de violence ; mais en effet, quand j'eus quelque temps consideré ce que ie dis, ie trouuay qu'au lieu que ie n'en soulois aymer qu'vne, j'en auois deux à seruir. Il est vray que ce n'eſtoit point auec beaucoup de peine, car quand j'eſtois pres de Floriante, je ne me reſſouuenois en ſorte du monde d'Aymée, & quand j'eſtois pres d'Aymée, Floriante n'auoit point de lieu en ma memoire. Et n'y auoit rien qui me tourmentaſt, que quand j'eſtois loing de toutes les deux, car je les regrettois toutes enſemble. Or, gentil Paris, cet entretien me dura juſques à Vienne ; mais eſtant par hazard au logis (car preſque tous les ſoirs nous mettions pied à terre, & meſme quand nous paſſions pres des bonnes villes) ne voilà pas qu'vne Bergere vint prier le Patron du batteau où j'eſtois de luy dôner place juſques à Lyon, parce que ſon mary ayant eſté bleſſé par quelques ennemis, luy mandoit de l'aller trouuer. Le Patron qui eſtoit courtois, la receut fort librement, & ainſi le lendemain elle ſe mit dans le batteau auec nous. Elle eſtoit belle, mais ſi modeſte, & diſcrette, qu'elle n'eſtoit pas moins recommandable pour ſa vertu, que pour ſa beauté ; au reſte ſi triſte, & pleine de melancolie, qu'elle faiſoit pitié à toute la trouppe. Et parce que j'ay touſiours eu beaucoup de compaſſion des affligez, j'en auois infiniment de celle-cy, & taſchois de la deſennuyer le plus qu'il m'eſtoit poſſible, dont Floriante n'eſtoit guiere contente quelque mine qu'elle en fiſt, ny Aymée auſſi. Car reſſouuenez vous, gentil Paris, que quoy que feigne vne femme, elle ne peut s'empeſcher de reſſentir la perte d'vn Amant, d'autant qu'il

semble que ce soit vn outrage à sa beauté, & la
beauté estant ce que ce sexe a de plus cher, est
la partie la plus sensible qui soit en elles. Moy
toutesfois, qui parmy la compassion commençois à mesler vn peu d'Amour, sans faire semblant de voir ces deux filles, continuois de parler à celle-cy, & entre autres choses, à fin que
les discours ne nous deffaillissent, & aussi pour
auoir quelque plus grande connoissance d'elle, je la suppliay de me vouloir dire l'occasion
de son ennuy. Elle alors toute pleine de courtoisie, prit la parole de ceste sorte.

La compassion que vous auez de ma peine
m'oblige bien, courtois Estranger, à vous rendre plus de satisfaction encores, que ce que
vous me demandez, & penserois de faire vne
grande faute, si je vous refusois si peu de chose, mais je vous veux supplier, de cōsiderer aussi
l'estat en quoy je suis, & d'excuser mon discours, si ie l'abrege le plus qu'il me sera possible. Sçachez donc, Berger, que je suis née sur
les riues de Loire, où j'ay esté esleuée aussi cherement jusques en l'âge de quinze ans, qu'autre de ma cōdition le sçauroit estre. Mon nom
fut Cloris, & mon pere s'appella Leonce, frere de Gerestan, entre les mains de qui ie fus
remise après la mort de mon pere, & de ma
mere, qui fut en l'âge que je vous ay dit, &
dellors je commencay à ressentir les coups de
la fortune : car mon oncle ayant plus de soin
de ses enfans que de moy, se sentoit bien fort
importuné de ma charge. Toute la consola-

tion que j'auois, estoit de la femme qui se nommoit Callirée, car celle-là m'aimoit, & m'accommodoit de tout ce qui luy estoit possible, sans que son mary le sceust. Mais le Ciel vouloit m'affliger du tout, car lors que Filandre frere de Callirée fut tué, elle en eut tant de regret, qu'il n'y eut jamais consolation de personne qui la pûst faire resoudre à le suruiure, de sorte que peu de jours apres elle mourut, & ie demeuray auec deux de ses filles, qui estoient encor si jeunes, que ie n'en pouuois guiere auoir de contentement. Il aduint qu'vn Berger de la Prouince Viennoise, nommé Rosidor, vint visiter le Temple d'Hercule, qui est pres des riues de Furan, sur le haut d'vn rocher qui s'esleue au milieu des autres montagnes par dessus toutes celles qui luy sont autour. Le iour qu'il y fut, nous nous y trouuasmes vne fort bonne trouppe de jeunes Bergeres, car c'estoit vn jour fort solemnel pour ce lieu-là. Ce ne seroit qu'vser de paroles inutiles, de raconter les propos que nous eusmes ensemble, & la façon dont il me declara son amitié: tant y a, que depuis ce iour, il se donna de sorte à moy, que jamais il n'a fait paroistre de s'en vouloir dédire. Il estoit jeune, beau, quand à son bien, il en auoit beaucoup plus que ie ne deuois esperer, au reste l'esprit si ressemblant à ce qui se voyoit du corps, que c'estoit vn tres-parfait assemblage. Sa recherche dura quatre ans, sans que ie puisse dire qu'en ce temps-là il ait jamais fait, ny pensé
chose

chose dont il ne m'ait rendu conte, & demandé aduis. Ceste extréme soufmission, & si longuement continuée, me fit tres-certaine qu'il m'aimoit, & ses merites, qui jusques alors ne m'auoient pû obliger à l'aimer, depuis ce têps m'y conuierent de façon, que ie puis dire auec verité n'y auoir rien au monde de plus aimé que Rosidor l'estoit de Cloris, dont il se sentit de sorte mon redeuable, qu'il augmenta son affection, si toutefois elle pouuoit estre augmentée. Nous vesquismes ainsi plus d'vn an, auec tout le plaisir qu'vne parfaite amitié peut rapporter à deux Amants. En fin le Ciel fit paroistre de vouloir nous rendre entierement contens, & permit que quelques difficultez qui empeschoient nostre mariage fussent ostées; nous voila heureux, si des mortels le peuuent estre: Car nous sommes conduits dás le temple, les voix d'Hymen Hymenée, esclatoient de tous costez; bref estant de retour au logis, on n'oyoit qu'instrumens de resiouïssance, on ne voyoit que bals & chansons, lors que le mal-heur voulut que nous fussions separez par vne des plus fascheuses occasions qui m'eust pû aduenir. Nous estions alors à Vienne, où est la plus part des possessions de Rosidor : il aduint que quelques jeunes débauchez des hameaux qui sont hors de Lyon, du costé où nos Druides vont reposer le Guy, quand ils l'ont couppé dans la grande forests de Mars, ditte d'Ayrieu, voulurent faire quelques desordres, que mon mary ne pouuant

Kk

supporter, apres le leur auoir doucement remonstré, leur empescha d'executer, dont ils furēt de telle sorte courroucez, que (pensant que ce seroit la plus grāde offense qu'ils pourroiēt faire à Rosidor, que de s'attaquer à moy) il y en eut vn d'eux qui me voulut casser vne fiole d'ancre sur le visage: mais voyāt venir le coup, ie tournay la teste, si bien que ie ne fus attainte, que sur le col, cōme, dit-elle en se baissant, vous en pouuez voir les marques encor' assez fraisches. Mon mary qui me vid tout l'estomach plein d'ancre, & de sang, creut que j'estois fort blessée, & outre ce, l'outrage luy sembla si grand, que mettant l'espée à la main, il la passe au trauers du corps à celuy qui auoit fait le coup, & puis se meslant parmy les autres, auec l'aide de ses amis, il les chassa hors de sa maison. Iugez, Berger, si ie fus troublée: car ie pensois estre beaucoup plus blessée que ie n'estois, & voyois mon mary tout sanglant, tant de celuy qu'il auoit tué, que d'vne blessure qu'il auoit euë sur vne espaule. Mais quand ceste premiere frayeur fut en partie passée, & que la playe qu'il auoit fut sondée, à peine auoit-on finy l'appareil, que la iustice se vint saisir de luy, & l'emmena auec tant de violence qu'on ne me voulut permettre de luy dire A-Dieu, mais mon affection plus forte que leur deffense, me fit en fin venir iusques à luy, & me iettant à son col m'y attachay de sorte, que ce fut tout ce qu'on pût faire, que de m'en oster. Luy d'autre costé qui me voyoit en cest estat, aimant mieux mourir que d'estre separé de moy, fit tous les efforts dont vn grand courage & vne extréme amour estoient capables, qui furent tels, que tout blessé qu'il estoit, il se depestra de leurs mains, & sortit hors de la ville. Ceste deffense l'empescha bien d'estre prisonnier : mais elle fut cause aussi de rendre sa raison mauuaise enuers la iustice, qui cependant jette contre luy toutes ses menaces, & proclamations, durant lesquelles son plus grand desplaisir estoit, de ne pouuoir estre auprés de moy, & par ce que ce desir le pressoit fort, il se desguisoit & me venoit trouuer sur le soir, & passoit toute la nuict auec moy. Dieu sçait quel contentement estoit le mien, mais combien grande aussi estoit ma crainte : car ie sçauois que ceux qui le poursuiuoient, sçachant l'Amour qui estoit entre nous, feroient tout ce qu'il leur seroit possible, pour l'y surprendre, & il aduint comme ie l'auois tousiours craint : car enfin il y fut trouué, & emmené dans Lyon, où soudain ie le suiuis, & fort à propos pour luy, d'autant que les juges, qu'à toutes heures j'allois solliciter, eurent tant de pitié de moy, qu'ils luy firent grace ; & ainsi nonobstant toute la poursuitte de nos parties, il fut deliuré. Si j'auois eu beaucoup d'ennuy de l'accident, & de la peine où ie l'auois veu, croyez, courtois Berger, que ie n'eus pas peu de satisfaction de le voir hors de danger, & absous de tout ce qui s'estoit passé.

Mais par ce que le déplaisir qu'il auoit receu dans la prison, l'auoit rendu malade, il fut contraint de sejourner quelques iours à Lyon, & moy tousiours pres de luy, essayant de luy donner tout le soulagement qu'il m'estoit possible; en fin estant hors de danger, il me pria de venir donner ordre à sa maison, à fin que nous y pussions receuoir nos amis en la resiouïssance qu'il desiroit de faire auec eux, pour le bon succés de ses affaires : & voila que ces débauchez qui ont esté cause de toute nostre peine, voyant qu'ils n'en pouuoient auoir autre raison, se sont resolus de le tuer dans son lit, & estant entrez dans son logis luy ont dōné deux ou trois coups de poignard, & le laissant pour mort, s'en sont fuis. Helas, courtois Berger, jugez quelle ie dois estre, & en quel repos doit estre mon ame, qui à la verité est atteinte du plus sensible accident qui m'eust sçeu aduenir.

Ainsi finit Cloris, ayant le visage tout couuert de larmes, qui sembloient autant de perles qui rouloient sur son beau sein. Or gentil Berger, ce que ie vous vay raconter, est bien vne nouuelle source d'Amour. L'affliction que ie vis en ceste Bergere, me toucha de tant de compassion, qu'encore que son visage ne fut peut-estre pas capable de me dōner de l'amour, toutefois la pitié m'attaignit si au vif, qu'il faut que ie confesse que Carlis, Stilliane, Aymée, ny Floriãte, ne me lierét jamais d'vne plus forte chaisne, que ceste desolée Cloris.

Ce n'est pas que ie n'aimasse les autres, mais j'auois encor outre leur place, celle-cy vuide dans mon ame. Me voila donc resolu à Cloris, comme aux autres ; mais ie connus bien qu'il n'estoit pas à propos de luy en parler, que Rosidor ne fust ou mort, ou guery, car la peine où elle estoit, l'occupoit entierement. Nous arriuasmes de ceste sorte à Lyon, où soudain chacun se separa, il est vray que la nouuelle affection que ie portois à Cloris me la fit accompagner iusques en son logis, où mesme ie visitay Rosidor, à fin de faire cōnoissance auec luy, iugeant bien qu'il falloit commencer par là à paruenir aux bonnes graces de sa femme. Elle qui le croyoit beaucoup plus blessé qu'elle ne le trouua, (car on fait tousiours le mal plus grand qu'il n'est pas, & l'apprehēsion augmente de beaucoup l'accident que l'on redoute) changea toute de visage, & de façon quand elle le trouua leué, & qu'il se promenoit par la chambre. Mais oyez ce qui m'arriua, la tristesse que Cloris auoit dans le batteau, fut comme ie vous ay dit la cause de mon affection, & quand aupres de Rosidor, ie la vis ioyeuse & contente, tout ainsi que la compassion auoit fait naistre mon Amour, sa ioye aussi, & son contentement le firent mourir, esprouuant bien alors, qu'vn mal se doit tousiours guerir par son contraire, i'entray donc serf & captif dās ce logis, & j'en sortis libre, & maistre de moy mesme : Mais considerant cet accident, ie m'allay ressouuenir d'Aymée, & de

Floriante, incontinent me voila enqueste de leur logis, & tournay tant d'vn costé & d'autre, qu'en fin ie les rencontray qu'elles s'estoient de fortune mises ensemble. Par bonne rencontre, le lendemain estoit la grande feste de Venus, & par ce que suiuant la coustume, le iour auant la solemnité, les filles chantent dans le temple, les hymnes qui sont faits à l'honneur de la Deesse, & qu'elles y sont la veillée iusques à minuit, j'oüis prendre resolution à la belle mere d'Aymée d'y passer la nuit, comme les autres, à fin de mieux rendre son veu: Floriante à la secrette requeste d'Aymée, promit d'en faire de mesme, & d'autant que l'on y demeuroit en fort grande liberté, ie fis dessein sans en parler d'y entrer aussi, faignant d'estre fille, lors qu'il seroit bien obscur: mais sçachant que les Druides estoient eux-mesmes aux portes, depuis qu'il commençoit à se faire tard, ie me resolus de m'y cacher long temps auparauant. Et de fait m'estant mis en vn recoin, le moins frequenté, & le plus obscur, j'y demeuray qu'il estoit plus de neuf ou dix heures du soir: Desia le temple estoit fermé, & n'y auoir d'hommes que moy, si ce n'est qu'il y en eust quelqu'autre aussi curieux que j'estois, & desia les hymnes auoient long temps continué, lors que ie sortis de ma cachette. Et parce que le temple estoit fort grand, & qu'il n'y auoit clarté, que celle que quelques flambeaux allumez sur l'Autel, pouuoient donner à l'entour, ie me mis aysément entre les filles, sans qu'elles me reconnussent, & lors que j'allois cherchant de l'œil, l'endroit où estoit Aymée, ie vis porter vne petite bougie à vne jeune fille, qui se leuant, s'approcha de l'Autel, & apres auoir fait quelques ceremonies, se mit à chanter quelques couplets, ausquels sur la fin toute la trouppe respondit. Ie ne sçay si ce fut ceste clairté blafarde (car quelquefois elle ayde fort à couurir l'imperfection du teint) ou biē si veritablement elle estoit belle, tant y a qu'aussi tost que ie la vis, ie l'aymay. Or qu'à ceste heure ceux-là me viennent parler, qui dient que l'Amour vient des yeux de la personne aimée, cela ne pouuoit estre, car elle ne m'eust sçeu voir, outre qu'elle ne tourna pas mesme les yeux sur moy, & qu'à peine l'auois-je assez bien veuë, pour la pouuoir reconnoistre vne autrefois, & cela fut cause, que poussé de la curiosité, ie me coulay doucement entre ces Bergeres qui luy estoient plus pres. Mais par mal-heur, estāt auec beaucoup de dāger paruenu jusqu'aupres d'elle, elle finit son himne, & renuoya la bougie au mesme lieu où elle souloit estre, si bien que le lieu demeura si obscur, qu'à peine en la touchant l'eusse-je pû voir. Toutefois l'esperance qu'elle, ou quelqu'autre pres d'elle recōmenceroit bien tost à chanter, m'aresta là quelque temps. Mais ie vis qu'au cōtraire la clarté fut portée à l'autre chœur, & incontinent apres vne de celles qui y estoient cōmença de chanter cōme auoit fait ma nouuelle & incōneuë Maistresse. La difference q̄ ie remarquay fust de la voix, fust du visage, estoit

K k iiij

grande : car elle n'auoit rien qui approchaſt de celle que ie commeçois d'aimer, qui fut cauſe que ne pouuant plus long temps commander à ma curioſité, ie m'adreſſay à vne Dame, qui eſtoit la plus eſcartée, & me contrefaiſant le mieux qu'il m'eſtoit poſſible, ie luy demanday qui eſtoit celle qui auoit chanté auant la derniere. Il faut bien, me dit elle, que vous ſoyez eſtrangere, puis que vous ne la connoiſſez pas. Peut-eſtre, luy répondis je, la reconnoiſtrois-je ſi j'oyois ſon nom? Qui ne la reconnoiſtra, dit-elle, à ſon viſage, demandera ſon nom en vain. Toutefois pour ne vous laiſſer en peine, ſçachez qu'elle s'appelle Cyrcéne, l'vne des plus belles filles qui demeure le long des riues de l'Arar, & tellement connuë en toute ceſte contrée, qu'il faut, ſi vous ne la connoiſſez, q̃ vous ſoyez d'vn autre monde. Iuſques là j'auois ſi bien contrefait ma voix, que c̃ome la nuit luy trompoit les yeux, auſſi deceuois je ſon oreille par mes paroles; mais à ce coup ne m'ẽ reſſouuenant plus, apres pluſieurs autres remerciements, ie luy dis, que ſi en eſchange de la peine qu'elle auoit priſe, ie luy pouuois rendre quelque ſeruice, ie ne croirois point qu'il y euſt hõme plus heureux que moy. Comment! me dit-elle alors, & qui eſtes vous qui me parlez de ceſte ſorte? & me touchant ſoudain, & regardant de plus pres, elle reconneut à mõ habit, ce que j'eſtois, dont toute eſtonnée ; auez vous bien eu la hardieſſe, me dit-elle, d'ẽfraindre nos loix de ceſte ſorte, Sçauez vous bien que vous ne pouuez payer ceste faute qu'auec la perte de vostre vie ? Il faut dire la verité, quoy que ie sceusse qu'il y auoit quelque chastiment ordonné, si ne pensois-je pas qu'il fust tel, dont ie ne fus peu estonné, toutefois luy representant que j'estois estranger, & que ie ne sçauois point leurs statuts, elle prit pitié de moy, & me dit, que dés le commencement, elle l'auoit bien reconnu, & qu'il falloit que ie sceusse qu'il estoit impossible d'obtenir pardon de ceste faute, parce que la loy y estoit ainsi rigoureuse pour oster de ces veilles, tous les abus qui s'y souloient cõmettre. Toutefois que voyant que ie n'y estois point allé de mauuaise intention, elle feroit tout ce qui luy seroit possible pour me sauuer : Et que pour cét effet il ne falloit pas attendre que la minuit sonnast, car alors les Druides venoiẽt à la porte auec des flambeaux, & les regardoient toutes au visage : Qu'à ceste heure la porte du Temple estoit bien fermée, mais qu'elle essayeroit de la faire ouurir : & lors me mettant vn voile sur la teste qui me couuroit jusques aupres des hanches, elle m'accommoda mon manteau par dessous, en telle sorte qu'il estoit mal-aisé de reconnoistre la nuit si c'estoit vne robbe : m'ayant ainsi équippé, elle dit à quelques-vnes de ses voisines, qui estoient venuës auec elle, qu'elle se trouuoit mal, & toutes ensemble s'en allerent demander la clef à la plus vieille de la trouppe, & nous en allant ensemble à la porte auec vne petite bougie seulemẽt, qu'elle mesme me portoit, & qu'elle couuroit presque toute auec la main, feignāt de la conseruer du vent : nous sortismes en foule, & j'eschappay ainsi heureusement de ce danger par sa courtoisie ; & pour mieux me déguiser, & aussi que j'auois enuie de sçauoir à qui j'auois ceste obligation, ie m'en alay parmy les autres jusques à son logis.

Mais, belle Bergere, dit-elle, s'adressant à Diane, ce discours n'est pas encore à moitié, & il me semble que le Soleil est couché il y a long temps, ne seroit-il pas plus à propos d'en remettre la fin à vne autre fois que nous aurons plus de loisir ? Vous auez raison, dit-elle, gentil Berger, il ne faut pas despendre tout son bien à la fois, ce qui reste à sçauoir nous pourra encores faire couler vne agreable iournée: Outre que Paris, qui doit encor passer la riuiere, ne sçauroit arrester icy plus long temps sans se mettre à la nuit. Il n'y a rien, dit-il, belle Bergere, qui me puisse incommoder quand ie suis pres de vous. Ie voudrois bien, respondit-elle, qu'il y eust quelque chose en moy qui vous fust agreable, car vostre merite & vostre courtoisie oblige chacun à vous rendre toute sorte de seruice. Paris vouloit respondre, mais Hylas l'interrompit en luy disant. Pleust à Dieu, gentil Paris, que ie fusse vous, & que Diane fut Phillis, & qu'elle me tint ce langage. Quand cela seroit, dit Paris, vous ne luy en auriez que tant plus d'obligation. Il est vray, dit Hylas, mais ie ne craindray jamais de m'obliger en partie à celle à qui ie suis desja entierement. Vos obligations, dit Diane, ne sont pas de celles qui sont pour tousiours, vous les reuoquez quand il vous plaist. Si les vnes, respondit-il, y perdent, les autres y ont de l'auantage, & demandez à Phillis si elle n'est pas bien aise que ie sois de ceste humeur, car si j'estois autrement, elle pourroit bien se passer de mon seruice. Auec semblables discours, Diane, Paris, & plusieurs autres Bergeres, paruindrent jusques au grand pré où ils auoient accoustumé de s'assembler auant que de se retirer, & Paris donnant le bon-soir à Diane, & au reste de la trouppe, prit son chemin du côté de Laigneu.

Mais cependant Lycidas parloit auec Phillis, car la jalousie de Siluandre le tourmentoit de sorte, qu'il n'auoit pû attendre au lendemain à luy en dire ce qu'il en auoit sur le cœur: Il estoit tellement hors de luy-mesme, qu'il ne prit pas garde que l'on l'escoutoit, mais pensant estre seul auec elle, apres deux ou trois grands souspirs, il luy dit. Est-il possible, Phillis, que le Ciel m'ait conserué la vie si longuement pour me faire ressentir vostre infidelité? La Bergere qui attendoit toute autre sorte de discours, fut si surprise, qu'elle ne luy pût respondre. Et le Berger voyant qu'elle demeuroit muette, & croyant que ce fust pour ne sçauoir quelle excuse prendre, continua. Vous auez raison, belle Bergere, de ne point respondre, car vos yeux parlent assez, voire trop clairement pour mon repos : Et ce silence ne me dit & asseure que trop ce que ie vous demande, & que ie ne voudrois pas sçauoir. La Bergere qui se sentit offensée de ces paroles, luy respondit toute despite : Puis que mes yeux parlent assez pour moy, pourquoy voudriez-vous que ie vous respondisse d'autre façon? Et si mon silence vous donne plus de connoissance de mon peu d'amitié, que mes actions passées n'ont pû faire de ma bonne volonté, pensez-vous que j'espere de vous en pouuoir rendre plus de tesmoignage par mes paroles; Mais ie voy bien que c'est, Lycidas, vous voulez faire vne honneste retraitte, vous auez dessein ailleurs, & pour ne l'oser sans donner à vostre legereté quelque couuerture raisonnable, vous vous faignez des chimeres, & bastissez des occasions de déplaisir, où vous sçauez bien qu'il n'y a point de sujet, à fin de me rendre blasmée de vostre faute: Mais, Lycidas, serrons de pres toutes vos raisons, voyons quelles elles sont, ou si vous ne le voulez faire, retirez vous, Berger, sans m'accuser de l'erreur que vous auez commise, & dont ie sçay bien que ie feray vne longue penitence : mais contentez vous de m'en laisser le mortel déplaisir, & non pas le blasme, que vous m'allez procurant par vos plaintes tant ordinaires, que vous en importunez & le Ciel & la terre. Le doute où j'ay esté, repliqua le Berger, m'a fait plaindre, mais l'asseurãce que vous m'en donnez par vos aigres paroles me fera mourir. Et quelle est vostre crainte? respondit la Bergere. Iugez, repliqua-t'il, qu'elle ne doit pas estre petite, puis que la plainte qui en procede importune & le Ciel & la terre, comme vous me reprochez. Que si vous la voulez sçauoir, ie la vous diray en peu de mots. Ie crains que Phillis n'aime point Lycidas. Ouy Berger, reprit Phillis, vous pouuez croire que ie ne vous aime point, & auoir en vostre memoire ce que j'ay fait pour vous, & pour Olympe? Est-il possible que les actions de ma vie passée, vous reuiennent deuant les yeux, lors que vous conceuez ces doutes? Ie sçay bien, respondit le Berger, que vous m'auez aimé, & si j'en eusse esté en doute, ma peine ne seroit pas telle que ie la ressens; mais ie crains que comme vne blesseure pour grande qu'elle soit, si elle ne fait mourir, se peut guerir auec le temps: de mesme celle qu'Amour vous auoit faite alors pour moy, ne soit à cette heure de sorte guerie, qu'à peine la cicatrice en apparoisse seulement. Phillis à ces paroles tournant la teste à costé, & les yeux auec vn certain geste de mescontentement. Puis, Berger, luy dit-elle, que jusques icy par les bons offices, & par tant de tesmoignages d'affection, que ie vous ay rendus, ie connoy de n'auoir rien auancé; asseurez vous que ce que j'en plains le plus, c'est la peine & le temps que j'y ay employez. Lycidas conneut bien d'auoir fort offensé sa Bergere, toutesfois il estoit luy-mesme si fort attaint de jalousie, qu'il ne pût s'empescher de luy respondre. Ce courroux, Bergere, ne me donne t'il pas de nouuelles connoissances de ce que ie crains? car de se fascher des propos qu'vne trop grande affection fait quelquefois proferer, n'est ce pas signe de n'en estre point attaint? Phillis oyant ce reproche, reuint vn peu à soy, & tournant le visage à luy, respondit. Voyez vous, Lycidas, toutes faintes en toutes personnes me déplaisent, mais ie n'en puis supporter en celles auec qui je veux viure. Comment? Lycidas a la hardiesse de me dire qu'il doute de l'amitié de sa Phillis, & je ne croiray pas qu'il dissimule? & quel tesmoignage s'en peut-il rendre que je ne vous ay rendu? Berger, Berger, croyez moy, ces paroles me font mal penser des asseurances qu'autrefois vous m'auez données de vostre affection: Car il peut bien estre que vous me trompiez en ce qui est de vous, comme il semble que vous vous deceuiez en ce qui est de moy. Ou que comme vous pensez n'estre point aimé, l'estat plus que tout le reste du monde, de mesme vous pensiez de m'aimer en ne m'aimant pas. Bergere, respondit Lycidas, si mon affection estoit de ces communes, qui ont plus d'apparance que d'effet, je me condamnerois moymesme, lors que sa violence me transporte hors de la raison, ou bien quand je vous demande de grandes preuues d'vne grande amitié; mais puis qu'elle n'est pas telle, & que vous sçauez bien qu'elle embrasse tout ce qui est de plus grand, ne sçauez vous pas quel ex-

mésme Amour ne marche jamais sãs la crainte, encores qu'elle n'en ait point de sujet, & que pour peu qu'elle en ait, ceste crainte se change en jalousie, & la jalousie en la peine, ou plustost en la forcenerie où je me trouue.

Ce pendant que Lycidas, & Phillis parloient ainsi, pensant que ces paroles ne fussent ouyes que d'eux mesmes, & qu'ils n'eussent autres tesmoins que ces arbres. Siluandre, comme je vous ay dit, estoit aux écoutes, & n'en perdoit vne seule parole: Laonice d'autre costé qui s'estoit endormie en ce lieu, s'esueilla au commencement de leur discours, & les reconnoissant tous deux, fut infiniment aise de s'y estre trouuée si à propos, s'asseurant bien qu'ils ne se separeroient point, qu'ils ne luy apprinssent beaucoup de secrets, dont elle esperoit se seruir à leur ruine: Et il aduint ainsi qu'elle l'auoit esperé, car Phillis oyant dire à Lycidas qu'il estoit jaloux, luy repliqua fort haut, & de qui, & pourquoy? Ah! Bergere, respondit l'affolé Lycidas, me faites vous ceste demande? Dittes moy, je vous supplie, d'où procederoit ceste grande froideur enuers moy depuis quelque temps, & d'où ceste familiarité que vous auez si estroitte auec Siluandre, si l'amitié que vous me souliez porter n'estoit point changée à son auantage? Ah! Bergere, vous deuiez bien croire que mon cœur n'est pas insensible à vos coups, puis qu'il a si viuement ressenty ceux de vos yeux. Combien y a t'il que vous vous estes retirée de moy? que vous ne vous plaisez plus à parler à moy? & qu'il semble que vous allez mandiant toutes les autres compagnies pour fuir la mienne? où est le soin que vous auiez autrefois de vous enquerir de mes nouuelles, & l'ennuy que vous rapportoit mon retardement hors de vostre presence? Vous pouuez vous ressouuenir combien le nom de Lycidas vous estoit doux, & combien de fois il vous eschappoit de la bouche pour l'abõdance du cœur en pensant nommer quelqu'autre. Vous en pouuez-vous ressouuenir, dy-je, & n'auoir à ceste heure dans ce mesme cœur, & dans ceste mesme bouche que le nom & l'affection de Siluandre, auec lequel vous viuez de sorte qu'il n'est pas jusques aux plus estrangers qui sont en ceste contrée, qui ne reconnoissent que vous l'aimez? & vous trouuez estrange que moy qui suis ce mesme Lycidas, que j'ay tousiours esté, & qui ne suis né que pour vne seule Phillis, sois entré en doute de vous? L'extréme déplaisir de Lycidas luy faisoit naistre vne si grande abondance de paroles en la bouche, que Phillis pour l'interrompre ne pouuoit trouuer le temps de luy respondre, car si elle ouuroit la bouche pour commencer, il continuoit encore auec plus de vehemence, sans considerer que sa plainte estoit celle qui rengregeoit son mal, & que s'il y auoit quelque chose qui le pût alleger, c'estoit la seule respõse qu'il ne vouloit escouter: & au contraire ne connoissant pas que ce torrẽt de paroles ostoit le loisir à la Bergere de luy

respondre

respondre, il iugeoit que son silence procedoit de se sentir coulpable, si bien qu'il alloit augmentant sa ialousie à tous mouuemens & à toutes les actiós qu'il luy voyoit faire; dequoy elle se sentit si surprise & offensée, que toute interditte elle ne sçauoit par quelles paroles elle deuoit commencer, ou pour se plaindre de luy, ou pour le sortir de l'opinió où il estoit: mais la passion du Berger, qui estoit extréme, ne luy laissa pas beaucoup de loisir à y songer: car encor qu'il fust presque nuit, si la vid-il rougir, ou pour le moins il luy sembla de le voir, qui fut bien la conclusion de son impatience, tenant alors pour certain, ce dequoy il n'auoit encore que douté. Et ainsi sans attendre dauantage, apres auoir reclamé deux ou trois fois les Dieux, iustes punisseurs des infidelles, il s'en alla courant dans le bois, sans vouloir escouter, ny attendre Phillis, qui se mit apres luy, pour luy descouurir son erreur, mais ce fut en vain: car il alloit si viste, qu'elle le perdit incontinant dans l'espoisseur des arbres. Et ce pendant Laonice bien aise d'auoir découuert ceste affection, & de voir vn si bon commencement à son dessein, se retira comme de coustume auec la Bergere sa compagne, & Siluandre d'autre costé se resolut, puis que Lycidas prenoit à si bon marché tant de ialousie, de la luy vendre à l'aduenir vn peu plus cherement, feignant de vrayemét aymer Phillis, lors qu'il le verroit aupres d'elle.

Ll

LE NEVFIESME LIVRE DE LA PREmiere partie d'Astree.

LEONIDE ce pendant arriua en la maison d'Adamas, & luy ayant fait entédre, que Galathée auoit infiniment affaire de luy, & pour vn sujet fort pressé, que elle luy diroit par les chemins, il resolut pour ne luy desobeir de partir aussi tost que la Lune esclaireroit, qui pouuoit estre vne demie heure auant iour. En ceste resolution, aussi tost que la clairté commença de paroistre, ils se mirent en chemin, & lors qu'ils furent au bas de la colline, n'ayant plus qu'vne plaine qui les conduisoit au Palais d'Isoure, La Nymphe à la requeste de son oncle, reprit la parole de ceste sorte.

Ll ij

HISTOIRE DE GALATHEE ET LINDAMOR.

Mon pere (car elle l'appelloit ainsi) ne vous estonnez point, ie vous supplie, d'oüyr ce que j'ay à vous dire, & lors que vous en aurez occasion, ressouuenez-vous que ce mesme Amour en est cause, qui autrefois vous a poussé à semblables ou plus estranges accidents. Ie n'oserois vous en parler si ie n'en auois permission, voire s'il ne m'auoit esté commandé, mais Galathée à qui cét affaire touche, veut bien, puis qu'elle vous a esleu pour medecin de son mal, que vous en sçachiez, & la naissance, & le progrez: toutefois elle m'a commandé de tirer parole de vous, que vous n'en direz jamais rien. Le Druide qui sçauoit quel respect il deuoit à sa Dame (car pour telle la tenoit-il) luy respondit, qu'il auoit assez de prudence pour celer ce qu'il sçauroit importer à Galathée, & qu'en cela la promesse estoit superfluë. Sur ceste asseurance, continua Leonide, ie paracheueray donc de vous dire ce qu'il faut que vous sçachiez: Il y a fort long temps que Polemas deuint amoureux de Galathée, de dire comme cela aduint, il seroit inutile, tant y a qu'il l'aima de sorte, qu'à bon escient on l'en pouuoit dire Amoureux. Ceste affection passa si auant, que

Galathée mefme ne la pouuoit ignorer tant s'en faut, en particulier elle luy fit plufieurs fois paroiftre de n'auoir point fon feruice defagreable: Ce qui le lia fi bien, que rien depuis ne l'en a jamais peu diftraire, & c'eft fans doute que Galathée auoit bien quelque occafion de fauorifer Polemas: car il eftoit homme qui meritoit beaucoup. Pour fa race, il eft comme vous fçauez de cet ancien tige de Surieu, qui en nobleffe ne cede pas mefme à Galathée, quant à ce qui eft de fa perfonne il eft fort agreable, ayant & le vifage & la façon affez capable de donner de l'Amour; fur tout il a beaucoup de fçauoir, faifant honte en cela aux plus fçauants: Mais à qui vay-je racontant toutes ces chofes, vous le fçauez, mon pere, beaucoup mieux que moy, tant y a que ces bonnes conditions le rendoient tellement recommandable, que Galathée le daigna bien fauorifer, plus que tout autre qui pour lors fuft à la Cour d'Amafis. Toutefois ce fut auec tant de difcretion, que perfonne ne s'en prit jamais garde. Or Polemas ayant ainfi le vent fauorable, viuoit content de foy-mefme, autant qu'vne perfonne fondée fur l'efperance le peut eftre. Mais cet inconftant Amour, ou pluftoft cefte inconftante fortune, qui fe plaift, au changement, voire qui s'en nourrit, voulut que Polemas, auffi bien que le refte du monde, reffentift quelles font les playes qui procedent de fa main. Vous pourrez vous ressouuenir, qu'il y a quelque temps qu'Amasis permit à Clidaman de nous donner à toutes des seruiteurs. De ceste occasion comme d'vn essaim, sont sortis tant d'Amours, qu'outre que toute nostre Cour en fut peuplée, tout le païs mesme s'en ressentit. Or entr'autres par hazard Lindamor fut donné à Galathée, il auoit beaucoup de merites, toutefois elle le receut aussi froidement que la ceremonie de ceste feste le luy pouuoit permettre : mais luy qui peut-estre des-ja auparauant auoit eu quelque intention, qu'il n'auoit pas osé faire paroistre outre les bornes de sa discretion, fut bien aise que ce sujet se presentast pour esclorre les beaux desseins qu'Amour luy auoit fait conceuoir, & de dóner naissance sous le voile de la fiction à de tres-veritables passions. Si Polemas ressentit le commencement de ceste nouuelle amitié, le progrez luy en fut encor plus ennuyeux: D'autant que le cómencement estoit couuert de l'ombre de la courtoisie, & de l'exemple de toutes les autres Nymphes, si bien qu'encor que Galathée le receust auec quelque apparence de douceur, cela par raison ne le pouuoit offenser, puis qu'elle y estoit obligée par la loy qui estoit commune: mais quand ceste recherche continua, & plus encor quand passant les bornes de la courtoisie, il vid que c'estoit à bon escient, ce fut lors qu'il ressentit les effets que la jalousie produit en vne ame qui aime bien. Galathée de son costé n'y pensoit point, ou pour le moins ne croyoit pas en venir si auant, mais les occasions, qui comme enfilées se vont trainant l'vne l'autre, l'emporterent si auant, que Polemas pouuoit bien estre excusé en quelque sorte, s'il se laissoit blesser à vn glaiue si trenchant, & si la jalousie pouuoit plus que l'asseurance que ses seruices luy donnoiét. Lindamor estoit gentil, & n'y auoit rien qui se pûst desirer en vne personne bien née, dont il ne se deust contenter, courtois entre les Dames, braue entre les guerriers, plein de valeur & de courage, autant qu'autre qui ait esté en nostre Cour dés plusieurs années. Il auoit esté iusques en l'âge de vingt & cinq ans, sans ressentir les effets qu'Amour a accoustumé de causer dans les cœurs de son âge, non que de son naturel il ne fust seruiteur des Dames, ou qu'il eust faute de courage pour en hazarder quelqu'vne, mais pour s'estre tousiours occupé à ces exercices, qui esloignent l'oysiueté, il n'auoit donné loisir à ses affections de jetter leurs racines en son ame: Car dés qu'il pût porter le faix des armes, poussé de cét instinct genereux, qui porte les courages nobles aux plus dangereuses entreprises, il ne laissa occasion de guerre où il ne rendist tesmoignage de ce qu'il estoit: depuis estant reuenu voir Clidaman, pour luy rendre le deuoir à quoy il luy estoit obligé, en mesme temps il se donna à deux, à Clidaman, comme à son seigneur, & à Galathée, comme à sa Dame, & à l'vn & à l'autre sans l'auoir desseigné : mais la courtoisie du jeune Clidaman, & les merites de Galathée auoient des aymants de vertu trop puissants, pour ne l'attirer à leur seruice. Voila donc, comme ie vous disois, Lindamor amoureux, mais de telle sorte, que son affection ne se pouuoit plus couurir du voile de la courtoisie. Polemas comme celuy qui y auoit interest le reconnut bien tost, toutefois encor qu'ils fussent amis, si ne luy en fit-il point de semblant. Au contraire, se cachant entierement à luy, il ne taschoit que de s'asseurer dauantage de ceste Amour, afin de la ruiner par tous les artifices qu'il pourroit, comme il s'essaya depuis. Et parce que dés le retour de Lindamor il auoit, comme ie vous disois, fait profession d'amitié auec luy, il luy fut aisé de continuer. En ce temps Clidaman commença de se plaire aux tournois, & aux joustes, où il reüssissoit fort bien, à ce que l'on disoit, pour son commencement : Mais sur tous Lindamor emportoit tousiours la gloire du plus adroit & du plus gentil, dont Polemas portoit vne si grande peine, qu'il ne pouuoit dissimuler sa mauuaise volonté, & pensant, s'il faisoit ses parties auec luy, d'en emporter la plus grande gloire, parce qu'il estoit plus âgé, & de plus longue main à la Cour, il estoit tousiours dans tous les desseins de son riual, mais Lindamor qui ne se doutoit point de l'occasion qui le luy faisoit faire, y alloit sans contrainte, & cela rendoit ses actions plus agreables, ce que ne faisoit pas Polemas, qui auoit vn dessein caché, où il falloit qu'il vsast d'artifice : de sorte qu'il luy seruoit presque de lustre. Et mesmes le dernier des Baccanales, que le jeune Clidaman fit vn tournoy, pour soustenir la beauté de Siluie, Guiemants, & Lindamor firent tout ce que des hommes pouuoiét faire, mais entre tous, Lindamor y eut tant de grace, & tant de bon-heur, que quand Galathée n'en eust point esté le juge, Amour toutefois eust donné l'arrest contre Polemas. La Nymphe qui commençoit d'auoir des yeux aussi bien pour le reste des hommes, que jusques alors elle n'en auoit eu que pour Polemas, ne pût s'empescher de dire beaucoup de choses à l'aduantage de Lindamor. Et voyez comme l'Amour se joüe & se mocque de la prudéce des Amãts! Ce que Polemas auec tãt de soing, & d'artifice va recherchant pour s'auantager par dessus Lindamor, luy nuit le plus, & le rend presque son inferieur : car chacun faisant comparaison des actions de l'vn & de l'autre, y trouuoit tant de difference, qu'il eust mieux valu pour luy, ou de n'y point assister, ou qu'il s'en fust declaré ennemy tout à fait. Ce fut ce soir mesme que Lindamor, poussé de son bon demon (ie croy quant à moy, qu'il y a des jours heureux, & d'autres mal-heureux) se declara à bon escient seruiteur de la belle Galathée, mais l'occasion aussi luy fut toute telle qu'il eust sceu desirer, car dansant ce bal, que les Francs ont nouuellement apporté de Germanie, auquel l'on va dérobant celle que l'on veut; conduit d'Amour, mais beaucoup plus poussé à ce que ie croy du destin, il déroba Galathée à Polemas, qui plus attentif à son discours qu'au bal, n'y prenoit pas garde, & alloit à l'heure mesme, reprochant à la Nymphe la naissante amitié qu'il preuoyoit de Lindamor: Elle qui n'y auoit point encor pensé à bon escient, l'offensa de ce discours, & receut si mal ses paroles, qu'elles luy rendirent celles de Lindamor d'autant plus agreables, qu'il luy sembloit en cela se venger de ce soupçonneux. Ce qui m'en fait parler ainsi, c'est que nul ne le peut mieux sçauoir que moy, qui semble auoir esté destinée, pour ouir toutes ces Amours: car soudain que nous fusmes retirées, & que Galathée fut dans le lit, elle me commanda de demeurer au cheuet pour luy tenir la bougie, c'estoit lors qu'elle lisoit les depesches qui luy venoient, & mesme celles qui estoient d'importance: Ce soir elle en fit le semblant pour donner occasion aux Nymphes de la laisser seule, & quand elles furent toutes sorties, elle me commanda de fermer la porte, puis me fit asseoir sur le pied du lit, & apres auoir vn peu sousry, elle me dit: Encor faut-il, Leonide que vous riez de la gratieuse rencontre qui m'est aduenuë au bal; vous sçauez qu'il y a des-ja quelque temps que Polemas a pris volonté de me feruir, car ie ne le vous ay point celé, & d'autant qu'il me fembloit qu'il viuoit enuers moy auec tant d'honneur, & de refpect, il ne faut point en mentir, fon feruice ne m'a point efté defagreable, & ie l'ay reçeu auec vn peu plus de bonne volonté, que des autres de cefte Cour, non toutefois qu'il y ait eu aucun Amour de mon cofté : ie ne veux pas dire, que peut eftre, comme l'Amour flatte toufiours fes malades d'efperance, il ne fe foit figuré ce qu'il a defiré, mais la verité eft, que ie n'ay jamais encores jugé qu'il euft pour moy quelque chofe capable de m'en donner, ie ne fçay ce qui pourroit aduenir, & m'en remets à ce qui en fera, mais pour ce qui eft jufques icy, il n'y a aucune apparence. Or Polemas qui a veu que j'oyois ce qu'il me vouloit dire, & que ie l'efcoutois auec patience, rendu d'autant plus hardy, qu'il ne remarquoit point que ie vefquiffe auec aucun autre de cefte forte, a paffé fi outre, qu'il ne fçait plus ce qu'il fait, tant il eft hors de foy. Et de fait, ce foir, il a dácé auec moy quelque temps, au commencement fi refueur, que j'ay efté contrainte fans y penfer de luy demander ce qu'il auoit : Ne vous déplaira-t'il point, m'a t'il dit, fi ie le vous découure ? nullement, luy ay-je répondu, car ie ne demande jamais chofe que ie ne vueille fçauoir ; fur cefte affurance il a pourfuiuy : Ie vous diray, Madame, qu'il n'eft pas en ma puiffance de ne refuer à des actions que ie voy d'ordinaire deuant mes yeux, & qui me touchent si viuement, que si j'en auois aussi bien l'asseurance, que ie n'en ay que le soupçon, ie ne sçay s'il y auroit quelque chose assez forte, pour me retenir en vie: sans métir, j'estois encor si peu aduisée, que ie ne sçauois ce qu'il vouloit dire; toutefois me semblant que son amitié m'obligeoit à quelque sorte de curiosité, ie luy ay demandé quelles actions c'estoient qui le touchoient si viuement, alors s'arrestant vn peu, & m'ayant regardée ferme quelque temps, il m'a dit. Est-il possible, Madame, que sans fiction vous me demandiez que c'est? Et pourquoy luy ay-je respondu, ne voulez vous pas que ie le puisse faire? Par ce, à t'il adjousté, que c'est à vous, à qui toutes ces choses s'addressent, & que c'est de vous aussi d'où elles procedent, & lors voyant que ie ne disois mot, car ie ne sçauois ce qu'il vouloit dire; il a recommencé à marcher, & m'a dit: Ie ne veux plus que vous puissiez faindre en cest affaire sans rougir : car resolument ie me veux forcer de le vous dire, quoy que le discours m'en deust couster la vie. Vous sçauez, Madame, auec quelle affection, depuis que le Ciel me rendit vostre, j'ay tasché de vous rendre preuue que j'estois veritablement seruiteur de la belle Galathée; vous pouuez dire, si jusques icy vous auez reconnu quelque action des miennes tendre à autre fin qu'à celle de vostre seruice : Si tous mes desseins n'ont pris ce point pour leur but, & si tous mes desirs paruenant-là, ne se sont

monstrez satisfaits & contens : Ie m'asseure
que si ma fortune me nie de meriter quelque
chose dauantage en vous seruant, que pour le
moins elle ne me refusera pas ceste satisfactiõ
de vous, que vous aduoüerez que veritablement ie suis vostre, & à nulle autre qu'à vous.
Or si cela est, jugez quel regret doit estre le
mien, apres tant de tẽps dépendu, pour ne dire
perdu, lors que (s'il y auoit quelque raison en
Amour) ie deurois plus raisonnablement attendre quelque loyer de mon affection, ie vois
en ma place vn autre fauorisé, & heritier pour
dire ainsi de mon bien auant ma mort:excusez
moy, si j'en parle de ceste sorte, l'extréme pas-
siõ arrache ces iustes plaintes de mon ame, qui
encore qu'elle le vueille, ne peut les taire dauãtage, voyant celuy qui triomphe de moy, en
auoir acquis la victoire plus par destin, que par
merite. C'est de Lindamor, de qui ie vous parle, Lindamor, de qui le seruice est d'autant plus
heureusement receu de vous, qu'il me cede,
& en affection, & en fidelité; Mon grief n'est
pas pour le voir plus heureux, qu'il n'eust osé
souhaitter, mais ouy bien de le voir heureux
à mes despens. Excusez moy, Madame, ie
vous supplie, ou plustost excusez la grandeur
de mon affection, si ie me plains, puis que ce
n'est qu'vne plus apparẽte preuue du pouuoir
que vous auez sur vostre tres-humble seruiteur: Et ce qui me fait parler ainsi, c'est pour
remarquer que vous vsez enuers luy des mesmes paroles, & des mesmes façons de traitter

que vous fouliez enuers moy, à la naiſſance de voſtre bône volonté, & lors que vous me permiſtes de vous parler, & de pouuoir dire en moy meſme, que vous ſçauiez mon affection. Cela me met hors de moy-meſme, auec tãt de violence, qu'à peine puis-je cõmander à ces furieux mouuemẽs que vous me faites, que l'offenſe produit en mõ ame, qu'ils n'en faſſẽt naiſtre des effets au delà de la diſcretion. Il vouloit parler d'auantage, mais l'affection en quoy il eſtoit, luy a ſi promptement oſté la voix, qu'il ne luy a pas eſté poſſible de continuer plus outre. Si ie me ſuis offenſée de ſes paroles, vous le pouuez juger, car elles eſtoient, & temeraires, & plaines d'vne vanité qui n'eſtoit pas ſuportable; toutefois à fin de ne donner connoiſſance de ce trouble, à ceux qui n'ont des yeux que pour eſpier les actions d'autruy, ie me ſuis contrainte de luy faire vne reſponſe vn peu moins aigre que ie n'euſſe fait, ſi j'euſſe eſté ailleurs. Et luy ay dit: Polemas, ce que vous eſtes, & ce que ie ſuis, ne me laiſſera jamais douter, que vous ne ſoyez mon ſeruiteur, tãt que vous demeurerez en la maiſon de ma mere, & que vous ferez ſeruice à mon frere: Mais ie ne puis aſſez m'eſtõner des folies que vous allez meſlant en voſtre diſcours, en parlant d'heritage, & de voſtre bien, en ce qui eſt de mon amitié, ie ne ſçay par quel droit vous me pretendriez voſtre: mon intention, Polemas, a eſté de vous aimer, & eſtimer comme voſtre vertu le merite, & ne vous deuez rien figurer outre cela;

& quand à ce que vous dittes de Lindamor, sortez d'herreur, car si j'en vse de mesme auec luy, que j'ay fait auec vous, vous deuez croire que j'en feray de mesme auec tous ceux qui par cy apres le meriteront, sans autre dessein plus grand que d'aimer, & d'estimer ce qui le merite, en quelque sujet qu'il se trouue. Et quoy, Madame, luy dis-je lors en l'interrompant, vous semble-t'il que ceste responfe soit douce? Ie ne sçay pas que vous eussiez pû honnestement luy dire dauantage : car à la verité il faut auoüer qu'il est outrecuidé, mais si ne peut-on nier que ceste outrecuidance ne soit née en luy auec quelque apparence de raison. De raison? me respondit incontinent la Nimphe, & quelle raison en cela pourroit-il alleguer? Plusieurs, Madame, luy repliquay-je, mais pour les taire toutes, sinon vne ; ie vous diray, que veritablement vous auez permis qu'il vous ait seruie auec plus de particularité que toute autre. C'est par ce, dit Galathée, qu'il me plaisoit dauantage, que le reste des seruiteurs de mon frere. Ie le vous aduoüe, respondis-je, & se voyant plus auant en vos bonnes graces, que pouuoit-il moins esperer que d'estre aymé de vous? Il a tant ouy raconter des exemples d'Amour entre des personnes inégales, qu'il ne pouuoit se flatter moins que d'esperer cela mesme pour luy, qu'il oyoit raconter des autres, & me souuient que sur ce mesme sujet il fit des vers qu'il chanta deuant vous, il y a quelque temps, lors que

vous luy commandiez de celer son affection,
ils estoient tels.

SONNET.

Pourquoy si vous m'aimez, craignez vous qu'on
le sçache ?
Est-il rien de plus beau qu'vne honneste amitié ?
Les esprits vertueux l'vn à l'autre elle attache
Et loing des cœurs humains bannit l'inimitié :

Si vostre esleƈtion est celle qui vous fasche,
Et que vous me jugiez trop indigne moitié,
Orgueilleuse beauté qu'à chacun on le cache,
Sans que jamais en vous se monstre la pitié.

Mais toutefois Didon d'vn corsaire n'a honte,
Paris jeune Berger, son Oenone surmonte,
Et Diane s'esmeut pour son Endimion.

Amour n'a point d'égard à la grandeur Royale,
Au sceptre le plus grand la houlette il égale,
Et sans plus luy suffit la pure affeƈtion.

Alors Adamas luy demanda : Et comment, Leonide, il semble par les paroles de Galathée qu'elle mesprise Polemas, & par ces vers il n'y a personne qui ne jugeast qu'elle l'aime, & qu'il ne puisse seulement patienter qu'elle le dissimule? Mon pere, luy repliqua Leonide, il est tout vray qu'elle l'aimoit, & qu'elle luy en auoit tant rendu de preuue, qu'en le croyãt il n'estoit pas si outrecuidé, qu'on l'eust peu
tenir pour

tenir pour homme de peu d'entendement en ne le croyant pas; & quoy qu'elle voulust faindre auec moy, si est ce que ie sçay bien qu'elle l'auoit attiré par des artifices, & par des esperances de bonne volonté, dont les arres n'estoient pour le commencement si petites, que plusieurs autres n'y eussent esté deceuz. & ie ne sçay, voyant donner de si grandes asseurances, qui eust creu qu'elles les eust voulu perdre, & se dédire du marché: mais il merite ce chastiment, pour la perfidie dont il a vsé enuers vne Nymphe, de qui l'affection deceuë a crié vengeance, de sorte qu'Amour l'a en fin exaucée: car sans mentir, c'est le plus trompeur, le plus ingrat, & le plus indigne d'estre aimé, pour ceste méconnoissance, qui soit sous le Ciel & ne merite pas qu'on le plaigne, s'il ressent la douleur que les autres ont soufferte pour luy.

Adamas la voyant ainsi esmeuë contre Polemas, luy demanda qui estoit la Nymphe qu'il auoit deceuë, & luy dit, qu'elle deuoit estre de ses amies, puis qu'elle en ressentoit l'offense si viuement. Elle reconneut alors qu'elle auoit trop cedé à la passion, & que sans y penser elle faisoit connoistre ce qu'elle auoit tenu secret si long temps, toutefois comme elle auoit vn esprit vif, & qui ne tomboit jamais en deffaut, elle couurit par ses dissimulations si bien ceste erreur, qu'Adamas pour lors n'y prit pas garde. Et quoy, ma fille, luy dit Adamas, ne sçauez vous pas que les hommes viuent auec

« dessein de vaincre, & parachever tout ce qu'ils
» entreprennent, & que l'amitié qu'ils font pa-
» roistre à vous autres femmes, n'est que pour
» s'en faciliter le chemin. Voyez vous, Leonide,
» tout Amour est pour le desir de chose qui def-
» faut, le desir estant assouuy, n'est plus desir,
» n'y ayant plus de desir, il n'y a plus d'Amour.
» Voyla pourquoy celles qui veulent estre long
» temps aimées, sont celles qui donnent moins
» de satisfaction aux desirs des Amants. Mais,
adiousta Leonide, celle dont ie parle est vne
de mes particulieres amies, & ie sçay que jamais elle n'a traitté enuers Polemas, qu'auec
toute la froideur qui se peut dire : Cela aussi,
repliqua Adamas, fait perdre le desir, car le desir se nourrit de l'esperance, & des faueurs.
» Or tout ainsi que la méche de la lampe s'e-
» steint quand l'huile deffaut; de mesme le desir meurt, lors que sa nourriture luy est ostée:
» voila pourquoy nous voyons tant d'Amours
qui se changent, les vnes par trop, & les autres par trop peu de faueurs : mais retournons
à ce que vous disiez à Galathée ? qu'est-ce
qu'elle vous respondit ? Si Polemas, respondit
Leonide, eust eu, me dit-elle, autant de jugement pour se mesurer, que de temerité pour
m'oser aimer, il eust receu ces faueurs de ma
courtoisie, & non pas de mon Amour: Mais,
continua Galathée, cela n'a rien esté au prix
de l'accident qui est arriué en mesme temps,
car à peine auois-je respondu à Polemas, ce
que vous auez ouy, que Lindamor suiuant

le cours de la danse, m'est venu desrober, & si dextrement, que Polemas ne l'a sçeu éuiter, ny par mesme moyen me respondre qu'auec les yeux: mais certes il l'a fait auec vn visage si renfroigné, que ie ne sçay comme j'ay peu m'empescher de rire: Quant à Lindamor, ou il ne s'en est pris garde, ou le reconnoissant, il ne l'a voulu faire paroistre, tant y a qu'incontinent apres il m'a parlé de sorte, que cela suffisoit bien à faire deuenir entierement fol le pauure Polemas, s'il l'eust ouy. Madame, m'a t'il dit, est-il possible que toutes choses aillent tant au rebours, & que la fainte reüssisse si vraye, & les presages aussi, que vos yeux me dirent à l'abord que ie les vis? Lindamor, luy ay-je dit, ce seroit estre puny comme vous meritez, si faignant vous rencontriez la verité. Ceste punition, m'a-t'il respondu, m'est si agreable, que ie me voudrois mal, si ie ne l'aimois, & cherissois, comme le plus grand heur qui me puisse arriuer. Qu'entendez vous par là, luy ay-je dit: car peut-estre parlons nous de chose bien differente? I'entends, dit-il, qu'en ce jeu du bal, ie vous ay desrobée, & qu'en la verité de l'Amour, vous m'auez dérobé & l'ame & le cœur. Alors rougissant vn peu, ie luy ay respondu comme en colere: Et quoy, Lindamor, quels discours sont les vostres? Vous ressouuenez-vous pas qui ie suis, & qui vous estes? Si fay, dit-il, Madame, & c'est ce qui me conuie à vous parler de ceste sorte, car n'estes vous pas Madame, & ne suis-

M m ij

ie pas vostre seruiteur ? Ouy, luy ay-je respondu, mais ce n'est pas en la sorte que vous l'entendez: car vous me deuez seruir auec respect & non point auec Amour, ou s'il y a de l'affection, il faut qu'elle naisse de vostre deuoir Il a incontinent repliqué, Madame, si ie ne vous sers auec respect, jamais diuinité n'a esté honorée d'vn mortel: mais que ce respect soit le pere ou l'enfant de mon affection, cela vous importe peu, car ie suis resolu quelle que vous me puissiez estre, de vous seruir, de vous aimer, & de vous adorer, & en cela ne croyez point que le deuoir, à quoy Clidaman par son jeu nous a sousmis, en soit la cause, il en peut bien estre la couuerture : mais en fin vos merites, vos perfections, ou pour mieux dire mon destin me donne à vous, & j'y consents, car ie reconnois que tout homme qui vit sans vous aimer, ne merite le nom d'homme. Ces paroles ont esté proferées auec vne certaine vehemence, qui m'a bié fait connoistre qu'il disoit veritablement ce qu'il auoit en l'ame, & voyez ie vous supplie la plaisante rencontre ? ie n'auois jamais pris garde à ceste affection, pensant que tout ce qu'il faisoit fust par jeu, & ne m'en fusse jamais apperceuë, sãs la jalousie de Polemas, mais depuis j'ay eu tousiours l'œil sur Lindamor, & ne faut point que j'en mente, ie l'ay trouuay capable de donner aussi bien de l'Amour, que de la jalousie, de sorte qu'il semble que l'autre ait esguisé le fer dont il a voulu trancher le file du peu d'amitié que ie luy portois, car ie ne sçay comment Polemas, depuis ce temps-là, me déplaist si fort en toutes ses actions, qu'à peine l'ay-je peu souffrir pres de moy le reste du soir : au contraire tout ce que Lindamor fait me reuient de sorte, que ie m'estonne de ne l'auoir plustost remarqué. Ie ne sçay si Polemas pour estre interdit a changé de façon, ou si la mauuaise opinion que j'ay conceuë de luy, m'a changé les yeux pour son regard ; tant y a que, ou mes yeux ne voyent plus comme ils souloient, ou Polemas n'est plus celuy qu'il souloit estre. Il ne faut point que j'en mente, quand Galathée me parla de ceste sorte contre luy, ie n'en fus pas marrie, à cause de son ingratitude, au contraire, pour luy nuire encor d'auantage, ie luy dis : Ie ne m'estonne pas, Madame, que Lindamor vous reuienne plus que Polemas, car les qualitez, & les perfections de l'vn & de l'autre ne sont pas égales ; chacun qui les verra fera bien le mesme jugement que vous. Il est vray qu'en cecy ie preuoy vne grande broüillerie, premierement entre-eux, & puis entre vous, & Polemas. Et pourquoy, me dit Galathée ? auez vous opinion qu'il ait quelque puissance sur mes actions, ou sur celles de Lindamor ? Ce n'est pas cela, luy dis-je, Madame ; mais ie connoy assez l'humeur de Polemas ; il ne laissera rien d'intenté, & remuëra le Ciel & la terre, pour reuenir au bon-heur qu'il croira d'auoir perdu, & comme cela, il fera de ces folies, qui ne se peuuent cacher qu'à ceux qui ne les veulent point voir, & vous en aurez du desplaisir, & Lindamor s'en offensera; & Dieu vueille qu'il n'en aduienne encor pis. Rien, rien, Leonide, me respondit-elle; si Lindamor m'aime, il fera ce que ie luy commanderay, s'il ne m'aime pas, il ne se souciera guiere de ce que Polemas fera, & pour luy s'il sort des limites de raison, ie sçay fort bien comme il l'y faudra remettre, & m'en laissez la peine : car j'y pouruoiray bien. A ce mot elle me commanda de tirer le rideau, & la laisser reposer, pour le moins si ses nouueaux desseins le luy permettroient. Mais au sortir du bal, Lindamor qui auoit pris garde à la mine que Polemas auoit faitte, quand il luy auoit osté Galathée, eut quelque opinion qu'il l'aimast, toutefois n'en ayant jamais rien connu par ses actions passées, il voulut le luy demander, resolu s'il l'en trouuoit, Amoureux, de tascher de s'en diuertir, par ce qu'il se sentoit en quelque sorte obligé à cela, pour l'amitié qu'il luy auoit fait paroistre, qu'il pensoit estre veritable, & ainsi l'abordant, le pria de luy pouuoir dire vn mot en particulier. Polemas qui vsoit de toute la finesse dont vn homme de cour peut estre capable, peignit son visage d'vne fainte bien-vueillance, & respondit: Qu'est-ce qu'il plaist à Lindamor de me commander? Ie n'vseray jamais, dit Lindamor, de commandement, où ma priere seule doit

auoir quelque lieu ; & pour cefte heure ie
ne me veux feruir de l'vn ny de l'autre : mais
feulement en amy, que ie vous fuis, vous demander
vne chofe, que noftre amitié vous
oblige de me dire. Quoy que ce puiffe eftre,
repliqua Polémas, puis que noftre amitié
m'y oblige, vous deuez croire que ie vous refpondray
auec la mefme franchife que vous
fçauriez defirer ? C'eft, adioufta Lindamor,
qu'apres auoir feruy quelque temps Galathée,
felon que j'y eftois obligé par l'ordonnance
de Clidaman, en fin j'ay efté contraint de le
faire par celle de l'Amour, car il eft tout vray
qu'apres l'auoir long temps feruie par la difpofition
de la fortune, qui me donna à elle, fes
merites m'ont depuis tellement acquis, que
ma volonté a ratifié ce don, auec tant d'affection,
que de m'en retirer, ce feroit autant deffaut
de courage, que c'eft maintenāt outrecuidance
de dire que j'ofe l'aimer : Toutefois l'amitié
qui eft entre vous & moy, eftant contractée
de plus longue main que ceft Amour, me
donne affez de refolution pour vous dire, que
fi vous l'aimez, & auez quelque pretention en
elle, j'efpere encor auoir tant de puiffance fur
moy, que ie m'en retireray, & donneray connoiffance
que l'Amour en moy, eft moins que
l'amitié, ou pour le moins que les folies de
l'vn cedent aux fageffes de l'autre. Dittes moy
donc franchement ce que vous auez en l'ame,
à fin que voftre amitié, ny la mienne,
ne fe puiffent plaindre de nos actions : Ce

que ie vous en dy n'eſt pas pour découurir ce qui eſt de vos ſecrettes intentions, puis que vous ouurît les miennes, vous ne deuez craindre que ie ſçache les voſtres, outre que les loix de l'amitié vous commandent de ne me les celer pas, veu que non point la curioſité, mais le deſir de la conſeruation de noſtre bien-veillance, me fait le vous demander. Lindamor parloit à Polemas auec la meſme frâchiſe que doit vn amy: pauure, & ignorant Amant, qui croyoit qu'en Amour il s'en puſt trouuer: au contraire le diſſimulé Polemas luy reſpondit: Lindamor, ceſte belle Nymphe de qui vous parlez, eſt digne d'eſtre ſeruie de tout l'Vniuers, mais quant à moy ie n'y ay aucune pretention. Bien, vous diray-je, qu'en ce qui eſt de l'Amour, ie ſuis d'aduis que chacun y faſſe de ſon coſté ce qu'il pourra. Lindamor ſe repentit lors, de luy auoir tenu langage ſi plein de courtoiſie, & de reſpect, puis qu'il en vſoit ſi mal: & ſe reſolut de faire tout ce qui ſeroit en luy, pour s'aduancer aux bonnes graces de la Nymphe; & toutefois il luy reſpondit: Puis que vous n'y auez point de deſſein, ie m'en reſiouis, comme de la choſe qui me pouuoit arriuer la plus aggreable, d'autant que de m'en retirer, ce m'euſt eſté vne peine, qui n'euſt eſté guiere moindre que la mort. Tant s'en faut, adjouſta Polemas, que j'y aye quelque pretention d'Amour, que ie ne l'ay jamais regardée que d'vn œil de reſpect, tel que nous ſommes tous obligez de luy rendre. Quant à moy, repliqua Lindamor, j'honore bien Galathee comme Dame, mais aussi ie l'aime comme belle Dame, & me semble que ma fortune peut pretendre aussi haut qu'il est permis à mes yeux de regarder, & que nul n'offense vne diuinité en l'aimant. Auec semblables discours ils se separerent tous deux assez mal satisfaits l'vn de l'autre, toutefois bien differemment, car Polemas l'estoit de jalousie, & Lindamor pour reconnoistre la perfidie de son amy. Dés ce iour ils vesquirent d'vne plaisante sorte, car ils estoient ordinairement ensemble, & toutefois ils se cachoient leurs desseins, non pas Lindamor en apparence, mais en effet il se cachoit en tout ce qu'il proposoit, & qu'il desseignoit de faire, & sçachant bien que les occasions passées ne se peuuent r'appeller, il ne laissoit perdre vn seul moment de loisir, qu'il n'employast à faire paroistre son affection à la Nymphe; enquoy certes il ne perdit ny son temps ny sa peine, car elle eut tellemét agreable la bonne volóté qu'il luy faisoit paroistre, que si elle n'auoit pas tant d'Amour que luy dedans les yeux, elle en auoit bien autant pour le moins dans le cœur; & par ce qu'il est fort mal aisé de cacher si bien vn grand feu, que quelque chose ne s'en descouure, leurs affections, qui commençoient à brusler à bon escient, se pouuoient difficilement couurir, de quelque prudence qu'ils y vsassent: Cela fut cause que Galathee se resolut de parler le moins souuent qu'il luy seroit possible à Lindamor, & de trouuer quelque inuention pour luy enuoyer de ses lettres, & en receuoir secrettement, & pour cet effect elle fit dessein sur Fleurial nepueu de la nourrice d'Amasis, & frere de la sienne, duquel elle auoit souuent reconneu la bonne volonté, parce qu'estant jardinier en ses beaux jardins de Montbrison, ainsi que son pere toute sa vie l'auoit esté, lors qu'õ y menoit promener Galathée, il la prenoit bien souuent entre ses bras, & luy alloit amassant les fleurs qu'elle vouloit, & vous sçauez que ces amitiez d'enfance, estant comme succées auec le lait, se tournent presque en nature: outre qu'elle sçauoit biẽ que tous vieillards estants auares, faisant du bien à cestuy-cy, elle se l'acquerroit entieremẽt. Et il aduint comme elle l'auoit desseigné : car vn jour se trouuãt vn peu esloignée de nous, elle l'appella faignant de luy demander le nom de quelques fleurs qu'elle tenoit en la main, & apres les luy auoir demandées assez haut baissant vn peu la voix, elle luy dit. Vien çà, Fleurial, m'ayme tu bien: Madame, luy respõdit-il, je serois le plus meschant hõme qui viue si je ne vous aymois plus que tout ce qui est au monde. Me puis-je asseurer, dit la Nymphe, de ce que tu dis? Que jamais, repliqua-t'il, ne puisse-je viure vn moment, si je n'eslisois plustost de faillir contre le Ciel, que contre vous. Quoy, adjousta Galathée, sans nulle sorte d'exception, fust-ce en chose qui offençast Amasis ou Clidaman. Ie ne m'enquiers point, dit à lors Fleurial, qui j'offenserois en vous seruant, car c'est à vous seule à qui je suis, & quoy que Madame me paye, c'est toutefois de vous, de qui ce bien-fait me vient, & puis quand cela ne seroit point, je vous ay toujours eu tant d'affection, que dés vostre enfance, je me donnay du tout à vous. Mais, Madame, à quoy seruent ces paroles? je ne seray jamais si heureux, que d'en pouuoir rendre preuue. Alors Galathée luy dit: Escoute Fleurial, si tu vis en ceste resolution, & que tu sois secret, tu seras le plus heureux homme de ta condition, & ce que j'ay fait pour toy par le passé, n'est rien au prix de ce que je feray: mais, voy-tu, sois secret, & te ressouuiens que si tu ne l'és, outre que d'amie que je te suis, je te seray mortelle ennemie; encor te dois-tu asseurer qu'il n'y va rien moins que de ta vie, Va trouuer Lindamor, & fais tout ce qu'il te dira, & croy que je reconnoistray mieux que tu ne sçaurois esperer, les seruices que tu me feras en cela, & préds garde à n'auoir point de langue. A ce mot Galathée nous vint retrouuer, & riant disoit que Fleurial & elle auoient long temps parlé d'Amour: Mais, disoit-elle, c'est d'Amour de jardin, car ce sót des Amours des simples. De son costé, Fleurial, apres auoir quelque temps tourné par le jardin, faignant de faire quelque chose, sortit dehors, bien en peine de cet affaire, car il n'estoit pas tát ignorát qu'il ne conneust bien le dáger où il se mettoit, fust enuers Amasis s'il estoit descouuert, fust enuers Galathée, s'il ne faisoit ce qu'elle luy auoit commandé, jugeant bien que c'estoit Amour: & il auoit oüy dire, que toutes les offenses d'Amour touchent au cœur: en fin l'amitié qu'il portoit à Galathée, & le desir du gain le fit resoudre, puis qu'il l'auoit promis, d'obseruer sa parole, & de ce pas s'en va trouuer Lindamor qui l'attendoit, car la Nymphe l'asseura qu'elle le luy enuoyeroit, & que seulement il luy fist bien entendre ce qu'il auroit à faire. Soudain que Lindamor le vid, il feignit deuant chacun de ne le connoistre pas beaucoup, & luy demanda s'il auoit quelque affaire à luy. A quoy il luy respondit tout haut, qu'il le venoit supplier de representer à Amasis ses longs seruices, & le peu de moyen qu'il auoit d'estre payé de ce qui luy estoit deu, & en fin luy parlant plus bas, luy dit l'occasion de sa venuë, & s'offrit à luy rendre tout le seruice qu'il luy plairoit. Lindamor le remercia, & luy ayant briefuemét fait entendre ce qu'il auoit affaire, il iugea la chose si aisée qu'il n'en fit point de difficulté. Dés lors, comme ie vous ay dit, quand Lindamor vouloit escrire, Fleurial faisoit semblát de presenter vne requeste à la Nymphe, & quant elle faisoit responfe, elle la luy rendoit auec le decret tel qu'elle l'auoit pû obtenir d'Amasis: Et par ce que d'ordinaire ces vieux seruiteurs ont tousiours quelque chose à demander, cestuy-cy n'auoit pas faute de sujet, pour luy presenter à toute heure de nouuelles requestes, qui obtenoient le plus souuent des responses aduantageuses outre son esperance mesme. Or durant ce temps, l'amitié que la Nymphe auoit portée à Polemas, diminua de telle sorte, qu'à peine pouuoit elle parler à luy sans mespris, ce que ne pouuant suporter, & connoissant bien que toute ceste froideur procedoit de l'amitié naissante de Lindamor, il se laissa tellement transporter, que n'osant parler contre Galathée, il ne pût s'empescher de dire plusieurs choses au desauantage de Lindamor : & entre autres que quoy qu'il fust bien honeste homme, & accomply de beaucoup de parties remarquables, toutefois la bonne opinion qu'il auoit de soy mesme n'estoit pas de celles qui se sçauent mesurer, & que pour preuue de cela, il auroit esté si outrecuidé, que de hausser les yeux à l'Amour de Galathée, & non seulemét de la conceuoir en son ame, mais encore de s'en estre vanté en parlant à luy. Discours qui paruint en fin jusques aux oreilles de Galathée; voire passa si auant, que presque toute la Cour en fut aduertie. La Nymphe en fut tellement offensée, qu'elle resolut de traitter de sorte Lindamor, qu'il n'auroit point à l'aduenir occasion de publier ses vanitez, & cela fut cause que tost apres ce bruit fut esteint, par ce qu'elle, qui estoit en colere ne parloit plus à luy, & que ceux qui remarquoient ses actions, n'y reconnoissant aucune apparence d'Amour, furent contraints de croire le contraire, & en mesme temps l'esloignement du Cheualier,

LIVRE NEVFIESME DE LA
qui suruint si promptement, y ayda beaucoup, par ce qu'Amasis l'enuoya pour vn affaire d'importance sur les riues du Rhin, mais son despart ne put estre si precipité, qu'il ne trouuast occasion de parler à Galathée, pour sçauoir la cause de son changement, & apres l'auoir espiée quelque temps, le matin qu'elle alloit au Temple auec sa mere, il se trouua si pres d'elle, & tellement au milieu de nous, que malaisément pouuoit-il estre apperceu d'Amasis; Aussi tost qu'elle le vid elle voulut changer de place, mais la retenant par la robbe, il luy dit: Quelle offense est la mienne, ou quel changement est le vostre? Elle respondit en s'en allant; Ny offense, ny changement: car je suis tousiours Galathée, & vous estes tousjours Lindamor, qui estes trop bas sujet pour me pouuoir offenser. Si ces paroles le toucherent, ses actions en rendirent tesmoignage: car quoy qu'il fust pres de son départ, si ne pût-il donner ordre à autre affaire, qu'à rechercher en soy mesme en quoy il auoit pû faillir. En fin ne se pouuant trouuer coulpable, il luy escriuit vne telle lettre.

LETTRE DE LINDAMOR
A GALATHEE.

CE n'est pas pour me plaindre de Madame, que i'ose prendre la plume, mais pour déplorer ce malheur seulement qui me rend si mesprisé de celle qui autrefois ne me souloit pas traitter de ceste sorte : Si suis-ie biē ce mesme seruiteur, qui vous a tousiours seruie auec toute sorte de respect & de sousmission ; Et vous estes ceste mesme Dame, qui la premiere auez esté la mienne. Depuis que vous me receustes pour vostre, ie ne suis point deuenu moindre, ny vous plus grande ; si cela est, pourquoy ne me iugez-vous digne du mesme traittement ? I'ay demandé conte à mon ame de ses actions, quand il vous plaira ie les vous déplieray toutes deuant les yeux. Quāt à moy, ie n'en ay pû accuser vne seule, si vous le iugez autrement m'ayant ouy, ce ne sera peu de consolation à ce pauure condamné, de sçauoir pour le moins le suiet de son supplice.

Ceste lettre luy fut portée, comme de coustume par Fleurial, & si à propos qu'encore qu'elle eust voulu, elle n'eust osé la refuser, à cause que nous estions toutes à l'entour : &

sans mentir, il est impossible que quelqu'autre pûst mieux joüer son personnage que luy: car la requeste estoit accompagnée de certaines paroles de pitié & de reuerence, tellement accómodées à ce qu'il feignoit de demāder, qu'il n'y eust eu celuy qui n'y eust esté trompé, & quāt à moy si Galathée ne me l'eust dit, jamais ie n'y eusse pris garde, mais d'autāt qu'il estoit mal-aisé, ou plustost impossible, que le jeune cœur de la Nymphe, pour se descharger n'eust quelque confidente, à qui librement elle fist entendre ce qui la pressoit si fort, entre toutes elle m'esleut, & comme plus asseuree, ce luy sembloit, & comme plus affectiōnée. Or soudain qu'elle eut receu ce papier, faignant d'auoir oublié quelque chose en son cabinet. elle m'appella, & dit aux autres Nymphes, qu'elle reuiēdroit incōtinent, & qu'elles l'attendissent là. Elle monta en sa chābre, & de la en son cabinet, sans me rien dire, je jugeois bien qu'elle auoit quelque chose qui l'ennuyoit, mais je n'osois le luy demander de crainte de l'importuner; elle l'assit, & jettant la requeste de Fleurial sur la table, elle me dit: Ceste beste de Fleurial me va toujours importunant des lettres de Lindamor: Ie vous prie Leonide, dittes luy qu'il ne m'en donne plus. Ie fus vn peu estōnée de ce changement: toutefois je sçauois bien que l'Amour ne peut demeurer longuement sans querelle, & que ces petites disputes sont des souffles qui vont dauantage allumant son brasier; neantmoins ie ne laissay de luy dire: Et
depuis

depuis quand, Madame, vous en donne-t'il? Il y a long temps, repliqua-telle, & n'en sçauiez vous rien? non certes luy dis-je Madame: Elle alors en fronçant vn peu le sourcil; il est vray me dit-elle, qu'autrefois ie l'ay eu agreable: mais à ceste heure il a abusé de ceste faueur, & m'a offensée par sa temerité. Et qu'elle est sa faute? repliquay-je. La faute adjousta la Nymphe, est vn peu grossiere, mais toutefois elle me déplaît plus qu'elle n'est d'importance; Ie vous laisse à péser quelle vanité est la sienne de faire entendre qu'il est amoureux de moy, & qu'il me l'a dit. O! Madame, luy dis-je, cela n'est peut-estre pas vray, ses enuieux l'ont inuenté pour le ruiner, & pres de vous, & pres d'Amasis. Cela est bon, repliqua-t'elle, mais cependant Polemas le dit par tout, & seroit-il possible que chacun le sçeust; & que luy seul fust sourd à ce bruit? que s'il l'oyt que n'y remedie-t'il? Et quel remede, respondis-je, voulez-vous qu'il y apporte? Quel, dit la Nymphe, la fer & le sang? Peut-estre le fait-il auec beaucoup de raison, luy dis-je: car ie me ressouuiens d'auoir ouy dire, que ce qui nous touche en l'Amour, si est sujet à la mesdisance, que le moins que l'on l'esclaircit est toujours le meilleur. Voila, me dit-elle, de bonnes excuses: pour le moins me deuroit-il demander ce que ie veux qu'il en fasse; en cela il feroit ce qu'il doit: & moy, ie serois satisfaite. Auez vous veu, luy respondis-je, la lettre qu'il vous escrit? Non, me dit-elle, & si vous diray de plus que ie n'en ver-

Nn

ray jamais, s'il m'est possible, & fuiray tant que ie pourray de parler à luy. Alors ie pris le papier de Fleurial, & ouurant la lettre ie leus tout haut ce que ie vous ay desja dit, & adjoustay à la fin. Et bien Madame, ne deuez-vous pas aymer vne chose qui est tant à vous, & ne vous offenser à l'aduenir si aisément contre celuy qui n'a point offensé? Il est bon là, me dit-elle, il y a bien apparence qu'il soit le seul qui n'ait ouy ces bruits; mais qu'il faigne tant qu'il voudra, au moins ie me console, que s'il m'ayme il payera bien l'interest du plaisir qu'il a eu à se venter de nostre Amour, & s'il ne m'ayme point, qu'il s'asseure que si ie luy ay donné quelque sujet par le passé de conceuoir vne telle opinion, ie la luy osteray bien à l'aduenir, & luy donneray occasion de l'estouffer pour grande qu'elle ayt esté: & pour commencer, ie vous prie commandez à Fleurial, qu'il ne soit plus si hardy de m'apporter chose quelconque de cet outrecuidé. Madame, luy dis-je, ie feray tousiours tout ce qu'il vous plaira me commāder, mais encor seroit-il bien necessaire de considerer meurement cet affaire, car vous pourriez vous faire beaucoup de tort en pensant offenser autruy. Vous sçauez bien quel homme est Fleurial, il n'a guiere plus d'esprit que ce qu'en peut tenir son jardin, si vous luy faites connoistre ce mauuais mesnage, entre Lindamor & vous, i'ay peur que de crainte il ne descouure cet affaire à Amasis, ou ne s'enfuye, &

ce qui le luy feroit descouurir, seroit pour s'en excuser de bonne heure. Pour Dieu, Madame, considerez quel desplaisir ce vous seroit; ne vaut-il pas mieux sans rien rompre, que vous trouuiez commodité de vous plaindre à Lindamor? & si vous ne le voulez faire, ie le feray bien, & m'asseure qu'il vous satisfera, ou bien si cela n'est vous aurez au partir de là occasion de rompre du tout ceste amitié, le luy disant à luy-mesme, sans en donner connoissance à Fleurial. De parler à luy, me dit-elle, ie ne sçaurois : De luy en faire parler, mon courage ne le peut souffrir, car ie luy veux trop de mal. Voyant qu'elle auoit le cœur si enflé de ceste offense : Pour le moins, luy dis-je, vous deuez luy escrire. Ne parlons point de cela me dit-elle, c'est vn outrecuidé, il n'a que trop de mes lettres : En fin ne pouuant obtenir autre chose d'elle, elle me permit de plier vn papier en façon de lettre, & le remettre dans la requeste de Fleurial, & la luy porter : Et cela afin qu'il ne s'apperceust de ceste dissention. Quel fust l'estonnement du pauure Lindamor, quand il receut ce papier! Il est mal-aisé de le pouuoir dire à qui ne l'auroit esprouué ; & ce qui l'affligea dauantage fut qu'il deuoit par necessité partir le matin pour aller en ce voyage, où les affaires d'Amasis, & de Clidaman l'obligeoient de demeurer assez long temps. De retarder son despart, il ne le pouuoit ; de s'en aller ainsi, c'estoit mourir. En fin il resolut à l'heure mesme, de luy rescrire encores vn coup, plus pour hazarder, que pour esperer quelque bonne fortune. Fleurial fit bien ce qu'il pût pour la representer promptement à Galathée: mais il ne le sceut faire par ce qu'elle ressentant viuement ce desplaisir, ne pouuoit supporter ceste des-vnion, qu'auec tant d'ennuy, qu'elle fut contrainte de se mettre au lict: d'où elle ne sortit de plusieurs jours. Fleurial en fin voyant Lindamor party, print la hardiesse de la venir trouuer en sa chambre, & faut que j'aduoüe la verité, parce que je voulois mal à Polemas, ie fis ce que ie pûs pour rapiecer ceste affection de Lindamor, & pour ce sujet ie donnay commodité d'entrer à Fleurial. Si Galathée fut surprise jugez-le, car elle attendoit toute autre chose plustost que celle-là toutefois elle fut contrainte de feindre, & prendre ce qu'il luy presenta, qui n'estoit que des fleurs en apparence: Ie voulus me trouuer dans la chambre, afin d'estre du conseil, & pouuoir rapporter quelque chose pour le contentement du pauure Lindamor. Et certes ie ne luy fus point du tout innutile, car apres que Fleurial fut party, & que Galathée se vid seule, elle m'appella, & me dit qu'elle pensoit estre exempte de l'importunité des lettres de Lindamor, quand il seroit party: mais à ce qu'elle voyoit il n'y auoit rien qui l'en pûst garantir. Moy qui voulois seruir Lindamor, quoy qu'il n'en sceust rien, voyant la Nymphe en humeur de me parler de luy:

j'en voulus faire la froide, sçachant bien que de la contrarier d'abord c'estoit la perdre du tout, & que de luy aduoüer ce qu'elle me diroit seroit la mieux punir, car encore qu'elle fust mal satis-faite de luy, si est-ce qu'encor l'Amour estoit le plus fort, & qu'en elle-mesme elle eust voulu que j'eusse tenu le party de Lindamor, non pas pour me ceder, mais pour auoir plus d'occasion de parler de luy, & mettre hors de son ame sa colere: si bien qu'ayant toutes ces considerations deuant les yeux, ie me teus lors qu'elle m'en parla la premiere fois: elle qui ne vouloit pas ce silence adiousta: Mais que vous semble, Leonide, de l'outrecuidance de cet homme? Madame, luy dis-je, ie ne sçay que vous en dire, sinon que s'il a failly, il en fera bien la penitence. Mais, dit-elle, que puis-je mais de sa temerité? Pourquoy m'est-il allé broüillant en ses contes? n'auoit-il point d'autres meilleurs discours que de moy? & puis (apres auoir regardé quelque temps le dessus de la lettre qu'il luy escriuoit:) j'ay bien affaire qu'il continuë de m'escrire. A cela ie ne respondis rien. Elle apres s'estre teuë quelque temps me dit: Et quoy Leonide, vous ne me respondez point? n'ay-je pas raison en ce que ie me plains? Madame, luy dis-je, vous plaist-il que ie vous en parle librement? Vous me ferez plaisir, me dit-elle. Ie vous diray donc, continuay-je, que vous auez raison en tout, sinon en ce que vous cherchez raison en Amour: car il faut que vous sçaciez, que qui

» le veut remettre aux loix de la iustice, c'est luy
» oster sa principale authorité, qui est de n'estre
» suiet qu'à soy-mesme, de sorte que ie cóclud;
» que si Lindamor a failly en ce qui est de vous
» aymer, il est coulpable ; mais si c'est aux loix
de la raison, ou de la prudence, c'est vous qui
meritez chastiment ; voulant mettre Amour
qui est libre, & qui commande à tout autre,
sous la seruitude d'vn superieur. Et quoy me
dit-elle, n'ay-je pas ouy dire que l'Amour
» pour estre loüable est vertueux ? Si cela est il
» doit estre obligé aux loix de la vertu. Amour,
» respondis-je, est quelque chose de plus grand
» que ceste vertu dót vous parlez, & par ainsi il se
» donne à soy-mesme ses loix, sans les mandier
de personne ; mais puis que vous me commandez de parler librement, dittes moy, Madame,
n'estes vous pas plus coulpable que luy, & en
ce que vous l'accusez, & en ce qui est de l'A-
mour ? car s'il a eu la hardiesse de dire qu'il
vous aymoit, vous en estes cause, puis que
vous le luy auez permis. Quand cela seroit, respondit-elle, encor par discretion, il estoit obligé de le celer. Plaignez-vous donc, luy dis-je,
de sa discretion, & non pas de son Amour :
mais luy auec beaucoup d'occasion se plaindra de vostre Amour, puis qu'au premier rapport, à la premiere opinion que l'on vous a
donnée, vous auez chassé de vous l'amitié que
vous luy portiez, sans que vous le puissiez ta-
xer d'auoir manqué à son affection. Excusez
moy, Madame, si ie vous parle ainsi franche-

ment, vous auez tout le tort du monde de le traitter de ceste façon, pour le moins si vous le vouliez condamner à tant de supplice, ce ne deuoit estre sans le conuaincre, ou pour le moins le faire rougir de son erreur. Elle demeura quelque temps à me respondre. En fin elle me dit : Et bien, bien, Leonide, le remede sera encor assez à temps quand il reuiendra, non pas que ie sois resoluë de l'aymer, ny luy permettre de m'aymer, mais ouy bien de luy dire en quoy il a failly, & en cela ie vous contenteray, & ie l'obligeray de ne me plus importuner, s'il n'est autant effronté que temeraire ? Peut-estre, Madame, luy dis-je, vous trompez vous bien, de croire qu'à son retour il sera assez temps : si vous sçauiez quelles sont les violences d'Amour, vous ne croiriez pas que les delais fussent semblables à ceux des autres affaires, pour le moins voyez ceste lettre. Cela, me repliqua-t'elle, ne seruira de rien, car aussi bien doit-il estre party, & à ce mot elle me la prit, & vit qu'elle estoit telle.

LETTRE DE LINDAMOR A GALATHEE.

AVtrefois l'Amour, à ceste heure le deses-poir de l'Amour, me met ceste plume en la main, auec dessein, si elle ne me r'apporte point de soulagement, de la changer en fer, qui me promet vne entiere, quoy que cruelle guerison: Ce papier blanc, que pour responce vous m'auez enuoyé, est bien vn tesmoignage de mon innocence, puis que c'est à dire que vous n'auez riē trouué pour m'accuser, mais ce m'est bien aussi vne asseurāce de vostre mespris, car d'où pourroit proceder ce silence, si ce n'estoit de là? L'vn me contente en moy-mesme, l'autre me desespere en vous. S'il vous reste quelque souuenir de mon fidelle seruice, par pitié ie vous demande ou la vie, ou la mort: ie parts le plus desesperé, qui iamais ait eu quelque suiet d'esperer.

Ce fut vn effet d'Amour, que le changement du courage de Galathée, car ie la vis toute attendrir, mais ce ne fut pas aussi petite preuue de son humeur altiere, puis que pour ne m'en donner connoissance, & ne pouuant commander à son visage, qui estoit deuenu pasle ; elle se lia de sorte la langue, qu'elle ne dit jamais parole qui la pût accuser d'auoir fléchy, & partit de sa chambre pour aller au jardin sans dire vn seul mot sur ceste lettre, car le Soleil commençoit à se baisser, & son mal qui n'estoit qu'vn trauail d'esprit, se pouuoit mieux soulager hors la maison que dans le lit. Ainsi donc apres s'estre vestuë vn peu legerement, elle descendit dans le jardin, & ne voulut que moy auec elle. Par les chemins, ie luy demanday s'il ne luy plaisoit pas de faire response, & m'ayāt dit que non : Vous permettrez bien, luy dis-je, pour le moins, Madame, que ie la fasse ? Voy, me dit-elle, & que voudriez vous escrire ? Ce que vous me commanderez, luy dis-je. Mais ce que vous voudrez, me dit-elle, pourueu que vous ne parliez point de moy. Vous verrez, luy respondis-je, ce que j'escriray. Ie n'en ay que faire, me dit-elle, ie m'en rapporte bien à vous. Auec ce congé, cependant qu'elle se promenoit, j'escriuis dans l'allée mesme, sur des tablettes vne responseelle qu'il me sembloit plus à propos, mais elle qui ne la vouloit voir, ne peut auoir assez de patience de me la laisser finir, sans la lire, pendant que ie l'escriuois.

RESPONSE DE LEONIDE A LINDAMOR, pour Galathée.

Tirez de vostre mal la connoissance de vostre bien; si vous n'eussiez point esté aymé, on n'eust pas ressenty peu de chose, vous ne pouuez sçauoir quelle est vostre offense que vous ne soyez present, mais esperez en vostre affection, & en vostre retour.

Elle ne vouloit pas que ceste lettre fust telle: mais en fin ie l'emportay sur son courage, & donnay à Fleurial mes tablettes, auec la clef, luy cõmandant de les remettre entre les mains de Lindamor seulement. Et le tirant à part, ie r'ouuris mes tablettes, & y adioutay ces paroles sans que Galathée le sceust.

BILLET, de Leonide à Lindamor.

Ie viens de sçauoir que vous estes party: la pitié de vostre mal me contraint de vous dire l'occasiõ de vostre desastre: Polemas a publié que vous aimez Galathée, & vous en alliez vantant: vn grand courage cōme le sien n'a peu souffrir vne si grāde offense sans ressentiment: que vostre prudence vous conduise en cet affaire auec la discretion qui vous a tousiours accompagné, à fin que pour vous aimer, & auoir pitié de vostre mal, ie n'aye en eschange dequoy me douloir de vous, à qui ie promets toute ayde & faueur.

I'enuoyay ce billet, comme ie vous ay dit, au deceu de Galathée, & certes ie m'en repentis bien peu après, cōme ie vous diray. Il y auoit plus d'vn mois que Fleurial estoit party, quand voicy venir vn Cheualier armé de toutes pieces, vn Herault d'armes inconnu auec luy, & pour oster encor mieux à chacun la connoissance de soy, il venoit la visiere baissée: A son port chacun le jugeoit ce qu'il estoit en effet; & par ce qu'à la porte de la ville le Herault auoit demandé d'estre conduit deuant Amasis, chacun, comme curieux d'ouïr chose nouuelle les alloit accompagnant. Estant montez au Chasteau, la garde de la ville les remit à celle de la porte. Et apres en auoir donné aduis à Amasis, ils furent conduits vers elle, qui desia auoit fait venir Clidaman pour donner audience à ces estrangers. Le Herault apres que le Cheualier eut baisé la robbe à Amasis, & les mains à son fils, dit ainsi auec des parolles à moitié estrangeres. Madame, ce Cheualier que voicy, nay des plus grands

» le veut remettre aux loix de la iuſtice, c'eſt luy
» oſter ſa principale authorité, qui eſt de n'eſtre
» ſujet qu'à ſoy-meſme, de ſorte que ie coclud,
» que ſi Lindamor a failly en ce qui eſt de vous
» aymer, il eſt coulpable; mais ſi c'eſt aux loix
de la raiſon, ou de la prudence, c'eſt vous qui
meritez chaſtiment; voulant mettre Amour
qui eſt libre, & qui commande à tout autre,
ſous la ſeruitude d'vn ſuperieur. Et quoy me
dit-elle, n'ay-je pas ouy dire que l'Amour
» pour eſtre loüable eſt vertueux? Si cela eſt il
» doit eſtre obligé aux loix de la vertu. Amour,
» reſpondiſ-je, eſt quelque choſe de plus grand
» que ceſte vertu dot vous parlez, & par ainſi il ſe
» donne à ſoy-meſme ſes loix, ſans les mandier
de perſonne; mais puis que vous me commandez de parler librement, dittes moy, Madame,
n'eſtes vous pas plus coulpable que luy, & en
ce que vous l'accuſez, & en ce qui eſt de l'A-
mour? car ſ'il a eu la hardieſſe de dire qu'il
vous aymoit, vous en eſtes cauſe, puis que
vous le luy auez permis. Quand cela ſeroit, reſ-
pondit-elle, encor par diſcretion, il eſtoit obligé de le celer. Plaignez-vous donc, luy diſ-je,
de ſa diſcretion, & non pas de ſon Amour:
mais luy auec beaucoup d'occaſion ſe plaindra de voſtre Amour, puis qu'au premier rapport, à la premiere opinion que l'on vous a
donnée, vous auez chaſſé de vous l'amitié que
vous luy portiez, ſans que vous le puiſſiez ta-
xer d'auoir manqué à ſon affection. Excuſez
moy, Madame, ſi ie vous parle ainſi franche-

ment, vous auez tout le tort du monde de le traitter de ceste façon, pour le moins si vous le vouliez condamner à tant de supplice, ce ne deuoit estre sans le conuaincre, ou pour le moins le faire rougir de son erreur. Elle demeura quelque temps à me respondre. En fin elle me dit: Et bien, bien, Leonide, le remede sera encor assez à temps quand il reuiendra, non pas que ie sois resoluë de l'aymer, ny luy permettre de m'aymer, mais ouy bien de luy dire en quoy il a failly, & en cela ie vous contenteray, & ie l'obligeray de ne me plus importuner, s'il n'est autant effronté que temeraire? Peut-estre, Madame, luy dis-je, vous trompez vous bien, de croire qu'à son retour il sera assez temps: si vous sçauiez quelles sont les violences d'Amour, vous ne croiriez pas que les delais fussent semblables à ceux des autres affaires, pour le moins voyez ceste lettre. Cela, me repliqua-t'elle, ne seruira de rien, car aussi bien doit-il estre party, & à ce mot elle me la prit, & vit qu'elle estoit telle.

LETTRE DE LINDAMOR A GALATHEE.

AVtrefois l'Amour, à ceste heure le desespoir de l'Amour, me met ceste plume en la main, auec dessein, si elle ne me r'apporte point de soulagement, de la changer en fer, qui me promet vne entiere, quoy que cruelle guerison: Ce papier blanc, que pour responce vous m'auez enuoyé, est bien vn tesmoignage de mon innocence, puis que c'est à dire que vous n'auez rien trouué pour m'accuser, mais ce m'est bien aussi vne asseurāce de vostre mespris, car d'où pourroit proceder ce silence, si ce n'estoit de là? L'vn me contente en moymesme, l'autre me desespere en vous. S'il vous reste quelque souuenir de mon fidelle seruice, par pitié ie vous demande ou la vie, ou la mort: ie pars le plus desesperé, qui iamais ait eu quelque suiet d'esperer.

Ce fut vn effet d'Amour, que le changement du courage de Galathée, car ie la vis toute attendrir, mais ce ne fut pas aussi petite preuue de son humeur altiere, puis que pour ne m'en donner connoissance, & ne pouuant commander à son visage, qui estoit deuenu pasle ; elle se lia de sorte la langue, qu'elle ne dit jamais parole qui la pût accuser d'auoir fléchy, & partit de sa chambre pour aller au jardin sans dire vn seul mot sur ceste lettre, car le Soleil commençoit à se baisser, & son mal qui n'estoit qu'vn trauail d'esprit, se pouuoit mieux soulager hors la maison que dans le lit. Ainsi donc apres s'estre vestuë vn peu legerement, elle descendit dans le jardin, & ne voulut que moy auec elle. Par les chemins, ie luy demanday s'il ne luy plaisoit pas de faire responce, & m'ayāt dit que non : Vous permettrez bien, luy dis-je, pour le moins, Madame, que ie la fasse ? Voy, me dit-elle, & que voudriez vous escrire ? Ce que vous me commanderez, luy dis-je. Mais ce que vous voudrez, me dit-elle, pourueu que vous ne parliez point de moy. Vous verrez, luy respondis-je, ce que j'escriray. Ie n'en ay que faire, me dit-elle, ie m'en rapporte bien à vous. Auec ce congé, cependant qu'elle se promenoit, j'escriuis dans l'allée mesme, sur des tablettes vne responce telle qu'il me sembloit plus à propos, mais elle qui ne la vouloit voir, ne peut auoir assez de patience de me la laisser finir, sans la lire, pendant que ie l'escriuois.

RESPONSE
DE LEONIDE A LINDAMOR, pour Galathée.

Tirez de vostre mal la connoissance de vostre bien; si vous n'eussiez point esté aymé, on n'eust pas ressenty peu de chose, vous ne pouuez sçauoir quelle est vostre offense que vous ne soyez present, mais esperez en vostre affection, & en vostre retour.

Elle ne vouloit pas que ceste lettre fust telle: mais en fin ie l'emportay sur son courage, & donnay à Fleurial mes tablettes, auec la clef, luy cõmandant de les remettre entre les mains de Lindamor seulement. Et le tirant à part, ie r'ouuris mes tablettes, & y adioutay ces paroles sans que Galathée le sceust.

BILLET,
de Leonide à Lindamor.

IE viens de sçauoir que vous estes party: la pitié de vostre mal me contraint de vous dire l'occasiõ de vostre desastre: Polemas a publié que vous aimez Galathée, & vous en alliez vantant: vn grand courage cōme le sien n'a peu souffrir vne si grāde offense sans ressentiment: que vostre prudence vous conduise en cet affaire auec la discretion qui vous a tousiours accompagné; à fin que pour vous aimer, & auoir pitié de vostre mal, ie n'aye en eschange dequoy me douloir de vous, à qui ie promets toute ayde & faueur.

I'enuoyay ce billet, comme ie vous ay dit, au deceu de Galathée, & certes ie m'en repentis bien peu apres, cōme ie vous diray. Il y auoit plus d'vn mois que Fleurial estoit party, quand voicy venir vn Cheualier armé de toutes pieces, vn Herault d'armes inconnu auec luy, & pour oster encor mieux à chacun la connoissance de soy, il venoit la visiere baissée: A son port chacun le jugeoit ce qu'il estoit en effet; & par ce qu'à la porte de la ville le Herault auoit demandé d'estre conduit deuant Amasis, chacun, comme curieux d'ouïr chose nouuelle les alloit accompagnant. Estant montez au Chasteau, la garde de la ville les remit à celle de la porte. Et apres en auoir donné aduis à Amasis, ils furent conduits vers elle, qui desia auoit fait venir Clidaman pour donner audience à ces estrangers. Le Herault apres que le Cheualier eut baisé la robbe à Amasis, & les mains à son fils, dit ainsi auec des parolles à moitié estrangeres. Madame, ce Cheualier que voicy, nay des plus grands de sa contrée, ayant sçeu qu'en vostre Cour tout homme d'honneur peut librement demander raison de ceux qui l'ont offensé, vient sous ceste asseurance, se jetter à vos pieds, & vous supplier que la justice, que jamais vous ne desniastes à personne, luy permette en vostre presence, & de toutes ces belles Nymphes, de tirer raison de qui luy a fait iniure, auec les moyens accoustumez aux personnes nées comme luy. Amasis apres auoir quelque temps pensé en elle mesme, en fin respondit: Qu'il estoit bien vray que ceste sorte de deffendre son honneur, de tout temps auoit esté accoustumée en sa Cour, mais qu'elle estant femme, ne permettroit jamais qu'on en vint aux armes: que toutefois son fils estoit en âge de manier de plus grandes affaires que celles-là, & qu'elle s'en remettroit à ce qu'il en feroit. Clidaman sans attendre que le Herault repliquast, s'addressant à Amasis, luy dit: Madame, ce n'est pas seulement pour estre seruie & honorée de tous ceux qui habitent ceste Prouince, que les Dieux vous en ont establie Dame, & vos deuanciers aussi, mais beaucoup plus pour faire punir ceux qui ont failly, & pour honorer ceux qui le meritent, le meilleur moyen de tous est celuy des armes, pour le moins en ces choses, qui ne peuuent estre autrement auerées: de sorte que si vous ostiez de vos Estats ceste iuste façon d'esclaircir les actions secrettes des meschans, vous donneriez cours à vne licentieuse meschanceté, qui ne se soucieroit de mal-faire, pourueu que ce fust secrettement. Outre que ces estrangers estans les premiers, qui de vostre temps ont recouru à vous, auroient quelque raison de se douloir d'estre les premiers refusez; par ainsi, puis que vous les auez remis à moy, ie vous diray, dit-il, se tournant vers le Herault, que ce Cheualier peut librement accuser, & deffier celuy qu'il voudra: car ie luy promets de luy assurer le camp. Le Cheualier alors mit le genoüil en terre, luy baisa la main pour remerciement, & fit signe au Herault de continuer. Seigneur, dit il, puis que vous luy faites ceste grace, ie vous diray qu'il est icy en queste d'vn Cheualier hômé Polemas, que ie supplie m'estre monstré, à fin que ie paracheue ce que j'ay entrepris. Polemas qui s'oüit nommer, se met en auant, luy disant d'vne façon assez altiere, qu'il estoit celuy qu'il cherchoit. Alors le Cheualier incônu s'auança, & luy presenta le pand de son hocqueton, & le Herault luy dit: Ce Cheualier veut dire qu'il vous presente ce gage, vous promettant qu'il sera demain dés le leuer du Soleil, au lieu qui sera aduisé pour se battre auec vous à toute outrance, & vous prouuer que vous auez méchamment inuenté ce que vous auez dit contre luy. Herault, ie reçois, dit-il, ce gage, car encor que ie ne connoisse point ton Cheualier, toutefois ie ne laisse d'estre tres-assuré d'auoir la justice de mon costé, comme sçachant bien n'auoir jamais rien dit contre la verité, & à demain soit le iour que la preuue s'en fera. A ce mot le Cheualier apres auoir salüé Amasis, & toutes les Dames, s'en retourna dans vne tente qu'il auoit fait tendre aupres de la porte de la ville. Vous pouuez croire que cecy mit toute la Cour en diuers discours, & mesmes qu'Amasis & Clidaman, qui aimoient fort Polemas, auoient beaucoup de regret de le voir en ce danger, toutefois la promesse les lyoit à donner le camp. Quant à Polemas il se preparoit côme plein de courage au combat, sans auoir connoissance de son ennemy : pour Galathée, qui auoit desia presque oublié l'offense que Lindamor auoit receuë de Polemas (outre qu'elle ne croyoit pas qu'il sceust que son mal vint de là) elle ne pensa jamais à Lindamor, ny moy aussi qui le tenois à plus de cent lieuës de nous, & toutefois c'estoit luy, qui ayant receu ma lettre, se resolut de s'enuenger de ceste sorte, & ainsi inconnu se vint presenter comme ie vous ay dit : mais pour abreger, car ie ne suis pas trop bonne guerriere, & ie pourrois bien, si ie voulois particulariser ce combat, dire quelque chose de trauers; apres vn long combat, où l'vn & l'autre estoit également aduantagé, & que tous deux estoient si chargez de playes, que le plus sain deuoit estre autant asseuré de la mort, que de la vie, les cheuaux vindrent à leur manquer dessous, & eux au contraire aussi gaillards, que s'ils n'eussent combattu de tout le iour, recommencerent à verser leur sang, & à r'ouurir leurs blessures, auec tant de cruauté, que chacun auoit pitié de voir perdre deux personnes de telle valeur. Amasis, entre-autres, dit à Clidaman, qu'il seroit à propos de les separer, & ils trouuerent qu'il n'y auoit personne qui le pûst mieux que Galathée. Elle, qui de son costé estoit des-ja bien fort touchée de pitié, & n'attendoit que ce commandement, pour l'effectuer de bon cœur, auec trois ou quatre de nous vint au camp; lors qu'elle y entra, la victoire panchoit du costé de Lindamor, & Polemas estoit reduit à mauuais terme, quoy que l'autre ne fust guiere mieux, auquel par hazard elle s'adressa, & le prenant par l'escharpe qui lyoit son heaume, & qui pendoit assez bas par derriere, elle le tira vn peu fort. Luy qui se sentit toucher, tourna brusquement de son costé, croyant d'estre trahy, & cela auec tant de furie, que la Nymphe se voulant reculer pour n'estre heurtée, s'empestra dans sa robbe, & tomba au milieu du camp. Lindamor qui la reconnut, courut incontinent la releuer, mais Polemas sans auoir esgard à la Nymphe, voyant cest aduantage, lors qu'il estoit plus desesperé du combat, prit l'espée à deux mains, & luy en donna par derriere sur la teste deux ou trois coups de telle force, qu'il le contraignit auec vne grande blesseure, de mettre vn genoüil à terre, d'où il se releua tant animé contre la discourtoisie de son ennemy, que depuis, quoy que Galathée le priast, il ne le voulut laisser qu'il ne l'eust mis à ses

pieds, où luy fautant deſſus, il le deſarma de la teſte, & eſtant preſt à luy donner le dernier coup, il ouyt la voix de ſa Dame, qui luy dit, Cheualier, ie vous adiure par celle que vous aimez le plus, de me donner ce Cheualier. Ie le veux, luy dit Lindamor, s'il vous aduoüe d'auoir fauſſement parlé de moy, & de celle par qui vous m'adiurez. Polemas eſtant, à ce qu'il penſoit, au dernier point de ſa vie, d'vne voix baſſe, aduoüa ce que l'on voulut. Ainſi s'en alla Lindamor, apres auoir baiſé les mains à ſa Maiſtreſſe, qui ne le reconnut jamais; quoy qu'il parlaſt à elle, car le heaume, & la frayeur en quoy elle eſtoit, luy empeſcherent de prēdre garde à la parole. Il eſt vray que paſſant pres de moy, il me dit fort bas. Belle Leonide, ie vous ay trop d'obligation, pour me celer à vous, tant y a que voicy l'effet de voſtre lettre, & ſans s'arreſter dauantage monta à cheual, & quoy qu'il fuſt fort bleſſé, s'en alla au galop juſques à perte de veuë, ne voulant eſtre reconnu. Cet effort luy fit beaucoup de mal, & le reduiſit à telle extremité, qu'eſtant arriué en la maiſon d'vne des tantes de Fleurial, où il auoit auparauant reſolu de ſe retirer en cas qu'il fuſt bleſſé. Il ſe trouua ſi foible, qu'il demeura plus de trois ſepmaines auant que de ſe rauoir. Cependant voila Galathée de retour, fort en colere contre le Cheualier inconnu, de ce qu'il n'auoit pas voulu la ſeconde fois laiſſer le combat, luy ſemblant d'eſtre plus offenſée en ce refus, qu'obligée en
ce qu'il

qu'il le luy auoit donné, & par ce que Polemas tenoit vn des premiers rangs, côme vous sçauez, Amasis, & Clidaman, auec beaucoup de déplaisir le firent emporter du camp, & penser auec tant de soin, qu'enfin on commença de luy esperer vie.

Chacun estoit fort desireux de sçauoir qui estoit le Cheualier inconnu, le courage, & la valeur duquel s'estoit acquis la faueur de plusieurs Galathée seule estoit celle qui en auoit conceu mauuaise opinion, car ceste orgueilleuse beauté se ressouuenoit de l'offense, & oublyoit la courtoisie. Et par ce que c'estoit à moy à qui elle remettoit ses plus secrettes pensées, aussi tost qu'elle me vid en particulier: Connoissez vous point, me dit-elle, ce discourtois Cheualier, à qui la fortune, & non la valeur a donné l'aduantage en ce combat? Ie connois certes, luy dis-je, Madame, ce vaillant Cheualier qui a vaincu, & le connois pour aussi courtois que vaillant. Il ne l'a pas monstré, me dit-elle, en ceste action, autrement il n'eust pas refusé de laisser le combat quand ie l'en ay requis. Madame, respondis-je, vous le blasmez de ce que vous le deuriez estimer, puis que pour vous rendre l'honneur, que chacun vous doit, il a esté en danger de sa vie, & en ay veu couler son sang jusques en terre: En cela si Polemas a eu tort, dit-elle, il en a bien eu dauantage par apres, puis que quelque priere que ie luy aye pû faire, il n'a voulu se retirer. Et n'auoit-il pas raison, luy dis-je, de vouloir chastier cet outrecuidé, du peu de respect qu'il vous auoit porté? & quant à moy ie trouue qu'en cela Lindamor a bien fait. Comment, m'interrompit-elle, est-ce Lindamor qui a combatu! Ie fus à la verité surprise, car ie l'auois nommé sans y penser: mais voyant que cela estoit fait, ie me resolus de luy dire. Ouy, Madame, c'est Lindamor, qui s'est senty offensé de ce que Polemas auoit dit de luy, & en a voulu esclaircir la verité par les armes: Elle demeura toute hors de soy, & apres auoir pour vn temps consideré cet accident, Elle dit. Doncques, c'est Lindamor qui m'a procuré ce déplaisir? Doncques c'est luy qui m'a porté si peu de respect? Doncques il a eu si peu de consideration, qu'il a bien osé mettre mon honneur au hazard de la fortune, & des armes? A ce mot elle se teut d'extréme colere, & moy qui en toute façon voulois qu'elle reconneust qu'il n'auoit point de tort, luy respondis. Est-il possible, Madame, que vous puissiez vous plaindre de Lindamor, sans reconnoistre le tort que vous faites à vous mesme ? Quel déplaisir vous a-t-il procuré, puis que s'il a vaincu Polemas, il a vaincu vostre ennemy? Comment, mon ennemy? dit-elle! Ah que Lindamor me l'est bien dauantage, puis que si Polemas a parlé, Lindamor luy en a donné le sujet. O Dieux, dis-je alors, & qu'est-ce que j'entens! vostre ennemy Lindamor, qui n'a point d'ame que pour vous adorer, & qui n'a vne goutte de sang, qu'il ne respande pour vostre seruice ; & vostre amy, celuy qui par ses discours controuuez, a tasché finement d'offenser vostre honneur ? Mais qui sçait, adiousta-t'elle, s'il n'est point vray que Lindamor poussé de son outrecuidance accoustumée n'ait tenu ce langage ? Et bien, luy repliquay-je, combien estes vous obligée à Lindamor, qui a fait aduoüer à vostre ennemy qu'il l'auoit inuenté ? ô, Madame, vous me pardonnerez s'il vous plaist, mais ie ne puis en cecy que vous accuser d'vne tresgrande méconnoissance, pour ne dire ingratitude : S'il met sa vie pour esclaircir que Polemas ment, vous l'accusez d'inconsideration, & s'il veut faire aduoüer au menteur sa mesme menterie, vous le taxez de discourtoisie. Et s'il n'eust fié son bon droit à ses armes, comment eust-il tiré la verité de cest affaire ? & si lors que vous luy cōmandastes la seconde fois, il eust laissé le combat, Polemas n'eust jamais aduoüé ce que vous, & chacun auez pû ouyr. O pauure Lindamor ! que ie plains ta fortune, & qu'est-ce que tu dois faire, puis que tes plus signalez seruices sont des offenses, & des iniures ? Et bien, bien, Madame, vous n'aurez pas peut-estre beaucoup de temps à luy vser de ces cruautez, car la mort plus pitoyable mettra fin à vos méconnoissances, & à ses supplices; & peut estre qu'à l'heure que ie parle, il n'est des-ja plus, & si cela est, la Nymphe Galathée en est la seule cause. Et pourquoy m'en accusez vous, dit-elle ? Par ce, luy repliquay-je, que quand vous les voulustes separer,

O o ij

& qu'en reculant vous mistes le genoüil en terre, il voulut vous releuer : cependant ce courtois Polemas, que vous loüez si fort, le blessa en deux ou trois endroits à son aduantage, d'où ie vis le sang rougir la terre ; mais s'il a la mort pour ce sujet, c'est le moindre mal qu'il ait receu de vous : car se voir méprifer, ayant bien fait son deuoir, est, ce me semble, vn déplaisir, auquel nul autre n'est égal. Mais, Madame, vous plaist-il pas de vous ressouuenir qu'autrefois vous m'auez dit, en vous plaignant de luy, que pour esteindre ces discours de Polemas, s'il n'y sçauoit point d'autre remede, il se deuoit seruir du fer, & du sang ? Et bié, il a fait ce que vous auez jugé, qu'il deuoit faire, & encor vous trouuez qu'il n'a pas bien fait ? Si Syluie, & quelques autres Nymphes ne nous eussent alors interrompuës, j'eusse auant que laisser ce discours, adoucy beaucoup l'animosité de la Nymphe, mais voyant tant de personnes, nous changeasmes de propos. Et toutefois mes paroles ne furent sans effet, quoy qu'elle ne voulust me le faire paroistre : mais par mille rencontres j'en reconnus la verité. Car depuis ce jour, ie me resolus de ne luy en parler jamais, qu'elle ne m'en demandast des nouuelles : Elle d'autre costé attendoit que ie luy en disse la premiere, & & ainsi plus de huict iours s'escoulerent sans en parler. Mais cependant Lindamor ne demeura pas sans soucy, de sçauoir, & ce qui se disoit de luy à la Cour, & ce qu'en pensoit Galathée : il m'enuoya Fleurial pour ce sujet, & pour me donner vn mot de lettre. Il fit son message si à propos, que Galathée ne s'en prit garde ; son billet estoit tel.

BILLET
de Lindamor à Leonide.

Madame, qui pourra douter de mon innocence, ne sera peu coulpable enuers la verité : toutefois si les yeux serrez ne voyent point la lumiere, encor que sans ombre, elle leur esclaire, il m'est permis de douter que Madame, pour mon mal-heur, n'ait les yeux fermez à la clarté de ma iustice ; obligez moy de l'assurer, que si le sang de mon ennemy ne peut lauer la noirceur dont il a tasché de me salir, i'y adiousteray plus librement le mien, que ie ne conserueray ma vie, qui est sienne, quelle que sa rigueur me la puisse rendre.

Ie m'enquis particulierement de Fleurial, comment il se portoit, & s'il n'y auoit personne qu'il l'eust reconnu ; & sceus qu'il auoit beaucoup perdu de sang, & que cela luy re-

O o iij

tarderoit vn peu dauantage sa guerison, mais qu'il n'y auoit rien de dangereux : que pour estre reconnu, cela ne pouuoit estre, par ce que le Herault estoit vn Franc de l'armée de Meroüée, qui estoit sur les bords du Rhin, en ce temps-là, & que tous ceux qui le seruoient ils n'auoient pas mesme permission de sortir hors de la maison, & que sa tante & sa sœur ne le connoissoient que pour le Cheualier qui auoit combattu contre Polemas, la valeur, & la liberalité duquel les cōuyoit à le seruir auec tant de soin, qu'il ne falloit douter qu'il le pûst estre mieux. Qu'il luy auoit commandé de venir sçauoir de moy quel estoit le bruit de la Cour, & ce qu'il auoit affaire. Ie luy respondis, qu'il r'apportast à Lindamor, que toute la Cour estoit pleine de sa valeur, encor qu'il y fust inconnu, que du reste il attendist seulement à guerir, & que ie r'apporterois de mon costé tout ce que ie pourrois à son contentement : sur cela ie luy donnay ma response, & luy dis, demain auant que partir, quand Galathée viendra au jardin, inuente quelque occasion d'aller voir ta tante, & prens congé d'elle, car il est necessaire pour des occasions que ie te diray vne autre fois : il n'y faillit point, & de fortune le lendemain la Nymphe estant sur le soir entrée dans le jardin, Fleurial s'en vint luy faire la reuerence, & voulut parler à elle : mais Galathée qui croyoit que ce fust pour luy donner des lettres de Lindamor, demeura tellement confuse, que je la vis changer de couleur, & deuenir palle comme la mort. Et parce que ie craignois que Fleurial s'en prist garde, ie m'aduançay, & luy dis: C'est Fleurial, Madame, qui s'en va voir sa tante, parce qu'elle est malade, & voudroit vous supplier de luy donner congé pour quelques iours. Galathée tournant les yeux, & la parole vers moy, me demanda quel estoit son mal: Ie croy, luy respondis-je, que c'est celuy des années passées, qui luy oste fort tout espoir de guerison. Alors elle s'addressa à Fleurial, & luy dit: Va, & reuien tost, mais non toutefois qu'elle ne soit guerie, s'il est possible; car ie l'aime bien fort, pour la particuliere bonne volonté, qu'elle m'a tousiours portée. A ce mot elle continua son promenoir, & ie me mis à parler à luy, & monstrois plus par mes gestes, qu'en effet, du desplaisir, & de l'admiration, à fin que la Nymphe y prit garde, en fin ie luy dis: Voy-tu, Fleurial, sois secret & prudent: de cecy dépend tout ton bien, ou tout ton mal, & sur tout, fay tout ce que te commandera Lindamor. Apres me l'auoir promis, il s'en alla, & moy ie disposay le mieux qu'il me fut possible mon visage à la douleur, & au desplaisir, & quelquefois quand j'estois en lieu, où la Nymphe seule me pouuoit ouir, ie faignois de souspirer, leuois les yeux au Ciel, frappois des mains ensemble, & bref ie faisois tout ce que ie pouuois imaginer, qui luy donneroit quelque soupçon de ce que ie vou-

O o iiij

lois. Elle, comme ie vous ay dit, qui attendoit toufiours que ie luy parlaſſe de Lindamor, voyant que ie n'en difois rien, qu'au
contraire j'en fuyois toutes les occafions; &
qu'au lieu de cefte ioyeufe humeur, dont j'e-
ftois eftimée entre toutes mes compagnes,
ie n'auois plus qu'vne fafcheufe melancolie,
conceut peu à peu l'opinion que ie luy voulois donner, non toutefois entierement. Car
mon deſſein eſtoit de luy faire croire que Lindamor au fortir du combat s'eſtoit trouué
tellement bleſſé, qu'il en eſtoit mort, à fin que
la pitié obtint fur cefte ame glorieufe, ce que
ny l'affection ny les feruices n'auoient peu.
Or comme ie vous dy, mon deſſein fut fi bien
conduit qu'il reüſſit prefque tel que ie l'auois
propofé, car quoy qu'elle vouluſt faindre, fi
ne laiſſoit-elle d'eſtre auſſi viuement touchée
de Lindamor, qu'vne autre euſt peu eſtre. Et
ainfi me voyant trifte, & muette, elle fe figu-
ra, ou qu'il eſtoit en tres-mauuais eſtat, ou
quelque chofe de pire, & fe fentit tellement
preſſer de cefte inquietude, qu'il ne luy fut
pas poſſible de tenir plus longuement fa refolution.

Deux iours apres que Feurial fut party, elle
me fit venir en fon cabinet, & là faignant de
parler d'autre chofe, me dit: Sçauez vous point
cōme fe porte la tāte de Fleurial? Ie luy répondis, que depuis qu'il eſtoit party, ie n'en auois
rien fceu. Vrayemēt, me dit-elle, ie regretterois
bien fort cefte bōne vieille, s'il en mefauenoit.

Vous auriez raison, luy dis-je, Madame, car elle vous ayme, & auez receu beaucoup de seruices d'elle, qui n'ont point esté encor assez reconneus. Si elle vit, dit-elle, ie le feray, & apres elle les reconnoistray enuers Fleurial à sa consideration. Alors ie respōdis: Et les seruices de la tante, & ceux du nepueu, meritent bien chacun d'eux mesme recompense, & principalemēt de Fleurial; car sa fidelité, & son affection ne se peuuent achepter. Il est vray, me dit-elle: Mais à propos de Fleurial qu'auiez vous tant à luy dire, ou luy à vous, quand il partit? Ie respondis froidement: Ie me recommandois à sa tante. Des recommandations me dit-elle, ne sont pas si longues. Alors elle s'approcha de moy, & me mit vne main sur l'espaule. Dittes la verité, continua-t'elle, vous parliez d'autre chose. Et que pourroit-ce estre, luy repliquay-je, si ce n'estoit cela? Ie n'ay point d'autres affaires auec luy. Or ie connoy, me dit-elle, à ceste heure que vous faigniez: Pourquoy dittes vous que vous n'auez point d'autres affaires auec luy, & combien en auez vous eu pour Lindamor? O! Madame, luy dis-je, ie ne croyois pas que vous eussiez à ceste heure memoire d'vne personne qui a esté tant infortunee: & en me taisant ie fis vn grād souspir. Qu'y a t'il, me dit-elle, que vous souspirez? Dittes moy la verité, où est Lindamor? Lindamor luy respondis-je, n'est plus que terre. Comment, s'escria t'elle, Lindamor n'est plus? Non certes, luy respondis-je, & la cruauté dont vous auez vsé

LIVRE NEVFIESME DE LA
enuers luy, l'a plus tué que les coups de son ennemy: car sortant du combat, & sçachant par
le rapport de plusieurs, la mauuaise satisfaction que vous auiez de luy, il n'a iamais voulu se laisser penser, & puis que vous l'auez voulu sçauoir, c'est ce que Fleurial me disoit, à qui
j'ay commandé d'essayer s'il pourroit discrettement retirer les lettres que nous luy auons
escrites, à fin qu'ainsi que vous auiez perdu le
souuenir de ses seruices par vostre cruauté, ie
fisse aussi deuorer au feu les memoires qui en
peuuét demeurer. O mon Dieu, dit-elle alors,
qu'est-ce que vous me dites? Est-il possible
qu'il se soit ainsi perdu? C'est vous, luy dis-je,
qui deuez dire de l'auoir perdu: car quant à luy
il a gagné en mourant, puis que par la mort il
a trouué le repos, que vostre cruauté ne luy
eust jamais permis tant qu'il eust vescu. Ah!
Leonide, me dit-elle, vous me dittes ces cho-

ses pour me mettre en peine, aduoüez le vray,
il n'est point mort. Dieu le vouluft, luy respondis-je, mais à quelle occasion le vous dirois-je?
Ie m'asseure que sa mort ou sa vie vous sont indifferentes; & mesme, puis que vous l'aymiez
si peu, vous deuez estre bien aise d'estre exempte de l'importunité qu'il vous eust dónee: car
vous deuez croire, que s'il eust vescu, il n'eust
jamais cessé de vous donner de semblables
preuues de son affection que celle de Polemas.
En verité, dit alors la Nymphe, ie plains le pauure Lindamor, & vous jure que sa mort me
touche plus viuement que ie n'eusse pas creu;

mais dittes moy, n'a t'il iamais eu souuenance de nous en sa fin, & n'a t'il point monstré d'auoir du regret de nous laisser? Voila, luy dis-je, Madame, vne demande qui n'est pas commune. Il meurt à vostre occasion, & vous demandez s'il a eu memoire de vous. Ah! que sa memoire & son regret n'ont esté que trop grands pour son salut: mais ie vous supplie ne parlons plus de luy, ie m'asseure qu'il est en lieu où il reçoit le salaire de sa fidelité, & d'où peut-estre il se verra venger à vos despeds. Vous estes en colere, me dit-elle. Vous me pardonnerez, luy dis-je, Madame, mais c'est la raison qui me cõtraint de parler ainsi : car il n'y a personne qui puisse rendre plus de tesmoignage de son affection, & de sa fidelité que moy, & du tort que vous auez de rendre vne si indigne recompense à tãt de seruices. Mais, adjousta la Nymphe, laissons cela à part, car ie connoy bien qu'en quelque chose vous auez raison, mais aussi n'ay-je pas tant de tort que vous m'en donnez; & me dittes ie vous prie, par toute l'amitié que vous me portez, si en ses dernieres paroles il s'est point ressouuenu de moy, & quelles elles ont esté? Faut-il encor, luy dis-je, que vous triomphiez en vostre ame de la fin de sa vie, comme vous auez fait de toutes ses actions, depuis qu'il a commancé de vous aymer? S'il ne faut que cela à vostre cõtentemẽt, ie vous satisferay. Aussi tost qu'il sçeut que par vos paroles vous taschiez de noircir l'honneur de sa victoire, & qu'au lieu de vous plaire, il auoit par ce combat acquis voſtre haine. Il ne ſera pas vray, dit-il, ô iniuſtice, qu'à mon occaſion tu loges plus longuement en vne ſi belle ame, il faut que par ma mort, ie laue ton offenſe; dés lors il oſta tous les appareils qu'il auoit ſur ſes playes, & depuis n'a voulu ſouffrir la main du Chirurgien: Ses bleſſeures n'eſtoiēt pas mortelles, mais la pourriture l'ayant reduit à tels termes, qu'il ne ſe ſentoit plus de force pour viure, il appella Fleurial, & ſe voyāt ſeul auec luy, il luy dit. Fleurial, mon amy, tu perds aujourd'huy celuy qui auoit plus d'enuie de te faire du bien, mais il faut que tu t'armes de patience, puis que telle eſt la volonté du Ciel, ſi veux-je toutefois receuoir encores de toy vn ſeruice, qui me ſera le plus agreable que tu me fis jamais, & ayant tiré promeſſe qu'il le feroit, il continua. Ne faux donc point à ce que ie te vay dire. Auſſi toſt que ie ſeray mort, fends moy l'eſtomac & en arrache le cœur, & le porte à la belle Galathée, & luy dis que ie luy enuoye, à fin qu'à ma mort ie ne retienne rien d'autruy. A ces derniers mots, il perdit la parole & la vie. Or ce fol de Fleurial, pour ne manquer à ce qui luy auoit eſté commandé par vne perſonne qu'il auoit ſi chere, auoit apporté icy ce cœur, & ſans moy vouloit le vous preſenter. Ah! Leonide, dit-elle, il eſt doncques bien certain qu'il eſt mort? Mon Dieu que n'ay-je ſçeu ſa maladie, & que ne m'en auez vous aduertie? I'y euſſe remedié, ô quelle perte ay-je faite! Et quelle faute eſt la

vostre? Madame, luy respondis-je, ie n'en ay
rien sçeu, car Fleurial estoit demeuré pres de
luy pour le seruir, à cause qu'il n'a mené personne des siens, mais encor que ie l'eusse sçeu,
ie croy que ie ne vous en eusse point parlé, tant
j'ay recouneu vostre volonté esloignée de luy
sans sujet. A ce mot s'appuyant la teste sur
la main, elle me commanda de la laisser seule,
à fin, comme ie croy, que ie ne visse les larmes,
qui desia empouloient ses paupieres, mais à
peine estois-je sortie qu'elle me rappella, &
sans leuer la teste, me dit, que ie commandasse
à Fleurial de luy faire porter ce que Lindamor
luy enuoyoit, qu'en toute façon elle le vouloit: & incontinent ie ressortis auec vn espoir
asseuré, que les affaires du Cheualier pour qui
ie plaidois, reüssiroient comme ie les auois
proposées. Cependant, quand Fleurial retourna vers Lindamor, il le trouua assez en peine
pour le retardement qu'il auoit fait à Mont-
brison, mais ma lettre le resiouyt de sorte, que
depuis à veuë d'œil on le voyoit amender, elle
fut telle.

RESPONSE DE LEONIDE
A LINDAMOR.

VOSTRE *iustice esclaire de sorte, que*
mesme les yeux les plus fermez ne
peuuent en nier la clarté. Contentez-vous

que ceux que vous disirez qui la voyent par moy, ayant sceu voſtre reſolution, l'ont recon-
„ nuë pour tres-iuſte : Il eſt vray que tout ainſi
„ que les bleſſeures du corps ne ſont pas du tout
„ gueries encor que le dāger en ſoit oſté, & qu'il
„ faut en cela du tēps, celles de l'ame en ſont de
meſme : mais en ayant oſté le danger par voſtre valeur & prudence, vous deuez laiſſer
„ au temps de faire ſes actions ordinaires, vous
„ reſſouuenant que les playes qui ſe fermēt trop
„ promptement ſont ſuiettes à faire ſac, qui par apres eſt plus dangereux que n'eſtoit la bleſ-ſeure. Eſperez tout ce que vous deſirez, car vous le pouuez faire auec raiſon.

Ie luy eſcriuis de ceſte ſorte, à fin que la triſteſſe ne nuiſiſt pas à ſes bleſſeures, & qu'il gueriſt pluſtoſt : il me reſcriuit ainſi.

REPLIQVE DE LIN-
DAMOR A LEONIDE.

AINSI, belle Nymphe, puiſſiez vous auoir toute ſorte de contentement, comme tout le mien vient & deſpend de vous
„ ſeule, i'eſpere puis que vous me le comman-
„ dez : toutefois Amour qui n'eſt iamais ſans

estre accompagné de doute, me commãde que ie tremble: mais fasse de moy le Ciel çe qu'il luy plaira, ie sçay qu'il ne peut me refuser le tombeau.

Or ce que ie luy respondis, à fin de ne vous ennuyer par tant de lettres, fut en somme, qu'aussi tost qu'il pourroit souffrir le trauail, il trouuast moyen de parler à moy, & qu'il connoistroit combien j'estois veritable, & le plus briefuement qu'il me fut possible luy fis entendre tous les discours que Galathée & moy auions eu; & le desplaisir qu'elle auoit ressenty de sa mort, & la volonté d'auoir, son cœur. Voyez quelle est la force d'vne extréme affection. Lindamor auoit esté fort blessé en plusieurs lieux, & auoit tant perdu de sang, qu'il fut presque en danger de sa vie; toutefois outre toute l'esperance des Chirurgiens, aussi tost qu'il receut ceste derniere lettre, le voila debout, le voila, qui s'habille, & dans deux ou trois iours aprés il essaye de monter à cheual, & en fin se hazarde de me venir trouuer; & parce qu'il n'osoit venir de iour pour n'estre veu, il s'habilla en jardinier, & se disant cousin de Fleurial, se resolut de venir dans le jardin, & se conduire, selon que l'occasion s'offriroit. S'il le proposa, il le mit en effet, & ayant fait faire secrettement des habits, fit entendre à la tante de Fleurial, qu'auant son combat il auoit fait vn vœu, & qu'il vouloit

l'aller rendre auant que de partir du païs, mais qu'en craignant les amis de Polemas, il y vouloit aller en cét équipage, & qu'il la prioit de n'en rien dire. La bonne vieille l'en voulut dissuader, pour le danger qu'il y auoit, le conseillant de remettre ce voyage à vne autrefois, mais luy qui estoit porté d'vne trop ardente deuotion pour l'interrompre, luy dit, que s'il ne le faisoit auant que de s'en aller hors du païs, il croiroit qu'il luy deust aduenir tous les mal-heurs du monde. Ainsi donc sur le soir il part, afin de ne rencontrer personne, & vient si heureusement, que sans estre veu il entra dans le jardin, & fut conduit par Fleurial en la maison, où pour lors il n'y auoit qu'vn valet qui luy aidoit à trauailler, auquel il fit accroire, que Lindamor estoit son cousin, à qui il vouloit apprendre le mestier de jardinier. Si le Cheualier attendoit le matin auec beaucoup de desir, & si la nuit ne luy sembla estre plus longue que de coustume, celuy qui aura esté en quelque attente de ce qu'il desire en pourra iuger. Tant y a que le matin ne fut plutost venu, que Lindamor auec vne besche en la main se met au jardin : Ie voudrois que vous l'eussiez veu auec cet outil : vous eussiez bien conneu, qu'il n'y estoit guiere accoustumé, & qu'il se sçauoit mieux aider d'vne lance. Depuis il m'a juré cent fois, que de sa vie il n'eut tant de honte, que de se presenter vestu de ceste sorte deuant les yeux de sa Maistresse, & qu'il fut deux ou trois fois en resolution de
s'en

s'en retourner, mais en fin l'Amour surmonta la honte, & le fit resoudre d'attendre que nous vinssions.

De fortune, ce jour la Nymphe pour se desennuyer, estoit descenduë au jardin auec plusieurs de mes compagnes. Aussi tost qu'elle apperceut Fleurial, elle tressaillit toute, & incontinent me fit signe de l'œil; mais quoy que i'essayasse de parler à luy, ie ne le pûs faire, parce que le nouueau jardinier estoit tousiours aupres qui estoit si changé en cet habit, que nulle de nous ne le pût reconnoistre : quant à moy, ie m'excuse si ie ne le connus pas, car ie n'eusse iamais pensé qu'il eust fait ce dessein sans m'en aduertir : mais il me dit depuis qu'il me l'auoit celé, sçachant bien que ie ne luy eusse iamais permis de venir en ce lieu de cette sorte. Pensant donc à tout autre qu'à luy, ie fus bien assez curieuse pour demander à Fleurial qui estoit cet estrager : il me respondit froidement que c'estoit le fils de sa tante, auquel il vouloit apprendre ce qu'il sçauoit du jardinage. A ce mot Galathée aussi curieuse, mais moins courageuse que moy, me voyant en discours auec luy, s'en approcha, & oyant que cestuy-cy estoit cousin de Fleurial, luy demanda comme sa mere se portoit. Ce fut lors que Lindamor fut empesché, car il craignoit que ce qui auoit esté couuert par les habits, ne fut descouuert par la parole : toutefois la contrefaisant au mieux qu'il pût, il respondit d'vn langage villageois, qu'elle estoit hors de danger,

& apres suiuit vne reuerece de mesme au langage, auec vne telle grace que toutes les Nymphes s'en mirent à rire, mais luy sans en faire semblant remet son chappeau auec les deux mains sur la teste, & reprend son ouurage. Galathée en sousriant dit à Fleurial, si vostre cousin est aussi bon jardinier que bon harangueur, vous auez trouué vne bonne ayde. Madame, luy dit Fleurial, il ne peut mieux parler que ceux qui l'ont appris, en son village ils parlent tous ainsi. Ouy, dit la Nymphe, & peut-estre encor est-il tenu pour vn grand personnage entr'eux. Et à ce mot elle reprit son promenoir: Cela me donna vn peu plus de commodité de parler à Fleurial, car mes compagnes pour passer leur temps se mirent toutes à l'entour de Lindamor, & chacune pour le faire parler luy disoit vn mot, & à toutes il respondoit, mais des choses tant hors de propos qu'il falloit rire par force ; car il les disoit d'vne sorte, qu'il sembloit que ce fut à bon escient; & quoy qu'il leur respondist, il ne leuoit jamais la teste, feignant d'estre attentif à son labeur. Cependant m'approchant de Fleurial, ie luy demanday comme se portoit Lindamor, il me respondit qu'il estoit encor assez mal ; Lindamor luy auoit commandé de me le dire ainsi. Et d'où vient son mal, luy dis-je, puis que tu me dis que ses blesseures estoient des-ja presque gueries? Vous le sçaurez, me respondit-il, par la lettre qu'il escrit à Madame. Madame, luy dis-je, a opinion qu'il soit mort, mais donne la moy & ie la luy feray voir, feignant qu'il y a long temps qu'il l'a escrite, ie n'oserois, me respondit il, par ce qu'il me l'a expressément deffendu, & qu'il m'y a astraint par serment. Comment, luy dis-je, Lindamor entre t'il en mesfiance de moy? Nullemét, me dit-il, au contraire, il vous prie de faire tousiours croire à la Nymphe qu'il est mort : mais pour son bien & pour mon aduantage, il faut que la Nymphe reçoiue cette lettre de mes mains. Ie me mis certes en colere, & luy en eusse bien dit dauantage, si ie n'eusse eu peur que l'on s'en fut apperçeu ; mais il fit si bien ce qui luy auoit esté commandé, que ie n'en pûs tirer autre chose, sinon pour côclusion, que si la Nymphe vouloit ce qu'il auoit à luy donner de Lindamor, il falloit qu'elle le prist de sa main, & quád ie luy disois qu'il demeureroit long téps à luy pouuoir parler, & que cela la pourroit offenser, il ne me respondoit sinon d'vn bráslement de teste, par lequel il me faisoit entendre qu'il n'en feroit rien. Galathée, qui s'estoit apperceuë de nostre discours, desireuse d'en sçauoir le sujet, se retira du promenoir plutost que de coustume, & m'ayant appellée en particulier voulut entendre ce que c'estoit ; ie le luy dis franchement, ie veux dire pour ce qui estoit de la resolution de Fleurial : mais au lieu de la lettre, ie luy dis que c'estoit le cœur de Lindamor, & qu'en toute sorte luy ayant esté commandé par luy à sa mort, il croiroit vser de trahison s'il n'obseruoit sa promesse. Alors

LIVRE NEVFIESME DE LA
Galathée me respondit, comment il entendoit de luy pouuoir parler en particulier, qu'il luy sembloit n'y auoir point d'autre moyen que de faindre de luy apporter des fruits dans vn panier, & qu'au fonds il luy mit le cœur: Ie luy respondis alors, que cela se pourroit bien faire ainsi, mais que ie le connoissois pour si brutal qu'il n'en feroit rien, par ce que l'auarice luy faisoit esperer d'auoir beaucoup d'elle, s'il luy representoit luy mesme (en luy remettant ce cœur entre les mains) les seruices qu'en ces occasions il luy auoit rendus. O! me dit-elle, s'il ne tient qu'à cela, qu'il vous die seulement ce qu'il veut, car ie le luy donneray. Ce sera, luy dis-je, vne espece de rançon que vous payerez pour ce cœur. Ce n'est pas, me respondit-elle, de ceste monnoye que ie la dois payer, c'est de mes larmes, & celles-là estant taries, de mon sang: peut-estre fut-elle marrie de m'en auoir tant dit: Tant y a qu'elle me commanda le matin de parler à Fleurial, ce que ie fis, & luy representay tout ce que ie creus qui le pouuoit esmouuoir à me donner ceste lettre, jusques à le menacer, mais tout fut en vain, car pour resolutiõ il me dit. Voyez-vous, Leonide, quãd le Ciel & la terre s'en mesleroient, ie n'en feray autre chose: Si Madame veut sçauoir ce que j'ay à luy dire, il fait si beau le soir, qu'elle vienne auec vous jusques au bas de l'escalier, qui descend de sa chambre, la Lune est claire, ie l'ay veuë bien souuent y venir, le chemin n'est pas long, personne n'en peut

rien sçauoir, ie m'asseure que m'ayant ouy, elle ne plaindra point la peine qu'elle aura prise. Quand il me dit cela, ie me mis en extréme colere contre luy, luy representant qu'il deuoit obeïr à Galathée, & non point à Lindamor; qu'elle estoit sa Maistresse, qu'elle luy pouuoit faire du bien & du mal: Bref qu'il n'y auoit point d'apparence qu'elle deust prendre ceste peine: mais luy sans s'esmouuoir, me dit: Nymphe ce n'est pas à Lindamor que j'obeïs, mais au serment que j'en ay fait aux Dieux, s'il ne se peut de ceste sorte, ie m'en retourneray plustost d'où ie viens. Ie le laissay auec son opiniastreté, tant ennuyee que j'estois à moitié hors de moy, car si j'eusse sçeu le dessein de Lindamor, puis que la chose estoit tant auancée, sans doute ie luy eusse aydé; mais ne le sçachant pas, ie trouuois Fleurial auec si peu de raison, que ie ne sçauois que dire: En fin ie m'en retournay faire sa responseà Galathée, qui fut tant en colere, qu'elle l'eust fait battre, & chasser du seruice de sa mere, si ie ne luy eusse representé le danger où elle se mettoit, qu'il ne descouurist ce qui s'estoit passé. Trois ou quatre iours s'escoulerent que la Nymphe demeuroit obstinée à ne vouloir faire ce que Fleurial demandoit, en fin Amour trop fort pour ne vaincre toute chose, la força de sorte que le matin elle me dit, que de toute la nuit elle n'auoit esté en repos, que les manes de Lindamor luy estoient toute nuit autour, qu'il luy sembloit que c'estoit la moindre chose qu'elle deuoit à sa memoire que de descendre cest escalier pour tirer son cœur des mains d'autruy, & que j'auertisse Fleurial, qu'il ne faillist de s'y trouuer. O Dieux, quel fut le contentement du nouueau jardinier! Il m'a dit depuis qu'en sa vie il n'auoit eu plus grand sursaut de joye, par ce qu'il commençoit à desesperer que son artifice reüssit; & voyant la Nymphe ne venir plus au jardin, il craignoit qu'elle l'eust reconnu. Mais quand Fleurial l'auertit de la resolution qu'elle auoit prise, ce fut vn reslusciré d'Amour, pour le moins si l'on meurt par le dueil, & si l'on reuit par le contentement. Il se prepara à l'abord à ce qu'il auoit à faire, auec plus de curiosité qu'il n'auoit jamais fait contre Polemas. La nuit estant venuë, & chacun retiré, la Nymphe ne faillit à se r'habiller, mais seulement auec vne robbe de nuit, & me faisant ouurir la premiere porte, elle me fit passer deuant, & vous iure qu'elle trembloit de sorte, qu'à peine pouuoit-elle marcher; elle disoit qu'elle ressentoit vn certain eslancement en l'estomac, qu'elle n'auoit point accoustumé, qui luy ostoit toute force; qu'elle ne sçauoit si c'estoit pour se voir ainsi de nuit sans lumiere, ou pour sortir à heure induë, ou pour apprehender le present de Lindamor: mais quoy que ce fut, elle n'estoit pas bien à elle. En fin s'estant vn peu r'asseurée nous descédismes du tout en bas, où nous n'eusmes pas si tost ouuert la porte, que nous trouuasmes Fleurial, qui nous y attendoit il y auoit long temps. La Nymphe paſſa alors deuant, & allant ſous vne tonne de jaſmins, qui par ſon eſpaiſſeur la pouuoit garantir, & des rais de la Lune, & d'eſtre veuë des feneſtres du corps de logis qui reſpondoit ſur le jardin. Elle commença toute en colere à dire à Fleurial : Et bien Fleurial, depuis quand eſtes vous deuenu ſi ferme en vos opinions, que quoy que ie vous commande, vous n'en vueillez rien faire? Madame, reſpondit-il, ſans s'eſtonner, ç'a eſté pour vous obeïr, que j'ay failly en cecy, s'il y a de la faute; car ne m'auez-vous pas commandé tres-expreſſément que ie fiſſe tout ce que Lindamor m'ordonneroit? Or, Madame, c'eſt luy qui me l'a ainſi commandé, & qui me remettant ſon cœur, me fit outre ſon commandement encor obliger par ſerment, que ie ne le remettrois entre-autres mains qu'aux voſtres. Et bien, bien, interrompit-elle en ſouſpirant, où eſt ce cœur? Le voicy, Madame, dit-il, reculant trois ou quatre pas vers vn petit cabinet, s'il vous plaiſt d'y venir, vous le verrez mieux que là où vous eſtes: elle ſe leua, & ſ'y en vint; mais à meſme temps qu'elle voulut entrer dedans, voila vn homme qui ſe jette à ſes pieds, & ſans luy dire autre choſe, luy baiſe la robbe. O Dieux! dit la Nymphe, qu'eſt-cecy, Fleurial, voicy vn homme? Madame, dit Fleurial en ſouſriant, c'eſt vn cœur qui eſt à vous. Commét, dit-elle, vn cœur? & lors de peur elle voulut fuïr: mais celuy qui luy baiſoit la robbe la retint.

Pp iiij

Oyant ces paroles ie m'approchay, & connneus incontinent que c'estoit celuy que Fleurial disoit estre son cousin. Ie ne sçeus soudainemét que penser; ie voyois Galathée & moy entre les mains de ces deux hommes, l'vn desquels nous estoit inconneu; à quoy nous pouuions nous resoudre? de crier nous n'osions, de fuir, Galathée ne pouuoit, d'esperer en nos forces, il n'y auoit point d'apparence, en fin tout ce que ie pus ce fut de me jetter aux mains de celuy qui tenoit la robbe de la Nymphe, & ne pouuant mieux, ie me mis à l'esgratigner & à le mordre ; ce que ie fis auec tant de promptitude, que la premiere chose qu'il en apperceut fut la morsure. Ah! courtoise Leonide, me dit-il lors, comment traitterez-vous vos ennemis, puis que vous rudoyez de ceste sorte vos seruiteurs? Encores que ie fusse bien hors de moy, si est-ce que ie reconnus presque ceste voix, & luy demandant qui il estoit: Ie suis, dit-il, celuy qui viens porter le cœur de Lindamor à ceste belle Nymphe, & lors sans se leuer de terre, s'adressant à elle, il continua. I'aduoüe, Madame, que ceste temerité est grande, si n'est-elle pas toutefois esgale à l'affection qui l'a produitte: Voicy le cœur de Lindamor, que ie vous apporte, j'ay esperé que ce present seroit aussi bien receu de la main du donneur, que d'vne estrangere, si toutesfois mon desastre me nie ce que l'Amour m'a promis, ayant offensé la diuinité que seule ie veux adorer, condamnez ce cœur que ie vous apporte à tous les plus cruels supplices qu'il vous plaira ; car pourueu que sa peine vous satisface, il la patientera auec autant de contentement que vous la luy ordonnerez. Ie connus aisément alors Lindamor, & Galathée aussi, mais non sans estonnement toutes deux, elle voyant à ses pieds celuy qu'elle auoit pleuré mort, & moy au lieu d'vn jardinier, ce Cheualier, qui ne cede à nul autre de ceste contrée : Et connoissant que Galathée estoit si surprise, qu'elle ne pouuoit parler, ie luy dis : Est-ce ainsi, ô Lindamor, que vous surprenez les Dames ? ce n'est pas acte d'vn Cheualier tel que vous estes. Ie vous aduoüe, me dit-il, gratieuse Nymphe, que ce n'est pas acte d'vn Cheualier, mais aussi ne me nierez vous pas que ce ne soit celuy d'vn Amant ? & que suis-je plus qu'Amant ? Amour qui apprit à filer aux autres, m'apprend à estre jardinier ? Est-il possible, Madame, dit-il s'adressant à la Nymphe, que ceste extréme affection que vous faittes naistre, vous soit si desagreable, que vous la vueillez faire finir par ma mort ? I'ay pris la hardiesse de vous apporter ce que vous vouliez de moy, ce cœur ne vous doit-il pas estre plus agreable en vie que mort ? que s'il vous plaist qu'il meure, voila vn poignard qui abregera ce que vostre rigueur fera auec le temps. La Nymphe à toutes ces paroles ne respõdit autre chose sinon : Ah ! Leonide, vous m'auez trahie ? & à ce mot elle se retira dans l'allée, où elle trouua vn siege fort à propos, car elle estoit tant hors de soy qu'elle ne sçauoit où elle estoit. Là le Cheualier se rejette à genoux, & moy ie m'en vins à l'autre costé, & luy dis: Comment, Madame, vous dites que ie vous ay trahye? pourquoy m'accusez vous de cecy? Ie vous jure par le seruice que ie vous ay voüé, n'auoir rien sceu de cet affaire, & que Fleurial m'a deceu aussi bien que vous. Mais ie loüe Dieu, que la tromperie soit si auantageuse pour chacun. Dieu mercy voicy le cœur de Lindamor, que Fleurial vous auoit promis; mais le voicy en estat de vous faire seruice, ne deuez vous pas estre bien aise de ceste trahison?

Il seroit trop long à raconter tous les discours que nous eusmes, tant y a qu'en fin nous fismes la paix, & de telle sorte, que ceste Amour fut plus estroittement liée qu'elle n'auoit jamas esté; toutefois auec condition qu'à l'heure mesme il partiroit pour aller où Amasis, & Clidaman l'auroient enuoyé. Ce départ fut mal aysé, toutefois il falut obeïr: & ainsi apres auoir baisé la main à Galathée, sans nulle faueur plus grande, il partit: bien s'en alla-t'il auec asseurance qu'à son retour, il pourroit la voir quelquefois à ceste mesme heure, & en ce mesme lieu; mais que sert-il de particulariser toute chose. Lindamor retourna où ceux qui estoient à luy l'attendoient, & de là en diligence alla où Clidaman pensoit qu'il fust, & par les chemins bastit mille prudentes excuses de son sejour, tantost accusant les incommoditez des montagnes, & tantoſt d'vne maladie qui encor paroiſſoit à ſon viſage, à cauſe de ſes bleſſeures; & luy ſemblant que tout ce qui l'eſloignoit de ſa Dame, n'eſtoit pas affaire qui meritaſt plus long ſejour; il reuint auec permiſſion d'Amaſis & de Clidaman, en Foreſts, où eſtant arriué, & ayant rendu bon conte de ſa charge, il fut honoré, & carreſſé comme ſa vertu le meritoit; mais tout cela ne luy touchoit point au cœur, au prix d'vn bon accueil qu'il receuoit de la Nymphe, qui depuis ſon dernier depart auoit accreu de ſorte ſa bonne volonté, que ie ne ſçay ſi Lindamor auoit occaſion de ſe dire plus Amant qu'aimé. Ceſte recherche paſſa ſi outre, qu'vn ſoir eſtant dans le jardin, il la preſſa pluſieurs fois de luy permettre qu'il la demandaſt à Amaſis, qu'il s'aſſeuroit auoir rendu tant de bons ſeruices, & à elle, & à ſon fils, qu'ils ne luy refuſeroient point ceſte grace. Elle luy reſpondit: Vous deuez douter de leur volonté plus que de vos merites, & deuez eſtre moins aſſeuré de vos merites, que de ma bonne volonté, toutefois ie ne veux point que vous leur en parliez que Clidaman ne ſe marie: ie ſuis plus jeune que luy, ie puis bien attendre autant. Ouy bien vous, reſpondit-il incontinent, mais non pas la violence de ma paſſion; pour le moins ſi vous ne me voulez accorder ce remede, donnez m'en vn qui ne peut vous nuire, ſi voſtre volonté eſt telle que vous me dittes. Si ie le puis, dit-elle, ſans m'offenſer, ie le vous promets. Apres luy auoir baisé la main. Madame, luy dit-il, vous m'auez promis de jurer deuant Leonide, & deuant les Dieux, qui oyent nos discours, que vous serez ma femme, comme ie faits serment deuant eux mesmes, de n'en auoir jamais d'autre. Galathée fut surprise, toutefois feignant que ce fust partie pour le serment qu'elle en auoit fait, & en partie en ma persuasion, quoy que veritablement ce fust à celle de son affection, elle le contenta, & le luy jura entre mes mains, à condition que jamais Lindamor ne reuiendroit en ce jardin, que le mariage ne fust declaré, & cela pour empescher que l'occasion ne les fist passer plus outre. Voila Lindamor le plus content qui fut jamais, plein de toute sorte d'esperance, pour le moins de toutes celles qu'vn Amant peut auoir estant aimé, & n'attendant que la conclusion promise de ses desirs: Quand Amour, ou plustost la fortune voulut se mocquer de luy, & luy donner le plus cruel ennuy qu'autre peut auoir: O Lindamor, quelles vaines propositions sont les vostres! En ce temps Clidaman estoit party pour aller chercher auec Guiemants, les hazards des armes, & pour lors il se trouuoit en l'armée de Meroüée, & encor qu'il y fust allé secrettement, si est-ce que ses actions le découurirent assez, & par ce qu'Amasis ne vouloit pas qu'il y demeurast de ceste sorte, elle fit leuée de toutes les forces qu'elle pût pour luy enuoyer, & comme vous sçauez, en donna la charge à Lindamor, & retint Polemas pour gouuerner sous elle à toutes ses Prouinces, jusques à la venuë de son fils; ce qu'elle fit, tant pour satisfaire à ces deux grands personnages, que pour les separer vn peu: car depuis le retour de Lindamor, ils auoient tousiours eu quelque pique ensemble, fust que rien n'est de si secret, qui en quelque sorte ne se découure, & qu'à ceste occasion Polemas eust quelque vent que ce fust luy, contre qui il auoit combattu, ou bien que l'Amour seul en fust la cause. Tant y a que chacun connoissoit bien le peu de bonne volonté qu'ils se portoient. Or Polemas demeuroit fort content, & Lindamor ne s'en alloit pas mal volontiers, l'vn pour demeurer pres de sa Maistresse, & l'autre pour auoir occasion, faisant seruice à Amasis de se l'obliger, esperant par ceste voye de se faciliter le chemin au bien auquel il aspiroit. Mais Polemas qui connoissoit à l'œil combien il estoit défauorisé, & combien au rebours son riual receuoit de faueurs, n'ayant guiere d'esperance, ny en ses seruices, ny en ses merites, recourut aux artifices. Et voicy comment il apposte vn homme; mais vn homme le plus fin, & le plus rusé qui fust jamais en son mestier, à qui sans le faire reconnoistre à personne de la Cour, il fit secrettement voir Amasis, Galathée, Syluie, Silere, moy, & toutes ces autres Nymphes, & non seulement leur mostra le visage, mais luy raconta tout ce qu'il sçauoit de toutes, voire des choses plus secrettes, dont côme vieil courtisan, il estoit bien informé, & puis le pria de se faindre Druide, & grand deuin. Il vint dans ce grand bois de Sauignieu, près des beaux jardins de Mont-brison, où sur la petite riuiere qui y passe presque au trauers, il fit vne logette, & demeura là quelques iours, faisant le grand deuineur: si bien que le bruit en vint jusques à nous, & mesmes Galathée le sçachant, l'alla trouuer pour apprendre quelle seroit sa fortune. Ce rusé sceut si bien contrefaire son personnage, auec tãt de circonstances, & de ceremonies, qu'il faut que j'adoüe le vray, j'y fus deceuë aussi biẽ que les autres. Tant y a que la conclusion de sa finesse fut de luy dire, que le Ciel luy auoit donné par influence le choix d'vn grãd bien ou d'vn grãd mal, & que c'estoit à sa prudence de les eslire. Que l'vn, & l'autre procedoient de ce qu'elle deuoit aimer, & que si elle méprisoit son aduis, elle seroit la plus mal-heureuse personne du monde; & au contraire tres-heureuse, si elle faisoit bonne deliberation: que si elle le vouloit croire, il luy donneroit des connoissances si certaines de l'vn & de l'autre, qu'il ne tiendroit qu'à elle de les discerner. Et luy regardãt la main, puis le visage, il luy dit. Vn tel iour estant dans Marcilly, vous verrez vn homme vestu d'vne telle couleur, si vous l'espousez, vous estes la plus miserable du monde; puis il luy fit voir dans vn miroir, vn lieu qui est le long de la riuiere de Lignon, & luy dit: Voyez vous ce lieu, allez-y à telle heure, vous y trouuerez vn homme qui vous rendra heureuſe, ſi vous l'eſpouſez. Or Climante (tel eſt le nom de ce trompeur) auoit finement ſceu, & le jour que Lindamor deuoit partir, & la couleur dont il ſeroit veſtu ; & ſon deſſein eſtoit que Polemas feignant d'aller à la chaſſe, ſe trouueroit au lieu qu'il auoit fait voir dans le miroir. Or oyez ie vous ſupplie, comme le tout eſt reüſſi. Lindamor ne faillit point de venir veſtu comme auoit dit Climanthe, & au meſme iour Galathée, qui auoit bonne memoire de ce que luy auoit dit cet abuſeur, à l'abord de Lindamor demeura ſi eſtonnée, qu'elle ne ſceut reſpondre à ce qu'il luy diſoit. Le pauure Cheualier creut que c'eſtoit le déplaiſir de ſon éloignement, de ſorte qu'apres luy auoir baiſé la main, il partit ; & s'en alla à l'armée plus content que ne vouloit ſa fortune. Si j'euſſe ſceu qu'elle ſe fuſt miſe en ceſte opinion, j'euſſe taſché de l'en diuertir, mais elle me le tint ſi ſecret que pour lors ie n'en eus aucune connoiſſance. Depuis s'approchant le iour que Climanthe luy auoit dit qu'elle trouueroit ſur les riues de Lignon celuy qui la rendroit heureuſe, elle ne me voulut pas dire entierement ſon deſſein, mais ſeulement me fit entendre qu'elle vouloit ſçauoir ſi le Druide eſtoit veritable, en ce qu'il luy auoit dit ; qu'auſſi bien la Cour eſtoit ſi ſeule, qu'il n'y auoit plus de plaiſir, & que la ſolitude ſeroit pour vn temps plus agreable ; qu'elle eſtoit reſoluë d'aller en ſon Palais d'Iſoure, la plus ſeule qui luy ſeroit poſſible, &

que des Nymphes, elle ne vouloit auoir que Syluie & moy, sa nourrice, & le petit Meril: quant à moy qui estois ennuyeé de la Cour, ie luy dis, qu'il seroit bien à propos de s'y aller vn peu diuertir, & ainsi faisant entendre à Amasis, qu'elle s'y vouloit purger, elle s'y en alla le lendemain : mais ç'auoit esté sa nourrice qui l'auoit fortifiée en ceste opinion, car ceste bonne vieille, qui aimoit tendrement sa nourriture, estant de facile creance en ses predictions, comme sont la plupart de celles de son âge, luy conseilla de le faire, & l'en pressa de sorte, que la trouuant desia toute disposée, il luy fut aisé de la mettre en ce labyrinthe. Ainsi donc nous voila toutes trois seules en ce Palais. Pour moy ie ne fus de ma vie plus étonnée, car figurez vous trois personnes dans ce grand bastiment : Mais la Nymphe, qui auoit bien remarqué le iour que Cilmanthe luy auoit dit, se prepara le soir auparauant pour y aller, & le matin s'habilla le plus à son aduantage qu'elle pût, & nous commanda d'en faire de mesme. De ceste sorte nous allons dans vn chariot iusques au lieu assigné, où estant arriuées, par hazard à l'heure mesme qu'auoit dit Climanthe, nous trouuasmes vn Berger presque noyé, & encores à moitié couuert de bouë, & de grauier, que la fureur de l'eau auoit ietté contre nostre bord. Ce Berger estoit Celadon, ie ne sçay si vous le connoissez, qui par hazard estant tōbé dās Lignon, auoit failly de se noyer; mais nous y arriuasmes si à propos,

que

que nous le sauuasmes, car Galathée croyant que ce fust cestuy-cy qui la deuoit rendre heureuse, dés lors commença de l'aimer de telle sorte, qu'elle ne pleignit point sa peine à nous aider à le porter dans le chariot, & de là jusques au Palais sans qu'il reuint: pour lors le sable, l'effroy de la mort, les taches qu'il auoit au visage gardoient que sa beauté ne se pouuoit remarquer, & quant à moy ie maudissois l'enchanteur, & le deuin qui estoit cause que nous auions ceste peine, car ie vous jure que ie n'en eus de ma vie tant. Mais depuis qu'il fut reuenu, & que son visage ne fut plus souillé, il parut le plus bel homme qui se puisse dire, outre qu'il a l'esprit ressentant toute autre chose plustost que le Berger: ie n'ay rien veu en nostre Cour de plus ciuilizé, ny de plus digne d'estre aimé, si bien que ie ne m'estonne pas si Galathée en est tant esperdument amoureuse, qu'à peine le peut-elle abandonner la nuit: mais certes elle se trompe bien, d'autant que ce Berger est perdu d'Amour, pour vne Bergere nommée Astrée ; Si est-ce que toutes ces choses n'ont pas fait vn petit coup contre Lindamor, par ce que la Nymphe ayant trouué vray ce que ce menteur luy a dit, est resoluë de mourir plustost que d'espouser Lindamor, & s'estudie par toute sorte d'artifice de se faire aimer à ce Berger, qui ne fait mesme en sa presence que souspirer l'esloignement d'Astrée. Ie ne sçay si la contrainte où il se trouue (car elle ne le veut point laisser sortir du Palais,) ou si l'eau qu'il bût quand il tomba dans la riuiere, en est la cause, tant y a que depuis, il est allé trainant, tantost dans le lict, tantost dehors, mais en fin, il a pris vne fieure si ardante, que ne sçachant plus de remede à sa santé, la Nymphe me commanda de venir en diligence vous querir, à fin que vissiez ce qui seroit necessaire pour le sauuer.

Le Druide, estoit demeuré fort attentif durant ce discours, & fit diuers jugements selon les sujets des paroles de sa niece, & peut-estre assez approchant du vray: car il connut bien qu'elle n'estoit pas du tout exempte ny d'Amour, ny de faute. Toutefois comme fort aduisé qu'il estoit, il le dissimula auec beaucoup de discretion, & dit à sa niece qu'il estoit tres-aise de pouuoir seruir Galathee, & mesme en la personne de Celadon, de qui il auoit tousiours aimé les parents, & qu'encor qu'il fust Berger, il ne laissoit d'estre de l'ancien tige des Cheualiers, & que ses ancestres auoient esleu ceste sorte de vie pour plus reposée, & plus heureuse que celle des Cours, qu'à ceste occasion il le falloit honorer, & faire bien seruir: mais que ceste façon de viure, dont vsoit Galathée, n'estoit ny belle pour la Nymphe, ny honorable pour elle ; qu'estant arriué au Palais, & ayant veu ses déportements, il luy diroit comme il vouloit qu'elle se gouuernast. La Nymphe vn peu honteuse luy respondit, qu'il y auoit lõg temps qu'elle auoit fait dessein de le luy dire, mais qu'elle n'auoit eu ny la hartieſſe, ny la commodité, qu'à la verité Climanthe eſtoit cauſe de tout le mal. O, reſpondit Adamas, s'il y auoit moyen de l'attraper, ie luy ferois bien payer auec vſure le faut tiltre qu'il s'eſt vſurpé de Druide. Cela ſera fort aiſé dit la Nymphe, par le moyen que ie vous diray. Il dit à Galathée qu'elle retournaſt deux ou trois fois au lieu où elle deuoit trouuer ceſt homme, en cas qu'elle ne l'y rencontraſt la premiere fois. Ie ſçay que Polemas & luy ayant eſté trop tardifs le premier iour, ne manquerent d'y venir les autres ſuiuants; qui voudra ſurprendre ce trompeur, il ne faut que ſe cacher au lieu que ie vous monſtreray, où ſans doute il viendra : & quant au iour vous le pourrez ſçauoir de Galathée, car quant à moy ie l'ay oublié.

LE DIXIESME LIVRE DE LA PREmiere partie d'Astree.

AVec ces discours, le Druide, & la Nymphe tromperent vne partie de la longueur du chemin, ayant esté & l'vn & l'autre si attentif, que presque sans y penser, ils se trouuerent aupres du Palais d'Isoure. Mais Adamas qui vouloit en toute façon remedier à ceste vie, l'instruisit de tout ce qu'elle auoit à dire de luy à Galathée, & sur tout de ne point luy faire entendre qu'il ayt desapreuué ses actions: car, disoit-il, ie connois bien que le courage de la Nymphe se doit vaincre par douceur, & non par force. Mais ce pendant ma niece, souuenez vous de vostre deuoir, & que ces amourachements sont hôteux, & pour ceux qui en sont atteints, & pour ceux qui les fauorisent. Il eust continué ses remonstrances, si à l'entrée du Palais ils n'eussent rencontré Syluie qui les conduisit où estoit Galathée: pour lors elle se promenoit dans le plus proche jardin, cependant que Celadon reposoit: soudain qu'elle les apperceut, elle s'envint à eux, & le Druide d'vn genoüil en terre, la saluiä en luy baisant la robbe, & de mesme Leonide; mais les releuant, elle les embrassa tous deux, remerciant Adamas de la peine qu'il auoit prise de venir, auec asseurance de l'en reuencher en toutes les occasions qu'il luy plairoit. Madame, dit-il, tous mes seruices ne sçauroient meriter la moindre de ces belles paroles, ie regrette seulement que ce qui se presente ne soit vne preuue plus grande de mon affection, à fin qu'en quelque sorte vous puissiez connoistre, que si ie suis vieilly sans vous auoir fait seruice, ce n'a pas esté faute de volonté, mais de n'auoir eu l'heur d'estre employé. Adamas, respondit la Nymphe, les seruices que vous auez rendus à Amasis, ie les tiens pour miens, & ceux que j'ay receus de vostre niece, ie les reçois comme de vous, par ainsi vous ne pouuez pas dire qu'en la personne de ma mere vous ne m'ayez beaucoup seruie, & qu'en celle de vostre niece, vous n'ayez bien souuent esté employé: Quelquefois si ie puis, ie reconnoistray ces seruices tous ensemble, mais en ce qui se presente à ceste heure, ressouuenez-vous, puis qu'il n'y a rien de plus douloureux que les blesseures qui sont aux parties plus sensibles, que ayant l'esprit blessé vous ne sçauriez jamais trouuer occasion de me seruir qui me fust plus agreable que celle-cy: Nous en parlerons à loisir, ce pendant allez vous reposer, & Syluie vous conduira en vostre chambre, & Leonide me rendra conte de ce qu'elle a fait. Ainsi s'en alla le Druide: Et Galathée caressant Leonide plus que de coustume, luy demanda des nouuelles de son voyage, à quoy elle satisfit: mais continua-t'elle, Madame, ie loüe Dieu, que ie vous retrouue plus joyeuse que ie ne vous auois laissée. Ma mie, luy dit la Nymphe, la guerison toute euidente de Celadon m'a rapporté ce bien, car il faut que vous sçachiez que vous ne fustes pas à vne lieuë d'icy qu'il se resueilla sans fieure, & depuis est allé amendant de sorte, que luy mesme espere de se pouuoir leuer dans deux ou trois iours. Voila, respondit Leonide, les meilleures nouuelles qu'à mon retour j'eusse pû desirer, que si ie les eusse sceuës plustost, ie n'eusse pas conduit ceans Adamas. Mais à propos, dit Galathée, que dit-il de cest accident? car ie m'asseure que vous luy auez tout declaré. Vous me pardonnerez, Madame, dit Leonide, ie ne luy ay dit, que ce que j'ay pensé ne luy pouuoir estre caché, lors qu'il seroit icy. Il sçait l'amitié que vous portez à Celadon, que ie luy ay dit estre procedée de pitié, il connoist fort bien ce Berger, & tous ceux de

Q q iiij

sa famille, & s'asseure de luy pouuoir persuader tout ce qu'il luy plaira, & ie croy quant à moy, si vous l'y employez qu'il vous y seruira: mais il faudroit luy parler ouuertement. Mon Dieu, dit la Nymphe, est-il possible? ie suis certaine que s'il l'entreprend, le tout ne peut reüssir qu'à mon contentement, car sa prudence est si grande, & son jugemēt aussi, qu'il ne peut que venir à bout de tout ce qu'il commencera. Madame, dit Leonide, ie ne vous parle point sans fondement, vous verrez si vous vous seruez de luy, ce qui en sera. Voila la Nymphe la plus contente du monde, se figurant desia au comble de ses desirs. Mais ce pendant qu'elles discouroient ainsi, Syluie & Adamas s'entretenoient de ce mesme affaire, car la Nymphe qui auoit beaucoup de familiarité auec le Druide, luy en parla dés l'abord tout ouuertement: luy qui estoit fort aduisé, pour sçauoir si sa niece luy auoit dit la verité, la pria de luy raconter tout ce qu'elle en sçauoit. Syluie qui vouloit en toute sorte rompre ceste pratique, le fit sans dissimulation, & le plus briefuement qu'il luy fut possible, de ceste sorte.

HISTOIRE DE LEONIDE.

Cachez que pour mieux vous faire entendre tout ce que vous me demandez, ie suis contrainte de toucher des particularitez d'autre que de Galathée, & ie le feray d'autant plus volontiers, qu'il est mesme à propos que pour y pouruoir à l'aduenir, elles ne vous soient point cachées: C'est de Leonide, dont ie parle, que le destin semble vouloir embroüiller d'ordinaire aux desseins de Galathée: Ce que ie vous en dis, n'est pas pour la blasmer, ou pour le publier: car le vous disant, ie ne le croy moins secret, que si vous ne l'auiez pas sceu: Il faut donc que vous entendiez, qu'il y a fort long temps que la beauté & les merites de Leonide, luy acquirent, apres vne longue recherche, l'affection de Polemas, & parce que les merites de ce Cheualier ne sont point si petits, qu'ils ne puissent se faire aymer, vostre niece ne se contenta d'estre aymée, mais voulut aussi aymer; toutefois elle s'y conduisit auec tant de discretion, que Polemas mesme fut longuement sans en rien sçauoir: Ie sçay que vous auez aymé, & que vous sçauez mieux que moy, combien malaisément se peut cacher Amour, tant y a qu'en fin le voile estant osté, & l'vn & l'autre se connut, &

Amant, & aimé, toutefois ceste amitié estoit si honneste, qu'elle ne leur auoit permis de se l'oser declarer. Apres le sacrifice qu'Amasis fait tous les ans le jour qu'elle espousast Pymiadre, il auint que l'apres-disnée nous trouuant toutes dans les jardins de Mont-brison, pour passer plus joyeusement ceste heureuse journée, elle & moy, pour nous garantir du Soleil, nous estions assises sous quelques arbres, qui faisoiét vn agreable ombrage. A peine y estions nous, que Polemas se vint mettre parmy nous, feignant que c'auoit esté par hazard qu'il nous eust rencontrées, quoy que j'eusse bien pris garde qu'il y auoit long temps qu'il nous accompagnoit de l'œil. Et par ce que nous demeurions sans dire mot, & qu'il auoit la voix fort bône, ie luy dis, qu'il nous obligeroit fort s'il vouloit chanter. Ie le feray, dit-il, si ceste belle, monstrant Leonide, me le commande. Vn tel commandement, dit-elle, seroit vne indiscretion, mais j'y employeray bien ma priere, & mesmes si vous auez quelque chose de nouueau. Ie le veux, respondit Polemas, & de plus ie vous asseureray, que ce que vous oirez, n'a esté fait que durant le sacrifice, cependant que vous estiez en oraison. Et quoy, luy dis-je, ma compagne est donc le sujet de ceste chanson ? Ouy certes me respondit-il, & j'en suis tesmoing, & lors il commença de ceste sorte.

STANCES,
D'VNE DAME EN DEVOTION.

Dans le Temple sacré, les grands Dieux adoroit
Celle que tous les cœurs adorent d'ordinaire:
Elle sans qui la grace au monde ne peut plaire,
Des yeux & de la voix, des graces requeroit.

Et bien qu'elle voulust ses beaux yeux desarmer,
Et laisser de sa voix les appas & les charmes,
Ses beaux yeux & sa voix auoient de telles armes,
Qu'on ne pouuoit la voir, ny l'ouyr sans l'aimer.

Si quelquefois ses yeux d'vn sainct zelle enflambez
Vont mignardant le Ciel, toute ame elle mignarde,
Et si demy fermez en bas elle regarde,
O que leurs mouuements ont de traits dérobez!

Que si quelque souspir va du cœur s'esgarant,
Quand les douceurs du Ciel en esprit elle espreuue,
O que cét air fuitif incontinent retreuue
D'autres souspirs esmeus d'vn esprit differant!

O grand Dieu, disoit-elle, ayez pitié de moy!
Et mon desir alors s'efforçoit de luy dire:
Ayez pitié de moy: qui la pitié desire,
Les effets de pitié doit ressentir en soy.

Sois pere, disoit-elle, & non iuge en courroux
Puis que tu veux, ô Dieu, que pere l'on t'appelle,
Sois ma Dame, disois-je, & non pas ma cruelle,
Puis que tant de beauté te rend Dame de tous.

Regarde ta bonté plutost que ta rigueur,
Quand tu veux chastier, disoit-elle, vne offense.
Et moy ie luy disois : Et toy de mesme pense,
Qu'à tes yeux tant humains doit ressembler ton cœur.

Souuiens toy, disoit-elle, ô grand Dieu, que ie suis
A toy dés ma naissance, & que toy seul j'adore :
Et moy ie suis à toy, luy disois-je, & encore
Que toy seul en mes vœux adorer ie ne puis.

Mesure, disoit-elle, à l'Amour ta pitié :
Et lors elle tranchoit pour vn temps son murmure.
Et moy ie luy disois : Et toy, belle, mesure
Ta pitié non à mey, mais à mon amitié.

Ses vœux furent receuz, & les miens repoussez :
Et toutefois les miens auoient bien plus de zelle :
Car de la seule foy les siens naissoient en elle,
Moy ie voyois la Saincte où les miens sont dressez.

Elle obtint le pardon (mais qui peut refuser
Chose qu'elle demande) & j'en portay la peine :
Car depuis s'esloignans de toute chose humaine,
Elle ne me vid plus que pour me m'escriser.

Est-ce ainsi, dis-je alors, que t'ayant fait mercy

*Au lieu de pardonner tu me fais vn outrage,
o grand Dieu! puny la d' vn si mauuais courage,
Car si ie faux, ses yeux me l'ordonnent ainsi.*

Nous estions demeurées fort attentiues, & peut-estre j'eusse sceu quelque chose dauantage, n'eust esté que Leonide, craignant que Polemas ne declarast ce qu'elle me vouloit cacher, soudain qu'il eut paracheué prit la parole. Ie gage, dit-elle, que ie deuineray pour qui ceste chanson a esté faite, & lors s'approchant de son oreille, fit semblant de la luy nommer : mais en effet elle luy dit qu'il prit garde à ce qu'il diroit deuant moy. Luy come discret, se retirant, luy respondit: Vous n'auez pas deuiné, ie vous iure que ce n'est pas pour celle que vous m'auez nommée. Ie m'apperceus alors qu'elle se cachoit de moy, qui fut cause que feignant de cueillir quelques fleurs, ie m'ostay d'aupres d'eux, & m'en allay d'vn autre costé : nõ toutefois sans auoir l'œil à leurs actions. Or depuis Polemas mesme m'a raconté le tout, mais ç'a esté apres que son affection a esté passée, car tant qu'elle a continué, il n'a pas esté en mon pouuoir de luy faire rien aduoüer. Estant donc demeurez seuls, ils reprindrent les brisées qu'ils auoient laissées, & elle fut la premiere qui commença : Et quoy Polemas, dit-elle, vous vous joüez ainsi de vos amies? aduoüez la verité, pour qui sont ces vers? Belle Nymphe, dit-il, en vostre ame vous sçauez aussi bien pour qui ils sont que moy. Et comment, dit-elle, me croyez-vous quelque deuineuse ? Ouy certes, respondit Polemas, & de celles qui n'obeïssent pas au Dieu qui parle par leur bouche, mais qui se font obeïr à luy. Comment entendez-vous cét enigme ? dit la Nymphe. I'entends, repliqua-t'il, qu'Amour parle par vostre bouche, autrement vos paroles ne seroient pas si pleines de feux & d'Amour, qu'elles pussent allumer en tous ceux qui les oyent des braisiers si ardants, & toutefois vous ne luy obeïssez point : encor qu'il commande que qui aime soit aimé : car toute desobeïssante, vous faites que ceux qui meurent d'Amour pour vous, vous peuuent bien ressentir belle, mais non jamais Amante, ny seulement pitoyable : I'en parle pour mon particulier, qui puis auec verité jurer n'y auoir au monde beauté plus aimée que la vostre l'est de moy. En disant ces paroles dernieres il rougit, & elle sousrit en luy respondant. Polemas, Polemas, les vieux soldats par leurs playes montrent le tesmoignage de leur valeur, & ne s'en plaignent point, vous qui vous plaignez des vostres, seriez bien empesché de les monstrer, si Amour comme vostre general, pour vous donner digne salaire, demandoit de les voir. Cruelle Nymphe, dit le Cheualier, vous vous trompez, car ie luy dirois seulement, ô Amour oste ce bandeau, & regarde les yeux de mon ennemie : Car il n'auroit pas si tost ouuert les yeux, qu'il ressentiroit les mesmes playes que ie porte au cœur, non point côme vous dites en me pleignant, mais tant s'en faut en faisant ma gloire d'auoir vn si digne auteur de ma blesseure : Par ainsi iugez que si Amour vouloit entrer en raison auec moy, ie luy aurois plutost satisfait qu'à vous, car il en ressentiroit les mesmes coups, ce que vous ne pouez, d'autant qu'vn feu ne se peut brusler soy-mesme : Si ne deuez-vous pas encor qu'insensible à vos beautez, l'estre à nos larmes, ny estre marrie, où les armes du merite ne peuuét resister, si celles de la pitié, pour le moins rebouchent le tranchant de vos rigueurs, à fin que de mesme qu'on vous adore comme belle, on vous puisse loüer comme humaine. Leonide aimoit ce Cheualier, & toutefois ne vouloit pas qu'il le sceust encores ; mais aussi elle craignoit qu'en luy ostant l'espoir entieremét, elle ne luy fit perdre le courage ; cela fut cause qu'elle luy respondit. Si vostre amitié est telle, le temps m'en donnera plus de connoissance que ces paroles trop bien dites pour proceder d'affection : car à ce que j'ay ouy dire, l'affection ne peut estre sans passion, & la passion ne peut permettre à l'esprit vn si libre discours: mais quand le temps m'en aura autant dit que vous, vous deuez croire, que ie ne suis ny de pierre, ny si méconnoissante, que vos merites ne me soient connus, & que vostre amitié ne m'esmeuue : Iusques alors n'esperez de moy, que cela mesme que vous pouuez de mes cô-pagnes en general. Le Cheualier luy voulut baiser la main pour ceste asseurance, mais par ce que Galathée la regardoit. Cheualier luy dit elle, soyez discret, chacun à l'œil sur nous, si vous traittez de ceste sorte vous me perdrez. Et à ce mot elle se leua, & vint entre nous qui allions cueillant des fleurs. Voila la premiere ouuerture qu'ils se firent de leurs volontez, qui donna occasion à Galathée de s'en mesler: Car s'estant apperceuë de ce qui s'estoit passé au jardin, & ayant dés long temps fait dessein d'acquerir Polemas, voulut le soir sçauoir ce qui s'estoit passé entre Leonide & luy, & par ce qu'elle s'est tousiours renduë fort familiere à vostre niepce, & qu'elle a monstré de la particulariser en ses secrets, la Nymphe n'osa luy nier entierement la verité de ceste recherche; il est vray qu'elle luy teut ce qui estoit de sa volonté propre, & sur ce discours Galathée voulut sçauoir les paroles particulieres qu'ils s'estoient dittes, en quoy vostre niepce en partie satisfit, & en partie dissimula. Si est-ce qu'elle en dit assez pour accroistre de telle sorte le dessein de Galathée, que depuis ce jour elle resolut d'en estre aimée, & entreprit ceste œuure auec de tels artifices, qu'il estoit impossible qu'il aduint autrement. D'abord, elle deffendit à Leonide de continuer plus outre ceste affection, & puis, luy dit, qu'elle en coupast toutes les racines, par ce qu'elle sçauoit bien que Polemas auoit autre dessein, & que cela ne luy seruiroit qu'à se faire moquer.

Outre

Outre que si Amasis venoit à le sçauoir elle en seroit offensée. Leonide, qui alors n'auoit pas plus de malice qu'vn enfant, receut les paroles de la Nymphe, comme de sa Maistresse, sans penetrer au dessein qui les luy faisoit dire, & ainsi demeura quelques jours si retirée de Polemas, qu'il ne sçauoit à quoy il en estoit; au commencement cela le rendoit plus ardent en sa recherche : Car c'est l'ordinaire de ces jeunes esprits, de desirer auec plus de violence, ce qui leur est le plus difficile : & d'effet il continua de sorte, que Leonide auoit assez de peine à dissimuler le bien qu'elle luy vouloit : & en fin le sçeut si mal faire que Polemas connust bien qu'il estoit aymé : mais voyez ce que l'Amour ordonne ! ce jeune Amant apres auoir trois ou quatre mois continué ceste recherche d'autant plus violemment, qu'il auoit moins d'asseurance de la bonne volonté qu'il desiroit, aussi tost presque qu'il en est certain, perd sa violence, & peu à peu ayme si froidement, que d'autant que la fortune & l'Amour, quand ils commencent à descendre tombent tout à fait ; la Nymphe ne se prit garde qu'elle demeura là seule en ceste affection : Il est vray que Galathée qui suruint là dessus en fut en partie cause : car ayant dessein sur Polemas, elle vsa de tel artifice, & se seruit si bien, & de son authorité, & du temps, que l'on peut dire qu'elle le luy desroba insensiblement, par ce que quand Leonide le rudoyoit, Galathée le fauorisoit, & quand l'autre fuyoit sa cōpagnie,

R r

celle-cy l'attiroit à la sienne, & cela continuä si longuement & si ouuertement, que Polemas commença de tourner les yeux vers Galathée, & peu apres le cœur les suiuit : car se voyant fauoriser d'vne plus grande que celle qui le mesprisoit, il se blasmoit de le souffrir sans ressentimēt, & de n'embrasser la fortune, qui toute riante le venoit rencontrer. Mais, ô sage Adamas, voyez quelle gracieuse rencōtre a esté celle-cy, & comme il a pleu à l'Amour de se joüer de ces cœurs : Il y auoit quelque tēps, que par l'ordonnance de Clidaman, Agis se rencontra seruiteur de vostre niepce, & cōme vous sçauez, par l'élection de la fortune. Or quoy que ce jeune Cheualier ne se fust point donné à Leonide de sa deliberation, si consentit-il au don, & l'appreuua par les seruices que depuis il luy rendit, & qu'elle n'eust point desagreables à ce qu'elle monstroit par ses actions. Mais quand Polemas entreprit de la seruir, Agis qui comme auaricieux auoit tousiours les yeux sur son thresor, prit garde à l'Amour naissante de ce nouuel Amant, & quelquefois s'ē plaignit à elle; mais la froideur de ses respōses au lieu d'estaindre ses jalousies seulement, amortissoit peu à peu ses Amours: car considerant combien il y auoit peu d'asseurance en son ame, il tascha de prendre vne meilleure resolution, qu'il n'auoit pas fait par le passé, & ainsi pour ne voir vn autre triompher de luy, il esleut plutost de s'esloigner. Recepte à ce que j'ay ouy dire, la meilleure qu'vne ame attainte de ce mal puisse auoir pour s'en deliurer: Car tout ainsi que le commécemét de l'Amour est produit par les yeux, il semble que celuy de son contraire le doiue estre par le deffaut de la veuë, qui ne peut estre en rien tant qu'en l'absence, où l'oubly mesme couure de ses cendres les trop viues representations de la chose aimée; & d'effet Agis paruint heureusement à son dessein: car à peine estoit-il entierement party, que l'Amour partit aussi de son ame, y logeant en sa place le mespris de ceste volage. Si bien que Leonide en ce nouueau dessein d'acquerir Polemas, perdit celuy qui des-ja estoit entierement à elle. Mais les broüilleries d'Amour ne s'arrestant pas là (car il voulut que Polemas ressentist aussi de son costé; ce qu'il faisoit endurer à la Nymphe;) presque en ce mesme temps l'affection de Lindamor prist naissance, & il aduint que tout ainsi que Leonide auoit desdaigné Agis pour Polemas, & Polemas Leonide pour Galathée: de mesme Galathée desdaigna Polemas pour Lindamor. De dire les folies que l'vn & l'autre ont faites, il seroit trop mal-aisé: Tant y a que Polemas se voyant enfin payé de la mesme monnoye dont il paya vostre niece, n'a peu pour cela perdre, ny l'esperance, ny l'Amour: au contraire a recherché toute sorte d'artifice pour r'entrer en grace: mais jusques à ceste heure fort inutilement; il est vray que s'il n'a pû rien obtenir de plus auantageux, il a pour le moins fait en

Rr ij

sorte, que celuy qui a esté cause de son mal, n'a pas esté le possesseur de son bien : car soit par ses artifices, ou par la volonté des Dieux, qu'vn certain deuot Druide luy a declarée depuis quelque temps en ça, Lindamor n'est plus aimé, & semble qu'Amour ait pris dessein de ne laisser jamais en repos l'estomac de Galathée: la memoire de l'vn n'estant si tost effacée en son ame, qu'vne autre n'y prenne place, & nous voicy à ceste heure reduites à l'Amour d'vn Berger, qui comme Berger peut en sa qualité meriter beaucoup, mais non point en celle de seruiteur de Galathée ; & toutefois elle en est si passionnée, que si son mal eust cōtinué, ie ne sçay ce qu'elle fust deuenuë : pouuant dire n'auoir jamais veu vne telle curiosité, ny vu si grand soing que celuy qu'elle a eu durant son mal. Mais ce n'est pas tout, il faut qu'en ce que ie vay vous dire, ô sage Adamas, vostre prudence fasse paroistre vn de ses effets ordinaires. Vostre niece est tant esprise de Celadon, que ie ne sçay si Galathée l'est dauantage : là dessus la jalousie s'est meslée entre-elles, & quoy que j'aye tasché d'excuser, & de rabattre ces coups le plus qu'il m'a esté possible, si est-ce que j'en desespere à l'aduenir : C'est pourquoy ie loüe Dieu de vostre venuë, car sans mentir ie ne sçauois plus comme m'y conduire sans vous : vous m'excuserez bien si ie vous parle ainsi franchement de ce qui vous touche, l'amitié que ie vous porte à tous deux m'y contraint.

Ainſi paracheua Sylvie ſon diſcours auec tant de demonſtration de trouuer ceſte vie mauuaiſe, qu'Adamas l'en eſtima beaucoup: & pour donner commencement, non point à la gueriſon du Berger, mais à celle des Nymphes, car ce mal eſtoit le plus grand, Adamas luy demanda quel eſtoit ſon aduis. Quant à moy, dit-elle, ie voudrois commencer à leur oſter la cauſe de leur mal, qui eſt ce Berger, mais il le faut faire auec artifice: puis que Galathée ne veut point qu'il s'en aille. Vous auez raiſon, reſpondit le Druide, mais en attendant que nous le puiſſions faire, il faut bien garder qu'il ne deuienne Amoureux d'elles: d'autant que la jeuneſſe & la beauté ont vne ſimpathie qui n'eſt pas petite, & ce ſeroit trauailler en vain s'il venoit à les aymer. O Adamas, dit Sylvie, ſi vous connoiſſiez Celadon comme moy, vous n'auriez point ceſte crainte, il eſt tant amoureux d'Aſtrée, que toute la beauté du monde hors la ſienne ne luy peut plaire, & puis il eſt encor aſſez mal pour ſonger à autre choſe qu'à ſa gueriſon. Belle Sylvie, reſpondit le Druide, vous parlez bien en perſonne qui ne ſçait guiere d'Amour, & comme celle qui n'a encor ſenty ſes forces. Ce petit Dieu, d'autant qu'il commande à toute choſe, ſe mocque auſſi de toute choſe, ſi bien que quand il y a moins d'apparence qu'il doiue faire vn effet, c'eſt lors qu'il ſe plaiſt de faire connoiſtre ſa puiſſance; ne viuez point vous meſme ſi aſſeurée, puis qu'il n'y a encor eu nulle sorte de vertu qui se soit pû exempter de l'Amour : La chasteté mesme ne l'a sceu faire, tesmoin Endimion. Voy, dit incontinent Sylvie, pourquoy, ô sage Adamas, m'allez-vous presageant vn si grand desastre? C'est afin, dit-il, que vous vous armiez contre les forces de ce Dieu, de peur que vous asseurant trop en l'opiniõ de ce que vous iugez impossible, vous ne soyez surprise auãt que de vous y estre preparée. I'ay ouy dire que Celadon est si beau, si discret & si accomply, qu'il ne luy desfaut nulle des perfections qui font aimer ; si cela est, il y a du danger : d'autant que les trahisons d'Amour sont si difficiles à découurir, qu'il n'y en a eu encor vn seul qui l'ait peu faire. Laissez m'en la peine, dit-elle, & voyez seulement ce que vous voulez que ie fasse en cét affaire dõt nous auõs discouru. Il me semble, dit le Druide, qu'il faut que ceste guerre se fasse à l'œil, & quand j'auray veu comme va le monde, nous disposerõs des affaires au moins mal qu'il nous sera possible, & cependant tenons nostre dessein secret. Là dessus Syluie le laissa reposer, & vint retrouuer Galathée, qui auec Leonide estoit pres du lit de Celadon : car ayant sceu qu'il estoit esueillé, elles n'auoient pû ny l'vne ny l'autre retarder dauãtage de le voir. Les caresses qu'il fit à Leonide ne furent pas petites: car pour la courtoisie dont elle l'obligeoit, il l'aimoit & estimoit beaucoup, quoy que l'humeur de Syluie luy pleust dauantage. Peu apres ils entrerent en discours d'Adamas, loüant sa sagesse, sa prudence, & sa bonté : surquoy Celadon s'enquit si ce n'estoit pas cestui-cy qui estoit fils du grand Pelion, duquel il auoit ouy dire tant de merueilles. C'est luymesme, respondit Galathée, qui est venu expres pour vostre mal. O Madame, respondit le Berger, qu'il seroit bon medecin s'il le pouuoit guerir, mais j'ay opinion que quand il le connoistra il desesperera plutost de mon salut, qu'il n'osera pas en entreprendre la cure. Galathée croyoit qu'il parlast du mal du corps. Mais, dit-elle, est-il possible que vous croyez d'estre encor malade ? Ie m'asseure que si vous voulez vous y ayder, en deux iours vous sortirez du lict. Peut-estre Madame, respondit Leonide, ne sera t'il pas guery pour cela; car quelquefois nous portons le mal si caché, que nous mesmes n'en sçauons rien, qu'il ne soit en son extremité. Leur discours eust duré dauantage, n'eust esté que le Druide les vint trouuer, afin de voir ce qui seroit necessaire pour son dessein : il le trouua assez bien disposé pour le corps, car le mal auoit passé sa furie, & venoit sur le declin : mais quand il eust parlé à luy, il jugea bien que son esprit auoit du mal, encor qu'il ne creust pas que ce fust pour ces Nymphes; & sçachant bien que le prudent Medecin doit tousiours apporter le premier remede au mal qui est le plus prest à faire son effort, il resolut de commencer sa cure, par Galathée. Et en ce dessein desirant de s'esclaircir tout à fait de la volonté de Celadon; le soir que toutes les Nymphes estoient retirées, il prit garde quand Meril, n'y estoit point, & ayant fermé les portes, il luy parla de ceste sorte. Ie croy Celadon, que vostre estonnement n'a pas esté petit, de vous voir tout à coup esleué à vne si bonne fortune que celle que vous possedez, car ie m'asseure qu'elle est du tout outre vostre esperance, puis qu'estant nay ce que vous estes, c'est à dire Berger, & nourry parmy les villages, vous vous voyez maintenant chery des Nymphes, caressé & seruy, ie ne diray pas des Dames, qui ont accoustumé d'estre commandées: mais de celle qui commande absolument sur toute ceste contrée. Fortune à la verité que les plus grands ont desiré, mais où personne encore n'a pû attaindre que vous: Dont vous deuez loüer les Dieux, & leur en rendre graces, afin qu'ils la vous continuent. Adamas luy parloit ainsi, pour le conuier à luy dire la verité de son affection, luy semblant que par ce moyen, monstrant de l'approuuer, il le feroit beaucoup mieux descouurir. A quoy le Berger respondit auec vn grand souspir: Mon pere, si celle-cy est vne bonne fortune, il faut donc que j'aye le goust depraué, car ie ne ressentis de ma vie de plus fascheux abscynthes que ceux que ceste Fortune, que vous nommez bonne, m'a fait gouster depuis que ie suis en l'estat où vous me voyez. Et comment, adiousta le Druide, pour mieux couurir sa finesse, est il possible que vous ayez si peu de cognoissance de voſtre bien, que vous ne voyez à quelle grandeur ceſte rencontre vous eſleue? Helas, reſpondit Celadon, c'eſt ce qui me menace d'vne plus haute cheute. Quoy, vous craignez, luy dit Adamas, que ce bon-heur ne vous dure pas? Ie crains, dit le Berger, qu'il dure plus que, ie ne le deſire: mais pourquoy eſt ce que nos brebis s'eſtonnent, & meurent quand elles ſont longuement dans vne grande eau, & que les poiſſons s'y plaiſent & nourriſſent? Par ce, reſpondit le Druide, que c'eſt contre leur naturel. Et croyez vous, mon pere, luy repliqua-t'il, qu'il le ſoit moins côtre celuy d'vn Berger, de viure parmy tant de Dames? ie ſuis nay Berger, & dans les villages, & rien qui ne ſoit de ma condition ne me peut plaire. Mais eſt-il poſſible, adiouſta le Druide, que l'ambition qui ſemble eſtre née auec l'homme, ne vous puiſſe point faire ſortir de vos bois, ou que la beauté dont les attraits ſont ſi forts pour vn jeune cœur, ne puiſſe vous diuertir de voſtre premier deſſein? L'ambition que chacun doit auoir, reſpondit le Berger, eſt de bien faire ce qu'il doit faire, & en cela eſtre le premier entre ceux de ſa condition, & la beauté que nous deuons regarder, & qui nous doit attirer, c'eſt celle-là que nous pouuons aimer, mais non pas celle que nous deuons reuerer, & ne voir qu'auec les yeux du reſpect. Pourquoy, dit le Druide, vous figurez vous qu'il y ait quelque grandeur entre les hommes, où le merite, & la vertu ne puiſſent arriuer? Par ce, reſpondit il, que ie sçay que toutes choses doiuent se contenir dans les termes où la nature les a mises, & que comme il n'y a pas apparence qu'vn rubis pour beau & parfait qu'il soit, puisse deuenir vn Diamant, celuy aussi qui espere de s'esleuer plus haut, ou pour mieux dire, de cháger de nature, & se rendre autre chose que ce qu'il estoit, pert en vain, & le temps & la peine. Alors le Druide estonné des considerations de ce Berger, & bien aise de le voir tant éloigné des desseins de Galathée, reprit la parole de ceste sorte. Or mon enfant, ie loüe les Dieux de ce que ie trouue en vous tant de sagesse, & vous asseure que tant que vous vous conduirez ainsi, vous donnerez occasion au Ciel de vous continuer toute sorte de felicité: Plusieurs emportez de leur vanité sont sortis d'eux mesmes, sur des esperances encores plus vaines que celles que ie vous ay proposées: Mais que leur en est-il aduenu? Rien, sinon apres vne longue & incroyable peine, vn tres-grand repentir de s'y estre si long temps abusez. Vous deuez remercier le Ciel, qui vous a döné ceste connoissance auant que vous ayez occasion d'auoir leur repentir, & faut que vous le requeriez qu'il la vous conserue, à fin que vous puissiez continuer en la tranquilité, & en la douce vie où vous auez vescu jusques icy. Mais puis que vous n'aspirez point à ces grandeurs ny à ces beautez, qu'est-ce donc, ô Celadon, qui vous peut arrester parmy elles? Helas, respondit le Berger, c'est la seule vobonté de Galathée, qui me retient presque comme prisonnier. Il est bien vray que si mon mal me l'eust permis, j'eusse assayé en toute façon d'eschapper, quoy que j'en reconnoisse l'entreprise bien difficile, si ie ne suis aidé de quelqu'vn, si ce n'est que laissant tout respect à part, ie m'en vueille aller de force: Car Galathée me tient de si court, & les Nymphes quãd elle n'y est pas, & le petit Meril quand les Nymphes, n'y peuuent demeurer, que ie ne sçaurois tourner le pied, que ie ne les aye à mes côtez. Et lors que j'en ay voulu parler à Galathée, elle s'est mise aux reproches contre moy, auec tant de colere, qu'il faut auoüer que ie n'ay osé luy en parler depuis: mais ce sejour m'a de sorte esté ennuyeux que ie l'accuse principalement de ma maladie. Que si vous auez jamais eu compassion d'vne personne affligée, mon pere, ie vous adjure par les grands Dieux que vous seruez si dignement, par vostre bonté naturelle, & par la memoire honorable de ce grand Pelion vostre pere, de prendre pitié de ma vie, & joindre vostre prudence à mon desir, à fin de me sortir de ceste fascheuse prison: car telle puis-je dire la demeure que ie faits en ce lieu. Adamas tres-aise d'ouïr l'affection dont il le supplyoit, l'embrassa, & le baisa au front, & puis luy dit: Ouy, mon enfant, soyez asseuré que ie feray ce que vous me demandez, & qu'aussi tost que vostre mal le vous permettra, ie vous faciliteray les moyẽs pour sortir sans effort de ce lieu; conti-

nuez seulement en ce dessein, & vous guerissez. Et apres plusieurs autres discours, il le laissa
mais auec tāt de cōtentemēt, que si Adamas le
luy eust permis, il se fust leué à l'heure mesme.

Cependant Leonide, qui ne vouloit laisser
Galathée plus long temps en l'erreur où Climanthe l'auoit mise, le soir qu'elle vid Syluie
& le petit Meril retirez, se mit à genoux deuant son lit, & apres quelques discours communs, elle continua : ô Madame que j'ay appris de nouuelles en ce voyage ! & des nouuelles qui vous touchent, & ne voudrois pas,
pour quoy que ce fust, ne les auoir sceuës, pour
vous détromper. Et qu'est-ce, respondit la
Nymphe ? C'est, adjousta Leonide, qu'il vous
a esté fait la plus fine meschanceté que jamais
Amour inuentast, & me semble que vous ne
deuez point regretter mon voyage, encor que
ie n'y eusse fait autre chose. Ce Druide, qui est
cause que vous estes icy, est le plus méchant
homme, & le plus ruzé qui se meslast jamais
de tromper quelqu'vn : & lors elle racōta
d'vn bout à l'autre ce qu'elle auoit ouy de la
bouche mesme de Climanthe, & de Polemas,
& que tout cet artifice n'auoit esté inuenté
que pour déposseder Lindamor, & remettre
Polemas en sa place. Au commencement la
Nymphe demeura vn peu estonnée : en fin
l'amour du Berger qui la flattoit, luy persuada
que Leonide parloit auec dessein, & pour la
diuertir de l'amitié du Berger, à fin de le posseder seule. De sorte qu'elle ne creut rien de

ce qu'elle luy difoit, eu contraire le tournât en risée, elle luy dit. Leonide, allez vous coucher, peut-eftre vous leuerez vous demain plus fine, & alors vous fçaurez mieux déguifer vos artifices: & à ce mot fe tourna de l'autre cofté en foufriant: ce qui offenfa defforte Leonide, qu'elle refolut à quelque prix que ce fuft, de mettre Celadon en liberté. Et en ce deffein, le foir mefme elle vint trouuer fon oncle, auquel elle tint tel langage. Puis que vous voyez, mon pere, que Celadon fe porte fi bien, que voulez vous qu'il faffe icy plus longuement ; ie ne vous ay point caché ce qui eft de la volonté de Galathée : Iugez quel mal il en peut aduenir. I'ay voulu defabufer la Nymphe de ce que cet impofteur de Climanthe luy a perfuadé, mais elle eft tant acquife à Celadon, que tout ce qui l'en veut retirer luy eft ennemy declaré, deforte que pour le plus feur il me femble qu'il feroit à propos de faire fortir ce Berger de ceans, ce qui ne fe peut fans vous, car la Nymphe à l'œil fur moy de telle façon, que ie ne puis tourner vn pied qu'elle n'y prenne garde, & qu'elle ne me foupçonne. Adamas demeura vn peu eftonné d'ouïr fa niece parler ainfi, & euft opinion qu'elle euft peur qu'il fe fuft apperceu de la bonne volonté qu'elle portoit au Berger, & qu'elle vouluft le preuenir. Toutefois jugeant que pour couper les racines de ces Amours, le meilleur moyé eftoit d'en efloigner Celadon, il dit à fa niece, pour mieux découurir fon artifice, qu'il desiroit ce qu'elle disoit sur toute chose, mais qu'il n'é sçauoit trouuer le moyen. Le moyen, dit-elle, est le plus aisé du monde, ayez seulement vn habit de Nymphe, & l'en faites vestir, il est jeune, & n'a encor point de barbe, par ceste ruze, il pourra sortir sans estre connu, & sans qu'on sçache qui luy a aidé, & ainsi Galathée ne sçaura à qui s'en prendre. Adamas trouua ceste inuention bonne, & pour l'executer plustost, resolut à l'heure mesme, que la nuict estant passée il iroit querir vn habit, sous pretexte de chercher des remedes pour guerir du tout le Berger, faisant entendre à Galathée, qu'encor que le Berger fust hors de fieure, il n'estoit pas hors des dangers de la recheute, & qu'il y falloit pouruoir auec prudence; & communiqua ce dessein à Syluie, qui l'approuua fort, pourueu qu'il ne tardast pas beaucoup à reuenir. A peine Celadon estoit bien esueillé, que Galathée & Leonide entrerent dans la Chambre, sous pretexte d'apprendre comme il se portoit, & en mesme temps Adamas, qui conneut bien, voyant vne si grande vigilance en ces Nymphes, que tout retardement estoit dangereux : apres auoir demandé à Celadon quelques choses ordinaires de son mal, il s'approcha de luy, & se tournant vers la Nymphe, luy dit qu'elle luy permist de s'enquerir de quelques particularitez qu'il n'oseroit luy demander deuant elle. Galathée qui croyoit que ce fust de sa maladie, se recula, & donna lieu à Adamas de faire entendre son dessein au Berger, luy promettant de reuenir dans deux ou trois iours au plus tard. Celadon l'en conjura par toutes les plus fortes prieres qu'il pût, connoissant bien que sans luy ceste prison dureroit encores longuement. Apres l'en auoir asseuré, il tira à part Galathée, & luy dit que le Berger pour ceste heure se portoit bien, mais comme il luy auoit des-ja dit, il estoit à craindre qu'il ne retombast, & qu'il estoit necessaire de preuenir le mal, qu'à ceste cause il vouloit aller querir ce qui luy estoit necessaire, & qu'il reuiendroit aussi tost qu'il l'auroit recouuré. La Nymphe fut tres-aise de cecy, car d'vn costé elle desiroit la guerison entiere du Berger, & de l'autre la presence du Druide commençoit de l'importuner, preuoyant qu'elle ne pourroit viure si librement auec son aimé Celadon qu'au parauant ; il connut bien quel estoit son dessein, toutefois il n'en fit point de semblant, & incontinent apres le disner se mit en chemin, laissant les trois Nymphes bien en peine, car chacun auoit vn dessein different, & toutes trois voulant en venir à bout ; il estoit necessaire qu'elles se trompassent bien finement. Cela estoit cause que le plus souuent elles estoient toutes trois autour de son lit, mais Syluie plus que toutes les autres, à fin d'empescher qu'elles ne luy pussent parler en particulier. Si ne pût-elle faire si bon guet, que Leonide ne prist le temps de luy dire la resolution qu'elle auoit prise auec son oncle,

& puis elle continua. Mais dittes la verité, Celadon, vous estes encor si méconnoissant, que quand vous aurez receu ce bon office de moy, vous ne vous en ressouuiendrez non plus que vous voyez à cette heure l'amitié que ie vous porte. Pour le moins ayez memoire des outrages que Galathée me fait à vostre occasion, & si l'Amour qui en toute autre merite vn autre Amour, ne peut naissant en moy produire le vostre, que j'aye ce contentement d'ouïr vne fois de vostre bouche, que l'affection d'vne Nymphe telle que ie suis, ne vous est point desagreable. Celadon qui auoit des ja bien reconnu ceste naissante amitié; eust desiré de la faire mourir au berceau, mais craignant que le dépit qu'elle en conceuroit, ne luy fist produire des effets contraires à la resolution qu'elle auoit prise auec son oncle, il fit dessein de luy donner quelques paroles pour ne la perdre entierement, & ainsi il luy respondit. Belle Leonide, quelle opinion auriez vous de moy, si oubliant Astrée, que j'ay si longuement seruie, ie commençois vne nouuelle amitié? Ie vous parle librement, car ie sçay bien que vous n'ignorez pas quel ie suis. O Celadon, respondit Leonide, ne vous cachez point de moy, ie sçay autant de vos affaires, que vous mesmes. Donc, belle Nymphe, repliqua le Berger, si vous le sçauez, comment voulez vous que ie puisse forcer cest Amour, qui a tant de force en mon ame, que ma vie, & ma volonté en dépendent? Mais puis que
vous

vous sçauez qui ie suis; lisez en mes actions passées, & voyez que c'est qui me reste pour vous satisfaire, & dittes moy ce que vous voulez que ie fasse. Leonide à ce discours ne pût cacher ses larmes, toutefois comme sage qu'elle estoit, apres auoir consideré combien elle contreuenoit à son deuoir de viure de cette sorte, & combien elle trauailloit vainement, elle resolut d'estre maistresse de ses volontez. Mais d'autant que c'estoit vne œuure si difficile, qu'elle n'y pouuoit paruenir tout à coup, il fallut que le temps luy seruit à preparer ses humeurs, pour estre plus capables à receuoir les conseils de la prudence. Et en ceste resolution elle luy parla de ceste sorte: Berger, ie ne puis à cet heure prendre le conseil qui m'est necessaire, il faut que pour auoir assez de force, j'aye du loisir à r'amasser les puissances de mon ame, mais qu'il vous souuienne de l'offre que vous m'auez faite, car ie pretends de m'en preualoir. Leur discours eust continué dauantage si Syluie ne l'eust interrompu, qui suruenant, & s'adressant à Leonide. Vous ne sçauez pas, dit-elle, ma sœur, que Fleurial est arriué, & a tellement surpris la garde de la porte, qu'il a pluftost esté pres de Galathée, que nous ne l'auons sceu. Il luy a donné des lettres, & ne sçay d'où elles viennent, mais il faut que ce soit de bon lieu, car elle a changé de couleur deux ou trois fois. Leonide incontinent se douta que c'estoit de Lindamor, qui fut cause qu'elle laissa le Berger auec Syluie,

S s

& alla vers Galathée le sçauoir asseurément.

Syluie alors se voyant seule auec luy, commença de l'entretenir, auec tant de courtoisie, que s'il y eust eu en ce lieu-là quelque chose propre à luy donner de l'Amour, c'eust esté elle sans doute. Et voyez comme Amour se plaist à contrarier nos desseins ! Les autres deux Nymphes par tous artifices recherchent de luy en donner, & ne peuuent; & celle-cy qui ne s'en soucie point, attaint plus pres du but que les autres; par là on peut connoistre combien l'Amour est libre, puis que mesme il ne veut estre obligé de sa naissance à autre qu'à ce qui luy plaist. Cependant que Celadon estoit sur ceste mesme pensée. Syluie qui n'alloit recherchant que les occasions de le mettre en discours, par ce qu'elle se plaisoit bien fort en sa conuersation, & à l'ouïr parler, luy dit: Vous ne sçauriez croire, Berger, combien ceste rencontre de vous auoir connu, me rapporte de plaisir, & vous jure, que d'ores en là, si Galathée m'en croit, tant que son frere sera hors de ceste contrée, nous aurons plus souuent vostre compagnie que nous n'auons pas eu par le passé : car à ce que ie voy par vous, ie pense qu'il y a du plaisir en vos hameaux, & parmy vos honnestes libertez, puis que vous estes exempts de l'ambition, & par consequent des enuies, & que vous viuez sans artifice, & sans médisance, qui sont les quatre pestes de la vie que nous faisons. Sage Nymphe, répondit le Berger, tout ce que vous dittes est plus que veritable, si nous estiōs hors du pouuoir de l'Amour; mais il faut que vous sçachiez, que les mesmes effets que l'ambition produit aux Cours, l'Amour les fait naistre en nos villages: car les ennuis d'vn riual ne sont guiere moindres que celles d'vn courtisan, & les artifices des Amants, & des Bergers ne cedent en rien aux autres, & cela est cause que les médisans se retiennent entre nous la mesme authorité d'expliquer comme bon leur semble nos actions, aussi bien qu'entre vous. Il est vray que nous auons vn aduantage, qu'au lieu de deux ennemis que vous auez, qui est l'Amour & l'ambition, nous n'en auōs qu'vn, & de là vient qu'il y en a quelques particuliers entre nous, qui se peuuent dire heureux, & nul, comme ie croy, entre les courtisans: car ceux qui n'aiment point, n'esuitent pas les allechements de l'ambition, & qui n'est point ambitieux n'aura pas pour cela l'ame gelée, pour resister aux flames de tant de beaux yeux, là où n'ayant qu'vn ennemy, nous pouuons plus aisément luy resister, comme Syluandre a fait jusques icy, Berger à la verité remply de beaucoup de perfections, mais plus heureux encores le peut on dire sans l'offenser, que sage; car quoy que cela puisse en quelque sorte proceder de sa prudence, si est-ce que ie tiens, que c'est vn grand heur de n'auoir jusques icy rencontré beauté qui luy ait pleu, & n'ayant point trouué ceste beauté qui attire, il n'a jamais eu familiarité auec

aucune Bergere, qui est cause qu'il se conserue en sa liberté, par ce que ie croy quát à moy,
si l'on n'aime point ailleurs, qu'il est impossible de pratiquer longuement vne beauté bien
aimable sans l'aimer. Syluie luy respondit,
ie suis si peu sçauante en ceste science, qu'il
faut que ie m'en remette à ce que vous en dittes, si crois-je toutefois, qu'il faut que ce soit
autre chose que la beauté qui fasse aimer, autrement vne Dame qui seroit aimée d'vn
homme, le deuroit estre de tous. Il y a respondit le Berger, plusieurs responses à ceste oppo-
sition : Car toutes beautez ne sont pas veuës
d'vn mesme œil, d'autant que tout ainsi qu'entre les couleurs il y en a qui plaisent à quelques vns, & qui déplaisent à d'autres, de mesme faut-il dire des beautez : Car tous les yeux
ne les iugent pas semblables, outre qu'aussi
ces belles ne voyent pas chacun d'vn mesme
œil, & tel leur plaira, à qui elles tascheront de
plaire, & tel au rebours, à qui elles assayeront
de se rendre desagreables. Mais outre toutes
ces raisons il me semble que celle de Syluandre encores est tres-bonne : quand on luy demande, pourquoy il n'est point amoureux, il
répond qu'il n'a pas encor trouué son aimant:
& que quand il le trouuera, il sçait bien qu'in-
failliblement il faudra qu'il aime comme les
autres. Et, respondit Syluie, qu'entend-il par
cet aimant ? Ie ne sçay, repliqua le Berger, si ie
le vous sçauray bien desduire, car il a fort estu-
dié, & entre nous, nous le tenons pour hom-

me tres-entendu. Il dit que quand le grand Dieu forma toutes nos ames, il les toucha chacune auec vne piece d'aymant, & qu'apres il mit toutes ces pieces dans vn lieu à part, & que de mesme celles des femmes apres les auoir touchées, il les serra en vn autre magazin separé : Que depuis quand il enuoye les ames dans les corps, il meine celles des femmes où sont les pierres d'Aymant qui ont touché celles des hommes, & celles des hommes à celles des femmes, & leur en fait prendre vne à chacune. S'il y a des ames larronnesses, elles en prennent plusieurs pieces qu'elles cachent. Il auient de là qu'aussi tost que l'ame est dans le corps, & qu'elle rencontre celle qui a son aymant, il luy est impossible qu'elle ne l'aime, & d'icy procedent tous les effets de l'Amour : car quant à celles qui sont aymées de plusieurs, c'est qu'elles ont esté larronnesses, & en ont pris plusieurs pieces. Quant à celle qui aime quelqu'vn qui ne l'ayme point, c'est que celuy-là a son aymant, & non pas elle le sien. On luy fit plusieurs oppositions, quand il disoit ces choses, mais il respondoit fort bien à toutes, entre autres ie luy dis : mais que veut dire que quelquefois vn Berger aymera plusieurs Bergeres? C'est, dit-il, que la piece d'aymant qui le toucha, estant entre les autres, lors que Dieu les mesla, se cassa, & estant en diuerses pieces, toutes celles qui en ont, attirét ceste ame. Mais aussi prenez garde que ces personnes qui sont esprises de diuerses Amours n'aiment pas beaucoup. C'est d'autant que ces petites pieces separées n'ont pas tant de force qu'estant vnies. De plus, il disoit que d'icy venoit, que nous voyons bien souuent des personnes en aimer d'autres qui à nos yeux n'ont rien d'aimable, que d'icy procedoient aussi ces estranges Amours, qui quelquefois faisoient, qu'vn Gaulois nourry entre toutes les plus belles Dames, viendra à aimer vne barbare estrangere. Il y eut Diane qui luy demanda ce qu'il diroit de ce Tymon Athenien, qui n'aima jamais personne, & que jamais personne n'aima. L'aymant, dit-il, de celuy-là, ou estoit encor dans le magazin du grand Dieu, quand il vint au monde, ou bien celuy qui l'auoit pris mourut au berceau, ou auant que ce Tymon fust nay, ou en âge de connoissance. De sorte que depuis, quand nous voyons quelqu'vn qui n'est point aimé, nous, disons que son aymant a esté oublié. Et que, disoit-il, dit Syluie, sur ce que personne n'auoit aimé Tymon? Que quelquefois, respondit Celadon, le grand Dieu contoit les pierres qui luy restoient, & trouuât le nombre failly, à cause de celles que quelques ames larronnesses auoient prises de plus, comme ie vous ay dit, à fin de remettre les pieces en leur nombre égal, les ames qui alors se rencontroient pour entrer au corps, n'en emportoient point; que de là venoit que nous voyons quelquefois des Bergeres assez accomplies, qui sont si défauorisées, que personne ne les aime. Mais le gratieux Corilas luy fit vne demande, selon ce qui le touchoit pour lors. Que veut dire qu'ayant aimé lon-guement vne personne, on vient à la quitter, & à en aimer vne autre ? Syluandre, respondit à cela, que la piece d'aymant de celuy qui ve-noit à se changer, auoit esté rompuë : & que celle qu'il auoit aimée la premiere en deuoit auoir vne piece plus grande que l'autre, pour laquelle il la laissoit ; & que tout ainsi que nous voyons vn fer entre deux calamitez, se laisser tirer à celle qui a plus de force ; de mes-me l'ame se laisse emporter à la plus forte partie de son aymant. Vrayement, dit Syluie, ce Berger doit estre gentil, d'auoir de si bel-les conceptions, mais dittes moy ie vous sup-plie, qui est-il ? Il seroit bien mal aisé que ie le vous disse, respondit Celadon : car luy mesme ne le sçait pas ; toutefois nous le tenons pour estre de bon lieu, selon le jugement que l'on peut faire de ses bonnes qualitez : car il faut que vous sçachiez qu'il y a quelques années qu'il vint habiter en nostre village, auec fort peu de moyens, & sans connoissance, sinon qu'il disoit venir du Lac de Leman, où il auoit esté nourry petit enfant. Si est-ce que depuis qu'il a esté connu, chacun luy a aidé, outre qu'ayant la connoissance des herbes, & du na-turel des animaux, le bestail augmente de sor-te entre ses mains, qu'il n'y a celuy qui ne desi-re de luy en remettre, dont il rend à chacun

S f iiij

si bon conte, qu'outre le profit qu'il y fait, il n'y a celuy qui ne l'ait toufiours gratifié de quelque chofe ; de façon qu'à cefte heure il eft à fon aife, & fe peut dire riche : car, ô belle Nymphe, il ne nous faut pas beaucoup pour nous rendre tels, d'autant que la nature eftant contente de peu de chofe, nous qui ne recherchons que de viure felon elle, fommes auffi toft riches que contents, & noftre contentement eftant facile à obtenir, noftre richeffe incontinent eft acquife. Vous eftes, dit Syluie, plus heureux que nous ; mais vous m'auez parlé de Diane, ie ne la connois que de veuë, dittes moy ie vous fuppie qui eft fa mere. C'eft Bellinde, refpondit-il, femme du fage Celion, qui mourut affez jeune. Et Diane, dit Syluie, qui eft elle, & quelle eft fon humeur? C'eft, luy refpondit Celadon, vne des plus belles Bergeres de Lignon, & fi ie n'eftois partial pour Aftrée, ie dirois que c'eft la plus belle : car en verité outre ce qui fe void à l'œil, elle a tant de beautez en l'efprit, qu'il n'y a rien à redire ny à defirer. Plufieurs fois nous auons efté trois ou quatre Bergers enfemble à la confiderer, fans fçauoir quelle perfection luy fouhaitter qu'elle n'euft. Car encor qu'elle n'aime rien d'Amour, fi aime t'elle toute vertu d'vne fi fincere volonté, qu'elle oblige plus de cefte forte, que les autres par leurs violentes affections. Et cõment, dit Syluie, n'eft-elle point feruie de plufieurs? La trõperie, refpondit Celadon, que le pere de Filidas luy a faitte, a empesché que cela n'a point esté encore, & à la verité ce fut bien la plus insigne dont j'aye jamais ouy parler. Si ce ne vous estoit de la peine, adjousta Syluie, ie serois bien aise de l'entédre de vous, & aussi de sçauoir qui estoit ce Celion, & ceste Bellinde. Ie crains, respondit le Berger, que le discours n'en soit si long qu'il vous ennuye. Au contraire, dit la Nymphe, nous ne sçaurions mieux employer le temps, cependant que Galathée lira les lettres qu'elle vient de receuoir. Pour satisfaire donc à vostre commandement, adjousta-t'il, ie le feray le plus briefuement qu'il me sera possible, & lors il continua de ceste sorte.

HISTOIRE DE CELION
ET BELLINDE.

L est tout certain, belle Nymphe, que la vertu despoüillée de tout autre agencement ne laisse pas d'estre d'elle mesme agreable, ayant des aymants tant attirans, qu'aussi tost qu'vne ame en est touchée, il faut qu'elle l'ayme & la suiue, mais quand ceste vertu se rencontre en vn corps qui est beau, elle n'est pas seulement agreable, mais admirable : d'autant que les yeux & l'esprit demeurent rauis en la contemplation, & en la vision du beau. Ce qui se connoistra clairement par le discours que ie pretends vous faire de Bellinde. Sçachez donc, qu'assez pres d'icy le long de la riuiere de Lignon, il y eut vn tres-honneste Pasteur nommé Philemon, qui apres auoir demeuré long temps marié, eut vne fille, qu'il nomma Bellinde, & qui venant à croistre fit autant paroistre de beauté en l'esprit, que l'on luy en voyoit au corps. Assez pres de sa maison logeoit vn autre Berger nommé Leon, auec qui le voisinage l'auoit lié d'vn tres estroit lien d'amitié, & la fortune ne voulant pas en cela aduantager l'vn sur l'autre, luy donna aussi en mesme temps vne fille, de qui la jeunesse promettoit beaucoup de sa future beauté, elle fut nommée Amaranthe : L'amitié des peres fit naistre par la frequentation celle des filles : car elles furent dés le berceau nourries ensemble, & depuis quand l'âge le leur permit, elles conduisoient de mesme leurs trouppeaux, & le soir le ramenoient de compagnies en leurs loges. Mais par ce que comme le corps alloit augmentant, leur beauté aussi croissoit presque à veuë d'œil, il y eust plusieurs Bergers qui recherchent leur amitié, dont les seruices & l'affection ne purent obtenir d'elles rien de plus aduantageux que d'estre receus auec courtoisie. Il aduint que Celion jeune Berger de ces quartiers, ayant esgaré vne brebis la vint retrouuer dans le trouppeau de Bellinde, où elle s'estoit retirée. Elle la luy rendit auec tant de courtoisie, que le recouurement de sa brebis fust le commencement de sa propre perte : & dés lors il commença de sentir de quelle force deux beaux yeux sçauent offencer, car auparauant il en estoit si ignorant, que la pensée seulement ne luy en estoit point encor entrée en l'ame. Mais quelque ignorance qui fust en luy, si se conduisit-il de sorte, qu'il fit par ses recherches, reconnoistre quel estoit son mal, au seul medecin dont il pouuoit atrendre sa guerison. De sorte que Bellinde par ses actions le sceut presque aussi tost que luy-mesme, car luy pour le commencement n'eust sçeu dire quel estoit son dessein, mais son affection qui croissoit auec l'âge, vint à vne telle grandeur, qu'il en ressentit l'incommodité à bon escient, & dés lors la reconnoissant, il fut contraint de changer ses passe-temps d'enfance en vne fort curieuse recherche : Et Bellinde d'autre costé, encorés qu'elle fut seruie de plusieurs, receuoit son affection mieux que de tout autre : mais toutefois, non point autrement que s'il eust esté son frere, ce qu'elle luy fit bien paroistre vn jour qu'il croyoit auoir trouué la commodité de luy declarer sa volonté. Elle gardoit son trouppeau le long de la riuiere de Lignon ; & contemploit sa beauté dans l'onde : Sur quoy le Berger prenant occasion, luy dit, en luy mettant d'vne façon toute amoureuse, la main deuant les yeux. Prenez garde à vous, belle Bergere, retirez les yeux de ceste onde, ne craignez vous point le danger que d'autres ont couru en vne semblable action ? Et pourqnoy me dittes vous cela ? respondit Bellinde, qui ne l'entendoit point encore. Ah! dit alors le Berger: Belle & diſſimulee Bergere, vous repreſentez dans ceſte riuiere bien-heureuſe plus de beauté, que Narciſſe dans la fontaine. A ces mots Bellinde rougit, & ce ne fut que augmenter ſa beauté dauantage: toutefois elle reſpondit: Et depuis quand, Celion, eſt-ce que vous m'en voulez; Sans mentir il eſt bon de vous. Pour vous vouloir du bien, dit le Berger, il y a long temps que ie vous en veux, & vous deuez croire que ceſte volonté ne ſera limitée d'autre terme que de celuy de ma vie. Alors la Bergere baiſſant la teſte de ſon côté, luy dit: Ie ne fay point de doute de voſtre amitié, la receuant de la meſme volôté que ie vous offre la mienne. A quoy Celion incontinent reſpondit: Que ie baiſe ceſte belle main pour remerciement d'vn ſi grand bien, & pour arres de la fidele ſeruitude que Celion vous veut rendre le reſte de ſa vie. Bellinde reconnut, tant à l'ardeur dont il proferoit ces paroles, qu'aux baiſers qu'il imprimoit ſur ſa main, qu'il ſe figuroit ſon amitié d'autre qualité qu'elle ne l'entendoit pas; & parce qu'elle ne vouloit qu'il veſquiſt en ceſte erreur: Celion, luy dit-elle, vous eſtes fort eſloigné de ce que vous penſez, vous ne pouuez mieux me bannir de voſtre compagnie, que par ce moyen; ſi vous deſirez que ie continuë l'amitié que ie vous ay promiſe, continuez auſſi la voſtre auec la meſme honneſteté que voſtre vertu me promet: autrement dés icy ie romps toute familiarité auec vous, & vous proteste de ne vous aymer jamais : Ie pourrois, comme c'est la coustume de celles qui sont aymées, vous rabroüer, mais ie n'en vse point ainsi, parce que franchement ie veux que vous sçachiez, que si vous viuez autrement que vous deuez, vous ne deuez jamais auoir esperance en mon amitié. Elle adjousta encor quelques autres paroles, qui estonnerent de sorte Celion, qu'il ne sçeut que luy respondre; seulement il se jette à genoux, & sans autre discours auec ceste sousmission, luy demanda pardon, & puis luy protesta que son amitié procedoit d'elle, & qu'elle la pouuoit regler comme ce qu'elle faisoit naistre. Si vous en vsez ainsi, repit alors Bellinde, vous m'obligerez à vous aymer, autrement vous me contraindrez au contraire. Belle Bergere, luy repliqua-t'il, mon affection est née, & telle qu'elle est, il faut qu'elle viue; car elle ne peut mourir qu'auec moy, si bien que ie ne puis remedier à cela qu'auec le teps; mais de vous promettre que ie m'estudieray à la rendre telle que vous me commanderez, ie le vous jure, & ce pendant ie veux bien n'estre jamais honoré de vos bonnes graces si en toute ma vie vous connoissez action qui pour la qualité de mon affection vous puisse déplaire. En fin la Bergere consentit à estre aymée, à condition qu'elle ne reconnust rien en luy qui pût offenser son honnesteté. Ainsi ces Amants commencerent vne amitié, qui continua fort longuement, auec tant de satisfaction pour l'vn, & pour l'autre, qu'ils auoient dequoy se loüer en cela de leur fortune. Quelquefois si le jeune Berger estoit empesché, il enuoyoit son frere Diamis vers elle, qui sous couuerture de quelques fruits luy donnoit des lettres de son frere: Elle bien souuent luy faisoit response, auec tant de bonne volonté qu'il auoit dequoy se contenter, & ceste affection fut conduite auec tant de prudence, que peu de personnes s'en apperceurent. Amaranthe mesme, quoy qu'elle fust d'ordinaire auec eux, l'eust tousiours ignoré, n'eust esté que par hazard elle trouua vne lettre que sa compagne auoit perduë; & voyez ie vous supplie quel fut son effet, & combien c'est chose dangereuse d'approcher ces feux d'vne jeune ame. Iusques à ce temps ceste Bergere n'auoit iamais eu non seulement le moindre ressentiment d'Amour, mais non pas mesme aucune pensée de vouloir estre aymée; & aussi tost qu'elle vid ceste lettre, ou fust qu'elle portast quelque enuie à sa compagne, qu'elle n'estimoit pas plus belle, & que toutefois elle voyoit recherchee de cet honneste Berger, ou bien qu'elle fust en l'âge, qui est si propre à brusler, qu'on ne sçauroit si tost en approcher le feu qu'il ne s'esprenne, ou bien que ceste lettre auoit des ardeurs si viues, qu'il n'y auoit glace qui luy pûst resister: Tant y a qu'elle prit vn certain desir, non pas d'aymer, car Amour ne la vouloit peut-estre attaquer à l'abord à toute outrance, mais bien d'estre aymée & seruie de quelque Berger qui eust du merite, & en ce point elle relut la lettre plusieurs fois, qui estoit telle.

LETTRE DE CELION
A BELLIDE.

BELLE Bergere, si vos yeux estoient aussi pleins de verité, qu'ils le sont de cause d'Amour ; la douceur que d'abord ils promettent, me les feroit adorer auec autant de contentement, qu'elle a produit en moy de vaine esperance. Mais tant s'en faut qu'ils soiët prests de satisfaire à leurs trompeuses promesses, que mesmes ils ne les veulët aduoüer, & sont si éloignez de guerir ma blessure, qu'ils ne s'en veulent pas seulement dire les autheurs. Si est-ce que malaisément la pourront-ils nier, s'ils considerent quelle elle est, n'y ayant pas apparance, qu'autre beauté que la leur, en puisse faire de si grandes. Et toutefois comme si vous auiez dessein d'égaler vostre cruauté à vostre beauté, vous ordonnez que l'affection que vous auez fait naistre, meure cruellement en moy. Dieux! fut-il iamais vne plus impitoyable mere ! Mais moy qui ay plus cher ce qui viët de vous, que ma propre vie, ne

*pouuant souffrir vne si grande iniustice, ie
suis resolu de porter ceste affection auec moy
dans le cercueil, esperant que le Ciel émeu en
fin par ma patience, vous obligera à m'estre
quelquefois aussi pitoyable, que vous m'estes
chere maintenant, & cruelle.*

Amaranthe relut plusieurs fois ceste lettre,
& sans y prendre garde, alloit beuuant la douce poison d'Amour, non autrement qu'vne
personne lasse se laisse peu à peu emporter au
sommeil: si son penser luy remet deuant les
yeux le visage du Berger, ô qu'elle le trouue
plein de beauté: si sa façon, qu'elle luy semble
agreable: si son esprit, qu'elle le juge admirable; & bref elle le voit si parfait, qu'elle croit
sa cōpagne trop heureuse d'estre aimée de luy.
Apres reprenant la lettre elle la relisoit, mais
non pas sans s'arrester beaucoup sur les sujets
qui luy touchoient le plus au cœur, & quand
elle venoit sur la fin, & qu'elle voyoit ce reproche de cruelle, elle en flattoit ses desirs,
qui naissants appelloient quelques foibles esperances cōme leurs nourrices, auec opinion
que Bellinde ne l'aymoit pas encores, & que
ainsi elle le pourroit plus aisément gagner:
mais la pauurette ne prenoit pas garde, que
celle-cy estoit la premiere lettre qu'il luy auoit
escrite, & que depuis beaucoup de choses se
pouuoient estre changées. L'amitié qu'elle
portoit à Bellinde, quelquefois l'en retiroit,

mais

mais incontinent l'Amour surmontoit l'amitié, en fin la conclusion fut, qu'elle escriuit vne telle lettre à Celion.

LETTRE D'AMARANTHE A CELION.

VOS perfections doiuent excuser mon erreur, & vostre courtoisie receuoir l'amitié que ie vous offre: ie me voudrois mal, si i'aymois quelque chose moindre que vous, mais pour vostre merite, ie faits ma gloire, d'où ma honte procederoit pour vn autre. Si vous refusez ce que ie vous presente, ce sera faute d'esprit ou de courage, lequel que ce soit des deux, vous est aussi peu honorable, qu'à moy d'estre refusee.

Elle donna sa lettre elle mesme à Celion, qui ne pouuant imaginer ce qu'elle vouloit, aussi tost qu'il fut en lieu retiré, la leut, mais non point auec plus d'estonnemét que de mespris, & n'eust esté qu'il la sçauoit infiniment amie de sa Maistresse, il n'eust pas mesme daigné luy faire response, toutefois craignant qu'elle ne luy pût nuire, il luy renuoya ceste response par son frere.

Tt

RESPONSE DE CELION A AMARANTHE.

IE ne sçay qu'il y a en moy, qui vous puisse esmouuoir à m'aimer; toutefois ie m'estime autant heureux qu'vne telle Bergere me daigne regarder, que ie suis infortuné de ne pouuoir receuoir vne telle fortune: Que pleut à ma destinée, que ie me pusse aussi bien donner à vous, comme ie n'en ay la puissance, Belle Amaranthe, ie me croirois le plus heureux qui viue, de viure en vostre seruice, mais n'estant plus en ma disposition, vous n'accuserez s'il vous plaist, mon esprit ny mon courage de ce à quoy la necessité me contraint. Ce me sera tousiours beaucoup de contentement d'estre en vos bonnes graces, mais à vous encor plus de regret de remarquer à tous momës l'impuissance de mon affection. Si bien que ie suis forcé de vous supplier par vostre vertu mesme, de diminuer ceste trop ardante passion en vne amitié moderee, que ie receuray de tout mon cœur: car telle chose ne m'est impossible, & ce qui ne l'est pas ne me peut estre trop difficile pour vostre seruice.

Ceste response l'eust bien pû divertir, si l'Amour n'estoit du naturel de la poudre, qui fait plus d'effort lors qu'elle est la plus serrée: car contre ces difficultez premieres, elle opposoit quelque sorte de raison, que Celion ne devoit si tost laisser Bellinde, que ce seroit estre trop volage, si à la premiere semonce il s'en départoit: mais le temps luy apprit à ses despens qu'elle se trompoit; car depuis ce jour le Berger la desdaigna de sorte, qu'il la fuyoit, & bien souvent aymoit mieux s'esloigner de Bellinde, que d'estre contraint de la voir. Ce fut lors qu'elle se repentit de s'estre si facilement embarquée sur vne mer si dangereuse, & tant remarquée par les ordinaires naufrages de ceux qui s'y hazardent; & ne pouuant supporter ce desplaisir, deuint si triste qu'elle fuyoit ses compagnes, & les lieux où elle se souloit plaire, & en fin tomba malade à bon escient. Sa chere Bellinde l'alla voir incontinent, & sans y penser, pria le Berger de l'y accompagner: mais d'autant que la veuë d'vn bien qu'on ne peut auoir, ne fait qu'en augmenter le desir, ceste visite ne fit que rengreger le mal d'Amaranthe. Le soir estant venu, toutes les Bergeres se retirerent, & ne resta que Bellinde auec elle, si ennuyée du mal de sa cōpagne (car elle ne sçauoit quel il estoit) qu'elle n'auoit point de repos, & lors qu'elle le luy demandoit, pour toute response, elle n'auoit que des souspirs: Dōt Bellinde au cōmencement estonnée, en fin offensée contre-elle, luy dit. Ie n'eusse jamais pensé qu'Amaranthe eust si peu aymé Bellinde, qu'elle luy eust pû celer quelque chose, mais à ce que ie voy, j'ay bien esté deceuë, & au lieu qu'autrefois ie disois que j'auois vne amie, ie puis dire à ceste heure, que j'ay aymé vne dissimulée. Amaranthe à qui la honte sans plus auoit clos la bouche jusques-là, se voyant seule auec elle, & pressée auec tant d'affection, se résolut d'espreuuer les derniers remedes qu'elle pensoit estre propres à son mal. Chassant donc la honte le plus loing d'elle qu'elle pût, elle ouurit deux ou trois fois la bouche pour luy declarer toutes choses : mais la parole luy mouroit de sorte entre les leures, que ce fut tout ce qu'elle pût faire que de proferer ces mots interrompus, se mettant encore la main sur les yeux, pour n'oser voir celle à qui elle parloit. Ma chere compagne, luy dit-elle, car elles se nommoient ainsi, nostre amitié ne permet que ie vous cele quelque chose, sçachant bien que quoy qui vous soit declaré, qui m'importe, sera tousiours aussi soigneusement tenu secret par vous que par moy-mesme. Excusez donc ie vous supplie l'extréme erreur, dont pour satisfaire à vostre amitié, ie suis contrainte de vous faire ouuerture. Vous me demandez qu'elle est ma douleur, & d'où elle procede, sçachez que c'est Amour qui naist des perfections d'vn Berger. Mais helas, à ce mot vaincuë de honte & de desplaisir, tournant la teste de l'autre costé, elle se teut auec vn torrent de larmes. L'estonnement de Bellinde ne se peut representer, toutefois pour luy donner courage de paracheuer elle luy dit. Ie n'eusse jamais creu, qu'vne passion si commune à chacun, vous eust tant donné d'ennuy; que l'on aime c'est chose ordinaire: mais que ce soit les perfections d'vn Berger, cela n'aduient qu'aux personnes de iugement: Dittes moy donc qui est ce bien heureux. Alors Amaranthe reprenant la parole, auec vn souspir luy partant du profond du cœur, luy dit. Mais helas! ce Berger ayme ailleurs. Et qui est-il? dit Bellinde. C'est, respondit-elle, puis que vous le voulez sçauoir, vostre Celion, ie dis vostre, ma compagne, par ce que ie sçay qu'il vous ayme, & que ceste seule amitié luy fait desdaigner la mienne. Excusez ma folie, & sans faire semblant de la connoistre, laissez moy seule plaindre & souffrir mon mal. La sage Bellinde eut tant de honte oyant ce discours, de l'erreur de sa compagne, que combien qu'elle aymast Celion autant que quelque chose peut estre aymée, elle resolut toutefois de rendre en ceste occasion vne preuue non commune de ce qu'elle estoit; & pour ce se tournant vers elle, luy dit. A la verité Amaranthe, ie souffre vne peine qui ne se peut dire, de vous voir si transportée en ceste affection: car il semble que nostre sexe ne permette pas vne si entiere authorité à l'Amour, toutefois puis que vous en estes en ces termes, ie loüe Dieu, que vous vous soyez addressée en lieu où ie puisse vous rendre tesmoignage de ce que ie vous suis. I'ayme Celion, ie ne le veux nier, autant que s'il estoit mon frere, mais ie vous ayme aussi comme ma sœur, & veux (car ie sçay qu'il m'obeyra) qu'il vous ayme plus que moy; reposez-vous-en sur moy, & resioüissez-vous seulement, veu que vous cognoistrez, lors que vous serez guerie, quelle est Bellinde enuers vous.

Apres quelques autres semblables discours la nuit contraignit Bellinde de se retirer, laissant Amaranthe auec tant de contentement, que oubliant sa tristesse en peu de jours, elle recouura sa premiere beauté: Cependant Bellinde n'estoit pas sans peine, qui recherchant le moyen de faire sçauoir son dessein à Celion, trouua en fin la commodité telle qu'elle desiroit. De fortune elle le rencontra qui se joüoit auec son belier dans ce grand pré, où la pluspart des Bergers d'ordinaire paissent leurs trouppeaux. Cet animal estoit le conducteur du trouppeau, & si bien dressé, qu'il sembloit qu'il entendist son maistre quand il parloit à luy: A quoy la Bergere prit tant de plaisir, qu'elle s'y arresta longuement. En fin elle voulut essayer s'il la reconnoistroit comme luy, mais il estoit encore plus prompt à tout ce qu'elle vouloit, surquoy s'esloignant vn peu de la trouppe, elle dit à Celion. Que vous semble, mon frere, de l'accointance de vostre belier & de moy? il est des plus plaisans que je vy jamais. Tel qu'il est, belle Bergere, dit-il, si vous voulez me faire cét honneur de le receuoir, il est à vous, mais il ne faut pas s'estonner qu'il vous rende toute obeïssance, car il sçait bien qu'autrement ie le desaduoüerois pour mien, ayant appris par tant de chansons qu'il a ouyes de moy en paissant, que j'estois plus à vous qu'à moy. C'est tresbien expliquer, dit la Bergere, l'obeïssance de vostre belier, que ie ne veux receuoir, pour vous estre mieux employé qu'à moy, mais puis que vous me donnez vne si entiere puissance sur vous, ie la veux essayer; joignant encor au cõmandement vne tres-affectionnée priere. Il n'y a rien, respondit le Berger, que vous ne me puissiez commander. Alors Bellinde croyant auoir trouué la cõmodité qu'elle recherchoit, poursuiuit ainsi son discours. Dés le iour que vous m'asseurastes de vostre amitié, ie iugeay ceste mesme volonté en vous, aussi m'obligea t'elle à vous aimer, & honorer plus que personne qui viue. Or quoy que ie vous die, ie ne veux pas que vous croyez que j'aye diminué ceste bonne volonté, car elle m'accompagnera au tombeau, & toutefois peut-estre le feriez-vous, si ie ne vous en auois aduerty: mais obligez moy de croire que ma vie, & non mõ amitié peut diminuer. Ces paroles mirent Celion en grande peine, ne sçachant à quoy elles tendoient, en fin il respondit qu'il attendoit sa volonté, auec beaucoup de joye

Tt iiij

& de crainte ; de joye pour ne pouuoir penser rien de plus aduantageux pour luy, que l'honneur de ses commandements, & de crainte pour ne sçauoir dequoy elle le menaſſoit ; que toutefois la mort mesme ne luy sçauroit estre desagreable, si elle luy venoit par son commandement. Bellinde alors continua : Puis qu'outre ce que vous me dittes à cette heure, vous m'auez tousiours rendu tant de tesmoignages de cette aſſeurance que vous me donnez que ie n'en puis auec raison douter aucunement, ie ne feray point d'autre difficulté, non pas de prier, mais de conjurer Celion, par toute l'amitié dont il fauoriſe ſa Bellinde, de luy obeïr ceſtefois, ie ne veux pas luy commander choſe impossible, ny moins le diſtraire de l'affection qu'il me porte ; au contraire ie veux, s'il ſe peut, qu'il l'augmente touſiours dauantage. Mais auant que paſſer plus outre, que ie ſçache ie vous ſupplie, ſi jamais voſtre amitié a point eſté d'autre qualité qu'elle eſt à ceſte heure. Alors Celion monſtrant vn viſage moings faſché, que celuy qu'auparauant la doute le contraignoit d'auoir, reſpondit, qu'il commençoit de bien eſperer, auant receu de telles aſſeurances, que pour ſatisfaire à ſa demande il aduoüoit qu'autrefois il l'auoit aimée auec les meſmes affections & paſſions, & auec les meſmes deſſeins, que la jeuneſſe a de couſtume de produire dans les cœurs les plus tranſportez d'Amour, & qu'en cela il n'en exceptoit vne ſeule : que depuis son commandement auoit tant eu de puissance sur luy, qu'il auoit obtenu cela sur sa passion, que sa sincere amitié surmontoit de tant son Amour, qu'il ne croiroit point offencer vne sœur de l'aimer auec ce dessein. Sur ma foy, mon frere, repliqua la Bergere, car pour tel vous veux-je tenir le reste de ma vie, vous m'obligez tant de viure ainsi auec moy, que jamais nulle de vos actions n'a acquis d'auantage sur mon ame, que celle-cy. Mais ie ne puis vous voir en peine plus longuement, sçachez donc que ce que ie veux de vous, est seulement que conseruant inuiolable ceste belle amitié que vous me portez à ceste heure, vous mettiez l'Amour en vne des belles Bergeres de nostre Lignon ; vous direz que cet office est estrange pour Bellinde, toutefois si vous considerez que celle dont ie vous parle, vous veut pour mary, & que c'est apres vous, la personne que j'aime le plus, car c'est Amaranthe, ie m'asseure que vous ne vous en estonnerez pas: Elle m'en a prié, & moy ie le vous commande par tout le pouuoir que j'ay sur vous : Elle se hasta de luy faire ce commandement, craignãt que si elle retardoit d'auantage, elle n'eust pas assez de pouuoir pour resister aux supplications qu'elle preuoyoit. Quel croyez vous, belle Nymphe, que deuint le pauure Celion? il demeura pasle comme vn mort, & tellement hors de soy, qu'il ne pût de quelque temps proferer vne seule parole. En fin quand il pût parler, auec vne voix telle que pourroit auoir vne personne au milieu du supplice, il s'escria. Ah, cruelle Bellinde! auiez vous conserué ma vie iusques icy pour me la rauir auec tant d'inhumanité? ce commandement est trop cruel pour me laisser viure, & mon affection trop grande pour me laisser mourir sans desespoir. Helas! permettez que ie meure, mais que ie meure fidele. Que s'il n'y a moyen de guerir Amaranthe que par ma mort, ie me sacrifieray fort librement à sa santé, l'eschange de ce commandement ne me sera moindre tesmoignage d'estre aimé de vous, que quoy que vous puissiez jamais faire pour moy. Bellinde fut esmeuë, mais non pas changée. Celion, luy dit-elle, laissons toutes ces vaines paroles, vous me donnerez peu d'occasion de croire de vous ce que vous m'en dittes, si vous ne satisfaites à la premiere priere que ie vous ay faitte. Cruelle, luy dit incontinent l'affligé Celion, si vous voulez que ie change ceste amitié, quel pouuoir auez vous plus de me commander? que si vous ne voulez pas que ie la change, comme est il possible d'aimer la vertu, & le vice? & s'il n'est pas possible, pourquoy voulez vous pour preuue de mon affection vne chose qui ne peut estre? La pitié la cuida vaincre, & combien qu'elle receust beaucoup de peine de l'ennuy du Berger, si luy estoit-ce vn contentement qui ne se pouuoit égaler de se connoistre si parfaitement aimée de celuy qu'elle aimoit le plus. Et peut-estre que cela eust peu obtenir quelque chose sur sa resolution, n'eust'esté qu'elle vouloit oster toute opinion à Amaranthe qu'elle fust attainte de son mal, encore qu'elle aimast ce Berger, & en fust beaucoup aimée: elle contraignit donc sa pitié qui des-ja auoit auec elle amené quelques larmes jusques à la paupiere, de s'en retourner en son cœur, sans donner connoissance d'y estre venuës, & à fin de ne retomber en ceste peine, elle s'en alla, & en partant luy dit: Vous me tiendrez pour telle qu'il vous plaira, si suis-je resoluë de ne vous voir jamais, que vous n'ayez effectué ma priere, & vostre promesse; & croyez que ceste resolution suruiura vostre opiniastreté. Si Celion se trouue hors de soy, se voyant seul esloigné de toute consolation, & resolution, celuy le pourra juger qui aura aimé. Tant y a qu'il demeura deux ou trois iours cõme vn homme perdu, qui couroit les bois, & fuyoit tous ceux qu'il auoit autrefois frequentez. Enfin vn vieil Pasteur infiniment amy de son pere, homme à la verité fort sage, & qui auoit tousiours fort aimé Celion, le voyant en cet estat, & se doutant qu'il n'y auoit point de passion assez forte pour causer de semblables effets que l'Amour, le tourna de tãt de cotez, qu'il luy fit découurir sa peine, à laquelle il donna quelque soulagement par son bon conseil: car en son jeune âge il auoit passé bien souuent par semblables d'estroits; & enfin le voyãt vn peu remis se moqua, de ce qu'il auoit eu tant de peine pour si peu de chose: Luy remonstrant qu'en cela le remede estoit si aisé, qu'il auroit honte qu'on sceust que Celion, estimé de chacun pour sage, & pour personne de courage, eust eu si peu d'entendement que de ne sçauoir prendre resolution en vn accident si peu difficile; qu'au pis aller, il ne falloit que faindre: & puis il continuoit. Toutefois il a esté tres à propos, qu'au commencement vous ayez fait ces difficultez, car elle croira que vostre affection est extréme, & cela l'obligera à vous aimer dauantage, mais puis que vous en auez fait tant de demonstration, il suffit que pour la contenter, vous faigniez ce qu'elle vous a commandé. Ce conseil fut enfin receu de Celion, & executé comme il auoit esté proposé, il est vray qu'il escriuit auparauant ceste lettre à Bellinde.

LETTRE DE CELION A BELLINDE.

SI i'auois merité vn traittement si rude que celuy que ie reçois de vous, i'eslirois plustost la mort, que de le souffrir; mais puis que c'est pour vostre contentement, ie le reçois auec vn peu plus de plaisir, que si en eschange vous m'ordonniez la mort; toutefois puis que ie me suis tout donné à vous, il est rai-

sonnable que vous en puissiez absolument disposer. I'essayeray donc de vous obeir, mais ressouuenez-vous, qu'aussi long temps que durera ceste contrainte, autant faudra-t'il rayer des iours de ma vie : car ie ne nomeray iamais vie, ce qui rapporte plus de douleur que la mort : abregez le donc, rigoureuse Bergere, s'il y a encore en vous vne seule estincelle, non pas d'amitié, mais de pitié seulement.

Il fut impossible à Bellinde de ne ressentir ces paroles, qu'elle connoissoit proceder d'vne entiere affection, mais si ne fut il das possible à ces paroles de la diuertir de son dessein : Elle aduertit Amaranthe que le Berger l'aimeroit, & que sa santé seule luy en retardoit la connoissance : Cet aduertissement precipita sa guerison de sorte, qu'elle rendit bien preuue que pour les maladies du corps, la guerison de l'ame n'est pas inutile. Quelle fut l'extréme contrainte de Celion, & quelle la peine qu'il en supportoit ! elle estoit telle, qu'il en deuint maigre, & tellement changé qu'il n'estoit pas reconnoissable. Mais voyez quelle estoit la seuerité de ceste Bergere ! Il ne luy suffit pas d'auoir traitté de ceste sorte Celion : Car iugeant qu'Amaranthe auoit encor quelque soupçon de leur amitié, elle resolut de pousser ces affaires si auant, que l'vn ny l'autre ne s'en pust dédire : Chacun voyoit l'apparente recherche

que le Berger faisoit d'Amaranthe: car il s'e-
stoit ouuertement declaré, & mesme le pere
du Berger, qui connoissant les loüables vertus
de Leon, & combien sa famille auoit tousiours
esté honorable, ne desapprouuoit point cette recherche. Vn iour Bellinde le voulant son-
der la luy proposa comme sa compagne, luy
qui le jugea à propos y entendit fort libremēt,
& ce mariage estoit des-ja bien fort aduancé
sans que Celion le sceust, mais quand il s'en apperceut, il ne pût s'empescher, trouuant le
moyen de parler à Bellinde, de luy faire tant
de reproches, qu'elle en eut presque honte, &
le Berger voyant bien qu'il y falloit remedier
d'autre sorte que de parole, courut soudain au
meilleur remede, qui fut à son pere, auquel il
fit telle responsse. Ie seray tres-marry de vous
desobeïr iamais, & moins pour cet effet, que
pour tout autre. Ie voy que vous trouuez bonne l'alliance d'Amaranthe, vous sçauez bien
qu'il n'y a Bergere que j'affectionne dauātage;
toutefois ie l'aime fort pour Maistresse, mais
non pas pour femme, & vous supplie de ne me
commander d'en dire la cause. Le pere à ces
propos soupçonna qu'il eust reconnu quelque
mauuaise condition en la Bergere, & loüa en
son ame la prudence de son fils, qui auoit ce
commandement sur ses affections: ainsi ce
coup fut rompu, & d'autant que la chose estoit
passée si auant que plusieurs l'auoient sceuë,
plusieurs aussi demandoient d'où ce refroidis-
sement procedoit, le pere ne pût s'empescher

d'en dire quelque chose à ses plus familiers, & eux à d'autres, si bien qu'Amaranthe en eut le vent, qui au commencement s'affligea fort; mais depuis repensant en elle mesme, quelle folie estoit la sienne, de se vouloir faire aimer par force; peu à peu s'en retira, & la premiere occasion qu'elle vid de se marier, elle la receut. Ainsi ces honnestes Amants furent allegez d'vn faix si mal-aisé à supporter : mais ce ne fut que pour estre surchargez d'vn autre beaucoup plus pesant.

Bellinde estoit des-ja en âge d'estre mariée, & Philemon infiniment desireux de la loger, pour auoir sur ses vieux iours le contentement de se voir renaistre en ce qui viendroit d'elle: il eust bien receu Celion, mais Bellinde qui fuyoit autant le mariage que la mort, auoit deffendu à ce Berger d'en parler, bien luy auoit elle promis, que si elle se voyoit contrainte de se marier, elle l'en aduertiroit, à fin qu'il la fist demander, qui fut cause que Philemon voyant la froideur de Celion, ne la luy voulut pas offrir : & cependant Ergaste Berger des principaux de ceste contrée, & qui estoit estimé de chacun pour ses loüables vertus, la fit demander, & par ce qu'il ne vouloit que cela fust esuenté qu'il n'en fust asseuré, celuy qui traitta cet affaire le tint si secret, que la promesse du mariage fut aussi tost sceuë que la demande. Car Philemon s'asseurant de l'obeissance de sa fille, s'y obligea de parole, & puis l'en aduertit. Au commencement elle

trouua fort difficile la resolutiõ qu'il luy faloit prendre, par ce que c'estoit vn homme qu'elle n'auoit jamais veu : Toutefois ce bel esprit qui jamais ne fléchissoit sous les faiz du malheur, se releua incontinent, surmontant ce desplaisir, ne permit seulement à son œil de donner signe de son ennuy, pour sa consideration : mais elle ne pût jamais obtenir cela sur elle pour celle de Celion, & fallut que ses larmes payassent l'erreur de sa trop opiniastre haine, contre le mariage. Si est-ce que pour satisfaire en quelque sorte à sa promesse, elle aduertit le pauure Berger, que Philemon la vouloit marier. Soudain qu'il eut ceste permission tant desirée, il solicita de sorte son pere, que le mesme iour il en parla à Philemon; mais il n'estoit plus temps, dequoy le pere de Bellinde eut beaucoup de regret, car il l'eust bien mieux aimé qu'Ergaste. O Dieux que de regrets ! quand il sceut l'arrest de son mal-heur, il sort de sa maison, & ne cessa qu'il n'eust trouué la Bergere : A l'abord il ne pût parler, mais son visage luy raconta assez quelle responfe auoit esté celle de Philemon, & combien qu'elle fust aussi necessiteuse du bon conseil que luy, & de force pour supporter ce coup, si voulut elle se monstrer aussi bien inuaincuë à ce déplaisir, qu'elle auoit tousiours fait gloire de l'estre à tous les autres; mais aussi ne voulut-elle pas paroistre si insensible, que le Berger n'eust quelque connoissance qu'elle ressentoit son mal, &
qu'il

qu'il luy déplaisoit, surquoy elle luy demanda à quoy reüssiroit la demande qu'il auoit faite à son pere. Le Berger luy respondit auec les mesmes paroles que Philemon luy auoit dites, y adioustant tant de plaintes, & tant de desesperez regrets, qu'elle eust esté vn rocher, si elle ne se fust esmeuë; toutefois elle l'interrompit, combattant contre soy mesme, auec plus de vertu qu'il n'est pas croyable, & luy remonstra que les plaintes sont propres aux esprits foibles, & non pas aux personnes de courage; qu'il se faisoit beaucoup de tort, & à elle aussi de tenir tel langage. Et, disoit-elle, en fin Celion, qu'est deuenuë la belle resolution que vous disiez auoir contre tous accidents, sinon au changement de mon amitié ; & pouuez-vous auoir opinion que quelque chose la puisse esbranler ? ne voyez vous que ces paroles ne peuuent aduancer rien dauantage, que de faire conceuoir à ceux qui les oyront quelque mauuaise opinion de nous ? Pour Dieu ne me mettez sur le front vne tache que j'ay auec tant de peine éuitée jusques icy ; & puis qu'il n'y a autre remede, patientez comme ie faits ? & peut estre que le Ciel fera reüssir toute chose plus à nostre contentement, qu'il ne nous est permis à cet heure de le desirer ; de mon côté ie rompray le mal-heur tant qu'il me sera possible, mais s'il n'y a point de remede, encor ne faut-il pas estre sans resolution, plustost esloignons nous. Ces derniers mots cuiderent le desesperer du tout, luy semblant que ce

V u

grand courage procedoit de peu d'amitié. S'il m'estoit aussi aisé, respondit le Berger, de me resoudre à cet accident, qu'à vous, ie me jugerois indigne de vous aimer, ny d'estre aimé de vous : car vne si foible amitié ne meriteroit tãt d'heur. Et bien, pour fin, & pour loyer de mes seruices, vous me donnez vne resolution en la perte asseurée que ie vois de vous, & secrettement me dittes, que ie ne dois me desesperer de vous voir à vn autre. Ah! Bellinde, auec quel œil verrez-vous ce nouuel amy, auec quel cœur l'aimerez vous, & auec quelles faueurs le carresserez-vous, puis que vostre œil m'a mille fois promis de n'en voir d'Amour jamais d'autre que moy, puis que ce cœur m'a juré de ne pouuoir aimer que moy, & puis qu'Amour n'auoit destiné vos carresses à vne moindre affection que la miéne? Et bien, vous me commandez que ie vous laisse ; pour vous obeyr, ie le feray : car ie ne veux sur la fin de ma vie, commencer à vous desobeïr : mais ce qui me le fait entreprendre, c'est pour sçauoir asseurément, que la fin de ma vie n'esloignera guiere la fin de vostre amitié, & quoy que ie me die le plus mal-heureux qui viue, si cheris-je beaucoup ma fortune, en ce qu'elle m'a presenté tant d'occasions de vous faire paroistre mon Amour, que vous n'en pouuez douter, & encor ne serois-je satisfait de moy mesmesme, si ce dernier moment qui m'en reste, n'estoit employé à vous en asseurer. Ie prie le Ciel, & voyez quelle est mon amitié, qu'en cefte nouuelle eflection, il vous comblé d'autant de bon-heur, que vous me causez de desespoirs; Viuez heureuse auec Ergaste, & en receuez autant de contentement que j'auois de volonté de vous rendre du seruice, si mes iours me l'eussent dauantage permis. Que ceste nouuelle affection pleine des plaisirs que vous vous promettez, vous accompagne jusques au cercueil, comme ie vous asseure que ma fidele amitié me clorra les yeux à vostre occasion, auec vne extréme douleur. Si Bellinde laissa si longuement parler Celion, ce fut de crainte que parlant ses larmes fissent l'office des paroles, & que cela rengregeast le desplaisir du Berger, ou qu'il rendist preuue du peu de puissance qu'elle auoit sur elle-mesme. Orgueilleuse beauté, qui aymoit mieux estre iugee auec peu d'Amour, qu'auec peu de resolution : mais en fin se cognoissant assez rafermie pour pouuoir respondre, elle luy dit. Celion, vous croyez me rendre preuue de vostre amitié, & vous faittes le contraire; car comment m'auez vous aymée, ayant si mauuaise opinion de moy? Si depuis ce dernier accident vous l'auez conceuë, croyez que l'affection n'estoit pas grande, qui a pû permettre que si promptement vous l'ayez changée. Que si vous n'auez point mauuaise opinion de moy, comme est-il possible que vous puissiez croire, que ie vous aye aymé, & qu'à cette heure ie ne vous ayme plus? Pour Dieu ayez pitié de ma fortune, & ne conjurez

V ij

plus auec elle pour augmenter mes ennuis, considerez qu'il y a fort peu d'apparence, que Celion, que j'aime plus que le reste du monde, & de qui l'humeur m'agrée autant que la mienne mesme, eust esté changé pour vn Ergaste qui m'est inconnu, & au lieu duquel j'eslirois plustost d'espouser le tombeau. Que si j'y suis forcée, ce sont les commandements de mon pere, ausquels mon honneur ne permet que ie contrarie. Mais est-il possible que vous ne vous ressouueniez des protestations que si souuent ie vous ay faittes, de ne vouloir me marier? & toutefois vous ne lassiez de m'aimer. Depuis qui a t'il de changé? car si sans m'espouser vous m'auez bien aymée, pourquoy ne m'aimerez vous pas sans m'espouser? Ayant vn mary qui me deffendra d'auoir vn frere que j'aimeray tousiours auec l'amitié que ie dois. La volonté m'arreste pres de vous, plus qu'il ne m'est permis. A Dieu mon Celiõ, viuez, & aimez moy, qui vous aimeray iusques à ma fin, quoy qu'il puisse auenir de Bellinde. A ce mot elle le baisa, qui fut la plus grãde faueur qu'elle lui eust fait encores, le laissant tellement hors de luy mesme, qu'il ne sceut former vne parole pour luy répõdre. Quand il fut reuenu, & qu'il cõsidera qu'Amour fléchissoit sous le deuoir, & qu'il n'y auoit plus vne seule estincelle d'esperance, qui pûst esclairer entre ses déplaisirs, comme vne personne sans resolution, il se mit dans le bois, & dans les lieux plus cachez, où il ne faisoit que plaindre son cruel desastre, quelque remonstrance que ses amis luy pussent faire : Il vesquit de ceste sorte plusieurs iours, durant lesquels il faisoit mesme pitié aux rochers ; & à fin que celle qui estoit cause de son mal, en ressentist quelque chose, il luy enuoya ces vers.

STANCES, DE CELION, SVR LE MAriage de Bellinde, & d'Ergaste.

Donques le Ciel consent, qu'apres tant d'amitié,
    Qu'apres tant de seruices,
D'vn autre vous soyez les douceurs, les delices,
    Et la chere moitié ?
Et que ie n'aye en fin, de mon Amour fidelle,
Que le ressouuenir qu'vn regret renouuelle ?

 Vous m'auez bien aimé, mais qu'est-ce que me vaut
    Ceste amitié passée,
Si dans les bras d'autruy ie vous voy carressée ?
    Et si pourtant il faut,
Que vous sçachant à luy, ie couure du silence
Le cruel déplaisir qui rompt ma patience ?

 S'il auoit plus que moy de merite, ou d'Amour,
    Ie ne sçaurois que dire,
Mais helas ! n'est-ce point vn trop cruel martyre,
    Qu'il obtienne en vn iour,
Et sans le meriter, ce que le Ciel dénie
Aux desirs infinis d'vne Amour infinie ?

Mais, ô foible raison, le deuoir, dittes vous,
 Par ses loix m'a contrainte ;
Et quel deuoir plus fort, & quelle loy plus saincte
 Sçauroit estre pour nous,
Que la foy si souuent dedans nos mains jurée,
Quand nous nous promettions vne amour asseurée ?

 Puisse, me disiez-vous, incontinent seicher,
  Ma main comme pariure,
 Si ie manque iamais à ce que ie t'asseure,
  Et si i'ay rien plus cher,
 Ny que dedans mon cœur dauantage ie prise,
 Que ceste affection que ta foy m'a promise.

 O cruel souuenir de mon bon-heur passé,
  Sortez de ma memoire ?
 Helas ! puis que le bien d'vne si grande gloire,
  Est ores effacé ;
 Effacez vous de mesme, il n'est pas raisonnable,
 Que vous soyez en moy qui suis si miserable.

Encores qu'il ne fit paroistre en vne seule de ses actions, qu'il luy fust resté de l'esperance, si est-ce qu'il en auoit tousiours quelque peu, parceque le contract de mariage n'estoit point passé, & qu'il sçauoit bien que le plus souuent les conuentions font rompre ceux que l'on croit les plus certains ; mais quand il sceut que les articles estoient signez d'vn costé & d'autre, belle Nymphe, comment vous pourrois-je dire le moindre de ses desespoirs ! Il se détordoit les mains, il s'arrachoit le poil, il se plomboit l'eſtomac de coups, bref, c'eſtoit vne perſonne tranſportée, & tellement hors de raiſon, qu'il partit pluſieurs fois en deſſein de tuer Ergaſte. Mais quand il en eſtoit preſt, quelque eſtincelle de conſideration, qui parmy tant de fureur luy eſtoit encores reſtée, luy faiſoit craindre d'offenſer Bellinde; à qui toutefois, tranſporté de paſſion, il eſcriuoit bien ſouuent des lettres ſi pleines d'Amour, & de reproches, que mal-aiſément les pouuoit elle lire ſans larmes; entre autres il luy en enuoya vne telle.

LETTRE DE CELION A BELLINDE EN ſon tranſport.

Aut-il donc, inconſtante Bergere, que ma peine ſuruiue mon affection? Faut-il que ſans vous aimer, i'aye tant de peine pour vous ſçauoir entre les mains d'vn autre? N'eſt ce point que les Dieux me vueillent punir pour vous auoir plus aimée que ie ne deuois? ou pluſtoſt n'eſt-ce point que ie me figure de ne vous aimer plus, & que toutefois i'aye plus d'Amour pour vous, que ie n'euz iamais? Toutefois, pourquoy vous aimerois-ie, puis que vous eſtes, & ne pouuez estre à autre qu'à vne personne que ie n'ay-me point? Mais au contraire, pourquoy ne vous aimerois-ie point, puis que ie vous ay tant aymée? Il est vray, mais ie ne vous dois point aymer; car vous estes ingrate, vne ame toute d'oubly, & qui n'a nul ressentiment d'Amour. Toutefois quelle que vous soyez, si estes vous Bellinde, & Bellinde peut-elle estre sans que Celion l'ayme? Vous ayme-ie donc, ou si ie ne vous ayme point? Iugez en vous mesme, Bergere, car quand à moy i'ay l'esprit si troublé, que ie n'en puis discerner autre chose, sinon que ie suis la personne du monde la plus affligee.

Et au bas de la lettre, il y auoit ces vers.

STANCE,

Ie ne puis excuser ceste extrême inconstance,
Qui vous a fait si mal changer d'affection:
Changer de bien en mieux, ie l'appelle prudence,
Mais de changer en pis, peu de discretion.

Lors que Bellinde receut cette lettre, & ces vers, elle estoit en peine de luy faire tenir vne des siennes, parce qu'oyant dire l'estrange vie qu'il faisoit, & les paroles qu'il proferoit contre elle : Elle ne pouuoit le souffrir qu'auec beaucoup de desplaisir, considerant combien cela donnoit d'occasion de parler, à ceux qui n'ont des oreilles que pour apprendre les nouuelles d'autruy, & de langue, que pour les redire : Sa lettre estoit telle.

LETTRE DE BELLINDE
A CELION.

IL m'est impossible de supporter d'auantage le tort que vostre estrange façon de viure nous fait à tous deux. Ie ne nie pas que vous n'ayez occasion de plaindre nostre fortune : Mais ie dis bien qu'vne personne sage n'en sçauroit auoir qui luy permette sans blasme de deuenir fol. Quel transport est celuy qui vous empesche de voir, que donnant connoissance à tout le reste du monde, que vous mourez d'Amour pour moy, vous me contraignez toutefois de croire que veritablement vous ne m'aymez point. Car si vous m'aimiez voudriez vous me desplaire? & ne sçauez vous pas que la mort ne me sçauroit estre plus ennuyeuse que l'opinion que vous donnez à chacun de nostre amitié? Cessez donc, mon frere, ie vous supplie, & par ce nom qui vous oblige d'auoir soing de ce qui me touche. Ie vous conjure, que si present vous ne pouuez supporter ce desastre sans donner connoissance de vostre ennuy, vous preniez pour le moins resolution de vous esloigner en sorte, que ceux qui vous oyront plaindre, ne conoissant point mon nom, ne fassent que regretter auec vous vos ennuis, sans pouuoir rien soupçonner à mon desaduantage. Si vous me contentez en ceste resolution, vous me ferez croire que c'est sur-abondance, & non point deffaut d'affection, qui vous a fait errer contre moy: Et ceste consideratiõ obligera Bellinde, outre l'amitié qu'elle vous porte, de conseruer tousiours chere la memoire de ce frere qui l'ayme, & qu'elle ayme parmy tous ces cruels & insupportables desplaisirs.

Quoy que Celion fust tellement transporté, que son esprit estoit presque incapable des raisons que ses amis luy pouuoient representer, si est-ce que son affection luy ouurit les yeux à ce coup, & luy fit voir que Bellinde le conseilloit à propos, si bien que resolu à son depart, il donne secrettement ordre à son voyage, & le iour auant qu'il vouluft partir, il escriuit à sa Bergere, que faisant dessein de luy obeyr, il la supplioit de luy donner cõmodité de pouuoir prendre congé d'elle, afin qu'il pust partir auec quelque sorte de consolation. La Bergere qui veritablement l'aimoit, quoy qu'elle preuist que cét à-dieu ne feroit que rengreger son desplaisir, ne voulut luy refuser ceste requeste, & luy donna assignation le lendemain au matin à la fontaine des Sicomores.

Le iour ne commançoit que de poindre quand le desolé Berger sortant de sa cabane auec son trouppeau, le chassa droit à la fontaine, où s'estendant de son long & les yeux sur le cours de l'onde, il commança, en attendant sa Bergere, de s'entretenir sur son prochain mal-heur, & apres auoir esté quelque temps muet, il souspira ces vers.

COMPARAISON D'VNE FONTAINE A SON desplaisir.

C ETTE source eternelle,
Qui ne finit iamais,
Mais qui se renouuelle
Par des flots plus espais,
Ressemble à ces ennuis dont le regret m'oppresse :
Car comme elle sans cesse
D'vne source feconde au mal-heur que ie sens,
Ils s'en vont renaissans.

Puis d'vne longue course,
Tout ainsi que ces flots
Vont esloignant leur source,

Sans prendre nul repos,
Moy par diuers trauaux, par mainte & mainte peine,
 Comme parmy l'areine
Se froissant à grands coups, l'onde s'en va courant,
 Mon mal ie vay pleurant.

 Et comme vagabonde
Murmurant elle fuit,
Quand d'onde dessur onde
A long flots elle bruit;
De mesme en me plaignant de ma triste aduanture,
 Contre Amour ie murmure:
Mais que me vaut cela, puis qu'il faut qu'à la fin
 Ie suiue mon destin?

Cependant que ce Berger parloit de ceste sorte en soy-mesme, & qu'il en proferoit assez haut plusieurs paroles sans y penser, tant il estoit troublé de ce desastre, Bellinde qui n'auoit pas perdu le souuenir de l'assignation qu'elle luy auoit donnée, aussi tost qu'elle se pût desfaire de ceux qui estoient autour d'elle, s'en alla le trouuer; tellement trauaillée du regret de le perdre, qu'elle ne le pouuoit si bien cacher, qu'il n'en apparust beaucoup en son visage. Ergaste, qui ce matin s'estoit leué de bone heure pour la venir voir, de fortune l'apperceut de loing: & voyant comme elle s'en alloit seule, & qu'il sembloit qu'elle cherchoit les sentiers plus couuerts, eut volonté de sçauoir où elle alloit: Cela fut cause que la suiuant de loing, il vid qu'elle prenoit le chemin

de la fontaine des Sicomores, & jettant la veuë
vn peu plus auant, encor'qu'il fuſt fort matin,
il prit garde qu'il y auoit des-ja vn trouppeau
qui paiſſoit. Luy qui eſtoit tres-aduiſé, & qui
n'eſtoit point tant ignorant des affaires de
ceſte Bergere, qu'il n'euſt oüy dire l'amitié
que Celion luy portoit, entra ſoudain en quelque opinion que c'eſtoit là ſon trouppeau, &
que Bellinde l'y alloit trouuer : encor qu'il
n'euſt point de doute de la pudicité de ſa Maiſtreſſe, ſi eſt-ce qu'il creut facilement qu'elle
ne le hayſſoit point, luy ſemblant qu'vne ſi
longue recherche n'euſt pas eſté ſi fort continuée, ſi elle euſt eſté deſagreable. Et pour
ſatisfaire à ſa curioſité, auſſi toſt qu'il la vid
ſous les arbres, & qu'elle ne le pouuoit plus apperceuoir, prenãt le tour vn peu plus loing, il ſe
cacha entre quelques buiſſons, d'où il apperceut la Bergere aſſiſe ſur les gazons qui eſtoiẽt
releuez autour de la fontaine en façon de ſieges, & Celion à genoux aupres d'elle Dieu
quel treſſaut fut celuy qu'il receut de ceſte
veuë! toutefois par ce qu'il ne pouuoit ouyr
ce qu'ils diſoient, il ſe traina ſi doucement,
qu'il vint ſi pres d'eux qu'il n'y auoit qu'vne
haye (qui faiſoit tout le tour de la fontaine,
comme vne paliſſade) qui le couuroit. De ce
lieu donc paſſant curieuſement la veuë entre
les ouuertures des fueilles, & tout attentif à
leurs diſcours, il ouyt que la Bergere luy reſpondoit. Et quoy Celion! eſt-ce le pouuoir ou
la volõté de me plaire qui vous deffaut en ceſte

occasion? Cét accident aura-t'il plus de force
sur vous, que le pouuoir que vous m'y auez
donné? Où est vostre courage, Celion, ou bien
où est vostre amitié? N'auez vous point autrefois surmoté pour l'Amour que vous me portiez de plus grands mal-heurs que ceux-cy? Et
si cela est, où est l'affection, où est la resolution
qui le vous a fait faire? Voulez-vous que ie
croye que vous en auez moins à ceste heure,
que vous n'auiez en ce temps-là? Ah! Berger,
consentez plutost à la diminution de ma vie,
qu'à celle de la bonne volonté que vous m'a-
uez promise: Et comme iusques icy, j'ay pû
sur vous tout ce que j'ay voulu, que de mesme
à l'aduenir il n'y ait rié qui m'en puisse amoindrir le pouuoir. Ergaste ouyt que Celion luy
respondit. Est-il possible, Bellinde, que vous
puissiez entrer en doute de mon affection, &
du pouuoir que vous auez sur moy? Pouuez
vous auoir vne si grande m'esconnoissance, &
le Ciel peut-il estre tant iniuste, que vous ayez
pû oublier les tesmoignages que ie vous en
ay donnez, & qu'il ait permis que ie suruiue
à la bonne opinion que vous deuez auoir de
moy? Vous, Bellinde, vous pouuez mettre en
doute ce que jamais vne seule de mes actions,
ny de vos commandemens n'a laissé douteux?
Au moins auant que prendre vne si desauantageuse opinion contre moy, demandez à
Amaranthe ce qu'elle en croit : Demandez
au respect qui m'a fait taire, demandez à Bellinde mesme, si elle a jamais imaginé rien de si

difficile, que mon affection n'ait surmonté: Mais à ceste heure que ie vous voy toute à vn autre, & que pour la fin de mon Amour desastrée, il faut que vous laissant entre les bras d'vn plus heureux que moy, ie m'esloigne & me bannisse à jamais de vous. Helas! pouuez-vous dire que ce soit deffaut d'affection, ou de volonté de vous obeïr, si ie ressens vne peine plus cruelle que celle de la mort? Quoy Bergere, vous croyrez que ie vous ayme, si sans mourir ie vous sçay toute à vn autre? Vous direz que ce sera l'Amour, & le courage, qui me rendront insensible à ce desastre, & toutefois en verité ne sera-ce pas plutost n'auoir ny Amour ny courage, que de le souffrir sans desespoir? O Bergere, que nous sommes biē loin de conte vous & moy, car si ceste impuissance qui m'empesche de pouuoir viure & supporter ce mal-heur, vous fait douter de mon affection, au contraire ceste grande constance, & ceste extréme resolutiō que ie vois en vous, m'est vne trop certaine asseurāce de vostre peu d'amitié. Mais aussi à quoy faut-il que j'en espere plus de vous, puis qu'vn autre, ô, cruauté de mon destin! vous doit posseder. A ce mot ce pauure Berger s'aboucha sur les genoux de Bellinde, sans force, & sans sentiment. Si la Bergere fut viuement touchée, tant des paroles que de l'éuanoüyssement de Celion, vous le pouuez juger, belle Nimphe, puis qu'elle l'aimoit autāt qu'il estoit possible d'aimer, & qu'il falloit qu'elle faignist de ne ressē-

tir point ceste douloureuse separation. Lors qu'elle le vid esuanoüy, & qu'elle creut n'estre escoutée que des Sicomores & de l'onde de la fontaine, ne leur voulant cacher le desplaisir qu'elle auoit tenu si secret à ses compagnes, & à tous ceux qui la voyoient ordinairement. Helas! dit-elle, en joignant les mains, Helas! ô souueraine bonté, ou sors moy de ceste misere, ou de ceste vie : romps par pitié, ou mon cruel desastre, ou que mon cruel desastre me rompe. Et puis baissant les yeux sur Celion : Et toy, dit-elle, trop fidele Berger, qui n'es miserable que d'autant que tu aymes ceste miserable, le Ciel te vueille donner ou les contentemens que ton affection merite, ou m'enleuer de ce monde, puis que ie suis seule cause que tu souffres les desplaisirs que tu ne merite pas : Et lors s'estant teuë quelque temps elle reprit, O qu'il est difficile de bien aimer, & d'estre sage tout ensemble? Car ie voy bien que mon pere a raison de me donner au sage Berger Ergaste, soit pour ses merites, soit pour ses commoditez : Mais helas! que me vaut ceste connoissance, si Amour deffend à mon affection de l'auoir agreable? Ie sçay que Ergaste merite mieux, & que ie ne puis esperer rien de plus aduantageux que d'estre siéne: Mais comment me pourray-ie donner à luy, si Amour m'a des-ja donnée à vn autre? La raison est du costé de mon pere, mais Amour est pour moy, & non point vn Amour nouuellement nay, ou qui n'a point de puissance,
mais

mais vn Amour que j'ay cōçeu, ou plutost que le Ciel a fait naistre auec moy, qui s'est esleué dans mon berceau, & qui par vn si long trait de temps s'est tellement insinué dans mon ame, qu'il est plus mon ame, que mon ame mesme. O Dieux! & faut il esperer que ie m'en puisse despoüiller sans la vie? & si ie ne m'en deffaits, dy moy Bellinde, que sera-ce que de toy? En proferāt ces paroles les grosses larmes luy tōboient des yeux, & coulant le lōg de son visage, moüilloiēt & les mains & la joüe du Berger, qui peu à peu reuenant, fut cause que la Bergere interrompit ses plaintes, & s'essuyant les yeux de peur qu'il ne s'en prist garde, changeant & de visage & de voix, luy parla de ceste sorte. Berger ie vous veux adnoüer que j'ay du ressentiment de vostre peine, autant peut-estre que vous-mesme, & que ie ne sçaurois douter de vostre bonne volonté, si ie n'estois la plus mesconnoissante personne du mōde. Mais à quoy ceste reconnoissance, & à quoy ce ressentiment? Puis que le Ciel m'a sousmise à celuy qui m'a dōné l'estre, voulez vous tant que cét estre me demeurera que ie luy puisse desobeir? Mais soit ainsi que l'affection plus forte l'emporte sur le deuoir, pour cela Celion serons nous en repos? Est-il possible si vous m'aimez, que vous puissiez auoir du contentement, me voyant le reste de ma vie pleine de desplaisirs & de regrets? & pouuez-vous croire que le blasme que j'écourray, soit par la desobeïssance de mon pere, soit

X x

par l'opiniõ que chacũ aura de noſtre vie paſſée à mõ deſaduãtage, me puiſſe laiſſer vn moment de repos ; Cela ſeroit peut-eſtre croyable d'vne autre que de moy qui ay touſiours
tant deſapprouué celles qui ſe ſont conduites
de ceſte ſorte, que la honte de me voir tomber
en leur meſme faute, me ſeroit touſiours plus
inſupportable, que la plus cruelle fin que le
Ciel me pourroit ordonner. Armez vous donc
de ceſte reſolutiõ, ô Berger, que tout ainſi que
par le paſſé noſtre affection ne nous a jamais
fait commettre choſe qui fuſt contre noſtre
deuoir, quoy que noſtre Amour ait eſté extrême, de meſme pour l'aduenir il ne faut
point ſouffrir qu'elle nous y puiſſe forcer. Outre que des choſes où il n'y a point de remede
la plainte ſemble eſtre bien inutile. Or il eſt
tout certain que mon pere m'a donnée à Ergaſte, & que ceſte donnation ne peut deſor-
mais eſtre reuoquée que par Ergaſte meſme.
Iugez quelle eſperãce nous deuõs auoir qu'elle le ſoit jamais ? Il eſt vray qu'ayant diſpoſé de
mon affection auant que mon pere de moy,
ie vous promets & vous iure deuant tous les
Dieux, & particulierement deuant les Deitez
qui habitent en ce lieu, que d'affection ie ſeray
voſtre juſques dans le tõbeau, & qu'il n'y a ny
pere, ny mary, ny tyrannie du deuoir, qui me
faſſe jamais contreuenir au ſerment que ie
vous en faits. Le Ciel m'a donnée à vn pere, ce
pere a donné mon corps à vn mary ; comme
ie n'ay pû contredire au Ciel, de meſme mon

devoir me deffend de refuser l'ordonnance de mon pere: mais ny le Ciel, ny mon pere, ny mon mary, ne m'empescheront jamais d'avoir vn frere, que j'aimeray comme ie luy ay promis, quelle que ie puisse devenir. A ces dernieres paroles prevoyant bien que Celion se remettroit aux plaintes & aux larmes, afin de les éviter, elle se leua, & le prenant par la teste le baisa au front, & luy disant à-Dieu, & s'en allant: Dieu vous vueille, dit-elle, Berger, donner autant de contentement en vostre voyage, que vous m'en laissez peu en l'estat où ie demeure. Celion n'eut, ny la force de luy respondre, ny le courage de la suiure; mais s'estant leué, & tenant les bras croisez, l'alla accompagnant des yeux tant qu'il la pût voir, & lors que les arbres luy en eurent osté la veuë, leuant les yeux au Ciel tous chargez de larmes, apres plusieurs grands souspirs, il s'en alla courant d'vn autre costé, sans soucy ny de son trouppeau, ny de chose qu'il laissast en sa cabane. Ergaste qui caché derriere le buisson, auoit oüy leurs discours, demeura plus satisfait de la vertu de Bellinde, qu'il ne se peut dire, admirant & la force de son courage, & la grandeur de son honnesteré. Et apres auoir demeuré long temps rauy en ceste pensée, considerant l'extréme affection qui estoit entre ces deux Amants, il creut que ce seroit vn acte indigne de luy, que d'estre cause de leur separation: Et que le Ciel ne l'auoit point fait rencontrer si à propos à cét à-Dieu, que pour

Xx ij

luy faire voir la grande erreur qu'il alloit commettre sans y penser. Estant donc resolu de r'apporter à leur contentement tout ce qui luy seroit possible, il se met à suiure Celion : mais il estoit desja tant esloigné, qu'il ne le sceut attaindre, & pensant de le trouuer en sa cabane, il prit vn petit sentier qui y alloit le plus droit. Mais Celion auoit passé d'vn autre costé, car sans parler à personne de ses parents ny de ses amis, il s'en alla vagabond sans autre dessein plusieurs iours, sinon qu'il fuyoit les hommes, & ne se nourrissoit que des fruits sauuages, que l'extréme faim luy faisoit prendre par les bois. Ergaste qui vid que son dessein estoit rompu de ce costé, apres l'auoir cherché vn iour ou deux, vint trouuer Bellinde, esperant de sçauoir d'elle le chemin qu'il auoit pris, & de fortune il la trouua au mesme lieu où elle auoit dit à-Dieu à Celion, estant toute seule sur le bord de la fontaine, pésant à l'heure mesme au dernier accident qui luy estoit aduenu en ceste place, le souuenir duquel luy arrachoit des larmes du profond du cœur. Ergaste qui l'auoit veuë de loing, estoit venu expres pour la surprendre le plus couuertement qu'il luy auoit esté possible, & voyãt ses pleurs comme deux sources couler dans la fontaine, il en eut tant de pitié, qu'il iura de ne reposer de bon sommeil qu'il n'eust remedié à son desplaisir. Et pour ne perdre point d'auantage de temps, s'auançant tout à coup vers elle, il la salüa. Elle qui se vid surprise auec les larmes

aux yeux, afin de les diſſimuler, faignit de
ſe lauer, & mettant promptement les mains
dans l'eau ſe les porta toutes moüillees au viſage, de ſorte que ſi Ergaſte n'euſt auparauant
veu ſes larmes, mal aiſément euſt il alors reconnu qu'elle pleuraſt. Car qui encores luy
fit dauantage admirer ſa vertu, car en meſme
temps elle peignit en ſon viſage vne façon
toute riante : Et ſe tournant vers le Berger, luy
dit, auec vne façon pleine de courtoiſie : Ie
penſois eſtre ſeule, gentil Berger, mais à ce que
ie voy, vous y eſtes venu pour la meſme occaſion, comme ie penſe, qui m'y a amenee,
ie veux dire pour vous y rafraiſchir, & ſans
mentir voicy bien la meilleure ſource, & la
plus fraiſche qui ſoit en la plaine. Sage & belle
Bergere, reſpondit Ergaſte en ſouſriant, vous
auez raiſon de dire que le ſujet qui vous a fait
venir icy, m'y a de meſme conduit, car il eſt
tout vray : mais quand vous dittes que vous
& moy y ſommes pour nous rafraiſchir, il faut
que ie vous contredie, puis que ny l'vn ny
l'autre de nous n'y eſt pour ce deſſein. Quant
à moy, dit la Bergere, j'adoüeray bien que ie
me puis eſtre trompée pour ce qui eſt de vous,
mais pour mon particulier, vous me permettrez de dire qu'il n'y a perſonne qui en puiſſe
ſçauoir dauantage que moy. Ie vous accorde,
dit Ergaſte, que vous en ſçauez plus que tout
autre : mais pour cela vous ne me ferez pas
confeſſer, que le ſujet qui vous a conduitte icy
ſoit celuy que vous dittes. Et quel penſeriez

X x iij

vous donc, dit-elle, qu'il fuſt? Et à ce mot ell
mit la main au viſage faiſant ſemblant de ſe
frotter les ſourcils, mais en effect c'eſtoit pour
couurir en quelque ſorte la rougeur qui luy
eſtoit montée. A quoy Ergaſte prenant garde,
& la voulant oſter de la peine où il la voyoit,
reſpondit de ceſte ſorte: Belle & diſcrette Bergere, il ne faut plus que vous vſiez de diſſimulation enuers moy, qui ſçay auſſi bien que
vous ce que vous croyez auoir de plus ſecret
en l'ame: & pour vous monſtrer que ie ne
ments points, ie vous dis qu'à ceſte heure vous
eſtiez ſur le bord de ceſte eau, ſongeant auec
beaucoup de deſplaiſir au dernier à-Dieu que
vous auez dit à Celion, au meſme lieu où
vous eſtes. Moy? dit-elle incontinent toute
ſurpriſe. Ouy vous meſme, reſpondit Ergaſte,
mais ne ſoyez pas marrie que ie le ſçache, car
j'eſtime tant voſtre vertu & voſtre merite,
que tant s'en faut que cela vous puiſſe jamais
nuire, que ie veux que ce ſoit la cauſe de voſtre
contentement. Ie ſçay le long ſeruice que ce
Berger vous a rendu; ie ſçay auec combien
d'honneur il vous a recherchée, ie ſçay auec
combien d'affection il a continué depuis tant
d'anées; & de plus, auec quelle ſincere & ver-
tueuſe amitié vous l'affectionnez: La connoiſſance de toutes ces choſes me fait deſirer la
mort pluſtoſt, que d'eſtre cauſe de voſtre ſeparation. Ne penſez pas que ce ſoit jalouſie,
qui me faict parler de ceſte ſorte, jamais ie
n'entreray en doute de voſtre vertu, & puis

j'ay ouy de mes aureilles les sages discours que vous luy auez tenus. Ne pensez non plus que ie ne croye que vous perdant, ie ne perde aussi la meilleure fortune que ie sçaurois jamais auoir, mais le seul sujet qui me pousse à vous redonner à celuy à qui vous deuez estre, c'est, ô sage Bellinde, que ie ne veux pas acheter mon contentement auec vostre éternel desplaisir, & que veritablement ie croirois estre coulpable, & enuers Dieu, & enuers les hommes, si à mon occasion vne si belle & vertueuse amitié se rompoit entre vous. Ie viens donc icy pour vous dire, que ie veux bien me priuer de la meilleure alliance, que ie sçaurois jamais auoir, pour vous remettre en vostre liberté, & vous redonner le contentement que le mien vous osteroit. Et outre que ie penseray auoir fait ce que ie croy que le deuoir me commande, encores ne me sera-ce peu de satisfaction, de penser que si Bellinde est contente, Ergaste est vn des instruments de son contentement. Seulement ie vous requiers, si en cecy ie vous oblige, qu'estant cause de la reünion de vostre amitié, vous me receüiez pour tiers entre vous deux, & que vous me fassiez la mesme part de vostre bonne volonté, que vous l'auez promise à Celion quand vous auez creu d'espouser Ergaste; ie veux dire que de tous deux ie sois aymé & receu comme frere. Pourrois-je, belle Nymphe, vous redire le contentement inesperé de ceste Bergere? Ie croy qu'il seroit impossible, car elle mesme fut tellement surprise, qu'elle ne sceut de quelles paroles le remercier, mais le prenant par la main, s'alla rasseoir sur les gazons de la fontaine, où apres s'estre vn peu remise, & voyant la bône volonté dont Ergaste l'obligeoit, elle luy declara tout au long, ce qui s'estoit passé entre Celion & elle, & apres mille sortes de remerciemens, que j'obmets pour ne vous ennuyer, elle le supplia de l'aller chercher luy mesme, d'autant que le transport de Celion estoit tel, qu'il ne reuiêdroit pour personne du môde qui l'allast querir, par ce qu'il ne croiroit jamais ceste bonne volonté de luy, à qui il n'en auoit point donné d'occasion, si elle luy estoit asseurée par quelqu'autre : au contraire se figureroit que ce seroit vn artifice pour le faire reuenir. Ergaste qui vouloit en toute sorte paracheuer la bonne œuure qu'il auoit commencée, resolut de partir dés le lendemain auec Diamis frere de Celion, luy promettant de ne point reuenir sans le luy r'amener.

Estant donc partis en ce dessein, apres auoir sacrifié à Thautates pour le prier qu'il adressast leurs pas du costé où ils deuoient trouuer Celion, ils prindrent le chemin qui le premier se presenta à eux ; mais ils eussent cherché longuement en vain auât que d'en auoir des nouuelles, si luy mesme transporté de fureur, ne se fust resolu de reuenir en Forests, afin de tuër Ergaste, & puis du mesme glaiue se percer le cœur deuant Bellinde, ne pouuant viure, &

sçauoir que quelqu'autre jouït de son bien. En ceste rage il se remit en chemin, & par ce qu'il ne se nourrissoit que des herbes, & des fruits qu'il trouuoit le long des chemins, il estoit tant affoibly, qu'à peine pouuoit-il marcher, & n'eust esté la rage qui le portoit, il ne l'eust pû faire; encor falloit-il que plusieurs fois du iour il se reposast, & mesme lors que le sommeil le pressoit. Il aduint que de ceste sorte lassé, il se mit sous quelques arbres, qui faisoiét vn agreable ombrage à vne fontaine, & là apres auoir quelque temps repensé à ses déplaisirs, il s'endormit. La fortune qui se contentoit des ennuis qu'elle luy auoit donnez, adressa, pour le rendre entierement heureux, les pas d'Ergaste, & de Diamis en ce mesme lieu, & par hazard Diamis, marchoit le premier ; soudain qu'il le vid, il le reconnut, & tournant doucement en arriere, en vint aduertir Ergaste, qui tout joyeux, voulut l'aller embrasser : mais Diamis le retint en luy disant : Ie vous supplie, Ergaste, ne faisons rien en cecy de mal à propos. Mon frere, si tout à coup nous luy disons ces bonnes nouuelles, mourra de plaisir, & si vous connoissiez l'extréme affliction que cet accident luy a causé, vous seriez de mesme opinion. C'est pourquoy il me semble qu'il vaut mieux que ie le luy die peu à peu, & par ce qu'il ne me croira pas, vous viendrez apres le luy reconfirmer. Ergaste trouuant cet aduis bon, s'esloigna entre quelques arbres, d'où il pouuoit les voir, & Diamis s'aduança. Et faut bien dire qu'il fust inspiré de quelque bon demon : car si d'abord Celion eust veu Ergaste, peut estre, suiuant sa resolution luy eust-il fait du deplaisir. Or à l'heure mesme que Diamis s'en approcha, son frere s'esueilla, & recommençant son ordinaire entretien, il semit à plaindre de ceste sorte.

PLAINTE.

Vtré par la douleur de mortelles attaintes,
Sans autre reconfort,
Que celuy de mes plaintes,
Ie souspire à la mort.
Ma deffense est sans plus, l'impossible esperance,
Mais le glaiue aceré,
Dont le mal-heur m'offence,
Est vn mal asseuré.
I'espere quelquefois en ma longue misere,
De voir finir mon dueil :
Mais quoy ! ie ne l'espere
Sinon dans le cercueil.
Celuy ne doit-il point s'estimer miserable,
Et les Dieux ennemis
Dont l'espoir fauorable
En la mort est remis ?
Mas où sont les desseins de ce courage extréme,
En mon mal resolus ?
Mais où suis-ie moy-mesme ?
Ie ne me connois plus.

Mon ame en sa douleur est tellement confuse,
Que ce qu'ore elle veut
Soudain elle refuse
Alors qu'elle le peut.
Reduitte en cet estat, elle ne peut connoistre,
Qu'elle a, ny quelle elle est:
O pourquoy faut-il estre,
Lors que tout nous déplaist!

Diamis qui ne vouloit le surprendre, apres l'auoir quelque temps escouté fit du bruit expres, à fin qu'il tournast la teste vers luy, & voyant que tout estonné il le regardoit, il s'aduança doucement, & apres l'auoir salüé, luy dit. Ie loüe Dieu, mon frere, de ce que ie vous ay trouué si à propos, pour vous faire le message que Bellinde vous mande. Bellinde? dit-il incontinent, est-il possible qu'elle ayt quelque memoire de moy, entre les bras d'Ergaste? Ergaste, dit Diamis, n'a point eu Bellinde entre les bras, & j'espere si vous auez quelque resolution qu'elle ne sera jamais à luy. Et doutez vous, respondit Celion, que la resolution me puisse manquer en vn semblable affaire? Ie voulois dire, repliqua Diamis, de la prudence. Ie pense, respondit Celion, qu'il n'y a point de prudence qui puisse contreuenir à l'ordre que le destin à resolu. Le destin, dit Diamis, ne vous est pas si contraire que vous pensez, & vos affaires ne sont pas en si mauuais termes que vous croyez, Ergaste refuse Bellinde. Ergaste, dit Celion, la refuse? Il est tout certain, continua Diamis; & afin que vous en soyez plus asseuré : Ergaste mesme vous cherche pour le vous dire. Celion oyant ces nouuelles, demeura sans respondre presque hors de soy, & puis reprenant la parole. Vous mocquez vous point, dit il, mon frere, ou si vous le dittes pour m'abuser? Ie Vous jure, répond Diamis, par le grand Thautates, Hesus & Tharamis, & par tout ce que nous auons de plus sacré, que ie vous dy verité, & que bien tost vous le sçaurez par le Berger Ergaste. Alors Celion leuant & les mains, & les yeux au Ciel: O Dieux! dit il, à quelle fin plus heureuse me reseruez vous? Son frere pour l'interrompre. Il ne faut plus, luy dit-il, parler ny de mal-heur, ny de mort, mais seulement de joye, & de contentement; & surtout vous preparer à remercier Ergaste du bien qu'il vous fait: car ie le voy qui vient à nous. A ce mot Celion se leua, & le voyant si pres, le courut embrasser auec autant de bonne volonté, que peu auparauant il luy en portoit beaucoup de mauuaise, mais quand il sceut la verité de toute ceste affaire; il se mit à genoux deuant Ergaste, & luy vouloit à force baiser les pieds. I'abregeray, belle Nymphe, tous leurs discours, & vous diray seulement qu'estant de retour, Ergaste luy donna Bellinde, & qu'auec le consentement de son pere, il la luy fit espouser, & voulut seulement, comme il en auoit des-ja prié Bellinde, que Celion le receut pour tiers en leur honneste, & sincere affection: & luy mesme se donnant entierement à eux, ne voulut jamais se marier.

Voila, belle & sage Nymphe, ce qu'il vous a pleu de sçauoir de leur fortune, qui fut douce à tous trois, tant que les Dieux leur permirent de viure ensemble: car peu de temps apres leur nâquit vn fils, qu'ils firent nommer Ergaste, à cause de l'amitié qu'ils portoient au gentil Ergaste ; & pour en conseruer plus longuement la memoire. Mais il aduint qu'en ce cruel pillage que quelques estrangers firent aux Prouinces des Sequanois, Viennois, & Segusiens, ce petit enfant fut perdu, & mourut sans doute de necessité : car depuis on n'en a point eu de nouuelle, et quelques annees apres ils eurét vne fille, qui fut nommée Diane, mais Celion ny Ergaste n'eurent pas longnement le plaisir de cet enfant, par ce qu'ils moururent incontinent apres, & tous deux en mesme iour; & c'est cette Diane dont vous m'auez demandé des nouuelles, & qui est tenuë en mon hameau, pour l'vne des plus belles, & plus sages Bergeres de Forests.

LE VNZIESME LIVRE DE LA premiere partie d'Astree.

Eladon alloit de ceste sorte racontant à la Nymphe l'histoire de Celion, & de Bellinde, ce pendant que Leonide & Galathée parloiẽt des nouuelles que Fleurial leur auoit rapportées: car aussi tost que la Nymphe apperceut Leonide, elle la tira à part, & luy dit qu'elle empeschast que Fleurial ne vit Celadon; car disoit-elle, il est tant acquis à Lindamor, qu'il seroit assez beste pour luy dire tout ce qu'il auroit veu: entretenez-le donc, & quand j'auray veu mes lettres, ie vous diray ce qu'il y aura de nouueau. A ce mot la Nymphe sortit de la chambre, & emmena Fleurial auec elle, & apres quelques autres paroles, elle luy dit. Et bien, Fleurial, quelles nouuelles apporte-tu à Madame? Fort bonnes, respondit-il, & toutes telles que vous & elle sçauriez desirer. Car Clidaman se porte bien, & Lindamor a fait tant de merueilles en la bataille où il s'est trou-

nué, que Meroüé, & Childeric l'estiment comme merite sa vertu : mais il y auoit auec moy, vn jeune homme, qui vouloit parler à Syluie, à qui ceux de la porte n'ont permis d'entrer, qui vous en racontera bien mieux toutes les particularitez, d'autant qu'il en vient, & moy j'ay pris ces lettres chez ma tante, où vn de ceux de Lindamor, les a portées, qui attend la responfe. Et ne sçais-tu point, repliqua la Nymphe, ce qu'il veut à Syluie? Non, respondit-il, car il ne l'a jamais voulu dire. Il faut, dit la Nymphe, qu'il entre : A ce mot s'en allant à la porte, elle reconnut incontinent ce jeune homme, pour l'auoir veu souuent auec Ligdamon, qui luy fit juger qu'il apportoit à Syluie de ses nouuelles : & par ce qu'elle sçauoit combien sa compagne desiroit que ces affaires fussent secrettes, elle ne luy en voulut rien demander, feignant de ne le connoistre, & seulement luy dit qu'elle en aduertiroit Syluie : Puis retirant encor Fleurial à part ; Tu sçais bien, Feurial, luy dit-elle, mon amy, le mal-heur qui est arriué à Lindamor. Comment cela? respondit Fleurial, tant s'en faut nous le deuons croire heureux : car il acquiert tant de gloire où il est, qu'à son retour Amasis n'oseroit luy refuser Galathée. O Fleurial que dis-tu! si tu sçauois comme toutes choses se passent, tu auoüerois que le voyage de nostre amy est pour luy celuy de la mort; car je ne fay point de doute qu'à son retour il ne meure de regret. Mon Dieu! dit-il, que
me

me dittes vous Fleurial, repliqua-t'elle, il est ainsi que ie te le dis, & ne croy point qu'il y ait du remede s'il ne vient de toy. De moy? dit-il, s'il peut venir de moy, tenez le pour asseuré, car il n'y a rien au monde que ie ne fasse. Or, dit la Nymphe, sois donc secret, & à ce soir ie t'en diray dauantage, mais pour ceste heure il faut que ie sçache ce qu'escrit le pauure absent. Il a enuoyé, dit-il, ces lettres par vn jeune homme, qui auoit charge de les porter chez ma tante, elle me les a incontinent enuoyées, & en voicy vne qu'il vous escrit, elle l'ouurit, & vit qu'elle estoit telle.

LETTRE DE LINDAMOR A LEONIDE.

Vtant que l'esloignement a eu peu de puissance sur mon ame: autant ay-ie peur qu'il n'en ait eu beaucoup sur celle que i'adore. Ma foy me dit bien que non : mais ma fortune me menace du cõtraire, toutefois l'assurãce que i'ay en la prudence de ma confidente, me fait viure auec moins de crainte, que si ma memoire y estoit seule. Ressouuenez-vous donc de ne tromper l'esperance que i'ay en vous, ny démentir les assurances de nostre amitié.

Or bien, dit la Nymphe, va t'en au lieu plus

proche d'icy, où tu dormiras ce soir, & reuiens icy de bon matin, puis ie te feray sçauoir vne histoire dont tu seras bien estonné. Là dessus elle appella ce jeune homme qui vouloit parler à Syluie, & le conduisit auec elle jusques à l'antichambre de Galathée, où l'ayant fait attendre, elle entra dedans, & fit sçauoir à la Nymphe ce qu'elle auoit fait de Fleurial. Il faut, dit la Nymphe, que vous lisiez la lettre que Lindamor m'escrit, & lors elle vit qu'elle estoit telle.

LETTRE DE LINDAMOR A GALATHEE.

NY le retardement de mon voyage, ny les horreurs de la guerre, ny les beautez de ces nouuelles hostesses de la Gaule, ne peuuent tellement occuper le souuenir que vostre fidele seruiteur a de vous, qu'il ne reuole continuellement au bien-heureux seiour, où en vous esloignant ie laissay toute ma gloire ; si bien que ne pouuant refuser à mon affection la curiosité de sçauoir comme Madame se porte, apres vous auoir mille fois baisé la robbe, ie vous presente toutes les bonnes fortunes dont les armes m'ont voulu fauoriser, & les offre à vos pieds, comme à la diuinité dont ie les re-

cognois. Si vous les receuez pour vostres, la renommée les vous donnera de ma part, qui me l'a promis ainsi, aussi bien que vous l'honneur de vos bonnes graces à vostre tres-humble seruiteur.

Ie me soucie fort, dit alors Galathée, ny de luy ny de ses victoires, il m'obligeroit d'auantage s'il m'oublioit. Pour Dieu, Madame, dit Leonide, ne dittes point cela, si vous sçauiez combien il est estimé, & par Meroüé, & par Childeric, ie ne sçaurois croire (estant née ce que vous estes) que vous n'en fissiez plus de cas que d'vn Berger, mais ie dis Berger qui ne vous aime point, & que vous voyez souspirer deuant vous, pour l'affection d'vne Bergere; vous croyez que tout ce que ie vous en dy, soit par artifice. Il est vray, dit incontinent Galathée. Et bien, Madame, respondit-elle, vous en croirez ce qu'il vous plaira, si vous jureray-je sur tout ce qui est plus à craindre aux parjures, que j'ay veu à ce voyage, par vn grand hazard, ce trompeur de Climanthe, & cet artificieux de Polemas, parlant de ce qui vous est arriué, & descouurant entre-eux toutes les malices dont ils ont vsé. Leonide, adjousta Galathée, vous perdez temps, ie suis toute resoluë à ce que ie veux faire, ne m'en parlez plus. Ie le feray, Madame, comme vous me le commandez, dit-elle, si me permettrez vous encor de vous dire ce mot. Qu'est-ce

Madame, que vous pretendez faire auec ce Berger? Ie veux, dit-elle, qu'il m'aime. Et en quoy, repliqua Leonide, desseignez vous que ceste amitié se concluë. Que vous estes fascheuse, dit Galathée, de vouloir que ie sçache l'aduenir, laissez seulement qu'il m'aime, & puis nous verrons que nous ferons. Encor, continua Leonide, que l'on ne sçache l'aduenir, si faut-il en tous nos desseins auoir quelque but, auquel nous les adressions. Ie le croy, dit Galathee, sinon en ceux de l'Amour, & pour moy ie n'en veux point auoir d'autre, sinon qu'il m'aime. Il faut bien, repliqua Leonide, qu'il soit ainsi, car il n'y a pas apparence que vous le vueillez espouser, & ne l'espousant pas, que deuiendra cet honneur, que vous vous estes si loguement conserué? car il ne peut estre que ceste nouuelle amitié vous aueugle de sorte, que vous ne connoissiez bien le tort que vous vous faites, de vouloir pour Amant, vn homme que vous ne voulez pour mary. Et vous, dit-elle Leonide, qui faites tant la scrupuleuse, dittes en verité, auez vous enuie de l'espouser? Moy? Madame, respondit-elle, ie le tiens estre trop peu de chose, & vous supplie tres-humblement de ne me croire point de si peu de courage, que ie daignasse tourner les yeux sur luy. Que s'il y a jamais eu quelque homme qui ait eu le pouuoir de me donner quelque ressentimentt d'Amour, ie vous aduoüeray librement que le respect que ie vous ay porté, m'en a retirée. Et quand? adjousta Galathée. Lors, dit-elle, Madame, que vous me commandastes de ne faire plus d'estat de Polemas. O que vous auez bonne grace, s'escria Galathée : par vostre foy? vous n'auez point aimé Celadon ? Ie vous jureray sur la verité, que ie vous doy, Madame, respondit-elle, que ie n'aime point d'autre sorte Celadon, que s'il estoit mon frere, & en cela elle ne mentoit point, car depuis que le Berger luy auoit la derniere fois parlé si clairement, elle auoit reconnu le tort qu'elle se faisoit, & ainsi auoit resolu de changer l'Amour en amitié. Or bien, Leonide, dit la Nymphe, laissons ce discours, & celuy aussi de Lindamor, car la pierre en est jettée. Et quelle responce, dit elle, ferez vous à Lindamor? Ie ne luy en veux point faire d'autre, que le silence. Et que pensez-vous, dit-elle, qu'il deuienne, lors que celuy qu'il a enuoyé icy retournera sans lettres? Il deuiendra, dit Galathée, ce qu'il pourra, car pour moy, ie suis toute resoluë, que ny sa consideration, ny celle de tout autre, ne seront jamas cause que ie vueille me rendre miserable. Il n'est donc point necessaire, respondit Leonide, que Fleurial reuienne? Nullement, dit-elle. Leonide alors luy dit froidemēt qu'il y auoit là vn jeune homme qui vouloit parler à Syluie, & qu'elle croyoit que c'estoit de la part de Ligdamō, qu'il n'auoit point voulu dire son message qu'à Syluie mesme. Il faut, respondit la Nymphe, que nous le menions où elle est, nous en serons quittes pour faire tirer les rideaux du lict où est Celadon, car ie m'assure qu'il sera bien aise d'oüir ce que Ligdamõ escrit, puis qu'il me semble que vous luy auez desia raconté toutes leurs Amours. Il est vray, respondit Leonide, mais Syluie est si desdaigneuse, & si altiere, que sans doute elle s'offensera si ce messager luy parle, & mesme deuant Celadon. Il faut, dit-elle, la surprendre, allez seulement deuãt dire au Berger qu'il ne parle point, & tirez les rideaux, & ie l'y conduiray. Ainsi sortirent ces Nymphes, & Galathée reconnoissant ce jeune homme pour l'auoir veu bien souuent auec Ligdamon, luy demanda d'où il venoit, & quelles nouuelles il apportoit de son maistre Ie viens, Madame, dit-il, de l'armée de Merouée, & quant aux nouuelles de mon maistre, ie ne les puis dire qu'à Syluie. Vrayement, dit la Nymphe, vous estes bien secret, & croyez vous que ie vueille permettre que vous disiez quelque chose à mes Nymphes, que ie ne sçache point? Madame, dit-il, ce sera deuant vous s'il vous plaist, car j'en ay ce commandement, & principalement deuant Leonide. Venez donc, dit la Nymphe; & ainsi elle le fit entrer en la chambre de Celadon, où desia Leonide auoit donné l'ordre qu'elle auoit resolu, sans en rien dire à Syluie, qui au commencement s'en estonna, mais puis voyant entrer Galathée auec ce jeune homme, elle jugea bien que c'estoit pour empescher que le Berger ne fust veu: le sursaut qu'elle receut fut tres-grand, quand elle vid Egide, tel eſtoit le nom de ce jeune homme qu'elle reconnut incontinent: car encor qu'elle n'euſt point d'Amour pour Ligdamon ſi ne ſe pouuoit-elle exempter entierement de quelque bonne volonté: elle jugea bien qu'il luy en diroit des nouuelles, toutefois elle ne voulut luy en demander. Mais Galathée s'adreſſant au jeune homme: Voyla, dit-elle, Syluie; il ne tiendra qu'à vous que vous ne paracheuiez voſtre meſſage, puis que vous voulez que Leonide, & moy y ſoyons. Madame, dit Egide, s'adreſſant à Syluie, Ligdamon, mon maiſtre, le plus fidelle ſeruiteur que vos merites vous ayent jamais acquis, m'a commandé de vous faire ſçauoir quelle a eſté ſa fortune; ne voulant autre choſe du Ciel, pour recompenſe de ſa fidelité, ſinon qu'vne eſtincelle de pitié vous touche, puis que nulle de celles de l'Amour n'a pû approcher le glaçon de voſtre cœur. Et quoy, dit Galathée, en l'interrompant, il ſemble qu'il faſſe ſon teſtament, comment ſe porte-t'il? Madame, dit-il, s'adreſſant à Galathée, ie le vous diray ſ'il vous plaiſt de m'en donner le loiſir; & puis retournant à Syluie, il continua de ceſte ſorte.

Y y iiij

HISTOIRE DE LIGDAMON.

APres que Ligdamon eut pris congé de vous, il partit auec Lindamor, accompagné de tant de beaux desseins, qu'il ne se promettoit rien moins que d'acquerir par ce voyage ce que ses seruices n'auoient pû par sa presence, resoluant de faire tant d'actes signalez, qu'ou le nom de vaillant, que ses victoires luy donneroient, vous seroit agreable, ou bien mourant, il vous en laisseroit du regret. En ce dessein, ils paruiennent à l'armée de Meroüé, Prince remply de toutes les perfections qui sont requises à vn conquerant, & arriuerent si à propos, que la bataille auoit esté assignee le septiesme iour d'apres : de sorte que tous ces jeunes Cheualiers n'auoient autre plus grand soucy que de visiter leurs armes, & remettre leurs cheuaux en bon estat : mais ce n'est d'eux de qui j'ay à vous parler, c'est pourquoy passant sous silence tout ce qui ne touche à Ligdamon, ie vous diray que le iour assigné à ce grand combat, estant venu, les deux armées sortent de leur camp, & à veuë l'vne de l'autre, se mettent en bataille. Icy vn escadron de caualerie, là vn bataillon de gens de pied : Icy les tambours, là les trompettes : d'vn costé le hannissement de cheuaux, de l'autre les voix des soldats retentissoient de tant de bruit, que l'on pouuoit bien alors dire, que Bellonne l'effroyable rouloit dans ceſte campagne, & eſtalloit tout ce qu'elle auoit de plus horrible en ſa Gorgonne. Quant à moy, qui n'auois iamais eſté en ſemblable occaſion, j'eſtois ſi eſtourdy de ce que j'oyois, & ſi eſbloüy de l'eſclair des armes, qu'en verité ie ne ſçauois où j'eſtois, toutefois ma reſolution, fut de n'abandonner mon maiſtre; car la nourriture que d'enfance il m'auoit donnée, m'obligeoit, ce me ſembloit, à ne l'eſlongner en ceſte occaſion, où rien ne ſe repreſentoit à nos yeux, qu'auec les enſeignes de la mort. Mais ce ne fut rien au prix de l'eſtrange confuſion, lors que tous ces eſcadrons & tous ces bataillons ſe meſlerent, quand le ſignal de la bataille ſe donna, car la caualerie attaqua celle de l'ennemy, & l'infanterie de meſme, auec vn ſi grand bruit, que les hommes, les armes, & les cheuaux faiſoient, qu'on n'euſt pas ouy tonner. Apres auoir paſſé pluſieurs nuës de traits, ie ne ſçaurois vous raconter au vray comment ie me trouuay auec mon maiſtre au milieu des ennemis, où ie ne faiſois qu'admirer les grands coups de l'eſpee de Ligdamon. Et ſans mentir, belle Nymphe, ie luy vis faire tant de merueilles, que l'vne me fait oublier l'autre : Tant y a que ſa valeur fut telle, que Meroüé voulut ſçauoir ſon nom, cóme l'ayant remarqué ce iour là entre tous les Cheualiers. Des-ja ce premier eſcadron eſtoit victorieux, & les noſtres commençoient à ſe rallier pour aller attaquer le second, quand l'ennemy pour faire vn entier effort, fit marcher tout ce qui luy restoit, afin d'inuestir si promptement ceux-cy, que Meroüé ne les pûst secourir à temps : & certes s'il eust eu affaire à vn Capitaine moins experimenté que cestuy-cy, ie croy bien que son dessein eust eu effect, mais ce grand soldat, jugeant le desespoir de l'aduersaire, fit partir en mesme temps trois escadrons nouueaux, deux aux deux ayles, & le troisiesme en queuë du premier, si à propos, qu'ils soustindrent vne partie du premier choc, toutefois nous qui estions auancez, nous trouuasmes fort outragez du grãd nombre : mais ie ne veux icy vous ennuyer par vne particuliere description de ceste iournée, aussi bien n'en sçaurois-je venir à bout : Tant y a qu'au mesme temps les deux infanteries s'estant rencontrées, celle de Meroüé eut du meilleur, & autant que nous gagnions du terrain sur ceux de Cheual, autant en perdoit l'infanterie de l'ennemy. Si est-ce qu'au choc que nous receusmes, il y eut plusieurs des nostres portez par terre, outre ceux que les traits de l'infanterie dés le commencement de la bataille auoient des-ja mis à pied ; car d'abord l'ennemy faisant desbander quelques Archers, nous fit tirer sur les ayles tant de traits, que nostre caualerie n'osant quitter son rang, eut beaucoup à souffrir, auant que Meroüé y eust enuoyé des siens, pour escarmoucher auec eux. Et entre ceux qui au second effort en furent incommodez, Clidaman en fut vn, car son cheual tomba mort, de trois coups de flesches. Ligdamon qui auoit tousiours l'œil sur luy, soudain qu'il le vid en terre, poussa son cheual d'extréme furie, & fit tant d'armes qu'il fit vn rond de corps morts à l'entour de Clidaman, qui cependant eut loisir de se dépestrer de son cheual. La furie de l'ennemy qui à la cheute de Clidaman s'estoit renforcée en ce lieu, l'eust en fin estouffé sous les pieds des cheuaux, sans le secours, & sans la valeur de mon maistre, qui se iettant à terre, le remit sur son cheual, demeurant à pied si blessé, & si pressé des ennemis, qu'il ne peut monter sur le cheual que ie luy menois. En ce point les nostres furent forcez de reculer, comme se sentant affoiblis, à ce que ie croy, du bras inuincible de mon maistre, & le mal-heur fut si grand pour nous, que nous nous trouuasmes au milieu de tant d'ennemis, qu'il n'y eut plus d'esperance de salut; toutefois Ligdamon ne voulut iamais se rendre, & quoy qu'il fust blessé, & si las que l'on peut imaginer, si n'y auoit-il si hardy, voyant les grand coups qui sortoient de son bras, qui osast l'attaquer. En fin à toute furie de cheuaux, cinq ou six le vindrent heurter, & si à l'impourueu, qu'ayant donné de son espée dans le poitral du premier cheual, elle se rompit pres de la garde, & le cheual frappé dans le cœur, luy tomba dessus, ie courus alors pour le releuer, mais dix ou douze qui se ietterent sur luy m'en empescherent, & ainsi tous deux demy morts, nous fusmes enleuez; & cét accident fut encor plus mal-heureux, en ce que presque en mesme temps les nostres recouurerent ce qu'ils auoient perdu du champ, par le secours que Childeric donna de toute l'arriere-garde, & depuis allerent tousjours gaignant le champ, jusques à ce que sur le soir l'entiere route se donna, & que les logis des ennemis furent bruslez, & eux la pluspart pris ou tuez. Quant à nous, nous fusmes conduits en leur principale ville, nommée Rhotomaghe, où mon maistre ne fût si tost arriué, que plusieurs le vindrent visiter, les vns se disant ses parents, les autres ses amis, encor qu'il n'en conneust point. Quant à moy ie ne sçauois que dire, ny luy que penser, de voir que ces estrangers luy faisoient tant de caresses, mais nous fusmes encor plus estonnez, quand vne Dame honorable, fort bien suiuie, le vint visiter, disant que c'estoit son fils, auec tant de demonstration d'amitié, que Ligdamon en estoit comme hors de soy : & d'auantage encores, quand elle luy dit. O Lydias, mon enfant, auec combien de contentement & de crainte vous vois-je icy! Car ie loüe Dieu, qu'à la fin de mes iours ie vous puisse voir si estimé au rapport de ceux qui vous ont pris : mais helas! quelle crainte est la mienne, de vous voir en ceste ville si cruelle, puis que vostre ennemy Aronte est mort des blesseures qu'il a euës de vous, &

que vous auez esté condamné à mort par ceux de la iustice. Quant à moy ie n'y sçay autre remede que de vous rachepter promptement, & attendant que vous soyez guery vous tenir caché, afin que pouuant monter à cheual vous vous retiriez auec les Francs. Si Ligdamon fut estonné de ce discours, vous le pouuez iuger, & connut bien en fin, qu'elle le prenoit pour vn autre, mais il ne pût luy respondre, parce qu'en mesme instant celuy qui l'auoit pris entra dans la chambre, auec deux députez de la ville, pour prendre le nom & la qualité des prisonniers, d'autant qu'il y en auoit plusieurs des leurs pris, & ils vouloient les changer. La pauure Dame fut fort surprise, croyant qu'ils le vinssent saisir pour le conduire en prison, & oyant qu'ils luy demandoient son nom, elle faillit à le dire elle mesme, mais mon maistre la deuança, & se nomma Ligdamon Segusien : elle eut alors opinion qu'il se voulust dissimuler, & pour oster tout soupçon elle se retira chez elle, en resolution de le racheter si promptement, qu'il ne pûst estre reconnu. Et il estoit vray, que mon maistre ressembloit de telle sorte à Lydias, que tous ceux qui le voyoient le prenoient pour luy. Et ce Lydias estoit vn jeune homme de ce païs-là, qui estant amoureux d'vne tres-belle Dame, s'estoit battu auec Aronte son riual, de qui la jalousie auoit esté telle, qu'il s'estoit laissé aller au delà de son deuoir, medisant d'elle & de luy : dequoy Lydias offensé apres luy en auoir fait parler deux ou trois fois, à fin qu'il changeast de discours, & croyant qu'il prenoit pour crainte ce qui procedoit de la prudence de ce jeune homme; il fut en fin forcé, & de son deuoir, & de son Amour, d'en venir aux armes, & auec tant d'heur, qu'ayant laissé son ennemy comme mort en terre, il eut loisir de se sauuer des mains de la iustice, qui depuis qu'Aronte fut mort le poursuiuit de sorte, qu'il fut encores qu'absent, condāné à la mort. Ligdamon estoit tellement blessé, qu'il ne songeoit point à toutes ces choses, moy qui preuoyois le mal qui luy en pourroit aduenir, ie pressois tousiours la mere de le racheter, ce qu'elle fit, mais non point si secrettement que les ennemis de Lydias n'en fussent aduertis; si bien qu'à leur requeste, le mesme iour que cette bonne Dame ayant payé sa rançon, le faisoit porter chez elle, ceux de la iustice y arriuerēt, qui luy firent faire le chemin de la prison, quoy que Ligdamon sceust dire, déceuz comme les autres de la ressemblance de Lydias: Ainsi le voila au plus grand danger où jamais autre pût estre pour n'auoir point failly : mais ce ne fut rien au prix du lendemain, qu'il fut interrogé sur les points, dont il estoit tant ignorant, qu'il ne sçauoit que leur dire, toutefois ils ne laisserent de ratifier le premier iugement, & ne luy donnerent autre terme que celuy de la guerison de ses playes. Le bruit incontinent court par toute la ville, que Lydias est prisonnier, & qu'il a esté condamné, non point à mourir comme meurtrier seulement, mais comme rebelle, ayant esté pris auec les armes en la main pour les Francs; qu'à ceste occasion on le mettroit dans la cage des Lyons, & cela estoit vray que leur coustume de tout temps estoit telle : Mais on ne luy auoit voulu prononcer cét arrest, afin qu'il ne se fit mourir, toutefois on ne parloit d'autre chose dans la ville, & la voix en fut tellement espanduë, qu'elle en vint iusques à mes aureilles, dont espouuenté ie me déguisay de sorte auec l'aide de ceste bonne Dame qui l'auoit racheté, que ie vins à Paris trouuer Meroüé, & Clidamā, ausquels ie fis entendre cét accident, dont ils furent fort estonnez, leur semblant presque impossible que deux personnes se ressemblassent si fort, qu'il n'y eust point de difference ; & pour y remedier ils y enuoyerent promptement deux herautz d'armes, pour faire sçauoir aux ennemis l'erreur en quoy ils estoient, mais cela ne fut que le leur persuader dauantage, & leur faire haster l'execution de leur iugement. Les playes de Ligdamon estoient des-ja presque gueries, de sorte que pour ne luy donner plus de loisir, ils luy prononcerent la sentence, qu'attaint de meurtre & de rebellion, la iustice ordonnoit qu'il eust à mourir par les Lyons, destinez à telle execution : Que toutefois pour estre nay noble & de leur patrie, luy faisoient grace, ils luy permettoient de porter l'espée & le poignard, comme estant armes de Cheualier, desquelles, s'il en auoit le courage, il pourroit se deffendre, ou essayer pour le moins de venger genereusement sa mort: Et en mesme temps ils firent dans leur conseil responses à Meroüé, qu'ils chastieroient ainsi tous leurs compatriottes, qui seroient traistres à leur patrie. Voilà le pauure Ligdamon en extréme danger: Toutefois ce courage qui ne flechissoit jamais que sous l'Amour, voyant qu'il n'y auoit point d'autre remede, se resolut à sa conseruation le mieux qu'il pût: Et d'autant que Lydias estoit des meilleures familles des Neustriës, presque tout le pleuple s'assembla pour voir ce spectacle: Et lors qu'il se vid prest à estre mis dans cét horrible camp clos, tout ce qu'il requist, fut de combattre les Lyons vn à vn. Le peuple qui ouyt vne si iuste demande, la fit accorder par ses exclamations, & battemēts de mains, quelque difficulté que les parties y missent: Si biē que le voila mis seul dās la cage, & les Lyons qui à trauers les barreaux voyoiēt ceste nouuelle proye, rugissoient si espouuantablement, qu'il n'y auoit celuy des assistās qui n'en pallist; sans plus Ligdamon sembloit asseuré entre tant de dangers, & prenant garde à la premiere porte qui s'ouuriroit, à fin de n'y estre point surpris, il vid sortir vn Lyō furieux, à la hure herissée, qui dés l'abord ayant trois ou quatre fois battu la terre de sa queuë commença d'estendre ses grands bras, & entrou-urir les ongles, comme luy voulant monstrer de quelle mort il mourroit, mais Ligda-

mon

mon voyant bien qu'il n'y auoit nul salut que
en sa valeur, aussi tost qu'il le void démarcher,
luy darde si à propos son poignard, qu'il le luy
planta dans l'estomac iusques à la poignée,
dont l'animal estant touché au cœur tomba
mort en mesme instant. Le cry de tout le peuple fut grand, car chacun esmeu de son adresse, de sa valeur, & de son courage, le favorisoit
en son ame; luy toutefois qui sçauoit bien que
la rigueur de ses iuges ne s'arresteroit pas là,
courut promptemét reprendre son poignard,
& presque en mesme téps, voila vn autre Lyō,
non moins effroyable que le premier, qui aussi
tost que sa porte fut ouuerte, vint la gorge
beante de telle furie, que Ligdamon en fut
presque surpris: Toutefois au passer il se destourna vn peu, & luy donna vn si grand coup
d'espée sur vne pate, qu'il la luy couppa, dequoy l'animal en furie se tourna si promptement vers luy, que du heut il le jetta par terre,
mais sa fortune fut telle, qu'en tombant, & le
Lyon se lançant dessus, il ne fit que tendre son
espée, qui luy donna si à propos sous le ventre,
qu'il tomba mort presque aussi promptement
que le premier. Cependant que Ligdamon
alloit ainsi disputant sa vie, voila vne Dame,
belle entre les plus belles Neustriennes, qui se
mit à genoux deuant les iuges, les suppliant
de faire surseoir l'execution, iusques à ce qu'elle eust parlé: Eux qui la connurent pour estre
des principales du païs, voulurent bien la gratifier de ceste faueur, & mesme que c'estoit

celle-cy pour qui Lydias auoit tué Aronte: elle s'appelloit Amerine, & lors elle leur parla de ceste sorte d'vne voix assez honteuse; Messieurs l'ingratitude doit estre punie comme la trahison, puis que c'en est vne espece, c'est pourquoy voyant Lydias condamné pour auoir esté côtraire à ceux de sa patrie, ie craindrois l'estre, sinon de vous, sans doute de nos Dieux, si ie ne me sentois obligée à sauuer la vie à qui l'a voulu mettre pour me sauuer l'honneur. C'est pourquoy ie me presente deuant vous, asseurée sur nos priuileges qui ordonnent que tout homme condamné à mort en est deliuré quand vne fille le demāde pour son mary, soudain que j'ay sceu vostre iugement, ie suis venuë en toute diligence le vous requerir, & n'ay pû y estre si tost qu'il n'ayt couru la fortune que chacun a veuë, toutefois puis que Dieu me l'a conserué si heureusement, vous ne deuez me le refuser injustement. Tout le peuple qui oüyt ceste demande, cria d'vne joyeuse voix, Grace, grace: Et quoy que les ennemis de Lydias poursuiuissent le contraire, si fut-il conclud que les priuileges du païs auroient lieu. Mais helas! Ligdamon ne sortit de ce danger que pour r'entrer comme ie croy en vn plus grand, car estāt conduit deuant les iuges, ils luy firent entendre les coustumes du païs, qui estoient telles: que tout homme attaint & côuaincu de quelque crime que ce pûst estre, seroit deliuré des rigueurs de la iustice, si vne fille le demandoit pour son mary, de sorte que s'il vouloit espouser Amerine il seroit remis en liberté, & pourroit viure auec elle. Luy qui ne la connoissoit point se trouua fort empesché à leur respondre: toutefois ne voyant autre remede d'eschapper du danger où il estoit, il le promit, esperant que le temps luy apporteroit quelque expedient pour sortir de ce labyrinthe. Amerine qui auoit tousiours reconnu Lydias tãt amoureux d'elle, ne fut pas peu estonnée d'vne si grãde froideur: toutefois iugeant que l'effroy du danger où il auoit esté, le rendoit ainsi hors de luy, elle en eut plus de pitié, & le mena chez la mere de Lydas, qui estoit celle qui auoit procuré ce mariage, sçachant qu'il n'y auoit point d'autre remede pour sauuer son fils, outre qu'elle n'ignoroit pas l'Amour qui estoit entre eux, ce qui luy faisoit presser la conclusion du mariage, le plus qu'il luy estoit possible, pensant plaire à son fils. Mais au contraire c'estoit auancer la mort de celuy qui n'en pouuoit mais. Hé, mon cher Maistre, quand ie me ressouuiens des dernieres paroles que vous me distes, ie ne sçay comme il est possible que ie viue!

Toutes choses estoient prestes pour le mariage, & falloit que le lendemain il se paracheuast, quand le soir il me tira à part, & me dit: Egide mon amy, vis-tu jamais vne semblable fortune à celle-cy, que l'on me vueille faire croire que ie ne suis pas moy-mesme? Seigneur, luy dis-je, il me semble qu'elle

Z z ij

n'est pas mauuaise. Amerine est belle & riche, tous ceux qui se dient vos parens sont les principaux de ceste contrée, que pourriez vous desirer mieux? Ah! Egide, me dit-il, que tu parles bien à ton aise : Si tu sçauois l'estat en quoy ie me trouue, tu en aurois pitié. Mais prends bien garde à ce que ie te vay dire, & sur toute l'obligation que tu m'as, & l'amitié que i'ay tousjours connuë en toy, ne faits faute aussi tost que demain j'auray fait ce à quoy ie me resouls, de porter ceste lettre à la belle Syluie, & luy racontes tout ce que tu auras veu ; & de plus, asseure la que jamais ie n'ay aimé qu'elle, qu'aussi n'en aimeray-je jamais d'autre. A ce mot il me donna ceste lettre, que ie garday fort soigneusement iusques au lendemain, qu'à l'heure mesme qu'il partit pour aller au temple, il m'appella & me commanda de me tenir pres de luy, & me fit encor rejurer de vous venir trouuer en diligence. En mesme temps on le vint prédre pour le mettre sur le chariot nuptial, où des-ja la belle Amerine estoit assise, auec vn de ses oncles qu'elle aimoit & honoroit côme pere: Elle estoit au milieu de Ligdamon & de Caristes, ainsi s'appelloit son oncle, toute voilée d'vn grand voile jaune, & ayant sur la teste aussi bien que Ligdamon le Thyrse, il est vray que celuy de mon maistre estoit fait de Sisymbre, & celuy d'Amerine de la picquante & douce Aspharagone. Deuant le chariot marchoit toute leur famille, & apres suiuoient leurs parens, & proches, alliez, &

amis. En ce triomphe ils arriuerēt au Temple, & furent menez à l'autel d'Hymen, au deuant duquel cinq torches estoient allumées. Au costé droit d'Hymen, on auoit mis Iuppiter & Iunon, au gauche Venus & Diane. Quant à Hymen il estoit couronné de fleurs & d'odorante Marjolaine, tenant de la main droite vn flambeau, & de la gauche vn voile de mesme couleur à celuy qu'Amerine portoit, comme aussi les brodequins qu'il auoit aux pieds. Dés lors qu'ils entrerent dans le Temple, la mere de Lydias & d'Amerine allumerēt leurs torches: & lors le grand Druide s'approchant d'eux, addressa sa parole à mon Maistre, & luy demáda. Lydias voulez-vous bien Amerine pour mere de famille? Il demeura quelque temps sans respondre, en fin il fut contraint de dire qu'ouy. Lors le Druide se tournant vers elle: Et vous Amerine voulez-vous bien Lydias pour pere de famille? & luy respondāt ouy, leur prenant les mains & les mettāt ensemble il dit: Et moy ie vous donne de la part des grands Dieux l'vn à l'autre, & pour arres, mangez ensemble le Condron, & lors prenāt le gasteau d'orge, Lydias le couppa, & l'ayant espars, elle en ramassa les pieces, dont selon la coustume ils mangerēt ensemble. Il ne restoit plus pour paracheuer toutes les ceremonies, que prendre le vin, il se tourna vers moy & me dit. Or sus amy, pour le plus agreable seruice que tu me fis iamais, apporte moy la tasse. Ie le fis helas! par malheur trop diligent. Aussi tost qu'il l'eut en la

Zz iij

main d'vne voix fort haute. O puissans Dieux! qui sçauez, dit-il, qui ie suis, ne vangez point ma mort sur ceste belle Dame, qui en l'erreur de me prendre pour vn plus heureux que ie ne suis me conduit à cette sorte de mort. Et à ce mot il but tout ce qui estoit dans la coupe, qui estoit côtre la coustume, par ce que le mary n'en beuuoit que la moitié & la femme le reste, elle dit en sousriant: Et quoy amy Lydias, il semble, que vous ayez oublié la coustume, vous m'en deuez laisser ma part. Dieu ne le permette, dit-il, sage Amerine, car c'est du poison que j'ay esleu plutost pour finir ma vie, que manquer à ce que ie vous ay promis, & à l'affection aussi que ie doy à la belle Syluie. O Dieux, dit elle, est il possible! & lors croyant que ce fust vrayement son Lydias, mais qu'il eust changé de volonté durant son absence, ne voulant viure sans luy, courut la tasse en la main, où estoit celuy qui auoit le vin mixtionné, car le iour auparauant Ligdamon l'auoit fait faire à vn Apotiquaire, & auāt que l'on sceust ce que mon maistre auoit dit, & quelque deffēse qu'il en sçeut faire, par ce que c'estoit la coustume, on luy en donna la pleine tasse qu'elle beut promptement. Et puis reuenant le trouuer, elle luy dit: Et bien cruel & ingrat, tu as plutost aimé la mort que moy, & moy, ie l'aime mieux aussi que ton refus. Mais si ce Dieu, qui jusques icy a conduit nos affections, ne me venge d'vne ame si parjure en l'autre vie, ie croiray qu'il n'a point d'aureille

pour oüyr les faux fermens, ny point de force
pour les punir. Alors chacun s'approcha pour
oüyr ces reproches, & ce fut en mesme temps
que Ligdamon luy respondit. Discrette Amerine, j'aduoüe que j'aurois offensé, si j'estois celuy que vous pensez que ie sois : mais croyez
moy qui suis sur la fin de mon dernier iour, ie
ne suis point Lydias, ie suis Ligdamon, & en
quelque erreur que l'on puisse estre de moy à
ceste heure, ie m'asseure que le temps descouurira ma iustice. Et cependant j'eslis plutost la
mort que de manquer à l'affection que j'ay
promise à la belle Syluie, à qui ie consacre ma
vie, ne pouuant autrement satisfaire à toutes
deux ; & lors il continua. O belle Syluie, reçoy
ceste volōté que ie t'offre, & permets que cette derniere action soit de toutes les miénes la
mieux receuë, puis qu'elle s'ē va emprainte de
ce beau caractere de ma fidelité. Peu à peu le
poison alloit gaignant les esprits de ces deux
nouueaux espousez, de sorte qu'à peine pou-
uoiēt-ils respirer lors que tournāt les yeux sur
moy, il me dit. Va mon amy, paracheue ce que
tu as à faire, & sur tout racōte bien ce que tu as
veu, & que la mort m'est agreable, qui m'ēpes-
che de noircir la fidelité, que j'ay voüée à la
belle Syluie. Syluie, fut la derniere parole qu'il
dit : car auec ce mot cette belle ame sortit hors
de ce corps, & ie croy quāt à moy que si jamais
Amant fut heureux aux champs Elisées, mon
maistre le sera en attendant qu'il vous puisse
reuoir. Et quoy, dit Syluie, il est donc bien

Zz iiij

vray que Ligdamon est mort? C'est sans doute, respondit-il. O Dieux! s'escria Syluie. A ce mot tout ce qu'elle pût faire, fut de se jetter sur vn lit, car le cœur luy failloit, & apres auoir demeuré quelque temps le visage contre le cheuet, elle pria Leonide qui estoit pres d'elle de prēdre la lettre de Ligdamon, & dire à Egide qu'il s'en allast chez elle, par ce qu'elle s'en vouloit seruir. Ainsi Egide se retira, mais si affligé qu'il estoit tout couuert de larmes. Alors Amour voulut monstrer vne de ses puissances, car ceste Nymphe qui n'auoit jamais aimé Ligdamon en vie, à ceste heure qu'elle oyt raconter sa mort, en monstre vn si grand ressentimēt, que la personne la plus passionnée d'Amour n'en auroit point dauantage. Ce fut sur
,, ce propos, que Galathée parlant à Celadon di-
,, soit qu'à l'aduenir elle croiroit impossible, que vne fēme vne fois en sa vie n'aimaist quelque chose. Car, disoit-elle, ceste jeune Nymphe a vsé de tant de cruautez enuers tous ceux qui l'ont aimée, que les vns en sont morts de desplaisir, les autres de desespoir se sont bannis de sa veuë ; & mesme cestui-cy qu'elle pleure mort, elle l'a reduit autrefois à telle extremité, que sans Leonide c'estoit fait de luy, de sorte que j'eusse iuré qu'Amour eust plutost eu place dans les glaçons les plus froids des Alpes, que dans son cœur, & toutefois vous voyez à ceste heure à quoy elle est reduitte. Madame, respondit le Berger, ne croyez point que ce soit Amour, c'est plutost pitié. A la verité il fau-

droit bien qu'elle fuſt de la plus dure pierre qui fut jamais, ſi le rapport que ce jeune homme a fait, ne l'auoit bien viuement touchée; car ie ne ſçay qui ne le feroit en l'oyant raconter, encor que l'on n'euſt autre connoiſſance de luy que ceſte ſeule action; & quant à moy il faut que ie die la verité, ie tiens Ligdamon plus heureux que s'il eſtoit en vie, puis qu'il aimoit ceſte Nymphe auec tant d'affection, & qu'elle le rudoyoit auec tāt de rigueur cōme j'ay ſçeu: car quel plus grand heur luy pouuoit-il aduenir, que de finir ſes miſeres, & entrer aux felicitez qui l'accompagnent? quel croyez vous que ſoit ſon contentement, de voir que Syluie le plaint, le regrette, & eſtime ſon affection? mais ie dis ceſte Syluie, qui autrefois l'a tant rudoyé: & puis qu'eſt ce que deſire l'Amant, que de pouuoir rendre aſſurée la perſonne aymée de ſa fidelité, & de ſon affection? & pour paruenir à ce point, quels ſupplices, & quelles morts ſçauroit-il reffuſer, à ceſte heure qu'il void d'où il eſt, les larmes de ſa Syluie, qu'il oyt ſes ſouſpirs, quel eſt ſō heur, & quelle ſa gloire? non ſeulemēt de l'auoir aſſurée de ſon Amour, mais d'eſtre luy-meſme tout certain qu'elle l'aime? O, non Madame! croyez moy, Ligdamon n'eſt point à plaindre; mais ſi eſt bien Syluie, car (& vous le verrez auec le temps) tout ce qu'elle ſe repreſentera ſera d'ordinaire les actiōs de Ligdamō, les diſcours de Ligdamon, ſa façon, ſon amitié, ſa valleur, bref cet idole luy ira volant d'ordinaire à l'entour, preſque comme vengeur des cruautez dont elle a tourmenté ce pauure Amant, & les repentirs qui l'iront tallonnant en ces pensées, seront les executeurs de la iustice d'Amour. Ces propos se tenoient si haut, & si pres de Syluie, qu'elle les oyoit tous, & cela la faisoit creuer, car elle les iugeoit veritables. En fin apres les auoir soustenuz quelque temps, & se reconnoissant trop foible pour resister à de si forts ennemis, elle sortit de ceste chambre, & s'alla retirer en la sienne, où alors il n'y eut plus de retenuë à ses larmes : car ayant fermé la porte apres elle, & prié Leonide, qu'elle la laissast seule, elle se rejette sur le lict, où les bras croisez sur l'estomech, & les yeux contre le Ciel, elle alloit repassant par sa memoire toute leur vie passée, quelle affection il luy auoit tousiours fait paroistre, comme il auoit patienté ses rigueurs, auec quelle discretion il l'auoit seruie, combien de temps ceste affection auoit duré, & en fin, disoit elle, toute cela s'en clost à cest'heure dans vn peu de terre : & en ce regret se ressouuenant de ses propres discours, de ses Adieux, de ses impatiences, & de mille petites particularitez, elle fut contrainte de dire. Tay-toy, memoire, laisse reposer le cendres de mon Ligdamon, que si tu me tourmentes, ie sçay qu'il te desaduoüera pour sienne, & si tu ne l'és pas, ie né te veux point. En fin apres auoir demeuré quelque temps muette elle dit. Or bien la pierre en est iettée, s'abrege, ou s'estende, ma vie comme il plaira au

Dieux, & à ma destinée, mais ie ne cesseray d'aimer le souuenir de Ligdamon, de cherir son amitié, & d'honorer ses vertus. Galathée cependant ouurit la lettre qui estoit demeurée entre les mains de Leonide, elle trouua qu'elle estoit telle.

LETTRE DE LIGDAMON A SYLVIE.

SI vous auez esté offensée de l'outrecuidance qui m'a poussé à vous aimer, ma mort qui s'en est ensuiuie vous vengera. Que si elle vous est indifferente, ie m'assure que ce dernier acte de mon affection, me gaignera quelque chose de plus aduantageux en vostre ame : s'il aduient ainsi, ie cheris la ressemblance de Lydias, plus que ma naissance, puis que par elle ie vins au monde pour vous estre ennuyeux, & que par celle-cy i'en sors vous estant agreable.

Ce sont sans mentir, dit Celadon, de grandes vengeances que celles d'Amour, & ie me ressouuiens qu'vn Pasteur des nostres, fit dernierement sur le tombeau d'vn mary jaloux, tels vers.

SONNET,

SVR LE TOMBEAV D'VN MARY IALOVX.

Dessous son pasle effroy ceste tombe relante
Tient enclos l'ennemy du grand Dieu Cupidon,
De sa temerité la mort fut le guerdon,
Mort que selon nos vœux fut encore trop lente.

C'est ce tyran cruel, dont la force insolente,
Rendoit larcin d'Amour ce qui doit estre vn don,
Et desdaignant les feux, & l'Amoureux brandon,
Retenoit la pitié, desesperoit l'attente.

C'est ce jaloux Argus, dont les cent yeux tousjours,
Curieux importuns veilloient sur nos Amours,
Et faisoient nos espoirs mourir auant que naistre.

Mais l'Amour par la mort, à la fin s'est vengé,
Apprenez, ô mortels, comme Amour outragé
Fait, quoy qu'il tarde, en fin sa vengeance paroistre.

Il est tout vray, respondit Galathée qu'Amour ne laisse jamais vne offense contre luy impunie, & de là vient que nous voyons en cecy de plus estranges accidents qu'en tout le reste des actions humaines. Mais si cela est, Celadon, comment ne fremissez vous de peur? comment n'attendez vous de moment à autre les traits vengeurs de ce Dieu ? Et pourquoy, dit le Berger, dois-je craindre, puis que c'est moy qui suis l'offencé ? Ah, Celadon ! dit la Nymphe, si toutes choses estoient iustement balancées, cõbien vous trouueriez-vous plus pesant aux offenses que vous faittes, qu'en celles que vous receuez ? C'est-là, luy dit Celadon, c'est-là le comble du mal-heur, quãd vn affligé est creu bien-heureux, & qu'on le void languir sans en auoir pitié. Mais, respondit la Nymphe, dittes moy Berger, Entre toutes les plus grandes offenses, celle de l'ingratitude ne tient elle pas le premier lieu ? Si fait sans doute, respondit-il. Or puis qu'il est ainsi, continua Galathée, comment vous en pouuez-vous lauer, puis qu'à tant d'amitié que ie vous faits paroistre, ie ne reçois de vous que froideur, & que desdain ? Il a fallu enfin que j'aye dit ce mot; Voyez vous Berger, estant ce que ie suis, & voyant ce que vous estes, ie ne puis penser que ie n'aye offensé en quelque chose Amour, puis qu'il me punit auec tant de rigueur : Celadon fut extrémement marry d'auoir commencé ce discours, car il l'alloit fuyant le plus qu'il luy estoit possible, toutefois puis que c'en estoit fait, il resolut de l'en esclaircir entierement, & ainsi il luy dit. Madame, ie sçay comment respondre à vos paroles, sinon en rougissant, & toutefois Amour qui vous a fait parler, me contraint de vous respondre : Ce que vous nommez en moy ingratitude, mon affection le nomme deuoir, & quand il vous plaira d'en sçauoir la raison, ie la vous diray. Et quelle raison, interrompit Galathée, pouuez vous dire, sinon que vous aimez ailleurs, & que vostre foy vous oblige à cela? Mais la loy de la nature precede toute autre: ceste loy nous commande de rechercher nostre bien:& pouuez vous en desirer vn plus grãd que celuy de mon amitié? quelle autre y a t'il en ceste contrée qui soit ce que ie suis, qui puisse faire pour vous ce que ie puis? Ce sont mocqueries, Celadon, que de s'arrester à ces sottises de fidelité & de constance, paroles que les vieilles, & celles qui deuiennent laides ont inuentées, pour retenir par ces liens, les ames que leurs visages mettoient en liberté : on dit que toutes vertus sõt enchainées, la cõstance ne peut dõc estre sans la prudence, mais seroit-ce prudence, de desdaigner le bien certain, pour fuir le tiltre d'inconstant? Madame, respondit Celadon, la prudence ne nous apprendra jamais de faire nostre profit par vn moyen honteux, ny la nature par ses loix ne nous commandera jamais de bastir auant que d'auoir asseuré le fondement: mais y a t'il quelque chose plus honteuse que de n'obseruer pas ce qui est promis? y a t'il rien de plus leger, qu'vn esprit qui va comme l'abeille, volant d'vne fleur à l'autre, attirée d'vne nouuelle douceur? Madame, si la fidelité se pert, quel fondement puis-je faire en vostre amitié? puis que si vous suiuez la loy que vous dittes, combien demeureray-je en ce bon-heur? autant que vous demeurerez en lieu où il n'y aura point d'autre homme que moy.

La Nymphe & le Berger discouroient ainsi, cependant que Leonide se retira en sa chambre pour faire la dépesche de Lindamor, qui fut enfin de s'en reuenir en toute diligence, sans que nul sujet le pust arrester, autrement qu'il desesperast de toute chose : & le lendemain que Fleurial reuint, apres luy auoir donné sa lettre, elle luy dit. Voy-tu, Fleurial, c'est à ce coup qu'il faut que ie fasse paroistre par ta diligence l'amitié que tu portes à Lindamor, car le retardement ne peut luy rapporter rien de moins que la mort. Va donc, ou plustost vole, & luy dy qu'il reuienne encore plus promptement, & qu'à son retour il aille droit chez Adamas, par ce que ie le luy ay entierement acquis, & qu'estant icy, il sçaura la plus remarquable trahison d'Amour, qui ait jamais esté inuentée, mais qu'il vienne sans qu'on le sçache, s'il est possible. Ainsi partit Fleurial si desireux de seruir Lindamor, qu'il ne voulut pas mesme retourner en la maison de sa tante, pour ne perdre ce peu de temps, & pour n'auoir occasion d'y enuoyer celuy que Lindamor auoit dépesché, voulant luy mesme luy faire ce bon seruice. Ainsi s'écoulerent trois ou quatre iours, durant lesquels Celadon se remit de sorte, qu'il ne ressentoit presque plus de mal, & des-ja commençoit de trouuer long le retour du Druide, pour l'esperance qu'il auoit de sortir de ce lieu. Et pour abreger les iours trop longs, il s'alloit quelquefois promener dans le jardin, & d'autres dans le grãd bois de haute-fustaye, mais non jamais sans y estre accompagné de l'vne des Nymphes, & bien souuent de toutes trois. L'humeur de Syluie estoit celle qui luy plaisoit le plus, comme simpathisant dauantage auec la sienne: c'est pourquoy il la recherchoit le plus qu'il pouuoit.

Il aduint qu'vn iour estans tous quatre au promenoir, ils passerent deuãt la grotte de Damon, & de fortune; & par ce que l'entrée sembloit belle & faite auec vn grand art, le Berger demanda ce que c'estoit: à quoy Galathée respondit: Voulez vous, Berger, voir vne des plus grandes preuues qu'Amour ayt fait de sa puissance il y a long temps? Et quelle est-elle? respondit le Berger: C'est, dit la Nymphe, les Amours de Mandrague, & de Damon : car pour la Bergere Fortune, c'est chose ordinaire. Et qui est, repliqua le Berger, ceste Mandrague? Si l'on connoist à l'œuure quel est l'ouurier, dit Galathée, à voir ce que ie dis, vous jugerez bien qu'elle est vne des plus grãdes magiciennes de la Gaule: car c'est elle qui a fait par ses enchantements ceste grotte, & plusieurs autres raretez qui sont autour d'icy: & lors entrant dedãs, le Berger demeura rauy en la consideratiõ de l'ouurage: l'entrée estoit fort haute, & spacieuse: aux deux costez, au lieu de pilliers estoient deux Termes, qui sur leur teste soustenoient les bouts de la voute du portail.

L'vn

L'vn figuroit Pan, & l'autre Syringue, qui estoient fort industrieusement reuestus de petites pierres de diuerses couleurs, les cheueux, les sourcils, les moustaches, la barbe, & les deux cornes de Pan, estoient de coquille de mer, si proprement mises, que le ciment n'y paroissoit point. Syringue qui estoit de l'autre costé, auoit les cheueux de roseaux, & en quelques lieux depuis le nombril, on les voyoit comme croistre peu à peu, le tour de la porte estoit par le dehors à la rustique, & pendoient des festons de coquille ratachez en quatre endroits, finissant auprés de la teste des deux Termes. Le dedans de la voute estoit en pointe de rocher, qui sembloit en plusieurs lieux degoutter le salpaistre, & sur le milieu s'entr'ouuroit en ouale, par où toute la clarté entroit dedans. Ce lieu tant par dehors, que par dedans estoit enrichy d'vn grand nombre de statuës, qui enfoncées dans leurs niches faisoient diuerses fontaines, & toutes representoient quelque effet de la puissance d'Amour. Au milieu de la grotte on voyoit le tombeau esleué de la hauteur de dix ou douze pieds, qui par le haut se fermoit en couronne : & tout à l'entour estoit garny de tableaux, dont les paintures estoient si bien faittes, que la veuë en deceuoit le jugement : la separation de chaque tableau se faisoit par des demy pilliers de marbre noir rayez, les encoigneures du tombeau, les bazes, & les chapiteaux des demy colomnes, & la cornice qui tout à l'en-

Aaa

tour en façon de ceinture, r'atachoit ces tableaux, & de diuerses pieces n'en faisoit qu'vne bien composée, estoit du mesme marbre. La curiosité de Celadon fut bien assez grãde, apres auoir consideré le tout ensemble, pour desirer d'en sçauoir les particularitez, & à fin de donner occasion à la Nymphe de luy en dire quelque chose, il loüoit l'inuention, & l'artiffice de l'ouurier. Ce sont, adiousta la Nymphe les esprits de Mandrague, qui depuis quelque temps ont laissé cecy pour tesmoignage, que l'Amour ne pardonne non plus au poil chenu qu'aux cheueux blonds ; & pour raconter à iamais à ceux qui viendront icy, les infortunées & fidelles Amours de Damon, d'elle, & de la Bergere Fortune. Et quoy? repliqua Celadon, est-ce icy la fontaine de la verité d'Amour? Non, respondit la Nymphe; mais elle n'est pas loing d'icy, & ie voudrois auoir assez d'esprit pour vous faire entendre ces tableaux, car l'histoire est bien digne d'estre sceuë. Ainsi qu'elle s'en approchoit, pour les luy expliquer, elle vid entrer Adamas, qui estant de retour, & ne trouuant point les Nymphes dans le logis, jugea qu'elles estoient au promenoir, où apres auoir caché les habits qu'il portoit, il les vint trouuer si à propos, qu'il sembloit que la fortune le conduisit là, pour luy faire desduire les Amours de ceste Fortune. Aussi Galathée ne l'apperceut plustost, qu'elle s'escria. O mon pere, vous voicy venu tout à temps pour me sortir de la peine où j'estois?

& lors s'adressant à Celadon. Voicy, Berger, qui satisfera au desir que vous auez de sçauoir ceste histoire: & apres luy auoir demandé comme il se portoit, & que les salutations furent faites d'vn costé & d'autre, Adamas pour obeïr au commandement de la Nymphe, & contenter la curiosité du Berger, s'approchant auec eux du tombeau, commença de ceste sorte.

HISTOIRE DE DAMON & de Fortune.

Out ainsi que l'ouurier se joüe de son œuure, & en fait comme il luy plaist: de mesme les grands Dieux, de la main desquels nous sommes formez, prennent plaisir à nous faire joüer sur le theatre du monde, le personnage qu'ils nous ont esleu. Mais entre tous, il n'y en a point qui ait des imaginatiõs si bigearres qu'Amour, car il rajeunit les vieux, & enuieillit les jeunes, en aussi peu de temps que dure l'esclair d'vn bel œil, & ceste histoire qui est plus veritable que ie ne voudrois, en rend vne preuue, que mal-aisément peut-on contredire; comme par la suitte de mon discours vous aduoüerez.

TABLEAV PREMIER.

Oyez vous en premier lieu, ce Berger assis en terre, le dos appuyé contre ce chesne, les jambes croisees, qui joüe de la cornemuse: C'est le beau Berger Damon, qui eut ce nom de beau, pour la perfection de son visage. Ce jeune Berger paissoit ses brebis le long de vostre doux Lignon, estant nay d'vne des meilleures familles de Mont-verdun, & non point trop éloigné parent de la vieille Cleontine, & de la mere de Leonide, & par consequent en quelque sorte mon allié, prenez garde comme ce visage, outre qu'il est beau, represente bien naïfuement vne personne qui n'a soucy que de se contenter: car vous y voyez ie ne sçay quoy d'ouuert, & de serain, sans trouble ny nuage de fâcheuses imaginations: & au contraire, tournez les yeux sur ces Bergeres qui sont autour de luy, vous jugerez bien à la façon de leur visage, qu'elles ne sont pas sans peine, car autant que Damon à l'esprit libre, & reposé, autant ont ces Bergeres les cœurs passionez pour luy, encor, comme vous voyez qu'il ne daigne tourner les yeux sur elles, & c'est pourquoy on a paint tout aupres, à costé droit, en l'air, ce petit enfant nud, auec l'arc & le flambeau en la main, les yeux bandez, le dos aylé, l'espaule chargée d'vn carquois, qui le menace de l'autre main. C'est Amour, qui offensé du méprique ce Berger fait de ces Bergeres, jure qu'il se vengera de luy. Mais pour l'embellissement du tableau, prenez garde côme l'art de la painture y est bien obserué ; soit aux racourcissemens, soit aux ombrages, ou aux proportions. Voyez comme il semble que le bras du Berger s'enfonce vn peu dans l'enfleure de cet instrument, & comme la cane par où il souffle, semble en haut auoir vn peu perdu de sa tainture, c'est parce que la bouche moitte, la luy a ostée. Regardez à main gauche comme ses brebis paissent, voyez-en les vnes couchées à l'ombre, les autres qui se leichent la jambe, les autres comme estonnées qui regardent ces deux Belliers, qui se viennent heurter de toute leur force. Prenez garde au tour que cestuy cy fait du col, car il baisse la teste en sorte, que l'autre l'attaquant rencontre seulement ses cornes, mais le racourcissement du dos de l'autre est bien aussi artificiel, car la nature qui luy appréd que la vertu vnie a plus de force, le fait tellement resserrer en vn monceau, qu'il semble presque rond. Le deuoir mesme des chiens n'y est pas oublié, qui pour s'opposer aux courses des loups, se tiennent sur les ayles du costé du bois. Et semble qu'ils se soient mis comme trois sentinelles, sur des lieux relevez, à fin de voir de plus loin, ou comme ie pense, à fin de se voir l'vn l'autre, & se secourir en la necessité. Mais considerez la soigneuse industrie du paintre; Au lieu que les chiens qui dorment sans soucy, ont accoustumé de se mettre en rond, & bien souuent se cachent la teste soubs les pattes, presque pour se desrober la clarté, ceux qui sont paints icy sont couchez d'vne autre sorte, pour monstrer qu'ils ne dorment pas, mais reposent seulement: car ils sont couchez sur leurs quatre pieds, & ont le nez tout le long des jambes de deuant, tenans tousiours les yeux ouuerts aussi curieusement qu'vn homme sçauroit faire. Mais voyons l'autre tableau.

TABLEAV DEVXIESME.

Oicy le second Tableau qui est bien contraire au precedent, car si celuy-là est plein de mespris, cestuy-cy l'est d'Amour, s'il ne monstre qu'orgueil, cestuy-cy ne fait paistre que douceur, & sousmission, & en voyez-vous icy la cause. Regardez ceste Bergere assise contre ce buisson, comme elle est belle, & propremeut vestuë: ses cheueux releuez par deuant, s'en vont folastrant en liberté sur ses espaules, & semble que le vent à l'enuy de la nature par son souffle les aille recrespant en onde, mais c'est que jaloux des petits Amours qui s'y trouuent cachez, & qui vont y tendant leurs las, il les en veut chasser; & de fait voyez en quelques vns emportez par force, d'autres qui se tiennent aux nœuds qu'ils y ont faits, & d'autres qui essayent d'y retourner: mais ils ne peuuent, tant leur ayle encor foiblette eſt contrariée de l'importunité de Zephir. C'eſt la belle Bergere Fortune, de qui l'Amour ſe veut ſeruir pour faire la vengeance promiſe contre Damon, qui eſt ce Berger que vous voyez debout prez d'elle appuyé ſur ſa houlette. Conſiderez ces petits Amours qui ſont tous embeſoignez autour d'eux, & comme chacun eſt attentif à ce qu'il fait. En voicy vn qui prend la meſure des ſourcils de la Bergere, & la donne à l'autre, qui auec vn couſteau eſçarre ſon arc, afin de le compaſſer ſemblable à leur tour. Et voicy vn autre qui ayant dérobé quelques cheueux de ceſte Belle, de ſi beau larrecin veut faire la corde de l'arc de ſon compagnon. Voyez comme il ſ'eſt aſſis en terre, comme il a lié le cōmencement de ſa corde au gros arteil, qui ſe renuerſe vn peu pour eſtre trop tiré; prenez garde que pour mieux cordonner, vn autre luy porte ſa pleine main de larmes de quelque Amant, pour luy moüiller les doigts: conſiderez cōme il tient les reins ie ne ſçay cōment pliez, que deſſous le bras droit vous luy voyez paroiſtre la moitié du deuāt, encor qu'il monſtre tout à plain le derriere de l'eſpaule droite. En voicy vn autre qui ayant mis la corde à vn des bouts de l'arc, afin de la mettre en l'autre, baiſſe ce coſté en terre, & du genoüil gauche plie l'arc en dedās, de l'eſtomac il s'appuie deſſus, & de la main gauche, & de la droite il taſche de faire gliſſer la corde iuſques en bas, Cupidon eſt vn peu plus haut, de qui la main

Aaa iiij

gauche tient son arc, ayant la droitte encor derriere l'oreille, comme s'il venoit de lascher son trait, car voyez luy le coude leué, le bras retiré, les trois premiers doigts entr'ouuerts, & presque estendus, & les autres deux retirez dans la main, & certes son coup ne fut point en vain, car le pauure Berger en fut tellement blessé que la mort seule le pût guerir. Mais regardez vn peu de l'autre costé, & voyez cet Anteros, qui auec des chaisnes de roses, & de fleurs, lye les bras, & le col de la belle Bergere Fortune, & puis les remet aux mains du Berger, c'est pour nous faire entendre, que les merites, l'Amour, & les seruices de ce beau Berger, qui sont figurez par ces fleurs, obligerent Fortune à vne Amour reciproque enuers luy. Que si vous trouuez estrange que Anteros soit icy representé plus grand que Cupidon, sçachez que c'est pour vous faire entendre que l'Amour qui naist de l'Amour, est tousiours plus grande que celle dont elle procede. Mais passons au troisiesme.

TROISIESME
Tableau.

Ors Adamas continua. Voicy vostre belle riuiere de Lignon, voyez comme elle prend vne double source, l'vne venant des montagnes de Ceruieres, & l'autre de celles de Chalmaſel, qui viennent ſe joindre vn peu par deſſus la marchande ville de Boing. Que tout ce païſage eſt bien fait, & les bords tortueux de ceſte riuiere, auec ces petits aulnes qui la bornent ordinairement! Ne connoiſſez vous point icy le bois qui confine ce grand pré, où le plus ſouuent les Bergers pareſſeux paiſſent leurs trouppeaux? Il me ſemble que ceſte groſſe touffe d'arbres à main gauche, ce petit bié qui ſerpente ſur le côté droit, & cette demie lune que fait la riuiere en cét endroit, vous le doit bien remettre deuant les yeux: que ſ'il n'eſt à ceſte heure du tout ſemblable, ce n'eſt que le Tableau ſoit faux: mais c'eſt que quelques arbres depuis ce temps-là ſont morts, & d'autres creus, que la riuiere en des lieux s'eſt aduancée, & reculée en d'autres, & toutefois il n'y a guiere de changement. Or regardez vn peu plus bas le long de Lignon, voicy vne trouppe de brebis qui eſt à l'ombre, voyez comme les vnes ruminent laſchement, & les autres tiennent le nez en terre pour en tirer la fraiſcheur: c'eſt le trouppeau de Damon, que vous verrez ſi vous tournez la veuë en ça dans l'eau juſques à la ceinture. Cōſiderez comme ces jeunes arbres courbez le couurent des rayons du Soleil, & ſemblēt preſque eſtre joyeux qu'autre qu'eux le voye: Et toutefois la curioſité du Soleil eſt ſi grāde, qu'encores entre les diuerſes fueilles il trouue paſſage à quelques-vns de ſes rayons.

Prenez garde côme ceste ombre & ceste clairté y sont bien representées. Mais certes il faut aussi aduoüer que ce Berger ne peut estre surpassé en beauté. Considerez les traits delicats & proportionnez de son visage, sa taille droite & lôgue; ce flanc arrondy, cét estomac releué, & voyez s'il y a rien qui ne soit en perfection, & encor qu'il soit vn peu courbé pour mieux se seruir de l'eau, & que de la main droitte il frotte le bras gauche : si est-ce qu'il ne fait action qui empesche de reconnoistre sa parfaite beauté. Or jettez l'œil de l'autre côté du riuage si vous ne craignez d'y voir le laid en sa perfection, comme en la sienne vous auez veu le beau, car entre ces ronces effroyables, vous verrez la magicienne Mandrague contemplant le Berger en son bain. La voicy vestuë presque en despit de ceux qui la regardent, escheuelée, vn bras nud, & la robbe d'vn costé retroussée plus haut que le genoüil. Ie croy qu'elle vient de faire quelque sortilege; mais jugez icy l'effet d'vne beauté. Ceste vieille que vous voyez si ridée, qu'il semble que chaque moment de sa vie ait mis vn sillon en son visage, maigre, petite, toute chenuë, les cheueux à moitié tondus, toute accrouppie, & selon son âge plus propre pour le cercueil que pour la vie, n'a honte de s'esprendre de ce jeune Berger : Si l'Amour vient de la simpathie, comme on dit, ie ne sçay pas bien où l'on la pourra trouuer entre Damon & elle. Voyez quelle mine elle fait en son extaze. Elle estend la teste, allonge le col, serre les espaules, tient les bras joints le long des costez, & les mains assemblées en son gyrõ; & le meilleur est, que pensant sousrire, elle fait la mouë. Si est-ce que telle qu'elle est, elle ne laisse de rechercher l'amour du beau Berger. Or haussez vn peu les yeux, & voyez dans ceste nuë Venus & Cupidon, qui regardant ceste nouuelle Amante, semblent esclater de rire: C'est que sans doute ce petit Dieu, pour quelque gageure peut estre qu'il auoit faite auec sa mere, n'a pas plaint vn traict, qui toutefois deuoit estre tout vsé de vieillesse, pour faire vn si beau coup. Que si ce n'est par gageure c'est, pour faire voir en ceste vieille, que le bois sec brusle mieux, & plus aisément que le verd, ou bien que pour monstrer sa puissance sur ceste vieille hostesse des tombeaux, il luy plaist de faire preuue de l'ardeur de son flambeau, auec lequel il semble qu'il luy redonne vne nouuelle ame; & pour dire en vn mot, qu'il la fasse ressusciter, & sortir du cercueil.

TABLEAV QVATRIESME.

Ais passons à cét autre, voicy vne nuict fort bien representée, voyez comme sous l'obscur de ses ombres, ces montagnes paroissent en sorte qu'elles se montrent vn peu, & si en effet on ne sçauroit biẽ iuger que c'est. Prenez garde comme ces estoilles semblent tremousser, voyez comme ces autres sont si bien disposées, que l'on les peut reconnoistre. Voilà la grande Ourse, voyez cõme le iudicieux ouurier, encor qu'elle ait vingt sept estoiles, toutefois n'en represente clairement que douze, & de ces douze encores n'y en fait-il que sept bien esclatantes. Voyez la petite Ourse, & considerez que d'autant que jamais ses sept estoilles ne se cachent, encores qu'il y en ait vne de la troisiesme grandeur, & quatre de la quatriesme, toutefois il nous les fait voir toutes, obseruant leur proportion. Voyla le Dragon, auquel il a bien mis les trente & vne estoiles, mais si n'en mõstre-t'il bien que treize, dont les cinq comme vous voyez, sont de la quatriesme grandeur, & les huit de la troisiesme. Voicy la cauronne d'Ariadne, qui a bien ses huit estoilles, mais il n'y en a que six qui soient bien voyantes, & encore en voicy vne qui est la plus reluysante de toutes. Voyez vous de ce costé la voye de laict, par où les Romains tiennent que les Dieux descendent en terre, & remontent au Ciel. Mais que ces nuages sont bien representez, qui en quelques lieux couurent le Ciel auec espaisseur, en d'autres seulement cõme vne legere fumée, & ailleurs point du tout, & selon qu'ils sont plus ou moins esleuez, ils sont plus ou moins clairs. Or considerons l'histoire de ce Tableau, voicy Mandrague au milieu d'vn cerne, vne baguette en la main droitte, vn liure tout crasseux en l'autre, auec vne chandelle de cire vierge, des lunettes fort troubles au nez, voyez comme il semble qu'elle marmotte, & comme elle tient les yeux tournez d'vne estrâge façon, la bouche demy ouuerte, & faisant vne mine si estrâge des sourcils, & du reste du visage, qu'elle monstre bien de trauailler d'affection. Mais prenez garde comme elle a le pied, le côté, le bras, & l'espaule gauche nuds, c'est pour estre le costé du cœur : ces fantosmes que vous luy voyez autour, sont demons qu'elle a contraint venir à elle par la force de ses charmes, pour sçauoir comme elle pourra estre aimée de Damon : ils luy declarent l'affection qu'il porte à Fortune, qu'il n'y a point de meilleur moyen que de luy persuader que ceste Bergere aime ailleurs, & que pour le faire plus aisément, il faut qu'elle change pour ce coup la vertu de la fontaine de la verité d'Amour. Auant que passer plus outre, considerez vn peu l'artifice de ceste peinture, voyons les effets de la chandelle de Mandrague, entre les obscuritez de la nuit. Elle a tout le costé gauche du visage fort clair, & le reste tellemét obscur qu'il semble d'vn visage different, la bouche entre-ouuerte paroist par le dedans claire, autant que l'ouuerture peut permettre à la clairté d'y entrer, & le bras qui tient la chandelle, vous le voyez aupres de la main fort obscur, à cause que le liure qu'elle tient y fait ombre, & le reste est si clair par le dessus, qu'il fait plus paroistre la noirceur du dessous. Et de mesme auec combien de consideration ont esté ob-

seruez les effets que ceste chandelle fait en ces demons ; car les vns & les autres selon qu'ils sont tournez sont esclairez ou obscurcis. Or voicy vn autre grand artifice de la painture, qui est cét esloignement, car la perspectiue y est si bien obseruée, que vous diriez que cét autre accident, qu'il veut representer de deça, est hors de ce Tableau & bié esloigné d'icy, & c'est Mandrague encores qui est à la fonteine de la verité d'Amour. Mais pour vous faire mieux entendre le tout, sçachez que quelque temps auparauant vne belle Bergere, fille d'vn Magicien tres-sçauant, s'éprit si secrettement d'vn Berger, que son pere ne s'en apperceut
» point : Soit que les charmes de la magie ne
» puissent rien sur les charmes d'Amour, ou soit
» qu'attentif à ses estudes, il ne jettast point l'œil
» sur elle. Tant y a qu'apres vne tres-ardente
» amitié : d'autant qu'en Amour il n'y a rien de
» plus insupportable que le desdain, & que ce
» Berger la méprisoit pour s'estre dés lōg temps voüé ailleurs, elle fut reduitte à tel terme, que peu à peu sō feu croissāt, & ses forces diminuāt, elle vint à mourir, sans que le sçauoir de son pere la pûst secourir. Dequoy le Magicien estant fort marry, quand il en sceut l'occasion, à fin d'en marquer la memoire à jamais, chan- gea son tombeau en fonteine, qu'il nomma verité d'Amour, par ce que qui aime, s'il y re- garde, y void sa Dame, & s'il en est aimé, il s'y void aupres, ou bien celuy qu'elle aime; que si elle n'aime rien, elle paroist toute seule;

& c'est ceste vertu que Mandrague veut changer, afin que Damon y venant voir, & trouuant que sa Maistresse en aime vn autre, il perde aussi l'affection qu'il luy porte, & qu'elle ait ainsi la place libre; & voyez comme elle l'enchante, quels caracteres elle fait tout autour, quels triágles, quels carrez enlacez auec ses ronds, croyez qu'elle n'y oublie rien qui y soit necessaire: car cét affaire luy touche de trop pres. Auparauant elle auoit par ses sortileges, assemblé tous ses demons pour trouuer remede à son mal, mais d'autant qu'Amour est plus fort que tous ceux-cy, ils n'oserent entreprendre contre luy, mais seulement luy conseillerent de faire ceste trahison à ces deux fideles Amants. Et d'autant que la vertu de la fonteine luy venoit par les enchantemés d'vn Magicien, Mandrague qui a surmonté en cette science tous ses deuanciers, la luy pût bien oster pour quelque temps. Mais passons au Tableau qui suit.

TABLEAV CINQVIESME.

LE cinquiesme Tableau, continua Adamas, a deux actions. La premiere quand Damon vint à ceste fonteine, pour sortir de la peine où l'auoit mis vn songe fâcheux. L'autre, quand trompé par l'artifice de Mandrague, ayant veu dans la fonteine que la Bergere Fortune aimoit vn autre, de desespoir il se tua. Or voyons comme elles sont bien representées. Voicy Damon auec son espieu, car il est au mesme équipage qu'il souloit estre allant à la chasse. Voicy son chien qui le suit, prenez garde auec quel soing ce fidele animal considere son maistre, car cependant qu'il regarde dans la fonteine, il semble, tant il a les yeux tendus sur luy, d'estre desireux de sçauoir qui le rend si esbahy, que si vous considerez l'estonnement qui est peint en son visage, vous iugerez bien qu'il en doit auoir vne grande occasion. Mandrague luy auoit fait voir en songe Maradon jeune Berger, qui prenant vne fleche à Cupidon, en ouuroit le sein à Fortune, & luy rauissoit le cœur : luy qui suiuant l'ordinaire des Amants, estoit tousiours en doute s'en vint aussi tost qu'il fut iour courant à ceste fonteine, pour sçauoir si sa Maistresse l'aimoit. Ie vous supplie considerez son esbahissemét, car si vous comparez les visages des autres Tableaux à cestuy-cy, vous y verrez bien les mesmes traits, quoy que le trouble en quoy il est peint le change de beaucoup. De ces deux figures que vous voyez dans la fonteine, l'vne, cóme vous pouuez connoistre, est celle de la Bergere Fortune, & l'autre du Berger Maradon, que la magicienne auoit fait representer plutost qu'vn autre, pour sçauoir que cestuy-cy auoit esté dés long temps seruiteur de ceste Bergere, & quoy qu'elle n'eust iamais daigné le regarder, toutefois Amour qui croit facilemét ce qu'il craint, persuada incontinent

tinent le contraire à Damon; creance qui le fit refoudre à la mort. Remarquez, ie vous fupplie que cefte eau femble trembler, c'eft que la painture a voulu reprefenter l'effet des larmes du Berger qui tomboient dedans. Mais paffons à la feconde action, voyez comme la continuation de cefte cauerne eft bien faite, & comme il femble que vrayement cela foit plus enfoncé. Ce mort que vous y voyez au fond, c'eft le pauure Damon, qui defefperé, fe met l'efpieu au trauers du corps. L'action qu'il fait eft bien naturelle, vous luy voyez vne jambe toute eftenduë, l'autre retirée comme de douleur, vn bras engagé fous le corps, y ayant efté furpris par la promptitude de la cheute, & n'ayant eu la force de le rauoir: l'autre languiffant le long du corps, quoy qu'il ferre encor mollement l'efpieu de la main, la tefte penchée fur l'efpaule droite, les yeux à demy fermez, & demy tournez, & en tel eftat, qu'à les voir on iuge bien que c'eft vn homme aux trances de la mort, la bouche entre-ouuerte, les dents en quelques endroits vn peu defcouuertes, & l'entre-deux du nez fort retiré, tous fignes d'vne prompte mort. Auffi ne le figure-t'il pas icy pour mort entierement, mais pour eftre entre la mort & la vie, fi entre-elles il y a quelque feparation; voicy l'efpieu bien reprefenté, voyez comme cefte efpaiffeur de fon fer eft à moitié cachée dans la playe, & la houppe d'vn cofté toute fanglante, & de l'autre blanche encores comme eftoit fa premiere

B b b

couleur. Mais quelle a esté la diligēce du peintre! il n'a pas mesme oublié les cloux qui vont cōme serpentant à l'entour de la hante, car les plus pres de la lame, aussi bien que le bois, sont tachez de sang, il est vray que par dessous le sang on ne laisse pas de reconnoistre la doreure. Or considerons le rejallissement du sang, en sortant de la playe : Il semble à la fontaine, qui conduite par longs canaux, de quelque lieu fort releué, lors qu'elle a esté quelque tēps contrainte & retenuë en bas, aussi tost qu'on luy donne ouuerture, saute de furie çà & là: car voyez ces rayons de sang, comme ils sont bien representez, considerez ces boüillons, qui mesme semblent se sousleuer à eslents, ie croy que la Nature ne sçauroit rien representer de plus naïf. Mais voyōs cét autre Tableau.

TABLEAV SIXIESME.

OR voicy le sixiesme & dernier Tableau, qui contient quatre actions de la Bergere Fortune. La premiere, c'est vn songe que Mandrague luy fait faire, l'autre comme elle va à la fontaine pour s'en esclaircir, la troisiesme, comme elle se plaint de l'inconstance de son Berger, & la derniere comme elle meurt, qui est la conclusion de ceste tragedie. Or voyons toutes choses particulierement. Voicy le leuer du Soleil, prenez garde à la longueur de ses ombres, & comme d'vn costé le Ciel est encor vn peu moins clair. Voyez ces nuës qui sont à moité air, comme il semble que peu à peu elles s'aillent esleuant, ces petits oyseaux qui semblēt en montant chanter, & trémousser de l'ayle, sont des alloüettes qui se vont seichant de la rosée au nouueau Soleil: ces oyseaux mal formiez, qui d'vn vol incertain se vont cachant, sont des chat-huants, qui fuient le Soleil, dont la montaigne couure encores vne partie, & l'autre reluit si claire qu'on ne sçauroit iuger que ce fust autre chose qu'vne grande & confuse clairté. Passons plus outre: Voicy la Bergere Fortune qui dort, elle est dans le lict, où le Soleil qui entre par la fenestre ouuerte par mesgarde, luy donne sur le sein à demy descouuert. Elle a vn bras negligemment estendu sur le bois du lict, la teste vn peu panchée le long du cheuet, l'autre main estenduë le long de la cuisse par le dehors du lict, & par ce que la chemise s'est par hazard retroussée, vous la voyez par dessus le coude sans qu'elle cache nulle des beautez du bras; voicy autour d'elle les demons de Morphée, dont Mandrague s'est sernie, pour luy donner volonté d'aller à la fonteine des veritez d'Amour. De fait la voicy à ce costé qui y regarde, car ayant songé que son Berger estoit mort, & prenant sa mort pour la perte de son amitié, elle en venoit sçauoir la verité: voyez comme ce visage triste par sa douceur esmeut à pitié & fait participer à son desplaisir, par ce

Bbb ij

qu'elle n'eut si tost jetté la veuë dás l'eau qu'elle apperceut Damon: mais helas! pres de luy la Bergere Melide, Bergere belle à la verité, & qui n'auoit point esté sans soupçon d'aimer Damon, toutefois sans estre aimée de luy. Trópée de ceste menterie, voyez comme elle s'est retirée au profond de ceste cauerne: & vient sans y penser pour plaindre son desplaisir au mesme lieu où Damó pour mesme sujet estoit presque mort. La voicy assise contre ce rocher, les bras croisez sur l'estomac, que la colere & l'ennuy luy ont fait descouurir, en rompant ce qui estoit dessus. Il semble qu'elle souspire, & que l'estomac panthele, le visage & les yeux tournez en haut demandent vengeance au Ciel, de la perfidie qu'elle croit estre en Damon: Et par ce que le transport de son mal luy fit releuer la voix en se plaignant, Damon que vous voyez pres de là encor qu'il fust sur la fin de sa vie, entre-oyant les regrets de sa Bergere, & en reconnoissant la voix, s'efforça de l'appeller, elle qui ouyt ceste parole mourante, tournant en sursaut la teste s'en va vers luy. Mais, ô Dieux quelle luy fut ceste veuë! Elle oublie le voyant en cét estat l'occasion qu'elle auoit de se plaindre de luy, & luy demande qui l'auoit si mal traitté. C'est, luy dit-il, le changement de ma Fortune: c'est l'inconstance de vostre ame, qui m'a deceu auec tant de demonstration de bonne volonté: Bref c'est le bon-heur de Maradon, que la fontaine d'où vous venez m'a monstré aupres de vous. Et vous semble-t'il raisonnable que celuy viue ayant perdu vostre amitié, qui ne viuoit que pour estre aimé de vous ? Fortune oyant ces paroles. Ah! Damon, dit-elle, combien à nostre dommage est menteuse ceste source! puis qu'elle m'a fait voir Melide aupres de vous, que ie vois toutefois mourir pour me bien aimer ? Ainsi ces fideles Amants reconnurent l'infidelité de ceste fontaine, & plus asseurez qu'ils n'auoient jamais esté de leur affection, ils moururent embrassez ; Damon de sa playe, & la Bergere du desplaisir de sa mort. Voyez les, de ce costé, voila la Bergere assise contre ce rocher couuert de mousse, & voicy Damon qui tient la teste en son gyron, & qui pour luy dire le dernier à-Dieu luy tend les bras, & luy en lie le col, & semble de s'efforcer, & s'esleuer vn peu pour la baiser : cependant qu'elle toute couuerte de son sang, baisse la teste, & se courbe pour s'approcher de son visage, & luy passe les mains sous le corps pour le sousleuer vn peu. Ceste vieille escheuelée qui leur est aupres : c'est Mandrague la Magicienne, qui les trouuant morts, maudit son art, deteste ses demons, s'arrache les cheueux, & se meurtrit la poitrine de coups. Ce geste d'esleuer les bras en haut par dessus la teste, y tenant les mains jointes, & au contraire de baisser le col, & se cacher presque le menton dans le sein, pliant & s'amoncelant le corps dans son gyron, sont signes de son violent desplaisir, & du regret qu'elle a de la perte de deux si fideles

& parfaicts Amants, outre celle de tout son contentement. Le visage de ceste vieille, est caché, mais considerez l'effect que font ses cheueux, ils retombent en bas, & au droit de la nucque, d'autant qu'ils y sont plus courts, ils semblent se releuer en haut. Voila vn peu plus esloigné Cupidon, qui pleure, voicy son arc & ses flesches rompuës, son flambleau esteint, & son bádeau tout moüillé de larmes, pour la perte de deux si fideles Amants.

Celadon auoit esté tousiours fort attentif au discours du sage Adamas, & bien souuent se reprenoit de peu de courage, de n'auoir sceu retrouuer vn semblable remede à celuy de Damon, & par ce que ceste consideration le retint quelque temps muet, Galathée en sortant de la grotte, & prenant Celadon par la main. Que vous semble, luy dit-elle, de cét Amour & de ses effets? Que ce sont, respondit le Berger, des effets d'imprudence, & non pas
„ d'Amour: & que c'est vn erreur populaire
„ pour couurir nostre ignorance, ou pour ex-
„ cuser nostre faute, d'attribuer tousiours à
„ quelque diuinité les effets, dont les causes
„ nous sont cachées. Et quoy, dit la Nymphe, croyez-vous qu'il n'y ait point d'Amour? S'il y en a, repliqua le Berger, il ne doit estre que douceur: mais quel qu'il soit vous en parlez, Madame, à vne personne autant ignorante qu'autre qui viue: Car outre que ma condition ne me permet pas d'en sçauoir beaucoup, mon esprit grossier m'en rend encor plus in-

capable. Alors la triste Syluie luy repliqua: Toutefois, Celadon, il y a quelque temps que ie vous vy en lieu où malaisément eust on pû croire cela de vous, car il y auoit trop de beautez pour ne vous pouuoir prendre, & vous estes trop honneste homme pour ne vous laisser prendre à elles. Belle Nymphe, respondit le Berger, en quelque lieu que ce fust, puis que vous y estiez, c'est sans doute qu'il y auoit beaucoup de beauté, mais comme trop de feu brusle plutost qu'il n'eschauffe, vos beautez aussi sont trop grandes pour nos cœurs rustiques, & se font plutost admirer qu'aimer, & adorer que seruir. Auec tels propos ceste belle trouppe s'alloit retirant au logis, où l'heure du repas les appelloit.

Bbb iiij

LE DOVZIESME LIVRE DE LA PRE-
miere partie d'Astree.

Es que le iour commença de poindre, Leonide suiuant la resolution que le soir Adamas, sa compagne, & Celadon auoient prise ensemble, vint trouuer le Berger dans sa chambre, à fin de luy mettre l'habit que son oncle luy auoit apporté. Mais le petit Meril, qui par le commandement de Galathée, demeuroit presque d'ordinaire auec Celadon, pour espier les actions de Leonide, autant que pour seruir le Berger, les empescha long temps, de le pouuoir faire; en fin quelque bruit qu'ils ouyrent dans la court, fit sortir Meril, pour leur en rapporter des nouuelles. Tout incontinent Celadon se leua, & la Nymphe (voyez à quoy l'Amour la faisoit abaisser!) luy ayda à s'habiller, car il n'eust sçeu sans elle, s'approprier ces habits. Voila peu apres le petit Meril, qui reuint si courant qu'il faillit de les surprendre, tou-

tefois Celadon qui s'y prenoit garde, entra dãs vne garderobbe en attendant qu'il s'en retournast. Il ne fut plustost entré qu'il ne demanda où estoit Celadon, il est dans ceste garderobbe, dit la Nymphe, il ressortira incontinent, mais que luy veux-tu ? Ie voulois, respondit le garçon, luy dire que Amasis vient d'arriuer ceans. Leonide fut vn peu surprise, craignant ne pouuoir acheuer ce qu'elle auoit commencé, toutefois pour s'en conseiller à Celadon, elle dit à Meril. Petit Meril, ie te prie va courant en aduertir Madame, car peut-estre elle sera surprise. L'enfant s'y en courut, & Celadon sortit riant de ces nouuelles ? Et quoy, dit la Nymphe, vous riez Celadon, de ceste venuë ? vous pourriez bien estre empesché. Tant s'en faut, dit-il, continuez seulement de m'habiller, car dans la confusion de tant de Nymphes, ie pourray plus ayfément me dérober. Mais cependant qu'ils estoient bien attentifs à leur besoigne, voila Galathée qui entra si à l'improueuë, que Celadon ne pût se retirer au cabinet. Si la Nymphe demeura estonnée de cet accident, & Celadon aussi, vous le pouuez iuger ; toutefois la finesse de Leonide fut plus grande, & plus prompte qu'il n'est pas croyable, car voyant entrer Galathée, elle retint Celadon qui se vouloit cacher, & se tournât vers la Nymphe faisant bien l'empeschée. Madame, luy dit elle, s'il ne vous plaist de faire en sorte que Madame ne vienne icy nous sommes perduës, quant à moy ie feray bien tout ce que ie pourray pour desguiser Celadon, mais ie crains de n'en pouuoir pas venir à bout. Galathée qui au commencement ne sçauoit que juger de cest Metamorphose, loüa l'esprit de Leonide, d'auoir inuenté ceste ruze, & s'approchant d'eux se mit à considerer Celadon, si bien déguisé sous cet habit, qu'elle ne peut s'empescher de rire : & respondit à la Nymphe, Ma mie, nous estions perduës sans vous : car il n'y auoit pas moyen de cacher ce Berger à tant de personnes qui viennent auec Amasis, où estant vestu de cet habit, non seulement nous sommes asseurees, mais encor ie veux le faire voir à toutes vos compagnes, qui le prendront pour fille ; & puis elle passoit d'vn autre costé, & le consideroit comme rauie, car sa beauté par ces agencemens paroissoit beaucoup plus. Cependant Leonide, pour mieux joüer son personnage, luy dit qu'elle s'en pouuoit aller, de peur qu'Amasis ne les surprist ; ainsi la Nymphe apres auoir resolu que Celadon se diroit parente d'Adamas, nommée Lucinde, sortit pour entretenir sa mere, apres auoir commandé à Leonide de la conduire où elles feroient, aussi tost qu'elle l'auroit vestuë. Il faut aduoüer la verité, dit Celadon apres qu'elle s'en fut allée, de ma vie ie ne fus si estonné, que j'ay esté de ces trois accidents : de la venue d'Amasis, de la surprise de Galathée, & de vostre prompte inuention. Berger, ce qui est de moy, dit-elle procede de la volonté que j'ay de vous sortir de peine, & pluft à Dieu que tout le reste de vostre contentement en dépendist aussi bien que cecy, vous connoistriez quel est le bien que ie vous veux. Pour remerciement de tant d'obligation, respondit le Berger, ie ne puis que vous offrir la vie que vous me conseruez. Auec semblables discours, ils s'alloient entretenant, lors que Meril entra dans la chambre, & voyant Celadon presque vestu, il en fut rauy, & dit. Il n'y a personne qui puisse le reconnoistre, & moy-mesme qui suis tous les iours pres de luy, ne croyrois point que ce fust luy, si ie ne le voyois habiller. Celadon luy respondit, & qui t'a dit que ie me déguisois ainsi? C'est, respondit-il, Madame, qui m'a commandé de vous nommer Lucinde, & que ie disse que vous estiez parente d'Adamas, & mesme m'a enuoyé tout incontinent vers le Druide pour l'en aduertir, qui ne s'est pû empescher d'en rire, quand il l'a sceu, & m'a promis de le faire comme Madame l'ordonnoit. Voila qui va bien, dit le Berger, & garde de t'en oublier. Cependant Amasis estant descenduë du Chariot, rencontra Galathée au pied de l'escalier, auec Syluie, & Adamas. Ma fille, luy dit-elle vous estes trop long temps en vostre solitude, il faut que ie vous débauche vn peu, veu mesmes que les nouuelles que j'ay euës de Clidaman, & de Lindamor, me resioüissent de sorte, que ie n'ay peu en iouïr seule plus longuement; c'est pourquoy ie viens vous en faire part,

& veux que vous reueniez auec moy à Marcilly, où ie faits faire les feux de joye, de si bonnes nouuelles. Ie loüe Dieu, respondit Galathée, de tant de bon-heur, & le supplie de le vous conseruer vn siecle: mais à la verité, Madame, ce lieu est si agreable, qu'il me fait soucy de le laisser. Ce ne sera pas, repliqua Amasis, pour long temps, mais par ce que ie ne veux m'en retourner que sur le soir, allons nous promener, & ie vous diray tout ce que j'ay appris. Alors Adamas luy baisa la robbe, & luy dit. Il faut bien, Madame, que vos nouuelles soient bonnes, puis que pour les dire à Madame vostre fille, vous estes partie si matin. Il y a des-ja, dit-elle, deux ou trois iours que ie les receus, & fis incontinent resolution de venir: car il ne me semble pas que ie puisse jouïr d'vn contentement toute seule, & puis certes la chose merite bien d'estre sceuë. Auec semblables discours elle descendit dans le jardin, où commençant son promenoir, ayant mis Galathée d'vn costé, & Adamas de l'autre, elle reprit de ceste sorte.

HISTOIRE DE LYDIAS & de Melandre.

Considerant les estranges accidents qui arriuent par l'Amour, il me semble que l'on est presque contraint d'auoüer, que si la fortune a plusieurs roües pour hausser, & baisser, pour tourner & changer les choses humaines : la roüe d'Amour est celle dont elle se sert le plus souuent, car il n'y a rien d'où l'on voye sortir tant de changements, que de ceste passion. Les exemples en sont tous les iours deuant nos yeux si communs, que ce seroit superfluité de les redire, toutefois il faut que vous aduoüyez, quand vous aurez entendu ce que ie veux dire, que cet accident est vn des plus remarquables que vous en ayez encores ouy raconter. Vous sçauez comme Clidaman par hazard deuint seruiteur de Syluie, & comme Guiemants, par la lettre qu'il luy porta de son frere en deuint aussi amoureux. Ie m'assure que depuis vous n'auez point ignoré le dessein qui les fit partir tous deux si secrettement pour aller trouuer Meroüé, ny que pour ne laisser point Clidaman seul en lieu si esloigné, j'enuoyay apres luy sous la charge de Lindamor, vne partie de jeunes Cheualiers de ceste contrée, mais difficilement pourrez vous auoir entendu ce qui leur est aduenu depuis qu'ils sont partis : & c'est ce que ie veux vous raconter à cet' heure, car il n'y a rien qui ne merite d'estre sceu. Soudain que Clidaman fut arriué en l'armée, Guiemants, qui y estoit fort connu, luy fit baiser les mains à Meroüé, & à Childeric, & sans leur dire qui il estoit, leur fit seulement entendre que c'estoit vn jeune Cheualier de bonne maison qui desiroit de les seruir : ils furent receus à bras ouuerts, & principalement pour estre venus en vn temps, que leurs ennemis s'estant renforcez reprenoient courage, & les menaçoient d'vne bataille. Mais quand Lindamor fut arriué, & qu'on sceut qui estoit Clidaman, on ne sçauroit dire l'honneur, ny les caresses qui luy furent faites, car desia en trois ou quatre rencontres il s'estoit tellement signalé, que les amis, & les ennemis le connoissoient, & l'estimoient. Entre autres prisonniers qu'ils firēt luy & Guiemants, car ils alloient tousiours en toutes leurs entreprises ensemble, il s'y en trouua vn jeune de la grande Bretagne, tant beau, mais tant triste qu'il fit pitié à Clidaman, & par ce que plus il demeuroit en ceste captiuité, & plus il faisoit paroistre d'ennuy. Vn iour il le fit appeller, & apres l'auoir enquis de son estre, & de sa qualité, il luy demāda l'occasion de sa tristesse, disant que si elle procedoit de la prison, il deuoit comme homme de courage, supporter semblables accidents, & que tant s'en faut il deuoit remercier le Ciel, qu'il l'eust fait tomber entre leurs mains, puis qu'il estoit en lieu où il ne receuroit que toute courtoisie, & que l'esloignement de sa liberté ne procedoit que du commandement de Meroüé, qui auoit deffendu que l'on ne mist point encores de prisonniers à rançon, & que quand il le leur permettroit, il verroit quelle estoit leur courtoisie. Ce jeune homme le remercia, mais toutefois ne pût s'empescher de souspirer, dont Clidaman plus esmeu encores luy en demanda la cause : à quoy il respondit : Seigneur Chevalier, ceste tristesse que vous voyez painte en mon visage, & ces souspirs qui se dérobent si souuent de mon estomac, ne procedent pas de ceste prison, dont vous me parlez, mais d'vne autre qui me lie bien plus estroittement: car le temps ou la rançon me peuuent desobliger de celle-cy : mais de l'autre, il n'y a rien que la mort qui m'en puisse retirer. Et toutefois d'autant que j'y suis resolu, encores la supporterois-je auec patience, si ie n'en preuoyois la fin trop prompte, non pas par ma mort seule; mais par la perte de la personne qui me tient pris si estroittement. Clidaman iugea bien à ses paroles que c'estoit Amour qui le trauailloit, & par la preuue qu'il en faisoit en luy-mesme, considerant le mal de son prisonnier, il en eut tant de pitié, qu'il l'assura de procurer sa liberté le plus promptement qu'il luy seroit possible, sçachant assez par experience, quelles sont les passions, & les inquietudes qui accompagnent vne personne qui aime bien. Puis, luy dit-il, que vous sçauez que c'est qu'Amour, & que vostre courtoisie m'oblige à croire, que quelque connoissance que vous puissiez auoir de moy, ne vous fera changer ceste bonne volonté, à fin que vous jugiez le sujet que j'ay de me plaindre, voire de me desesperer, voyant le mal si prochain, & le remede tant esloigné, pourueu que vous me promettiez de ne me découurir, ie vous diray des choses, qui sans doute

vous

vous feront eſtonner, & lors le luy ayant promis, il commença de ceſte ſorte.

Seigneur Cheualier, cet accouſtrement que vous me voyez n'eſt pas le mien propre, mais Amour qui a autrefois veſtu des hommes en femes, ſe joüe de moy de ceſte ſorte & m'ayāt fait oublier en partie ce que j'eſtois, m'a reueſtu d'vn habit contraire au mien, car ie ne ſuis pas homme, mais fille d'vne des bonnes maiſons de Bretagne, & me nōme Mellandre, venuë entre vos mains par la plus grande fortune qui ait iamais eſté conduite par l'Amour. Il y a quelque temps qu'vn jeune homme nommé Lydias vint à Londres fuitif de ſon païs, à ce que j'ay ſceu depuis, pour auoir tué ſon ennemy en camp clos. Tous deux eſtoient de cette partie de la Gaule qu'on appelle Neuſtrie, mais par ce que le mort eſtoit apparenté des plus grands d'entre eux, il fut contraint de ſortir du païs, pour éuiter les rigueurs de la iuſtice. Ainſi donc paruenu à Londres, comme c'eſt la couſtume de noſtre nation, il y trouua tant de courtoiſie, qu'il n'y auoit bonne maiſon, où il ne fuſt incontinent familier; entre autres il viuoit auſſi priuément chez mon pere, que s'il euſt eſté chez luy. Et par ce qu'il faiſoit deſſein de demeurer là auſſi longuement, que le retour en ſa patrie luy ſeroit interdit, il delibera de faire ſemblant d'aimer quelque choſe, afin de ſe conformer mieux à l'humeur de ceux de la grand' Bretaigne, qui ont tous quelque particuliere Dame. En ceſte

Ccc

resolution il tourna, ie ne sçay si ie dois dire pour bonne ou mauuaise fortune, les yeux sur moy, & fust qu'il me trouua ou plus à son gré, ou plus à sa commodité, il commença de se monstrer mon seruiteur. Quelles dissimulations, quelles recherches, quels sermens furēt ceux dont il vsa en mon endroit! Ie ne veux vous ennuyer par vn trop long discours; tant y a qu'apres vne assez longue recherche, car il y demeura deux ans, ie l'aimay sans dissimulation, d'autant que sa beauté, sa courtoisie, sa discretion, & la valeur estoient de trop grands attraits pour ne vaincre auec vne longue recherche toute ame pour barbare qu'elle fust. Ie ne rougiray donc de l'adouër à vne personne qui a esprouué l'Amour, ny de dire que ce commencement là fut la fin de mon repos. Or les choses estant en cet estat, & viuant auec tout le contentement que peut vne personne qui aime, & qui est asseurée de la personne aimée; il aduint que les Francs apres auoir gaigné tant de batailles contre les Empereurs Romains, contre les Gots, & contre les Gaulois, tournerent leurs armes contre les Neustriens, & les reduisirēt à tels termes, qu'à cause qu'ils sont nos anciens alliez, ils furent contraints d'enuoyer à Londres pour demander secours, qui suiuāt l'alliance faite entre-eux, & ceux de la grande Bretagne, leur fut accordé, & par le Roy, & par les Estats. Soudain ceste nouuelle fut diuulguée par tout le Royaume, & nous qui estions en la principale ville, en fusmes aduertis des premiers: & dés l'heure mesme Lydias commença de penser à son retour, s'asseurant que ceux de sa patrie, ayant affaire de ses semblables, l'absoudroient facilement de la mort d'Aronte. Toutefois, par ce qu'il m'auoit tousiours promis de ne s'en point aller qu'il ne m'emmenast auec luy, ce que le malicieux auoit fait pour me tromper, & de peur que ie misse empeschement à son depart, il me cacha son dessein, mais comme il n'y a feu si secrettement couuert, dont il ne sorte quelque fumée, aussi n'y a t'il rien de si secret dōt quelque chose ne se découure, & par ainsi quelques vns sans y penser me le dirent: aussi tost que ie le sceus, la premiere fois que ie le vis, ie le tiray à part: Et bien, luy dis-je, Lydias, auez vous resolu que ie ne sçache point que vous me laissez? Croyez vous mon amitié si foible qu'elle ne puisse soustenir les coups de vostre fortune? Si vos affaires veullent que vous retourniez en vostre patrie, pourquoy ne permet vostre amitié que ie m'en aille auec vous? demandez moy à mon pere, ie m'asseure qu'il sera bien aise de nostre alliance, car ie sçay qu'il vous aime; mais de me laisser seule icy, auec vostre foy parjure, non Lydias; croyez moy, ne commettez point vne si grande faute, car les Dieux vous en puniront. Il me respōdit froidemēt, qu'il n'auoit point pēsé à son retour, & que toutes ses affaires ne luy estoient rien au prix du bien de ma presence, que ie l'offensois d'en douter, mais que ses actiōs me contraindroiēt

Ccc ij

de l'anciier. Et toutefois ce parjure deux jours apres s'en alla auec les premieres trouppes qui partirent de la grand' Bretagne, & prit son temps si à propos, qu'il arriua sur le bord de la mer le mesme iour qu'ils deuoient partir, & ainsi s'embarqua auec eux: nous fusmes incontinent aduertis de son depart, toutefois ie m'estois tellement figurée qu'il m'aimoit, que ie fus la derniere qui le creust, de sorte qu'il y auoit plus de huit iours qu'il estoit party, que ie ne me pouuois persuader qu'vn homme si bien nay, fust si trompeur, & ingrat. En fin vn iour s'escoulant apres l'autre, sans que j'en eusse aucune nouuelle, ie reconnus que j'estois trompée, & que veritablemet Lydias estoit party. Si alors mon ennuy fut grand, jugez-le, Seigneur Cheualier, puis que tombant malade ie fus reduitte à tel terme, que les medecins ne connoissant mon mal, en desespererent, & m'abandonnant me
,, tenoient comme morte; mais Amour qui vou-
,, lut monstrer sa puissance, & qu'il est mesme
,, meilleur medecin qu'Esculape, me guerit par
,, vn estrange antidote, & voyez côme il se plaist aux effets qui sont contraires à nos resolutiôs: lors que ie sceus la fuitte de Lydias, car en verité elle pouuoit se nommer ainsi, ie m'en sentis de telle sorte offensée, qu'apres auoir inuoqué mille fois le Ciel, côme tesmoin de ses perfidies, ie juray que ie ne l'aimerois jamais; autant de fois qu'il m'auoit juré de m'aimer à jamais, & ie puis dire que nous fusmes aussi parjures l'vn que l'autre; car lors que ma haine

estoit en sa plus grande ferueur: ne voyla pas vn vaisseau qui venoit de Callais, pour rapporter que le secours y estoit arriué heureusemēt, qui nous dit que Lydias y auoit passé, en intention de faire la guerre auec ceux de la grand Bretaigne, mais qu'aussi tost que le gouuerneur du lieu (qui s'estoit trouué parent d'Arōte) en auoit esté aduerty, il l'auoit fait mettre en prison, comme ayant esté desia auparauant condamné; qu'on le tenoit pour perdu, par ce que ce gouuerneur auoit vn tres-grand credit parmy les Neustriens, qu'à la verité il y auoit vn moyen de le sauuer, mais si difficile qu'il n'y auoit personne qui le voulust hazarder, & qui estoit tel. Aussi tost que Lydias se vit saisi, il luy demanda comment vn Cheualier plein de tant de reputation comme luy, vouloit venger ses querelles par la voye de la iustice, & non point par les armes: car c'est vne coustume entre les Gaulois de ne recourre jamais à la iustice en ce qui offense l'honneur, mais au cōbat, & ceux qui font autrement sont tenus pour deshonorez. Lipandas, qui est le nō de ce gouuerneur, luy respondit qu'il n'auoit point tué Aronte en homme de bien, & que s'il n'estoit condamné par la iustice, il le luy maintiendroit auec les armes, mais qu'estant honteux de se battre auec vn criminel, s'il y auoit quelqu'vn de ses amis qui se presentast pour luy, il s'offroit de le cōbattre sur ceste querelle; que s'il y estoit vaincu, il le mettroit en liberté, qu'autremēt la iustice en seroit faite, & que pour donner loisir à ses parens & amis, il le garderoit vn mois en sa puissance; que si personne ne se presentoit dans ce temps, il le remettroit entre les rigoureuses mains des anciens de Rothomague, pour estre traitté selon ses merites; & qu'à fin qu'il n'y eut point d'auantage pour personne, il vouloit que ce combat se fist auec l'espee & le poignard, & en chemise. Mais que Lypandas estant estimé l'vn des plus vaillans hommes de toute la Neustrie, il n'y auoit personne qui eust la hardiesse d'entreprendre ce combat, outre que les amis de Lydias n'en estant pas aduertis, ne pouuoient luy rendre ce bon office. O Seigneur Cheualier, quand ie me ressouuiens des contrarietez qui me combattirent oyant ces nouuelles, il faut que j'aduoüe que ie ne fus de ma vie si confuse, non pas mesme quand ce perfide me laissa. Alors Amour voulut que ie reconnusse les propositions faites contre luy, estre plus impuissantes quand il vouloit, que les flots n'aboyent en vain contre vn rocher pour l'ébranler: car il fallut pour payer le tribut d'Amour recourre à l'ordinaire monoye dont l'on paye ses impostes, qui sont les larmes. Mais apres auoir longuement, & vainement pleuré l'infidele Lydias, il fallut en fin que ie me resolusse à sa conseruation, quoy qu'elle me deust couster & le repos & l'honneur. Et transportée de ceste nouuelle fureur, ou plustost de ce renouuellement d'Amour, ie resolus d'aller à Calais, en intention de trouuer là les moyens d'aduertir les parens,& les amis de Lydias : & donnant ordre le plus secrettement qu'il me fut possible à mon voyage, vne nuict ie me dérobay en l'habit que vous me voyez , mais la fortune fut si mauuaise pour moy , que ie demeuray plus de quinze iours sans trouuer vaisseau qui allast de ce costé-là : ie ne sçay que deuindrent mes parents me trouuant partie, car ie n'en ay point eu de nouuelles depuis, bien m'asseure-je que la vieillesse de mon pauure pere n'aura pû resister à ce déplaisir , car il m'aimoit plus tendrement que luy mesme , & m'auoit tousiours nourrie si soigneusement, que ie me suis plusieurs fois estonnée , comme j'ay pû souffrir les incommoditez que depuis mon depart j'ay supportées en ce voyage , & faut dire que c'est Amour, & non pas moy. Mais pour reprendre nostre discours , apres auoir attendu quinze ou seize iours sur le bord de la mer , en fin il se presenta vn vaisseau, auec lequel j'arriuay à Calais, lors qu'il n'y auoit plus que cinq ou six iours du terme que Lypandas luy auoit donné, Le branfle du vaisseau m'auoit de sorte estourdie, que ie fus contrainte de tenir le lict deux jours: Si bien qu'il n'y auoit plus teps de pouuoir aduertir les parens de Lydias , ne sçachát mesme qui ils estoient, ny où ils se tenoiét. Si cela me troubla, vous le pouuez iuger : parce mesme qu'il sembloit que ie fusse venuë tout à propos pour le voir mourir , & pour assister à ses funerailles. Dieux, comment vous disposez de nous ! j'estois tellement outrée de ce de-

C c c iiij

LIVRE DOVZIESME DE LA
faſtre, que iour & nuict les larmes eſtoient en mes yeux. En fin le iour auant le terme, tranſportée du deſir de mourir auant que Lydias, ie me reſolus d'entrer au combat contre Lypandas. Quelle reſolution, ou pluſtoſt quel deſeſpoir! car ie n'auois de ma vie tenu eſpée en la main, & ne ſçauois bonnemēt de laquelle il falloit prendre le poignard ou l'eſpée, & toutefois me voila reſoluë d'entrer au combat contre vn Cheualier qui toute ſa vie auoit fait ce meſtier, & qui auoit touſiours acquis tiltre de braue, & vaillant. Mais toutes ces conſiderations eſtoient nulles enuers moy, qui auois eſleu de mourir auant que celuy que j'aimois perdiſt la vie. Et quoy que ie ſceuſſe bien que ie ne le pourrois pas ſauuer, toutefois ce ne m'eſtoit peu de ſatisfactiō qu'il deuſt auoir ceſte preuue de mon amitié. Vne choſe me tourmentoit infiniment, à quoy ie voulus taſcher de donner remede, qui eſtoit la crainte d'eſtre connuë de Lydias, & que cela ne m'empeſchaſt d'acheuer mon deſſein; par ce que nous deuions combattre deſarmez: Pour à quoy remedier, j'enuoyay vn cartel à Lypandas, par lequel apres l'auoir deffié, ie le pryois qu'eſtant tous deux Cheualiers, nous nous ſeruiſſions des armes que les Cheualiers ont accouſtumé, & non point de celles des deſeſperez. Il reſpondit que le lendemain il ſe trouueroit ſur le camp, & que j'y vinſſe armé, qu'il en feroit de meſme, toutefois qu'il vouloit que ce fuſt à ſon choix: Apres auoir commen-

cé le combat de cefte forte, pour ma fatisfaction, de l'acheuer pour la fienne comme il
l'auoit propofé au commencement. Moy
qui ne doutois point qu'en toute forte ie n'y
deuffe mourir, l'acceptay comme il le voulut. Et en ce deffein le lendemain armée de
toute piece ie me prefentay fur le camp, mais
il faut aduouër le vray, j'eftois fi empefchée
en mes armes, que ie ne fçauois comme me
remuer. Ceux qui me voyoient aller chance-
lant, penfoient que ce fuft de peur du combat,
& c'eftoit de foibleffe: Bien toft apres voila venir Lypandas armé & monté à l'aduātage, qui
à fon abord effroyoit ceux mefmes à qui le dāger ne touchoit point, & croyriez-vous que ie
ne fus point eftōnée, que quand le pauure Lydias fut conduit fur vn efchafaut pour affifter
au cōbat, car la pitié que j'eus de le voir en tel
eftat, me toucha de forte, que ie demeurai fort
long temps fans me pouuoir remuer. En fin
les iuges me menerent vers luy, pour fçauoir
f'il m'acceptoit pour fon champion; il me demanda qui j'eftois, lors contrefaifant ma parole. Contentez-vous Lydias, luy dis-je, que
ie fuis le feul qui veut entreprēdre ce combat
pour vous. Puis que cela eft, repliqua-t'il, vous
deuez eftre perfonne de valeur, & c'eft pourquoy, dit-il, fe tournant vers les iuges, ie l'ac-
cepte; Et ainfi que ie m'en allois, il me dit:
Cheualier vaillāt, n'ayez peur que voftre querelle ne foit jufte. Lydias, luy refpondis je, fuf-
fe-je auffi affeuré que tu n'euffe point d'autre

jniustice: & apres ie me retiray si resoluë à la mort, que des-ja il me tardoit que les trompettes donnassent le signal du combat. De fait au premier son ie partis, mais le cheual m'esbrāla de sorte, qu'au lieu de porter ma lance comme il falloit, ie la laissay aller comme la fortune voulut: Si bien qu'au lieu de le frapper, ie donnay dans le col du cheual, luy laissant la lance dans le corps, dont le cheual courut au commencement par le camp en despit de son maistre, & en fin tomba mort. Lypandas estoit venu contre móy auec tant de desir de bien faire, que la trop grande volonté luy fit faillir son coup: Quant à moy, mon cheual alla jusques où il voulut, car ce que ie pus faire fut de me tenir sans tomber, & s'estant arresté de soy-mesme, & oyant Lypandas qui me cryoit de tourner à luy, auec outrages de ce que ie luy auois tüé son cheual, ie reuins apres auoir mis la main à l'espée au mieux qu'il me fut possible, & non pas sans peine, mais mon cheual que j'auois peut-estre piqué plus que son courage ne vouloit, aussi tost que ie l'eu tourné, prit de luy-mesme sa course, & si à propos qu'il vint heurter Lypandas de telle furie, qu'il le porta les pieds contremont: mais en passant il luy donna de l'espée dans le corps si auant que peu apres ie le sentis faillir dessous moy, & ce ne fut peu que ie me ressouuinsse d'oster les pieds des estrieux: car presque incontinent il tomba mort, mais par ma bonne fortune, si loing de Lypandas, que j'eus loisir de sortir de la selle, & me dépestrer de mon cheual. Alors ie m'en vins à luy, qui des-ja s'approchoit l'espée haute pour me frapper; & faut que ie die que si Amour n'eust soustenu le faix des armes, ie n'auois point de force qui le pûst faire: En fin voicy Lypandas qui de toute sa force me déchargea vn coup sur la teste, la nature m'apprit à mettre le bras gauche deuant, car autrement ie ne me ressouuenois pas de l'escu que j'auois en ce bras là, le coup donna dessus si à plein, que n'ayant la force de le soustenir, mon escu me redonna vn si grand coup contre la sallade, que les estincelles m'en vindrēt aux yeux. Luy qui voyoit que ie chancellois, me voulut recharger d'vn autre encor plus pesant, mais ma fortune fut telle, que haussant l'espée, ie rencontray la sienne si à propos du tranchant, qu'elle se mit en deux pieces, & la mienne à moitié rompuë, fit comme la sienne au premier coup, que ie luy voulus donner, car il esquiua, & moy n'ayant la force de la retenir, ie la laissay tomber jusques en terre, où de la pointe ie rencōtray vne pierre qui la rompit. Lypandas alors voyant que nous estions tous deux auec mesme auantage me dit. Cheualier ces armes nous ont esté également fauorables, ie veux essayer si les autres en serōt de mesme, & pour ce desarmez vous, car c'est ainsi que ie veux finir ce combat. Cheualier, luy respondis-je, à ce qui s'est passé vous pouuez bien connoistre que vous auez le tort, & deliurant Lydias vous deuriez laisser ce combat. Non non, dit Lypandas en colere, Lydias & vous mourrez. I'essayeray, repliquay je, de tourner ceste sentence sur vostre teste; & lors m'esloignant dans le camp le plus que ie pûs de Lydias, de peur d'estre reconuë, auec l'aide de ceux qui le gardoiët ie me desarmay, & d'autant que nous auions fait prouision tous deux d'vne espée & d'vn poignard, apres auoir laissé le pourpoint, nous venons l'vn contre l'autre : Il faut que ie vous die que ce ne fut point sans peine, que ie cachois le sein, par ce que la chemise en dépit que j'en eusse monstroit l'enfleure des tetins, mais chacun eust pensé toute autre chose plutost que celle-là, & quant à Lydias il ne me pût reconnoistre, tant pour me voir en cét habit déguisé, que pour ce que j'estois enflammée de la chaleur des armes, & ceste couleur haute me chãgeoit beaucoup le visage : En fin nous voila Lypandas & moy à dix ou douze pas l'vn de l'autre, l'on nous auoit méparty le Soleil, & les iuges s'estoient retirez. Ce fut lors que veritablemët ie croyois mourir, m'asseurãt qu'au premier coup il me mettroit l'espée dãs le corps : Mais la fortune fut si bonne pour Lydias, car ce n'estoit que de sa vie que ie craignois, que cét arrogant Lypandas venant de toute furie à moy, broncha si à propos qu'il vint donner de la teste presque à mes pieds : si lourdement que de luy-mesme il se fit deux blesseures, l'vne du poignard, dont il se persa l'espaule droitte, & l'autre de l'espée donnant du front sur le trenchant. Quant à moy ie fus si effroyée de sa cheute, que ie croyois des-ja estre morte, & sans luy faire autre mal, ie me reculay deux ou trois pas, il est vray que m'imaginant de le pouuoir vaincre plus par ma courtoisie que par ma valeur, ie luy dis; Leuez vous Lypádas, ce n'est point en terre que ie vous veux offenser. Luy qui estoit demeuré quelque temps estourdy du coup, tout en furie se releua pour se jetter sur moy: mais des deux blessures qu'il s'estoit faites, l'vne l'aueugloit, & l'autre luy ostoit la force du bras, de sorte qu'il ne voyoit rien, & si ne pouuoit presque soustenir l'espée, dequoy m'apperceuant ie pris courage, & m'en vins à luy, l'espée haute, luy disant : Réds toy Lypandas, autrement tu es mort. Pourquoy, me dit-il, me rendray-je, puis que les conditions de nostre combat ne sont pas telles? contente toy que ie mettray Lydias en liberté. Alors les iuges estant venus, & Lypandas ayant ratiffié sa promesse, ils m'accompagnerēt hors du camp comme victorieux : Mais craignant que l'on ne me fist quelque outrage en ce lieu là, pour y auoir Lypandas toute puissance, apres m'estre armée ie m'approchay la visiere baissée de Lydias, & luy dis. Seigneur Lydias, remerciez Dieu de ma victoire, & si vous desirez que nous puissions plus longuement conferer ensemble, ie m'en vay en la ville de Rigiaque, où j'attendray de vos nouuelles quinze jours, car apres ce terme ie suis contraint de paracheuer quelque affaire, qui m'emmenera loing d'icy, & pourrez demander le Cheualier Triste; par ce que c'est le nom que ie porte, pour les occasions que vous sçaurez de moy. Ne connoistray-je point, dit-il, autrement celuy à qui ie suis tant obligé? Ny pour vostre bien, luy dis-je, ny pour le mien il ne se peut: & à ce mot ie le laissay: & apres m'estre pourueuë d'vn autre cheual, ie vins à Rigiaque où ie demeuray depuis. Or ce traistre de Lypandas, aussi tost que ie fus partie, fit remettre Lydias en prison plus estroitte qu'auparauant, & quand il s'en plaignoit, & qu'il luy reprochoit la promesse qu'il m'auoit faite, il respõdoit qu'il auoit promis de le mettre en liberté, mais qu'il n'auoit pas dit quand, & que ce seroit dans vingt ans; sinon auec vne cõdition qu'il luy proposa, qui estoit de faire en sorte que ie me remisse prisonniere en sa place, & qu'ainsi ie payasse la rançon de sa liberté, par la perte de la miëne. Lydias luy respõdit qu'il seroit aussi ingrat enuers moy, que Lypandas perfide enuers luy. Dequoy il s'offẽça de sorte, qu'il iura que si dãs quinze jours ie n'estois entre ses mains, il le remettroit entre celles de la justice: Et lors que Lydias luy remettoit deuãt les yeux sa foy parjurée: I'en ay fait, disoit-il, la penitence par les blessures que j'ay apportées du combat, mais ayant dés long temps promis aux Seigneurs Neustriens de maintenir la justice, ne suis-je pas plus obligé à la premiere qu'à la derniere promesse? Les premiers iours s'écoulerent sans que j'y prisse garde, mais voyant que ie n'en auois point de nouuelle, j'y enuoyay vn hôme pour s'en enquerir. Par luy ie sceus la malice de Lypandas, & mesme le terme qu'il auoit donné, & quoy que ie préuisse toutes les cruautez, & toutes les indignitez qui se peuuent receuoir, si est-ce que ie resolus de mettre Lydias hors de telles mains, n'ayant rien de si cher que sa conseruation ; & par fortune le iour que vous me pristes ie m'y en allois, & à ceste heure la tristesse que vous voyez en moy, & les soupirs qui ne me donnent point de cesse, procedent, non point de la prison où ie suis (car celle-cy est bien douce au prix de celle que ie m'estois proposée:) mais de sçauoir que ce perfide & cruel Lypandas, mettra sans doute Lydias entre les mains de ses ennemis, qui n'attendent autre chose pour en voir vne deplorable & honteuse fin : car des quinze jours qu'il auoit donnez, les dix sont des-ja passez, si bien que ie ne puis presque plus esperer de pouuoir rendre ce dernier office à Lydias. A ce mot les larmes luy empeschant la voix, elle fut contrainte de se taire, mais auec tant de demonstration de déplaisir, que Clidamax en fut esmeu & pour la consoler luy dit : Vous ne deuez point, courageuse Melandre, vous perdre tellement de courage, que vous ne mainteniez la generosité en cét accident, que vous auez fait paroistre en tous les autres. Le Dieu qui vous a conseruée en de si grands perils, ne veut pas vous abandonner en ceux-cy qui sont moindres. Vous deuez croire que tout ce qui dépendra de moy, sera tousiours disposé à vostre contétement. Mais par ce que ie suis sous vn Prince, à qui ie ne veux point déplaire, il faut que vostre liberté vienne de luy: bien vous promets-je d'y r'apporter de mon costé, toute ce que vous pourriez esperer d'vn bon amy. Et la laissant auec ces bonnes paroles, il alla trouuer Childeric, & le supplia d'obtenir du Roy Meroüé la liberté de ce jeune prisonnier: Le jeune Prince qui aimoit mon fils, & qui sçauoit bien que le Roy son pere seroit bien aise d'obliger Clidaman, sans retarder d'auátage, l'alla demander à Meroüé qui accorda tout ce que mon fils demandoit. Et par ce que le temps estoit si court, que la moindre partie qu'il en eust perduë eust fait faute à Mellandre, il l'alla trouuer en son logis, où l'ayant tirée à part. Cheualier triste, luy dit-il, il faut que vous changiez de nom, car si vos infortunes vous ont cy deuant donné sujet de le porter, il semble que vous le perdrez bien tost. Le Ciel commence de vous regarder d'vn œil plus doux que de coustume; Et tout ainsi qu'vn mal-heur ne vient jamais seul, de mesme le bon-heur marche tousjours accompagné: Et pour tesmoignage de ce que ie dis. Sçachez Cheualier (car tel vous veux-je nommer, puis que vostre generosité à bon droit vous en acquiert l'honorable titre) que desormais vous estes en liberté, & pouuez disposer de vos actions, tout ainsi

qu'il

qu'il vous plaira : Le Prince des Francs m'a permis de difpofer de vous, & le deuoir de Cheualier m'oblige non feulement à vous mettre en liberté, mais à vous offrir encore toute l'affiftance, que vous iugerez que ie vous puiffe rendre. Mellandre oyant vne parole tant inefperée, treffaillit toute de joye, & fe jettant à fes pieds comme tranfportée, luy baifa la main pour remerciement d'vne grace fi grande : car le bien qu'elle f'eftoit figurée de receuoir de luy, eftoit d'eftre mife à rançon, & l'incommodité du payement la defefperoit de le pouuoir faire fi toft que le terme des quinze jours ne fuft efcoulé. Mais quand elle ouyt vne fi grãde courtoifie. Vrayement, luy dit-elle, Seigneur Cheualier, vous faites paroiftre que vous fçauez que c'eft que d'aimer, puis que vous auez pitié de ceux qui en font attaints : Ie prie Dieu, attendant que ie puiffe m'en reuencher, qu'il vous rende auffi heureux qu'il vous a fait courtois, & digne de toute bonne fortune ; & à l'heure mefme elle f'en voulut aller, ce que Clidaman ne voulut permettre, par ce que c'eftoit de nuit. Le lendemain donc à bonne heure elle fe mit en chemin, & ne tarda qu'elle ne vint à Calais, où de fortune elle arriua le iour auant le terme. Dés le foir elle euft fait fçauoir fa venuë à Lypandas, n'euft efté qu'elle fut d'aduis, veu la perfidie de celuy auec qui elle auoit affaire, d'attendre le iour, afin que plus de perfonnes viffent le tort qu'il luy feroit, fi de for-

Ddd

tune il manquoit encores vne fois de parole. Le iour donc estant venu, & l'heure du midy estant sonnée, que les principaux du lieu pour honorer le gouuerneur estoient pour lors en sa maison, voila le Cheualier Triste qui se presente à luy: à l'abord il ne fut point reconnu, car on ne l'auoit veu qu'au combat, où la peur luy auoit peut-estre changé le visage, & lors chacun s'approcha pour ouyr ce qu'il diroit. Lypandas, luy dit-il, ie viens icy de la part des parents, & des amis de Lydias, afin de sçauoir de ses nouuelles, & pour te sommer de ta parole, ou bien de le mettre à quelque nouuelle condition, autrement ils te mandent par moy, qu'ils te publieront pour homme de peu de foy. Estranger, respondit Lypandas, tu leur diras, que Lydias se porte mieux qu'il ne fera dans peu de jours, par ce qu'aujourd'huy passé ie le remettray entre les mains de ceux qui m'en vengeront, que pour ma parole ie croy en estre quitte, en le remettant entre les mains de la iustice, car la iustice qu'est-ce autre chose qu'vne vraye liberté? Que pour de nouuelles conditions, ie n'en veux point d'autre que celle que j'ay des-ja proposée, qui est que l'on me remette entre les mains celuy qui combatit contre moy, afin que j'en puisse faire à ma volonté, & ie deliureray Lydias. Et qu'est-ce, luy dit-il, que tu en veux faire? Quand j'auray, respondit-il, à te rendre conte de mes desseins, tu le pourras sçauoir. Et quoy, dit-il, es-tu encores en ceste mesme opinion? Tout de mesme, repliqua Lypádas. Si cela est, adjousta le Cheualier Triste, enuoye querir Lydias, & ie te remettray celuy que tu demādes. Lypandas, qui sur tout desiroit se venger de son ennemy, car il auoit tourné toute sa mauuaise volonté sur Mellandre, l'enuoya incontinant querir. Lydias, qui sçauoit bien ce iour estre le dernier du terme qu'on luy auoit dōné, croyoit que ce fust pour le cōduire aux Seigneurs de la iustice: toutefois encor qu'il en preuist sa mort asseurée, si esleut-il plutost cela, que de voir celuy qui auoit combatu pour luy en ce danger à son occasion. Quand il fut deuant Lypandas il luy dit: Lydias, voicy le dernier iour que ie t'ay dōné pour representer ton champion entre mes mains, ce jeune Cheualier est venu icy pour cét effet, s'il le fait, tu és en liberté. Mellandre durant ce peu de mots auoir toujours trouué le moyen de tenir le visage de costé pour n'estre reconnuë, & quand elle voulut respōdre, elle tourna tout à fait contre Lypandas, & luy dit: Ouy Lypandas, ie l'ay promis, & ie le fais, toy obserue aussi bien ta parole, car ie suis celuy que tu demandes, me voicy, qui ne redoute ny rigueur, ny cruauté quelconque, pourueu que mon amy sorte de peine. Alors chacun mit les yeux sur elle, & repassant par la memoire les façons de celuy qui auoit combatu, on connut qu'elle disoit vray. Sa beauté, sa jeunesse & son affection esmeurent tous ceux qui estoient presens, sinon Lypandas, qui se croyant infiniment offensé de luy, commanda incontinent qu'elle fust mise en prison, & permit que Lydias s'en allast. Luy qui desiroit plutost se perdre que de se voir obliger en tant de sortes, faisoit quelque difficulté: Mais Mellandre s'approcha de luy, & luy dit à l'aureille: Lydias allez vous-en, car de moy n'en soyez en peine, j'ay vn moyen de sortir de ces prisons si facile, que ce sera quand ie voudray, que si vous desirez de faire quelque chose à ma consideration, ie vous supplie d'aller seruir Meroüé, & particulierement Clidaman, qui est cause que vous estes en liberté, & luy dittes que c'est de ma part que vous y allez. Et sera-t'il possible, dit Lydias, que ie m'en aille sans sçauoir qui vous estes? Ie suis respódit-elle, le Cheualier Triste, & cela vous suffize, jusqu'à ce que vous ayez plus de commodité d'en sçauoir d'auantage. Ainsi s'en alla Lydias en resolutió de seruir le Roy des Frács, puis que celuy à qui il deuoit deux fois la vie le vouloit ainsi. Mais cepédant Lypandas commanda tres-expressément que Mellandre fust bien gardée, & la fit mettre en vn crotton auec les fers aux pieds, & aux mains, resolu qu'il estoit de la laisser mourir de misere leans. Iugez en quel estat ceste jeune fille se trouua & quels regrets elle deuoit faire côtre Amour; Ses viures estoient mauuais, & sa demeure effroyable, & toutes les autres incommoditez tres-grádes; que si son affection n'eust supporté ces choses, il est impossible qu'elle n'y fust morte. Mais cependant la voix s'espandit par toute la Neuſtrie, que Lydias par le moyen d'vn ſien amy auoit eſté ſauué des priſons de Calais, & qu'il eſtoit allé ſeruir le Roy Meroüé, cela fut cauſe qu'en meſme temps ſon banniſſement fut renouuellé & declaré traiſtre à ſa patrie : Luy toutefois ne faillit point de venir au camp des Francs, où cherchant la tente de Clidaman, elle luy fut monſtrée. Auſſi toſt qu'il l'apperceut, & que Lindamor & Guyemantz le virent, ils coururent l'embraſſer, mais auec tant d'affection & de courtoiſie qu'il en demeura eſtonné, car ils le prenoient tous pour Ligdamon, qui peu de jours auparauant s'eſtoit perdu en la bataille qu'ils auoiët euë contre les Neuſtriens, auquel il reſſembloit de ſorte, que tous ceux qui connoiſſoient Ligdamon y furent deceuz : en fin ayant eſté reconneu pour eſtre Lydias l'amy de Mellandre, il le conduit à Meroüé, où en preſence de tous, Lydias raconta au Roy le diſcours de ſa priſon tel que vous auez ouy, & la courtoiſie que par deux fois il auoit receuë de ce Cheualier inconneu, & pour la fin le commandement qu'il luy auoit fait de le venir ſeruir, & particulierement Clidaman. Alors Clidaman apres que le Roy l'eut receu & remercié de ſon amitié, luy dit : Eſt-il poſſible Lydias, que vous n'ayez point conneu celuy qui a combattu, & qui eſt en priſon pour vous ? Non certes, dit-t'il. O vrayement, adiouſta-il, voila la plus grande meſconnoiſſance dont j'aye jamais ouy parler, auez-vous jamais veu personne qui luy ressemblast ? Ie n'en ay point de memoire, dit Lydias tout estonné : Or ie veux donc dire au Roy vne histoire la plus digne de compassion qu'autre que l'Amour ait jamais causée : & sur cela il reprit la fin du discours où Lydias auoit raconté qu'il estoit allé en la grand'Bretagne, de la courtoisie qu'il trouua, auquel il adiousta discrettement l'Amour de Mellandre, les promesses qu'il luy auoit faites de la conduire en Neustrie auec luy s'il estoit contraint de partir, de sa fuitte, & en fin de sa prison à Calais. Le pauure Lydias estoit si estonné d'oüyr tant de particularitez de sa vie, qu'il ne sçauoit que penser : Mais quand Clidaman raconta la resolution de Mellandre à se mettre en voyage, & s'habiller en homme pour aduertir ses parens, & puis de s'armer & entrer en camp clos contre Lypandas, & les fortunes de ses deux combats, il n'y auoit celuy des escoutans qui ne demeurast rauy, & plus encores quand il paracheua tout ce que ie vous ay raconté. O Dieux ! s'escria Lydias, est-il possible que mes yeux ayent esté si aueuglez ! que me reste-il pour sortir de ceste obligation ? Il ne vous reste plus, luy dit Clidaman, que de mettre pour elle ce qu'elle vous a conserué. Cela, adiousta Lydias auec vn grand souspir, est ce me semble peu de chose, si l'entiere affection qu'elle me porte n'est accompagnée de la mienne. Cependant qu'ils se tenoient tels discours, tous ceux qui ouyrent Clidaman, disoient que ceste seule fille meritoit que ceste grande armée allast attaquer Calais. En verité, dit Meroüé, ie lairray plutost toutes choses en arriere que ie ne fasse rendre la liberté à Dame si vertueuse, aussi bien nos armes ne sçauroient estre mieux employées qu'au seruice de ses semblables.

Le soir estant venu, Lydias s'adressa à Clidaman, & luy descouurit qu'il auoit vne entreprise infaillible sur Calais, qu'il auoit faite durant le temps qu'il y estoit prisonnier, que si on luy vouloit donner des gens, sans doute il les mettroit dedans : cét aduis ayant esté r'apporté à Meroüé, fut trouué si bon, qu'il resolut d'y enuoyer. Ainsi fut dõné cinq cens Archers, cõduits par deux cens hommes d'armes, pour executer ceste entreprise : la conclusion fut (car ie ne sçaurois raconter au long cét affaire) que Calais fut pris, Lypandas prisonnier, & Mellandre mise hors de sa captiuité : mais ie ne sçay comment ny pourquoy, à peine estoit le tumulte de la prise de la ville cessé, que l'on prit garde que Lydias, & Mellandre s'en estoient allez, si bien que depuis on n'a sceu qu'ils estoient deuenus. Or durant toutes ces choses, le pauure Ligdamon a esté le plus tourmenté pour Lydias qu'il se puisse dire, car estant prisonnier entre les mains des Neustriens, il fut pris pour Lydias, & aussi tost condamné à la mort. Clidaman fit que Meroüé leur enuoya deux Heraux d'armes pour leur faire entendre qu'ils se trompoient, mais l'asseurance que Lypandas fraischemẽt leur en auoit donnée les fit paſſer outre, ſans donner croyance à Meroüé. Ainſi voila Ligdamon mis dans la cage des Lions, où l'on dit qu'il fit plus qu'vn homme ne peut faire, mais ſans doute il y fuſt mort, n'euſt eſté qu'vne tres-belle Dame le demanda pour mary : leur couſtume qui le permet ainſi, le ſauua pour lors, mais toſt apres il mourut, car aimant Syluie auec tant d'affection, qu'elle ne luy pouuoit permettre d'eſpouſer autre qu'elle, il eſleut pluſtoſt le tōbeau que ceſte belle Dame : ainſi quád on les voulut eſpouſer il s'empoiſonna, & elle qui croyoit que veritablemēt s'eſtoit Lydias qui autrefois l'auoit tant aimée, s'empoiſonna auſſi du meſme breuuage. Ainſi eſt mort le pauure Lygdamon auec tant de regret de chacun, qu'il n'y a perſonne meſme entre les ennemis qui ne le plaigne, mais ç'a eſté vne gratieuſe vengeance que celle dont Amour à puni le cruel Lipádas, car repaſſát par le reſſouuenir, la vertu, la beauté, & l'affection de Mellandre, il en eſt deuenu ſi amoureux, que le pauure qu'il eſt n'a autre conſolation que de parler d'elle : mon fils me mande qu'il fait ce qu'il peut pour le ſortir de priſon, & qu'il eſpere de l'obtenir.

Voila, continua Amaſis, comme ils viuent ſi pleins d'honneurs & de loüanges, que chacun les eſtime plus qu'autres qui ſoiét en l'armée. Ie prie Dieu, adiouſta Adamas, qu'il les continuë en ceſte bonne fortune, & cependát qu'ils diſcouroiét ainſi, ils virent venir de loing Leonide & Lucinde, auec le petit Meril : Ie dis Lucinde, parce que Celadō comme ie vous ay dit portoit ce nom, suiuāt la resolution que Galathée auoit faitte. Amasis qui ne la connoissoit point, demanda qui elle estoit: C'est respondit Galathée, vne parente d'Adamas, si belle, & si remplie de vertu, que ie l'ay prié de me la laisser pour quelque temps, elle se nomme Lucinde. Il semble, dit Amasis, qu'elle soit bien autant aduisée comme belle, ie m'assure adiousta Galathée que son humeur vous plaira, & si vous le trouuez bon, elle viendra, Madame, auec nous à Marcilly. A ce mot Leonide arriua si pres, que Lucinde pour baiser les mains à Amasis, s'aduança, & mettant vn genoüil en terre luy baisa la main auec des façons si bien côtrefaittes, qu'il n'y auoit celuy qui ne la prist pour fille. Amasis la releua, & apres l'auoir embrassée la baisa, en luy disant qu'elle aymoit tant Adamas, que tout ce qui luy touchoit luy estoit aussi cher, que ses plus chers enfans. Alors Adamas prit la parolle de peur que si la fainte Lucinde respondoit, on ne reconnust quelque chose à sa voix; mais il ne falloit pas qu'il en eust peur, car elle sçauoit si biē faindre, que la voix, comme le reste, eust aydé à paracheuer encor mieux la tromperie. Toutefois pour ce coup elle se contenta d'auoüer la responsé d'Adamas seulemēt auec vne reuerence basse, & puis se retira entre les autres Nymphes, n'attendant que la commodité de se pouuoir dérober. En fin l'heure estant venuë du disner, Amasis s'ē retourna au logis, où trouuant les tables prestes, chacun plein de contentement des bonnes nouuelles receuës disna joyeusement, sinon la belle Syluie, qui auoit tousiours deuant les yeux l'Idole de son cher Ligdamõ, & en l'ame le ressouuenir qu'il estoit mort pour elle; ce fut ce sujet qui les entretint vne partie du disner, car la Nymphe vouloit bien que lon sçeust qu'elle aimoit la memoire d'vne personne, & si vertueuse, & si dediée à elle: mais cela d'autant qu'estant morte elle ne pouuoit plus l'importuner, ny se preualoir de ceste bonne volonté. Apres le repas que toutes ces Nymphes estoient attentiues les vnes à joüer, les autres à visiter la maison, les vnes au jardin, & les autres à s'entretenir de diuers discours dans la chambre d'Amasis: Leonide sans que l'on s'en apperceust, faignant de se vouloir preparer pour partir, sortit hors de la chambre, & peu apres Lucinde, & s'estant trouuées au rendez-vous qu'elles s'estoient données, faignant d'aller se promener, sortirent hors du chasteau, ayant caché soubs leurs manthes chacune vne partie des habits du Berger, & quand ils furent au fond du bois, le Berger se desabilla, & prenant l'habit accoustumé, remercia la Nymphe du bon secours qu'elle luy auoit donné, & luy offrit en eschange sa vie, & tout ce qui en despendoit. Alors la Nymphe auec vn grand souspir: Et bien, dit-elle, Celadon, ne vous ay-je pas bien tenu la promesse que je vous ay faitte? Ne croyez vous pas estre obligé d'obseruer de mesme ce qne vous m'auez promis? Ie m'eſtimerois, respondit le Berger, le plus indigne qui ait jamais vescu, si j'y faillois. Or Celadon, dit-elle alors, ressouuenez-vous dõc de ce que vous m'auez juré, car ie suis resoluë à cet' heure d'en tirer preuue. Belle Nymphe, respondit Celadon, disposez de tout ce que ie puis, comme de ce que vous pouuez, car vous ne serez point mieux obeye de vous mesme que de moy. Ne m'auez vous promis, repliqua la Nymphe, que ie recherchasse vostre vie passée, & que ce que ie trouuerois que vous pourriez faire pour moy, vous le feriez; & luy ayant respondu qu'il estoit vray. Or bien Celadon, cõtinua-t'elle, j'ay fait ce que vous m'auez dit, & quoy que l'on peigne Amour aueugle, si m'a-t'il laissé assez de lumiere pour connoistre que veritablement vous deuez continuer l'Amour que vous auez si souuent promise eternelle à vostre Astrée : car les dégoustemens d'Amour ne permettent que l'on soit ny parjure ny infidele ; & ainsi quoy que l'on vous ait mal traitté, vous ne deuez pas faillir à ce que vous deuez : çar jamais l'erreur d'autruy ne laue nostre faute. Aimez donc la belle & heureuse Astrée, auec autant d'affection & de sincerité que vous l'aimastes jamais, seruez-la, adorez-la, & plus encor, s'il se peut, car Amour veut l'extrémité en son sacrifice : mais aussi j'ay bien connu que les bons offices que ie vous ay rendus, meritent quelque reconnoissance de vous, & sans doute, par ce qu'A-

» mour ne peut se payer que par Amour, vous
serie z obligé de me satisfaire en mesme monnoye, si l'impossibilité n'y contredisoit : mais
» puis qu'il est vray qu'vn cœur n'est capable
» que d'vn vray Amour, il faut que ie me paye
de ce qui vous reste ; doncques n'ayant plus
d'Amour à me donner, comme à Maistresse,
ie vous demande vostre amitié, comme vostre
sœur, & que d'or'en là vous m'aimiez, me che-
rissiez, & me traittiez comme telle. On ne
sçauroit representer le contentement de Celadon oyant ces paroles, car il aduoüa que
celle-cy estoit vne de ces choses qu'en sa misere il reconnoissoit particulierement pour quelque espece de contentement ; c'est pourquoy
apres auoir remercié la Nymphe de l'amitié
qu'elle luy portoit, il luy iura de la tenir pour
sa sœur, & n'vser jamais en son endroit que
comme ce nom luy commandoit. Là dessus
pour n'estre pas retrouuez, ils se separerent
tres-contens, & satisfaits l'vn de l'autre. Leonide retourna au Pallais, & le Berger continua
son voyage, fuyant les lieux où il croyoit pouuoir rencontrer des Bergers de sa connoissance, & laissant Mont-verdun à main gauche, il
passa au milieu d'vne grand' plaine, qui en fin
le conduit jusques sur vne coste vn peu releuée, & de laquelle il pouuoit reconnoistre,
& remarquer de l'œil la plus part des lieux
où il auoit accoustumé de mener paistre ses
trouppeaux de l'autre costé de Lignon, où
Astrée le venoit trouuer, où ils passoient quel-

quefois la chaleur trop aspre du Soleil : bref ceste veuë luy remit deuant les yeux la plus part des contentements qu'il payoit à cet' heure si cherement, & en ceste consideration s'estant assis au pied d'vn arbre, il souspira tels vers.

RESSOVVENIRS.

ICY mon beau Soleil repose,
Quand l'autre paresseux s'endort :
Et puis le matin quand il sort,
Couronné d'œillet, & de rose,
Pour chasser l'effroy de la nuit :
Deça premierement reluit,
Le Soleil que mon ame adore,
Apportant auec luy le iour
A ces campagnes qu'il honore,
Et qu'il va remplissant d'Amour.

Sur les bords de ceste riuiere
Il se fait voir diuersement,
Quelquefois tout d'embrasement,
D'autrefois couurant sa lumiere,
Il semble deuenu ialous,
Qu'il se vueille rauir de nous :
Ainsi que sous la nuë sombre,
Le Soleil cache sa beauté,

Sans que toutefois si peu d'ombre,
Puisse en bien couurir la clarté.

Mais que veut dire qu'il ne brusle,
Comme on voit que l'autre Soleil
Seiche les herbes de son œil,
Durant l'ardente canicule ?
Pourquoy disie ne seiche aussi
Mon Soleil les herbes d'icy ?
I'entens Amour, c'est que ma Dame,
N'eslance ses rayons vaincueurs,
Dessus ces corps qui n'ont point d'ame,
Et ne veut brusler que des cueurs.

Fonteine qui des Sicomores,
Le beau nom t'en vas empruntant,
Tu m'as veu iadis si contant,
Et pourquoy ne le suis-ie encores ?
Quel erreur puis-ie auoir commis
Qui rend les Dieux mes ennemis ?
Sont-ils suiets comme nous sommes
D'estre quelquefois enuieux ?
Ou le change propre des hommes,
Peut-il attaindre iusqu'aux D'ieux ?

Iadis sur tes bords ma Bergere,
Disoit, sa main dedans ma main :
Dispose le sort inhumain

De nostre vie passagere ;
Iamais Celadon en effet,
Le serment ne sera deffait,
Que dans ceste main ie te iure ;
Et vif, & mort ie t'aimeray,
Ou mourant dans ma sepulture,
Nostre amitié i'enfermeray.

Fueillage espais de ce bel arbre,
Qui couures d'ombre tout l'entour ;
Ne te souuiens tu point du iour,
Qu'à ses lis meslant le Cinabre,
De honte elle alloit rougissant,
Qu'vn Berger pres d'elle passant,
Parlant à moy l'appella belle,
Et l'heur, & l'honneur de ces lieux ?
Car ie ne veux, me disoit-elle,
Ressembler belle qu'à tes yeux.

Rocher où souuent à cachette,
Nous nous sommes entretenus,
Que peuuent estre deuenus,
Tous ces Amours que ie regrette ?
Les Dieux tant de fois inuoquez,
Souffriront-ils d'estre moquez ?
Et d'auoir la priere ardante,
D'elle, & de moy receuë en vain,

Puis qu'ores son ame changeante
Paye ces Amours d'vn desdain?

 Vueille le Ciel, disoit Astree,
Que ie meure auant que de voir,
Que mon pere ait plus de pouuoir,
D'vne haine opiniastrée,
En sa trop longue inimité,
A nous separer d'amitié,
Que nostre amitié ferme & sainte,
A nous reioindre, & nous vnir:
Aussi bien de regret attainte,
Ie mourrois la voyant finir.

 Et toy vieux sauls, dont l'escorce
Sans plus se deffend des saisons,
Dy moy, n'ay-ie point de raisons,
De me plaindre de ce diuorce,
Et de t'en adresser mes cris?
Combien auons nous nos escris
Fiez dessous ta seure garde,
Dans le creux du tronc my-mangé?
Mais ores que ie te regarde,
Combien saule tout est changé!

 Ces pensers eussent plus longuement retenu Celadon en ce lieu, n'eust esté la suruenuë du Berger desolé, qui plaignant continuellement sa perte, s'en venoit souspirãt ces vers.

SVR VNE TROP
prompte mort.

VOVS qui voyez mes tristes pleurs,
Si vous sçauiez de quels mal-heurs
   I'ay l'ame atteinte,
Au lieu de condamner mon œil,
Vous adiousteriez vostre dueil
   Auec ma plainte.
Dessous l'horreur d'vn noir tombeau,
Ce que la terre eut de plus beau
   Est mis en cendre.
O destins trop pleins de rigueur,
Pourquoy mon corps, comme mon cœur,
   N'y peut descendre?
Elle ne fut plustost çà bas,
Que les Dieux par vn prompt trépas,
   Me l'ont rauie,
Si bien qu'il sembloit seulement,
Que pour entrer au monument
   Elle eust eu vie.
Pourquoy falloit-il tant d'Amour,
Si ressemblant la fleur d'vn iour
   A peine née,
Le Ciel la monstroit pour l'oster,
Et pour nous faire regretter
   Sa destinée?
Comme à son arbre estant serré
Du tronc mort n'est point separé
   L'heureux lyerre,

Pour le moins me fuſt il permis,
Vif aupres d'elle d'eſtre mis
    Deſſous ſa pierre!
Content pres d'elle ie viurois;
Et ſi là dedans de la voix
    I'auois l'vſage,
Ie benirois d'vn tel ſejour
La mort qui m'auroit de l'Amour
    Laiſſé tel gage.

Celadon qui ne vouloit point eſtre veu de perſonne qui le pûſt connoiſtre, d'auſſi loing qu'il vid ce Berger, cómença peu à peu de ſe retirer dans l'eſpaiſſeur de quelques arbres, mais voyant que ſans ſ'arreſter à luy il paſſoit outre pour ſ'aſſeoir au meſme lieu d'où il venoit de partir, il le ſuiuit pas à pas, & ſi à propos qu'il pût ouïr vne partie de ſes plaintes. L'humeur de ce Berger inconnu ſimpathiſant auec la ſienne, le rendit curieux de ſçauoir par luy des nouuelles de ſa Maiſtreſſe, & meſme croyant ne pouuoir en ſçauoir plus aiſément par autre ſans eſtre reconnu. Doncques ſ'approchant de luy : Ainſi, luy dit-il, triſte Berger, Dieu te donne le contentement que tu regrettes, comme de bon cœur ie l'en prie, & ne pouuant dauantage, tu dois receuoir ceſte priere de bonne part; que ſi elle t'oblige à quelque reſſentimét de courtoiſie, dy moy ie te ſupplie, ſi tu connois, Aſtrée, Phillis, & Lycidas, & ſi cela eſt, dy m'en ce que tu en ſcais. Gentil Berger, reſpondit-il, tes paroles courtoiſes m'obligent à ptier le Ciel en eschange de ce que tu me souhaittes, qu'il ne te dône jamais occasion de regretter ce que ie pleure, & de plus de te dire tout ce que ie sçay des persones dont tu me parles, quoy que la tristesse auec laquelle ie vy, me deffende de me mesler d'autres affaires que des miênes. Il peut y auoir vn mois & demy que ie vins en ce pays de Forests, non point comme plusieurs pour essayer la fonteine de la verité d'Amour, car ie ne suis que trop asuré de mon mal, sans en auoir de nouuelles certitudes, mais suiuant le commandement d'vn Dieu, qui des riues herbeuses de la glorieuse Seine, m'a enuoyé icy auec asseurance que j'y trouuerois remede à mon déplaisir. Et depuis la demeure de ces villages m'a semblé si agreable, & selon mon humeur, que j'ay resolu d'y demeurer aussi longuement, que le Ciel me le voudra permettre. Ce dessein a esté cause que j'ay voulu sçauoir l'estre, & la qualité de la pluspart des Bergers, & Bergéres de la contrée, & par ce que ceux dont vous me demandez des nouuelles sont les principaux de cet hameau, qui est delà l'eau vis à vis d'icy, où j'ay choisi ma demeure, ie vous en sçauray dire presque autant que vous en pourriez desirer. Ie ne veux adiousta Celadon, en sçauoir autre chose, sinon comme ils se portent. Tous, dit-il, sont en bonne santé. Il est vray que comme la vertu est tousiours celle qui est la plus agitée, ils ont eu vn coup de l'aueugle & muable fortune, qu'ils reſſentent juſques en l'ame, qui eſt la perte de Celadon, vn Berger que ie ne connoy point, & qui eſtoit frere de Lycidas, tant aymé, & eſtimé de tous ceux de ce riuage, que ſa perte a eſté reſſentie generalement de tous, mais beaucoup plus de ces trois perſonnes que vous auez nommées : car on tient, c'eſt à dire ceux qui ſçauent vn peu des ſecrets de ce monde, que ce Berger eſtoit ſeruiteur d'Aſtrée, & que ce qui les a empeſchez de ſe marier a eſté l'inimitié de leurs parents. Et comment dit-on, repliqua Celadon, que ce Berger ſe perdit? On le raconte, dit-il, de pluſieurs ſortes, les vns en parlēt ſelō leur opiniō, les autres ſelon les apparences, & d'autres ſelon le rapport de quelques vns, & ainſi la choſe eſt contée fort diuerſement. Quant à moy j'arriuay ſur ces riues, le meſme iour qu'il ſe perdit, & me ſouuiens que ie vis chacun ſi eſpouuanté de cet accident, qu'il n'y auoit perſonne qui ſceuſt m'en donner bon conte : En fin, & c'eſt l'opinion plus commune, par ce que Phillis, & Aſtrée, & Lycidas meſme le racontent ainſi, s'eſtant endormy ſur le bord de la riuiere en ſongeant, il faut qu'il ſoit tombé dedans ; & de fait la belle Aſtrée en fit de meſme, mais ſes robbes la ſauuerent. Celadon alors jugea, que prudemment ils auoient tous trois trouué ceſte inuention, pour ne donner occaſion à pluſieurs de parler mal à propos ſur ce ſujet, & en fut tres-aiſe, car il auoit touſiours beaucoup craint que l'on soupçonnast quelque chose au desaduantage d'Astrée, & pour ce continuant ses demandes: Mais, dit-il, que pensent-ils qu'il soit deuenu ? Qu'il soit mort, respondit le Berger desolé, & vous asseure bien qu'Astree en a porté, quoy qu'elle faigne, vn si grand déplaisir, qu'il n'est pas croyable combien chacun dit qu'elle est changée. Si est-ce que si Diane ne l'en empesche, elle est la plus belle de toutes celles que ie vis jamais, hors-mis ma chere Cleon, mais ces trois là peuuent aller du pair. Quelqu'autre, adiousta Celadon, en dira de mesme de sa Maistresse : car l'Amour a cela de propre, non pas de boucher les yeux comme quelques vns croyent, mais de changer les yeux de ceux qui ayment en l'Amour mesme, & d'autant qu'il n'y eut jamais laydes Amours, iamais vn Amant ne trouua sa Maistresse layde. Cela, respondit le Berger, seroit bon si j'aimois Astrée, & Diane, mais n'en estant plus capable, j'en suis juge sans reproche : Et vous qui doutez de la beauté de ces deux Bergeres, estes vous estranger, ou bien si la haine vous fait commettre l'erreur contraire à celuy que vous dittes proceder de l'Amour ? Ie ne suis nul des deux, dit Celadon, mais ouy bien le plus miserable & plus affligé Berger de l'Vniuers. Cela, dit Tyrcis, ne vous aduoüeray-ie jamais, si vous ne m'ostez de ce nombre. Car si vostre mal procede d'autre chose que d'Amour, vos playes ne sont pas si doulou-

» reufes que les miennes, d'autant que le cœur
» eftant la partie la plus fenfible que nous
» ayons, nous en reffentons auffi plus viue-
» ment les offenfes. Que fi voftre mal procede
d'Amour, encor faut-il qu'il cede au mien,
puis que de tous les maux d'Amour il n'en
» y a point de tel que celuy qui nie l'efperance,
» ayant ouy dire de long temps, que là où l'ef-
» poir peut feulement laicher noftre playe, elle
» n'eft auffi toft plus endoluë. Or ceft efpoir
» peut fe mefler en tous les accidents d'Amour,
» foit defdain, foit courroux, foit haine, foit
» jaloufie, foit abfence, finon où la mort a pris
» place ; car cefte pafle Déeffe auec fa fatale
» main, couppe d'vn mefme tranchant l'efpoir,
» dont le filet de la vie eft coupé. Or moy plus
» miferable que tous les plus miferables, ie vay
plaignant vn mal fans remede, & fans efpoir.
Celadon alors luy refpondit auec vn grand
foufpir : O Berger, combien eftes vous abufé
en voftre opinion ! ie vous aduoüe bien que
" les plus grands maux font ceux d'Amour, de
" cela j'en fuis trop fidele tefmoin, mais de dire
" que ceux qui font fans efpoir foient les plus
" douloureux, tant s'en faut que mefme ne me-
" ritent ils point d'eftre reffentis, car c'eft acte
" de folie de pleurer vne chofe à quoy l'on ne
" peut remedier. Et Amour, qu'eft-ce, refpondit-il,
finon vne pure folie ? Ie ne veux pas, repliqua
Celadon, entrer maintenant en ce difcours,
d'autant que ie veux paracheuer le
premier, & ceftuy-cy feul meriteroit trop de

temps. Mais dittes moy, plaignez vous cette morte pour Amour ou non? C'est, respondit-il pour Amour. Or qu'est-ce qu'Amour, dit Celadon, sinon comme j'ay ouy dire à Syluandre, & aux plus sçauants de nos Bergers, qu'vn desir de la beauté que nous trouuons telle. Il est vray, dit l'estranger? Mais, repliqua Celadon, est-ce chose d'homme raisonnable de desirer vne chose qui ne se peut auoir? non certes, dit-il. Or voyez donc, dit Celadon, comme la mort de Cleon doit estre le remede de vos maux, car puis que vous m'aduoüez que le desir ne doit estre où l'esperance ne peut attaindre, & que l'Amour n'est autre chose que desir; la mort, qui à ce que vous dittes, vous oste toute esperance, vous doit par consequent oster tout le desir : & le desir mourant, il traisne l'Amour dans vn mesme cercueil, & n'ayant plus d'Amour, puis que le mal que vous plaignez en vient, ie ne sçay comment vous le puissiez ressentir. Le Berger desolé luy respondit : Soit Amour, ou haine, tant y a qu'il est plus veritable, que ie ne le sçaurois dire, que mon mal est sur tous extréme : & par ce que Celadon luy vouloit repliquer, luy qui ne pouuoit souffrir d'estre contredit en ceste opinion, luy sembla que d'endurer les raisons contraires, c'estoit offenser les cendres de Cleon, luy dit : Berger, ce qui est sous les sens est plus certain que ce qui est en l'opinion, c'est pourquoy toutes ces raisons que vous alleguez doiuent ceder à ce que j'en

Eee iiij

ressens, & sur cela il le recommanda à Pan, & prit vn autre chemin, & Celadon de mesme contremont la riuiere : & d'autant que la solitude a cela de propre de representer plus viuement la joye ou la tristesse, se trouuant seul, il commença à estre traitté de sorte par le temps, sa fortune, & l'Amour, qu'il n'y auoit cause de tourment en luy, qui ne luy fust mise deuant les yeux. Il estoit exempt de la seule jalousie : Aussi auec tant d'ennuys, si ce monstre le fust venu attaquer, ie ne sçay quelles armes eussent esté assez bonnes pour le sauuer. En ces tristes pensers, continuant ses pas il trouua le pont de la Bouteresse, sur lequel estant passé, il rebroussa contre bas la riuiere, ne sçachant à quel dessein il prenoit par là son chemin; car en toute sorte il vouloit obeïr au commádement d'Astrée, qui luy auoit deffendu de ne se faire voir à elle, qu'elle ne le luy cómandast. En fin estant paruenu assez pres de Bon-lieu, demeure des chastes Vestalles, il fut comme surpris de honte d'auoir tant approché sans y penser, celle que sa resolution luy cómandoit d'esloigner, & voulant s'en retourner, il s'enfonça dans vn bois si espais & marescageux en quelques endroits, qu'à peine en pût-il sortir; cela le contraint de s'approcher dauantage de la riuiere, car le grauier menu luy estoit moins ennuyeux que la bouë. De fortune estant desia assez las du long chemin, il alloit cherchant vn lieu où il se pûst reposer, attendant que la nuict luy permist de se retirer sans estre rencontré de personne, faisant dessein d'aller si loing que jamais on n'entendist de ses nouuelles, il jetta l'œil sur vne cauerne, qui du costé de l'entrée estoit lauée de la riuiere, & de l'autre estoit à demy couuerte d'vne quantité d'arbres & de buissons, qui par leur espaisseur en ostoient la veuë à ceux qui passoient le long du chemin, & luy mesme n'y eust pris garde, n'eust esté qu'estant contraint de passer le long de la riue, il se trouua tout contre l'entrée, où de fortune s'estant aduancé, & luy semblant qu'il seroit bien caché jusques à la nuit, le lieu luy pleut de sorte; qu'il resolut d'y passer le reste de ses jours tristes & desastrez, faisant dessein de ne point sortir de tout le iour du fond de ceste grotte; en ceste deliberation il commença de l'ageancer au mieux qu'il luy fut possible, ostant quelques cailloux, que la riuiere estant grande y auoit portez: Aussi n'est-ce autre chose qu'vn rocher, que l'eau estant grosse auoit caué peu à peu & assez facilement, par ce que l'ayant au commencement trouué graueleux & tendre, il fut aisément miné, en sorte que les diuers tours que l'onde contrainte auoit faits, l'auoit arrondy comme s'il eust esté fait expres : Depuis venant à se baisser, elle estoit rentrée en son lict, qui n'estoit qu'à trois ou quatre pas de là. Le lieu pouuoit auoir six ou sept pas de longueur, & par ce qu'elle estoit ronde, elle en auoit autant de largeur, elle estoit vn peu plus haute qu'vn homme, toutefois en quelques lieux il y auoit des pointes du rocher, que le Berger à coups de cailloux peu à peu alla rompant; & par ce que de fortune au plus profond il s'estoit trouué plus dur, l'eau ne l'auoit caué qu'en quelques endroits, qui donna moyen à Celadon auec peu de peine rompât quelques coings plus auancez de se faire la place d'vn lict, enfonsé dans le plus dur du rocher, que puis il couurit de mousse, qui luy fut vne grande commodité, par ce que soudain qu'il pleuuoit à bon escient, le dessus de sa cauerne, qui estoit d'vn rocher fort tendre, estoit incontinant persé de l'eau: si bié qu'il n'y auoit point d'autre lieu sec que ce lict delicieux.

Estant en peu d'heure accommodé de ceste sorte, il laissa sa juppe & sa panetiere, & les autres habits qui l'empeschoient le plus, & les liant ensemble, les mit sur le lit auec sa cornemuse, que tousiours il portoit en façon d'escharpe, mais par hazard en se despoüillant il tomba vn papier en terre, qu'il reconnut bien tost pour estre de la belle Astrée. Ce ressouuenir n'estât empesché de rien qui le pûst distraire ailleurs (car rien ne se presentoit à ses yeux que le cours de la riuiere) eut tant de pouuoir sur luy, qu'il n'y eut ennuy souffert depuis son bannissement, qui ne luy reuint en la memoire. En fin se resueillant de ce penser, comme d'vn profond sommeil, il vient à la porte de la cauerne, où despliant le cher papier qu'il tenoit en ses mains, apres cent ardants & amoureux baisers, il dit: Ah ! cher papier autrefois cause de mon contentement, & maintenant occasion de rengreger mes douleurs, comme est-il possible que vous conseruiez en vous les propos de celle qui vous a escrit, sans les auoir changez? puis que la volonté où elle estoit alors, est tellement changée, qu'elle ny moy ne sommes plus ceux que nous soulions estre? O quelle faute! vne chose sans esprit est constante, & le plus beau des esprits ne l'est pas. A ce mot l'ayant ouuerte, la premiere chose qui se presenta fut le chiffre d'Astrée joint auec le sien. Cela luy remit la memoire de ses bõ-heurs passez, si viue en l'esprit, que le regret de s'en voir décheu, le reduit presque au terme du desespoir. Ah! chiffres, dit-il, tesmoins trop certains du mal-heur, où pour auoir esté trop heureux ie me retrouue maintenant: comment ne vous estes-vous separez, pour suyure la volonté de ma belle Bergere? car si autrefois elle vous a vnis, ç'a esté en vne saison, où nos esprits l'estoient encor dauantage: Mais à ceste heure que le desastre nous a si cruellement separez, comment, ô chiffres bien-heureux, demeurez-vous encor ensemble? C'est comme ie croy, pour faire paroistre, que le Ciel peut pleuuoir sur moy toutes ses plus desastreuses influéces, mais non pas faire jamais que ma volonté soit differente de celle d'Astrée. Maintenez dõc, ô fidelles chiffres, ce symbole de mes intentions, afin qu'apres ma derniere heure, que ie souhaitte aussi prompte que le premier momẽt que ie respireray, vous faſſiez paroiſtre à tous ceux qui vous verront de quelle qualité eſtoit l'amitié du plus infortuné Berger qui ait jamais aimé : Et peut-eſtre aduiendra il, ſi pour le moins les Dieux n'ont perdu tout ſouuenir de moy, qu'apres ma mort pour ma ſatisfaction, ceſte belle vous pourroit retrouuer, & que vous conſiderant, elle connoiſtra qu'elle eut autant de tort de m'eſloigner d'elle, qu'elle auoit eu de raiſon de vous lier enſemble. A ce mot il s'aſſit ſur vne groſſe pierre, qu'il auoit traiſnée de la riuiere à l'entrée de ſa grotte, & là apres auoir eſſuyé ſes larmes, il leut la lettre, qui eſtoit telle.

LETTRE D'ASTREE A CELADON.

Dieu permette Celadon, que l'aſſeurance que vous me faites de voſtre amitié, me puiſſe eſtre auſſi longuement continuée, comme d'affection ie vous en ſupplie, & de croire que ie vous tiens plus cher, que ſi vous m'eſtiez frere, & qu'au tombeau meſme ie ſeray voſtre.

Ce peu de mots d'Aſtrée, furent cauſe de beaucoup de maux à Celadon, car apres les auoir maintefois releus, tát s'en faut qu'il y retrouuaſt quelque allegement, qu'au contraire ce n'estoit que dauantage enuenimer sa playe, d'autant qu'ils luy remettoient en memoire vne à vne, toutes les faueurs que ceste Bergere luy auoit faites, qui se faisoient regretter auec tant de desplaisir, que sans la nuit qui suruint, à peine eust-il donné tréue à ses yeux qui pleuroient ce que la langue plaignoit, & le cœur souffroit. Mais l'obscurité le faisant rentrer dans sa cauerne, interrompit pour quelque temps ses tristes pensers, & permit à ce corps trauaillé de ses ennuis, & de la longueur du chemin, de prédre par le dormir pour le moins quelque repos. Des-ja par deux fois le jour auoit fait place à la nuit, auant que ce Berger se ressouuint de manger, car ses tristes pensers l'occupoient de sorte, & la melancolie luy remplissoit si bié l'estomac, qu'il n'auoit point d'appetit d'autre viande, que de celle que le ressouuenir de ses ennuis luy pouuoit preparer, destrampée auec tant de larmes que ses yeux sembloient deux sources de fontaine, & n'eust esté la crainte d'offenser les Dieux en se laissant mourir, & plus encores celle de perdre par sa mort la belle idée qu'il auoit d'Astrée en son cœur, sans doute il eust esté tres-aise de finir ainsi le triste cours de sa vie : Mais s'y voyāt contraint, il visita sa panetiere que Leonide luy auoit fort bien garnie, la prouision de laquelle luy dura plusieurs jours, car il mangeoit le moins qu'il pouuoit : En fin il fut contraint de recourre aux herbes & aux racines plus tendres, & par bon rencontre il se trouua qu'assez

pres de là il y auoit vne fontaine fort abondante en cresson, qui fut son viure plus asseuré & plus delicieux, car sçachant où trouuer asseurément dequoy viure, il n'employoit le temps qu'à ses tristes pensers; aussi luy faisoient-ils si fidele compagnie, que comme ils ne pouuoiēt estre sans luy, aussi n'estoit-il jamais sans eux. Tant que duroit le iour, s'il ne voyoit personne autour de sa petite demeure, il se promenoit le long du grauier, & là bien souuent sur les tendres escorces des jeunes arbres, il grauoit le triste sujet de ses ennuis, quelquefois son chiffre & celuy d'Astrée ; que s'il luy aduenoit de les entrelasser ensemble, soudain il les effaçoit, & disoit : tu te trompes Celadon, ce n'est plus la saison où ces chiffres te furent permis : Autant que tu és constant, autant à ton desauantage toute chose est changée. Efface, efface, miserable, ce trop heureux tesmoing de ton bō heur passé, & si tu veux mettre auec ton chiffre ce qui luy est plus cōuenable, mets y des larmes, des peines, & des morts. Auec sēblables propos Celadō se reprenoit, si quelquefois il s'oublioit en ces pensers, mais quand la nuit venoit, c'estoit lors que tous ses desplaisirs plus viuement luy touchoient en la me-
„moire, car l'obscurité a cela de propre qu'elle
„rend l'imagination plus forte, aussi ne se retiroit il jamais qu'il ne fust bien nuit : que si la Lune esclairoit, il passoit les nuits soubs quelques arbres : où bien souuent assouppy du sommeil, sans y penser il s'y retrouuoit le ma-

tin : Ainsi alloit traisnāt sa vie ce triste Berger, qui en peu de temps se rendit si pasle, & deffait, qu'à peine l'eust-on pû reconnoistre, & luy mesme quelquefois allant boire à la proche fontaine, s'estonnoit quand il voyoit sa figure dans l'eau, comme estant reduit en tel estat il pouuoit viure : la barbe ne le rendoit point affreux, car il n'en auoit point encores, mais les cheueux qui luy estoient fort creus, la maigreur qui luy auoit changé le tour du visage, & allongy le nez, & la tristesse qui auoit chassé de ses yeux ces vifs esclairs, qui autrefois les rendoient si gratieux, l'auoient fait deuenir tout autre qu'il ne souloit estre. Ah ! si Astrée l'eust veu en tel estat, que de joye & de contentement luy eust donné la peine de son fidelle Berger ! connoissant par vn si asseuré tesmoignage, combien elle estoit vrayement aimée du plus fidele, & du plus parfait Berger de Lignon.

*Fin de la premiere partie
d'Astrée.*

A PARIS,

De l'Imprimerie de CHARLES CHAPPELLAIN, ruë des Carmes, au College des Lombards.
M. D. C. XII.

TABLE DES
HISTOIRES CONTE-
NVES EN LA PREMIE-
re Partie de l'Astrée,

De Messire Honoré d'Vrfé.

Histoire d'Alcippe.	33.
Histoire de Siluie.	56.
Histoire d'Astrée & Phillis.	86.
Histoire de la tromperie de Climanthe.	124
Histoire de Stelle & Corilas.	145.
Histoire de Diane.	158.
Histoire de Tyrcis & Laonice.	202.
Harangue de Hylas pour Laonice.	214.
Responce de Phillis pour Tircis.	216.
Iugement de Siluandre.	218.
Histoire de Siluandre.	226.
Histoire de Hylas.	242
Histoire de Galathée & Lindamor.	266.
Histoire de Leonide.	309.
Histoire de Celion & Bellinde.	325.
Histoire de Ligdamon.	356.

Fff

Histoire de Damon & de Fortune. 370.
Histoire de Lydias & de Melandre. 383.

TABLE DES LETTRES.

Responſe de Celadon à Lycidas. 10.
Lettre de Celadon à la Bergere Aſtrée. 12.
Lettre d'Amarillis à Alcippe. 36.
Lettres d'Aſtrée à Celadon. 48.
Autre Lettre d'Aſtrée à Celadon. 49.
Lettre d'Amarillis à Alcippe. ibidem.
Lettre de Ligdamon à Siluie. 58.
Reſponſe de Siluie à Ligdamon. 61.
Billet de Leonide à Ligdamon. ibidem.
Lettre d'Ariſtandre à Siluie. 67.
Billet de Leonide à Ligdamon. 70.
Lettre de Celadon à la Bergere Aſtrée. 95.
Lettre de Lycidas à Phillis. 100.
Lettre d'Aſtrée à Celadon, 104.
Lettre de Celadon à la Bergere Aſtrée. 105.
Lettre contrefaite d'Aſtrée à Celadon. 113.
Lettre d'Aſtrée à Celadon. 117
Lettre de Corilas à Stelle. 152.
Lettre de Filandre à Diane. 166.
Lettre de Hylas à Carlis. 247.
Reſponſe de Carlis à Hylas. 248.
Reſponſe de Stilliane à Hylas. 249.
Lettre de Lindamor à Galathée. 280.
Autre Lettre de Lindamor à Galathée. 284.
Billet de Leonide à Lindamor. ibidem.

LETTRES.

Billet de Lindamor à Leonide.	291.
Responſe de Leonide à Lindamor.	295.
Replique de Lindamor à Leonide.	ibid.
Lettre de Celion à Bellinde.	328.
Lettre d'Amaranthe à Celion.	329.
Responſe de Celion à Amaranthe.	329.
Lettre de Celion à Bellinde.	334.
Autre lettre de Celion à Bellinde.	340.
Lettre de Bellinde à Celion.	341.
Lettre de Lindamor à Leonide.	353.
Lettre de Lindamor à Galathée.	ibidem.
Lettre de Ligdamon à Siluie.	366.
Lettre d'Aſtrée à Celadon.	406.

TABLE DES POESIES.

AMARILLIS toute pleine de grace.	37.
Amour pourquoy.	75.
Amour en trahiſon.	69.
A la fin celuy l'aura.	162.
Chers Oyſeaux de Venus.	35.
Cette ſource Eternelle.	342.
Cependant que l'Amour.	130.
Deſſus les bords d'vne fontaine.	96.
D'vn marbre dur.	120.
Deſpit foible guerrier.	146.
D'vn cœur outrecuidé.	165.
Dans le Temple ſacré.	310.
Donques le Ciel conſent.	339.
Deſſus ſon paſſé effroy.	366.

TABLE DES POESIES.

Elle à le cœur de glace.	36.
Elle le veut ainsi.	76.
Elle faint de m'aymer.	120.
Espoirs Ixions en audace.	222.
Ie pourray bien dessus moy-mesme.	10.
Il faudroit bien que la Constance.	114.
Ie puis bien dire.	120.
I'ayme à changer.	200
I'ay plus aymé que moy.	310.
Ie ne puis excuser.	340.
Icy mon beau Soleil repose.	399.
La beauté que la mort.	14.
Le Phœnix de la cendre sort	76.
Mon Dieu quel est le mal.	204.
Outré par la douleur.	349.
Puis qu'il faut arracher.	18.
Pour faire en elle quelque effet.	75.
Pensons nous en l'aymant.	99.
Pourquoy si vous m'aimez.	272.
Puis qu'en naissant belle Diane.	162.
Pourquoy semble t'il tant estrange.	163.
Pourquoy cacher nos pleurs.	211.
Quand ie vy ces beaux yeux.	68.
Quel est ce mal.	73.
Que ses desirs soient grands.	163.
Quand ma Bergere parle.	244.
Riuiere de Lignon.	37.
Si l'on me dédaigne ie laisse.	15.
Sur les bords où Lignon.	213.
Tu nasquis dans la terre.	227.
Vous qui voyez mes tristes pleurs.	401.
Voudriez vous estre mon Berger.	142.

Fin de la Table.

EXTRAICT DV
Priuilege du Roy.

PAR lettres Patentes de sa Majesté il est permis à Iehan Micard marchand Libraire, & Toussaincts du Bray aussi marchand Libraire Iuré en l'Vniuersité de Paris, d'Imprimer ou faire Imprimer par qui bon leur semblera, *La Premiere & Seconde Partie de l'Astrée* DE MESSIRE HONORE' D'VRFE', Gentil-homme ordinaire de la Chambre du Roy, Capitaine de cinquante hommes d'armes de ses Ordonnances, Comte de Chasteau-neuf, Baron de Chasteau-Morand, &c. lesquels Liures ils desireroient faire Imprimer & mettre en lumiere: Mais ils craignent ne le pouuoir faire sans nostre permission, humblement requerant icelle, lequel inclinant liberalement à leur requeste: Auons permis & permettons ausdits Micard & du Bray, d'Imprimer lesdits Liures, pour le temps & terme de six ans entiers & accomplis, à compter du jour & datte que lesdits Liures seront acheuez d'Imprimer. Et deffenses sont faites à tous Libraires & Imprimeurs de cestuy nostre Royaume, d'Imprimer ou faire imprimer lesdits Liures de l'*Astrée*, sans l'exprez consentement desdits suppliants, à peine de trois mil liures d'amende, confiscation des Exemplaires, & de tous despens, dommages & interests: Car tel est nostre plaisir. Donné à Paris le quinziesme jour de Feburier l'an de Grace mil six cens dix, & de nostre regne le vingt-iesme.

Signé,

Par le Roy en son Conseil.

DESPORTES.

www.ingramcontent.com/pod-product-compliance
Lightning Source LLC
Chambersburg PA
CBHW071417300426
44114CB00013B/1292